PROGRAMME 2020

Collection

Indice

MATHS Tle

MATHÉMATIQUES COMPLÉMENTAIRES

Sous la direction de
Michel PONCY
Denis VIEUDRIN

Jean-Louis BONNAFET
Mickaël BORDONARO
Nicolas BUYLE-BODIN
Sébastien CANTE
Stéphane GAMEL
Arnaud GAZAGNES
Maxime GUERY
Catherine LEBERT
Xavier MORER
Jean-Philippe PERRET
Marie-Christine RUSSIER

Les partenaires numériques de la collection Indice

CASIO TEXAS INSTRUMENTS CABRILOG GeoGebra NUMWORKS m@ths et tiques

SOMMAIRE

Voir la liste des problèmes et leurs liens avec les chapitres p. 4 et 5.

Voir la liste des problèmes et leurs liens avec les chapitres p. 5.

LES COMPLÉMENTS

LES PICTOS DU MANUEL

LES COMPÉTENCES

Les compétences du programme sont indiquées dans certains exercices et les problèmes des thèmes.

RAISONNER CHERCHER MODÉLISER CALCULER REPRÉSENTER COMMUNIQUER

LES CORRIGÉS DÉTAILLÉS

18 Les **solutions succinctes** des exercices avec une **puce verte** sont situées en fin de manuel. Pour les exercices *Pour travailler en autonomie*, des **corrigés rédigés et détaillés** sont disponibles en version numérique. Vous pouvez accéder à ces ressources en **flashant la page** avec votre smartphone (voir rabat F) ou sur **lycee.editions-bordas.fr**.

bordas Flash PAGE corrigés détaillés

LES RESSOURCES NUMÉRIQUES

vidéos · animations · fichier GeoGebra/Cabri · fichier Python · fichier Tableur · fichier Formel

LES AUTRES PICTOS

- ALGO Algorithme
- PYTHON Programmation
- LOGIQUE Vocabulaire ensembliste et logique
- ORAL Exercice à l'oral
- CALC Utilisation d'une calculatrice
- TABLEUR Utilisation d'un tableur
- GÉOMÉTRIE Utilisation d'un logiciel de géométrie dynamique
- FORMEL Utilisation d'un logiciel de calcul formel
- MATHS & PHYSIQUE Exercices transdisciplinaires

LIENS ENTRE LES PROBLÈMES DES THÈMES ET LES CHAPITRES

Ce tableau indique quels chapitres doivent avoir été travaillés avant de résoudre un des problèmes des neuf thèmes d'étude donnés par le programme (voir p. 6 et 7).

			CHAPITRE								
	Thème A : INFÉRENCE BAYÉSIENNE (p. 32 à 35)										
Problèmes	1re	Logiciels	1	2	3	4	5	6	7	8	9
❶ *De quelle urne vient la boule ?*	✓										
❷ *Sensibilité, spécificité, valeurs prédictives positive et négative d'un test diagnostique*	✓	✓									
❸ *Tests de dépistage de sensibilité et de spécificité données*	✓	✓									
❹ *Détection des spams et filtres bayésiens*	✓										

	Thème B : MODÈLES DÉFINIS PAR UNE FONCTION VARIABLE (p. 118 à 123)										
Problèmes	1re	Logiciels	1	2	3	4	5	6	7	8	9
❶ *Concentration d'un médicament dans le sang*	✓	✓			✓						
❷ *Prix unitaire dégressif*	✓			✓							
❸ *Situation de monopole*					✓	✓					
❹ *Approximation d'une aire*		✓			✓						
❺ *Croissance d'un goéland*	✓			✓		✓	✓				
❻ *Ventilation dans un espace clos*	✓				✓						
❼ *Étude de différents coûts*					✓	✓					

	Thème C : CORRÉLATION ET CAUSALITÉ (p. 124 à 127)										
Problèmes	1re	Logiciels	1	2	3	4	5	6	7	8	9
❶ *Établissement de la loi d'Ohm*							✓				
❷ *Loi de désintégration radioactive*	✓	✓				✓	✓				
❸ *Évolution de la température et des émissions de gaz à effet de serre dans le cadre du réchauffement climatique*							✓				
❹ *Loi de Moore*	✓		✓				✓				

	Thème D : MODÈLES D'ÉVOLUTION (p. 172 à 177)										
Problèmes	1re	Logiciels	1	2	3	4	5	6	7	8	9
❶ *Évolution d'un capital, amortissement d'une dette*		✓	✓								
❷ *Loi de décroissance radioactive*	✓		✓	✓				✓			
❸ *Décharge et charge d'un condensateur*	✓							✓			
❹ *Loi de refroidissement de Newton*		✓	✓								
❺ *Chute d'un corps dans un fluide visqueux*	✓			✓				✓			
❻ *Dynamique des populations*	✓		✓					✓			
❼ *Modèle proie-prédateur*		✓	✓								

	CHAPITRE										
	Thème E : APPROCHE HISTORIQUE DE LA FONCTION LOGARITHME (p. 178 à 181)										
Problèmes	1re	Logiciels	1	2	3	4	5	6	7	8	9
❶ *Travaux de Neper : le passage du discret au continu*			✓			✓		✓			
❷ *L'algorithme de Briggs*		✓					✓				
❸ *Vision fonctionnelle du logarithme népérien*				✓				✓			
❹ *Une construction du logarithme par la quadrature de l'hyperbole*			✓			✓			✓		

	Thème F : CALCULS D'AIRES (p. 182 à 187)										
Problèmes	1re	Logiciels	1	2	3	4	5	6	7	8	9
❶ *Quadrature de la parabole par la méthode d'Archimède*			✓						✓		
❷ *Quadrature de l'hyperbole par la méthode de Brouncker*		✓	✓						✓		
❸ *Quadrature de l'hyperbole par la méthode de Grégoire de Saint Vincent*			✓			✓			✓		
❹ *Approximation de l'aire sous la courbe de la fonction exponentielle sur [0 ; 1] par la méthode des rectangles*		✓	✓						✓		
❺ *Estimation de l'aire sous une courbe par la méthode de Monte Carlo*		✓						✓	✓		✓
❻ *Approximation de π et aire d'un disque*		✓	✓								

	Thème G : RÉPARTITION DES RICHESSES, INÉGALITÉS (p. 188 à 191)										
Problèmes	2de	Logiciels	1	2	3	4	5	6	7	8	9
❶ *Inégalité de revenus*							✓		✓		
❷ *Réduction des inégalités et dépenses de retraites*		✓							✓		
❸ *Répartition des salaires dans une entreprise*					✓			✓	✓		
❹ *Revenu disponible des ménages*	✓	✓									

	Thème H : RÉPÉTITION D'EXPÉRIENCES INDÉPENDANTES, ÉCHANTILLONNAGE (p. 238 à 243)										
Problèmes	2de	Logiciels	1	2	3	4	5	6	7	8	9
❶ *Tirages aléatoires avec remise d'une boule*		✓								✓	✓
❷ *Test d'une pièce*		✓								✓	
❸ *Surréservation*		✓								✓	
❹ *Sondages*	✓										
❺ *Hypothèses et estimation*										✓	

	Thème I : TEMPS D'ATTENTE (p. 244 à 247)										
Problèmes	1re	Logiciels	1	2	3	4	5	6	7	8	9
❶ *Désintégration d'un atome d'iode radioactif*		✓								✓	✓
❷ *Temps d'attente à un arrêt de bus et paradoxe de l'inspection*		✓									✓
❸ *Période de crue*		✓								✓	

Le programme s'organise en deux grands volets :
– le premier volet est constitué de neuf thèmes d'étude, où les concepts mathématiques du programme sont mis en situation dans divers champs disciplinaires ;
– le second volet précise l'ensemble des contenus et capacités attendues.

Thèmes d'étude

Modèles définis par une fonction d'une variable

Descriptif

Les fonctions d'une variable réelle interviennent dans des problèmes variés, internes aux mathématiques ou issus des sciences expérimentales, économiques et sociales. La fonction peut être donnée ou déterminée par l'élève lors d'une résolution de problème. Un équilibre est à garder entre les phases de recherche et de modélisation, et les phases de calcul. C'est l'occasion de réinvestir les connaissances des années précédentes sur les études de fonctions, notamment l'étude des variations et des extremums, et d'introduire de nouvelles notions du programme en les appliquant dans des contextes mathématiques, notamment géométriques, ou issus des autres disciplines.

Problèmes possibles

- Modèles issus de contextes géométriques (expression de distance, d'aires, de volumes en fonction d'un paramètre), physiques, biologiques, économiques (fonctions de coût, coût marginal, coût moyen).
- Études de variations, résolutions d'équation, optimisation dans des configurations géométriques, physiques, économiques, etc.

Modèles d'évolution

Descriptif

Il s'agit ici de modéliser des phénomènes qui dépendent du temps, à l'aide de suites ou de fonctions d'une variable réelle. Les suites ou fonctions considérées peuvent être données *a priori* ou être obtenues lors d'une résolution de problème : suites vérifiant une relation de récurrence, fonctions solutions d'une équation différentielle, ajustement statistique d'une série chronologique. La mise en regard des modèles discrets et des modèles continus est un objectif important.

Problèmes possibles

- Évolution d'un capital, amortissement d'une dette.
- Loi de décroissance radioactive : modèle discret, modèle continu.
- Décharge, charge d'un condensateur, à partir de l'équation différentielle.
- Loi de refroidissement de Newton (modèle discret).
- Chute d'un corps dans un fluide visqueux.
- Dynamique des populations : modèle de Malthus (géométrique), modèle de Verhulst (logistique) discret $N_{t+1} = N_t + rN_t(k - N_t)$, ou continu : $y' = ay(b - y)$.
- Modèle proie prédateur discrétisé : évolution couplée de deux suites récurrentes.

Approche historique de la fonction logarithme

Descriptif

Il s'agit de montrer qu'un objet mathématique, ici la fonction logarithme népérien, peut être étudié selon divers points de vue. Le volet des contenus l'introduit comme fonction réciproque de la fonction exponentielle, étudiée en classe de première. Le thème décrit comment elle a été introduite historiquement, avec ses deux aspects fondamentaux : équation fonctionnelle, quadrature de l'hyperbole.

Problèmes possibles

- Le développement des besoins pratiques de calcul, notamment pour l'astronomie ou la navigation conduit à la recherche de méthodes facilitant multiplication, division, extraction de racine. Influence des tables trigonométriques.
- Lien entre suites arithmétiques et géométriques (depuis Archimède). Construction de tables d'intérêts.
- Les travaux de Neper. Le passage du discret au continu.
- Vision fonctionnelle $f(xy) = f(x) + f(y)$ plus tardive.
- Quadrature de l'hyperbole, problème des sous-tangentes constantes.

Calculs d'aires

Descriptif

Des calculs d'aires menés selon différentes méthodes permettent d'aboutir à l'introduction de l'intégrale d'une fonction continue et positive sur un intervalle $[a, b]$ de $\mathbb{R}$ en montrant alors la puissance de calcul qu'apporte dans ce domaine la détermination des primitives. Différentes approches sont possibles : méthodes historiques d'approximation des aires, méthode des rectangles et des trapèzes pour l'aire sous une courbe, méthodes probabilistes et bien sûr le calcul intégral. Ce thème est l'occasion de revoir les aires des figures planes usuelles : triangles, trapèzes, rectangles, carrés et disques, ainsi que l'utilisation de propriétés classiques : additivité, invariance par symétrie et translation. Les calculs d'aires par approximations successives se prêtent tout particulièrement à la mise en œuvre d'algorithmes notamment dans le cas d'aires sous des courbes de fonctions dont on ne sait pas déterminer de primitives. Leur histoire et les différentes méthodes peuvent aussi être sources d'exposés réalisés par les élèves. Ce thème peut s'étendre à des calculs de volumes notamment pour des solides de révolution (cylindre, cône, sphère, paraboloïde de révolution...).

Problèmes possibles

- Quadrature de la parabole par la méthode d'Archimède.
- Quadrature de l'hyperbole par une ou deux méthodes (Brouncker, Grégoire de Saint-Vincent).
- Approximation de l'aire sous la courbe de la fonction exponentielle sur [0, 1] par la méthode des rectangles.
- Estimation de l'aire sous une courbe par la méthode de Monte-Carlo.
- Approximation de π et aire d'un disque.

Répartition des richesses, inégalités

Descriptif

L'étude de la répartition de richesses dans la population d'un pays, des salaires dans une entreprise, etc., et la comparaison des différentes répartitions sont des occasions de réinvestir des connaissances antérieures de statistique descriptive et de construire de nouveaux outils d'analyse faisant intervenir les fonctions d'une variable (notamment des fonctions de répartition) et le calcul intégral.

Problèmes possibles

- Courbe de Lorenz : sur des données réelles, présentation, définition, lecture, construction d'une ligne polygonale à partir des quantiles, interprétation. Modélisation par la courbe représentative d'une fonction continue, croissante, convexe de [0, 1] dans [0, 1] et ayant 0 et 1 comme points fixes. Position par rapport à la première bissectrice.
- Indice de Gini : définition, calcul, interprétation comme mesure du degré d'inégalité d'une répartition. Comparaison de plusieurs répartitions. Évolution de l'indice sur une période.

Inférence bayésienne

Descriptif

Le raisonnement bayésien est à la base de nombreux algorithmes de décision et se retrouve dans de nombreux domaines pratiques : sport, médecine, justice, etc. où l'on doit raisonner à partir de probabilités et d'informations incomplètes. Il s'agit ici de décrire et mettre en œuvre les principes du calcul utilisant des probabilités conditionnelles et notamment la formule de Bayes pour l'inversion des conditionnements. La question d'intérêt est représentée par un événement A de probabilité $P(A)$, dite probabilité a priori. L'observation d'un événement B conduit à remplacer la probabilité a priori $P(A)$ par la probabilité conditionnelle $P_B(A)$, dite a posteriori. La formule de Bayes $P_B(A) = \dfrac{P_A(B)P(A)}{P(B)}$ permet d'exprimer la probabilité a posteriori lorsque l'expression du second membre est évaluable. Elle montre la distinction essentielle entre $P_B(A)$ et $P_A(B)$. Bien comprendre cette distinction est un objectif majeur.

Problèmes possibles

- Tests binaires pour le diagnostic médical. Notion de vrais/faux positifs et négatifs, sensibilité, spécificité, valeurs prédictives positive (diagnostique) et négative, lien avec les probabilités conditionnelles. Tests de dépistage de sensibilité et de spécificité données : étude des valeurs prédictives en fonction de la proportion de malades et interprétation.
- Exemples de problèmes du type : « De quelle urne vient la boule ? ».

Répétition d'expériences indépendantes, échantillonnage

Descriptif

Ce thème vise à illustrer le modèle probabiliste de la répétition d'expériences aléatoires indépendantes et de l'échantillonnage ainsi que ses applications à l'inférence statistique, où il s'agit, à partir de l'observation d'un échantillon, d'induire des propriétés de la population dont il est issu. Le schéma de Bernoulli et la loi binomiale forment un cas fondamental, où il s'agit de considérer d'une part des probabilités ou proportions théoriques, et d'autre part des fréquences observées. La réalisation de simulations est indispensable. C'est l'occasion de montrer l'intérêt de la loi uniforme sur [0, 1] pour simuler d'autres lois parmi lesquelles les lois uniformes discrètes et les lois binomiales.

Problèmes possibles

- Tirages aléatoires avec remise d'une boule dans une urne contenant des boules de deux couleurs différentes. Simulations. Calculs de probabilité.
- Test d'une pièce, par construction d'un intervalle I centré en $\frac{n}{2}$ tel que $P(X \in I) \geqslant 1 - \alpha$ où X est une variable aléatoire suivant la loi binomiale $B(n, 1/2)$.
- Surréservation. Construction d'un intervalle I de la forme $[0, k]$ tel que $P(X \in I) \geqslant 1 - \alpha$ où X est une variable aléatoire suivant la loi binomiale $B(n, p)$. Sondages par échantillonnage aléatoire simple. Fourchette de sondage. Réflexion sur la réalisation effective d'un sondage et les biais possibles (représentativité, sincérité des réponses, etc.).
- Démarche des tests d'hypothèse et de l'estimation. Les observations étant vues comme un échantillon aléatoire d'expériences régies par une loi inconnue (à découvrir), il s'agit de confronter une modélisation théorique proposée avec les résultats mesurés.

Temps d'attente

Descriptif

Certains phénomènes physiques (temps de désintégration d'un atome radioactif) ou biologiques (durée de vie de certains organismes) possèdent la propriété d'absence de mémoire. Leur modélisation mathématique repose sur l'utilisation des lois géométriques et exponentielles selon que le temps est considéré comme discret ou continu. La loi géométrique est vue soit comme la distribution du premier succès dans un schéma de Bernoulli, soit comme une loi discrète possédant la propriété d'absence de mémoire. La loi exponentielle peut être introduite à partir de la propriété d'absence de mémoire.

Problèmes possibles

- Durée de vie d'un atome radioactif. Discrétisation d'une variable aléatoire suivant une loi exponentielle.
- Exemples de modélisation par une variable aléatoire suivant une loi géométrique ou exponentielle : durée entre deux appels téléphoniques, durée de vie d'un composant électronique, période de retour de crue, etc.
- Utilisation de la loi uniforme. Temps d'attente à un arrêt de bus, paradoxe de l'inspection.

Corrélation et causalité

Descriptif

À travers l'étude de séries statistiques à deux variables, l'objectif de ce thème est d'amener l'élève à évaluer une corrélation entre deux phénomènes, à développer une réflexion critique sur le lien entre deux phénomènes corrélés, et finalement à distinguer corrélation et causalité. C'est aussi l'occasion de travailler sur la droite de régression, et de faire percevoir le sens de l'expression « moindres carrés ». Des ajustements affines ou s'y ramenant à l'aide d'un changement de variable permettent des interpolations et des extrapolations, sur lesquelles l'élève porte un regard critique. Ce thème d'étude a d'innombrables applications en sciences expérimentales ou en sciences sociales. La corrélation entre deux variables peut être une première approche vers une loi déterministe ou non. Quand une des variables est le temps, le problème de l'extrapolation prend souvent une importance particulière, comme le montre l'exemple du changement climatique.

Problèmes possibles

- Établissement de la loi d'Ohm.
- Loi de désintégration radioactive.
- Évolution de la température et des émissions de gaz à effet de serre dans le cadre du réchauffement climatique.
- Loi de Moore.

Contenus

Analyse

Ces contenus sont mis en contexte dans les thèmes d'étude, ce qui permet aux élèves d'enrichir leurs activités de modélisation et de développer leurs connaissances et compétences mathématiques.

Suites numériques, modèles discrets

Contenus

- Approche intuitive de la notion de limite, finie ou infinie, d'une suite, des opérations sur les limites, du passage à la limite dans les inégalités et du théorème des gendarmes.
- Limite d'une suite géométrique de raison positive.
- Limite de la somme des termes d'une suite géométrique de raison positive strictement inférieure à 1.
- Suites arithmético-géométriques.

Capacités attendues

- Modéliser un problème par une suite donnée par une formule explicite ou une relation de récurrence.
- Calculer une limite de suite géométrique, de la somme des termes d'une suite géométrique de raison positive et strictement inférieure à 1.
- Représenter graphiquement une suite donnée par une relation de récurrence $u_{n+1} = f(u_n)$ où f est une fonction continue d'un intervalle I dans lui-même. Conjecturer le comportement global ou asymptotique d'une telle suite.
- Pour une récurrence arithmético-géométrique : recherche d'une suite constante solution particulière ; utilisation de cette suite pour déterminer toutes les solutions.

Fonctions : continuité, dérivabilité, limites, représentation graphique

Contenus

- Notion de limite. Lien avec la continuité et les asymptotes horizontales ou verticales. Limites des fonctions de référence (carré, cube, racine carrée, inverse, exponentielle, logarithme).
- Théorème des valeurs intermédiaires (admis). Cas des fonctions strictement monotones.
- Réciproque d'une fonction continue strictement monotone sur un intervalle, représentation graphique.
- Fonction logarithme népérien : réciproque de la fonction exponentielle. Limites, représentation graphique. Équation fonctionnelle. Fonction dérivée.
- Fonction dérivée de $x \mapsto f(ax+b)$, $x \mapsto e^{u(x)}$, $x \mapsto \ln u(x)$, $x \mapsto u(x)^2$.

Capacités attendues

- Calculer une fonction dérivée, calculer des limites. Dresser un tableau de variation.
- Dans le cadre de la résolution de problème, utiliser le calcul des limites, l'allure des courbes représentatives des fonctions inverse, carré, cube, racine carrée, exponentielle et logarithme.
- Exploiter le tableau de variation pour déterminer le nombre de solutions d'une équation du type $f(x) = k$, pour résoudre une inéquation du type $f(x) \leqslant k$.
- Déterminer des valeurs approchées, un encadrement d'une solution d'une équation du type $f(x) = k$.
- Utiliser l'équation fonctionnelle de l'exponentielle ou du logarithme pour transformer une écriture, résoudre une équation, une inéquation.
- Utiliser la relation $\ln q^n = n \ln q$ pour déterminer un seuil.

Primitives et équations différentielles

Contenus

- Sur des exemples, notion d'une solution d'équation différentielle.
- Notion de primitive, en liaison avec l'équation différentielle $y' = f$. Deux primitives d'une même fonction continue sur un intervalle diffèrent d'une constante. Exemples.
- Équation différentielle $y' = ay + b$, où a et b sont des réels ; allure des courbes.

Capacités attendues

- Vérifier qu'une fonction donnée est solution d'une équation différentielle.
- Déterminer les primitives d'une fonction, en reconnaissant la dérivée d'une fonction de référence ou une fonction de la forme $2uu'$, $e^u u'$ ou u' / u.
- Résoudre une équation différentielle $y' = ay$. Pour une équation différentielle $y' = ay + b$: déterminer une solution particulière constante ; utiliser cette solution pour déterminer la solution générale.

Fonctions convexes

Contenus

- Dérivée seconde d'une fonction.
- Fonction convexe sur un intervalle : définition par la position relative de la courbe représentative et des sécantes, équivalence admise, lorsque f est dérivable, avec la position par rapport aux tangentes.
- Caractérisation admise par la croissance de f', la positivité de f''.
- Point d'inflexion.

Capacités attendues

- Reconnaître sur une représentation graphique une fonction convexe, concave, un point d'inflexion. – Étudier la convexité, la concavité, d'une fonction deux fois dérivable sur un intervalle.

Intégration

Contenus

- Définition de l'intégrale d'une fonction continue et positive sur $[a, b]$ comme aire sous la courbe. Notation $\int_b^a f(x)\mathrm{d}x$. Relation de Chasles.
- Valeur moyenne d'une fonction continue sur $[a, b]$. Approche graphique et numérique. La valeur moyenne est comprise entre les bornes de la fonction.
- Approximation d'une intégrale par la méthode des rectangles.
- Présentation de l'intégrale des fonctions continues de signe quelconque.
- Théorème : si f est continue sur $[a, b]$, la fonction F définie sur $[a, b]$ par $F(x) = \int_a^x f(t)\mathrm{d}t$ est dérivable sur $[a, b]$ et a pour dérivée f.
- Calcul d'intégrales à l'aide de primitives : si F est une primitive de f, alors $\int_b^a f(x)\mathrm{d}x = F(b) - F(a)$.

Capacités attendues

- Estimer graphiquement ou encadrer une intégrale, une valeur moyenne.
- Calculer une intégrale, une valeur moyenne.
- Calculer l'aire sous une courbe ou entre deux courbes.
- Interpréter une intégrale, une valeur moyenne dans un contexte issu d'une autre discipline.

Probabilités et statistique

Lois discrètes

Contenus

- Loi uniforme sur $\{1, 2, \ldots, n\}$. Espérance.
- Épreuve de Bernoulli. Loi de Bernoulli : définition, espérance et écart type.
- Schéma de Bernoulli. Représentation par un arbre.
- Coefficients binomiaux : définition (nombre de façons d'obtenir k succès dans un schéma de Bernoulli de taille n), triangle de Pascal, symétrie.
- Variable aléatoire suivant une loi binomiale $B(n, p)$. Interprétation : nombre de succès dans le schéma de Bernoulli. Expression, espérance et écart type (admis). Représentation graphique.
- Loi géométrique : définition, expression, espérance (admise), représentation graphique et propriété caractéristique (loi sans mémoire).

Capacités attendues

- Identifier des situations où une variable aléatoire suit une loi de Bernoulli, une loi binomiale ou une loi géométrique.
- Déterminer des coefficients binomiaux à l'aide du triangle de Pascal.
- Dans le cas où X suit une loi binomiale, calculer à l'aide d'une calculatrice ou d'un logiciel, les probabilités des événements de type $P(X = k)$ ou $P(X \leqslant k)$, etc. Calculer explicitement ces probabilités pour une variable aléatoire suivant une loi géométrique.
- Dans le cas où X suit une loi binomiale, déterminer un intervalle I pour lequel la probabilité $P(X \in \mathrm{I})$ est inférieure à une valeur donnée α, ou supérieure à $1 - \alpha$.
- Dans le cadre de la résolution de problème, utiliser l'espérance des lois précédentes.
- Utiliser en situation la caractérisation d'une loi géométrique par l'absence de mémoire.
- Calculer des probabilités dans des situations faisant intervenir des probabilités conditionnelles, des répétitions d'expériences aléatoires.

Lois à densité

Contenus

- Notion de loi à densité à partir d'exemples. Représentation d'une probabilité comme une aire. Fonction de répartition $x \mapsto P(X \leqslant x)$.
- Espérance et variance d'une loi à densité, expressions sous forme d'intégrales.
- Loi uniforme sur [0, 1] puis sur $[a, b]$. Fonction de densité, fonction de répartition. Espérance et variance.
- Loi exponentielle. Fonction densité, fonction de répartition. Espérance, propriété d'absence de mémoire.

Capacités attendues

- Déterminer si une fonction est une densité de probabilité. Calculer des probabilités.
- Calculer l'espérance d'une variable aléatoire à densité.

Statistique à deux variables quantitatives

Contenus

- Nuage de points. Point moyen.
- Ajustement affine. Droite des moindres carrés. Coefficient de corrélation.
- Ajustement se ramenant par changement de variable à un ajustement affine.
- Application des ajustements à des interpolations ou extrapolations.

Capacités attendues

- Représenter un nuage de points.
- Calculer les coordonnées d'un point moyen.
- Déterminer une droite de régression, à l'aide de la calculatrice, d'un logiciel ou par calcul.
- Dans le cadre d'une résolution de problème, utiliser un ajustement pour interpoler, extrapoler.

Algorithmique et programmation

En algorithmique et programmation, le programme de mathématiques complémentaires reprend les programmes des classes de Seconde et de Première sans introduire de notion nouvelle, afin de consolider le travail des classes précédentes. Les algorithmes peuvent être écrits en langage naturel ou utiliser le langage Python. On utilise le symbole « ← » pour désigner l'affection dans un algorithme écrit en langage naturel. L'accent est mis sur la programmation modulaire qui permet de découper une tâche complexe en tâches plus simples. L'algorithmique trouve naturellement sa place dans toutes les parties du programme et aide à la compréhension et à la construction des notions mathématiques.

Vocabulaire ensembliste et logique

Les élèves doivent connaître les notions d'élément d'un ensemble, de sous-ensemble, d'appartenance et d'inclusion, de réunion, d'intersection et de complémentaire, et savoir utiliser les symboles de base correspondant : $\in$, $\subset$, $\cap$, $\cup$, ainsi que la notation des ensembles de nombres et des intervalles. Ils connaissent également la notion de couple. Pour le complémentaire d'un sous-ensemble A de E, on utilise la notation des probabilités $\bar{\mathrm{A}}$, ou la notation E \ A. Les élèves apprennent en situation à :

- reconnaître ce qu'est une proposition mathématique, à utiliser des variables pour écrire des propositions mathématiques ;
- lire et écrire des propositions contenant les connecteurs « et », « ou » ;
- formuler la négation de propositions simples (sans implication ni quantificateurs) ;
- mobiliser un contre-exemple pour montrer qu'une proposition est fausse ;
- formuler une implication, une équivalence logique, et à les mobiliser dans un raisonnement simple ;
- formuler la réciproque d'une implication ;
- lire et écrire des propositions contenant une quantification universelle ou existentielle (les symboles $\forall$ et $\exists$ ne sont pas exigibles).

Se tester pour un BON DÉPART

Calculer des termes d'une suite

1 QCM *Choisir la ou les bonnes réponses.*

1. La suite (u_n) est définie, pour tout entier naturel n, par $u_n = n^2 - 3n + 2$. Alors :

a. $u_0 = 2$ **b.** $u_2 = 0$ **c.** $u_4 = 0$ **d.** $u_6 = 20$

2. La suite (v_n) est définie par la donnée de son premier terme $v_0 = 3$ et, pour tout entier naturel n, $v_{n+1} = v_n^2 - 4v_n$. Alors :

a. $v_1 = -3$ **b.** $v_2 = -4$ **c.** $v_3 = 357$ **d.** $v_4 = 126\,021$

2 Calculer les cinq premiers termes de chacune des suites (u_n) définies de la façon suivante :

a. $u_n = \dfrac{n+1}{n+3}$ pour $n \in \mathbb{N}$

b. $u_n = \dfrac{e^n - 1}{n}$ pour $n \in \mathbb{N}^*$

c. $\begin{cases} u_0 = 1 \\ u_{n+1} = 3u_n + 2 \text{ pour } n \in \mathbb{N} \end{cases}$

d. $\begin{cases} u_1 = -2 \\ u_{n+1} = \dfrac{u_n}{u_n + 1} \text{ pour } n \in \mathbb{N} \end{cases}$

Conjecturer la limite d'une suite

3 Soit (u_n) la suite définie pour tout entier naturel n par $u_n = \dfrac{2^n}{2^n + 1}$. On a représenté ci-contre les premiers termes de cette suite.

Conjecturer la limite de (u_n).

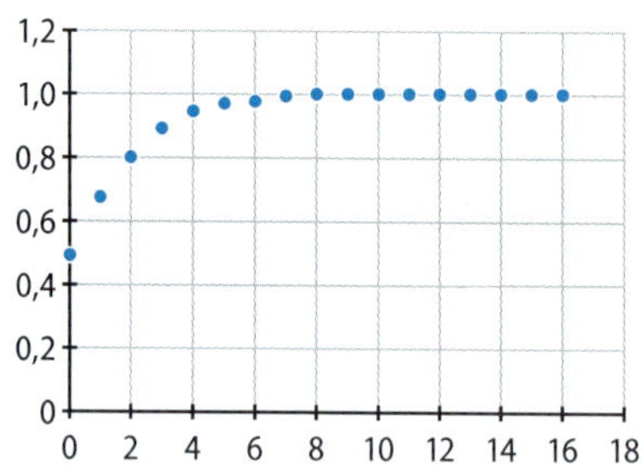

4 Soit (u_n) la suite de premier terme $u_0 = 3$ et telle que, pour tout entier naturel n, $u_{n+1} = u_n^2 - 3$.

a. Déterminer avec une calculatrice les premiers termes de cette suite.

b. Conjecturer la limite de cette suite.

Utiliser les suites arithmétiques et géométriques

5 Au 1er janvier 2018, la population d'une ville est de 8 000 habitants. On suppose que cette population diminue de 2 % par an.

On note u_n le nombre d'habitants de cette ville en l'année $(2018 + n)$.

a. Quelle est la nature de la suite (u_n) ?

b. Exprimer u_n en fonction de n.

c. En déduire le nombre d'habitants de cette ville au 1er janvier 2040.

6 VRAI/FAUX

Indiquer si les affirmations sont vraies ou fausses, puis justifier.

a. Le 15e terme de la suite géométrique (v_n) de premier terme $v_0 = 3$ et de raison 2 est 98 304.

b. La somme des 20 premiers termes de la suite géométrique (w_n) de premier terme $w_0 = 2$ et de raison $\dfrac{1}{2}$ est égale à $4 - \dfrac{1}{2^{18}}$.

POUR VOUS AIDER → Rappels .... page 258

SUITES

CHAPITRE **1**

Le macareux moine est un oiseau marin qui vit en haute mer, dans l'Atlantique Nord, et qui rejoint la terre ferme durant sa période de reproduction. Il vit alors sur des falaises isolées. La population de macareux moines, qui s'est stabilisée depuis qu'ils ne sont plus chassés, a régressé sur certaines îles car il subit la prédation de la part de goélands ou de rats. L'évolution de cette population sur une île donnée peut être modélisée par une suite récurrente, que nous allons étudier dans ce chapitre.

Voir exercice 47 page 23

LES NOTIONS DU CHAPITRE

- **Représentation graphique d'une suite récurrente**
- **Limite d'une suite**
- **Opérations sur les limites**
- **Limites et inégalités**
- **Suites arithmético-géométriques**

bordas Flash PAGE

RESSOURCES NUMÉRIQUES

Téléchargez l'application FlashPage, puis scannez la page indiquée pour consulter votre ressource sur smartphone ou tablette.

DÉCOUVRIR

Activité 1

Évolution d'une population de tortues

Objectif

Découvrir une représentation graphique pour une suite récurrente.

Cours 1
Suites récurrentes – Limite d'une suite

On s'intéresse à une population de tortues dans un écosystème. Au début de l'année 2010, on comptait 300 tortues.

Une étude a permis de modéliser ce nombre de tortues par la suite (u_n) telle que $u_0 = 0{,}3$ et $u_{n+1} = f(u_n)$, où f est la fonction définie sur $[0\,;\,1]$ par :

$$f(x) = 0{,}9x(1-x)$$

et u_n représente le nombre de tortues, en milliers, au début de l'année $2010 + n$ pour tout entier naturel n.

1 Calculer, selon ce modèle, le nombre de tortues au début de l'année 2011.

2 On va représenter les premiers termes de cette suite pour conjecturer l'évolution de cette population.

Animation
Suites récurrentes
$u_{n+1} = f(u_n)$

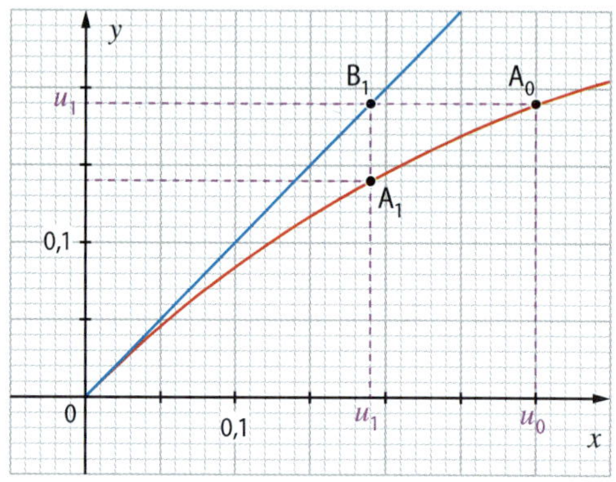

a. Tracer dans un repère orthonormé la représentation graphique $\mathscr{C}$, de f, ainsi que la droite d d'équation $y = x$. *On prendra 1 cm pour 0,05 unité.*

b. Placer u_0 sur l'axe des abscisses, puis le point A_0 d'abscisse u_0 de $\mathscr{C}$. Justifier que son ordonnée est u_1 ; placer le nombre u_1 sur l'axe des ordonnées.

c. Placer le point B_1 de d de même ordonnée que A_0. Quelle est son abscisse ?

d. Placer le point A_1 de $\mathscr{C}$ de même abscisse que B_1. Quelle est son ordonnée ?

e. Continuer ce processus pas à pas, et placer successivement u_2, u_3, u_4 et u_5 sur l'axe des abscisses.

3 Que peut-on dire du comportement de la suite (u_n) ? Que peut-on conjecturer pour cette population de tortues ?

Activité 2

Une balle qui rebondit

Objectif

Découvrir la notion de limite finie d'une suite.

Cours 1
Suites récurrentes – Limite d'une suite

On lâche une balle du sommet de la plus haute tour du monde, la tour Burj Khalifa à Dubaï, un gratte-ciel de 830 mètres de haut. On suppose qu'à chaque rebond, la balle rebondit aux trois quarts de la hauteur précédente. Pour n entier supérieur ou égal à 1, on note u_n la hauteur en mètres du $n^{\text{ième}}$ rebond de cette balle. On pose $u_0 = 830$.

1 Justifier que (u_n) est une suite géométrique. Préciser sa raison.

2 En déduire l'expression de u_n en fonction de n.

3 Déterminer à quelle hauteur la balle rebondira au vingtième rebond.

4 Lorsque le rebond est inférieur à un millimètre, la balle ne rebondit plus et se met à rouler. À l'aide de la calculatrice, déterminer au bout de combien de rebonds ce phénomène se produira.

5 Intuitivement, vers quel nombre semblent se rapprocher les valeurs u_n lorsque n devient très grand ?

Activité 3

Une ligne qui se brise en morceaux

Objectif

Découvrir la limite de certaines suites géométriques.

Cours 3
D'autres théorèmes sur les limites

Un segment [AB] a pour longueur 1. On se propose d'aller de A à B par des trajets formés de segments de même longueur.

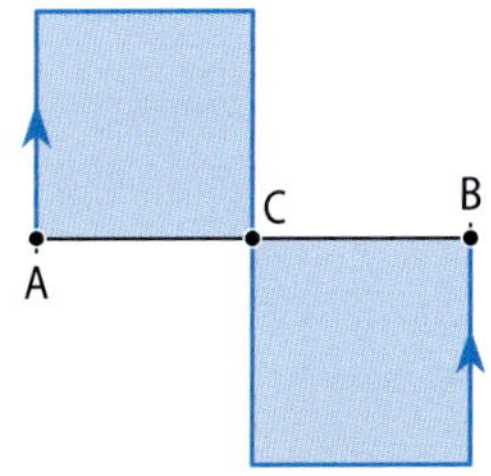

1 **a.** Étape 1 : on partage [AB] en deux segments de même longueur 1/2 et on trace deux carrés comme ci-contre. Le trajet T_1 est composé de 6 segments.

Calculer la longueur P_1 du trajet bleu, ainsi que l'aire totale S_1 des deux carrés colorés en bleu.

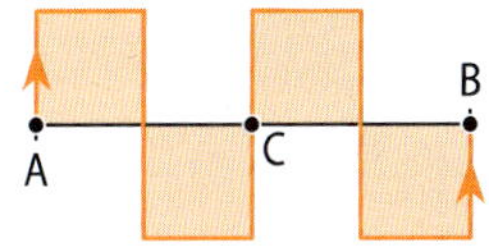

b. Étape 2 : on partage chacun des segments [AC] et [CB] en deux segments de même longueur et on trace quatre carrés. Le trajet T_2 est composé de 12 segments.

Calculer la longueur totale P_2 du trajet rouge et l'aire totale S_2 des 4 carrés colorés en orange.

2 On continue le partage de chacun des segments en deux parties égales.

À l'étape n, on note s_n le nombre de segments, l_n la longueur d'un segment, P_n la longueur totale du trajet T_n, c_n le nombre de carrés, a_n l'aire d'un carré et S_n l'aire totale des carrés.

a. Recopier et compléter le tableau suivant pour les étapes 1, 2, 3 et 4.

Étape	Nombre de segments s_n	Longueur d'un segment l_n	Périmètre total P_n	Nombre de carrés c_n	Aire d'un carré a_n	Aire totale des carrés S_n
1	6	1/2		2	1/4	
...						

b. Justifier que les suites (s_n), (l_n), (c_n) et (a_n) sont géométriques. Donner leur premier terme et leur raison.

c. Exprimer s_n et l_n en fonction de n. En déduire P_n en fonction de n.

d. Exprimer c_n et a_n en fonction de n. En déduire S_n en fonction de n.

e. Conjecturer le comportement de ces suites lorsque n devient grand.

Activité 4

Baleines dans une réserve marine

Objectif

Découvrir un nouveau type de suite.

Cours 4
Suites arithmético-géométriques

Une réserve marine comprend 3 000 baleines au 1er juin 2020. Une étude permet d'élaborer un modèle selon lequel, chaque année, entre le 1er juin et le 31 octobre, 76 baleines entrent dans la réserve, et entre le 1er novembre et le 31 mai, la réserve subit une baisse de 5 % de son effectif par rapport à celui du 31 octobre précédent.

On modélise l'évolution du nombre de baleines par une suite (u_n) : pour tout entier naturel n, u_n désigne le nombre de baleines au 1er juin de l'année $2020 + n$.

1 **a.** Donner u_0 et justifier que $u_1 = 2\,926$.

b. Justifier que, pour tout entier naturel n, $u_{n+1} = 0{,}95\, u_n + 76$.

2 **a.** Montrer que la suite constante (v_n), telle que $v_n = 1\,520$, vérifie la relation $v_{n+1} = 0{,}95\, v_n + 76$ pour tout entier naturel n.

b. Soit la suite (w_n) telle que, pour tout entier naturel n, $w_n = u_n - v_n$.

Montrer que $w_{n+1} = 0{,}95\, w_n$ et donner la nature de la suite (w_n).

3 **a.** En déduire w_n, puis u_n en fonction de n.

b. Le classement en réserve maritime ne sera pas reconduit si le nombre de baleines devient inférieur à 1 500. Ceci peut-il arriver ?

COURS

1. Suites récurrentes – Limite d'une suite

Une suite peut être définie de manière explicite, c'est-à-dire par la donnée de u_n en fonction de n, ou par une relation de récurrence, c'est-à-dire par la donnée de son premier terme u_0 et une relation de la forme $u_{n+1} = f(u_n)$, où f est une fonction de la variable réelle.

Suites récurrentes

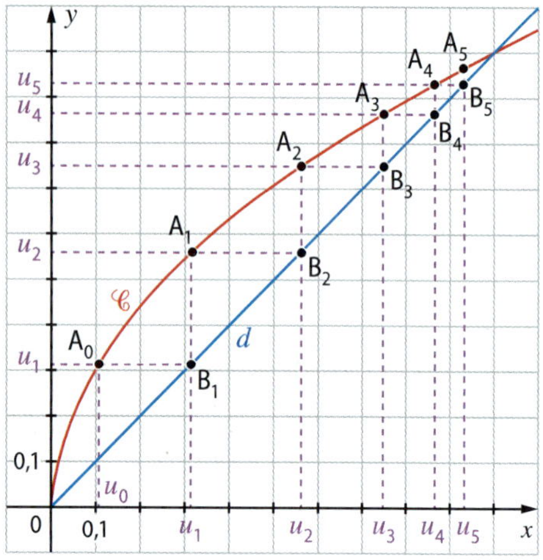

Le comportement d'une suite récurrente peut être mis en valeur par une représentation graphique particulière que l'on décrit ici.

- On trace la courbe représentative $\mathscr{C}$ de f, ainsi que la droite d d'équation $y = x$.
- On place le nombre u_0 sur l'axe des abscisses, puis le point A_0 de $\mathscr{C}$ d'abscisse u_0 : A_0 a donc pour coordonnées $(u_0 ; u_1)$, puisque $u_1 = f(u_0)$.
- On place le point B_1 de d de même ordonnée que A_0, soit $B_1(u_1 ; u_1)$.
- On place l'abscisse u_1 de B_1 sur l'axe des abscisses.

On réitère le procédé et on obtient rapidement les premiers termes de la suite (u_n) sur l'axe des abscisses. Dans l'exemple donné ci-contre, on conjecture que la suite est croissante et que ses valeurs se rapprochent de 1 quand n devient grand.

À noter
On obtient les termes de la suite sur l'axe des abscisses, mais aussi sur l'axe des ordonnées car les points B_n ont des coordonnées égales.

Limite d'une suite

Animation Définition de la limite d'une suite (bordas Flash PAGE)

Soit les suites (u_n) et (v_n) définies par $u_n = n^2$ et $v_n = \dfrac{1}{n}$.

Que font ces suites lorsque n prend des valeurs de plus en plus grandes ?

Un tableau de valeurs permet de comprendre le comportement de ces suites.

	10	100	1 000	10^6	10^9
u_n	100	1 000	10^6	10^{12}	10^{18}
v_n	0,1	0,01	0,001	10^{-6}	10^{-9}

On se rend compte que u_n prend des valeurs de plus en plus grandes, tandis que les valeurs de v_n se rapprochent de 0.

Plus précisément, quel que soit le réel A fixé, on peut toujours trouver un rang n_0 tel que tous les nombres u_n dépassent A à partir de n_0 : on dit que la suite (u_n) a pour limite $+\infty$, et on note $\lim\limits_{n \to +\infty} u_n = +\infty$.

Pour la suite (v_n), quel que soit le réel a strictement positif fixé, on peut toujours trouver un rang n_0 tel que tous les nombres u_n appartiennent à l'intervalle $]-a ; a[$ à partir de n_0 : on dit que la suite (v_n) a pour limite 0, et on note $\lim\limits_{n \to +\infty} v_n = 0$.

Vocabulaire
Quand (u_n) a une limite finie l, on dit qu'elle converge vers l.

DÉFINITIONS Une suite **convergente** est une suite ayant une limite finie (c'est-à-dire un nombre réel). Une suite **divergente** est une suite qui n'est pas convergente.

À noter
Une suite divergente peut avoir pour limite $+\infty$ ou $-\infty$, ou bien ne pas avoir de limite.

PROPRIÉTÉS **(1)** Les suites de terme général $\dfrac{1}{n}, \dfrac{1}{n^2}, \dfrac{1}{n^k}$ $(k \in \mathbb{N}^*)$, $\dfrac{1}{\sqrt{n}}$ sont convergentes et leur limite est 0.

(2) Les suites de terme général n, n^2, n^k $(k \in \mathbb{N}^*)$, $\sqrt{n}$ sont divergentes et leur limite est $+\infty$.

(3) Toute suite constante converge vers la valeur de la constante.

À noter
La suite de terme général $(-1)^n$ n'a pas de limite.

EXEMPLES : $\lim\limits_{n \to +\infty} (n^3) = +\infty$; $\lim\limits_{n \to +\infty} (\sqrt{n}) = +\infty$; $\lim\limits_{n \to +\infty} \left(\dfrac{1}{n^4}\right) = 0$; $\lim\limits_{n \to +\infty} (5) = 5$.

CAPACITÉ 1

Modéliser un problème par une suite

1. Dans un parc naturel, une population de renards diminue de 15 % par an. Elle était de 1 240 unités à la fin de l'année 2019. Si cette évolution reste identique dans les années à venir, quel sera l'effectif des renards à la fin de l'année 2040 ?
2. Le loyer d'un appartement subit une augmentation annuelle de 2 %. Le loyer annuel est de 9 600 € au 1er janvier 2020. Si l'augmentation se poursuit à ce rythme, quelle somme totale aura versé le locataire au bout de 15 ans ?

Méthode

Pour modéliser un problème pour lequel la variable est discrète (comme le temps exprimé en années), utiliser une suite.

Solution commentée

1. On modélise la situation par la suite (u_n) telle que u_n est le nombre de renards à la fin de l'année $2019 + n$. Une diminution de 15 % correspond à un coefficient multiplicateur égal à $1 - 0{,}15 = 0{,}85$. On donc $u_{n+1} = 0{,}85u_n$.
(u_n) est la suite géométrique de premier terme $u_0 = 1\,240$ et de raison 0,85.
Ainsi, pour tout entier naturel n, $u_n = 1\,240 \times 0{,}85^n$.
L'effectif des renards fin 2040 est $u_{21} = 1\,240 \times 0{,}85^{21}$, soit environ 41 renards.
2. On modélise la situation par la suite (v_n) telle que v_n est le loyer annuel pour l'année de rang n. On a $v_{n+1} = 1{,}02v_n$ car une augmentation de 2 % correspond à un coefficient multiplicateur égal à $1 + 0{,}02 = 1{,}02$.
(v_n) est donc la suite géométrique de premier terme $v_1 = 9\,600$ et de raison 1,02.
La somme totale versée au bout de 15 ans est $v_1 + v_2 + \ldots + v_{15}$.
C'est la somme S_{15} des 15 premiers termes de la suite (v_n), donc :
$$S_{15} = 9\,600 \times \frac{1 - 1{,}02^{15}}{1 - 1{,}02} = 480\,000\,(1{,}02^{15} - 1), \text{ soit environ } 166\,017\text{ €}.$$

Voir exercices
50 Pour s'entraîner
92 93 et 94 Pour travailler en autonomie

Vidéo 10:33 Représenter graphiquement une suite arithmético-géométrique — bordas Flash PAGE vidéo

Vidéo 06:31 Afficher une représentation en escalier d'une suite (tutoriel TI) — bordas Flash PAGE vidéo

CAPACITÉ 2

Représenter graphiquement une suite récurrente

Soit la suite (u_n) définie par son premier terme $u_0 = 1$ et, pour tout entier naturel n, $u_{n+1} = f(u_n)$, où f est la fonction définie sur [1 ; 4] par $f(x) = \dfrac{x + 8}{2x + 1}$.

1. Calculer $f'(x)$ et montrer que f est décroissante sur [1 ; 4].
2. Tracer la courbe représentative $\mathscr{C}$ de f avec 5 cm comme unité sur chaque axe.
3. En utilisant la droite d d'équation $y = x$, représenter les termes u_0 à u_5 sur l'axe des abscisses.

Méthode

Pour représenter graphiquement une suite récurrente du type $u_{n+1} = f(u_n)$, commencer par tracer la courbe représentative de f et la droite d'équation $y = x$.

Vidéo 05:21 Afficher une représentation en escalier d'une suite (tutoriel Casio) — bordas Flash PAGE vidéo

Solution commentée

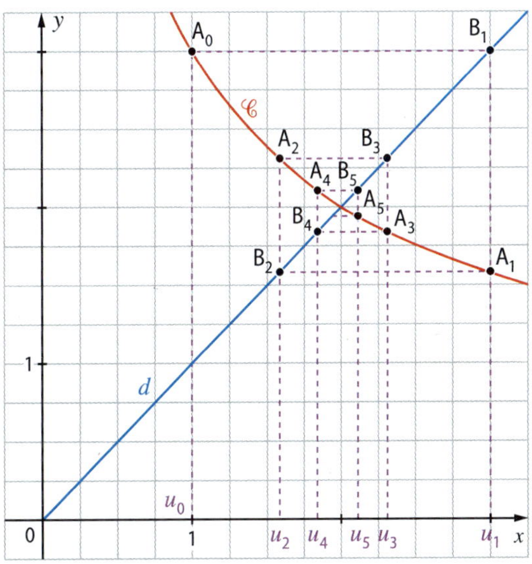

1. $f'(x) = \dfrac{1\,(2x + 1) - 2(x + 8)}{(2x + 1)^2}$
soit $f'(x) = \dfrac{-15}{(2x + 1)^2}$.
$f'(x) < 0$, donc f est décroissante sur [1 ; 4].
2. On trace la courbe $\mathscr{C}$ ainsi que la droite d d'équation $y = x$.
3. On place $u_0 = 1$ sur l'axe des abscisses, puis le point A_0 de $\mathscr{C}$ d'abscisse u_0. On place le point B_1 de même ordonnée que A_0 sur d, et l'abscisse u_1 de B_1 sur l'axe des abscisses. On peut placer le point A_1 de $\mathscr{C}$ d'abscisse u_1, puis le point B_2 de de même ordonnée que A_1. On place alors l'abscisse u_2 de B_2 sur l'axe des abscisses, et le point A_2 de $\mathscr{C}$ d'abscisse u_2.
On poursuit le processus pour obtenir u_3, u_4 et u_5 sur l'axe des abscisses.

Voir exercices
54 Pour s'entraîner
95 et 96 Pour travailler en autonomie

2. Opérations sur les limites

Soit deux suites (u_n) et (v_n). Pour déterminer les limites de $u_n + v_n$, $u_n v_n$ et $\frac{u_n}{v_n}$ à partir des limites de u_n et v_n, on dispose de théorèmes généraux sur la somme, le produit et le quotient de suites. Dans certains cas des tableaux, on n'a pas de théorème pour la limite ; ces cas sont appelés **des formes indéterminées.** Dans les tableaux suivants, L et L' sont des réels.

Limite d'une somme de suites

À noter
La plupart des résultats donnés dans ces tableaux sont intuitifs.

RÈGLES SUR LA SOMME

$\lim\limits_{n\to+\infty} u_n$	L	L	L	$+\infty$	$-\infty$	$+\infty$
$\lim\limits_{n\to+\infty} v_n$	L'	$+\infty$	$-\infty$	$+\infty$	$-\infty$	$-\infty$
$\lim\limits_{n\to+\infty} u_n + v_n$	$L+L'$	$+\infty$	$-\infty$	$+\infty$	$-\infty$	**F.I.**

EXEMPLE : $\lim\limits_{n\to+\infty}(n^3) = +\infty$ et $\lim\limits_{n\to+\infty}(4) = 4$, donc $\lim\limits_{n\to+\infty}(n^3 + 4) = +\infty$.

Limite d'un produit de suites

À noter
Lorsqu'il y a une forme indéterminée, elle est notée **F.I. dans le tableau.**

RÈGLES SUR LE PRODUIT

$\lim\limits_{n\to+\infty} u_n$	L	$L > 0$ ou $+\infty$	$L < 0$ ou $-\infty$	$L > 0$ ou $+\infty$	$L < 0$ ou $-\infty$	0
$\lim\limits_{n\to+\infty} v_n$	L'	$+\infty$	$+\infty$	$-\infty$	$-\infty$	$-\infty$ ou $+\infty$
$\lim\limits_{n\to+\infty} u_n v_n$	LL'	$+\infty$	$-\infty$	$-\infty$	$+\infty$	**F.I.**

EXEMPLES : $\lim\limits_{n\to+\infty}(n^2) = +\infty$ et $\lim\limits_{n\to+\infty}(-2) = -2$, donc $\lim\limits_{n\to+\infty}(-2n^2) = -\infty$.

$\lim\limits_{n\to+\infty}(n) = +\infty$ et $\lim\limits_{n\to+\infty}(\sqrt{n}) = +\infty$, donc $\lim\limits_{n\to+\infty}(n\sqrt{n}) = +\infty$.

Limite d'un quotient de suites

À noter
La suite de terme général $\frac{1}{v_n}$ est un quotient de suites particulier.

RÈGLES SUR LE QUOTIENT

$\lim\limits_{n\to+\infty} u_n$	L	L	$L > 0$	$L < 0$	$L < 0$	$L < 0$	$-\infty$ ou $+\infty$	0
$\lim\limits_{n\to+\infty} v_n$	$L' \neq 0$	$-\infty$ ou $+\infty$	0 et $v_n > 0$	0 et $v_n < 0$	0 et $v_n > 0$	0 et $v_n < 0$	$-\infty$ ou $+\infty$	0
$\lim\limits_{n\to+\infty} \frac{u_n}{v_n}$	$\frac{L}{L'}$	0	$+\infty$	$-\infty$	$-\infty$	$+\infty$	**F.I.**	**F.I.**

EXEMPLE : $\lim\limits_{n\to+\infty}(5) = 5$ et $\lim\limits_{n\to+\infty}(n^2 + n) = +\infty$, donc $\lim\limits_{n\to+\infty}\left(\frac{5}{n^2 + n}\right) = 0$.

• **Formes indéterminées**

Il y a quatre cas d'indétermination qui sont, en utilisant un abus d'écriture : « $\infty - \infty$ », « $0 \times \infty$ », « $\frac{\infty}{\infty}$ » et « $\frac{0}{0}$ ». Pour lever une indétermination, on transforme l'écriture de l'expression étudiée pour se ramener aux théorèmes généraux.

EXEMPLE : Soit la suite de terme général $u_n = \frac{2n^2 + 1}{n^2}$. On est en présence de la forme indéterminée « $\frac{\infty}{\infty}$ ». Pour lever l'indétermination, on écrit u_n de façon différente : $u_n = \frac{2n^2}{n^2} + \frac{1}{n^2} = 2 + \frac{1}{n^2}$. Alors $\lim\limits_{n\to+\infty}\left(2 + \frac{1}{n^2}\right) = 2 + 0 = 2$. Ainsi $\lim\limits_{n\to+\infty} u_n = 2$.

Vidéo 06:46
Conjecturer le comportement d'une suite récurrente
bordas Flash PAGE vidéo

Animation
Suites récurrentes $u_{n+1} = f(u_n)$
bordas Flash PAGE

CAPACITÉ 3

Conjecturer le comportement d'une suite récurrente

Soit la suite (u_n) définie par son premier terme u_0 et la relation de récurrence $u_{n+1} = f(u_n)$ pour tout entier naturel n, où f est la fonction définie sur $\mathbb{R}$ par $f(x) = \frac{1}{4}x^2$.

1. Tracer la courbe représentative $\mathscr{C}$ de f dans un repère orthonormé du plan (unité : 1 cm) sur l'intervalle $[0 ; 5]$, ainsi que la droite d d'équation $y = x$.
2. On suppose $u_0 = 3{,}8$. Construire sur l'axe des abscisses les points d'abscisses respectives u_1, u_2, u_3, u_4, u_5, puis conjecturer le sens de variation et la convergence de la suite (u_n).
3. On suppose $u_0 = 4{,}5$. Répondre aux mêmes questions qu'à la question 2.

Solution commentée

1. On trace l'arc de parabole $\mathscr{C}$.
2. On place le point A_0 de $\mathscr{C}$ d'abscisse u_0, puis le point B_1 de d de même ordonnée : son abscisse est u_1. On place alors le point A_1 de $\mathscr{C}$ d'abscisse u_1 et on continue de la même façon jusqu'à A_5.
Les points A_i ont tendance à s'accumuler autour du point O. On conjecture que la suite (u_n) est décroissante et qu'elle converge vers 0.

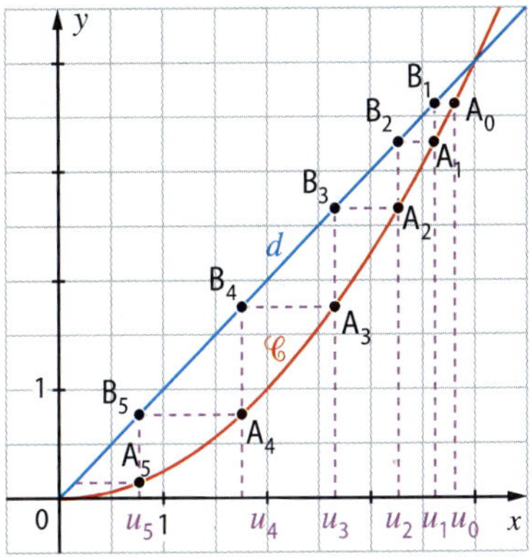

3. Les points sont alors situés au-dessus du point d'intersection de $\mathscr{C}$ et d, et ils ont tendance à s'éloigner très vite du point A_0. On conjecture que la suite est croissante et qu'elle diverge vers $+\infty$.

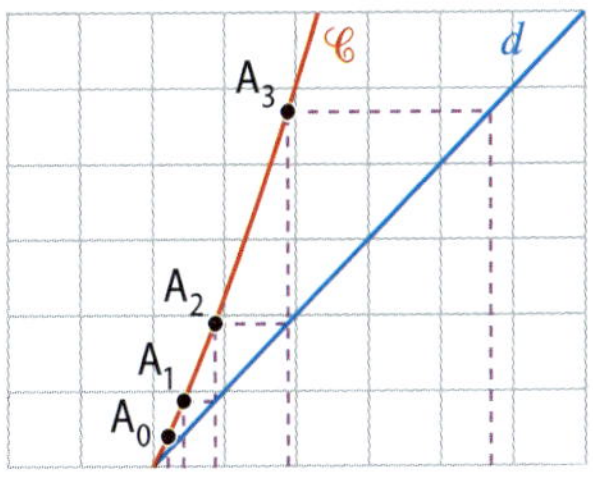

Méthode
Pour conjecturer le comportement d'une suite récurrente $u_{n+1} = f(u_n)$, on peut utiliser une représentation graphique des termes de la suite à l'aide de la courbe de f.

Voir exercices
56 Pour s'entraîner
95 et 96 Pour travailler en autonomie

Vidéo 10:04
Calculer la limite d'une suite à l'aide des formules d'opération
bordas Flash PAGE vidéo

CAPACITÉ 4

Calculer la limite d'une suite

Déterminer les limites des suites définies, pour tout entier naturel n non nul, par :

a. $u_n = n^2 + 2n + 5$ **b.** $v_n = \dfrac{2}{n+2}$ **c.** $w_n = \left(2 - \dfrac{5}{\sqrt{n}}\right)(4 - n^3)$ **d.** $t_n = \dfrac{3n-1}{n}$

Solution commentée

a. $\lim\limits_{n\to+\infty} n^2 = +\infty$, $\lim\limits_{n\to+\infty} n = +\infty$, donc $\lim\limits_{n\to+\infty} 2n = +\infty$, $\lim\limits_{n\to+\infty} 5 = 5$.
D'après une règle sur la somme : $\lim\limits_{n\to+\infty} (n^2 + n + 5) = +\infty$.

b. $\lim\limits_{n\to+\infty} 2 = 2$ et $\lim\limits_{n\to+\infty} (n+2) = +\infty$, donc d'après une règle sur le quotient :
$\lim\limits_{n\to+\infty} \left(\dfrac{2}{n+2}\right) = 0$.

c. $\lim\limits_{n\to+\infty} \sqrt{n} = +\infty$, donc $\lim\limits_{n\to+\infty} \left(-\dfrac{5}{\sqrt{n}}\right) = 0$ et ainsi $\lim\limits_{n\to+\infty} \left(2 - \dfrac{5}{\sqrt{n}}\right) = 2$.

$\lim\limits_{n\to+\infty} n^3 = +\infty$, donc $\lim\limits_{n\to+\infty} (-n^3) = -\infty$, donc $\lim\limits_{n\to+\infty} (4 - n^3) = -\infty$.

Avec une règle sur le produit : $\lim\limits_{n\to+\infty} \left(2 - \dfrac{5}{\sqrt{n}}\right)(4 - n^3) = -\infty$.

d. t_n présente la forme indéterminée « $\frac{\infty}{\infty}$ », donc aucune règle ne permet de conclure. On transforme t_n : $t_n = \dfrac{3n}{n} - \dfrac{1}{n} = 3 - \dfrac{1}{n}$.
$\lim\limits_{n\to+\infty} 3 = 3$ et $\lim\limits_{n\to+\infty} \left(\dfrac{1}{n}\right) = 0$, donc $\lim\limits_{n\to+\infty} t_n = 3$.

Conseil
Dans un calcul de limite, bien identifier la forme de l'expression : somme, produit ou quotient.

Méthode
Pour lever une indétermination, on peut transformer l'écriture de la suite.

Voir exercices
58 Pour s'entraîner
97 et 98 Pour travailler en autonomie

3. D'autres théorèmes sur les limites

Limites et comparaison

THÉORÈMES **(1)** Soit (u_n) et (v_n) deux suites telles que $u_n \leqslant v_n$ à partir d'un certain rang et $\lim\limits_{n \to +\infty} u_n = +\infty$. Alors $\lim\limits_{n \to +\infty} v_n = +\infty$.

(2) Soit (u_n) et (v_n) deux suites telles que $u_n \geqslant v_n$ à partir d'un certain rang et $\lim\limits_{n \to +\infty} u_n = -\infty$. Alors $\lim\limits_{n \to +\infty} v_n = -\infty$.

(3) Passage à la limite dans les inégalités : soit (u_n) et (v_n) deux suites convergentes respectivement vers L et L' et telles que $u_n < v_n$ à partir d'un certain rang. Alors $L \leqslant L'$.

EXEMPLE : Soit une suite (u_n) telle que $u_n \geqslant n^2$ pour $n \geqslant 20$. Puisque $\lim\limits_{n \to +\infty} n^2 = +\infty$, d'après le théorème 1, on en déduit que la limite de la suite (u_n) est $+\infty$.

À noter

Le théorème des gendarmes est également appelé théorème de l'encadrement ou du sandwich. Pour comprendre le nom de ce théorème, il faut assimiler u_n et w_n à des gendarmes et v_n à un voleur. Alors L est la gendarmerie !

THÉORÈME DES GENDARMES Soit (u_n), (v_n) et (w_n) trois suites.
Si, à partir d'un certain rang, $u_n \leqslant v_n \leqslant w_n$ et si (u_n) et (w_n) convergent vers un réel L, alors (v_n) converge aussi vers L.

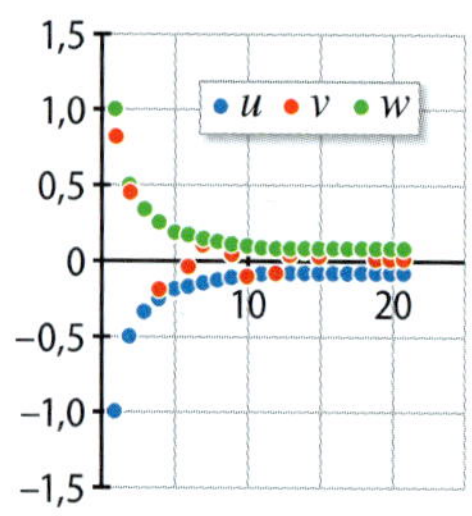

Les suites représentées en bleu et vert convergent vers le même réel et « obligent » la suite représentée en rouge à converger vers ce réel.

Limites liées aux suites géométriques

Dans cette partie, on considère une suite géométrique (u_n) de premier terme u_0 et de raison q positive ou nulle. On sait que $u_n = u_0 q^n$.

- **Limite d'une suite géométrique**

PROPRIÉTÉ Soit la suite géométrique (q^n).
Pour $0 \leqslant q < 1$, (q^n) converge vers 0. Pour $q > 1$, (q^n) diverge : sa limite est $+\infty$.
Pour $q = 1$, (q^n) est constante, elle converge vers 1.

À noter

La connaissance de la limite de la suite (q^n) permet d'en déduire celle de toute suite géométrique de raison q.

EXEMPLES : $\lim\limits_{n \to +\infty} (0{,}5^n) = 0$; $\lim\limits_{n \to +\infty} (4^n) = +\infty$; $\lim\limits_{n \to +\infty} \left(\frac{2}{3}\right)^n = 0$.

$\lim\limits_{n \to +\infty} (3 \times 0{,}6^n) = 0$ car $0{,}6^n$ est de la forme q^n avec $q = 0{,}5$ et $0 \leqslant 0{,}5 < 1$.

- **Limite de la somme des termes d'une suite géométrique**

PROPRIÉTÉ La limite de la somme des termes d'une suite géométrique de premier terme u_0 et de raison q, avec $0 \leqslant q < 1$, est égale à $\dfrac{u_0}{1-q}$.

DÉMONSTRATION

Soit $S_n = u_0 + u_1 + \ldots + u_n$ la somme des $n+1$ premiers termes de la suite géométrique (u_n), de raison q appartenant à $[0 ; 1[$.

Celle-ci est donnée par la formule $S_n = u_0 \dfrac{1 - q^{n+1}}{1-q}$.

Puisque $0 \leqslant q < 1$, q^{n+1} a pour limite 0, donc S_n a pour limite $\dfrac{u_0}{1-q}$.

EXEMPLE : Soit la somme $S_n = 1 + \frac{1}{2} + \left(\frac{1}{2}\right)^2 + \ldots + \left(\frac{1}{2}\right)^n$. C'est la somme des $n+1$ premiers termes de la suite géométrique de 1er terme 1 et de raison $\frac{1}{2}$. Puisque $\frac{1}{2}$ est compris entre 0 et 1, la limite de S_n est $\dfrac{1}{1 - \frac{1}{2}} = 2$.

Vidéo 04:50
Calculer la limite d'une suite à l'aide du théorème de comparaison

bordas Flash PAGE vidéo

Conseil

Penser à utiliser un théorème de comparaison quand les opérations sur les limites ne donnent pas de résultat.

Voir exercices
71 Pour s'entraîner
99 Pour travailler en autonomie

CAPACITÉ 5

Calculer une limite par encadrement

Déterminer la limite de chacune des suites dont le terme général est donné ci-dessous.

a. $u_n = -n^2 + (-1)^n$ pour $n \in \mathbb{N}$ **b.** $v_n = \dfrac{4+(-1)^n}{n}$ pour $n \in \mathbb{N}^*$

c. $w_n = \sqrt{n^2+5}$ pour $n \in \mathbb{N}$

Solution commentée

a. $(-1)^n$ est égal à -1 ou 1 selon la parité de n.
Ainsi $-1 \leqslant (-1)^n \leqslant 1$, donc $-n^2 - 1 \leqslant u_n \leqslant -n^2 + 1$.
$\lim\limits_{n \to +\infty} \left(-n^2+1\right) = -\infty$ et $u_n \leqslant -n^2+1$, donc d'après un théorème de comparaison : $\lim\limits_{n \to +\infty} u_n = -\infty$.

b. Puisque $-1 \leqslant (-1)^n \leqslant 1$, on en déduit $4 - 1 \leqslant 4 + (-1)^n \leqslant 4 + 1$, soit $3 \leqslant 4 + (-1)^n \leqslant 5$. Puisque n est positif, on peut diviser tous les termes de cette inégalité sans en changer le sens : $\dfrac{3}{n} \leqslant \dfrac{4+(-1)^n}{n} \leqslant \dfrac{5}{n}$.
$\lim\limits_{n \to +\infty} \left(\dfrac{3}{n}\right) = 0$ et $\lim\limits_{n \to +\infty} \left(\dfrac{5}{n}\right) = 0$, donc d'après le théorème des gendarmes, on obtient $\lim\limits_{n \to +\infty} v_n = 0$.

c. Pour tout entier naturel n, $n^2 + 5 \geqslant n^2$.
D'où $\sqrt{n^2+5} \geqslant \sqrt{n^2}$, car la fonction racine carrée est croissante sur $\mathbb{R}^+$.
Puisque $\sqrt{n^2} = n$ (car $n \geqslant 0$), on a $w_n \geqslant n$.
$\lim\limits_{n \to +\infty} n = +\infty$ et $w_n \geqslant n$, donc d'après un théorème de comparaison, $\lim\limits_{n \to +\infty} w_n = +\infty$.

Vidéo 08:16
Calculer la limite d'une suite géométrique (1)

bordas Flash PAGE vidéo

Vidéo 06:56
Calculer la limite d'une suite géométrique (2)

bordas Flash PAGE vidéo

Méthode

Pour déterminer la limite d'une suite géométrique, identifier la raison et la comparer à 1.

Vidéo 10:26
Calculer la limite de la somme des termes d'une suite géométrique

bordas Flash PAGE vidéo

Voir exercices
76 Pour s'entraîner
98 100 101 et 102 Pour travailler en autonomie

CAPACITÉ 6

Calculer la limite d'une suite géométrique et de la somme des termes d'une suite géométrique

1 Déterminer la limite des suites dont on donne le terme général ci-dessous.

a. $u_n = -3 \times 5^n$ **b.** $v_n = 4\left(\dfrac{1}{7}\right)^n$ **c.** $w_n = \dfrac{4+0{,}5^n}{2+\dfrac{1}{n}}$

2 Déterminer la limite de la suite (S_n) telle que :

$$S_n = 2 + 2 \times \frac{1}{3} + 2 \times \left(\frac{1}{3}\right)^2 + \ldots + 2 \times \left(\frac{1}{3}\right)^n.$$

Solution commentée

1 **a.** 5^n est de la forme q^n avec $q = 5$, soit $q > 1$. Ainsi, $\lim\limits_{n \to +\infty} 5^n = +\infty$.
On en déduit, par règle du produit : $\lim\limits_{n \to +\infty} u_n = -\infty$.

b. $\left(\dfrac{1}{7}\right)^n$ est de la forme q^n avec $q = \dfrac{1}{7}$, soit $0 \leqslant q < 1$.
Ainsi, $\lim\limits_{n \to +\infty} \left(\dfrac{1}{7}\right)^n = 0$. On en déduit, par règle du produit : $\lim\limits_{n \to +\infty} v_n = 0$.

c. On calcule séparément la limite du numérateur et celle du dénominateur.
$0{,}5^n$ est de la forme q^n avec $q = 0{,}5$, soit $0 \leqslant q < 1$. D'où $\lim\limits_{n \to +\infty} 0{,}5^n = 0$.
Ainsi, $\lim\limits_{n \to +\infty} \left(4 + 0{,}5^n\right) = 4$. D'autre part, $\lim\limits_{n \to +\infty} \left(\dfrac{1}{n}\right) = 0$, d'où $\lim\limits_{n \to +\infty} \left(2 + \dfrac{1}{n}\right) = 2$.
Par une règle sur le quotient : $\lim\limits_{n \to +\infty} w_n = \dfrac{4}{2} = 2$.

2 S_n est la somme des $n+1$ premiers termes de la suite géométrique de premier terme $u_0 = 2$ et de raison $q = \dfrac{1}{3}$. Cette raison vérifie $0 \leqslant q < 1$, donc la limite de S_n est égale à $\dfrac{u_0}{1-q} = \dfrac{2}{1-\dfrac{1}{3}} = \dfrac{2}{\dfrac{2}{3}} = 2 \times \dfrac{3}{2} = 3$.

4. Suites arithmético-géométriques

Définition – Représentation graphique

À noter
Si $a = 1$, la suite (u_n) est arithmétique.
Si $b = 0$, la suite (u_n) est géométrique.

DÉFINITION **Une suite arithmético-géométrique** est une suite définie par la donnée de son premier terme u_0 et de la relation de récurrence $u_{n+1} = au_n + b$, pour tout entier naturel n, où a et b sont des réels fixés.

EXEMPLE : La suite (u_n) telle que $u_0 = 0$ et $u_{n+1} = \frac{1}{2} u_n + 2$ pour tout entier naturel n est une suite arithmético-géométrique.

Vocabulaire
Une suite arithmético-géométrique est aussi appelée suite récurrente linéaire d'ordre un.

Une suite arithmético-géométrique est une suite récurrente de la forme $u_{n+1} = f(u_n)$, où f est la fonction définie sur $\mathbb{R}$ par $f(x) = ax + b$. Puisque f est une fonction affine, sa représentation graphique est une droite. On sait alors représenter graphiquement les premiers termes de cette suite.

EXEMPLE : Avec l'exemple ci-dessus, on trace la droite Δ d'équation $y = \frac{1}{2}x + 2$ et la droite d d'équation $y = x$. On place les termes de la suite sur l'axe des abscisses à l'aide de d et Δ.

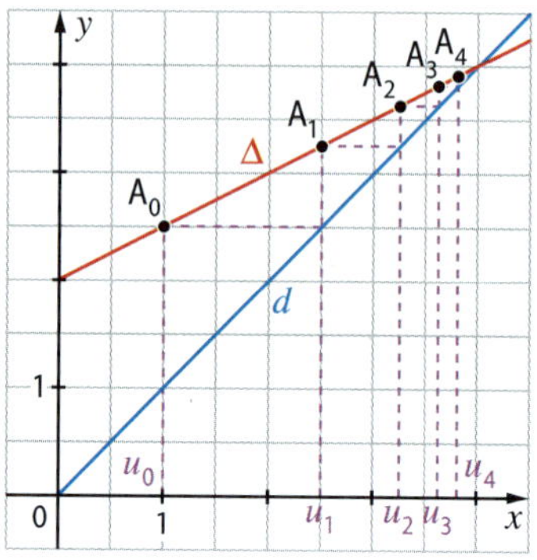

Terme général d'une suite arithmético-géométrique

• Suite constante solution

On cherche s'il existe une suite constante (c_n) qui vérifie la relation $u_{n+1} = au_n + b$.
Une suite constante est telle que $c_n = k$ pour tout entier naturel n, où k est un réel fixé.
Si la suite est constante, on a $c_{n+1} = k$.
(c_n) est solution si, et seulement si, $k = ak + b$, soit $k - ak = b$, soit $(1 - a)k = b$.
Si a est différent de 1, il existe une valeur de k solution : $k = \frac{b}{1-a}$.
Il existe donc une unique suite constante solution.

PROPRIÉTÉ La relation de récurrence $u_{n+1} = au_n + b$, avec a différent de 1, admet une unique suite constante solution.

EXEMPLE : La suite constante vérifiant la relation $u_{n+1} = \frac{1}{2} u_n + 2$ a pour terme général $c_n = k$. Elle est telle que, pour tout naturel n, $k = \frac{1}{2}k + 2$, soit $\frac{1}{2}k = 2$, soit $k = 4$.

• Calcul du terme général

Soit (u_n) une suite vérifiant, pour tout entier naturel n, $u_{n+1} = au_n + b$.
Comme (c_n) est la suite constante solution, pour tout n de $\mathbb{N}$, $c_{n+1} = ac_n + b$.
Par différence de ces deux égalités, on obtient :

$$u_{n+1} - c_{n+1} = au_n + b - ac_n - b, \text{ soit } u_{n+1} - c_{n+1} = a(u_n - c_n).$$

La suite (v_n) définie, pour tout entier naturel n, par $v_n = u_n - c_n$ vérifie $v_{n+1} = av_n$, donc c'est une suite géométrique de raison a. Ainsi $v_n = v_0 a^n$. On en déduit u_n puisque $u_n = v_n + c_n$.

À noter
Si une suite (u_n) vérifie la relation $u_{n+1} = au_n + b$, alors la suite de terme général $u_n - c_n$, où (c_n) est la suite constante solution, est géométrique.

MÉTHODE Pour déterminer le terme général d'une suite arithmético-géométrique (u_n), on détermine d'abord la suite constante (c_n) solution, puis on montre que la suite de terme général $u_n - c_n$ est géométrique.

EXEMPLE : Soit la suite (u_n) telle que $u_0 = 0$ et $u_{n+1} = \frac{1}{2} u_n + 2$.

On définit la suite (v_n), telle que $v_n = u_n - c_n = u_n - 4$. On démontre que (v_n) est géométrique de raison $\frac{1}{2}$. D'où $v_n = \left(\frac{1}{2}\right)^n v_0 = -4\left(\frac{1}{2}\right)^n$ et $u_n = v_n + 4 = -4\left(\frac{1}{2}\right)^n + 4$.

CAPACITÉ 7

Déterminer une suite constante solution particulière d'une récurrence arithmético-géométrique

Dans chacun des cas suivants, déterminer une suite constante solution particulière qui vérifie la relation de récurrence donnée, pour tout entier naturel n.

a. $u_{n+1} = 2u_n - 5$ **b.** $u_{n+1} = \frac{2}{3} u_n + 4$

Méthode

Pour déterminer une suite constante solution, on remplace u_n et u_{n+1} par un réel k dans la relation de récurrence et on calcule k.

Solution commentée

a. On cherche le réel k tel que la suite de terme général $c_n = k$ vérifie la relation donnée.
Puisque $u_{n+1} = k$ pour tout entier naturel n, on a :

$$k = 2k - 5, \text{ soit } -k = -5, \text{ soit } k = 5.$$

La suite constante solution a pour expression $c_n = 5$.

b. On cherche le réel k tel que la suite de terme général $c_n = k$ vérifie la relation donnée.
On a donc $c_{n+1} = 5$.
Pour tout entier naturel n, $k = \frac{2}{3}k + 4$, soit $\frac{1}{3} k = 4$, soit $k = 12$.
La suite constante solution a pour expression $c_n = 12$.

Voir exercices
84 Pour s'entraîner
103 Pour travailler en autonomie

CAPACITÉ 8

Étudier une suite arithmético-géométrique

Afin de conserver au fil des années un parc en bon état, un loueur de vélos se sépare chaque hiver de 20 % de son stock et achète ensuite 36 nouveaux vélos. On modélise la situation par une suite (u_n) où, pour tout entier naturel n, u_n représente le nombre de vélos présents dans le stock de ce loueur au 1er juillet de l'année $2020 + n$. Au 1er juillet 2020, le loueur possède 150 vélos.

1 **a.** Déterminer u_0 et u_1.
b. Justifier que, pour tout entier naturel n, on a $u_{n+1} = 0{,}8u_n + 36$.

2 **a.** Exprimer u_n en fonction de n.
b. Quelle est la limite de la suite (u_n) ? Interpréter ce résultat.

Méthode

Pour déterminer le terme général d'une suite arithmético-géométrique (u_n), on détermine d'abord une suite constante (c_n) solution, puis on étudie la suite de terme général $u_n - c_n$.

Solution commentée

1 **a.** u_0 est le nombre de vélos au 1er juillet 2020, donc $u_0 = 150$.
u_1 est le nombre de vélos au 1er juillet 2021 : il s'est séparé de 20 % de son stock, donc il en conserve 80 %, soit $0{,}8 \times 150 = 120$.
Il achète 36 vélos, donc il en possède alors $120 + 36 = 156$.
b. Au 1er juillet $2020 + n$, le loueur possède u_n vélos. Au 1er juillet suivant, il conserve 80 % de ses vélos, soit $0{,}8u_n$ vélos. Il achète 36 vélos, ce qui lui en fait en tout $0{,}8u_n + 36$, donc $u_{n+1} = 0{,}8u_n + 36$.

2 **a.** (u_n) est une suite arithmético-géométrique car elle est définie par une relation de récurrence de la forme $u_{n+1} = au_n + b$, où $a = 0{,}8$ et $b = 36$.
• Pour déterminer l'expression du terme général, on commence par chercher une suite (c_n) solution constante de la relation de récurrence $u_{n+1} = 0{,}8u_n + 36$.
Cette suite vérifie $c_n = k$ pour tout entier naturel n.
On a $c_{n+1} = k$, d'où $k = 0{,}8k + 36$, soit $0{,}2k = 36$, et $k = \frac{36}{0{,}2} = 180$.
• On définit alors la suite (v_n) par la relation $v_n = u_n - c_n$.
Alors $v_{n+1} = u_{n+1} - c_{n+1} = 0{,}8u_n + 36 - (0{,}8c_n + 36)$.
D'où $v_{n+1} = 0{,}8u_n + 36 - 0{,}8c_n - 36 = 0{,}8(u_n - c_n) = 0{,}8v_n$.
La suite (v_n) est une suite géométrique de raison 0,8, donc $v_n = 0{,}8^n\, v_0$.
$v_0 = u_0 - c_0 = 150 - 180 = -30$. Ainsi $v_n = -30 \times 0{,}8^n$.
D'où $u_n = v_n + c_n = -30 \times 0{,}8^n + 180$.
b. $\lim\limits_{n \to \infty} 0{,}8^n = 0$, car $0 \leqslant 0{,}8 < 1$. Donc (u_n) a pour limite 180.
Ainsi, le stock de ce loueur tend, au fil des années, à se rapprocher de 180 vélos.

Voir exercices
86 Pour s'entraîner
103 **104** **105** et **106** Pour travailler en autonomie

Automatismes et rituels

Calcul mental

1 Calculer et simplifier.

a. $\frac{1}{4}+1$ b. $\frac{11}{5}-2$ c. $\frac{3}{8}\times\frac{4}{9}$

d. $16\div\frac{4}{3}$ e. $\frac{(2\times 3)^3}{2^{-2}\times 3^3}$ f. $\sqrt{3}\times\sqrt{27}$

2 Développer chacune des expressions suivantes.

a. $A=x(x^2+x)$ b. $B=(x-1)^2$

c. $C=(x+2)(x+1)$ d. $D=x^2(3x+5)$

3 Résoudre les équations suivantes dans $\mathbb{R}$.

a. $7x=2$ b. $x-5=3x+3$

c. $(x-4)(1-2x)=0$ d. $x^2=49$

4 Calculer la dérivée de chacune des fonctions f et g définies ci-dessous.

a. $f(x)=-x^2+5x+1\,000$ sur $\mathbb{R}$

b. $g(x)=2x^4+\frac{1}{x}$ sur $]0\,;+\infty[$

Automatismes

Calculs numériques et algébriques

5 Calculer en donnant le résultat sous la forme d'une fraction irréductible.

a. $A=\dfrac{5+\frac{1}{4}}{\frac{3}{4}\times\frac{5}{2}-\frac{3}{4}}$ b. $B=\dfrac{10^{-3}\times 2^8}{5^{-4}\times 8^2}$

6 Résoudre dans $\mathbb{R}$ les inéquations suivantes.

a. $5x-7<7x+11$ b. $2x^2-5x+2\leqslant 0$

c. $(x-5)(x-6)>0$ d. $x^2\geqslant 9$

7 **Question de méthode**

Comment déterminer rapidement la seconde racine d'une équation du second degré quand on en connaît une ?

8 Factoriser les expressions suivantes, où x est un réel.

a. $A=e^{3x}-3e^x$ b. $B=5x^2-x-4$

c. $C=x^4-16$ d. $D=9x^2-(x-2)^2$

9 Soit a, b et c des nombres réels strictement positifs tels que $c=\dfrac{1-b}{a+b}$.

1. Exprimer a en fonction de b et c.
2. Exprimer b en fonction de a et c.

Géométrie

Dans les exercices 10 à 12, on se place dans un repère orthonormé du plan.

10 VRAI/FAUX

Indiquer si les affirmations sont vraies ou fausses, puis justifier.

On donne les points A (1 ; 2), B (4 ; 9) et C (–3 ; –5).

1. La droite d'équation $y=3x+2$ a pour vecteur directeur $\vec{u}\,(3\,;2)$.
2. La droite (BC) a pour coefficient directeur 2.
3. Les points A, B et C sont alignés.
4. La distance AB est égale à $\sqrt{10}$.

11 **Question de méthode**

Comment démontrer que deux droites données par leurs équations réduites sont parallèles ?

12 Soit les droites d et d' d'équations respectives :

$$x-2y-4=0 \text{ et } 3x+y-5=0.$$

1. Montrer que d et d' sont sécantes.
2. Déterminer leur point d'intersection.

Statistiques et probabilités

13 Le diagramme circulaire ci-dessous représente la répartition des temps de parcours entre le domicile et le lycée pour 200 élèves de ce lycée.

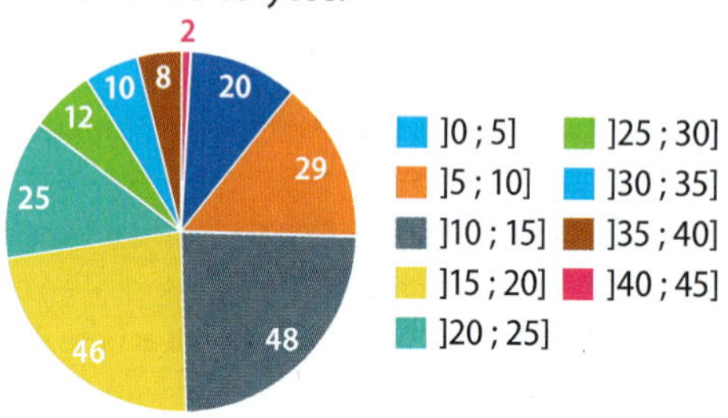

1. Quel est le pourcentage d'élèves ayant un temps de parcours d'au plus 20 minutes ?
2. Quel est le pourcentage d'élèves ayant un temps de parcours de plus d'une demi-heure ?

14 Un sac contient 15 chaussettes vertes et 5 chaussettes bleues. Une personne tire au hasard, successivement et sans remise deux chaussettes du sac.

Construire un arbre pondéré traduisant cette situation.

15 QCM *Choisir la ou les bonnes réponses.*

Un joueur lance un dé bien équilibré à quatre faces, dont les faces sont numérotées de 1 à 4. S'il obtient un 4, il gagne 3 euros, s'il obtient 1, il gagne 1 euro et sinon, il perd 1 euro. L'espérance de la variable aléatoire X égale au gain du joueur est :

a. 0 b. 0,5 c. 0,75 d. 1

Généralités sur les suites

Questions flash

16 ORAL Préciser si les situations suivantes peuvent être modélisées par une suite arithmétique ou par une suite géométrique.

1. Camille met 30 € dans sa tirelire le jour de ses 10 ans et il ajoute 10 € à sa tirelire chaque mois. Combien contient sa tirelire au bout de 3 ans ?

2. Une plante qui mesure 20 cm au début du printemps croît de 4 % par semaine. Quelle est sa hauteur au bout de 10 semaines ?

17 Le maire d'une commune met en place une campagne de sensibilisation au recyclage des papiers, plastiques, verres et métaux. La commune produit 400 kg de déchets ménagers en moyenne par habitant en 2019 et le maire espère réduire ensuite cette production de 1,5 % par an.

Pour tout nombre entier naturel non nul n, on note d_n la quantité (en kg) de déchets ménagers produite par habitant de cette ville durant l'année $2019 + n$.

1. Quelle est la nature de la suite (d_n) ?

2. Exprimer d_n en fonction de n.

3. Estimer à 1 kg près avec ce modèle la quantité de déchets ménagers de cette commune en 2030.

18 Soit la suite (u_n) définie par la donnée de son premier terme $u_0 = 0$ et, pour tout entier naturel n, $u_{n+1} = f(u_n)$, où f est la fonction définie sur [0 ; 18] par $f(x) = 2 - e^{-x}$.

On a représenté la courbe $\mathscr{C}$ de f sur [0 ; 18], ainsi que la droite d d'équation $y = x$.

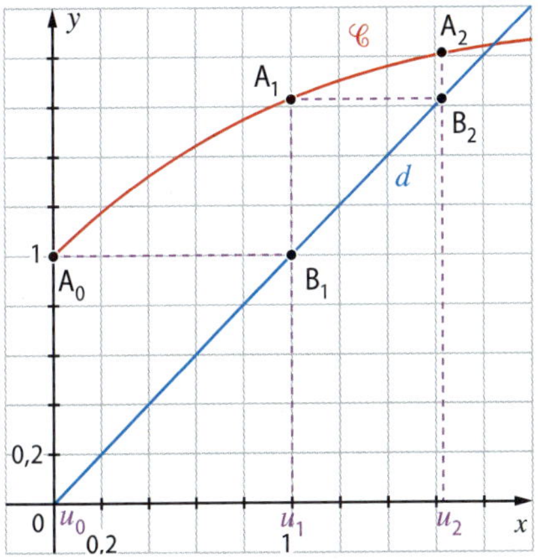

1. Reproduire $\mathscr{C}$ et d avec 1 cm comme unité sur chaque axe.

2. On a placé u_0 sur l'axe des abscisses, puis le point A_0 de $\mathscr{C}$ d'abscisse u_0, puis le point B_1 de d de même ordonnée que A_0, puis l'abscisse u_1 de B_1 sur l'axe des abscisses, puis les points A_1, B_2 et A_2, ainsi que le réel u_2 sur l'axe des abscisses.

a. Continuer le processus afin de placer u_3 et u_4 sur l'axe des abscisses.

b. Conjecturer le sens de variation de (u_n).

19 Soit la suite (u_n) définie par la donnée de son premier terme $u_0 = 0$ et, pour tout entier naturel n, $u_{n+1} = f(u_n)$, où f est la fonction définie sur [0 ; 2] par $f(x) = \dfrac{2}{x+1}$.

On a représenté la courbe $\mathscr{C}$ de f sur [0 ; 2], ainsi que la droite d d'équation $y = x$.

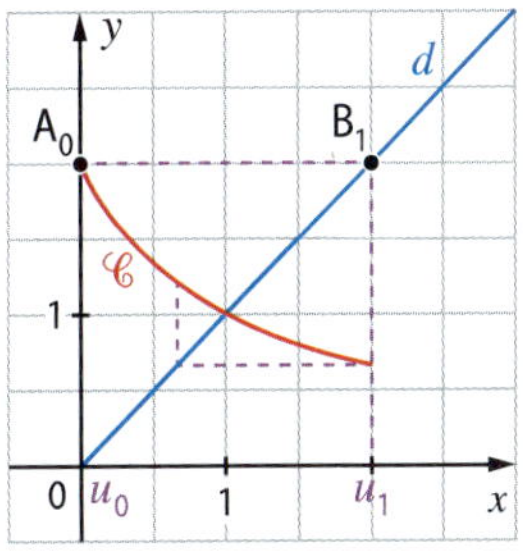

1. Reproduire $\mathscr{C}$ et d en prenant 5 cm comme unité sur chaque axe.

2. On a placé u_0 sur l'axe des abscisses, puis le point A_0 de $\mathscr{C}$ d'abscisse u_0, puis le point B_1 de d de même ordonnée que A_0, et enfin l'abscisse u_1 de B_1 sur l'axe des abscisses.

a. Continuer le processus afin de placer u_2, u_3 et u_4 sur l'axe des abscisses.

b. Conjecturer la convergence de la suite (u_n).

20 QCM TABLEUR *Choisir la ou les bonnes réponses.*

Soit la suite (u_n) définie par la donnée de son premier terme $u_0 = 4$ et, pour tout entier naturel n, $u_{n+1} = f(u_n)$, où f est la fonction définie sur $\mathbb{R}$ par $f(x) = \dfrac{x}{x^2+1}$. On calcule les premiers termes de cette suite avec un tableur. La formule à saisir dans la cellule **B3** pour obtenir par recopie vers le bas les termes de la suite dans la colonne **B** peut être :

	A	B
1	n	u_n
2	0	4
3	1	0,235

a. =A3/(A3^2+1)

b. =n/(n^2+1)

c. =B2/(B2^2+1)

d. =B2/B2^2+1

Limite d'une suite

Questions flash

21 VRAI/FAUX ORAL

Indiquer si les affirmations sont vraies ou fausses, puis justifier.

a. $\lim\limits_{n\to+\infty} \left(n^2\right) = +\infty$

b. $\lim\limits_{n\to+\infty} \left(\dfrac{1}{n}\right) = +\infty$

c. $\lim\limits_{n\to+\infty} \left(\dfrac{1}{n^3}\right) = 0$

d. $\lim\limits_{n\to+\infty} (-1000) = -\infty$

22 Soit (u_n), (v_n) et (w_n) trois suites telles que :

$$\lim_{n\to+\infty} u_n = 3,\ \lim_{n\to+\infty} v_n = +\infty \text{ et } \lim_{n\to+\infty} w_n = -\infty.$$

Déterminer $\lim\limits_{n\to+\infty} (u_n + v_n)$, $\lim\limits_{n\to+\infty} (u_n \times w_n)$, $\lim\limits_{n\to+\infty} (v_n \times w_n)$.

23 (u_n) est une suite de limite 2. Quelle est la limite des suites (v_n), (w_n) et (t_n) dont on donne le terme général ci-dessous ?

$v_n = 5u_n$ $\qquad$ $w_n = u_n + 1$ $\qquad$ $t_n = \dfrac{u_n}{4}$

24 (u_n) est une suite de limite $-\infty$.
Quelle est la limite des suites (v_n), (w_n) et (t_n) dont on donne le terme général ci-dessous ?

$v_n = -8u_n$ $\quad w_n = 7 - u_n$ $\quad t_n = \dfrac{3}{u_n}$

25 Déterminer $\lim\limits_{n\to+\infty}(n+5)$, puis $\lim\limits_{n\to+\infty}\left(\dfrac{1}{n+5}\right)$.

26 **1.** Déterminer $\lim\limits_{n\to+\infty}(1-n)$.
2. En déduire $\lim\limits_{n\to+\infty}\left(\dfrac{2}{1-n}\right)$.

27 **1.** Déterminer $\lim\limits_{n\to+\infty}(n)$ et $\lim\limits_{n\to+\infty}\left(\dfrac{2}{n^2}\right)$.
2. En déduire $\lim\limits_{n\to+\infty}\left(n-\dfrac{2}{n^2}\right)$.

28 **1.** Déterminer $\lim\limits_{n\to+\infty}(n)$ et $\lim\limits_{n\to+\infty}(n-1)$.
2. En déduire $\lim\limits_{n\to+\infty}\big(n(n-1)\big)$.
3. Déterminer $\lim\limits_{n\to+\infty}\left(n^2-n+2\right)$.

29 VRAI/FAUX
Indiquer si les affirmations sont vraies ou fausses, puis justifier.
1. La limite d'une somme de suites est égale à la somme des limites de ces suites.
2. La limite de l'inverse d'une suite de limite $-\infty$ est 0.
3. L'inverse d'une suite convergente est une suite divergente.
4. La limite de l'inverse d'une suite de limite 0 est $+\infty$.

30 LOGIQUE Soit la proposition suivante : « si une suite a pour limite $+\infty$, alors elle est divergente ».
1. Cette proposition est-elle vraie ?
2. Énoncer la réciproque de cette proposition. Est-elle vraie ?

Limites et comparaisons

Questions flash

31 ORAL **1.** Déterminer $\lim\limits_{n\to+\infty}(-n^3)$ et $\lim\limits_{n\to+\infty}\sqrt{n}$.
2. Dans chacun des cas suivants, déterminer la limite de la suite (u_n) telle que, pour tout entier naturel n :
a. $u_n \geqslant \sqrt{n}$ $\quad$ **b.** $u_n < -n^3$
3. VRAI/FAUX
Indiquer si l'affirmation est vraie ou fausse, puis justifier.
Soit (u_n), (v_n) et (w_n) trois suites, telles qu'à partir d'un certain rang, $u_n \leqslant v_n \leqslant w_n$ et telles que $\lim\limits_{n\to+\infty} u_n = \lim\limits_{n\to+\infty} w_n = 5$.
Alors (v_n) converge vers 5.

32 La suite (u_n) est telle que, pour tout entier naturel n :
$$u_n \geqslant 4n^2 - 1.$$
1. Déterminer $\lim\limits_{n\to+\infty}(4n^2-1)$.
2. En déduire la limite de la suite (u_n).

33 La suite (v_n) est telle que, pour tout entier naturel n :
$$v_n \leqslant 100 - \sqrt{n}.$$
1. Déterminer $\lim\limits_{n\to+\infty}(100-\sqrt{n})$.
2. La suite (v_n) est-elle divergente ?

34 La suite (w_n) est telle que, pour tout entier naturel n non nul, $\dfrac{1}{n^2}+1 \leqslant w_n \leqslant \dfrac{2}{n}+1$.
1. Déterminer $\lim\limits_{n\to+\infty}\left(\dfrac{1}{n^2}+1\right)$ et $\lim\limits_{n\to+\infty}\left(\dfrac{2}{n}+1\right)$.
2. La suite (w_n) est-elle convergente ?

35 Soit (u_n) la suite définie pour tout entier naturel n par :
$$u_n = 6n^2 + (-1)^n.$$
1. Montrer que, pour tout entier naturel n, $u_n \geqslant 6n^2 - 1$.
2. En déduire la limite de la suite (u_n).

36 Soit (v_n) la suite définie pour tout entier naturel n par :
$$v_n = -3n - (-1)^n.$$
1. Montrer que, pour tout entier naturel n, $v_n \leqslant -3n + 1$.
2. En déduire la limite de la suite (v_n).

Limite de suites géométriques

Questions flash

37 ORAL Justifier les limites suivantes.
1. $\lim\limits_{n\to+\infty}(3^n) = +\infty$ $\quad$ **2.** $\lim\limits_{n\to+\infty}(0{,}4^n) = 0$
3. $\lim\limits_{n\to+\infty}\left(\dfrac{1}{5}\right)^n = 0$ $\quad$ **4.** $\lim\limits_{n\to+\infty}(1{,}01^n) = +\infty$

38 Dans chaque cas, déterminer la limite de la suite définie ci-dessous pour tout entier naturel n, en justifiant.
1. $u_n = 6^n$ $\quad$ **2.** $v_n = 0{,}99^n$ $\quad$ **3.** $w_n = \left(\dfrac{2}{3}\right)^n$
4. $x_n = \left(\dfrac{7}{6}\right)^n$ $\quad$ **5.** $y_n = 1{,}001^n$ $\quad$ **6.** $z_n = \mathrm{e}^n$

39 Déterminer la limite, si elle existe, de chaque suite (u_n) définie pour tout entier naturel n par :
a. $u_n = \left(\dfrac{5}{6}\right)^n$ $\quad$ **b.** $u_n = \left(\sqrt{3}\right)^n$
c. $u_n = \left(\dfrac{10}{7}\right)^n$ $\quad$ **d.** $u_n = \pi^n$
e. $u_n = 3^{n+1}$ $\quad$ **f.** $u_n = \dfrac{1}{9^n}$

40 **1.** Donner un encadrement du nombre e par deux entiers.
2. Déterminer $\lim\limits_{n\to+\infty}(\mathrm{e}^n)$, puis $\lim\limits_{n\to+\infty}(\mathrm{e}^{-n})$.

41 On considère la suite (u_n) définie, pour tout entier naturel n, par $u_n = \dfrac{6^n}{7^n}$. En écrivant u_n sous la forme q^n, avec q un réel à déterminer, étudier la convergence de cette suite.

42 PYTHON **Compléter un programme**

Compléter la fonction Python ci-dessous, afin qu'elle retourne la limite d'une suite géométrique de premier terme 1 selon sa raison q, où q est un réel positif ou nul.

```
def limgeom(q):
    if ...:
        return("+infini")
    if ...:
        return("1")
    if q<1:
        return("...")
```

Suites arithmético-géométriques

Questions flash

43 VRAI/FAUX ORAL

Indiquer si les affirmations sont vraies ou fausses, puis justifier.

Soit la suite (u_n) définie par la donnée de $u_0 = 1$ et, pour tout entier naturel n, $u_{n+1} = 2u_n - 1$ (**R**).

1. La suite constante vérifiant (**R**) a pour terme général $v_n = 0$.

2. Si (c_n) est la suite constante solution de (**R**), alors la suite de terme général $u_n - c_n$ est arithmétique.

44 Montrer que la suite constante vérifiant la relation de récurrence $u_{n+1} = -u_n + 1$ pour tout entier naturel n a pour terme général $c_n = \frac{1}{2}$.

45 **1.** Montrer qu'il existe une suite constante (u_n) vérifiant la relation de récurrence $u_{n+1} = 3u_n + 8$ pour tout entier naturel n.

2. Soit (v_n) une suite vérifiant cette relation de récurrence. Montrer que la suite (v_n) définie par $w_n = u_n - c_n$ est géométrique.

MATHS & SVT

46 On modélise le nombre de chenilles de pyrale du buis dans un camping d'Ardèche, le $n^{\text{ième}}$ jour après le 1er juin 2019 (nombre exprimé en centaines), par la suite (u_n) telle que $u_0 = 97$ et, pour tout entier naturel n, $u_{n+1} = 0{,}91u_n + 90$ (**R**).

1. Montrer que la suite (c_n) telle que $c_n = 1\,000$ pour tout entier naturel n vérifie la relation (**R**).

2. Soit la suite (v_n) telle que, pour tout entier naturel n :

$$v_n = u_n - c_n.$$

a. Justifier que $c_{n+1} = 0{,}91c_n + 90$.

b. Montrer que $v_{n+1} = 0{,}91u_n - 0{,}91c_n$.

c. En déduire que $v_{n+1} = 0{,}91v_n$.

d. Montrer que $v_0 = -903$ et en déduire v_n en fonction de n.

e. En déduire que $u_n = 1\,000 - 903 \times 0{,}91^n$, pour tout entier naturel n.

LE SAVIEZ-VOUS

*La **pyrale du buis** est une espèce de lépidoptères introduite accidentellement en France dans les années 2000 par des végétaux importés d'Asie. Sa chenille ravage les buis de la plupart des régions.*

RETOUR SUR L'OUVERTURE DU CHAPITRE

47 Sur une petite île de l'Atlantique Nord, on a observé l'évolution d'une population de macareux moines depuis plusieurs années. Il y avait

600 macareux moines sur l'île au 1re juin 2010. On note u_n l'effectif de cette population au 1er juin 2010 + n et des observations permettent de modéliser cette évolution par la relation $u_{n+1} = 0{,}7u_n + 30$ pour tout entier naturel n.

1. Montrer que cette relation est vérifiée par la suite (c_n) telle que $c_n = 100$ pour tout n de $\mathbb{N}$.

2. Soit (v_n) la suite définie pour tout n de $\mathbb{N}$ par $v_n = u_n - c_n$.

a. Montrer que (v_n) est une suite géométrique.

b. Montrer que $v_0 = 500$ et en déduire l'expression de v_n en fonction de n.

c. En déduire que $u_n = 500 \times 0{,}7^n + 100$.

3. Estimer avec ce modèle la population de macareux moines au 1er juin 2023 sur cette île.

LE SAVIEZ-VOUS

Le macareux moine est aussi appelé perroquet des mers.

48 Soit la suite (u_n) définie par la donnée de $u_0 = 1$ et, pour tout entier naturel n, $u_{n+1} = 4u_n + 9$.

1. Montrer que la suite (v_n) telle que $v_n = u_n + 3$ pour tout entier naturel n est une suite géométrique de raison 4.

2. Montrer que $v_0 = 4$ et en déduire v_n en fonction de n.

3. Montrer que, pour tout entier naturel n, $u_n = 4^{n+1} - 3$.

49 Au 1er janvier 2020, on comptait 60 000 utilisateurs d'un certain modèle de machine à café. On estime que le nombre d'utilisateurs de cette machine n mois après le 1er janvier 2020 peut être modélisé par la suite (u_n) telle que, pour tout entier naturel n, $u_{n+1} = 0{,}9u_n + 24\,000$.

1. Donner la valeur de u_0.

2. Montrer que la suite (c_n) telle que $c_n = 240\,000$ pour tout entier naturel n vérifie la relation de récurrence de l'énoncé.

3. Soit la suite (v_n) telle que, pour tout entier naturel n :

$$v_n = u_n - c_n.$$

a. Justifier que $c_{n+1} = 0{,}9c_n + 24\,000$.

b. Montrer que $v_{n+1} = 0{,}9u_n - 0{,}9c_n$.

c. En déduire que $v_{n+1} = 0{,}9v_n$.

d. Montrer que $v_0 = -180\,000$ et en déduire v_n en fonction de n.

e. Montrer que $u_n = 240\,000 - 180\,000 \times 0{,}9^n$, pour tout entier naturel n.

Modélisation par une suite

50 *Capacité 1, p. 13*

Répondre aux deux questions suivantes en modélisant le problème à l'aide d'une suite.

1. Une voiture neuve coûte 20 000 €. On estime que, chaque année, sa valeur diminue de 20 %. Quelle sera sa valeur au bout de 10 ans ?

2. La hauteur d'eau d'une rivière est 2,50 m. En période de crue, la hauteur de l'eau augmente régulièrement de 5 cm par heure. Quelle est la hauteur de l'eau 14 heures après le début de la crue ?

51 Un contrat d'entretien d'une piscine prévoit un versement de 200 € la première année, puis des versements annuels qui augmentent de 2 % par an. Quelle somme totale aura versé le propriétaire de la piscine au bout de 15 ans ?

52 Un cycliste qui s'entraîne pour l'Ardéchoise parcourt 100 kilomètres lors de la première semaine de son entraînement, puis il augmente chaque semaine la distance parcourue de 20 kilomètres. Quelle distance aura-t-il parcourue au bout de ses 20 semaines d'entraînement ?

LE SAVIEZ-VOUS

L'Ardéchoise est une course cycliste très populaire se déroulant en Ardèche et rassemblant près de 15 000 cyclistes.

53 Le nombre de noyaux d'un échantillon de 106 noyaux d'iode 131 diminue chaque jour de 8,3 %. Au bout de combien de jours ce nombre aura-t-il diminué de moitié ?

Suites récurrentes

54 *Capacité 2, p. 13*

Soit la suite (u_n) définie par la donnée de son premier terme $u_0 = 1{,}8$ et, pour tout entier naturel n, $u_{n+1} = f(u_n)$, où f est la fonction définie sur $[0\,;2{,}5]$ par :

$$f(x) = \frac{2}{3-x}.$$

1. Calculer $f'(x)$ et montrer que f est croissante sur $[0\,;2{,}5]$.

2. Tracer la courbe représentative $\mathscr{C}$ de f en prenant 5 cm comme unité sur chaque axe.

3. En utilisant la droite d d'équation $y = x$, représenter les termes u_0 à u_5 sur l'axe des abscisses.

55 Soit la suite (u_n) définie par la donnée de son premier terme $u_0 = 0$ et, pour tout entier naturel n, $u_{n+1} = f(u_n)$, où f est la fonction définie sur $[0\,;2]$ par $f(x) = -\frac{1}{8}x^2 + 2$.

1. Calculer $f'(x)$ et montrer que f est décroissante sur $[0\,;2]$.

2. Tracer la courbe représentative $\mathscr{C}$ de f en prenant 5 cm comme unité sur chaque axe.

3. En utilisant la droite d d'équation $y = x$, représenter les termes u_0 à u_5 sur l'axe des abscisses.

56 *Capacité 3, p. 15*

Soit la suite (u_n) définie par la donnée de son premier terme $u_0 = 0{,}5$ et, pour tout entier naturel n, $u_{n+1} = f(u_n)$, où f est la fonction définie sur $]0\,;3]$ par $f(x) = 1 + \frac{1}{x}$.

1. Tracer la courbe représentative $\mathscr{C}$ de f et la droite d'équation $y = x$ en prenant 4 cm comme unité sur chaque axe.

2. En utilisant $\mathscr{C}$ et d, conjecturer le sens de variation et la convergence de la suite (u_n).

57 Soit la suite (u_n) définie par la donnée de son premier terme u_0 et, pour tout entier naturel n, $u_{n+1} = f(u_n)$, où f est la fonction définie sur $[0\,;6]$ par $f(x) = 6 - \frac{9}{x+1}$.

1. Tracer la courbe représentative $\mathscr{C}$ de f dans le plan rapporté à un repère orthonormé (unité : 2 cm) sur l'intervalle $[0\,;5]$, ainsi que la droite d d'équation $y = x$.

2. On suppose $u_0 = 1$. Conjecturer le sens de variation et la convergence de la suite (u_n).

3. On suppose $u_0 = 6$. Conjecturer le sens de variation et la convergence de la suite (u_n).

Limite d'une suite

58 *Capacité 4, p. 15*

Déterminer la limite de chacune des suites définies, pour tout entier naturel n non nul, par :

1. $u_n = -n^2 - 6n + 15$ **2.** $v_n = \frac{8}{-3n+1}$

3. $w_n = \left(\frac{5}{n^2} + 4\right)\left(3 - \sqrt{n}\right)$ **4.** $t_n = \frac{5n+3}{n}$

59 Déterminer la limite de chacune des suites définies, pour tout entier naturel n non nul, par :

1. $u_n = 10n^3 + 3n^2 + n$ **2.** $v_n = \frac{5n+1}{1\,000}$

3. $w_n = \left(\frac{5}{n^2+1}\right)\left(\frac{1}{n} - 2\right)$ **4.** $t_n = \frac{n^2+3}{n^2}$

Dans les exercices 60 à 67, déterminer la limite des suites (u_n) définies pour tout entier naturel n non nul, et dont on donne l'expression.

60 **1.** $u_n = n^2 + 3n$ **2.** $u_n = -n^3 + 5$

61 **1.** $u_n = 5n^2 + 2\sqrt{n} + 1$ **2.** $u_n = -n^2 - 2n + 15$

62 **1.** $u_n = 3\sqrt{n} + \frac{8}{n}$ **2.** $u_n = \frac{7}{n^3 + \sqrt{n} - 1}$

63 **1.** $u_n = (3n^2 + 4)(-n^3 + 5)$

2. $u_n = \left(-7 + \frac{2}{\sqrt{n}}\right)(n+1)$

64 **1.** $u_n = 9 - \frac{2}{n^3}$ **2.** $u_n = -\frac{6}{\sqrt{n}+1}$

65 **1.** $u_n = \dfrac{3}{3-4n^2}$ **2.** $u_n = \dfrac{2-\dfrac{1}{n}}{-7+\dfrac{1}{\sqrt{n}}}$

66 **1.** $u_n = \dfrac{n^2}{-3+\dfrac{1}{\sqrt{n}}}$ **2.** $u_n = -n^3\sqrt{n}$

67 **1.** $u_n = \dfrac{2n^2-5n+4}{n^2}$ **2.** $u_n = \dfrac{10}{n^2+n+6}$

68 LOGIQUE Soit la proposition : « si une suite a pour limite 0, alors elle converge ».

1. Cette proposition est-elle vraie ?

2. a. Énoncer sa contraposée et sa réciproque.

b. Dire si ces propositions sont vraies ou fausses en justifiant.

69 Soit (u_n) la suite définie pour tout entier naturel n par :

$$u_n = n^2 - 4n + 1.$$

1. Expliquer pourquoi on ne peut pas déterminer la limite de (u_n) avec les règles sur la somme.

2. Montrer que, pour tout entier naturel n non nul :

$$u_n = n^2\left(1 - \frac{4}{n} + \frac{1}{n^2}\right).$$

3. En déduire la limite de (u_n).

70 Soit (u_n) la suite définie pour tout entier naturel n par :

$$u_n = \frac{2n+1}{3n+2}.$$

1. Expliquer pourquoi on ne peut pas déterminer la limite de (u_n) avec les règles sur le quotient.

2. Montrer que, pour tout entier naturel n non nul :

$$u_n = \frac{n\left(2+\dfrac{1}{n}\right)}{n\left(3+\dfrac{2}{n}\right)}.$$

3. En déduire la limite de (u_n).

71 *Capacité 5, p. 17*

Déterminer la limite de chacune des suites dont le terme général est donné ci-dessous.

1. $u_n = n^3 + (-1)^n$ pour $n \in \mathbb{N}$.

2. $v_n = \dfrac{2+(-1)^n}{n}$ pour $n \in \mathbb{N}^*$.

72 Déterminer la limite de chacune des suites dont le terme général est donné ci-dessous.

1. $u_n = \sqrt{n^2+3n+5}$ pour $n \in \mathbb{N}$.

2. $v_n = \dfrac{4n+(-1)^n}{n}$ pour $n \in \mathbb{N}^*$.

73 Soit la suite (u_n) telle que $u_n = n^2 - 3n + 1$.

1. Montrer que $u_n > n(n-3)$ pour tout entier naturel n.

2. En déduire la limite de (u_n).

74 Soit (u_n) la suite de terme général $u_n = 1 + \dfrac{(-1)^n}{n+1}$.

Donner un encadrement de u_n, puis déterminer sa limite.

75 Soit (u_n) la suite de terme général $u_n = \dfrac{n^2}{n+1}$.

1. Montrer que $u_n > n - 1$ pour tout entier naturel n.

2. En déduire la limite de la suite (u_n).

Suites géométriques

76 *Capacité 6, p. 17*

1. Déterminer la limite de chacune des suites dont on donne le terme général ci-dessous, pour n entier naturel non nul.

a. $u_n = 5\left(\dfrac{8}{9}\right)^n$ **b.** $v_n = \dfrac{3n+5^n}{1-\dfrac{1}{n^2}}$

2. Déterminer la limite de la suite (S_n) telle que :

$$S_n = 1 + \frac{1}{4} + \left(\frac{1}{4}\right)^2 + \ldots + \left(\frac{1}{4}\right)^n.$$

77 Déterminer la limite de chacune des suites (u_n) dont on donne l'expression, pour n entier naturel non nul.

1. $u_n = \dfrac{2+0{,}4^n}{2^n-5}$ **2.** $u_n = \dfrac{5-\dfrac{1}{n}}{3+0{,}8^n}$

3. $u_n = (e^n + n)(0{,}6^n - 1)$ **4.** $u_n = \dfrac{\dfrac{3}{n}-\left(\dfrac{1}{4}\right)^n}{n^3+2n}$

78 Soit (u_n) la suite de terme général $u_n = 3^n - 2^n$ pour n entier naturel.

1. Montrer que $u_n = 3^n\left(1-\left(\dfrac{2}{3}\right)^n\right)$.

2. En déduire la limite de (u_n).

79 **Une question ouverte**

Déterminer la limite de la suite de terme général $u_n = \dfrac{5^n-4^n}{5^{n+1}-4^{n+1}}$.

Piste → Voir p. 279

80 Déterminer la limite de la suite (u_n) définie, pour n entier supérieur ou égal à 2, par :

$$u_n = 1 + 0{,}99 + 0{,}99^2 + \ldots + 0{,}99^n.$$

81 Soit la suite (u_n) dont le terme général, pour n entier supérieur ou égal à 1, est tel que $u_n = 0{,}333\ldots3$. La partie décimale de u_n est formée de n chiffres 3.

1. Conjecturer la limite de la suite (u_n).

2. Montrer que u_n est la somme des termes d'une suite géométrique de premier terme 0,3 et dont on précisera la raison.

3. Déterminer la limite de la suite (u_n). Que constate-t-on ?

82 **1.** En traçant la diagonale d'un carré de côté 1, on obtient un triangle rectangle que l'on colore en beige, comme sur la figure ci-contre.

Calculer l'aire de ce triangle.

2. On construit de la même manière un triangle rectangle que l'on colore en beige dans le quart du carré en haut à droite, et ainsi de suite… On obtient un ensemble de n triangles beiges dont l'aire totale est notée A_n, pour n entier supérieur ou égal à 1.

Quelle est la limite de la suite (A_n) ?

Piste 2. : Utiliser la suite (u_n) des aires des triangles beige.

83 Une spirale est formée par une succession de demi-cercles dont le rayon de l'un est égal aux deux tiers du rayon du demi-cercle précédent. On suppose que le rayon du premier demi-cercle est 2 cm.

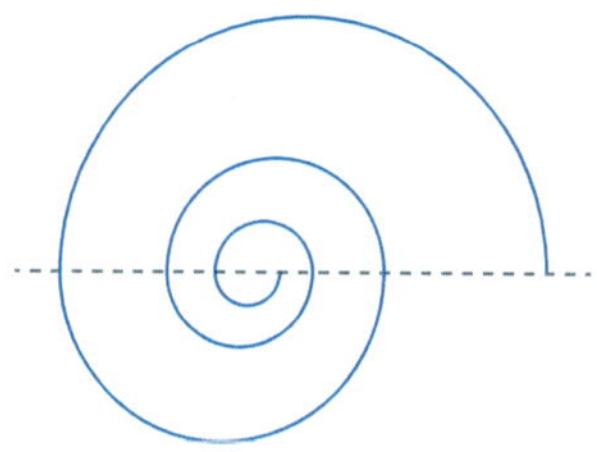

1. Déterminer la longueur de la spirale formée d'une succession de dix demi-cercles.

2. Déterminer la limite de la suite dont le terme général est la longueur de la spirale formée de n demi-cercles, où n est un entier naturel non nul.

Suites arithmético-géométriques

84 Capacité 7, p. 19

Dans chacun des cas suivants, déterminer une suite constante solution particulière qui vérifie la relation de récurrence donnée pour tout entier naturel n.

1. $u_{n+1} = -4u_n + 10$ **2.** $u_{n+1} = \frac{1}{3}u_n + 4$

85 PYTHON **Compléter un programme**

Compléter le programme Python ci-dessous afin que l'appel ag(a,b,u0,n) renvoie la liste L des n premiers termes de la suite définie par la donnée du premier terme u_0 et la relation de récurrence $u_{n+1} = au_n + b$ pour tout entier naturel n.

```
def ag(a,b,u0,n):
    u=u0
    L=...
    for k in range(...):
        ...
        L.append(u)
    return(L)
```

86 Capacité 8, p. 19

En 2019, Laurence a acheté un verger de 14 hectares de pommiers. Elle estime qu'il y a 300 pommiers par hectare. Chaque année, Laurence élimine 4 % des pommiers existants et replante 22 nouveaux pommiers par hectare. Pour tout entier naturel n, on note (u_n) le nombre de pommiers par hectare lors de l'année $2019 + n$.

1. a. Calculer u_1 et u_2.

b. Justifier que, pour tout entier naturel n, on a :

$$u_{n+1} = 0{,}96u_n + 22.$$

2. Déterminer l'expression de u_n en fonction de n.

3. Estimer le nombre de pommiers par hectare, arrondi à l'unité, en 2026.

4. Déterminer, à l'aide de la calculatrice, à partir de quelle année la densité de pommiers par hectare dépassera 400 pommiers.

87 PYTHON **Compléter un programme**

Tous les ans, au mois de septembre, Richard prélève 8,5 tonnes d'algues sur les plages de sa commune.
Au 1er septembre 2019, il y avait 230 tonnes d'algues sur ces plages.

Tous les ans, entre le 1er octobre et le 1er septembre suivant, la quantité d'algues sur ces plages augmente de 4 %. On note u_n la quantité d'algues en tonnes présente sur les plages au 1er septembre de l'année $2019 + n$.

1. Montrer que $u_{n+1} = 1{,}04u_n - 8{,}84$.

2. Déterminer l'expression de u_n en fonction de n.

3. La quantité d'algues sur ces plages dépassera-t-elle un jour 250 tonnes ?

4. Pour développer son entreprise, à partir du 1er septembre 2020, Richard a besoin de 10 % d'algues de plus que l'année précédente.
Pour étudier la quantité d'algues concernées pour les 16 prochaines années selon ce modèle, il rédige un programme Python donné incomplet ci-contre.

```
def algues():
    a=230
    b=8.5
    for k in range(...):
        a=...
        b=...
    return(a,b)
```

Compléter le programme afin que l'appel algues() renvoie la quantité d'algues récupérées par Richard en septembre 2035 ainsi que la quantité d'algues présente sur les plages.

88 **Une question ouverte**

Soit la suite (u_n) définie par la donnée de $u_0 = 1$ et, pour tout entier naturel n, $u_{n+1} = \frac{u_n}{2u_n + 3}$.

On admet que u_n ne s'annule pas. En utilisant la suite de terme général $v_n = \frac{1}{u_n}$, déterminer l'expression de u_n en fonction de n.

Piste → Voir p. 279

Problème de synthèse

89 PYTHON RAISONNER REPRÉSENTER

Compléter un programme

Un infographiste simule sur ordinateur la croissance d'un bambou. Il prend pour modèle un bambou d'une taille initiale de 50 centimètres dont la taille augmente d'un mois sur l'autre de 5 % auxquels s'ajoute 20 cm. Pour tout entier naturel n non nul, on note u_n la taille, exprimée en centimètres, qu'aurait le bambou à la fin du $n^{\text{ième}}$ mois, et $u_0 = 50$.

1. Calculer u_1 et u_2.

2. Justifier que, pour tout entier naturel n, $u_{n+1} = 1{,}05u_n + 20$.

3. Représenter graphiquement la fonction f telle que $u_{n+1} = f(u_n)$ et la droite d'équation $y = x$. Conjecturer le sens de variation et la limite de (u_n).

4. Exprimer u_n en fonction de n.

5. Calculer la taille du bambou, au centimètre près, à la fin du 10e mois.

6. Recopier et compléter le programme Python ci-contre afin que l'appel bambou() retourne le nombre de mois nécessaires à ce bambou pour dépasser 10 mètres.

```
def bambou():
    u=50
    n=0
    while ...:
        u=...
        n=...
    return(n)
```

BESOIN D'AIDE ?
Voir fiche tableur, p. 272

TP1 Calcul de termes successifs d'une suite récurrente TABLEUR PYTHON

On se propose de programmer le calcul des termes successifs de la suite récurrente définie par la donnée de son premier terme u_0 et, pour tout entier naturel n, $u_{n+1} = f(u_n)$, où f est la fonction définie sur $\mathbb{R}$ par $f(x) = -x^2 + 2x$.

A Avec un tableur

On saisit la valeur de u_0 dans la cellule **A2**.

	A	B	C	D
1	u_0		n	u_n
2	0,2		0	0,2
3			1	0,36
4			2	0,5904

1. Générer la suite des entiers naturels dans la colonne **C**.
2. Saisir en **D2** la formule = $A$2.
3. Quelle formule doit-on saisir en **D3**, afin d'obtenir, par recopie vers le bas, les termes successifs de la suite (u_n) ?
4. Compléter la colonne **D**, puis faire afficher les termes successifs pour diverses valeurs de u_0.

B Programmation en Python

On donne ci-contre le programme Python de la fonction f et celui incomplet de la fonction recur. Cette fonction doit retourner la liste des 10 premiers termes de cette suite.

```
def f(x):
    return(-x**2+2*x)

def recur(u0):
    u=u0
    L=[...]
    for k in range(9):
        ...
        ...
    return(L)
```

1. Compléter ce programme.
2. Faire fonctionner ce programme pour diverses valeurs de u_0.
3. Modifier la fonction recur afin que celle-ci retourne la liste des n premiers termes de cette suite, où n est un entier naturel au moins égal à 2.
4. Utiliser ces programmes pour obtenir la liste des premiers termes de la suite définie par la donnée de u_0 et, pour tout entier naturel n, $u_{n+1} = \dfrac{2u_n + 3}{u_n + 4}$.

TP2 Recherche de seuils avec Python PYTHON

A Soit la suite (u_n) définie pour tout entier naturel n par :

$$u_n = 2n^3 + n - 1.$$

```
def seuil1(A):
    n=0
    u=...
    while u<=A:
        ...
        ...
    return(n)
```

1. Montrer que la suite (u_n) a pour limite $+\infty$.
2. Soit A un réel fixé. On veut déterminer la plus petite valeur n_0 de n telle que u_n dépasse le réel A.

a. Créer le script d'une fonction f qui, pour un entier naturel n, retourne u_n.

b. Recopier et compléter la fonction seuil1 dont le script incomplet est donné ci-contre, afin qu'elle retourne l'entier n_0.

c. Déterminer n_0 lorsque A = 1 000 ; A = 100 000 ; A = 10^{10}.

B Soit la suite (u_n) définie par la donnée de u_0 et, pour tout entier naturel n, par $u_{n+1} = f(u_n)$, où f est la fonction définie dans $\mathbb{R}$ par $f(x) = \dfrac{x}{x^2 + 1}$.

```
def seuil2(u0,A):
    n=0
    u=u0
    while ...:
        ...
        ...
    return(n)
```

On suppose u_0 strictement positif.

On admet que cette suite est décroissante et de limite 0.

Soit A un réel strictement positif fixé. On veut déterminer la plus petite valeur n_0 de l'entier n telle que u_n soit strictement inférieur à A.

1. Créer le script d'une fonction f qui, pour un réel x donné, retourne $f(x)$.
2. Recopier et compléter la fonction seuil2 dont le script incomplet est donné ci-dessus, afin qu'elle retourne l'entier n_0.
3. Déterminer n_0 lorsque A = 0,1 ; A = 0,01 ; A = 0,001, avec $u_0 = 1$.

BESOIN D'AIDE ?
Voir fiche Python, p. 248

TP3 Valeurs approchées de $\sqrt{2}$ par la méthode de Héron PYTHON

Pour les Grecs, calculer $\sqrt{2}$ revient à trouver un carré dont l'aire soit 2. Si on prend un rectangle de côté x et de même aire 2, il est nécessaire que l'autre côté ait pour longueur $\frac{2}{x}$, car $x \times \frac{2}{x} = 2$. Puis on considère un nouveau rectangle dont la longueur est la moyenne arithmétique des deux côtés précédents, soit $\frac{1}{2}\left(x + \frac{2}{x}\right)$, et dont l'aire reste 2. En réitérant indéfiniment le processus, le rectangle se transforme petit à petit et se rapproche d'un carré de côté $\sqrt{2}$.

Point Histoire

Héron d'Alexandrie (1er siècle ap. J.-C.) est un mathématicien et ingénieur grec né à Alexandrie. Il est aussi le concepteur de nombreuses machines hydrauliques.

1. Montrer que si x_0 est une valeur approchée par excès de $\sqrt{2}$, alors $\frac{2}{x_0}$ est une valeur approchée par défaut de $\sqrt{2}$, et inversement.

2. On choisit alors la moyenne x_1 de x_0 et $\frac{2}{x_0}$ comme nouvelle valeur approchée de $\sqrt{2}$.

En calculant $\frac{2}{x_1}$, puis x_2, …, on obtient des approximations de plus en plus fines de $\sqrt{2}$.

On peut choisir $x_0 = 1$ comme première valeur approchée de $\sqrt{2}$, et on est conduit à étudier la suite récurrente définie par $x_0 = 1$ et pour tout entier naturel n, $x_{n+1} = \frac{1}{2}\left(x_n + \frac{2}{x_n}\right)$.

a. Représenter la fonction f telle que $x_{n+1} = f(x_n)$, ainsi que les premiers termes de la suite (x_n).

b. Conjecturer le sens de variation et la convergence de la suite (x_n).

c. Recopier et compléter la fonction heron ci-contre de paramètre p qui retourne un encadrement d'amplitude 10^{-p} de $\sqrt{2}$.

```
def heron(p):
    x=1
    y=(x+2/x)/2
    while ... :
        x=y
        y=...
    return(x,y)
```

d. Donner un encadrement d'amplitude 10^{-11} de $\sqrt{2}$.

TP4 Valeurs approchées de π par la méthode d'Archimède PYTHON

Archimède, en 250 avant J.-C., détermine une valeur approchée de π en construisant des polygones réguliers inscrits et circonscrits dans un cercle de rayon 1. Il obtient un encadrement de π avec les demi-périmètres de ces polygones puisque le périmètre de ce cercle est 2π.

Ces polygones réguliers ont tous leurs côtés égaux et les angles $\widehat{AOB}$, $\widehat{BOC}$, $\widehat{COD}$… égaux. Il commence par construire un hexagone régulier inscrit (en bleu) et un hexagone régulier circonscrit (en rouge), puis les polygones suivants sont obtenus en doublant le nombre de côtés. Archimède continue alors jusqu'à 96 côtés. On s'intéresse ici au polygone bleu.

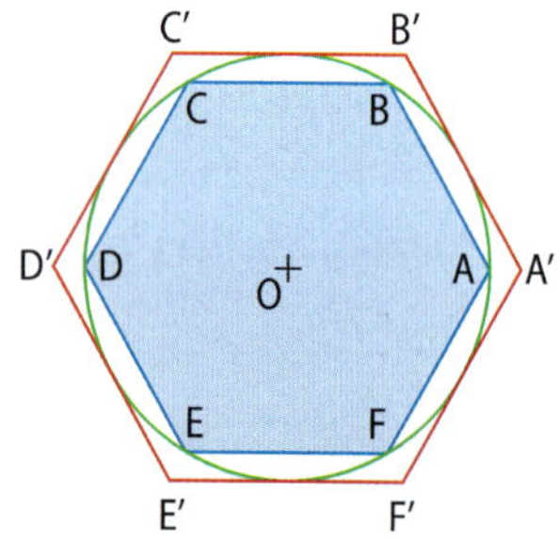

1. L'hexagone régulier (6 côtés)

a. Déterminer la nature du triangle OAB, puis la longueur du segment [AB].

b. En considérant l'hexagone, déterminer p_1 première valeur approchée de π.

2. Formules de passage d'un hexagone inscrit à un polygone inscrit ayant 12 côtés

Sur la figure ci-contre, [AB] est un côté de l'hexagone inscrit de la question **1.**, de demi-périmètre p_1, et [AJ] et [JB] sont des côtés du polygone inscrit à 12 côtés. On pose $AB = c_1$ et $AJ = c_2$.

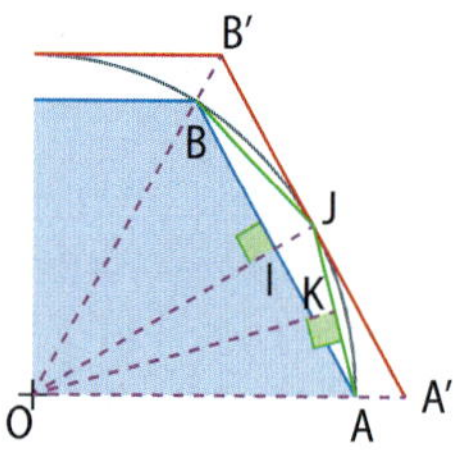

a. Rappeler la valeur de c_1. Calculer la longueur OI en fonction de c_1 à l'aide du théorème de Pythagore.

b. En déduire la longueur IJ, puis la longueur AJ en fonction de c_1.

c. En déduire la valeur de p_2, seconde approximation de π par cette méthode.

3. Généralisation : calcul d'une valeur approchée de π par défaut

4. Soit c_n la mesure d'un côté du polygone inscrit à 3×2^n côtés. On peut montrer, en raisonnant comme à la question **2.**, qu'on a la formule suivante : $c_{n+1} = \sqrt{\frac{c_n^2}{4} + \left(1 - \sqrt{1 - \frac{c_n^2}{4}}\right)^2}$.

a. Programmer une fonction Python de paramètre n et retournant p_n, valeur approchée de π par défaut obtenue pour un polygone à 3×2^n côtés.

b. À l'aide de cette fonction, déterminer une valeur approchée de π par défaut obtenue par Archimède avec 96 côtés.

EXERCICES Revoir des points essentiels

PARCOURS 1 Déterminer la limite d'une suite par opérations

Un exemple : Déterminer la limite de chacune des suites définies, pour tout entier naturel n non nul, par :

1. $u_n = 5n^2 + n - 10$ 2. $v_n = \dfrac{1 + \frac{1}{n}}{n+3}$ 3. $w_n = (2 - \sqrt{n})(n^3 - 6)$

Ma réflexion	→ Ma démarche
Sous quelle forme est écrit le terme u_n ?	Je reconnais une somme de suites. ▶ *Justifier que $\lim\limits_{n\to+\infty}(5n^2) = +\infty$. Calculer ensuite $\lim\limits_{n\to+\infty}(n)$ et $\lim\limits_{n\to+\infty}(-10)$.*
Comment conclure pour (u_n) ?	J'applique les règles sur la limite d'une somme. ▶ *Justifier que la limite de (u_n) est $+\infty$ en détaillant les étapes.*
Sous quelle forme est écrit le terme v_n ?	Je reconnais un quotient de suites. ▶ *Rappeler $\lim\limits_{n\to+\infty}\left(\frac{1}{n}\right)$, puis justifier que $\lim\limits_{n\to+\infty}\left(1+\frac{1}{n}\right) = 1$, puis calculer $\lim\limits_{n\to+\infty}(n+3)$ avec une règle sur la limite d'une somme.*
Comment conclure pour (v_n) ?	J'applique une règle sur la limite d'un quotient. ▶ *Justifier que la limite de (v_n) est 0.*
Sous quelle forme est écrit le terme w_n ?	Je reconnais un produit de suites. ▶ *Déterminer $\lim\limits_{n\to+\infty}(\sqrt{n})$, puis $\lim\limits_{n\to+\infty}(2-\sqrt{n})$, $\lim\limits_{n\to+\infty}(n^3)$ et $\lim\limits_{n\to+\infty}(n^3-6)$.*
Comment conclure pour (w_n) ?	J'applique une des règles sur la limite d'un produit. ▶ *Justifier que la limite de (w_n) est $-\infty$.*

90 Déterminer la limite de chacune des suites définies, pour tout entier naturel n non nul, par :

1. $u_n = 2n^3 + 4n - 7$ 2. $v_n = 100 - 4n - 2\sqrt{n}$ 3. $w_n = (3n-5)(-n^2+4)$ 4. $x_n = \dfrac{2}{n+5}$

PARCOURS 2 Déterminer le terme général d'une suite arithmético-géométrique

Un exemple : Soit la suite (u_n) définie par la donnée de son premier terme $u_0 = 1$ et, pour tout entier naturel n, $u_{n+1} = 3u_n - 4$. Déterminer l'expression de u_n en fonction de n.

Ma réflexion	→ Ma démarche
Que me demande-t-on ?	Je dois déterminer l'expression du terme général d'une suite arithmético-géométrique. ▶ *Quelles sont les deux étapes de la méthode à suivre pour cela ?*
Comment démarrer ?	Je détermine d'abord la solution particulière constante. ▶ *Poser $u_n = k$, avec k réel, puis montrer que $k = 2$.*
Quelle est la seconde étape de la méthode mise en œuvre ?	Je considère la suite (v_n) définie, pour tout entier naturel n, par $v_n = u_n - k$, où $k = 2$. ▶ *Que dois-je démontrer pour cette suite ?*
Comment poursuivre ?	Je calcule v_{n+1} en fonction de u_n, puis en fonction de v_n. ▶ *Justifier que $v_{n+1} = 3v_n$, et en déduire v_n en fonction de n.*
Comment conclure ?	J'exprime u_n en fonction de v_n, puis en fonction de n. ▶ *Je peux vérifier l'expression trouvée en calculant les premiers termes de la suite avec la formule trouvée.*

91 Pour les suites (u_n) définies ci-dessous par la donnée de leur premier terme u_0 et une relation de récurrence vérifiée pour tout entier naturel n, déterminer l'expression de u_n en fonction de n.

1. $\begin{cases} u_0 = 5 \\ u_{n+1} = 3u_n + 6 \end{cases}$ 2. $\begin{cases} u_0 = -2 \\ u_{n+1} = \frac{1}{2}u_n - 1 \end{cases}$ 3. $\begin{cases} u_0 = 3 \\ u_{n+1} = 5u_n + 4 \end{cases}$

Pour travailler en autonomie

Tous ces exercices sont corrigés, leurs solutions succinctes sont disponibles à la fin du manuel (p. 279).
En flashant la page, vous accéderez aux **corrigés rédigés et détaillés** sur votre smartphone ou votre tablette.

L'essentiel

Suite arithmético-géométrique

Suite définie par u_0 et par la relation :

$$u_{n+1} = au_n + b.$$

Calcul du terme général

On détermine d'abord la suite constante (c_n) solution, puis on montre que la suite de terme général $u_n - c_n$ est géométrique.

Limites usuelles

$$\lim_{n\to+\infty} n = \lim_{n\to+\infty} \left(n^2\right) = \lim_{n\to+\infty} \sqrt{n} = +\infty$$

$$\lim_{n\to+\infty} \frac{1}{n} = \lim_{n\to+\infty} \left(\frac{1}{n^2}\right) = 0$$

q	$0 \leqslant q < 1$	$q = 1$	$q > 1$
$\lim\limits_{n\to+\infty} \left(q^n\right)$	0	1	$+\infty$

Limite de la somme des termes d'une suite géométrique de 1er terme u_0 et de raison q avec $0 \leqslant q < 1$: $\dfrac{u_0}{1-q}$.

Suites récurrentes $u_{n+1} = f(u_n)$

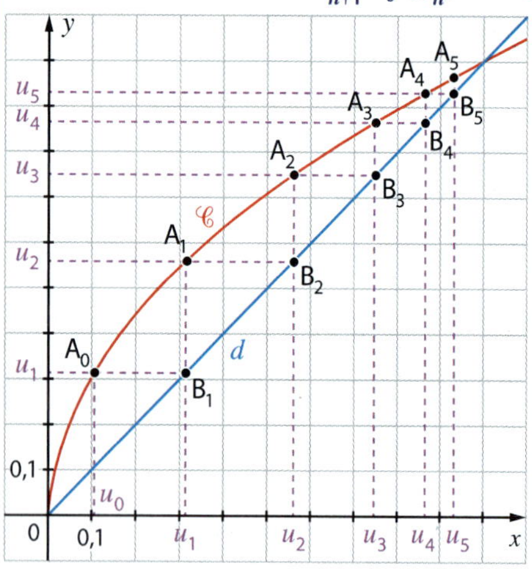

Représentation graphique des termes de la suite sur l'axe des abscisses avec la courbe de la fonction f et la droite d'équation $y = x$.

Suite convergente : suite de limite finie.
Suite divergente : suite non convergente.

Opérations sur les limites

Règles sur la somme

$\lim\limits_{n\to+\infty} u_n$	L	L	L	$+\infty$	$-\infty$	$+\infty$
$\lim\limits_{n\to+\infty} v_n$	L'	$+\infty$	$-\infty$	$+\infty$	$-\infty$	$-\infty$
$\lim\limits_{n\to+\infty} u_n + v_n$	$L + L'$	$+\infty$	$-\infty$	$+\infty$	$-\infty$	**F.I.**

Règles sur le produit

$\lim\limits_{n\to+\infty} u_n$	L	$L > 0$ ou $+\infty$	$L < 0$ ou $-\infty$	$L > 0$ ou $+\infty$	$L < 0$ ou $-\infty$	0
$\lim\limits_{n\to+\infty} v_n$	L'	$+\infty$	$+\infty$	$-\infty$	$-\infty$	$-\infty$ ou $+\infty$
$\lim\limits_{n\to+\infty} u_n v_n$	LL'	$+\infty$	$-\infty$	$-\infty$	$+\infty$	**F.I.**

Règles sur le quotient

$\lim\limits_{n\to+\infty} u_n$	L	L	$L > 0$	$L > 0$	$L < 0$	$L < 0$	$-\infty$ ou $+\infty$	0
$\lim\limits_{n\to+\infty} v_n$	$L' \neq 0$	$-\infty$ ou $+\infty$	0 et $v_n > 0$	0 et $v_n < 0$	0 et $v_n > 0$	0 et $v_n < 0$	$-\infty$ ou $+\infty$	0
$\lim\limits_{n\to+\infty} \dfrac{u_n}{v_n}$	$\dfrac{L}{L'}$	0	$+\infty$	$-\infty$	$-\infty$	$+\infty$	**F.I.**	**F.I.**

Faire le point avec des exercices corrigés

Modéliser avec une suite

* **92** 10 min Capacité 1, p. 13

Une société de services propose des prestations de garde d'enfants au tarif suivant : les clients payent une cotisation annuelle de 150 € à laquelle s'ajoute 20 € par heure de garde.
De combien d'heures de garde a bénéficié un client ayant payé 930 € ?

*** **93** 15 min Capacité 1, p. 13

Un enfant fait des ricochets avec des cailloux sur une rivière de 15 mètres de largeur.

Le premier ricochet a lieu à 7 mètres du point de départ, puis la distance entre deux ricochets est divisée par deux d'un ricochet à l'autre.

L'enfant peut-il espérer que son caillou atteigne l'autre rive de la rivière ?

94 20 min Capacité 1, p. 13

On estime les pertes de puissance électrique d'un courant continu circulant dans un câble à très haute tension à 0,3 % pour une distance de 100 kilomètres. Une liaison électrique de courant continu de longueur 1 900 kilomètres relie la centrale de Xiangjiaba à la ville de Shanghai ; sa puissance électrique initiale est de 6 400 MW. Quelle est la puissance électrique au bout de cette ligne ?

Étudier une suite récurrente

95 20 min Capacités 2 et 3, pp. 13 et 15

Soit la suite (u_n) définie par son premier terme $u_0 = 5$ et, pour tout entier naturel n, $u_{n+1} = f(u_n)$, où f est la fonction définie sur $[0 ; 5]$ par $f(x) = \dfrac{4x-1}{x+2}$.

1. Tracer la courbe représentative $\mathscr{C}$ de f et la droite d'équation $y = x$, en prenant 2 cm comme unité sur chaque axe.
2. En utilisant $\mathscr{C}$ et d, conjecturer le sens de variation et la convergence de la suite (u_n).

96 20 min Capacités 2 et 3, pp. 13 et 15

Soit la suite (u_n) définie par son premier terme $u_0 = 5$ et, pour tout entier naturel n, $u_{n+1} = 3\sqrt{u_n} + 4$.

1. En utilisant la courbe représentative d'une fonction et la droite d'équation $y = x$, représenter graphiquement les premiers termes de cette suite.
2. Conjecturer le sens de variation et la convergence de la suite (u_n).

Déterminer la limite d'une suite

97 15 min Capacité 4, p. 15

Déterminer la limite des suites dont on donne le terme général, pour n entier naturel non nul.

1. $u_n = 2n - 1\,000$
2. $v_n = 3 + \dfrac{4}{n}$
3. $w_n = 3n^2 + 4n - 1$
4. $t_n = n^3(8 - 7n)$

98 20 min Capacités 4 et 6, pp. 15 et 17

Déterminer la limite des suites dont on donne le terme général, pour n entier naturel non nul.

1. $u_n = 2n - \dfrac{1}{n^2}$
2. $v_n = 2\sqrt{n} + 10n$
3. $w_n = \dfrac{n^2 - 5}{n^2}$
4. $t_n = (1 - 0{,}9^n)(9 - n)$

99 10 min Capacité 5, p. 17

1. Soit $n \in \mathbb{N}$. Encadrer $(-1)^n$ par deux entiers.
2. En déduire la limite de la suite (u_n) définie, pour tout entier naturel n non nul, par $u_n = \dfrac{2(-1)^n}{n} + 3$.

100 10 min Capacité 6, p. 17

Soit la suite géométrique (u_n) de premier terme $u_0 = 7$ et de raison 0,6.

1. Exprimer u_n en fonction de n.
2. Déterminer la limite de (u_n).
3. Soit $v_n = u_0 + u_1 + \ldots + u_n$. Déterminer la limite de la suite (v_n).

101 15 min Capacité 6, p. 17 QCM

Choisir la ou les bonnes réponses.

La suite (u_n) telle que $u_n = \dfrac{2^n - 1}{3^n}$ a pour limite :

a. 0 **b.** 1 **c.** -1 **d.** $+\infty$

102 15 min Capacité 6, p. 17 VRAI/FAUX

Indiquer si les affirmations sont vraies ou fausses, puis justifier.

1. La suite (u_n) définie pour n entier, $n \geqslant 2$, par : $u_n = 1 + \dfrac{1}{10} + \dfrac{1}{10^2} + \ldots + \dfrac{1}{10^n}$ a pour limite $\dfrac{10}{9}$.
2. La suite (u_n) telle que $u_n = \dfrac{4 - 0{,}7^n}{3 + 0{,}1 \times 1{,}2^n}$ a pour limite $\dfrac{4}{3}$.

Étudier une suite arithmético-géométrique

103 20 min Capacités 7 et 8, p. 19

Soit la suite (u_n) de premier terme $u_0 = -2$ et telle que, pour tout entier naturel n, $u_{n+1} = 5u_n - 12$.

1. Déterminer la suite constante (c_n) qui vérifie cette relation de récurrence.
2. En déduire l'expression de u_n en fonction de n.

104 20 min Capacité 8, p. 19

On considère la suite (u_n) définie par $u_0 = 8$ et, pour tout entier naturel n, $u_{n+1} = 0{,}1u_n + 9$.

1. Exprimer u_n en fonction de n.
2. Déterminer la limite de la suite (u_n).

105 20 min Capacité 8, p. 19 QCM

Choisir la ou les bonnes réponses.

La suite (u_n) est définie, pour tout entier naturel n, par :

$$u_{n+1} = 0{,}4u_n + 3 \text{ et } u_0 = -1.$$

1. On utilise un tableur. Parmi les quatre formules ci-dessous, laquelle a-t-on saisie dans la cellule **C2** pour obtenir par recopie vers la droite les valeurs affichées dans les cellules **D2** à **L2** ?

	A	B	C
1	n	0	1
2	u_n	-1	2,6

a. = 0,4 *n +3 **b.** = \$B\$2*0,4+3
c. = B2*0,4+3 **d.** = 0,4*C1+3

2. Exprimer u_n en fonction de n.

106 20 min Capacité 8, p. 19

Dans une ruche formée de 50 000 abeilles, on estime à 20 % la proportion d'abeilles de la colonie qui décèdent chaque jour à cause d'un insecticide. On suppose que le nombre de naissances et de décès de manière naturelle reste identique (1 000 naissances et 500 décès de manière naturelle par jour). Pour tout entier naturel n, on note u_n le nombre d'individus de la colonie n jours après le début des pulvérisations de l'insecticide. On a donc $u_0 = 50\,000$.

1. Montrer que $u_{n+1} = 0{,}8u_n + 500$.
2. Déterminer l'expression de u_n en fonction de n.
3. Des études ont montré qu'une colonie d'abeilles n'est plus en mesure d'assurer sa survie si elle compte moins de 5 000 individus. La colonie étudiée va-t-elle survivre ?

Thomas Bayes est un mathématicien anglais et pasteur de l'Église presbytérienne. Ses travaux ont été édités et présentés à titre posthume à la Royal Society par son ami Richard Price dans « Un essai pour résoudre un problème dans la théorie des risques (An Essay towards solving a Problem in the Doctrine of Chances) ».
L'inférence bayésienne est une méthode de calcul de probabilités de causes à partir des probabilités de leurs effets. La formule de Bayes, aussi appelée formule de probabilité des causes, permet ce calcul.

PROBLÈMES DU THÈME

1. De quelle urne vient la boule ?
2. Sensibilité, spécificité, valeurs prédictives positive et négative d'un test diagnostique
3. Tests de dépistage de sensibilité et de spécificité données : étude des valeurs prédictives en fonction de la proportion de malades
4. Détection des spams et filtres bayésiens

1 PROBLÈME — De quelle urne vient la boule ?

MODÉLISER RAISONNER

Deux urnes contiennent des boules de différentes couleurs. On choisit une urne au hasard, puis on tire une boule de cette urne.

NOTION UTILISÉE
PREMIÈRE ▪ Probabilités conditionnelles

Avant de regarder la couleur de la boule, la probabilité d'avoir choisi la première urne est égale à 0,5. C'est une probabilité ***a priori.***

Après avoir regardé la couleur de la boule, la probabilité d'avoir choisi la première urne est-elle toujours de 0,5 ?

La formule de Bayes permet de calculer cette probabilité, appelée probabilité ***a posteriori.***

Point Histoire

Thomas Bayes est connu pour la formule, appelée formule de Bayes :

$$P_B(A) = \frac{P(A) \times P_A(B)}{P(B)}$$

Thomas Bayes (1702-1761)

Deux urnes contiennent des boules :
- l'urne 1 contient 18 boules blanches et 22 boules rouges ;
- l'urne 2 contient 8 boules blanches et 32 boules rouges.

Un jeu consiste à choisir une urne au hasard et à tirer une boule de cette urne.

On considère les événements :

U1 : « L'urne choisie est l'urne 1 » ;

U2 : « L'urne choisie est l'urne 2 » ;

R : « La boule tirée est rouge ».

1. Quelle est la probabilité que la boule soit rouge sachant qu'elle provient de l'urne 1 ?

2. Recopier et compléter l'arbre pondéré ci-dessous.

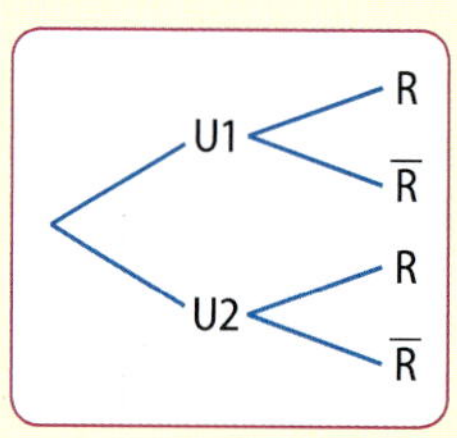

3. Calculer la probabilité que la boule provienne de l'urne 2 et soit rouge.

4. Justifier que $P(R) = 0,675$.

5. La boule tirée est rouge.
Calculer la probabilité qu'elle provienne de l'urne 1. En donner une valeur approchée à 0,01 près.

6. Après avoir regardé la couleur de la boule, la probabilité d'avoir choisi la première urne est-elle toujours égale à 0,5 ?

2 PROBLÈME

MATHS & SVT

TABLEUR Sensibilité, spécificité, valeurs prédictives positive et négative d'un test diagnostique

CALCULER
RAISONNER

Notions utilisées
Première ▪ Probabilités conditionnelles
Logiciels ▪ Tableur

Afin d'établir un diagnostic, un médecin peut procèder à des tests. Mais un test ne peut pas être interprété de manière univoque : certains patients peuvent avoir un test positif alors qu'ils ne sont pas malades (faux positifs), et d'autres, au contraire, peuvent avoir un test négatif alors qu'ils sont malades (faux négatifs). Comment peut-on interpréter les résultats d'un test ?

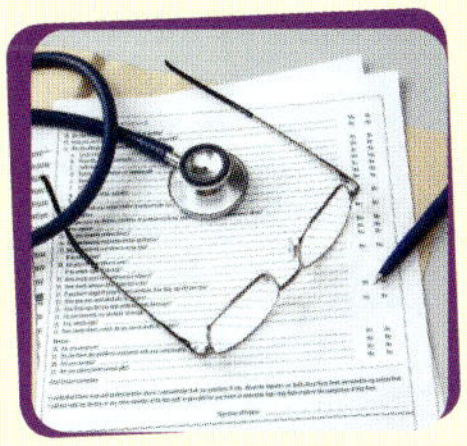

Ordonnance

Partie A ▪ Sensibilité et spécificité d'un test diagnostique

Les propriétés intrinsèques d'un test sont sa sensibilité et sa spécificité.
La **sensibilité** est la probabilité que le test soit positif chez un patient malade.
La **spécificité** est la probabilité que le test soit négatif chez un patient non malade.
Ces deux propriétés sont calculées sur une population de patients dont on connait le statut « malade » ou « non-malade », statut établi à l'aide d'un examen de référence dont le résultat est considéré comme sûr.

1. Quelles seraient la sensibilité et la spécificité d'un test parfait ?

2. Afin d'établir les propriétés d'un nouveau test, un laboratoire fait subir ce test à 800 malades et à 800 non-malades.
Les résultats sont consignés dans le tableau ci-dessous.

	Malade	Non-malade	Total
Test positif	672	160	832
Test négatif	128	640	768
Total	800	800	1 600

a. Justifier que la sensibilité Se de ce test est égale à 0,84.
En déduire la probabilité qu'un patient malade ait un test négatif (taux de faux négatifs).
b. Calculer la spécificité Sp de ce test.
En déduire la probabilité qu'un patient non malade ait un test positif (taux de faux positifs).

Partie B ▪ Valeurs prédictives positive et négative

Vocabulaire
La proportion de malades dans une population est appelée **prévalence**.

Dans cette partie, on suppose que la sensibilité et la spécificité d'un test sont Se = 0,84 et Sp = 0,8. Ce test est réalisé sur 1 000 patients.

1. Dans cette question, 75 % des patients sont malades.
a. Construire un tableau similaire à celui de la **partie A**.
b. Un patient a un test positif. Quelle est la probabilité qu'il soit malade ?
Cette probabilité est la valeur prédictive positive (VPP).
c. Un patient a un test négatif. Quelle est la probabilité qu'il ne soit pas malade ?
Cette probabilité est la valeur prédictive négative (VPN).

2. Dans cette question, la proportion de malades est p.
À l'aide d'un tableur, compléter le tableau ci-dessous et calculer les valeurs prédictives positive et négative pour $p = 0{,}6$.

B4 =D4*G1

	A	B	C	D	E	F	G
1		Malade	Non-malade	Total		Prévalence p =	0,6
2	Test positif						
3	Test négatif					VPP =	
4	Total	600		1000		VPN =	

Fichier Tableur
Disponible sur lycee.editions-bordas.fr

3. a. Les valeurs prédictives positive et négative dépendent-elles de la proportion de malades dans la population où le test est réalisé ? Justifier.
b. Que peut-on dire de la valeur prédictive positive lorsque la prévalence est faible ($p = 0{,}1$; $p = 0{,}05$, $p = 0{,}01$…) ?

3 PROBLÈME — MATHS & SVT

TABLEUR Tests de dépistage de sensibilité et de spécificité données : étude des valeurs prédictives en fonction de la proportion de malades

MODÉLISER — CHERCHER

En connaissant les propriétés d'un test (sensibilité et spécificité) et la proportion de malades dans la population, on peut interpréter les résultats du test et déterminer, selon le résultat (positif ou négatif), quelle est la probabilité que le patient soit ou ne soit pas malade.

Notions utilisées

Première ▪ Probabilités conditionnelles
Logiciels ▪ Tableur

Vocabulaire
La probabilité $P(\text{M})$ est une probabilité *a priori*.
Les probabilités $P_{\text{T}}(\text{M})$ et $P_{\overline{\text{T}}}(\text{M})$ sont des probabilités *a posteriori*.

Un médecin utilise un test dont il connait :

– la sensibilité Se, c'est-à-dire la probabilité qu'un patient malade ait un test positif ;

– la spécificité Sp, c'est-à-dire la probabilité qu'un patient non malade ait un test négatif.

La proportion de malades dans la population, appelée **prévalence**, est notée p.

On considère les événements ;

M : « Le patient est malade ».

T : « Le test est positif ».

1. Dans cette question :

$$p = 0{,}32,\ \text{Se} = 0{,}9 \text{ et Sp} = 0{,}75.$$

a. Recopier et compléter l'arbre pondéré ci-contre.

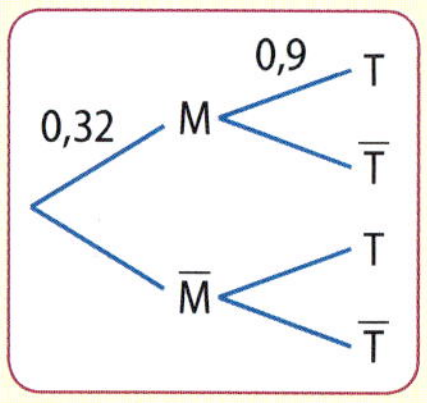

b. Justifier que $P(\text{T}) = 0{,}458$.

c. Montrer que la valeur prédictive positive (VPP), c'est-à-dire la probabilité qu'un patient soit malade sachant qu'il a un test positif, est d'environ 0,63 (à 0,01 près).

d. Calculer la valeur prédictive négative (VPN), c'est-à-dire la probabilité qu'un patient ne soit pas malade sachant qu'il a un test négatif.

2. On se place désormais dans le cas général.

a. Justifier que $P(\text{T}) = p \times \text{Se} + (1 - p) \times (1 - \text{Sp})$

b. Montrer que la valeur prédictive positive est égale à :

$$P_{\text{T}}(\text{M}) = \frac{p \times \text{Se}}{p \times \text{Se} + (1 - p) \times (1 - \text{Sp})}.$$

c. Déterminer en fonction de p, Se et Sp la valeur prédictive négative.

d. À l'aide d'un tableur, pour Se = 0,9 et Sp = 0,75, calculer comme ci-dessous la valeur prédictive positive et la valeur prédictive négative pour p variant de 0 à 1 avec un pas de 0,01. Faire une représentation graphique de l'évolution de ces valeurs prédictives en fonction de la prévalence p.

Fichier Tableur
Disponible sur lycee.editions-bordas.fr

	A	B	C	D	E	F
1	p	VPP	VPN			
2	0	0	1	Sensibilité :	Se=	0,9
3	0,01	0,035087719	0,99865501	Spécificité :	Sp=	0,75
4	0,02	0,068441065	0,997286296			
5						
6						
7						
8						
9						
10						
11						

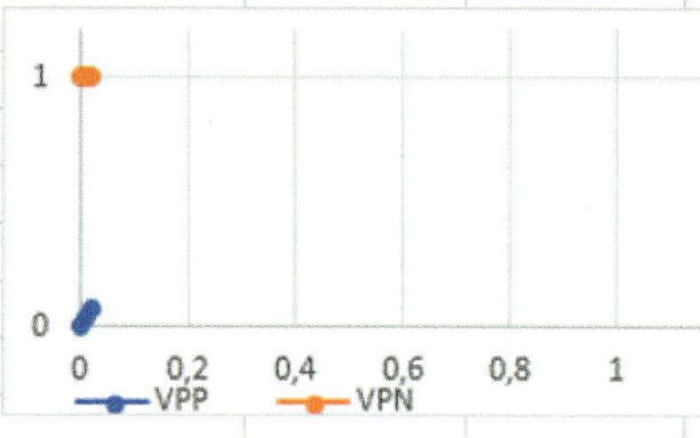

e. Que peut-on dire de leur évolution ?

f. Dans cette question, la prévalence p est inférieure à 5 %.
Que peut-on dire de la probabilité qu'un patient dont le test est positif soit malade ?
Que peut-on dire de la probabilité qu'un patient dont le test est négatif ne soit pas malade ?

LE SAVIEZ-VOUS ?
L'Organisation Mondiale de la Santé (OMS) est une institution spécialisée des Nations Unies qui s'occupe de la santé publique internationale. Elle a été créée en 1948 et a son siège à Genève.

Logo de l'OMS

3. Dans un rapport de l'OMS (Organisation Mondiale de la Santé) (29 août 2017) concernant le dépistage du VIH, on peut lire :

« Il est également important de noter que plus la prévalence du VIH dans la population est faible, plus la VPP de tous les tests de dépistage du VIH l'est aussi.
Cela signifie que, même si un test a une sensibilité ⩾ 99 % et une spécificité ⩾ 98 % [...] dans un contexte de faible prévalence (1 %), la VPP (probabilité que le test soit réellement positif) sera toujours faible (33,3 %) si un seul test est utilisé.
Par conséquent, lorsqu'un seul test est employé, la probabilité d'obtenir un résultat faux positif est élevée. »

En modifiant la feuille de calcul de la question précédente, expliquer les résultats donnés dans cet extrait.

4 PROBLÈME — Détection des spams et filtres bayésiens

CHERCHER
CALCULER

Un **spam** est un courrier électronique indésirable.

L'une des techniques de détection des spams est le filtrage bayésien.

Dans une première phase (phase d'apprentissage), l'utilisateur, en désignant les spams et les messages légitimes (hams), permet au filtre d'établir une base de données qui permettra de calculer la probabilité qu'un message soit un spam en fonction des mots que contient ce message.

Notions utilisées

Première ▪ Probabilités conditionnelles
Première ▪ Dérivée et sens de variation d'une fonction

LE SAVIEZ-VOUS ?
À l'origine, « SPAM » est une marque de jambon conditionné en boîte que l'armée américaine a beaucoup utilisé pendant la Seconde Guerre mondiale. L'association de « spam » et de « indésirable » provient d'un sketch des Monty Python qui parodie une publicité pendant laquelle la marque SPAM était répétée très souvent. Par opposition, un message électronique sollicité est désigné par « ham » (jambon).

Monty Python

1. Dans cette question, on considère que 80 % des messages sont des spams.
Le mot "gratuit" apparaît dans 35 % des spams et dans 1 % des non-spams.
On considère les événements :
S : « Le message est un spam » ;
G : « Le message contient le mot "gratuit" ».

a. Recopier et compléter l'arbre pondéré ci-contre.

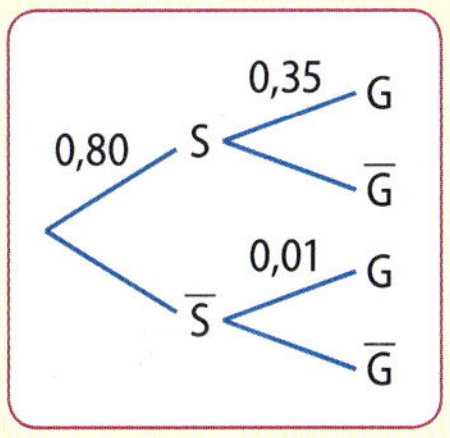

b. Justifier que $P(G) = 0{,}282$.

c. Un message contient le mot "gratuit".
Quelle est la probabilité que ce soit un spam ?

2. Une boîte mail contient 2 500 messages.
On considère que 1 700 de ces messages sont des spams.
Le mot "euros" est dans 1 400 spams et dans 100 messages qui ne sont pas des spams.
Quelle est la probabilité qu'un mail qui contient le mot "euros" soit un spam ?

3. Dans cette question, on considère que la proportion de spams est p (p réel de $[0\ ;\ 1]$).
Le mot "chance" apparait dans 20 % des spams et dans 8 % des non-spams.

a. Montrer que la probabilité qu'un mail qui contient le mot "chance" soit un spam est égale à $\dfrac{5p}{2+3p}$.

b. On considère la fonction f définie sur $[0\ ;\ 1]$ par $f(p) = \dfrac{5p}{2+3p}$.
Calculer $f'(p)$ sur $[0\ ;\ 1]$.

c. En déduire le sens de variation de la fonction f sur $[0\ ;\ 1]$.

d. Représenter la fonction f sur l'écran d'une calculatrice.

e. On suppose que la proportion de spams est supérieure à 60 %.
Par lecture graphique, faire une conjecture sur la probabilité qu'un mail qui contient le mot "chance" soit un spam.
Démontrer cette conjecture.

Se tester pour un BON DÉPART

Déterminer la limite d'une suite

1 Dans chacun des cas suivants, calculer la limite de la suite de terme général u_n.

a. $u_n = n^2 + 3n + 1$ **b.** $u_n = 2 - n^3$ **c.** $u_n = (1 - n)(2 + n)$ **d.** $u_n = 2 + \frac{1}{n+1}$

2 QCM *Choisir la ou les bonnes réponses.*

1. La limite de la suite (u_n) définie, pour n entier naturel non nul, par $u_n = -\frac{1}{n} + 1$ est égale à :

a. $+\infty$ **b.** $-\infty$ **c.** 0 **d.** 1

2. La limite de la suite (v_n) définie, pour n entier naturel non nul, par $u_n = \frac{n+1}{n}$ est égale à :

a. $+\infty$ **b.** $-\infty$ **c.** 0 **d.** 1

3 VRAI/FAUX *Indiquer si les affirmations sont vraies ou fausses, puis justifier.*

1. Soit (u_n) une suite définie sur $\mathbb{N}$ telle que, pour tout entier naturel n, $u_n \leqslant 1 - n$.
La limite de la suite (u_n) est égale à 1.

2. Soit (v_n) une suite définie sur $\mathbb{N}$ telle que, pour tout entier naturel n, $n^2 - 1 \leqslant v_n$.
La limite de la suite (v_n) est égale à $+\infty$.

Comparer des expressions

4 QCM *Choisir la ou les bonnes réponses.*

1. Soit, pour tout réel x différent de -1, l'expression $A(x) = \frac{x}{x+1}$.

Pour tout réel x différent de -1 et de 0, $A(x)$ est égal à :

a. $1 - \frac{1}{x+1}$ **b.** $1 + x$ **c.** $\frac{1}{1+\frac{1}{x}}$ **d.** $1 + \frac{1}{x}$

2. Soit, pour tout réel x, l'expression $B(x) = e^{2x} - e^x$.
Pour tout réel x, $B(x)$ est égal à :

a. $e^x(e^2 - 1)$ **b.** $e^x(e^x - 1)$ **c.** $e^{2x}(1 - e^{-x})$ **d.** e^x

5 VRAI/FAUX *Indiquer si les affirmations sont vraies ou fausses, puis justifier.*

a. Il existe un réel x tel que $x \leqslant x^2$.

b. Pour tout réel x, $3x \geqslant 2x$.

Dériver une fonction

6 Dans chacun des cas suivants, on donne l'expression d'une fonction f définie sur $[1\,;+\infty[$.
Calculer $f'(x)$.

a. $f(x) = x^3 - 3x^2 + 2x - 5$ **b.** $f(x) = 3 + \frac{2}{x}$ **c.** $f(x) = 3 + 3\sqrt{x}$ **d.** $f(x) = 2 - 5e^x$.

7 VRAI/FAUX *Indiquer si les affirmations sont vraies ou fausses, puis justifier.*

Soit f et g les fonctions définies sur $\mathbb{R}$ par $f(x) = \frac{x}{x^2+1}$ et $g(x) = xe^x$.

a. Pour tout réel x, $f'(x) = \frac{-x^2+1}{(x^2+1)^2}$.

b. Pour tout réel x, $g'(x) = e^x$.

POUR VOUS AIDER → Rappels .... page 258

FONCTIONS : LIMITES ET DÉRIVATION

CHAPITRE 2

La Station Spatiale Internationale (SSI) se déplace autour de la Terre à une altitude d'environ 400 kilomètres.
Elle est occupée en permanence par un équipage international de six astronautes qui se consacrent, au cours de leur séjour, aux opérations d'assemblage, de maintenance et à la recherche scientifique.
Les astronautes ressentent encore la pesanteur. Alors pourquoi flottent-ils ? En chute libre dans l'espace, ils tombent à la même vitesse que leur immense vaisseau. C'est pourquoi, ils sont en « lévitation » à l'intérieur de la station spatiale, comme le reste de leur équipement.

Voir exercice 85 page 51

LES NOTIONS DU CHAPITRE

- Limites d'une fonction
- Théorèmes généraux sur les limites
- Théorèmes de comparaison
- Limites d'une fonction composée
- Dérivée seconde et complément sur les dérivées

bordas Flash PAGE

RESSOURCES NUMÉRIQUES
Téléchargez l'application FlashPage, puis scannez la page indiquée pour consulter votre ressource sur smartphone ou tablette.

Vidéos .... pp. 41, 43
Corrigés détaillés .... pp. 54, 55

DÉCOUVRIR

Activité 1 — Un triangle animé

Objectif

Introduire les notions de limite en un point et de limite en $+\infty$.

Cours 1
Limites d'une fonction et asymptotes

Fichier GeoGebra / Cabri
Disponible sur lycee.editions-bordas.fr

Dans un repère orthonormé $(O ; \overrightarrow{OI}, \overrightarrow{OJ})$, on considère les points A(1 ; 2) et H(0 ; 2).
M est un point de l'axe des abscisses, d'abscisse x strictement supérieure à 1 et P est le point d'intersection de la droite (AM) et de l'axe des ordonnées.
On considère les fonctions f et g qui, à tout réel x de l'intervalle $]1 ; +\infty[$, associent respectivement l'aire du triangle AIM et l'aire du triangle HAP.
À l'aide d'un logiciel de géométrie, en déplaçant le point M, on construit les courbes représentatives des fonctions f et g.

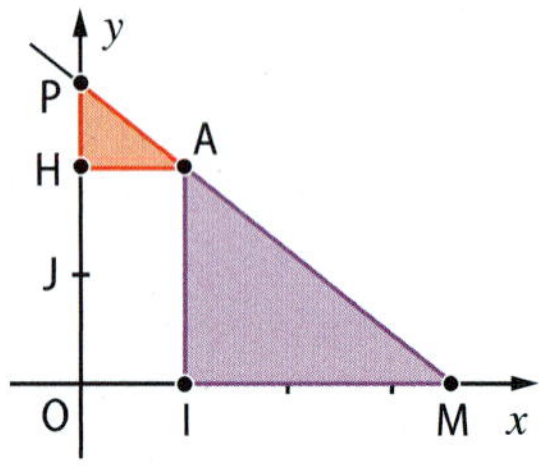

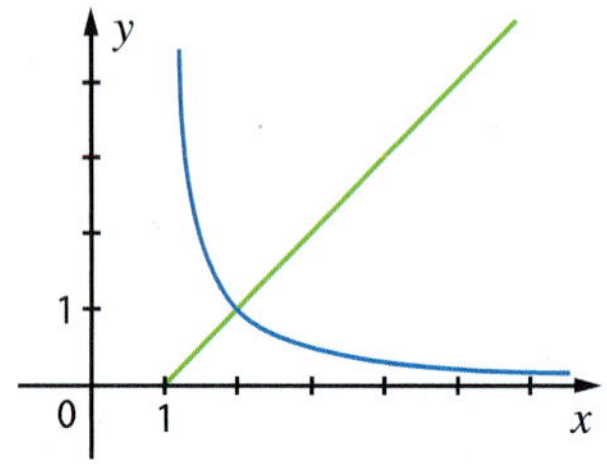

1 **a.** En observant l'évolution de l'aire du triangle HAP lorsque le point M s'approche du point I, reconnaître parmi les deux courbes, celle qui représente la fonction g.
b. On déplace maintenant le point M de sorte que son abscisse prenne des valeurs de plus en plus grandes.
Comment évolue alors l'aire du triangle HAP ?

2 On admet que, pour tout réel x de $]1 ; +\infty[$, $g(x) = \frac{1}{x-1}$.
a. Construire un tableau de valeurs pour la fonction g, en partant de $x = 1{,}1$ avec un pas de $-0{,}01$. Que peut-on dire de $g(x)$ lorsque x prend des valeurs de plus en plus proches de 1 ?
b. Construire un tableau de valeurs pour la fonction g, en partant de $x = 10$ avec un pas de 10. Que peut-on dire de $g(x)$ lorsque x prend des valeurs de plus en plus grandes ?

Activité 2 — Limites de la fonction $x \mapsto \frac{1}{x}$ sur $]0 ; +\infty[$

Objectif

Introduire les limites de la fonction inverse.

Cours 1
Limites d'une fonction et asymptotes

Soit f la fonction définie sur $]0 ; +\infty[$ par $f(x) = \frac{1}{x}$.

1 **a.** Dans le tableau de valeurs de $f(x)$ ci-dessous, x prend des valeurs de plus en plus proches de 0, en étant supérieures à 0. Recopier et compléter ce tableau.

x	0,1	0,01	0,001	0,0001	0,00001
$f(x)$					

Comment évolue alors $f(x)$?
b. En utilisant le tableau, déterminer comment on doit choisir x pour que $f(x)$ soit strictement supérieur à 10 000.
c. En résolvant une inéquation, déterminer comment on doit choisir x pour que $f(x)$ soit strictement supérieur à 10^7.
d. Soit A un réel strictement positif.
Comment doit-on choisir x pour que $f(x)$ soit strictement supérieur à A ?
Ainsi, $f(x)$ prend des valeurs aussi grandes que l'on veut, dès que x est suffisamment proche de 0 en étant supérieur à 0. On dit que la limite de f lorsque x tend vers 0, en étant strictement supérieur à 0, est égale à $+\infty$.

2 **a.** Faire un tableau de valeurs de $f(x)$ dans lequel x prend des valeurs de plus en plus grandes : 10, 100, 1 000, 10 000 et 100 000. Comment évolue alors $f(x)$?
b. Faire une conjecture sur la limite de f en $+\infty$.

Activité 3

Notion d'asymptote d'après d'Alembert

MATHS & HISTOIRE

Voici un extrait de la définition de l'asymptote que donne Jean le Rond d'Alembert (1717-1783) dans l'*Encyclopédie*.

Objectif

Introduire la notion d'asymptote.

➪ Cours 1
Limites d'une fonction et asymptotes

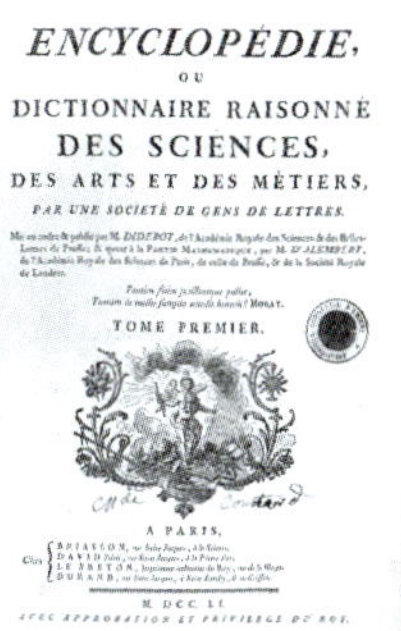

ASYMPTOTE Quelques auteurs définissent l'*asymptote* une ligne indéfiniment prolongée, qui va en s'approchant de plus en plus d'une autre ligne qu'elle ne rencontrera jamais. [...]. Mais cette définition générale de l'asymptote n'est pas exacte, car elle peut être appliquée à des lignes qui ne sont pas des *asymptotes*. [...]
Qu'est-ce donc qu'une *asymptote* en général ?
C'est une ligne, qui étant indéfiniment prolongée, s'approche continuellement d'une autre ligne aussi indéfiniment prolongée, de manière que la distance à cette ligne ne devient jamais zéro absolu, mais peut toujours être trouvée plus petite qu'aucune grandeur donnée. [...]
L'*asymptote* se définit encore plus exactement une ligne droite, qui étant indéfiniment prolongée, s'approche continuellement d'une courbe ou d'*une portion de courbe* aussi indéfiniment prolongée, de manière que la distance à cette courbe ou portion de courbe ne devient jamais zéro absolu, mais peut toujours être trouvée plus petite qu'aucune grandeur donnée.
Je dis, d'une courbe ou d'une portion de courbe, afin que la définition convienne, tant aux courbes serpentantes qu'aux autres.

1 Quelle critique apporte d'Alembert dans le premier paragraphe ? Expliquer cette critique à l'aide de la figure 1 ci-dessous.

2 Quelle partie de la définition donnée dans le deuxième paragraphe apporte une réponse à cette critique ?

3 Dans le troisième paragraphe, d'Alembert donne une précision supplémentaire à sa définition. Quelle est cette précision ? Expliquer, à l'aide de la figure 2, son importance.

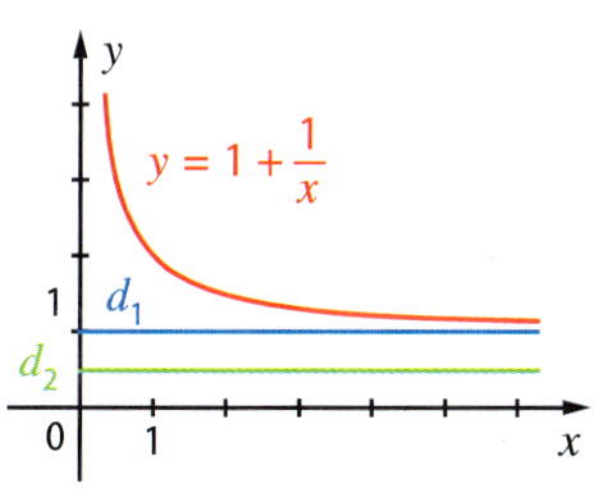

Figure 1

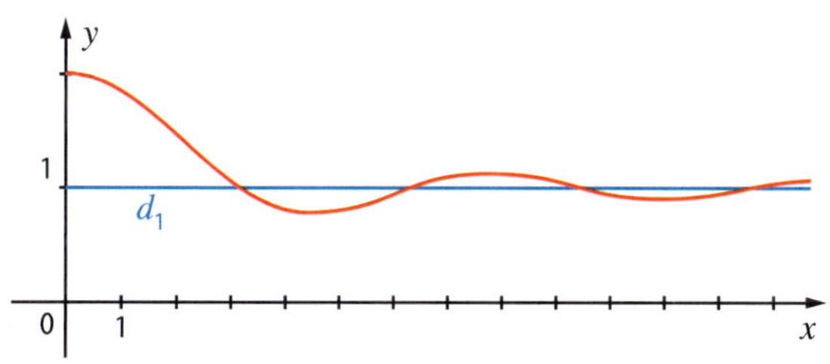

Figure 2

Activité 4

Enchaîner des fonctions

Objectif

Introduire la notion de fonction composée et la limite d'une fonction composée.

➪ Cours 2
Calculs de limites

On considère les fonctions u et f définies sur $\mathbb{R}$ par $u(x) = 3 - x$ et $f(x) = e^{3-x}$.

1 Calculer $u(1)$ et en déduire $f(1)$.

2 **a.** Comment calcule-t-on $f(x)$ à partir de $u(x)$?
b. On note $X = u(x)$. Exprimer $f(x)$ en fonction de X.
c. Reproduire le schéma ci-contre et remplacer (a) par une expression en fonction de X.

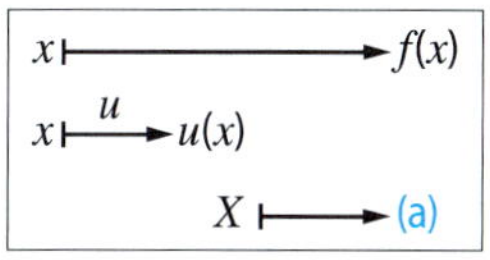

On dit que f est la **fonction composée** de u suivie de la fonction exponentielle.

3 **a.** On veut déterminer la limite de la fonction f en $+\infty$.
Compléter le schéma comme ci-contre avec les limites (b) et (c).
b. Que peut-on dire de $f(x)$ lorsque x tend vers $+\infty$?

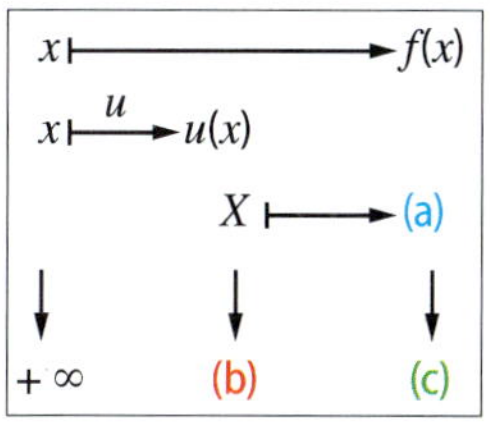

4 En utilisant cette méthode, justifier que la limite de la fonction f en $-\infty$ est égale à $+\infty$.

1. Limites d'une fonction et asymptotes

Point Histoire

Augustin-Louis Cauchy (1789-1857) est l'un des premiers à avoir formalisé de manière rigoureuse la notion de limite.

Limites d'une fonction

On a étudié dans le chapitre 1 la limite d'une suite numérique. Lorsqu'on étudie une fonction, on peut s'interroger sur son comportement en $+\infty$, mais aussi en $-\infty$ ou en un réel a.

EXEMPLE : Fonction carré

Quand x tend vers $+\infty$, x^2 devient aussi grand que l'on veut dès que x est assez grand.
Par exemple, $x^2 > 10^6$ dès que $x > 1\,000$.
Ainsi $\lim\limits_{x \to +\infty} x^2 = +\infty$.

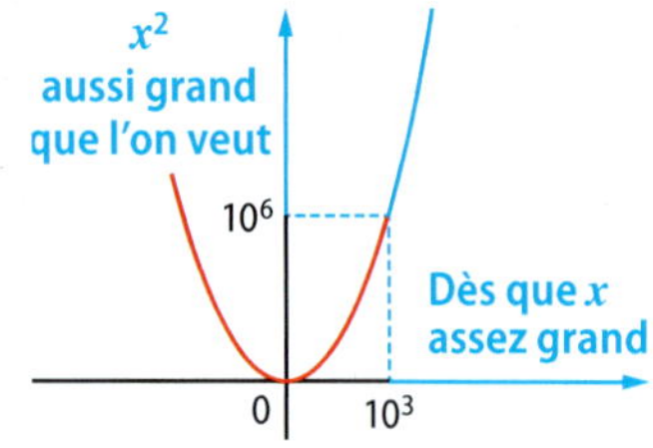

LIMITES DES FONCTIONS USUELLES

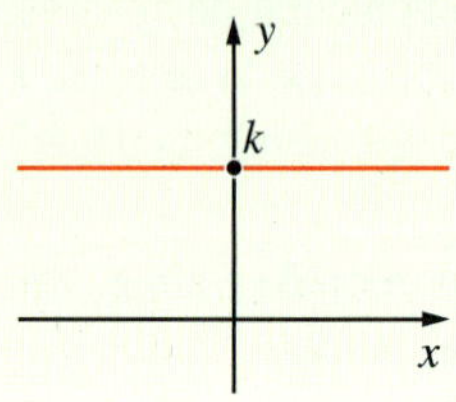

Soit k un réel
$\lim\limits_{x \to -\infty} k = \lim\limits_{x \to +\infty} k = k$

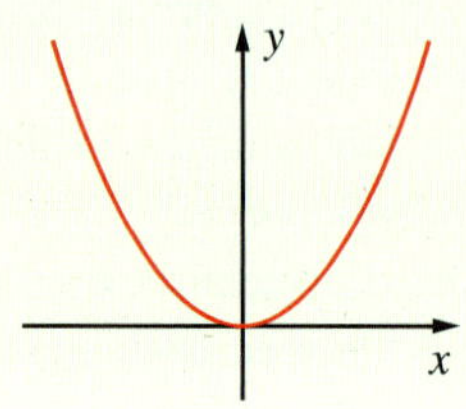

$\lim\limits_{x \to -\infty} x^2 = +\infty$
$\lim\limits_{x \to +\infty} x^2 = +\infty$

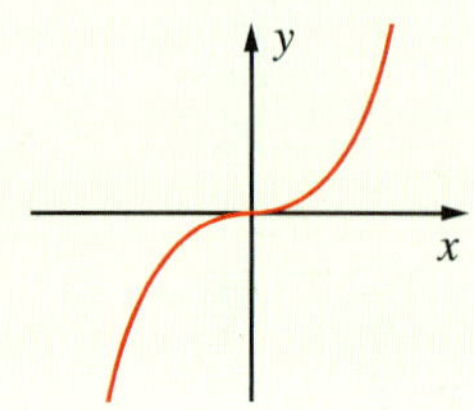

$\lim\limits_{x \to -\infty} x^3 = -\infty$
$\lim\limits_{x \to +\infty} x^3 = +\infty$

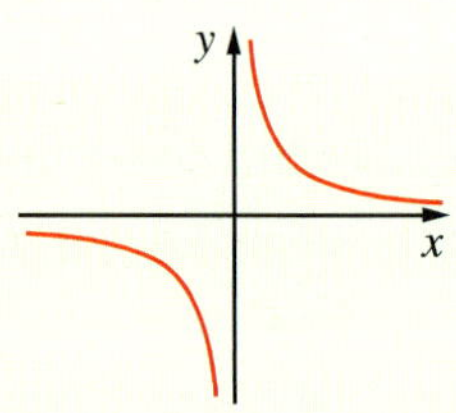

$\lim\limits_{x \to -\infty} \dfrac{1}{x} = 0$ $\lim\limits_{x \to +\infty} \dfrac{1}{x} = 0$

$\lim\limits_{\substack{x \to 0 \\ x < 0}} \dfrac{1}{x} = -\infty$ $\lim\limits_{\substack{x \to 0 \\ x > 0}} \dfrac{1}{x} = +\infty$

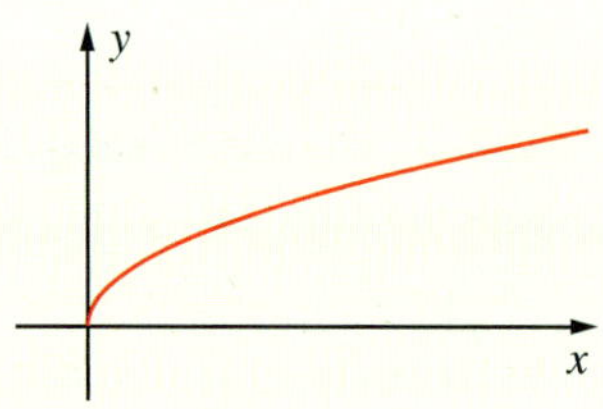

$\lim\limits_{x \to +\infty} \sqrt{x} = +\infty$

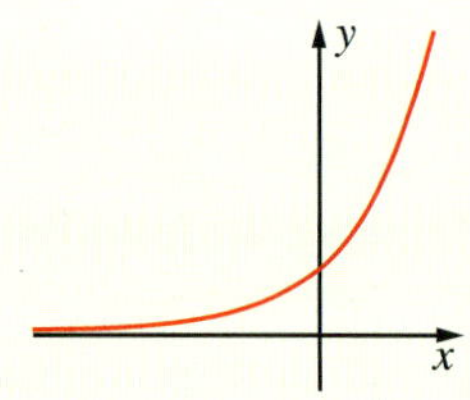

$\lim\limits_{x \to -\infty} \mathrm{e}^x = 0$
$\lim\limits_{x \to +\infty} \mathrm{e}^x = +\infty$

Notation

Lorsque x tend vers a par valeurs inférieures (respectivement supérieures) à a, on parle de limite à gauche (respectivement à droite) en a.

À noter

Soit a un nombre réel.
$\lim\limits_{x \to a} x = a$;
$\lim\limits_{x \to a} x^2 = a^2$;
$\lim\limits_{x \to a} x^3 = a^3$;
$\lim\limits_{x \to a} \sqrt{x} = \sqrt{a}$ ($a \geqslant 0$) ;
$\lim\limits_{x \to a} \mathrm{e}^x = \mathrm{e}^a$;
si $a \neq 0$, $\lim\limits_{x \to a} \dfrac{1}{x} = \dfrac{1}{a}$.

Asymptotes à une courbe

L est un réel et $\mathscr{C}_f$ est la courbe représentative d'une fonction f dans un repère.

DÉFINITION On dit que la droite d'équation $y = L$ est une **asymptote** à la courbe $\mathscr{C}_f$ en $+\infty$ (respectivement en $-\infty$) si, et seulement si, $\lim\limits_{x \to +\infty} f(x) = L$ (respectivement $\lim\limits_{x \to -\infty} f(x) = L$).

EXEMPLE : $\lim\limits_{x \to +\infty} \dfrac{1}{x} = 0$, donc la droite d'équation $y = 0$, c'est-à-dire l'axe des abscisses, est une asymptote « horizontale » à la courbe représentative de la fonction inverse en $+\infty$.

DÉFINITION On dit que la droite d'équation $x = a$ est une **asymptote** à la courbe $\mathscr{C}_f$ si, et seulement si, $\lim\limits_{x \to a} f(x) = +\infty$, ou $\lim\limits_{x \to a} f(x) = -\infty$.

EXEMPLE : $\lim\limits_{\substack{x \to 0 \\ x > 0}} \dfrac{1}{x} = +\infty$, donc la droite d'équation $x = 0$, c'est-à-dire l'axe des ordonnées, est une asymptote « verticale » à la courbe représentative de la fonction inverse.

Vidéo 10:19
Déterminer graphiquement une limite de fonction

bordas Flash PAGE vidéo

CAPACITÉ 1

Conjecturer graphiquement des limites

Soit f une fonction définie sur $[-1\,;1[\cup]1\,;+\infty[$ et $\mathscr{C}_f$ sa courbe représentative.

Sur le graphique ci-contre, on a tracé $\mathscr{C}_f$ et ses deux asymptotes d_1 et d_2.

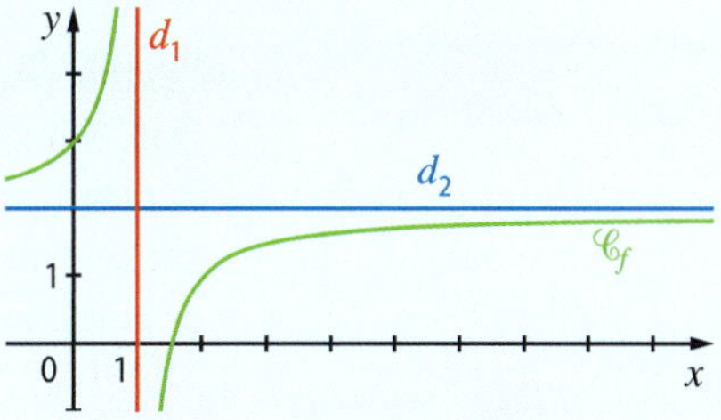

1. Déterminer graphiquement les limites de la fonction f en 1 à gauche et à droite.
2. Déterminer graphiquement la limite de f en $+\infty$.

Solution commentée

1 On peut imaginer un point sur $\mathscr{C}_f$.
Lorsqu'on déplace ce point de sorte que son abscisse x se rapproche de 1, en étant inférieure à 1 (figure 1), son ordonnée $f(x)$ devient de plus en plus grande. On conjecture que $\lim\limits_{\substack{x\to1\\x<1}} f(x)=+\infty$.

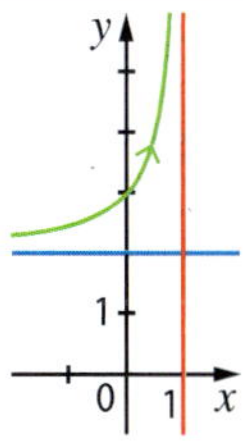

Figure 1

Lorsqu'on déplace ce point de sorte que son abscisse x se rapproche de 1, en étant supérieure à 1, son ordonnée $f(x)$ devient de plus en plus « petite », grande en valeur absolue et négative (figure 2) : $\lim\limits_{\substack{x\to1\\x>1}} f(x)=-\infty$.

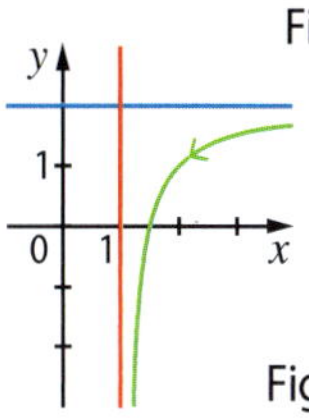

Figure 2

2 Lorsqu'on déplace un point sur $\mathscr{C}_f$ de sorte que son abscisse prenne des valeurs de plus en plus grandes, son ordonnée devient de plus en plus proche de 2 (figure 3) : $\lim\limits_{x\to+\infty} f(x)=2$.

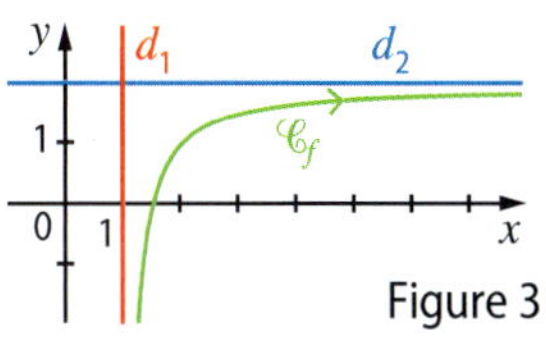

Figure 3

Conseil
On peut imaginer un point sur la courbe et le déplacer de sorte que son abscisse évolue comme on le souhaite.

Voir exercices
58 Pour s'entraîner

Vidéo 13:45
Tracer une courbe à partir d'un tableau de variation

bordas Flash PAGE vidéo

CAPACITÉ 2

Interpréter graphiquement des limites

Soit f une fonction définie sur $[0\,;2[\cup]2\,;+\infty[$ et $\mathscr{C}_f$ sa courbe représentative.

On donne ci-contre le tableau de variation de f.

x	0	2		$+\infty$
$f(x)$	-1 ↗	$+\infty$ ‖	$+\infty$ ↘	1

1. Donner les limites de f en 2 (à gauche et à droite) et en $+\infty$.
2. La courbe $\mathscr{C}_f$ admet-elle des asymptotes ? Si oui, en donner une équation.
3. Tracer dans un repère une allure de la courbe $\mathscr{C}_f$ et ses asymptotes.

Solution commentée

1 D'après le tableau de variation : $\lim\limits_{\substack{x\to2\\x<2}} f(x)=+\infty$, $\lim\limits_{\substack{x\to2\\x>2}} f(x)=+\infty$ et $\lim\limits_{x\to+\infty} f(x)=1$.

2 $\lim\limits_{\substack{x\to2\\x<2}} f(x)=+\infty$ et $\lim\limits_{\substack{x\to2\\x>2}} f(x)=+\infty$,
donc la droite d_1 d'équation $x=2$ est une asymptote « verticale » à $\mathscr{C}_f$.
$\lim\limits_{x\to+\infty} f(x)=1$, donc la droite d_2 d'équation $y=1$ est une asymptote « horizontale » à $\mathscr{C}_f$ en $+\infty$.

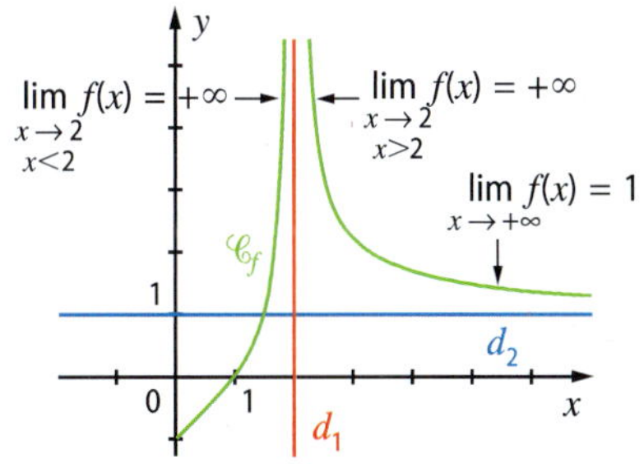

3 On commence par tracer les deux asymptotes d_1 et d_2. Puis, on peut tracer une allure de la courbe $\mathscr{C}_f$ en prenant en compte les variations de la fonction f et ses limites en 2 et en $+\infty$.

Méthode
Pour déduire des limites d'une fonction l'existence d'asymptote(s), on examine s'il y a des limites infinies en un réel ou des limites finies en l'infini.

Voir exercices
60 Pour s'entraîner
101 Pour travailler en autonomie

2. Calculs de limites

Opérations sur les limites

Les théorèmes sur la limite d'une somme, d'un produit ou d'un quotient sont similaires à ceux énoncés pour les suites page 14.

Par exemple, u et v étant des fonctions ; a désignant un réel, $+\infty$ ou $-\infty$; et L étant un réel strictement positif :

si $\lim\limits_{x\to a} u(x) = L$ et $\lim\limits_{x\to a} v(x) = -\infty$, alors $\lim\limits_{x\to a} (u(x) + v(x)) = -\infty$ par règle pour la somme ;

$\lim\limits_{x\to a} (u(x) \times v(x)) = -\infty$ par règle pour le produit ;

$\lim\limits_{x\to a} \dfrac{u(x)}{v(x)} = 0$ par règle pour le quotient.

Notation
Comme $e^x > 0$, $\lim\limits_{x\to-\infty} e^x = 0$ est aussi noté :
$\lim\limits_{x\to-\infty} e^x = 0^+$.

EXEMPLES : 1. $\lim\limits_{x\to-\infty} x^2 = +\infty$ et $\lim\limits_{x\to-\infty} (-3) = -3$, donc par règle pour la somme $\lim\limits_{x\to-\infty} (x^2 - 3) = +\infty$; et par règle pour le produit $\lim\limits_{x\to-\infty} (-3x^2) = -\infty$.

2. $\lim\limits_{x\to-\infty} (2 + e^x) = 2$ et $\lim\limits_{x\to-\infty} e^x = 0^+$ (car $e^x > 0$), donc par règle pour le quotient $\lim\limits_{x\to-\infty} \dfrac{2+e^x}{e^x} = +\infty$.

Lorsque l'on rencontre l'une des quatre « formes indéterminées », on ne peut pas conclure directement. Il faut alors modifier l'expression de la fonction dont on calcule la limite.

Limites d'une fonction composée

Certaines fonctions ne peuvent pas être écrites comme somme, produit ou quotient de fonctions usuelles. Une autre opération sur les fonctions existe : la **composition**.

À noter
Les fonctions de la forme $x \mapsto g(ax+b)$ étudiées en classe de Première sont des fonctions composées.

EXEMPLE : Soit f la fonction définie sur l'intervalle $]-\infty\,;1]$ par $f(x) = \sqrt{1-x}$.
Pour calculer $f(x)$, on calcule d'abord $1 - x$, puis la racine carrée de ce réel.
f est l'enchaînement de deux fonctions :
u définie sur $]-\infty\,;1]$ par $u(x) = 1 - x$
suivie de v définie sur $[0\,;+\infty[$ par $v(X) = \sqrt{X}$.
On dit que f est la composée de u suivie de v.
Pour calculer la limite en $-\infty$ de la fonction f, on procède de la façon suivante :

$\lim\limits_{x\to-\infty} (1-x) = +\infty$ et $\lim\limits_{X\to+\infty} \sqrt{X} = +\infty$

donc $\lim\limits_{x\to-\infty} f(x) = +\infty$.

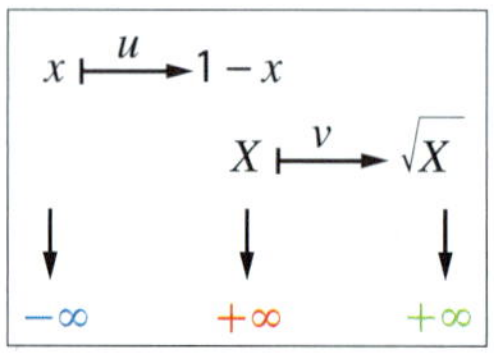

Théorèmes de comparaison

Les théorèmes de comparaison sont similaires à ceux énoncés pour les suites page 16.

EXEMPLE : Soit f une fonction définie sur $\mathbb{R}$ telle que, pour tout réel x, $2x - 1 \leqslant f(x) \leqslant 2x + 2$. Et soit g la fonction définie sur $]0\,;+\infty[$ par $g(x) = \dfrac{f(x)}{x}$.

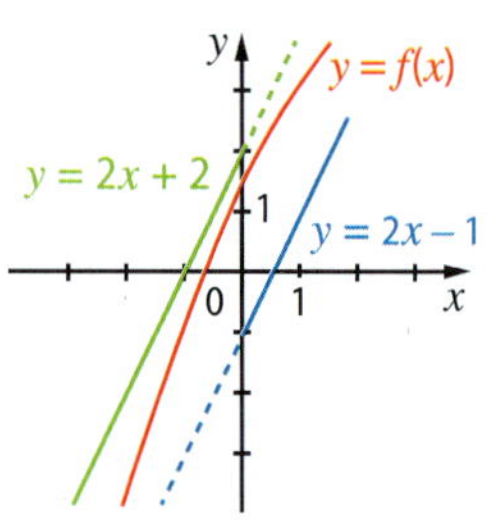

Limite de f en $+\infty$:
$2x - 1 \leqslant f(x)$ et $\lim\limits_{x\to+\infty} (2x-1) = +\infty$, donc $\lim\limits_{x\to+\infty} f(x) = +\infty$.

Limite de f en $-\infty$:
$f(x) \leqslant 2x + 2$ et $\lim\limits_{x\to-\infty} (2x+2) = -\infty$, donc $\lim\limits_{x\to-\infty} f(x) = -\infty$.

Limite de g en $+\infty$:
Pour tout réel $x > 0$, $2x - 1 \leqslant f(x) \leqslant 2x + 2$, donc $\dfrac{2x-1}{x} \leqslant g(x) \leqslant \dfrac{2x+2}{x}$.

$\lim\limits_{x\to+\infty} \dfrac{2x-1}{x} = \lim\limits_{x\to+\infty} \left(2 - \dfrac{1}{x}\right) = 2$ et $\lim\limits_{x\to+\infty} \dfrac{2x+2}{x} = \lim\limits_{x\to+\infty} \left(2 + \dfrac{2}{x}\right) = 2$.

Donc d'après le théorème des gendarmes, $\lim\limits_{x\to+\infty} g(x) = 2$.

Vidéo 10:44
Calculer la limite d'une fonction à l'aide des formules d'opération

bordas Flash PAGE vidéo

Méthode

Pour calculer une limite, on essaie d'abord d'utiliser les théorèmes généraux.

CAPACITÉ 3 Calculer la limite d'une somme, d'un produit, d'un quotient

Calculer les limites suivantes.

1 $\lim\limits_{x \to +\infty} \left(7x^3 + 5x + \dfrac{2}{x^2}\right)$ **2** $\lim\limits_{x \to -\infty} (e^x - 3)(x^2 - 2)$ **3** $\lim\limits_{\substack{x \to 4 \\ x > 4}} \dfrac{3x}{-x+4}$

Solution commentée

1 $\lim\limits_{x \to +\infty} 7 = 7$ et $\lim\limits_{x \to +\infty} x^3 = +\infty$, donc par produit $\lim\limits_{x \to +\infty} (7x^3) = +\infty$.

$\lim\limits_{x \to +\infty} 5 = 5$ et $\lim\limits_{x \to +\infty} x = +\infty$, donc par produit $\lim\limits_{x \to +\infty} (5x) = +\infty$.

$\lim\limits_{x \to +\infty} 2 = 2$ et $\lim\limits_{x \to +\infty} x^2 = +\infty$, donc par quotient $\lim\limits_{x \to +\infty} \dfrac{2}{x^2} = 0$.

On conclut en utilisant les règles pour la somme : $\lim\limits_{x \to +\infty} \left(7x^3 + 5x + \dfrac{2}{x^2}\right) = +\infty$.

2 On calcule la limite de chaque facteur, puis on utilise les règles pour le produit :

$$\left.\begin{array}{l} \lim\limits_{x \to -\infty} e^x = 0 \text{ donc } \lim\limits_{x \to -\infty} (e^x - 3) = -3 \\ \lim\limits_{x \to -\infty} x^2 = +\infty \text{ donc } \lim\limits_{x \to -\infty} (x^2 - 2) = +\infty \end{array}\right\} \text{donc } \lim\limits_{x \to -\infty} (e^x - 3)(x^2 - 2) = -\infty.$$

3 On calcule la limite du numérateur et celle du dénominateur.

$\lim\limits_{x \to 4} (3x) = 12$ et $\lim\limits_{x \to 4} (-x + 4) = 0$. La limite du quotient sera donc infinie.

Pour déterminer s'il s'agit de $-\infty$ ou de $+\infty$, on étudie le signe de $-x + 4$ selon les valeurs de x. Pour $x > 4$, $-x + 4 < 0$.

x	$-\infty$		4		$+\infty$
$-x+4$		+	0	−	

$$\text{Ainsi } \left.\begin{array}{l} \lim\limits_{x \to 4} (3x) = 12 \\ \lim\limits_{\substack{x \to 4 \\ x > 4}} (-x + 4) = 0^- \end{array}\right\} \text{donc par quotient } \lim\limits_{\substack{x \to 4 \\ x > 4}} \dfrac{3x}{-x+4} = -\infty.$$

Voir exercices
62 Pour s'entraîner
102 103 104 105 106 113 114 et 115 Pour travailler en autonomie

Vidéo 04:27
Calculer la limite de fonctions exponentielles

bordas Flash PAGE vidéo

Méthode

Quand une fonction est encadrée par des fonctions dont les limites sont infinies, on choisit l'inégalité qui permet d'appliquer un théorème de comparaison.

CAPACITÉ 4 Calculer des limites par composition ou comparaison

1 Calculer la limite en $+\infty$ de la fonction g définie sur $\mathbb{R}$ par $g(x) = e^{2-3x}$.

2 Soit f une fonction définie sur $\mathbb{R}$ telle que, pour tout réel x, $x - 1 \leqslant f(x) \leqslant x + 1$.

a. Calculer la limite de f en $+\infty$.

b. Montrer que, pour tout réel x de $]0\,;+\infty[$, $\dfrac{x-1}{x} \leqslant \dfrac{f(x)}{x} \leqslant \dfrac{x+1}{x}$.

En déduire $\lim\limits_{x \to +\infty} \dfrac{f(x)}{x}$.

Solution commentée

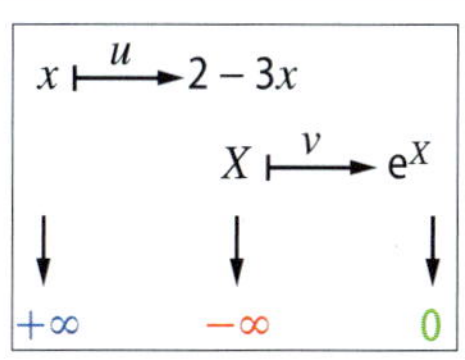

1 g est la composée de u suivie de v avec :
u définie sur $\mathbb{R}$ par $u(x) = 2 - 3x$
v définie sur $\mathbb{R}$ par $v(X) = e^X$.

$\lim\limits_{x \to +\infty} (2 - 3x) = -\infty$ et $\lim\limits_{X \to -\infty} e^X = 0$, donc $\lim\limits_{x \to +\infty} g(x) = 0$.

2 **a.** L'inégalité $x - 1 \leqslant f(x)$ permet d'appliquer l'un des théorèmes de comparaison :

$x - 1 \leqslant f(x)$ et $\lim\limits_{x \to +\infty} (x - 1) = +\infty$ donc :

$\lim\limits_{x \to +\infty} f(x) = +\infty$.

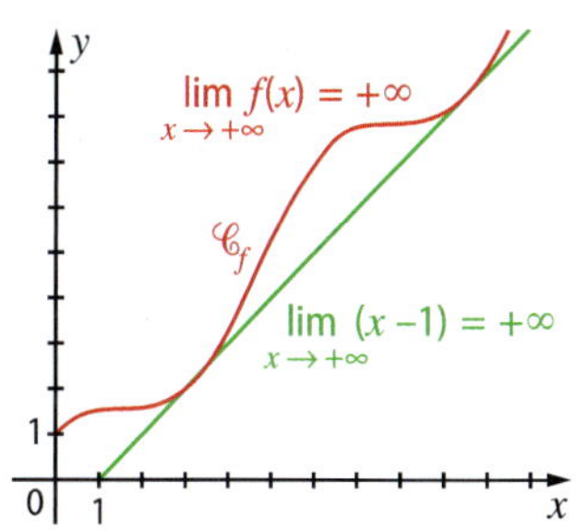

b. On sait que, pour tout réel x, $x - 1 \leqslant f(x) \leqslant x + 1$.

On divise chaque membre de cet encadrement par x sans changer le sens des inégalités puisque x est strictement positif.

Ainsi, pour tout réel $x > 0$:

$$\dfrac{x-1}{x} \leqslant \dfrac{f(x)}{x} \leqslant \dfrac{x+1}{x}.$$

$\lim\limits_{x \to +\infty} \dfrac{x+1}{x} = \lim\limits_{x \to +\infty} \left(1 + \dfrac{1}{x}\right) = 1$ et $\lim\limits_{x \to +\infty} \dfrac{x-1}{x} = \lim\limits_{x \to +\infty} \left(1 - \dfrac{1}{x}\right) = 1$.

Donc d'après le théorème des gendarmes, $\lim\limits_{x \to +\infty} \dfrac{f(x)}{x} = 1$.

Voir exercices
79 et 86 Pour s'entraîner
107 108 109 et 110 Pour travailler en autonomie

3. Compléments sur la dérivation

Dérivée de la composée

PROPRIÉTÉ f est une fonction dérivable sur un intervalle J et a et b sont deux réels avec a non nul. Soit I un intervalle tel que pour tout réel x de I, $ax+b$ appartient à J.
La fonction g qui à tout réel x de I associe $f(ax+b)$ est dérivable sur I et pour tout réel x de I, $\boldsymbol{g'(x)=af'(ax+b)}$.

EXEMPLE : Soit g la fonction définie sur $[4\,;+\infty[$ par $g(x)=\sqrt{3x-9}$.
Pour tout réel x de $[4\,;+\infty[$, $3x-9 \geqslant 3$ et donc $3x-9>0$.
$g(x)$ est de la forme $f(ax+b)$ avec $a=3$, $b=-9$ et f la fonction définie par $f(X)=\sqrt{X}$.
Pour tout réel x de $[4\,;+\infty[$, $g'(x)=3f'(3x-9)$.
Comme pour tout réel X de $]0\,;+\infty[$, $f'(X)=\dfrac{1}{2\sqrt{X}}$, on a $g'(x)=3\times\dfrac{1}{2\sqrt{3x-9}}$.

PROPRIÉTÉS Soit u une fonction dérivable sur un intervalle I.
(1) La fonction u^2 est dérivable sur I et $(u^2)'=2u'\times u$.
(2) La fonction e^u est dérivable sur I et $(\mathrm{e}^u)'=u'\mathrm{e}^u$.

EXEMPLE : Soit f et g les fonctions définies sur $\mathbb{R}$ par :

$$f(x)=\left(3x^2+x+1\right)^2 \quad \text{et} \quad g(x)=\mathrm{e}^{3x^2+x+1}.$$

$f=u^2$ et $g=\mathrm{e}^u$ avec $u(x)=3x^2+x+1$ et $u'(x)=6x+1$.
$f'=2u'\times u$, donc, pour tout réel x, $f'(x)=2(6x+1)(3x^2+x+1)$.
$g'=u'\mathrm{e}^u$ donc, pour tout réel x, $g'(x)=(6x+1)\mathrm{e}^{3x^2+x+1}$.

IDÉE DE LA DÉMONSTRATION DE LA PROPRIÉTÉ (2)

Soit a un réel de I et h un réel non nul tel que $a+h$ appartient à I.
On calcule le taux de variation $t(h)$ de la fonction e^u entre a et $a+h$, puis on modifie cette expression pour pouvoir calculer sa limite lorsque h tend vers 0.

$$t(h)=\frac{\mathrm{e}^{u(a+h)}-\mathrm{e}^{u(a)}}{h}. \text{ Or } \mathrm{e}^{u(a+h)}-\mathrm{e}^{u(a)}=\mathrm{e}^{u(a)}\left(\frac{\mathrm{e}^{u(a+h)}}{\mathrm{e}^{u(a)}}-1\right)=\mathrm{e}^{u(a)}\left(\mathrm{e}^{u(a+h)-u(a)}-1\right),$$

donc $t(h)=\mathrm{e}^{u(a)}\times\dfrac{\mathrm{e}^{u(a+h)-u(a)}-1}{u(a+h)-u(a)}\times\dfrac{u(a+h)-u(a)}{h}$.

- $\dfrac{u(a+h)-u(a)}{h}$ est le taux de variation de u entre a et $a+h$.

Sa limite, quand h tend vers 0, est égale au nombre dérivé de u en a, soit $u'(a)$.

- $\dfrac{\mathrm{e}^{u(a+h)-u(a)}-1}{u(a+h)-u(a)}=\dfrac{\mathrm{e}^{H}-1}{H}=\dfrac{\mathrm{e}^{0+H}-\mathrm{e}^0}{H}$ avec $H=u(a+h)-u(a)$.

Puisque u est dérivable sur I, elle est continue sur I (voir chapitre 3 p. 60),
donc $\lim\limits_{h\to 0} u(a+h)=u(a)$, soit $\lim\limits_{h\to 0}(u(a+h)-u(a))=0$.
Comme $\lim\limits_{H\to 0}\dfrac{\mathrm{e}^{0+H}-\mathrm{e}^0}{H}=1$, on en déduit par composition $\lim\limits_{h\to 0}\dfrac{\mathrm{e}^{u(a+h)-u(a)}-1}{u(a+h)-u(a)}=1$.

- Par conséquent, $\lim\limits_{h\to 0} t(h)=\mathrm{e}^{u(a)}\times u'(a)$.

Donc la fonction e^u est dérivable en a et $(\mathrm{e}^u)'(a)=\mathrm{e}^{u(a)}\times u'(a)$.
Ceci étant vrai pour tout réel a de I, la fonction e^u est dérivable sur I et $(\mathrm{e}^u)'=\mathrm{e}^u\times u'$.

À noter
Dans cette démonstration, u est une fonction telle que $u(a+h)-u(a)$ ne s'annule pas.

À noter
$\lim\limits_{H\to 0}\dfrac{\mathrm{e}^{0+H}-\mathrm{e}^0}{H}$ est le nombre dérivé de la fonction exponentielle en 0.

À noter
En physique, lorsque $f(t)$ modélise la position d'un objet en fonction du temps, $f'(t)$ est la vitesse instantanée de cet objet à l'instant t et $f''(t)$ est son accélération à l'instant t.

Dérivée seconde d'une fonction

DÉFINITION Soit f une fonction définie et dérivable sur un intervalle I telle que f' est dérivable sur I.
On appelle **dérivée seconde** de f sur I la fonction dérivée de f', que l'on note f''.

EXEMPLE : Soit f la fonction définie sur $\mathbb{R}$ par $f(x)=x^4-3x^3+x^2+1$.
La fonction f est dérivable sur $\mathbb{R}$ et pour tout réel x, $f'(x)=4x^3-9x^2+2x$.
La fonction f' est dérivable sur $\mathbb{R}$ et pour tout réel x, $f''(x)=12x^2-18x+2$.

CAPACITÉ 5

Déterminer la dérivée d'une fonction

Déterminer la dérivée de chacune des fonctions f, g, h et k dérivables sur $\mathbb{R}$ dont on donne l'expression :

$$f(x)=(5x-1)^4,\quad g(x)=\left(x^3+1\right)^2,\quad h(x)=\left(e^x+1\right)^2 \quad \text{et} \quad k(x)=e^{3x^2+1}.$$

Conseil

Il faut commencer par reconnaître sous quelle forme est l'expression de la fonction dont on détermine la dérivée.

Solution commentée

• $f(x)$ est de la forme $u(ax+b)$ avec $a=5$, $b=-1$ et u la fonction définie sur $\mathbb{R}$ par $u(X)=X^4$.
Pour tout réel x, $f'(x)=5u'(5x-1)$.
Comme pour tout réel X, $u'(X)=4X^3$, on a $f'(x)=5\times 4(5x-1)^3=20(5x-1)^3$.

• $g=u^2$ où u est la fonction définie sur $\mathbb{R}$ par $u(x)=x^3+1$.
$g'=2u'\times u$ avec $u'(x)=3x^2$.
Donc pour tout réel x, $g'(x)=2\times 3x^2\times(x^3+1)=6x^2(x^3+1)$.

• $h=u^2$ où u est la fonction définie sur $\mathbb{R}$ par $u(x)=e^x+1$.
$h'=2u'\times u$ avec $u'(x)=e^x$.
Donc pour tout réel x, $h'(x)=2\times e^x\times(e^x+1)=2\,e^x\,(e^x+1)$.

• k est de la forme e^u où u est la fonction définie sur $\mathbb{R}$ par $u(x)=3x^2+1$.
$k'=u'e^u$ avec $u'(x)=6x$.
Donc pour tout réel x, $k'(x)=u'(x)e^{u(x)}=6x\,e^{3x^2+1}$.

Voir exercices
89 Pour s'entraîner
111 et 112 Pour travailler en autonomie

CAPACITÉ 6

Dresser le tableau de variation d'une fonction

Soit f la fonction définie sur $\mathbb{R}$ par $f(x)=x^3-3x^2+5$.

1. Calculer la limite de f en $-\infty$.
2. a. Montrer que, pour tout réel x, $f(x)=x^2(x-3)+5$.
   b. Calculer la limite de f en $+\infty$.
3. Calculer $f'(x)$.
4. Dresser le tableau de variation de f sur $\mathbb{R}$.

Solution commentée

1. $\lim\limits_{x\to-\infty} x^3=-\infty$ et $\lim\limits_{x\to-\infty}(-3x^2)=-\infty$, donc par règle pour la somme, $\lim\limits_{x\to-\infty}(x^3-3x^2)=-\infty$.
   Comme $\lim\limits_{x\to-\infty} 5=5$, on en déduit $\lim\limits_{x\to-\infty} f(x)=-\infty$.
2. a. Pour tout réel x, $x^2(x-3)+5=x^2\times x-3x^2+5=x^3-3x^2+5=f(x)$.
   b. $\lim\limits_{x\to+\infty} x^3=+\infty$ et $\lim\limits_{x\to+\infty}(-3x^2)=-\infty$. On est en présence de la forme indéterminée « $\infty-\infty$ ». On doit donc utiliser une autre expression de la fonction f. On utilise celle de la question précédente.
   $\lim\limits_{x\to+\infty} x^2=+\infty$ et $\lim\limits_{x\to+\infty}(x-3)=+\infty$ donc, par règle pour le produit, $\lim\limits_{x\to+\infty} x^2(x-3)=+\infty$.
   Comme $\lim\limits_{x\to+\infty} 5=5$, on en déduit $\lim\limits_{x\to+\infty}[x^2(x-3)+5]=+\infty$, soit $\lim\limits_{x\to+\infty} f(x)=+\infty$.
3. Pour tout réel x, $f'(x)=3x^2-3\times 2x+0=3x^2-6x$.
4. Pour déterminer les variations de f, on étudie le signe de $f'(x)$.
   Pour tout réel x, $f'(x)=3x(x-2)$.
   $3x\geqslant 0$ équivaut à $x\geqslant\frac{0}{3}$, soit $x\geqslant 0$. Et $x-2\geqslant 0$ équivaut à $x\geqslant 2$.
   On en déduit le signe de $f'(x)$, puis le tableau de variation de f.

x	$-\infty$		0		2		$+\infty$
$3x$		$-$	0	$+$		$+$	
$x-2$		$-$		$-$	0	$+$	
$f'(x)$		$+$	0	$-$	0	$+$	
$f(x)$	$-\infty$	↗	5	↘	1	↗	$+\infty$

Conseil

On peut vérifier le tableau à l'aide de la calculatrice.

Voir exercices
94 Pour s'entraîner
113 114 115 et 116 Pour travailler en autonomie

Calcul mental

1 Écrire sous forme décimale.

a. $\frac{1}{2}+\frac{1}{10}$ b. $\frac{3}{5}+0{,}1$ c. $10\times\frac{1}{25}$

2 Mettre sous forme de fraction irréductible.

a. $\frac{1}{5}+\frac{1}{10}$ b. $1+0{,}2$ c. $0{,}1\times 0{,}2$

3 Convertir en centilitres.

a. 10 décilitres b. 3 dm^3

c. un quart de litre d. 0,2 m^3

4 Calculer l'image de –1 par chacune des fonctions suivantes.

a. f définie sur $\mathbb{R}$ par $f(x)=(x-1)\,e^{x+1}$.

b. g définie sur $\mathbb{R}$ par $g(x)=(x^3-2)^2$.

5 Calculer la dérivée de chacune des fonctions f et g suivantes.

a. f définie sur $\mathbb{R}$ par $f(x)=3x^3-2x^2+1$.

b. g définie sur $]0\,;+\infty[$ par $g(x)=\frac{x}{2}+\frac{2}{x}$.

Automatismes

Évolutions et pourcentages

6 Dans une forêt, 65 % des arbres sont des feuillus et 40 % des feuillus sont des chênes.
Quelle est la proportion de chênes dans la forêt ?

7 VRAI/FAUX

Indiquer si les affirmations sont vraies ou fausses, puis justifier.

1. Augmenter une quantité de 30 %, puis de 20 %, revient à l'augmenter de 50 %.
2. Diminuer une quantité de 25 %, puis l'augmenter de 20 %, revient à la diminuer de 10 %.

8 En 2019, 41 600 exploitations agricoles sont engagées en bio, soit une croissance d'environ 13 % depuis 2017.
Combien y avait-il d'exploitations engagées en bio en 2017 ?

9 Soit (u_n) la suite arithmétique de raison –4 et de premier terme $u_0=128$.
Calculer u_2 et u_{12}.

Fonctions

10 **Question de méthode**

Comment étudie-t-on les variations d'une fonction quand on connait l'expression de sa dérivée ?

11 QCM *Choisir la ou les bonnes réponses.*

Soit f la fonction définie sur $[-2\,;3]$ par $f(x)=x^2-4x+5$ et $\mathscr{C}_f$ sa courbe représentative.

1. Le coefficient directeur de la tangente à $\mathscr{C}_f$ en son point d'abscisse 0 est :

a. –4 b. 0 c. 2 d. 5

2. La fonction f est croissante sur :

a. $[-2\,;2]$ b. $[-2\,;0]$ c. $[2\,;3]$ d. $[0\,;3]$

3. Le minimum de la fonction f est :

a. –4 b. 1 c. 2 d. 5

Statistiques et probabilités

12 On a noté les gains algébriques de 250 joueurs à un jeu de hasard.
On a obtenu les résultats ci-dessous.

Gain	–10	–5	0	2	20	50
Effectif	30	50	20	80	65	5

Calculer la moyenne et la médiane de cette série statistique.

13 Afin de déterminer le type de plat à proposer, une restauratrice effectue une enquête. Le tableau ci-dessous donne la répartition des souhaits de menus.
On note :
B : « Le menu choisi est un menu Bio » ;
V : « Le menu choisi est un menu végétarien ».

	B	$\overline{\text{B}}$	Total
V	100	400	500
$\overline{\text{V}}$	300	200	500
Total	400	600	1 000

On choisit au hasard une personne parmi celles qui ont été interrogées.

1. Quelle est la probabilité que cette personne souhaite un menu Bio ?
2. Quelle est la probabilité que cette personne souhaite un menu Bio et pas végétarien ?
3. Calculer $P_{\text{V}}(\text{B})$.

14 VRAI/FAUX

Indiquer si les affirmations sont vraies ou fausses, puis justifier.

On considère deux événements A et B d'un univers Ω.
On donne :

$P(\text{A})=0{,}32$; $P(\text{B})=0{,}24$; $P(\text{A}\cap\text{B})=0{,}13$.

1. $P(\text{A}\cup\text{B})=0{,}56$
2. $P(\overline{\text{A}})=0{,}68$

Limites et asymptotes

Questions flash

15 ORAL

1. Soit f une fonction telle que $\lim\limits_{x \to +\infty} f(x) = 2$.

Parmi les courbes ci-dessous laquelle peut représenter la fonction f ? Expliquer ce choix.

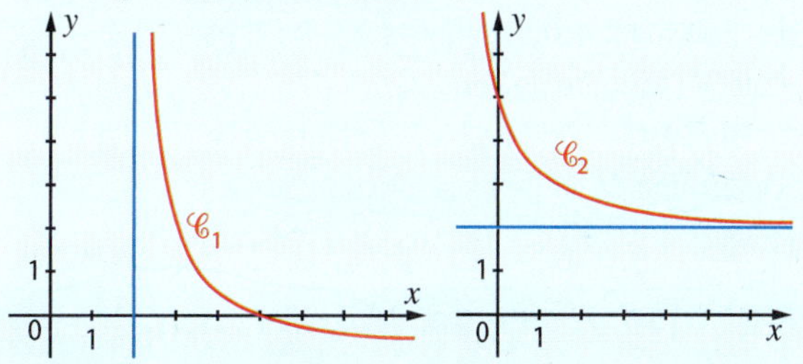

2. Soit f une fonction telle que $\lim\limits_{\substack{x \to 1 \\ x > 1}} f(x) = +\infty$.

Parmi les courbes ci-dessous lesquelles peuvent représenter la fonction f ? Expliquer ce choix.

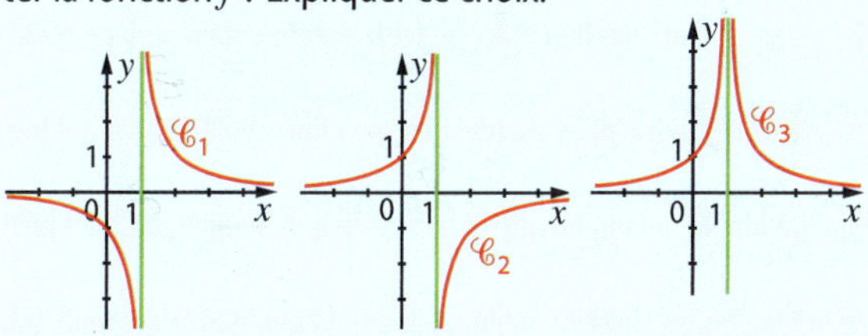

16 QCM *Choisir la ou les bonnes réponses.*

Soit f une fonction définie sur $]-2\,;+\infty[$ et $\mathscr{C}_f$ sa courbe représentative.

Sur le graphique, on a tracé $\mathscr{C}_f$ et ses deux asymptotes d_1 et d_2.

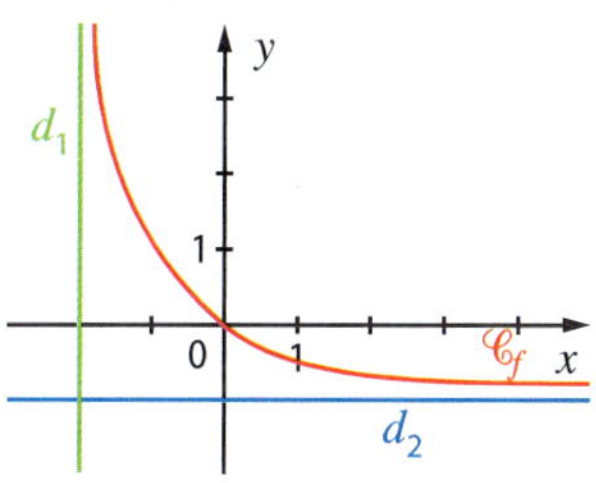

1. La limite de la fonction f en -2 est égale à :

a. $-\infty$ **b.** -2 **c.** -1 **d.** $+\infty$

2. La limite de la fonction f en $+\infty$ est égale à :

a. $-\infty$ **b.** -2 **c.** -1 **d.** $+\infty$

17 ORAL Soit f une fonction telle que :

$$\lim_{x \to +\infty} f(x) = 5 \qquad \text{et} \qquad \lim_{\substack{x \to 2 \\ x > 2}} f(x) = -\infty.$$

Déduire de chacune de ces limites l'existence d'une asymptote à la courbe représentative de f et en donner une équation.

18 On donne le tableau de variation d'une fonction f.

x	$-\infty$		1		$+\infty$
$f(x)$	$+\infty$	↘	-2	↗	4

1. Donner les limites de f en $-\infty$ et en $+\infty$.

2. En déduire l'existence d'une asymptote d à la courbe représentative de la fonction f.

3. Tracer dans un repère la droite d et une courbe pouvant représenter f.

19 On donne le tableau de variation d'une fonction f.

x	$-\infty$		2		5
$f(x)$	1	↘	-1	↗	$+\infty$ ‖

1. Donner les limites de f en $-\infty$ et en 5.

2. En déduire l'existence de deux asymptotes à la courbe représentative de la fonction f.

3. Tracer dans un repère les deux asymptotes et une courbe pouvant représenter f.

Calculs de limites

Questions flash

20 ORAL

1. Donner dans chaque cas les limites en $-\infty$ et en $+\infty$ des fonctions f dont on donne l'expression.

a. $f(x) = 3$ **b.** $f(x) = x$ **c.** $f(x) = x^2$

d. $f(x) = x^3$ **e.** $f(x) = \mathrm{e}^x$ **f.** $f(x) = \dfrac{1}{x}$

2. Quelles sont les limites en 0 (à gauche et à droite) de la fonction f définie sur $\mathbb{R}^*$ par $f(x) = \dfrac{1}{x}$?

Pour les exercices 21 à 26, calculer les limites en $-\infty$ et en $+\infty$ des fonctions f et g dont on donne l'expression.

21 $f(x) = -100$ et $g(x) = 0{,}1x$

22 $f(x) = -7x$ et $g(x) = 5x^2$

23 $f(x) = -5 + 2x$ et $g(x) = 7 - 0{,}1x^2$

24 $f(x) = 6 - 5x^3$ et $g(x) = 8 + 21x^3$

25 $f(x) = 10\mathrm{e}^x$ et $g(x) = -9\mathrm{e}^x$

26 $f(x) = 1 - 2\mathrm{e}^x$ et $g(x) = \dfrac{1}{x} - 2$

27 Soit f et g les fonctions définies sur $\mathbb{R}^*$ par :

$$f(x) = 2 + \frac{1}{x} \qquad \text{et} \qquad g(x) = 2 - \frac{1}{x}.$$

On donne les courbes représentatives $\mathscr{C}_f$ et $\mathscr{C}_g$ des fonctions f et g, ainsi que leur asymptote « horizontale » d.

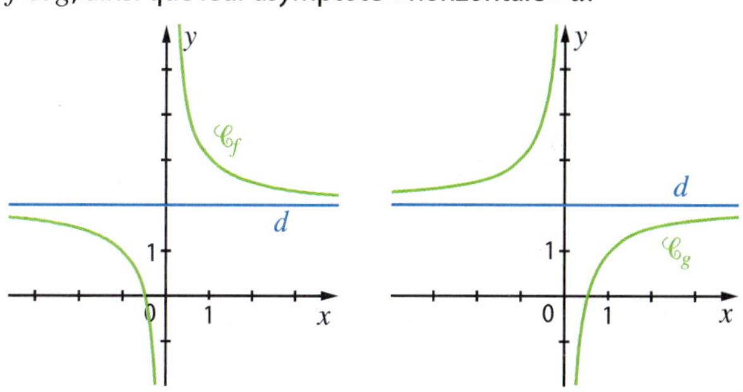

1. Déterminer par lecture graphique les limites des fonctions f et g en $-\infty$, en 0 à gauche et à droite, et en $+\infty$.

2. Prouver ces conjectures.

28 Soit f la fonction définie sur $\mathbb{R}$ par $f(x) = 2x^3 - x^2 + 1$.

1. Calculer $\lim_{x \to -\infty} (2x^3)$ et $\lim_{x \to -\infty} (-x^2)$.
2. En déduire la limite de f en $-\infty$.

29 Soit f la fonction définie sur $\mathbb{R}$ par $f(x) = 5 - x - 2e^x$.

1. a. Calculer $\lim_{x \to +\infty} (5 - x)$ et $\lim_{x \to +\infty} (-2e^x)$.
b. En déduire la limite de f en $+\infty$.
2. Calculer la limite de f en $-\infty$.

30 ORAL Expliquer comment on obtient les résultats ci-dessous.

1. $\lim_{x \to +\infty} (3x^2 + 5x + 1) = +\infty$
2. $\lim_{x \to -\infty} (2e^x + x + 7) = -\infty$

31 Soit f la fonction définie sur $\mathbb{R}$ par $f(x) = (2 + x^2)(3 - x)$.

1. a. Calculer $\lim_{x \to +\infty} (2 + x^2)$ et $\lim_{x \to +\infty} (3 - x)$.
b. En déduire la limite de f en $+\infty$.
2. Calculer la limite de f en $-\infty$.

32 Justifier les résultats donnés ci-dessous.

1. $\lim_{x \to -\infty} (e^x + 1)(5 - e^x) = 5$
2. $\lim_{x \to +\infty} (1 + 2x)\sqrt{x} = +\infty$

33 Soit f la fonction définie sur $\mathbb{R}$ par $f(x) = x^2 - 5x + 4$.

1. Calculer la limite de la fonction f en $-\infty$.
2. a. Montrer que, pour tout réel x, $f(x) = (x - 1)(x - 4)$.
b. Calculer la limite de f en $+\infty$.

34 ORAL Soit f une fonction définie sur $\mathbb{R}$ telle que :

$$\lim_{x \to -\infty} f(x) = +\infty \quad \text{et} \quad \lim_{x \to +\infty} f(x) = 2.$$

Déterminer $\lim_{x \to -\infty} \frac{1}{f(x)}$ et $\lim_{x \to +\infty} \frac{1}{f(x)}$.

35 Soit f la fonction définie sur $\mathbb{R}$ par $f(x) = \frac{3}{2 + e^x}$.

1. a. Justifier que $\lim_{x \to -\infty} (2 + e^x) = 2$.
b. En déduire la limite de f en $-\infty$.
2. Calculer $\lim_{x \to +\infty} (2 + e^x)$ et en déduire $\lim_{x \to +\infty} f(x)$.

36 Soit f et g les fonctions définies sur $\mathbb{R}$ par :

$$f(x) = 3 - \frac{2}{1 + e^x} \quad \text{et} \quad g(x) = 2 - \frac{3}{1 + e^x}.$$

1. a. Calculer $\lim_{x \to -\infty} (1 + e^x)$.
b. En déduire la limite des fonctions f et g en $-\infty$.
2. Déterminer la limite des fonctions f et g en $+\infty$.
3. On a représenté ci-dessous les courbes représentatives de ces fonctions ainsi que leurs asymptotes (en bleu).
Associer à chaque fonction sa courbe représentative.

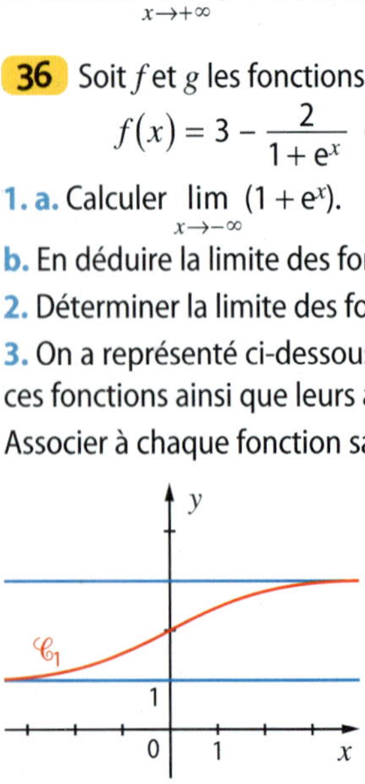

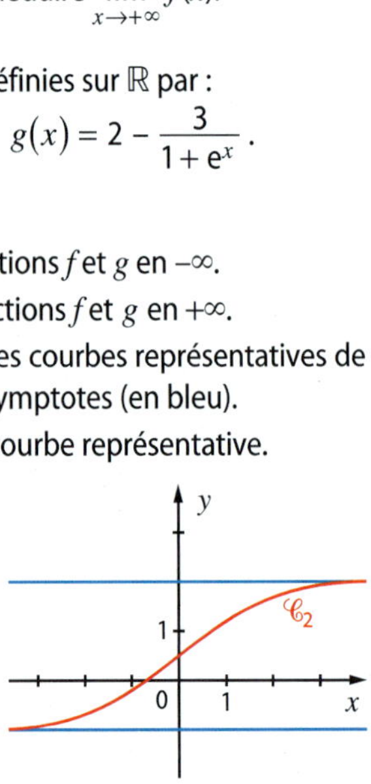

37 Soit f la fonction définie sur $]7 ; +\infty[$ par $f(x) = \frac{1}{7 - x}$.

1. Calculer $\lim_{x \to +\infty} (7 - x)$ et en déduire $\lim_{x \to +\infty} f(x)$.
2. a. Calculer $\lim_{x \to 7} (7 - x)$.
b. Quel est le signe de $7 - x$ sur l'intervalle $]7 ; +\infty[$?
c. En déduire la limite de la fonction f en 7.

38 Soit f la fonction définie sur $]-\infty ; 2[$ par $f(x) = \frac{3}{x - 2}$.

1. Calculer la limite de f en $-\infty$.
2. a. Quel est le signe de $x - 2$ sur l'intervalle $]-\infty ; 2[$?
b. Déterminer la limite de la fonction f en 2.

Limites d'une fonction composée et théorèmes de comparaison

Questions flash

39 Soit u une fonction définie sur $\mathbb{R}$ telle que :

$$\lim_{x \to -\infty} u(x) = 1 \quad \text{et} \quad \lim_{x \to +\infty} u(x) = +\infty.$$

Expliquer pourquoi $\lim_{x \to -\infty} e^{u(x)} = e$ et $\lim_{x \to +\infty} e^{u(x)} = +\infty$.

40 Soit f une fonction définie sur $\mathbb{R}$.
On sait que, pour tout réel x, on a $x + 1 \leqslant f(x)$.

1. Calculer $\lim_{x \to +\infty} (x + 1)$.
2. En déduire la limite de la fonction f en $+\infty$.

41 Soit f et g les fonctions définies sur $\mathbb{R}$ par :

$$f(x) = x^2 + 2 \quad \text{et} \quad g(x) = \sqrt{x^2 + 2}.$$

Calculer $\lim_{x \to -\infty} f(x)$, puis $\lim_{x \to -\infty} g(x)$.

42 Soit f, g et h les fonctions définies sur $\mathbb{R}$ par :

$$f(x) = 6 - x, \quad g(x) = (6 - x)^2 \quad \text{et} \quad h(x) = e^{6-x}.$$

1. Calculer $\lim_{x \to -\infty} f(x)$, puis en déduire $\lim_{x \to -\infty} g(x)$ et $\lim_{x \to -\infty} h(x)$.
2. Calculer la limite des fonctions f, g et h en $+\infty$.

43 Soit f une fonction définie sur $\mathbb{R}$ telle que, pour tout réel x, on a $f(x) \leqslant x + 3$.

1. Calculer $\lim_{x \to -\infty} (x + 3)$.
2. En déduire la limite de la fonction f en $-\infty$.

44 Soit f une fonction définie sur $\mathbb{R}$ telle que, pour tout réel x, on a $\frac{1}{x^2 + 1} \leqslant f(x) \leqslant \frac{2}{x^2 + 1}$.

1. Calculer $\lim_{x \to +\infty} (x^2 + 1)$.
2. En déduire $\lim_{x \to +\infty} \frac{1}{x^2 + 1}$ et $\lim_{x \to +\infty} \frac{2}{x^2 + 1}$, puis la limite de la fonction f en $+\infty$.

45 VRAI/FAUX

Indiquer si les affirmations sont vraies ou fausses, puis justifier.
Soit f et g des fonctions définies sur $\mathbb{R}$.

1. Si pour tout réel x, $f(x) \leqslant x + 3$, alors $\lim_{x \to +\infty} f(x) = +\infty$.
2. Si pour tout réel x, $f(x) \leqslant 3 - x$, alors $\lim_{x \to +\infty} f(x) = -\infty$.

Fonction dérivée – Étude d'une fonction

Questions flash

46 Soit f la fonction définie sur $\mathbb{R}$ par $f(x) = (7x + 1)^3$.
$f(x)$ est de la forme $u(ax + b)$ où u est la fonction définie sur $\mathbb{R}$ par $u(X) = X^3$.
Donner la valeur des réels a et b.

47 Soit f la fonction définie sur $\mathbb{R}$ par $f(x) = (0{,}5x + 3)^4$.

1. $f(x)$ est de la forme $u(ax + b)$ où u est la fonction définie sur $\mathbb{R}$ par $u(X) = X^4$.
Donner la valeur des réels a et b.

2. Donner l'expression de $u'(X)$ en fonction de X, puis celle de $u'(0{,}5x + 3)$ en fonction de x.

3. Calculer $f'(x)$.

48 Soit f la fonction définie sur $\mathbb{R}$ par $f(x) = (x^3 + 8)^2$.
f est de la forme u^2 avec, pour tout réel x, $u(x) = x^3 + 8$.

1. Rappeler l'expression de $(u^2)'$ en fonction de u et de u'.

2. Calculer $u'(x)$, puis vérifier que, pour tout réel x :
$$f'(x) = 6x^2(x^3 + 8).$$

49 Soit f la fonction définie sur $\mathbb{R}$ par $f(x) = (3x + 1)^2$.

1. f est de la forme u^2. Donner l'expression de la fonction u.

2. a. Rappeler l'expression de $(u^2)'$ en fonction de u et de u'.

b. Calculer $u'(x)$, puis $f'(x)$.

50 Reprendre l'exercice **49** avec les fonctions suivantes.

1. f est définie sur $\mathbb{R}$ par $f(x) = (4 - 7x)^2$.

2. f est définie sur $\mathbb{R}$ par $f(x) = (1 + x + x^2)^2$.

3. f est définie sur $\mathbb{R}$ par $f(x) = (1 + 3e^x)^2$.

51 Soit f la fonction définie sur $\mathbb{R}$ par $f(x) = e^{x^2+1}$.

1. f est de la forme e^u. Donner l'expression de la fonction u.

2. a. Rappeler l'expression de $(e^u)'$ en fonction de u et de u'.

b. Calculer $u'(x)$, puis $f'(x)$.

52 Reprendre l'exercice **51** avec les fonctions suivantes.

1. f est définie sur $\mathbb{R}$ par $f(x) = e^{2x}$.

2. f est définie sur $\mathbb{R}$ par $f(x) = e^{2-3x}$.

3. f est définie sur $\mathbb{R}$ par $f(x) = e^{-5x+1}$.

53 Soit f la fonction définie sur $\mathbb{R}$ par $f(x) = (4 - e^x)^2$ et $\mathscr{C}_f$ sa courbe représentative dans un repère.

1. Calculer $f'(x)$ pour tout réel x.

2. Déterminer une équation de la tangente à $\mathscr{C}_f$ au point d'abscisse 0.

***Piste :** Une équation de la tangente à $\mathscr{C}_f$ au point d'abscisse a est $y = f'(a)(x - a) + f(a)$.*

54 Soit f la fonction définie sur $\mathbb{R}$ par $f(x) = e^{-2x+1}$.
Calculer $f'(x)$, puis $f''(x)$ pour tout réel x.

55 CALC Soit f la fonction définie sur $\mathbb{R}$ par $f(x) = 3 + \dfrac{2}{x^2 + 1}$ et $\mathscr{C}$ sa courbe représentative.

1. a. Calculer les limites de f en $-\infty$ et en $+\infty$.

b. Justifier que la courbe $\mathscr{C}$ admet une asymptote $\mathscr{D}$ parallèle à l'axe des abscisses. En donner une équation.

c. Représenter $\mathscr{C}$ et $\mathscr{D}$ avec une calculatrice.
Conjecturer la position de $\mathscr{C}$ par rapport à $\mathscr{D}$.

2. a. Étudier le signe de $f(x) - 3$.

b. Démontrer la conjecture faite à la question **1.c.**

3. a. Calculer $f'(x)$ pour tout réel x.

b. Dresser le tableau de variation de f sur $\mathbb{R}$.

56 Pierre possède une piscine naturelle. Une partie de l'eau est en permanence remplacée par l'eau d'un puits.
Cette eau, captée par une pompe, est contaminée par des germes.

La quantité d'eau contaminée, en litres, est modélisée par la fonction f définie sur $[0 ; +\infty[$ par $f(t) = 4\,800 - 4\,800e^{-0{,}00625t}$ où t est le temps, en heures, écoulé depuis la mise en route de la pompe.

1. a. Justifier que $\lim\limits_{t \to +\infty} e^{-0{,}00625t} = 0$.

b. En déduire la limite de la fonction f en $+\infty$.

c. Interpréter ce résultat.

2. Montrer que, pour tout réel t de $[0 ; +\infty[$, $f'(t) = 30e^{-0{,}00625t}$.
En déduire le tableau de variation de la fonction f.

57 PYTHON Des scientifiques étudient la croissance de plants de tomates.
Ils ont établi que la hauteur des plants, en centimètres, peut être modélisée par la fonction f définie sur $[0 ; +\infty[$ par :
$f(t) = \dfrac{120}{5e^{-0{,}08t} + 1}$ où t est le temps en jours écoulé depuis le jour de plantation.

1. Calculer la hauteur des plants le jour où ils sont plantés.

2. a. Justifier que $\lim\limits_{t \to +\infty} e^{-0{,}08t} = 0$, puis calculer la limite de la fonction f en $+\infty$.

b. Comment cela se traduit-il pour la croissance d'un plant ?

3. Montrer que, pour tout réel t de $[0 ; +\infty[$, $f'(t) = \dfrac{48e^{-0{,}08t}}{\left(5e^{-0{,}08t} + 1\right)^2}$.

4. Construire le tableau de variation de f sur $[0 ; +\infty[$.

5. Recopier et compléter le programme ci-dessous afin que la fonction plant retourne le nombre de jours au bout desquels le plant mesurera plus de 30 cm de haut.

```
from math import*
def plant():
    t=0
    h=20
    while ........:
        t=t+1
        h=120/(5*exp(-0.08*t)+1)
    return(t)
```

Lorsque c'est nécessaire, le plan est muni d'un repère.

Limites et asymptotes

58 Capacité 1, p. 41

Soit f une fonction définie sur $[-6\,;-3[\,\cup\,]-3\,;+\infty[$ et $\mathscr{C}_f$ sa courbe représentative. Sur le graphique ci-dessous, on a tracé $\mathscr{C}_f$ et ses deux asymptotes d_1 et d_2.

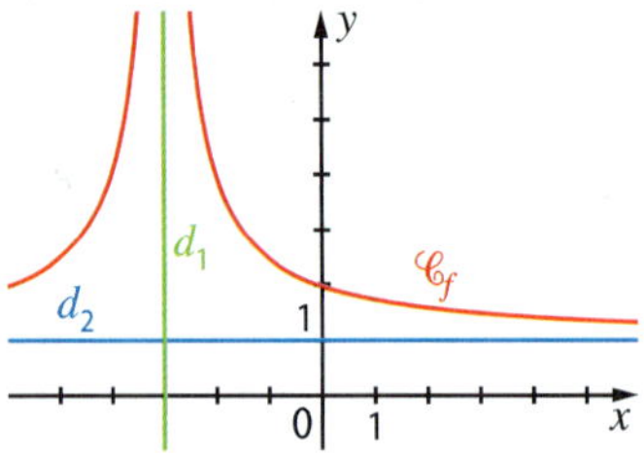

Déterminer par lecture graphique les limites de la fonction f en -3 (à gauche et à droite) et en $+\infty$.

59 Soit f une fonction définie sur $\mathbb{R}\setminus\{-1\,;1\}$ et $\mathscr{C}$ sa courbe représentative. Les droites d_1, d_2 et d_3 sont des asymptotes à $\mathscr{C}$.

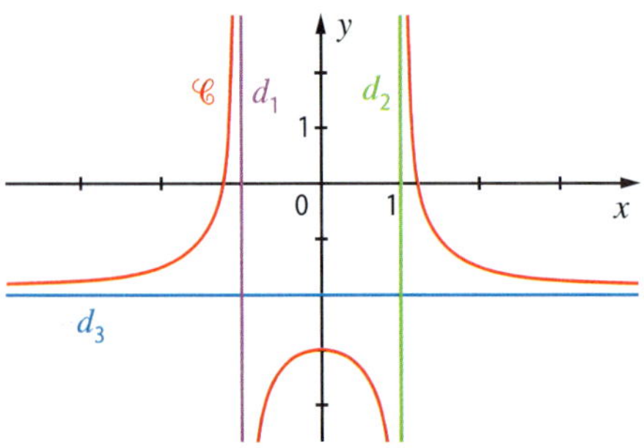

1. Par lecture graphique, conjecturer les limites de la fonction f en $-\infty$, en -1 (à gauche et à droite), en 1 (à gauche et à droite), et en $+\infty$.

2. Dresser le tableau de variation de la fonction f.

60 Capacité 2, p. 41

On donne le tableau de variation d'une fonction f.

x	-4		0		1		$+\infty$
$f(x)$	‖ $+\infty$	↘	1	↗	$+\infty$ ‖ $-\infty$	↗	2

1. Donner les limites de f en -4, en 1 (à gauche et à droite) et en $+\infty$.

2. La courbe représentative $\mathscr{C}_f$ de la fonction f admet-elle des asymptotes ? Si oui, en donner une équation.

3. Tracer dans un repère une allure de $\mathscr{C}_f$ et ses asymptotes.

61 Soit f une fonction définie sur $]-1\,;2[\,\cup\,]2\,;5]$ telle que :

- f est croissante sur $]-1\,;2[$ et sur $]2\,;5]$;
- $\lim\limits_{\substack{x\to-1\\x>-1}} f(x)=-\infty$, $\lim\limits_{\substack{x\to2\\x<2}} f(x)=+\infty$, $\lim\limits_{\substack{x\to2\\x>2}} f(x)=-\infty$ et $f(5)=2$.

On nomme $\mathscr{C}_f$ la courbe représentative de la fonction f.

1. Dresser le tableau de variation de la fonction f.

2. a. La courbe $\mathscr{C}_f$ admet-elle des asymptotes ? Si oui, en donner une équation.

b. Tracer, dans un repère, une allure de $\mathscr{C}_f$ et ses asymptotes.

Limites d'une somme, d'un produit ou d'un quotient

Pour les exercices 62 à 67, calculer les limites données.

62 Capacité 3, p. 43

1. $\lim\limits_{x\to+\infty}(-2+3x+4\sqrt{x})$ **2.** $\lim\limits_{x\to-\infty}(2x^3-x^2+x+7)$

63 **1.** $\lim\limits_{\substack{x\to0\\x>0}}\left(5x^2+3-\dfrac{1}{x}\right)$ **2.** $\lim\limits_{\substack{x\to0\\x<0}}\left(4-3x+\dfrac{3}{x}\right)$

64 **1.** $\lim\limits_{x\to-\infty}(e^x+2x-3)$ **2.** $\lim\limits_{x\to+\infty}(1-x^2-5x\sqrt{x})$

65 **1.** $\lim\limits_{x\to+\infty} e^x\left(-5+\dfrac{2}{x}\right)$ **2.** $\lim\limits_{x\to-\infty}(e^x-3)(e^x-5)$

66 **1.** $\lim\limits_{x\to-\infty}(x-1)(3e^x-2)$ **2.** $\lim\limits_{x\to-\infty}\dfrac{3x}{2+e^x}$

67 **1.** $\lim\limits_{\substack{x\to1\\x>1}}\dfrac{2x}{x-1}$ **2.** $\lim\limits_{\substack{x\to0{,}5\\x<0{,}5}}\dfrac{-1+x}{2x-1}$

68 LOGIQUE f est une fonction définie sur $\mathbb{R}$ et k est un réel.

1. La proposition suivante est-elle vraie ? Justifier.

« Si $\lim\limits_{x\to+\infty} f(x)=k$, alors pour tout réel x, $f(x)=k$. »

2. La réciproque de cette proposition est-elle vraie ?

69 Calculer les limites en $-\infty$ et en 0 de la fonction f définie sur $]-\infty\,;0[$ par $f(x)=\dfrac{2x^3+3x-5}{x}$.

***Piste :** Pour la limite en $-\infty$, écrire $f(x)$ sous la forme d'une somme.*

70 Soit f la fonction définie sur $\mathbb{R}$ par $f(x)=-2x^2+3x-1$.

1. Calculer la limite de la fonction f en $-\infty$.

2. a. Montrer que, pour tout réel x, $f(x)=(x-1)(1-2x)$.

b. Calculer la limite de f en $+\infty$.

3. a. Montrer que, pour tout réel x non nul :

$$f(x)=x^2\left(-2+\frac{3}{x}-\frac{1}{x^2}\right).$$

b. Calculer la limite de f en $+\infty$ en utilisant cette expression de la fonction f.

71 Soit f la fonction définie sur $\mathbb{R}$ par :

$$f(x)=5x^3+3x^2-x+6.$$

1. Montrer que, pour tout réel x non nul :

$$f(x)=x^3\left(5+\frac{3}{x}-\frac{1}{x^2}+\frac{6}{x^3}\right).$$

2. Calculer les limites de f en $-\infty$ et en $+\infty$.

72 Soit f la fonction définie sur $[0\,;3[\,\cup\,]3\,;+\infty[$ par :

$$f(x)=\frac{7}{-x^2+9}.$$

1. Calculer la limite de la fonction f en $+\infty$.

2. a. Étudier le signe de $-x^2+9$ selon les valeurs de x.

b. Calculer la limite de f en 3 à gauche et à droite.

73 **Une question ouverte**

On donne le tableau de variation d'une fonction f.

x	$-\infty$		1		$+\infty$
$f(x)$	3	↘	0	↘	$-\infty$

On considère la fonction g définie sur $]-\infty\,;1[\,\cup\,]1\,;+\infty[$ par $g(x)=\dfrac{1}{f(x)}$.

Déterminer les limites de g aux bornes de son ensemble de définition.

Piste → Voir p. 280

74 LOGIQUE

La proposition suivante est-elle vraie pour tout réel k ?

« Si $\lim\limits_{x\to+\infty} f(x)=k$, alors pour tout réel x, $\lim\limits_{x\to+\infty}\dfrac{1}{f(x)}=\dfrac{1}{k}$ ».

75 Soit f la fonction définie sur $]2\,;+\infty[$ par $f(x)=\dfrac{5x+1}{x-2}$.

1. Calculer la limite de la fonction f en 2.

2. Parmi les expressions de f ci-dessous, lesquelles permettent de calculer la limite de f en $+\infty$?

a. $f(x)=\dfrac{5x}{x-2}+\dfrac{1}{x-2}$ **b.** $f(x)=5+\dfrac{11}{x-2}$ **c.** $f(x)=\dfrac{5+\frac{1}{x}}{1-\frac{2}{x}}$

3. Calculer la limite de la fonction f en $+\infty$.

76 Soit f la fonction définie sur $]3\,;+\infty[$ par $f(x)=\dfrac{-2x^2+1}{x-3}$.

1. Calculer la limite de f en 3.

2. a. Montrer que, pour tout réel x de $]3\,;+\infty[$, $f(x)=\dfrac{-2x+\frac{1}{x}}{1-\frac{3}{x}}$.

b. Calculer la limite de f en $+\infty$.

77 Soit f la fonction définie sur $\mathbb{R}^*$ par $f(x)=\dfrac{-1+3e^x}{1-e^x}$.

1. a. Étudier le signe de $1-e^x$ sur $\mathbb{R}$.

b. Déterminer les limites de f en 0 à gauche et à droite.

2. Calculer la limite de f en $-\infty$.

3. a. Montrer que, pour tout réel x non nul, $f(x)=\dfrac{2}{1-e^x}-3$.

b. Déterminer la limite de f en $+\infty$.

4. Justifier que la courbe représentative de f admet trois asymptotes. En donner une équation.

78 Soit f la fonction définie sur $]-\infty\,;0[\,\cup\,]0\,;+\infty[$ par $f(x)=1+\dfrac{1}{x}\left(1+\dfrac{1}{x}\right)$ et $\mathscr{C}_f$ sa courbe représentative.

1. Montrer que $\mathscr{C}_f$ admet deux asymptotes.

2. a. On a représenté la courbe $\mathscr{C}_f$ et son asymptote « horizontale » d.

Conjecturer la position de $\mathscr{C}_f$ par rapport à d.

b. Étudier le signe de $f(x)-1$ selon les valeurs de x.

c. Démontrer la conjecture faite dans la question **2.a.**.

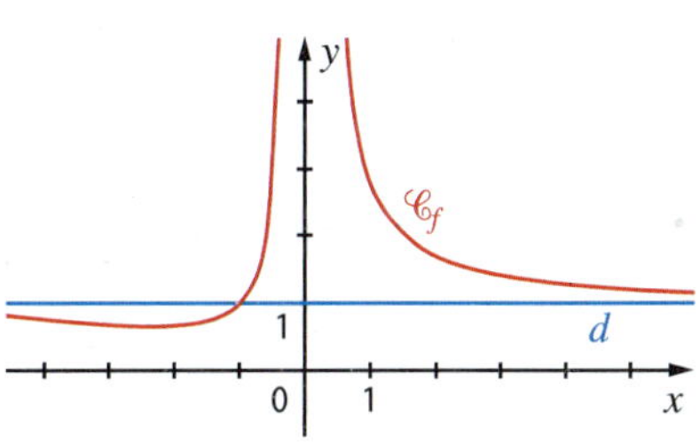

Limite d'une fonction composée et théorèmes de comparaison

Pour les exercices 79 à 82, on donne l'expression de deux fonctions f et g définies sur $\mathbb{R}$. Calculer les limites de f et g en $-\infty$ et en $+\infty$.

79 *Capacité 4, p. 43*

$f(x)=\sqrt{0{,}1x^2+10}$ et $g(x)=e^{1-0{,}5x}$.

80 $f(x)=(5-x)^2$ et $g(x)=(-2x+1)^3$.

81 $f(x)=(e^{2x}-3)^2$ et $g(x)=\sqrt{e^x+1}$.

82 $f(x)=e^{\frac{2}{x^2+1}}$ et $g(x)=xe^{3x^2-1}$.

83 Soit f la fonction définie sur $\mathbb{R}$ par $f(x)=e^{2x}-e^x+5$.

1. Calculer la limite de la fonction f en $-\infty$.

2. a. Montrer que, pour tout réel x, $f(x)=e^x(e^x-1)+5$.

b. Calculer la limite de f en $+\infty$.

84 Soit f la fonction définie sur $\mathbb{R}$ par $f(x)=\dfrac{e^x+3}{e^x+1}$.

1. Calculer la limite de la fonction f en $-\infty$.

2. a. Montrer que, pour tout réel x, $f(x)=\dfrac{1+3e^{-x}}{1+e^{-x}}$.

b. Calculer la limite de f en $+\infty$.

RETOUR SUR L'OUVERTURE DU CHAPITRE — MATHS & PHYSIQUE

85 À l'altitude z, exprimée en mètres, l'accélération de la pesanteur $g(z)$ est donnée par la formule $g(z)=g_0\left(\dfrac{R}{R+z}\right)^2$ où R est le rayon de la Terre ($R\approx 6{,}37\times10^6$ m) et $g_0\approx 9{,}8$ m/s².

1. Calculer l'accélération de la pesanteur dans la Station Spatiale Internationale, à environ 410 km de la Terre.

2. Que devient $g(z)$ lorsque l'altitude z tend vers l'infini ?

86 *Capacité 4, p. 43*

Soit f une fonction définie sur $\mathbb{R}$ telle que, pour tout réel x :

$$1-3x\leqslant f(x)\leqslant 2-3x.$$

1. Calculer la limite de f en $-\infty$ et en $+\infty$.

2. a. Montrer que, pour tout réel x strictement positif, on a :

$$\frac{1}{x}-3\leqslant\frac{f(x)}{x}\leqslant\frac{2}{x}-3.$$

b. En déduire $\lim\limits_{x\to+\infty}\dfrac{f(x)}{x}$.

87 Soit h une fonction définie sur $\mathbb{R}$ telle que, pour tout réel x, on a $e^{x+1}-1\leqslant h(x)\leqslant 2e^{x+1}-1$.

Calculer $\lim\limits_{x\to-\infty}h(x)$ et $\lim\limits_{x\to+\infty}h(x)$.

88 Soit u une fonction définie sur $\mathbb{R}$ telle que, pour tout réel x, on a $x-1\leqslant u(x)\leqslant 2x-1$.

On considère la fonction f définie sur $\mathbb{R}$ par $f(x)=e^{u(x)}$.

1. Montrer que, pour tout réel x, $e^{x-1}\leqslant f(x)\leqslant e^{2x-1}$.

2. Calculer $\lim\limits_{x\to-\infty}f(x)$ et $\lim\limits_{x\to+\infty}f(x)$.

Dérivée d'une fonction – Étudier une fonction

89 Capacité 5, p. 45

Soit f, g et h les fonctions définies sur $\mathbb{R}$ par :

$$f(x)=(1-8x)^3,\quad g(x)=(1+x+x^3)^2 \quad\text{et}\quad h(x)=e^{1+2x^2}.$$

Déterminer la dérivée de chacune de ces trois fonctions.

90 Déterminer la fonction dérivée de chacune des fonctions f, g et h définies sur $[0\,;+\infty[$ par :

$$f(x)=\sqrt{5+2x},\quad g(x)=(1-0{,}5e^x)^2 \quad\text{et}\quad h(x)=2e^{-x+5}.$$

91 Déterminer la fonction dérivée de chacune des fonctions f et g définies sur $\mathbb{R}$ par $f(x)=\dfrac{x}{e^{-x}+3}$ et $g(x)=xe^{2x}$.

92 FORMEL Soit f la fonction définie sur $\mathbb{R}$ par :

$$f(x)=(x-5)e^{-0{,}2x}.$$

On a calculé $f'(x)$ avec un logiciel de calcul formel.
Justifier le résultat obtenu.

```
1  f(x):=(x-5)*exp(-0.2*x)
       x -> (x-5)*exp(-0.2*x)
2  g:=unapply(deriver(f(x)),x)
       x -> exp(-0.2*x)-(x-5)*0.2*exp(-0.2*x)
3  factoriser(g(x))
       (-0.2*x+2.0)*exp(-0.2*x)
```

93 Soit f la fonction définie sur $\mathbb{R}$ par $f(x)=(0{,}5x+1)e^{-2x}$.
On donne ci-contre la courbe représentative $\mathscr{C}_f$ de la fonction f et sa tangente T au point A d'abscisse 0.

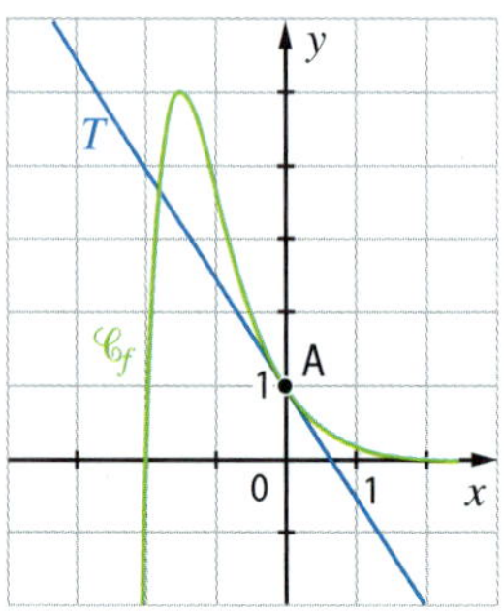

1. Déterminer par lecture graphique une équation de T.
2. Retrouver ce résultat par le calcul.

94 Capacité 6, p. 45

Soit f la fonction définie sur $\mathbb{R}$ par $f(x)=x^3-5x^2+3x$.

1. Calculer la limite de f en $-\infty$.
2. a. Montrer que, pour tout x non nul, $f(x)=x^3\left(1-\dfrac{5}{x}+\dfrac{3}{x^2}\right)$.
   b. Calculer la limite de f en $+\infty$.
3. Calculer $f'(x)$ et étudier son signe.
4. Dresser le tableau de variation de f sur $\mathbb{R}$.

95 Soit f la fonction définie sur $\mathbb{R}$ par $f(x)=(e^x-1)^2$.
On note $\mathscr{C}$ la courbe représentative de la fonction f.

1. a. Déterminer les limites de la fonction f en $-\infty$ et en $+\infty$.
   b. En déduire que la courbe $\mathscr{C}$ admet une asymptote.
2. a. Calculer $f'(x)$ et étudier son signe sur $\mathbb{R}$.
   b. Construire le tableau de variation de la fonction f.

96 La concentration dans le sang d'un antibiotique injecté à un patient est modélisée par la fonction g définie sur l'intervalle $[0\,;+\infty[$ par $g(t)=\dfrac{4t}{t^2+1}$, où t est le temps écoulé, en heures, depuis l'injection et $g(t)$ la concentration en mg/L de l'antibiotique.

1. Calculer la limite de g en $+\infty$. Interpréter ce résultat.
2. Calculer $g'(t)$ sur $[0\,;+\infty[$ et étudier son signe.
3. Construire le tableau de variation de g.
4. Au bout de combien de temps la concentration est-elle maximale ?

***Piste 1. :** Factoriser le dénominateur par t.*

97 **Une question ouverte**

Le profil d'une piste de ski est modélisé par la courbe représentative $\mathscr{C}_f$ de la fonction f définie sur l'intervalle [0 ; 10] par $f(x)=(-2x+30)e^{0{,}2x-3}$. L'unité est le kilomètre.

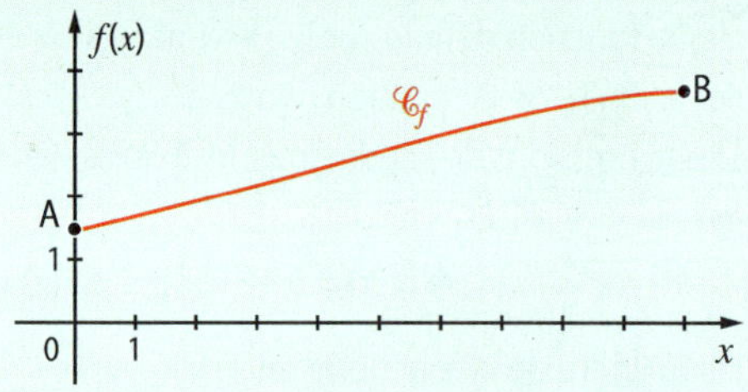

On appelle pente de la piste au point M, le coefficient directeur de la tangente à la courbe $\mathscr{C}_f$ au point M. Par exemple, une pente de 15 % en un point de la piste correspond à un coefficient directeur de 0,15.
La piste sera classée bleue si toutes les portions de la piste ont une pente inférieure ou égale à 25 %.
La piste sera-t-elle classée bleue ?

Piste → Voir p. 280

Problème de synthèse

98 CALCULER RAISONNER

Le nombre d'abonnés à un journal (en milliers) est donné par la fonction f définie sur $[0\,;+\infty[$ par $f(x)=3e^{-0{,}1x^2+0{,}7x}$ où x est le temps (en années) écoulé depuis le 1er janvier 2015. On nomme $\mathscr{C}_f$ la courbe réprésentative de f.

1. a. Justifier que, pour tout réel x de $[0\,;+\infty[$:
   $$f(x)=3e^{x(-0{,}1x+0{,}7)}.$$
   b. Calculer la limite de f en $+\infty$.
   c. Interpréter graphiquement ce résultat.
2. Calculer $f'(x)$ pour tout réel x de $[0\,;+\infty[$.
3. Construire le tableau de variation de la fonction f sur $[0\,;+\infty[$.
4. Déterminer, à la dizaine près, le nombre maximal d'abonnés au journal.
Au cours de quelle année ce nombre sera-t-il atteint ?

EXERCICES Revoir des points essentiels

PARCOURS 1 Calculer une limite

Un exemple : Calculer $\lim\limits_{\substack{x \to 5 \\ x < 5}} \dfrac{x-4}{x-5}$.

Ma réflexion	→ Ma démarche
Que me demande-t-on ?	Je dois calculer la limite d'une fonction f. ▶ *Quelle est cette fonction f ?*
Sous quelle forme est l'expression de f (somme, produit, quotient, composée) ?	L'expression de f a la forme d'un quotient. ▶ *Calculer la limite du numérateur et celle du dénominateur.* ▶ *Justifier que la limite du quotient est infinie.*
Que doit-on faire pour déterminer si la limite de f est $+\infty$ ou $-\infty$?	Je dois appliquer la règle des signes. ▶ *Quel est le signe de la limite du numérateur ?* ▶ *Sur quel intervalle doit-on connaître le signe de $(x-5)$?* ▶ *Déterminer le signe de $(x-5)$ sur cet intervalle. Conclure.*
Le résultat obtenu est-il cohérent ?	Je peux utiliser la calculatrice. ▶ *Tracer la courbe ou faire un tableau de valeurs.*

99 Calculer les limites suivantes.

1. $\lim\limits_{\substack{x \to 3 \\ x > 3}} \dfrac{2}{3-x}$
2. $\lim\limits_{\substack{x \to 2 \\ x < 2}} \dfrac{x-3}{2-x}$
3. $\lim\limits_{x \to +\infty} \dfrac{1}{2+e^x}$
4. $\lim\limits_{x \to -\infty} \dfrac{1}{2+e^x}$
5. $\lim\limits_{x \to +\infty} (2-x^2)(\sqrt{x}-5)$
6. $\lim\limits_{x \to +\infty} \left(3x^2 + \dfrac{2}{x}\right)$
7. $\lim\limits_{x \to -\infty} (x^3 - 4x^2 + 9)$
8. $\lim\limits_{x \to -\infty} (x + e^x + 1)$
9. $\lim\limits_{x \to +\infty} e^x(1 - 2e^x)$
10. $\lim\limits_{x \to -\infty} e^x(3 + e^x)$

PARCOURS 2 Calculer la dérivée d'une fonction composée

Un exemple :

1. Soit f la fonction définie sur $\mathbb{R}$ par $f(x) = e^{x^2-x+1}$. Calculer $f'(x)$.
2. Soit g la fonction définie sur $\mathbb{R}$ par $g(x) = (4x^3+1)^2$. Calculer $g'(x)$.

Ma réflexion	→ Ma démarche
Que me demande-t-on dans la première question ?	Je dois calculer la dérivée d'une fonction f. ▶ *Quelle est cette fonction f ?*
Sous quelle forme est l'expression de f ?	L'expression de f est sous la forme e^u. ▶ *Expliciter $u(x)$.*
Quelle est la formule donnant la dérivée de f ?	$(e^u)' = u'e^u$. ▶ *Calculer $u'(x)$, puis $f'(x)$.*
Dans la deuxième question, sous quelle forme est l'expression de g ?	L'expression de g est sous la forme u^2. ▶ *Donner l'expression de u.*
Quelle est la formule donnant la dérivée de g ?	$(u^2)' = 2u'u$. ▶ *Calculer $u'(x)$, puis $g'(x)$.*

100 Dans chacun des cas suivants, f est une fonction définie sur $\mathbb{R}$. Calculer $f'(x)$.

1. $f(x) = e^{3x}$
2. $f(x) = 2e^{3x+1}$
3. $f(x) = 0{,}5e^{-x}$
4. $f(x) = e^{-x^3+1}$
5. $f(x) = 10e^{1-0{,}1x^2}$
6. $f(x) = (4x^2-1)^2$
7. $f(x) = (x-x^3)^2$
8. $f(x) = (e^x-8)^2$
9. $f(x) = 5(1-0{,}5x^3)^2$
10. $f(x) = (e^{-x+1}-0{,}1)^2$

EXERCICES Pour travailler en autonomie

Tous ces exercices sont corrigés, leurs solutions succinctes sont disponibles à la fin du manuel (p. 280).
En flashant la page, vous accéderez aux **corrigés rédigés et détaillés** sur votre smartphone ou votre tablette.

bordas Flash PAGE corrigés détaillés

L'essentiel

Limites d'une fonction

Limites des fonctions de référence

- $\lim\limits_{x \to -\infty} k = \lim\limits_{x \to +\infty} k = k$
- $\lim\limits_{x \to -\infty} x^2 = +\infty$ et $\lim\limits_{x \to +\infty} x^2 = +\infty$
- $\lim\limits_{x \to -\infty} x^3 = -\infty$ et $\lim\limits_{x \to +\infty} x^3 = +\infty$
- $\lim\limits_{x \to -\infty} \frac{1}{x} = \lim\limits_{x \to +\infty} \frac{1}{x} = 0$

$\lim\limits_{\substack{x \to 0 \\ x<0}} \frac{1}{x} = -\infty$ et $\lim\limits_{\substack{x \to 0 \\ x>0}} \frac{1}{x} = +\infty$

- $\lim\limits_{x \to +\infty} \sqrt{x} = +\infty$
- $\lim\limits_{x \to -\infty} \mathrm{e}^x = 0$ et $\lim\limits_{x \to +\infty} \mathrm{e}^x = +\infty$

Formes indéterminées

« $\infty - \infty$ » ; « $\infty \times 0$ » ; « $\frac{\infty}{\infty}$ » ; « $\frac{0}{0}$ »

Asymptotes

a et L sont des réels.

Si $\lim\limits_{x \to +\infty} f(x) = L$ ou $\lim\limits_{x \to -\infty} f(x) = L$:
asymptote « horizontale » d'équation $y = L$.

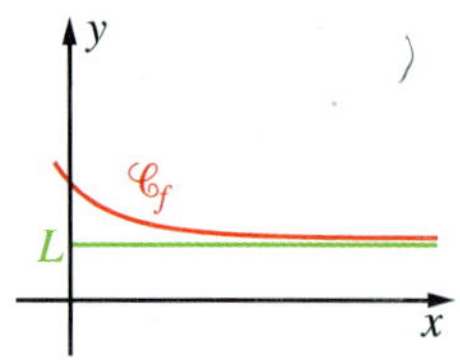

Si $\lim\limits_{x \to a} f(x) = +\infty$ ou $\lim\limits_{x \to a} f(x) = -\infty$:
asymptote « verticale » d'équation $x = a$.

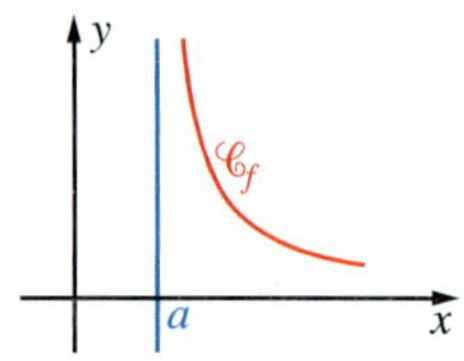

Théorèmes de comparaison

Le réel a peut être remplacé par $-\infty$ ou $+\infty$.

- Si $f(x) \leqslant g(x)$ et $\lim\limits_{x \to a} f(x) = +\infty$, alors $\lim\limits_{x \to a} g(x) = +\infty$.
- Si $f(x) \leqslant g(x)$ et $\lim\limits_{x \to a} g(x) = -\infty$, alors $\lim\limits_{x \to a} f(x) = -\infty$.
- **Théorème des gendarmes**

Si $f(x) \leqslant g(x) \leqslant h(x)$ et $\lim\limits_{x \to a} f(x) = \lim\limits_{x \to a} h(x) = L$, alors $\lim\limits_{x \to a} g(x) = L$ avec $L \in \mathbb{R}$.

Fonctions composées

Exemple de calcul de la limite d'une fonction composée

$\lim\limits_{x \to +\infty} (-2x) = -\infty$ et $\lim\limits_{X \to -\infty} \mathrm{e}^X = 0$ donc $\lim\limits_{x \to +\infty} \mathrm{e}^{-2x} = 0$

Dérivée de fonctions composées

Soit $g : x \mapsto f(ax+b)$.
Alors $g'(x) = af'(ax+b)$
$(u^2)' = 2u'u$
$(\mathrm{e}^u)' = u'\mathrm{e}^u$

Faire le point avec des exercices corrigés

Calculer et interpréter des limites

* **101** 5 min Capacité 2, p. 41

QCM *Choisir la ou les bonnes réponses.*

Soit f une fonction dont on donne le tableau de variation ci-dessous. On nomme $\mathscr{C}$ la courbe représentative de la fonction f.

x	$-\infty$		-2		2		$+\infty$
$f(x)$	$+\infty$	↘	-1	↗	3	↘	0

1. On peut affirmer que :

a. $\lim\limits_{x \to +\infty} f(x) = -\infty$ **b.** $\lim\limits_{x \to -\infty} f(x) = +\infty$

c. $\lim\limits_{x \to 0} f(x) = +\infty$ **d.** $\lim\limits_{x \to +\infty} f(x) = 0$

2. La courbe $\mathscr{C}$ admet pour asymptote la droite d'équation :

a. $x = 0$ **b.** $x = 2$

c. $y = 0$ **d.** $y = -1$

* **102** 10 min Capacité 3, p. 43

Calculer les limites suivantes.

1. $\lim\limits_{x \to -\infty} (5x^3 + x - 4)$ **2.** $\lim\limits_{x \to +\infty} (x + 3\sqrt{x} - 1)$

3. $\lim\limits_{x \to -\infty} (-3x^3 + 2\mathrm{e}^x + 7)$ **4.** $\lim\limits_{\substack{x \to 0 \\ x>0}} \left(3x - 1 - \frac{6}{x}\right)$

** **103** 5 min Capacité 3, p. 43

Soit f et g les fonctions définies sur $]-\infty\,;0[$ par :

$$f(x) = \frac{2x - \mathrm{e}^x}{3} \quad \text{et} \quad g(x) = \frac{7x^3 - x + 1}{x}.$$

Calculer les limites de f et g en $-\infty$.

104 10 min Capacité 3, p. 43

Soit f la fonction définie sur $\mathbb{R}$ par $f(x) = -2x^3 + x^2 - 3x + 5$.

1. Calculer la limite de f en $-\infty$.
2. a. Montrer que, pour tout réel x :
$$f(x) = x^2(-2x + 1) - 3x + 5.$$
b. Calculer la limite de f en $+\infty$.

105 10 min Capacité 3, p. 43

Soit f la fonction définie sur $\mathbb{R}$ par $f(x) = (9 - e^x)(9 + 2e^x)$.

1. Calculer les limites de f en $-\infty$ et en $+\infty$.
2. En déduire l'existence d'une asymptote à la courbe représentative de f. En donner une équation.

106 10 min Capacité 3, p. 43

Soit f la fonction définie sur $]1\,;+\infty[$ par $f(x) = \dfrac{7x+2}{x-1}$ et $\mathscr{C}_f$ sa courbe représentative.

1. Calculer la limite de f en 1.
2. a. Montrer que, pour tout réel x de $]1\,;+\infty[$, $f(x) = \dfrac{7+\frac{2}{x}}{1-\frac{1}{x}}$.
b. Calculer la limite de f en $+\infty$.
3. En déduire l'existence de deux asymptotes à la courbe $\mathscr{C}_f$. En donner une équation.

107 10 min Capacité 4, p. 43

Soit f la fonctions définies sur $]1\,;+\infty[$ par $f(x) = e^{\frac{2}{x-1}}$.
Calculer les limites de la fonction f en 1 et en $+\infty$.

108 5 min Capacité 4, p. 43

Soit f et g les fonctions définies sur $]0\,;+\infty[$ par :
$$f(x) = 1 - \sqrt{\frac{1}{5}x + 1} \quad \text{et} \quad g(x) = \left(5 - \frac{1}{x}\right)^2.$$
Calculer les limites de f et g en $+\infty$.

109 5 min Capacité 4, p. 43

QCM *Choisir la ou les bonnes réponses.*

Soit f une fonction telle que, pour tout réel x, on a $-x^3 \leqslant f(x) \leqslant 1 - x^3$. Alors :

1. $\lim\limits_{x \to -\infty} f(x) = +\infty$
2. $\lim\limits_{x \to -\infty} f(x) = -\infty$
3. $\lim\limits_{x \to +\infty} f(x) = +\infty$
4. $\lim\limits_{x \to +\infty} f(x) = -\infty$

110 15 min Capacité 4, p. 43

Soit f une fonction telle que, pour tout réel $x > 1$, on a :
$$2 + \frac{1}{x^2-1} \leqslant f(x) \leqslant 2 + \frac{1}{x-1}.$$
Déterminer la limite de f en 1 et en $+\infty$.

Calculer des dérivées

111 5 min Capacité 5, p. 45

VRAI/FAUX

Indiquer si les affirmations sont vraies ou fausses, puis justifier.

1. Soit f la fonction définie sur $]-\infty\,;2]$ par $f(x) = \sqrt{2-x}$.
Pour tout réel x de $]-\infty\,;2[$, $f'(x) = \dfrac{1}{2\sqrt{2-x}}$.
2. Soit f la fonction définie sur $\mathbb{R}$ par $f(x) = e^{5x+2}$.
Pour tout réel x, $f'(x) = 5e^{5x+2}$
3. Soit f la fonction définie sur $\mathbb{R}$ par $f(x) = (2+3x)^3$.
Pour tout réel x, $f'(x) = 3(2+3x)^2$.

112 10 min Capacité 5, p. 45

Calculer la fonction dérivée des fonctions f et g définies sur $\mathbb{R}$ par $f(x) = 2e^{-x+3}$ et $g(x) = (x^2 + 4x - 1)^2$.

Étudier une fonction

113 15 min Capacités 3 et 6, pp. 43 et 45

Soit f la fonction définie sur $\mathbb{R}$ par :
$$f(x) = -x^3 + 15x^2 - 63x + 7.$$

1. Calculer la limite de f en $-\infty$.
2. a. Montrer que, pour x non nul :
$$f(x) = x^3\left(-1 + \frac{15}{x} - \frac{63}{x^2} + \frac{7}{x^3}\right).$$
b. Calculer la limite de f en $+\infty$.
3. a. Calculer $f'(x)$ pour tout réel x.
b. Construire le tableau de variation de f sur $\mathbb{R}$.

114 15 min Capacités 3 et 6, pp. 43 et 45

Soit f la fonction définie sur l'intervalle $]-1\,;+\infty[$ par $f(x) = e^{0,5x} - \dfrac{100}{x+1}$ et $\mathscr{C}_f$ sa courbe représentative.

1. a. Calculer la limite de f quand x tend vers -1. Interpréter graphiquement le résultat.
b. Déterminer la limite de f lorsque x tend vers $+\infty$.
2. a. Calculer $f'(x)$ pour tout réel x de $]-1\,;+\infty[$.
b. En déduire le sens de variation de f sur $]-1\,;+\infty[$.
3. Déterminer une équation de la tangente à $\mathscr{C}_f$ au point d'abscisse 0.

115 20 min Capacités 3 et 6, pp. 43 et 45

Soit f la fonction définie sur $]0\,;+\infty[$ par $f(x) = \dfrac{2e^x + 1}{e^x - 1}$ et $\mathscr{C}_f$ sa courbe représentative.

1. Calculer la limite de f en 0.
2. a. Montrer que, pour tout réel x de $]0\,;+\infty[$, $f(x) = \dfrac{2 + e^{-x}}{1 - e^{-x}}$.
b. Calculer la limite de f en $+\infty$.
3. Justifier que la courbe $\mathscr{C}_f$ admet deux asymptotes.
4. a. Calculer $f'(x)$ pour tout réel x de $]0\,;+\infty[$.
b. En déduire le sens de variation de f.
c. Construire le tableau de variation de f sur $]0\,;+\infty[$.

116 20 min Capacité 6, p. 45

On a mesuré expérimentalement, sur une durée fixée, le taux d'évolution du nombre de bactéries d'un type donné présentes dans un milieu à différentes températures.

On considère que la fonction f, définie sur l'intervalle $[-5\,;43]$ par $f(t) = (-1{,}4t + 56)e^{0{,}2t-4{,}75}$, modélise ce taux d'évolution (en pourcentage) en fonction de la température (en degrés Celsius) pour des valeurs comprises entre -5 °C et 43 °C.

1. Calculer $f'(t)$ pour tout réel t de $[-5\,;43]$.
2. Pour quelle température le taux d'évolution de ce type de bactéries est-il maximal ?

Se tester pour un BON DÉPART

Exploiter un tableau de variation ou une courbe

1 **VRAI/FAUX**

Indiquer si les affirmations sont vraies ou fausses, puis justifier.

On considère une fonction f définie et dérivable sur l'intervalle $]-\infty\,;10]$ dont le tableau de variation est donné ci-contre.

x	$-\infty$		0		3		10
$f(x)$	0	↗	5	↘	0	↗	1

a. $f(1) < f(2)$.

b. L'équation $f(x) = 0$ a deux solutions.

c. L'équation $f(x) = 1$ a une unique solution.

d. $f'(x) \leqslant 0$ pour tout réel x de $[0\,;3]$.

2 f est une fonction définie et dérivable sur $[-3\,;7]$ dont la représentation graphique $\mathscr{C}_f$ est donnée ci-contre. Les droites d_1, d_2 et d_3 sont respectivement tangentes à la courbe $\mathscr{C}_f$ aux points d'abscisses 4, 0 et 2.

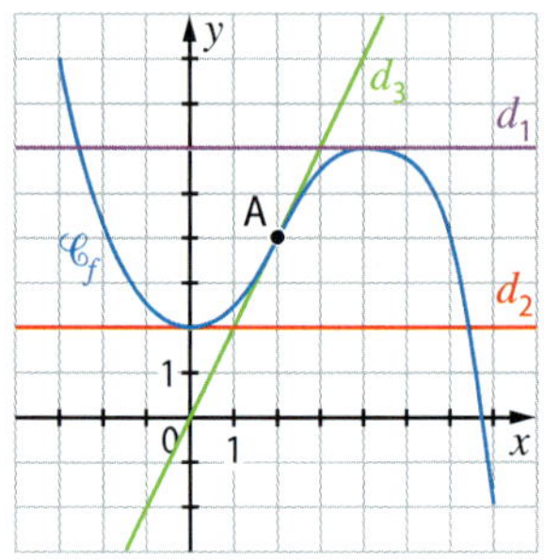

a. Donner le nombre de solutions de l'équation $f(x) = 0$.

b. Résoudre graphiquement l'inéquation $f(x) \geqslant 4$.

c. Déterminer graphiquement le coefficient directeur de la tangente d_3.

d. Dresser le tableau de variation de f.

Interpréter la dérivée d'une fonction

3 Les fonctions f, g et h définies ci-dessous sont deux fois dérivables sur $\mathbb{R}$.
Déterminer l'expression de leur dérivée, puis de leur dérivée seconde.

a. $f(x) = 5x^3 - 4x^2 + 3$ **b.** $g(x) = x^2 + \dfrac{1}{x}$ **c.** $h(x) = (2x + 3)\,\mathrm{e}^x$

4 f est une fonction définie et deux fois dérivable sur l'intervalle $[-2\,;4]$. La courbe $\mathscr{C}$ donnée ci-contre représente la fonction dérivée f' de f.

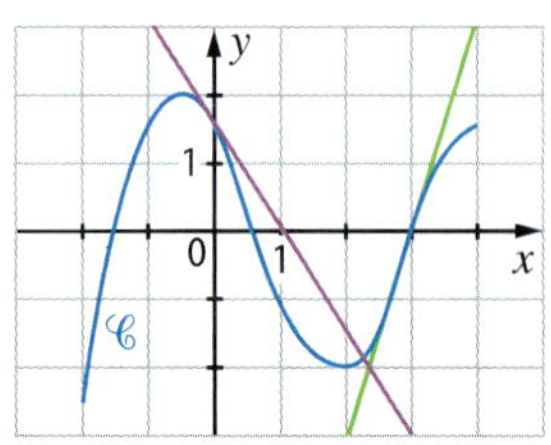

a. Lire graphiquement les valeurs de $f'(3)$ et de $f'(0)$.

b. Dresser le tableau de signes de f'.

c. En déduire le tableau de variation de f.

Utiliser le mode fonction de la calculatrice

5 **QCM** *Choisir la ou les bonnes réponses.*

Soit f la fonction définie sur $[-5\,;5]$ par $f(x) = \dfrac{8x + 14}{x^2 + 2}$. Saisir l'expression de cette fonction dans l'éditeur de fonctions de la calculatrice, puis déterminer les affirmations correctes à l'aide des outils de cette calculatrice. On a les images suivantes :

a. $f(-5) = -1$ **b.** $f(-2) = \dfrac{-1}{3}$ **c.** $f(2) = 5$ **d.** $f(5) = 2$

6 Soit la fonction f définie dans l'exercice précédent. À l'aide de la calculatrice :

a. Établir un tableau de valeurs de f sur l'intervalle $[-5\,;5]$ avec un pas de 1.

b. Donner une valeur approchée à 0,1 près des solutions de l'équation $f(x) = 0$.

c. Résoudre l'inéquation $f(x) \geqslant 4$. Arrondir à 0,1 près les bornes trouvées.

d. Déterminer le minimum, puis le maximum de f. En quelles valeurs sont-ils atteints ?

POUR VOUS AIDER → Rappels page 258

CONTINUITÉ ET CONVEXITÉ

CHAPITRE 3

En BMX comme dans d'autres disciplines sportives, la configuration du terrain va permettre au coureur d'accroître fortement sa vitesse afin de réaliser des sauts permettant d'éviter certains obstacles. Cette alternance dans la « courbure » du terrain est liée à la notion mathématique de convexité.

Voir exercice 74 page 70

LES NOTIONS DU CHAPITRE

- **Continuité et théorème des valeurs intermédiaires**
- **Fonction réciproque**
- **Convexité d'une fonction**

bordas Flash PAGE

RESSOURCES NUMÉRIQUES

Téléchargez l'application FlashPage, puis scannez la page indiquée pour consulter votre ressource sur smartphone ou tablette.

Vidéos .... pp. 61, 63
Animations .... pp. 61, 63
Corrigés détaillés .... pp. 74, 75

Activité 1

Objectif
Introduire la notion de continuité.

Cours 1
Continuité et applications

Les mues du criquet

La carapace du criquet, aussi appelée cuticule, est inextensible. À chaque fois que le criquet mue, sa carapace se brise et la taille du criquet s'accroît alors brusquement, par paliers. Les biologistes disent que le criquet a une croissance **discontinue**.

Les graphiques ci-dessous représentent respectivement l'évolution de la taille et de la masse d'un criquet en fonction de son âge entre 0 et 20 jours.

Par exemple, dans le graphique 1, le sixième jour, le criquet mesure 12 mm.

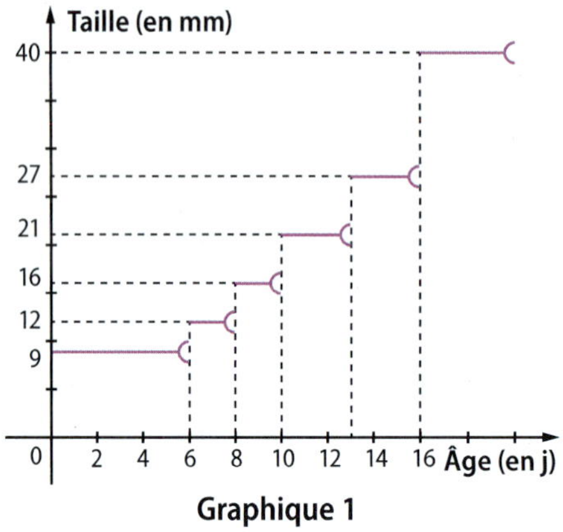

Graphique 1

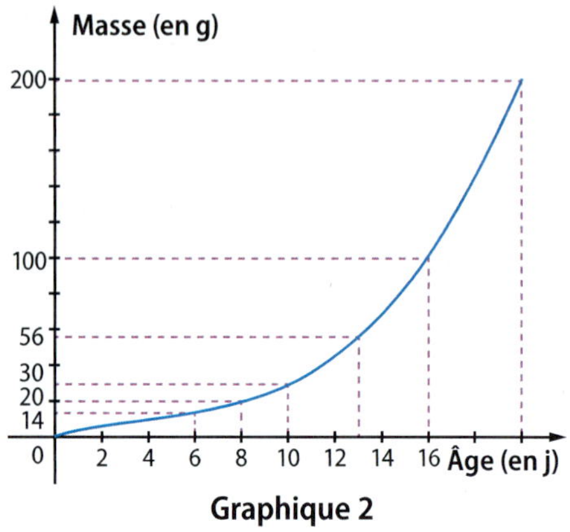

Graphique 2

1 a. Avec la précision permise par les graphiques, donner la taille et la masse d'un criquet âgé de 15 jours, puis celles d'un criquet âgé de 18 jours.

b. Quelle est la taille d'un criquet âgé de 13 jours ? Argumenter.

2 a. D'après le graphique 2, quelle est la limite de la masse d'un criquet lorsque l'âge tend vers 8 jours ?

b. D'après le graphique 1, la limite de la taille d'un criquet lorsque l'âge tend vers 8 jours est-elle la même par valeurs supérieures et inférieures ?

c. Pourquoi les biologistes disent-ils que le criquet grandit de manière « discontinue » ?

Activité 2

Objectif
Introduire la propriété des valeurs intermédiaires.

Cours 1
Continuité et applications

CALC Niveaux d'eau

Un verre cylindrique de 8 cm de diamètre est rempli de 2,5 cm d'eau. On y plonge une bille de rayon x cm et l'eau se met à recouvrir exactement cette bille (on dit que la bille est à « fleur d'eau »). Le but de cette activité est de déterminer le rayon de la bille.

1 À quel intervalle doit appartenir le rayon x ?

2 a. Calculer le volume V_1 d'eau initial dans le verre.

b. Exprimer le volume V_2 de la bille en fonction de x.

3 a. Dans le cas où la bille est plongée dans le verre, donner la hauteur du niveau d'eau en fonction de x.

b. Calculer de deux manières différentes le volume V_3 correspondant aux volumes cumulés de l'eau et de la bille.

c. En déduire que x est solution de l'équation $4x^3 - 96x + 120 = 0$.

4 a. Soit f la fonction définie par $f(x) = 4x^3 - 96x + 120$.

Saisir l'expression de cette fonction dans l'éditeur de fonctions de la calculatrice, puis afficher sa courbe représentative à l'écran.

b. D'après ce tracé, l'équation $4x^3 - 96x + 120 = 0$ a-t-elle une solution ?

c. Donner une valeur approchée à 0,01 près de celle-ci.

Activité 3

Fonction réciproque de la fonction racine carrée

Objectif

Découvrir la fonction réciproque d'une fonction continue strictement monotone.

➪ Cours 1
Continuité et applications

Fichier GeoGebra/Cabri
Disponible sur lycee.editions-bordas.fr

On considère la fonction f définie sur $[0\,;+\infty[$ par $f(x)=\sqrt{x}$.

1 **a.** Dresser le tableau de variation de f.

b. Soit y un réel positif.
Justifier que l'équation $f(x)=y$ admet une unique solution sur l'intervalle $[0\,;+\infty[$.

c. En déduire que, pour tous réels x et y **positifs**, les égalités $\sqrt{x}=y$ et $x=y^2$ sont équivalentes.

2 Dans le repère orthonormé ci-contre, la courbe $\mathscr{C}$ représente la fonction f et la droite $\mathscr{D}$ a pour équation $y=x$. On nomme $M(x\,;y)$ un point quelconque de la courbe $\mathscr{C}$.

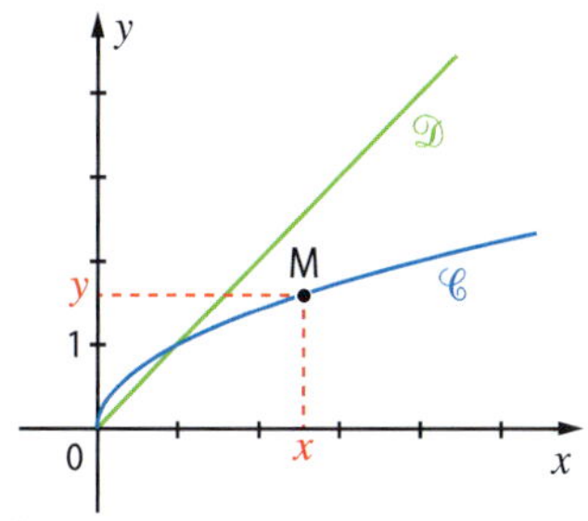

a. À l'aide du fichier fourni, tracer le point M′ symétrique de M par rapport à la droite $\mathscr{D}$.

b. Afficher la trace de ce point. Quelle courbe reconnaît-on ?

c. Conjecturer les coordonnées de M′ en fonction de celles de M.

d. À l'aide de la question **1.** et de la conjecture précédente, démontrer que M′ est un point de la courbe représentative de la fonction $g : x \mapsto x^2$.

Activité 4

Plant de maïs

Objectif

Introduire la notion de convexité.

➪ Cours 2
Convexité d'une fonction

On s'intéresse à l'évolution de la hauteur, en mètres, d'un plant de maïs en fonction du temps. On modélise cette croissance par une fonction du type :

$$f(t)=\frac{2}{1+19\mathrm{e}^{-0{,}04t}}.$$

où t est la variable temps exprimée en jours et $f(t)$ désigne la hauteur du plant, exprimée en mètres.

1 **a.** Quelle est la hauteur initiale de ce plant de maïs ?

b. Déterminer la limite de $f(t)$ lorsque t tend vers $+\infty$, puis interpréter cette limite.

c. En déduire qu'on peut se contenter d'étudier l'évolution de ce plant de maïs sur l'intervalle $[0\,;200]$.

2 **a.** Montrer que $f'(t)=\dfrac{1{,}52\mathrm{e}^{-0{,}04t}}{\left(1+19\mathrm{e}^{-0{,}04t}\right)^2}$.

b. Justifier que f est strictement croissante sur l'intervalle $[0\,;200]$.

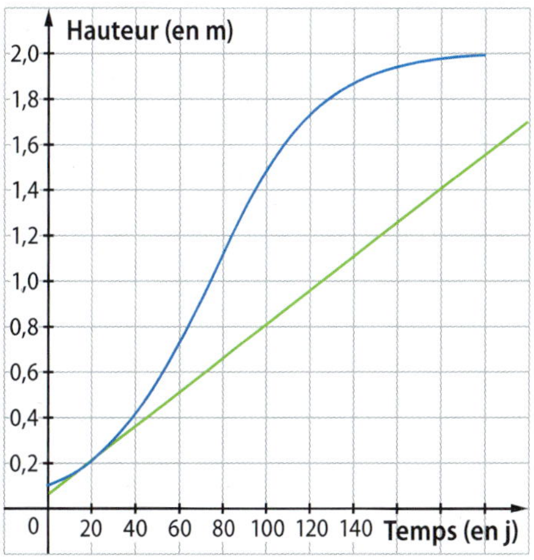

3 La courbe représentative de f est tracée ci-contre. La vitesse de croissance du plant de maïs est donnée par la fonction dérivée f'. On cherche le jour pour lequel cette vitesse a été maximale.

a. Lire la vitesse de croissance du plant le vingtième jour, c'est-à-dire la valeur de $f'(20)$.

b. Identifier approximativement le jour j où la vitesse de croissance a été maximale.

c. Que peut-on dire de la tangente à la courbe ce jour-là ?

d. Quelles constatations graphiques peut-on faire sur cette courbe avant le jour j ? Après le jour j ?

1. Continuité et applications

Notion de continuité

DÉFINITIONS **(1)** Soit f une fonction définie sur un intervalle I contenant a.
On dit que la fonction f est **continue en a** si, et seulement si, $\lim\limits_{x \to a} f(x) = f(a)$.
(2) Une fonction f est dite continue sur un intervalle si on peut la représenter « sans lever le crayon » sur cet intervalle. En d'autres termes, f est continue si sa représentation graphique est d'un seul tenant.

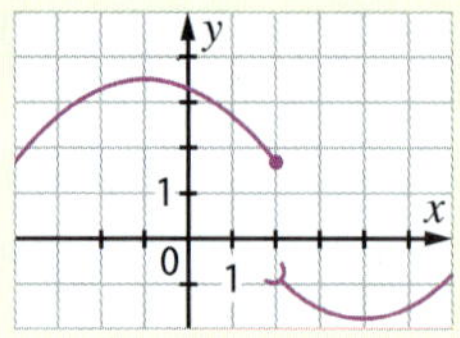

f n'est pas continue.

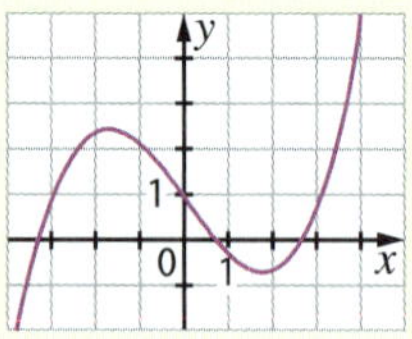

f est continue.

PROPRIÉTÉ **(admise)**
Toute fonction dérivable sur un intervalle donné est continue sur cet intervalle.

REMARQUE : Dans un tableau de variation, une flèche oblique traduit la stricte monotonie. On convient qu'elle traduit aussi la continuité d'une fonction sur l'intervalle considéré.

Théorème des valeurs intermédiaires

THÉORÈME DES VALEURS INTERMÉDIAIRES Soit f une fonction définie et continue sur un intervalle $[a\,;b]$.
Pour tout réel k compris entre $f(a)$ et $f(b)$, il existe **au moins un** réel c compris entre a et b tel que $f(c) = k$.

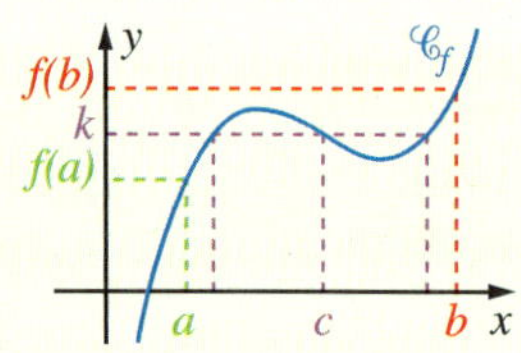

En d'autres termes, l'équation $f(x) = k$ a **au moins une** solution dans l'intervalle $[a\,;b]$.

COROLLAIRE Soit f une fonction définie, continue et strictement monotone sur un intervalle $[a\,;b]$.
Pour tout réel k compris entre $f(a)$ et $f(b)$, l'équation $f(x) = k$ a une et une seule solution dans l'intervalle $[a\,;b]$.

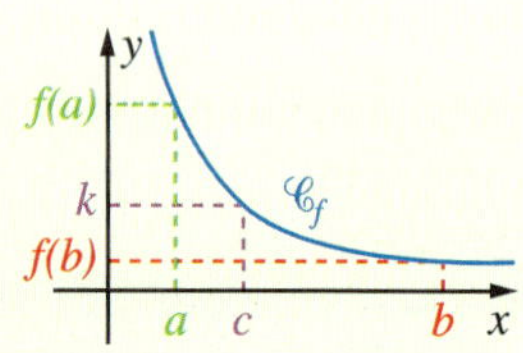

REMARQUE : Le corollaire s'applique aussi dans le cas d'un intervalle $[a\,;b[$, $]a\,;b]$ ou $]a\,;b[$, a et b pouvant être $+\infty$ ou $-\infty$. On remplace alors $f(a)$ (ou $f(b)$) par $\lim\limits_{x \to a} f(x)$ (ou $\lim\limits_{x \to b} f(x)$).

Fonction réciproque

PROPRIÉTÉS Soit f une fonction continue et strictement monotone sur un intervalle I, à valeurs dans un intervalle J. Il existe une fonction g définie sur J telle que, pour tout réel x de I et pour tout réel y de J, l'égalité $y = f(x)$ est équivalente à $x = g(y)$.

Cette fonction g est appelée **fonction réciproque** de f sur I.

(1) f et g ont le même sens de variation.
(2) Pour tout réel x de I, on a $g(f(x)) = x$ et pour tout réel y de J, on a $f(g(y)) = y$.
(3) Dans un **repère orthonormé**, les courbes représentatives des fonctions f et g sont symétriques par rapport à la droite d'équation $y = x$.

EXEMPLE : La fonction f définie sur $[0\,;+\infty[$ par $f(x) = x^2$ admet pour fonction réciproque la fonction g définie sur $[0\,;+\infty[$ par $g(x) = \sqrt{x}$.

Point Histoire

Karl Weierstrass (1815-1897) donne vers 1850 la première définition rigoureuse de la continuité d'une fonction.

À noter
Toutes les fonctions construites à partir des fonctions de référence sont continues sur tout intervalle où elles sont définies.

Point Histoire

Bernard Bolzano (1781-1848) donne en 1817 la première démonstration complète de ce théorème.

Vocabulaire
Un **corollaire** est une propriété qui se déduit immédiatement d'une propriété déjà démontrée.

À noter
C'est une application du corollaire du théorème des valeurs intermédiaires pour tous les réels de l'intervalle J.

Vidéo 07:40 Utiliser le théorème des valeurs intermédiaires — bordas Flash PAGE vidéo

Animation TVI et encadrement de la racine — bordas Flash PAGE

CAPACITÉ 1

Déterminer le nombre de solutions d'une équation du type $f(x) = k$ et résoudre une inéquation du type $f(x) \leqslant k$

On donne ci-contre le tableau de variation d'une fonction f définie sur $[-2 ; 5]$.

1. Déterminer, en justifiant, le nombre de solutions de l'équation $f(x) = 3$.
2. Résoudre l'inéquation $f(x) \leqslant 3$.

x	-2	3	5
$f(x)$	2 ↘	-1 ↗	4

Solution commentée

1. Sur l'intervalle $[-2 ; 3]$, le maximum de la fonction f est 2. Il est inférieur à 3, donc l'équation $f(x) = 3$ ne peut pas avoir de solution sur cet intervalle.
Sur l'intervalle $[3 ; 5]$, le tableau de variation indique que la fonction f est continue et strictement croissante.
De plus, $f(3) = -1$ et $f(5) = 4$, donc 3 est compris entre $f(3)$ et $f(5)$.
D'après le corollaire du théorème des valeurs intermédiaires, l'équation $f(x) = 3$ admet une unique solution α sur l'intervalle $[3 ; 5]$.
Finalement, sur l'intervalle $[-2 ; 5]$, l'équation $f(x) = 3$ admet une unique solution.

2. 2 est le maximum de f sur $[-2 ; 3]$, donc tous les réels de cet intervalle sont solutions de l'inéquation $f(x) \leqslant 3$. De plus, d'après 1., $f(\alpha) = 3$ avec $\alpha \in [3 ; 5]$.
Puisque f est strictement croissante sur $[3 ; 5]$, tous les réels de l'intervalle $[3 ; \alpha]$ sont solutions de l'inéquation $f(x) \leqslant 3$. On en déduit que 3 est le maximum de f sur l'intervalle $[-2 ; \alpha]$, donc l'ensemble solution de l'inéquation $f(x) \leqslant 3$ est $[-2 ; \alpha]$.

Méthode

Pour déterminer le nombre de solutions d'une équation $f(x) = k$, étudier séparément l'équation sur chaque intervalle où la fonction est strictement monotone.

Voir exercices
50 Pour s'entraîner
81 82 84 et 85 Pour travailler en autonomie

Vidéo 15:42 Déterminer l'existence d'une solution, puis l'encadrer — bordas Flash PAGE vidéo

CAPACITÉ 2

CALC Déterminer des valeurs approchées d'une solution

On donne ci-dessous le tableau de variation de la fonction f définie sur $[-2 ; 2]$ par :

$$f(x) = x^3 + 2x - 10.$$

1. Donner un encadrement d'amplitude 0,01 de α, unique solution de l'équation $f(x) = 0$ sur $[-2 ; 2]$.
2. Déterminer une valeur approchée à 10^{-3} près de β, unique solution de l'équation $f(x) = -15$.

x	-2	2
$f(x)$	-22 ↗	2

Solution commentée

1. **α est solution de l'équation** $f(x) = 0$. On utilise un tableau de valeurs.

a. On commence le balayage à $x = -2$ avec un pas de 1.

X	Y1
-2	-22
-1	-13
0	-10
1	-7
2	2
3	23
4	62

On lit $f(1) < 0$ et $f(2) > 0$, donc $1 < \alpha < 2$.

b. On forme ensuite un tableau de valeurs de $f(x)$ sur $[1 ; 2]$ avec un pas de 0,1.

X	Y1
1.4	-4.456
1.5	-3.625
1.6	-2.704
1.7	-1.687
1.8	-.568
1.9	.659
2	2

On lit $f(1{,}8) < 0$ et $f(1{,}9) > 0$, donc $1{,}8 < \alpha < 1{,}9$.

c. On recommence à partir de $x = 1{,}8$ avec un pas de 0,01.

X	Y1
1.8	-.568
1.81	-.4503
1.82	-.3314
1.83	-.2115
1.84	-.0905
1.85	.03163
1.86	.15486

On lit $f(1{,}84) < 0$ et $f(1{,}85) > 0$, donc $1{,}84 < \alpha < 1{,}85$.

2. On recherche l'abscisse du point d'intersection entre la courbe représentative de f et la droite d'équation $y = -15$. Par exemple :

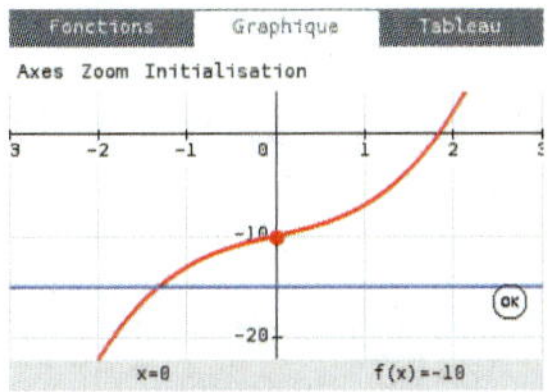

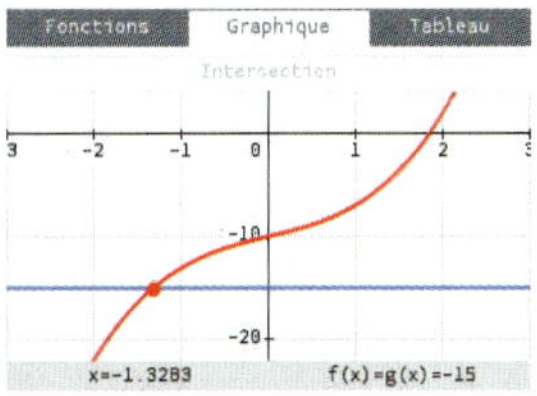

On en déduit une valeur approchée à 10^{-3} près : $\beta \approx -1{,}328$.

Méthode

Pour rechercher un encadrement par balayage avec la calculatrice, on « resserre » petit à petit le pas de la recherche (d'abord 1, puis 0,1, puis 0,01, etc.).

Animation TVI et encadrement de la racine — bordas Flash PAGE

Voir exercices
55 Pour s'entraîner
83 84 85 et 92 Pour travailler en autonomie

2. Convexité d'une fonction

Convexité

Vocabulaire
Pour une fonction convexe, on dit que la courbe est en-dessous de ses sécantes.

DÉFINITION Soit f une fonction définie sur un intervalle I.
On nomme $\mathscr{C}_f$ sa représentation graphique dans un repère.

- Si, pour tous points distincts A et B de $\mathscr{C}_f$, la courbe $\mathscr{C}_f$ est située « en dessous » du segment [AB], alors on dit que la fonction f est **convexe** sur I.

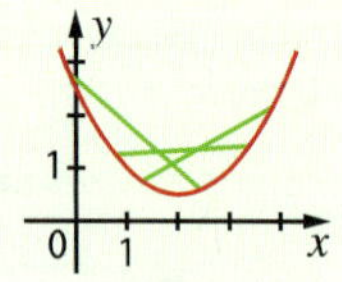

- Si, pour tous points distincts A et B de $\mathscr{C}_f$, la courbe $\mathscr{C}_f$ est située « au-dessus » du segment [AB], alors on dit que la fonction f est **concave** sur I.

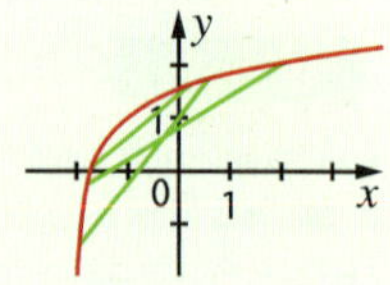

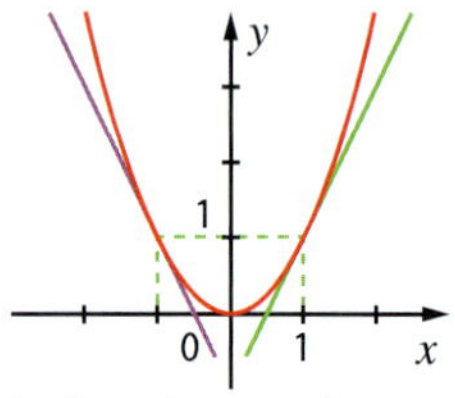

La fonction carrée est convexe sur $\mathbb{R}$.

PROPRIÉTÉS **(admises)**

(1) Une fonction f définie et dérivable sur un intervalle I est **convexe** lorsque sa courbe représentative est entièrement située au-dessus de chacune de ses tangentes.
(2) Une fonction f définie et dérivable sur un intervalle I est **concave** lorsque sa courbe représentative est entièrement située en dessous de chacune de ses tangentes.

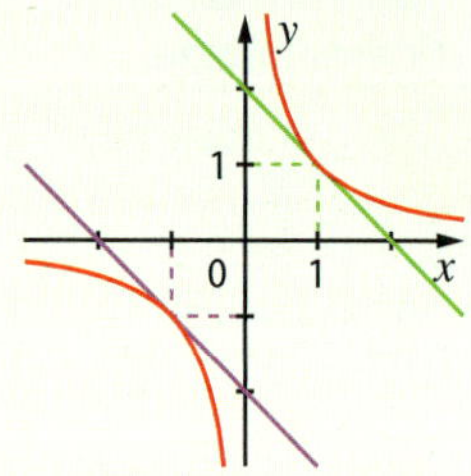

La fonction inverse est concave sur $]-\infty\,;0[$ et convexe sur $]0\,;+\infty[$.

À noter
Il ne faut pas confondre les variations de f avec la convexité de f.

PROPRIÉTÉS **(admises)**

Soit f une fonction définie et dérivable sur un intervalle I.
- f est convexe sur I si, et seulement si, sa fonction dérivée f' est croissante sur I.
- f est concave sur I si, et seulement si, sa fonction dérivée f' est décroissante sur I.

CONSÉQUENCE Soit f une fonction définie et deux fois dérivable sur un intervalle I.
- f est convexe sur I si, et seulement si, $f''(x) \geqslant 0$ pour tout réel x de I.
- f est concave sur I si, et seulement si, $f''(x) \leqslant 0$ pour tout réel x de I.

EXEMPLE : Soit f la fonction définie sur $\mathbb{R}$ par $f(x) = x^3$.
f est deux fois dérivable sur $\mathbb{R}$ avec $f'(x) = 3x^2$ et $f''(x) = 6x$.

x	$-\infty$	0	$+\infty$
$f''(x)$	$-$	0	$+$
Convexité de f	Concave		Convexe

Le signe de la dérivée seconde donne la convexité de f.

Point d'inflexion

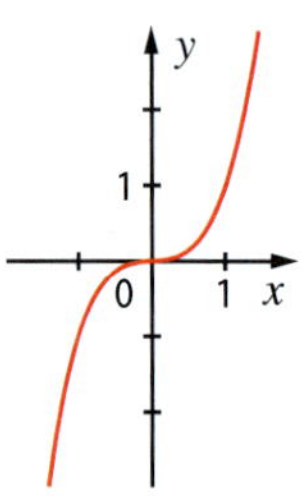

DÉFINITION Un point d'inflexion est un point en lequel la représentation graphique d'une fonction « traverse » sa tangente.

REMARQUE : En ce point, la représentation graphique change de convexité.

PROPRIÉTÉ **(admise)**

Soit f une fonction définie et deux fois dérivable sur un intervalle I et soit a un réel de I.
Si f'' s'annule et change de signe pour $x = a$, alors la représentative graphique de f admet un point d'inflexion de coordonnées $(a\,;f(a))$.

À noter
La condition « f'' s'annule » n'est pas une condition suffisante. Il faut aussi que f'' change de signe en ce réel a pour qu'il y ait un point d'inflexion.

Vidéo 04:53
Reconnaître graphiquement un point d'inflexion

Animation
Convexité : lien position courbe / sécante

CAPACITÉ 3

Reconnaître sur un graphique une fonction convexe, concave, un point d'inflexion

Pour chacune des fonctions représentées ci-dessous, déterminer les intervalles sur lesquels elles sont convexes ou concaves.
Donner aussi les coordonnées de leur éventuel point d'inflexion.

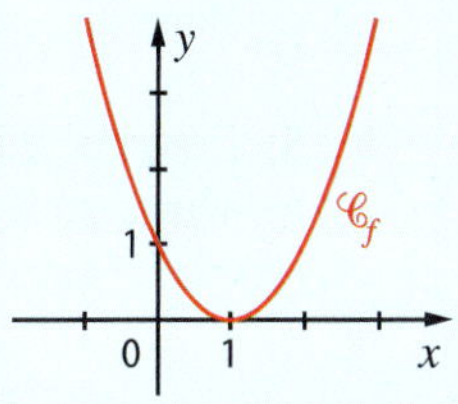

$\mathscr{C}_f$: courbe représentant la fonction f définie sur $\mathbb{R}$

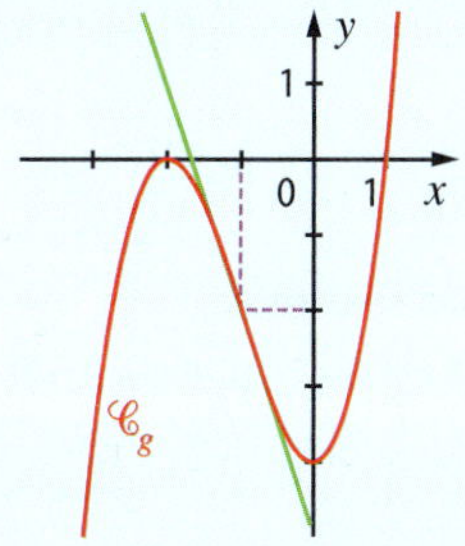

$\mathscr{C}_g$: courbe représentant la fonction g définie sur $\mathbb{R}$

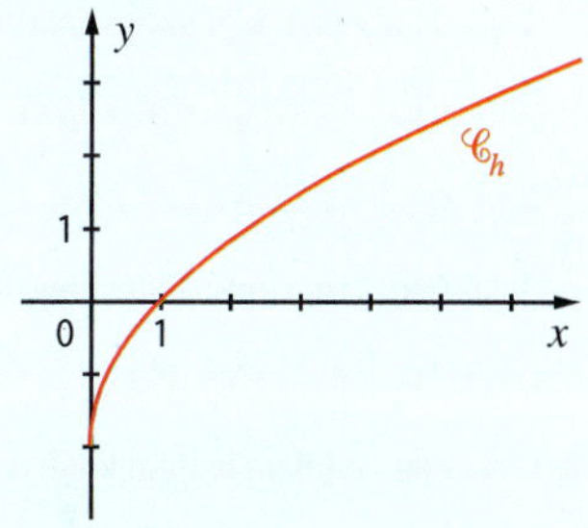

$\mathscr{C}_h$: courbe représentant la fonction h définie sur $]0\,;+\infty[$

Méthode

Tracer quelques tangentes (ou quelques sécantes) pour observer comment elles se situent par rapport à la courbe.

Solution commentée

- La fonction f est convexe sur $\mathbb{R}$ car $\mathscr{C}_f$ se situe en dessous de ses sécantes.
- La fonction g est concave sur $]-\infty\,;-1]$ et convexe sur $[-1\,;+\infty[$.
En effet, $\mathscr{C}_g$ se situe au-dessus de ses sécantes sur $]-\infty\,;-1]$ et en dessous sur $[-1\,;+\infty[$.
Puisque $\mathscr{C}_g$ traverse sa tangente au point d'abscisse -1, on peut en déduire que $\mathscr{C}_g$ admet un point d'inflexion de coordonnées $(-1\,;-2)$.
- La fonction h est concave sur $]0\,;+\infty[$ car $\mathscr{C}_h$ se situe toujours au-dessus de ses sécantes.

Voir exercices
63 Pour s'entraîner
88 90 et 92
Pour travailler en autonomie

Vidéo 03:00
Étudier la convexité d'une fonction

CAPACITÉ 4

Étudier la convexité d'une fonction deux fois dérivable

La fonction f est définie sur $\mathbb{R}$ par $f(x) = x^4 - 5x^3 - 9x^2 + 7x - 4$.
On désigne par $\mathscr{C}_f$ la courbe représentative de la fonction f dans un repère du plan.

1. Déterminer les expressions $f'(x)$ et $f''(x)$.
2. Étudier le signe de $f''(x)$. En déduire la convexité de la fonction f.
3. Justifier que la courbe $\mathscr{C}_f$ admet deux points d'inflexion et donner leur abscisse.

Méthode

Pour étudier la convexité d'une fonction deux fois dérivable, on peut étudier le signe de sa dérivée seconde.

Solution commentée

1. On a $f'(x) = 4x^3 - 15x^2 - 18x + 7$ et $f''(x) = 12x^2 - 30x - 18$.
2. $f''(x)$ est un polynôme du second degré. On calcule son discriminant :
$$\Delta = (-30)^2 - 4 \times 12 \times (-18) = 900 + 864 = 1\,764.$$
Puisque $\Delta > 0$, ce trinôme a deux racines :
$$x_1 = \frac{-(-30) - \sqrt{1\,764}}{2 \times 12} = \frac{30 - 42}{2 \times 4} = \frac{-1}{2} \text{ et } x_2 = \frac{-(-30) + \sqrt{1\,764}}{2 \times 12} = \frac{30 + 42}{24} = 3.$$
Puisque le coefficient de x^2 est positif, on en déduit le tableau de signes :

x	$-\infty$		$-\frac{1}{2}$		3		$+\infty$
$f''(x)$		+	0	−	0	+	
Convexité de f		Convexe		Concave		Convexe	

Par suite, f est convexe sur chacun des intervalles $\left]-\infty\,;-\frac{1}{2}\right]$ et $[3\,;+\infty[$, et f est concave sur l'intervalle $\left[-\frac{1}{2}\,;3\right]$.
3. Puisque f change de convexité en $-\frac{1}{2}$ et en 3, la courbe $\mathscr{C}_f$ admet deux points d'inflexion d'abscisses respectives $-\frac{1}{2}$ et 3.

Voir exercices
65 Pour s'entraîner
89 90 91 et 92
Pour travailler en autonomie

Calcul mental

1 Comparer les fractions suivantes.

a. $\frac{5}{7}$ et $\frac{7}{9}$ b. $\frac{9}{4}$ et $\frac{13}{6}$ c. $\frac{21}{20}$ et $\frac{30}{31}$.

2 Écrire sous forme décimale.

a. $\frac{3}{4}$ b. $\frac{7}{5}$ c. $\frac{38}{20}$ d. $\frac{40}{25}$

3 Résoudre dans $\mathbb{R}$ les équations suivantes.

a. $2x - 6 = 0$ b. $3 - 9x = 0$ c. $-5x = 0$ d. $4x + 2 = 0$

4 Calculer l'image de -1 par chacune des fonctions suivantes.

1. f définie sur $\mathbb{R}$ par $f(x) = 3x^2 - 4x - 6$.
2. g définie sur $]-\infty\,;3[$ par $g(x) = \dfrac{3x-4}{3-x}$.

5 Déterminer l'expression de la dérivée des fonctions f et g définies sur $\mathbb{R}$ par :

1. $f(x) = x^3 - 4x^2 + 1$ 2. $g(x) = 4e^x$

Automatismes

Calculs numériques et algébriques

6 Calculer en donnant le résultat sous la forme d'une fraction irréductible.

1. $A = 2 \times \left(\frac{3}{7}\right)^2 - 5 \times \frac{3}{7} + 1$ 2. $B = \dfrac{\frac{2}{15} - \frac{3}{10}}{2 - \frac{1}{5}}$

7 1. Soit a et b deux réels tels que $a = 1 - 2b$.

Exprimer b en fonction de a.

2. Soit a et b deux réels distincts tels que $\dfrac{2a}{a-b} = 1$.
Exprimer a en fonction de b.

3. Soit a et b deux réels strictement positifs tels que $a = \dfrac{1-b}{b}$.
Montrer que $b = \dfrac{1}{a+1}$.

8 Résoudre les inéquations suivantes.

1. $2(x-3)(2-x) \geqslant 0$ 2. $3x^2 + 6x + 4 < 0$

9 VRAI/FAUX

Indiquer si l'affirmation est vraie ou fausse, puis justifier.

On pose $A = (2x+3)^2 - (20-x)(x-2)$ et $B = 5(x-1)^2 + 53$, où x est un réel.

On a $A = B$ pour tout réel x.

Fonctions

10 **Questions de méthode**

Soit f une fonction définie et dérivable sur $\mathbb{R}$ et soit f' sa fonction dérivée. On a tracé ci-contre la courbe $\mathscr{C}$ de la dérivée f' de f.

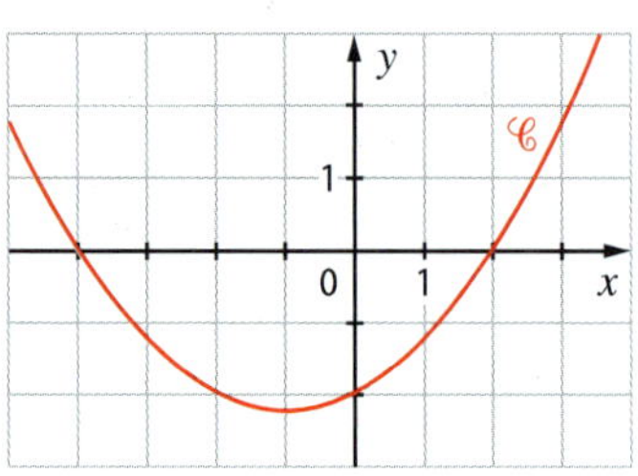

À l'aide du graphique :

1. Comment déterminer $f'(-2)$?
2. Comment dresser le tableau de variation de f ?

11 VRAI/FAUX

Indiquer si l'affirmation est vraie ou fausse, puis justifier.

Soit f la fonction définie sur $\mathbb{R}$ par $f(x) = \dfrac{x-2}{e^x}$.

La fonction dérivée de f est telle que $f'(x) = \dfrac{x-3}{e^x}$.

12 Soit f la fonction définie sur $\mathbb{R}$ par $f(x) = (5-x)e^x$.
On note $\mathscr{C}$ sa courbe représentative dans un repère.

1. Exprimer $f'(x)$ en fonction de x.
2. Déterminer une équation de la tangente à $\mathscr{C}$ en son point d'abscisse 0.

Algorithmique et programmation

13 QCM *Choisir la ou les bonnes réponses.*

Soit la liste définie en Python par **L = [−1, 2, 5, 8, 11]**.
La liste **L** est générée par l'instruction :

1. **L = [x for x in range(−1, 11, 3)]**
2. **L = [x for x in range(−1, 12, 3)]**
3. **L = [3*x − 1 for x in range(4)]**
4. **L = [3*x − 1 for x in range(5)]**

14 PYTHON On donne ci-contre le script en Python de la fonction **f** dont le paramètre n est un nombre entier.

1. Déterminer la valeur renvoyée par l'appel **f(30)**.
2. Déterminer la valeur renvoyée par l'appel **f(0)**.

```
def f(n):
    x = 1
    while x <= n:
        x = 3*x+1
    return x
```

15 PYTHON Recopier et compléter le script de la fonction Python ci-contre qui calcule et renvoie le produit **p** des éléments d'une liste **L** de nombres.

```
def produit(L):
    p = 1
    for elt in L:
        p = ....
    return p
```

Continuité d'une fonction

Questions flash

16 ORAL QCM *Choisir la ou les bonnes réponses.*
Parmi les fonctions représentées ci-dessous, lesquelles sont continues en −1 ?

1.

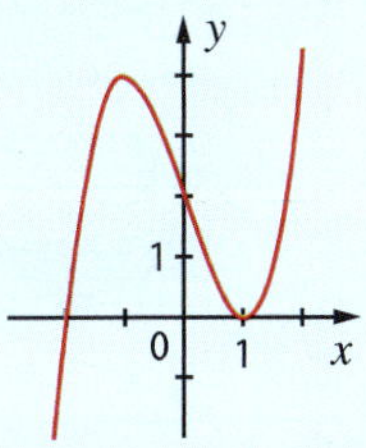

2.

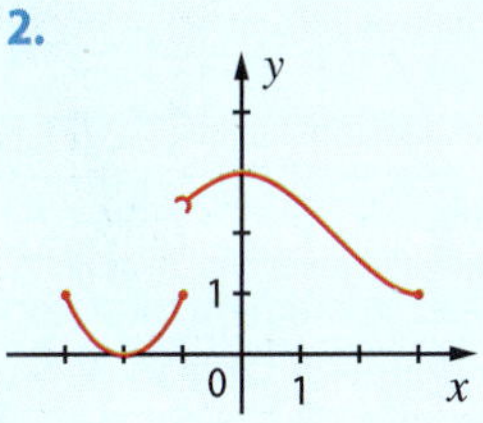

3.

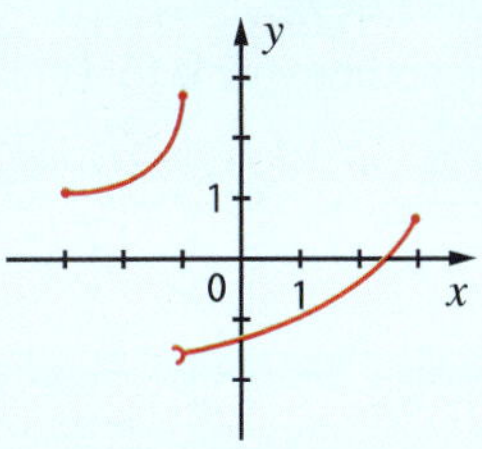

4.

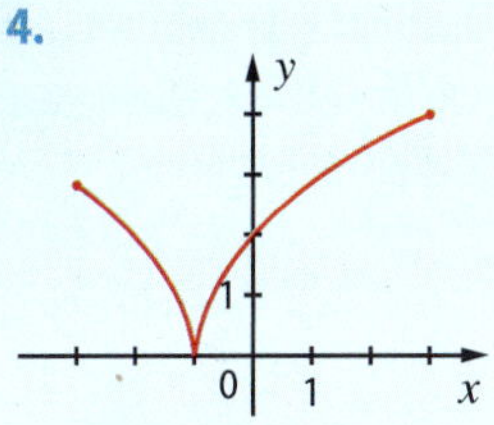

5.

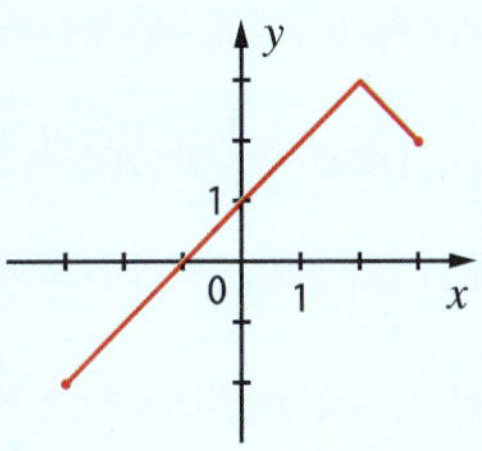

6.

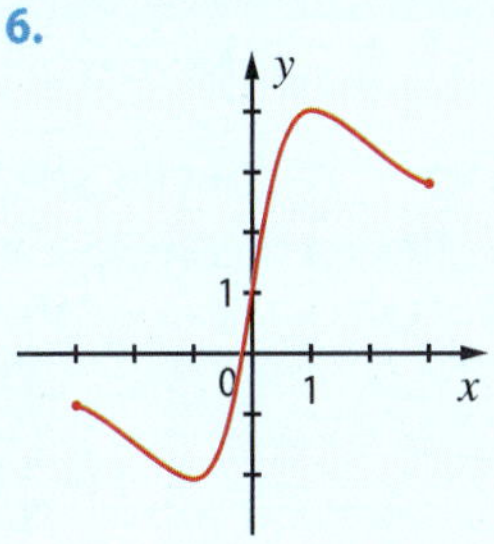

17 Pour l'année 2020, voici les tarifs $t(x)$, en euros, de l'affranchissement d'une lettre verte en fonction de sa masse x en grammes.

Si $0 < x \leqslant 20$, alors $t(x) = 0{,}97$.
Si $20 < x \leqslant 100$, alors $t(x) = 1{,}94$.
1. Pourquoi la fonction t est-elle continue en 10 ?
2. Pourquoi la fonction t n'est-elle pas continue en 20 ?

Théorème des valeurs intermédiaires

Pour les exercices 18 et 19, on donne le tableau de variation de la fonction f définie sur [−5 ; 5].

x	−5		2		3		5
$f(x)$	4	↘	−1	↗	1	↘	−2

18 1. Pourquoi l'équation $f(x) = -1$ admet-elle au moins une solution dans l'intervalle [3 ; 5] ?
2. Donner le nombre de solutions de l'équation $f(x) = -1$ dans cet intervalle.

Questions flash

19 ORAL On souhaite déterminer le nombre de solutions de l'équation $f(x) = 0$.
1. Citer les deux conditions et le théorème qui permettent de justifier que cette équation admet au moins une solution dans l'intervalle [−5 ; 5].
2. Donner le nombre de solutions de l'équation $f(x) = 0$ dans cet intervalle.

20 ORAL On donne le tableau de variation d'une fonction f.
On souhaite résoudre l'équation $f(x) = 3$.

x	−2		5
$f(x)$	−4	↗	11

1. Citer les trois conditions qui permettent d'utiliser le corollaire du théorème des valeurs intermédiaires pour résoudre cette équation dans l'intervalle [−2 ; 5].
2. Quel est le nombre de solutions de l'équation $f(x) = 3$ dans cet intervalle ?

21 On donne le tableau de variation d'une fonction f.
En utilisant le corollaire du théorème des valeurs intermédiaires, justifier que l'équation $f(x) = 0$ admet une unique solution sur l'intervalle [0 ; 4].

x	0		4
$f(x)$	6	↘	−5

22 On donne le tableau de variation d'une fonction f.
En utilisant le corollaire du théorème des valeurs intermédiaires, justifier que l'équation $f(x) = 1$ admet une unique solution sur l'intervalle [−10 ; 10].

x	−10		10
$f(x)$	−8	↗	8

Pour les exercices 23 et 25, on donne le tableau de variation de la fonction f définie sur [−6 ; 7].

x	−6		−2		4		7
$f(x)$	−3	↗	3	↘	0	↗	5

23 Justifier que l'équation $f(x) = 2$ admet une unique solution dans l'intervalle [−2 ; 4].

24 1. Pourquoi l'équation $f(x) = 4$ ne peut-elle pas avoir de solution dans l'intervalle [−6 ; 4] ?
2. Justifier que l'équation $f(x) = 4$ admet une unique solution dans l'intervalle [4 ; 7].
3. Justifier que l'équation $f(x) = 4$ admet une unique solution dans l'intervalle [−6 ; 7].

25 VRAI/FAUX
Indiquer si les affirmations sont vraies ou fausses, puis justifier.
1. L'équation $f(x) = 5$ admet une seule solution dans l'intervalle [−6 ; 7].
2. L'équation $f(x) = 3$ admet une seule solution dans [−6 ; 7].
3. L'équation $f(x) = 1$ admet trois solutions dans [−6 ; 7].
4. L'équation $f(x) = -5$ admet au moins une solution dans l'intervalle [−6 ; 7].

26 On donne le tableau de variation d'une fonction f.

1. Justifier que l'équation $f(x) = 1$ n'a pas de solution dans l'intervalle [–6 ; 0].

2. Justifier que l'équation $f(x) = 1$ a une et une seule solution dans l'intervalle [–6 ; 3].

x	–6	0	3
$f(x)$	2 ↗	3	↘ 0

27 CALC Soit f une fonction continue et strictement décroissante sur l'intervalle [1 ; 2]. Avec la calculatrice, on a obtenu le tableau de valeurs ci-dessous.

X	Y1
1.52	2.182
1.53	2.0501
1.54	1.9155
1.55	1.7779

Donner un encadrement d'amplitude 0,01 de la solution de l'équation $f(x) = 2$.

28 Soit f la fonction définie sur l'intervalle [–1 ; 1] par :

$$f(x) = x^3 + 3x - 1.$$

1. a. Calculer $f'(x)$

b. Justifier que f est strictement croissante sur [–1 ; 1].

2. Démontrer que l'équation $f(x) = 0$ a une et une seule solution notée α dans l'intervalle [–1 ; 1].

3. a. Calculer $f(0)$.

b. En déduire un encadrement de α par deux entiers.

29 Soit f la fonction définie sur $\mathbb{R}$ par $f(x) = e^x$.

1. Déterminer les limites de f en $-\infty$ et en $+\infty$.

2. Calculer $f'(x)$, puis dresser le tableau de variation de f sur $\mathbb{R}$.

3. Démontrer que l'équation $e^x = 2$ a une et une seule solution notée α sur $\mathbb{R}$.

4. a. Sur l'écran de la calculatrice, tracer la courbe représentative de f ainsi que la droite d'équation $y = 2$.

b. Avec la calculatrice, vérifier qu'une valeur approchée à 10^{-2} près de α est 0,69.

Fonction réciproque

Questions flash

30 ORAL QCM *Choisir la ou les bonnes réponses.*

Parmi les courbes tracées dans les repères orthonormés, lesquelles représentent des fonctions f et g réciproques l'une de l'autre ?

1.

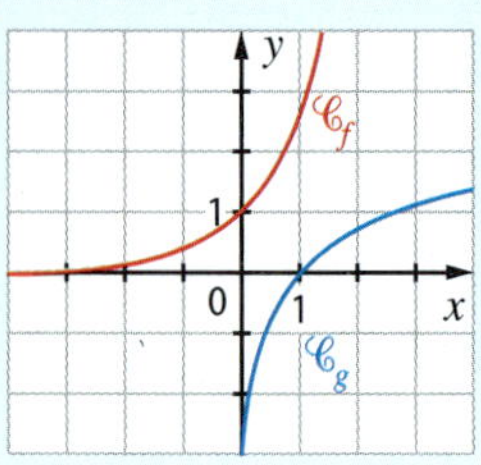

2.

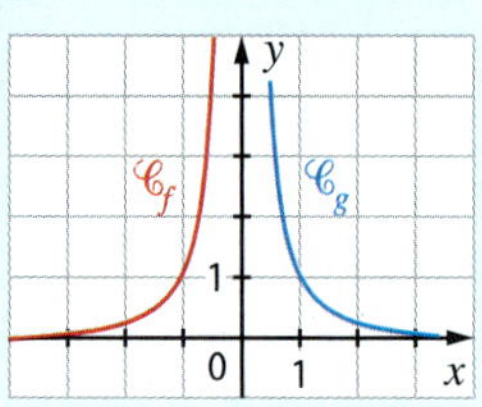

3.

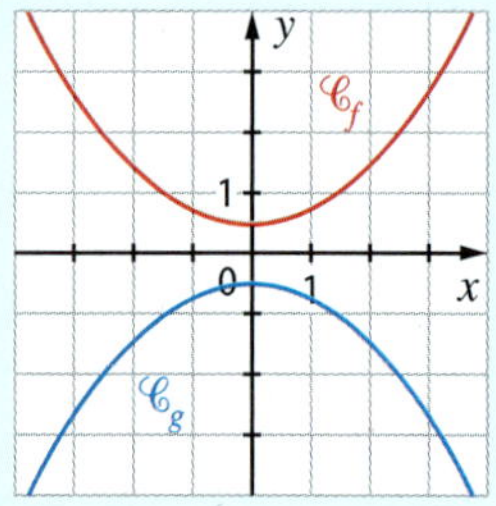

4.

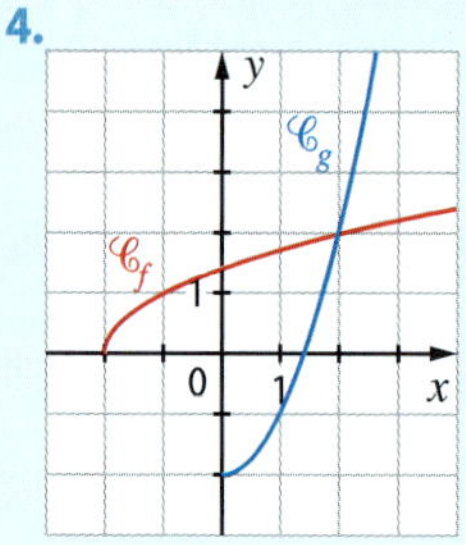

31 Soit f une fonction continue et strictement monotone dont on donne le tableau de variation ci-contre.

x	5	9
$f(x)$	2 ↗	3

1. Justifier que f admet une fonction réciproque g sur [5 ; 9].

2. On lit $f(9) = 3$. Quelle est la valeur de $g(3)$?

3. Déterminer l'image d'un autre nombre par la fonction g.

Convexité d'une fonction

Questions flash

32 ORAL Dans les cas suivants, dire si la fonction représentée est concave ou convexe sur [–2 ; 4].

1.

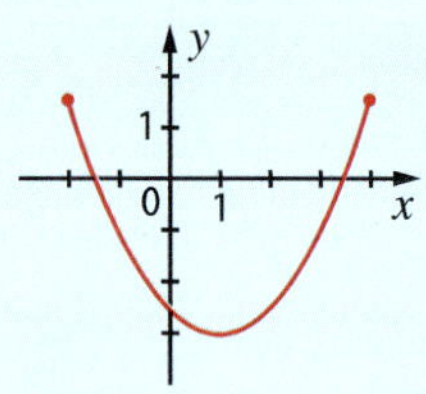

2.

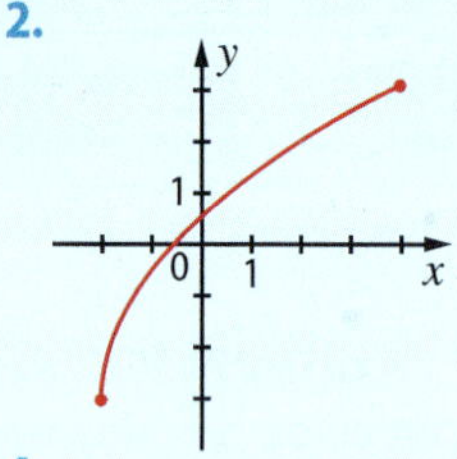

3.

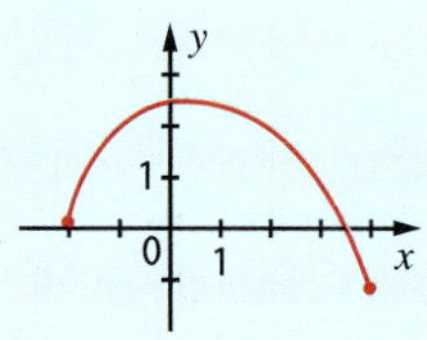

4.

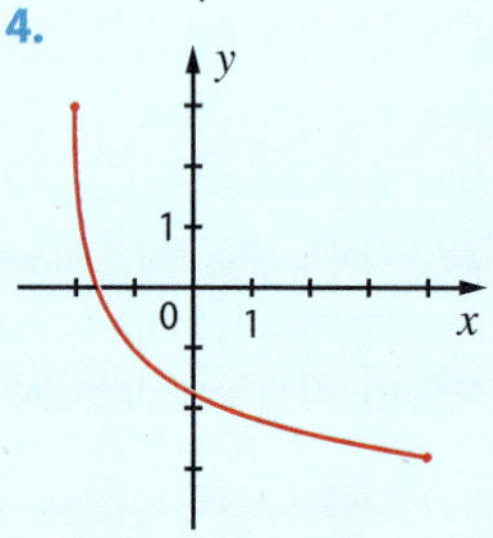

33 VRAI/FAUX

Indiquer si les affirmations sont vraies ou fausses, puis justifier.

On considère la fonction f définie sur $\mathbb{R}$ et représentée par la courbe $\mathscr{C}$ ci-contre.

Les tangentes en A, en B et en C ont aussi été tracées.

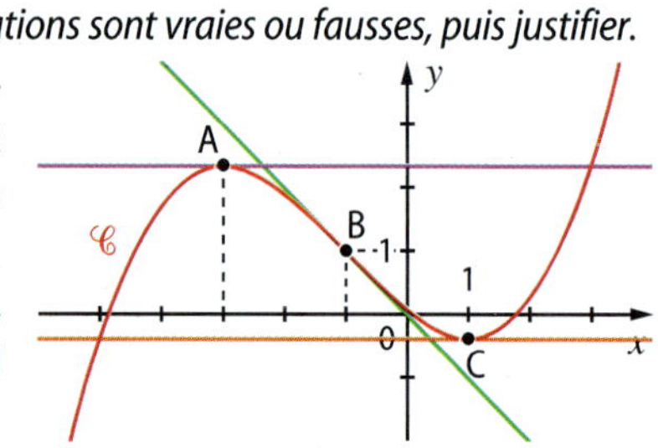

1. La fonction f est convexe sur [–1 ; 3].

2. La fonction f est concave sur [–3 ; 1] puis convexe sur [1 ; +∞[.

3. A est un point d'inflexion de la courbe $\mathscr{C}$.

4. B est un point d'inflexion de la courbe $\mathscr{C}$.

34 Les fonctions représentées ci-dessous sont définies sur $\mathbb{R}$. On admet qu'elles ne changent pas de convexité là où elles ne sont pas représentées. Les droites tracées en A (et en B) sont tangentes à la courbe en ce point.

1.

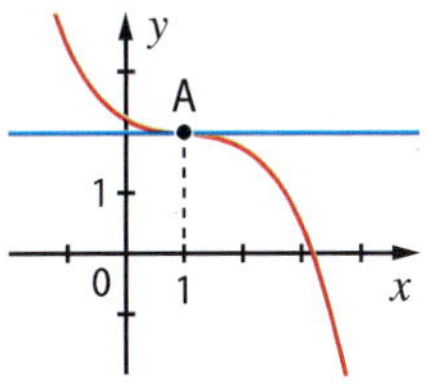

2.

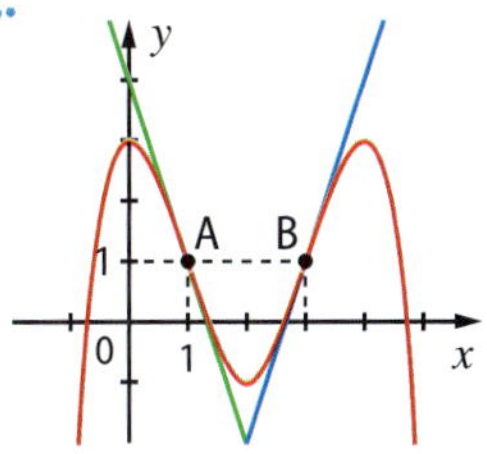

Dans chaque cas, préciser les intervalles où la fonction est convexe, ceux où elle est concave et les éventuels points d'inflexion de la courbe.

35 Soit f une fonction définie et dérivable sur $\mathbb{R}$. On donne le tableau de variation de sa dérivée f'.

x	$-\infty$		-2		4		$+\infty$
$f'(x)$	$+\infty$	↘	3	↗	5	↘	$-\infty$

En déduire la convexité de la fonction f sur $\mathbb{R}$.

36 Soit f une fonction définie et dérivable sur $\mathbb{R}$. La courbe ci-contre représente f', la fonction dérivée de f.

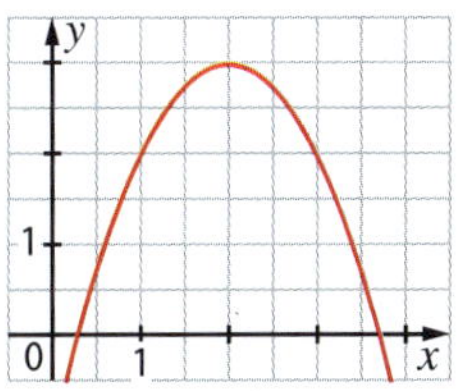

1. Quelle information doit-on connaître sur f' pour en déduire la convexité de f ?

2. En déduire la convexité de la fonction f sur $\mathbb{R}$.

Dans les exercices 37 et 38, f est une fonction dérivable sur $\mathbb{R}$ dont on donne la représentation graphique de sa fonction dérivée. En faisant les lectures graphiques nécessaires, établir la convexité de la fonction f.

37

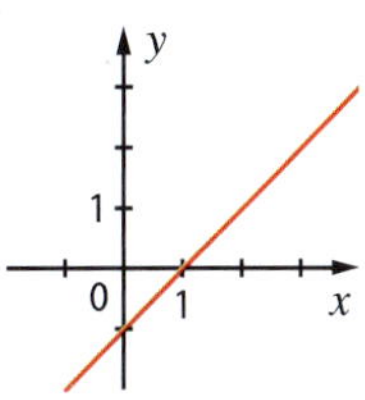

38

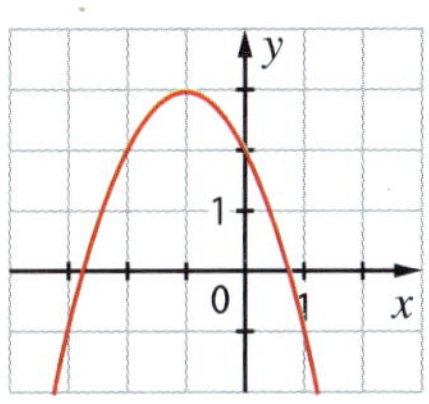

39 Soit f une fonction définie et deux fois dérivable sur $\mathbb{R}$.

x	$-\infty$		-2		$+\infty$
$f''(x)$		$-$	0	$+$	

On donne le tableau de signes de sa dérivée seconde f''.
En déduire la convexité de la fonction f sur $\mathbb{R}$.

Dans les exercices 40 et 41, f est une fonction deux fois dérivable sur $[-8 ; 8]$ dont on donne le tableau de signes de la dérivée seconde.
À partir de ces tableaux, établir la convexité de la fonction f.

40

x	-8		3		8
$f''(x)$		$+$	0	$-$	

41

x	-8		-2		5		8
$f''(x)$		$-$	0	$+$	0	$-$	

Dans les exercices 42 et 43, f est une fonction deux fois dérivable sur $\mathbb{R}$ dont on donne la représentation graphique de sa fonction dérivée seconde. Dans chaque cas :
1. Lire graphiquement le signe de f''.
2. En déduire la convexité de la fonction f.

42

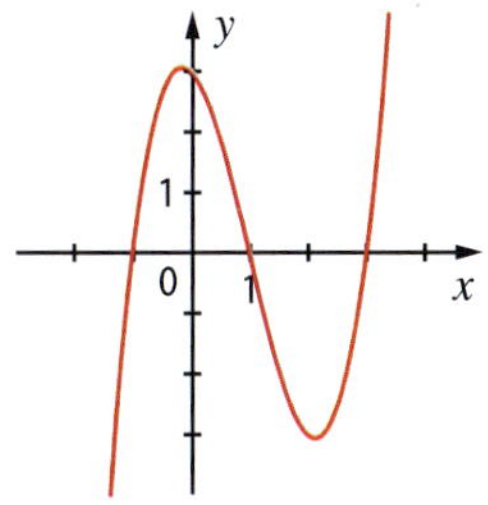

43

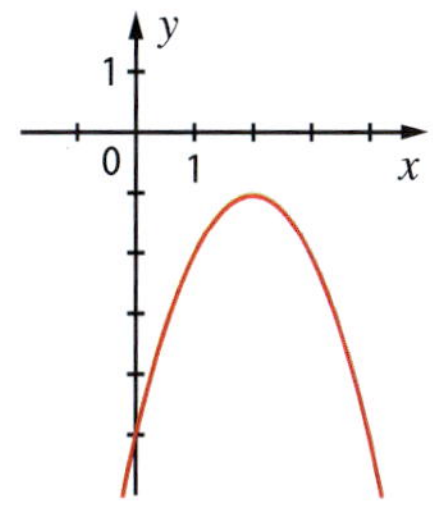

44 Soit f une fonction définie et deux fois dérivable sur $\mathbb{R}$. La courbe ci-contre représente f'', la dérivée seconde de f.

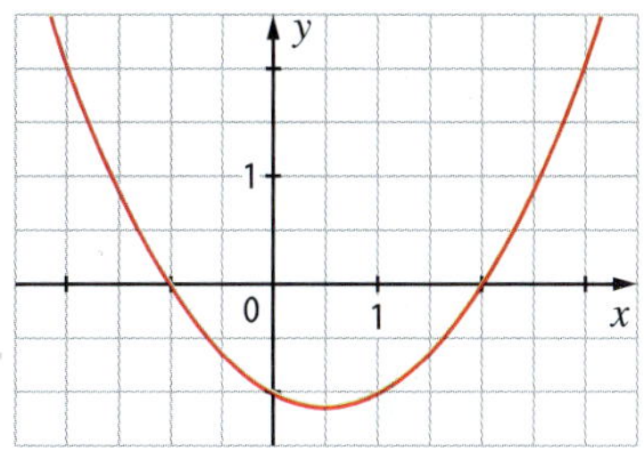

1. Quelle information doit-on connaître sur f'' pour en déduire la convexité de f ?

2. En déduire la convexité de la fonction f sur $\mathbb{R}$.

45 Soit f la fonction définie sur $\mathbb{R}$ par $f(x) = 2x^3 + 3x^2 - 5$.

1. Calculer $f'(x)$, puis montrer que $f''(x) = 12x + 6$.

2. Étudier le signe de f''. En déduire la convexité de f.

46 Soit f la fonction définie sur $\mathbb{R}$ par $f(x) = e^x - x$. La courbe ci-contre représente la fonction f dans un repère orthonormé.

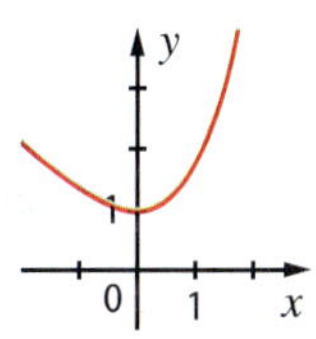

1. Par lecture graphique, conjecturer la convexité de f.

2. Calculer $f'(x)$, puis montrer que $f''(x) = e^x$.

3. Étudier le signe de f'' puis démontrer la conjecture établie à la question **1.**

47 Soit f une fonction définie et deux fois dérivable sur l'intervalle $[-4{,}5 ; 4]$. On a tracé ci-dessous la courbe représentative de la fonction f.

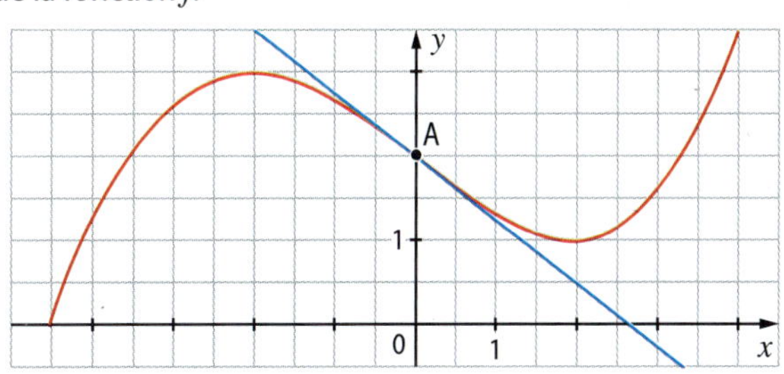

En faisant les lectures graphiques nécessaires :

1. Déterminer le signe de la fonction f.

2. a. Déterminer les variations de la fonction f.

b. En déduire le signe de la dérivée f'.

3. a. Déterminer la convexité de la fonction f.

b. En déduire le signe de la dérivée seconde f''.

Théorème des valeurs intermédiaires

Pour les exercices 48 et 49, on considère la fonction f définie sur $\mathbb{R}$ et dont le tableau de variation est le suivant.

x	$-\infty$		-4		7		$+\infty$
$f(x)$	2	↘	−8	↗	8	↘	0

48 **1.** Justifier que l'équation $f(x) = 1$ admet au moins une solution sur $\mathbb{R}$.

2. L'équation $f(x) = 2$ admet-elle trois solutions sur $\mathbb{R}$? Justifier.

49 **1.** Justifier que l'équation $f(x) = 3$ admet une unique solution, notée α, sur l'intervalle $[7\,;+\infty[$.

2. Justifier que l'équation $f(x) = 3$ admet une unique solution, notée β, sur l'intervalle $]-\infty\,;7]$.

3. En déduire l'ensemble des solutions de l'inéquation $f(x) \geqslant 3$.

50 *Capacité 1, p. 61*

Soit f une fonction définie sur l'intervalle $[1\,;10]$ et dont on donne le tableau de variation.

x	1		4		10
$f(x)$	−10	↗	10	↘	5

1. Déterminer, en justifiant, le nombre de solutions de l'équation $f(x) = 0$.

2. Résoudre l'inéquation $f(x) \geqslant 0$.

51 Soit f une fonction définie sur l'intervalle $[-3\,;6]$ et dont on donne le tableau de variation.

x	-3		-2		0		6
$f(x)$	−5	↗	1	↘	−2	↗	4

Déterminer, en justifiant, le nombre de solutions de chacune des équations suivantes.

1. $f(x) = 3$

2. $f(x) = 0$

3. $f(x) = -2$

52 Soit f la fonction définie sur $\mathbb{R}$ par $f(x) = -x^3 + 6x^2 + 1$.

1. a. Calculer la limite de f en $-\infty$.

b. Montrer que $f(x) = x^2(-x + 6) + 1$.

c. En déduire la limite de f en $+\infty$.

2. Dresser le tableau de variation de f.

3. Justifier que l'équation $f(x) = 0$ admet une unique solution, notée α, sur $\mathbb{R}$.

4. En déduire le tableau de signes de la fonction f.

53 LOGIQUE Soit f une fonction continue sur un intervalle $[a\,;b]$. Si $f(a)$ et $f(b)$ sont de signes contraires, alors l'équation $f(x) = 0$ admet au moins une solution dans l'intervalle $[a\,;b]$.

1. Énoncer la réciproque de cette proposition.

2. Cette réciproque est-elle vraie ?

54 **Histoire des mathématiques**

Le texte ci-dessous est un extrait du cours donné par Cauchy à l'école Polytechnique :

> *Démonstration :* Pour établir la proposition précédente, il suffit de faire voir que la courbe qui a pour équation :
> $$y = f(x)$$
> rencontrera une ou plusieurs fois la droite qui a pour équation :
> $$y = b$$
> dans l'intervalle compris entre les ordonnées qui correspondent aux abscisses x_0 et X ; or c'est évidemment ce qui aura lieu dans l'hypothèse admise. En effet, la fonction $f(x)$ étant continue entre les limites $x = x_0$, $x = X$, la courbe qui a pour équation $y = f(x)$ et qui passe :
> **1°** par le point correspondant aux coordonnées x_0, $f(x_0)$;
> **2°** par le point correspondant aux coordonnées X et $f(X)$, sera continue entre ces deux points ; et, comme l'ordonnée constante b de la droite qui a pour équation $y = b$ se trouve comprise entre les ordonnées $f(x_0)$, $f(X)$ des deux points que l'on considère, la droite passera nécessairement entre ces deux points, ce qu'elle ne peut faire sans rencontrer dans l'intervalle la courbe ci-dessus mentionnée.

1. Quel théorème Cauchy démontre-t-il ?

2. Rappeler les conditions nécessaires à ce théorème en utilisant les notations de Cauchy.

3. Quelle propriété des fonctions continues utilise-t-il pour pouvoir conclure sa démonstration ?

Point Histoire

Le mathématicien français **Augustin Cauchy** (1789-1857) a été professeur d'analyse à l'École Polytechnique (1815-1830). Il y enseignait les cours d'analyse.

55 CALC *Capacité 2, p. 61*

Soit f la fonction définie sur l'intervalle $[1\,;4]$ par :

$$f(x) = x^3 - 3x - 3.$$

On admet que le tableau de variation ci-contre est celui de f.

x	1		4
$f(x)$	−5	↗	49

1. À l'aide de la calculatrice, donner un encadrement d'amplitude 10^{-2} de α, unique solution de l'équation $f(x) = 0$.

2. Déterminer une valeur approchée au millième près de β, unique solution de l'équation $f(x) = 10$.

56 Soit f la fonction définie sur $[-1\,;4]$ par :

$$f(x) = x^3 + 3x - 5.$$

On admet que l'équation $f(x) = 0$ admet une unique solution α sur cet intervalle.

Déterminer un encadrement de α d'amplitude 0,1.

57 Soit f la fonction définie sur $\mathbb{R}$ par :

$$f(x) = 2x^3 + 4x - 5.$$

1. Déterminer les limites de f en $-\infty$ et en $+\infty$.

2. Étudier les variations de f sur $\mathbb{R}$.

3. Démontrer que l'équation $f(x) = 0$ admet une unique solution α sur $\mathbb{R}$.

4. Déterminer un encadrement de α d'amplitude 10^{-2}.

58 Soit f la fonction définie sur $[-2 ; 2]$ par :

$$f(x) = e^{-x} - e^{x} + 2.$$

1. Justifier que la fonction f est strictement décroissante sur l'intervalle $[-2 ; 2]$.

2. Justifier que l'équation $f(x) = 0$ admet une unique solution, notée α, sur l'intervalle $[-2 ; 2]$.

3. Déterminer une valeur approchée de α à 10^{-2} près.

4. En déduire le tableau de signes de f sur $[-2 ; 2]$.

59 **1.** Démontrer que l'équation $3x^5 - 5x^3 = 4$ admet une unique solution α dans $[-5 ; 5]$.

2. À l'aide de la calculatrice, déterminer l'entier n tel que :

$$n < \alpha < n + 1.$$

Point Histoire

Niels Abel (1802-1829) démontre l'impossibilité de résoudre par radicaux des équations algébriques de degré 5.

Fonctions réciproques

60 Soit f la fonction définie sur $\mathbb{R}$ par :

$$f(x) = -x + 3.$$

1. Justifier que la fonction f admet une fonction réciproque, notée g, sur $\mathbb{R}$.

2. On considère l'égalité $y = -x + 3$.

a. Exprimer x en fonction de y.

b. En déduire l'expression de g en fonction de x.

61 Soit f et g les fonctions définies respectivement sur $\mathbb{R}$ par $f(x) = 4x - 8$ et $g(x) = \frac{1}{4}x + 2$.

1. Expliquer pourquoi la fonction f admet une fonction réciproque.

2. a. Justifier que l'égalité $y = 4x - 8$ est équivalente à :

$$x = \frac{1}{4}y + 2.$$

b. Que peut-on en déduire ?

3. Soit x un réel. Déterminer $f(g(x))$, puis $g(f(x))$.

62 Soit f la fonction définie sur $\mathbb{R}$ par

$$f(x) = 5 - 4x.$$

1. Justifier que f admet une fonction réciproque g.

2. Quel est le sens de variation de g ?

3. On considère l'égalité $y = 5 - 4x$.

a. Exprimer x en fonction de y.

b. En déduire l'expression de g en fonction de x.

Convexité d'une fonction

63 *Capacité 3, p. 63*

Dans les cas suivants, préciser les intervalles où la fonction représentée est convexe, ceux où elle est concave et les coordonnées des éventuels points d'inflexion de la courbe.

Les droites tracées en A (et en B) sont tangentes à la courbe en ce point.

1.

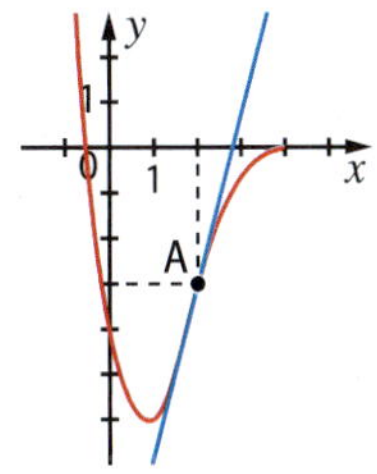

2.

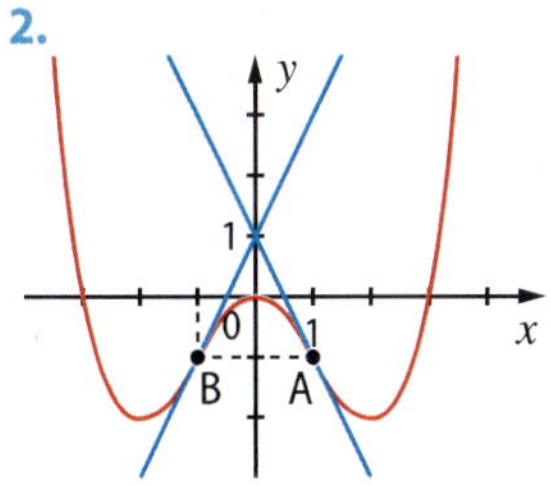

64 Soit $\mathscr{C}$ la courbe représentative de la fonction f définie sur $[-2 ; 4]$ et T la tangente à $\mathscr{C}$ au point d'abscisse 1.

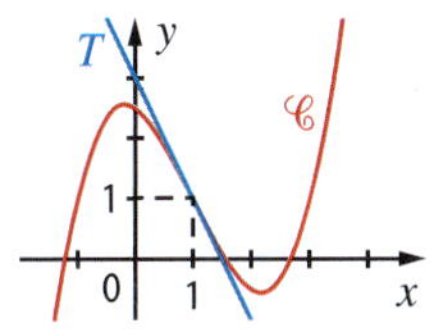

1. Préciser l'intervalle sur lequel f est convexe, puis celui sur lequel f est concave.

2. Dans les cas suivants, donner la position relative de la courbe $\mathscr{C}$ par rapport à sa tangente au point d'abscisse x_0.

a. $x_0 = 0$ **b.** $x_0 = 1$ **c.** $x_0 > 1$

65 *Capacité 4, p. 63*

La fonction f est définie sur $\mathbb{R}$ par $f(x) = x^4 + 2x^3 - 12x^2$.

On désigne par $\mathscr{C}_f$ la courbe représentative de la fonction f.

1. Calculer $f'(x)$ et $f''(x)$.

2. Étudier le signe de $f''(x)$. En déduire la convexité de la fonction f.

3. Justifier que la courbe $\mathscr{C}_f$ admet deux points d'inflexion et donner leur abscisse.

Dans les exercices 66 à 69, f est une fonction deux fois dérivable sur $\mathbb{R}$. $\mathscr{C}_f$ est la courbe représentative de f.

1. Calculer $f'(x)$ et $f''(x)$.

2. Étudier le signe de $f''(x)$. En déduire la convexité de la fonction f.

3. Déterminer, en justifiant, les abscisses des éventuels points d'inflexion de la courbe $\mathscr{C}_f$.

66 $f(x) = 4x^3 - 6x^2 + 2$

67 $f(x) = x^4 + x^3 + 2x - 1$

68 $f(x) = e^{2x} + x^2$

69 $f(x) = -x^4 - 2x^3 + 12x^2 + 12x - 3$

70 La fonction f est définie sur $]0 ; +\infty[$ par $f(x) = \dfrac{x^2 + 1}{x}$.

$\mathscr{C}_f$ est la courbe représentative de f.

1. Calculer $f'(x)$ et $f''(x)$.

2. Étudier le signe de $f''(x)$.

En déduire que la courbe $\mathscr{C}_f$ n'a pas de point d'inflexion.

71 VRAI/FAUX LOGIQUE

Indiquer si les affirmations sont vraies ou fausses, puis justifier.

Soit f une fonction deux fois dérivable sur un intervalle I et $\mathscr{C}$ sa courbe représentative.

1. Si f' est positive sur I, alors f est convexe sur I.

2. Si f est convexe sur I, alors f est croissante sur I.

3. Si f'' est positive sur I, alors f est convexe sur I.

4. Si f'' s'annule sur I, alors $\mathscr{C}$ admet un point d'inflexion.

72 Soit f la fonction définie sur $\mathbb{R}$ par $f(x) = e^x$.
$\mathscr{C}_f$ est la courbe représentative de f.

1. Calculer $f'(x)$ et $f''(x)$.

2. Justifier que f est convexe sur $\mathbb{R}$.

3. a. Déterminer une équation de la tangente T à $\mathscr{C}_f$ au point d'abscisse 0.

b. Justifier l'inégalité $e^x \geqslant x + 1$ pour tout réel x.

73 Soit f la fonction définie sur $[-1\,;+\infty[$ par $f(x) = \sqrt{x+1}$.
$\mathscr{C}_f$ est la courbe représentative de f.

1. a. Montrer que, pour tout réel $x > -1$, $f'(x) = \dfrac{1}{2\sqrt{x+1}}$.

b. En déduire que $f''(x) = \dfrac{-1}{4(x+1)\sqrt{x+1}}$ pour tout réel $x > -1$.

c. Justifier que f est concave sur $]-1\,;+\infty[$.

2. En considérant la tangente T à $\mathscr{C}_f$ au point d'abscisse 0, justifier l'inégalité $\sqrt{x+1} \leqslant \dfrac{1}{2}x + 1$ pour tout réel x de l'intervalle $[-1\,;+\infty[$.

RETOUR SUR L'OUVERTURE DU CHAPITRE

74

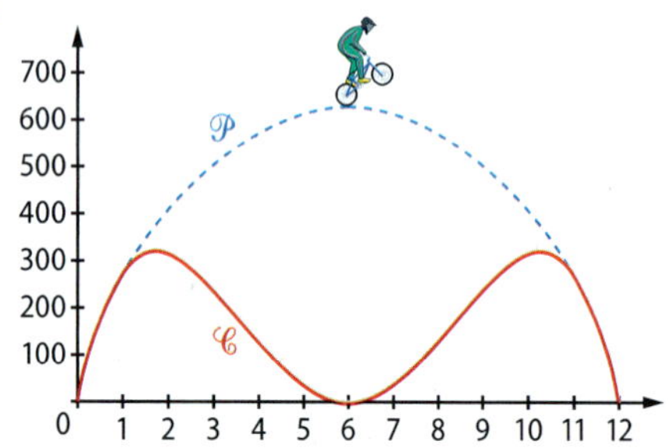

Les designers d'une piste de BMX modélisent un double module de saut par la courbe $\mathscr{C}$ représentative d'une fonction f définie sur $[0\,;12]$ par :

$$f(x) = -x^4 + 24x^3 - 180x^2 + 432x$$

où x s'exprime en mètres et $f(x)$ en décimètres.

Il faut respecter une double contrainte :

- la courbe $\mathscr{C}$ admet deux points d'inflexion afin de former deux « bosses » ;
- s'il a suffisamment de vitesse, un vélo doit pouvoir passer le module grâce à un seul saut.

1. a. Calculer $f'(x)$, puis $f''(x)$.

b. Justifier que les deux points d'inflexion ont pour abscisses 3,6 et 8,4, arrondies à 10^{-1} près.

2. Avec la vitesse suffisante, le vélo peut décoller en suivant la courbe $\mathscr{P}$ d'équation $y = -14x^2 + 168x + 121$.

a. Justifier que cela peut se produire lorsque le vélo atteint l'abscisse 1, c'est-à-dire que les courbes $\mathscr{C}$ et $\mathscr{P}$ ont une tangente commune en ce point.

b. Justifier que le cycliste se réceptionne 10 mètres après avoir décollé.

MATHS & SVT

75 FORMEL **Calcul formel**

On étudie la croissance d'un bambou à partir d'un instant donné. On admet que le diamètre de la tige principale est donné par $D(t) = \dfrac{15}{1 + 20e^{-0,5t}}$, où $D(t)$ s'exprime en centimètres et t s'exprime en semaines, avec $0 \leqslant t \leqslant 20$. La courbe $\mathscr{C}$ représente la fonction D dans un repère du plan.

Cet exercice a pour but de déterminer le nombre de semaines nécessaires pour que la vitesse de croissance du bambou commence à s'infléchir.

1. À l'aide d'un logiciel de calcul formel, on obtient :

1	D(t):=15/(1+20*exp(-0.5t)) $\rightarrow$ $D(t) := \dfrac{15}{20\,e^{-\frac{1}{2}t} + 1}$
2	Factoriser(Dérivée(Dérivée(D(t)))) $\rightarrow$ $75\,e^{-\frac{1}{2}t} \cdot \dfrac{20\,e^{-\frac{1}{2}t} - 1}{\left(20\,e^{-\frac{1}{2}t} + 1\right)^3}$

a. Donner l'expression de $D''(t)$ en fonction de t.

b. Justifier que $D''(t)$ est du signe de $f(t) = 20e^{-0,5t} - 1$.

2. a. Dresser le tableau de variation de f sur $[0\,;20]$.

b. Justifier que l'équation $f(t) = 0$ admet une unique solution, notée α, sur cet intervalle.

c. À l'aide de la calculatrice, donner un encadrement à l'unité près de α.

d. En déduire le tableau de signes de la fonction f.

3. Conclure en répondant au problème posé.

Problème de synthèse

76 CALCULER CHERCHER Soit f la fonction définie sur $\mathbb{R}$ par $f(x) = -3x^4 + 3x^3 + 1$ et $\mathscr{C}$ sa courbe représentative.

1. a. Déterminer la limite de la fonction f en $-\infty$.

b. Montrer que $f(x) = x^3(-3x + 3) + 1$.

c. En déduire la limite de la fonction f en $+\infty$.

2. Dresser le tableau de variation de f.

3. a. Démontrer que l'équation $f(x) = 0$ admet exactement deux solutions dans $\mathbb{R}$.

b. Déterminer une valeur approchée à 10^{-2} près de chaque solution.

c. En déduire le tableau de signes de f.

4. a. Étudier la convexité de la fonction f.

b. En déduire les abscisses des éventuels points d'inflexion de la courbe $\mathscr{C}$.

BESOIN D'AIDE ?
Voir fiche Python, p. 248

Fichier Python
Disponible sur lycee.editions-bordas.fr

TP1 ALGO PYTHON Résolution approchée d'une équation par balayage

CHERCHER RAISONNER

L'objectif de ce TP est d'encadrer par un intervalle d'amplitude 10^{-4} la solution de l'équation $x^3 - 3x - 4 = 0$.

A Principe de la méthode

Soit f une fonction continue et strictement monotone sur un intervalle $[a\,;b]$ et soit k un réel compris entre $f(a)$ et $f(b)$.

Pour déterminer un encadrement d'amplitude 10^{-p} de la solution de l'équation $f(x) = k$ sur l'intervalle $[a\,;b]$, la méthode par balayage consiste à :

- Partager l'intervalle $[a\,;b]$ en n sous-intervalles $[x_0\,;x_1]$, $[x_1\,;x_2]$, …, $[x_{n-1}\,;x_n]$ de même amplitude.
- Tester successivement si k est compris entre $f(x_i)$ et $f(x_{i+1})$ jusqu'à ce que ce soit le cas.
- Renvoyer l'intervalle $[x_i\,;x_{i+1}]$ qui convient

1. Quelle doit être l'amplitude des intervalles $[x_i\,;x_{i+1}]$?

2. En posant $x_0 = a$ et $x_n = b$ avec a et b entiers, justifier que le nombre maximal d'intervalles nécessaires à l'utilisation de cette méthode est $n = (b - a) \times 10^p$.

B Mise en application

Soit f la fonction définie sur l'intervalle $[1\,;5]$ par $f(x) = x^3 - 3x - 4$.

1. Justifier que f est strictement croissante sur l'intervalle $[1\,;5]$, avec $f(1) < 0$ et $f(5) > 0$.

2. On définit la fonction **f** en Python, ainsi que la fonction balayage qui prend pour paramètres la fonction **f** et l'amplitude **p** de l'intervalle recherché.

```
1   def f(x):
2       return x**3-3*x-4
3
4   def balayage(f, p):
5       x0 = 1
6       x1 = ...
7       while ...:
8           x0 = x1
9           x1 = ...
10      return [x0, x1]
```

a. On pose $x_0 = 1$.
Exprimer en fonction de x_0 et p la borne **x1** du premier sous-intervalle $[x_0\,;x_1]$, puis compléter la ligne **6** de la fonction balayage dans le fichier joint.

b. À quelle condition passe-t-on au sous-intervalle suivant ? Compléter la ligne **7**.

c. Lignes **8** et **9** : on « décale » les bornes de l'intervalle.
Exprimer la nouvelle borne x_1 en fonction de l'ancienne.

d. Exécuter la fonction balayage et vérifier que la solution de l'équation $x^3 - 3x - 4 = 0$ appartient à l'intervalle $[2{,}1958\,;2{,}1959]$ à 10^{-4} près.

TP2 ALGO PYTHON Résolution approchée d'une équation par dichotomie

RAISONNER CALCULER

Fichier Python
Disponible sur lycee.editions-bordas.fr

L'objectif de ce TP est d'encadrer par un intervalle d'amplitude 10^{-3} la solution de l'équation $x^3 - 2x - 9 = 0$.

A Principe de la méthode

Soit f une fonction continue et strictement monotone sur un intervalle $[a\,;b]$ tel que 0 soit compris entre $f(a)$ et $f(b)$. Pour obtenir un encadrement d'amplitude 10^{-p} de la solution de l'équation $f(x) = 0$ sur l'intervalle $[a\,;b]$, la méthode par dichotomie consiste à :

- calculer la moyenne m des réels a et b, puis calculer $f(m)$;
- si 0 est compris entre $f(a)$ et $f(m)$, alors la solution appartient à l'intervalle $[a\,;m]$.

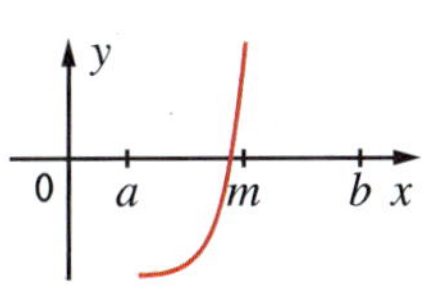

- si 0 est compris entre $f(m)$ et $f(b)$, alors la solution appartient à l'intervalle $[m\,;b]$.

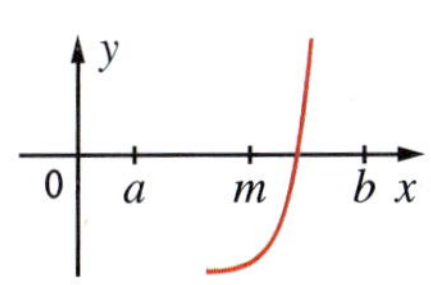

- Dans les deux cas, on poursuit le raisonnement sur l'intervalle d'amplitude moitié jusqu'à obtenir un intervalle d'amplitude inférieure ou égale à celle désirée.

1. Exprimer m en fonction de a et b.

2. Comment le produit $f(a) \times f(m)$ permet-il de tester si 0 est compris entre $f(a)$ et $f(m)$?

BESOIN D'AIDE ?
Voir fiche Python, p. 248

B Mise en application

Soit f la fonction définie sur l'intervalle [1 ; 5] par $f(x) = x^3 - 2x - 9$.

1. Justifier que l'équation $f(x) = 0$ admet une unique solution sur $\mathbb{R}$. On la nomme α.

2. On définit la fonction **f** en Python, ainsi que la fonction dichotomie qui prend pour paramètres la fonction **f** et l'amplitude maximale **p** de l'approximation cherchée.

a. En utilisant la **partie A**, compléter les lignes **8** et **9** du fichier joint.

b. Ces lignes permettent de redéfinir à chaque étape un nouvel intervalle $[a ; b]$ d'amplitude divisé par 2. L'intervalle initial est [1 ; 5].
Compléter le tableau ci-dessous correspondant aux premières étapes.

Étape	1	2	3	4	5	6
Amplitude de l'intervalle	4					

À quelle condition n'est-il plus nécessaire de passer à l'étape suivante ?
En déduire comment compléter la ligne **7** du programme.

c. Exécuter la fonction dichotomie et vérifier que α appartient à l'intervalle [2,3975 ; 2,3984] d'amplitude inférieure à 10^{-3}.

d. Améliorer ce programme pour qu'il teste le cas où m est la solution recherchée.

```
1  def f(x):
2      return x**3-2*x-9
3
4  def dichotomie(f, p):
5      a = 1
6      b = 5
7      while ...:
8          m = ...
9          if ... :
10             b = m
11         else:
12             a = m
13     return [a, b]
```

TP3 ALGO PYTHON Résolution approchée d'une équation par la méthode de Newton

RAISONNER · CHERCHER

Fichier Python
Disponible sur lycee.editions-bordas.fr

Point Histoire

Cette méthode a été décrite par le mathématicien anglais **Isaac newton** (1643-1727) dans son ouvrage *De analysi per aequationes numero terminorum infinitas* (1669). On appelle aussi cette méthode « méthode des tangentes ».

A Principe de la méthode

Soit f une fonction dérivable et strictement monotone sur un intervalle $[a ; b]$. De plus, $f'(x)$ ne s'annule pas pour tout réel x de $[a ; b]$ et 0 est compris entre $f(a)$ et $f(b)$. On désigne par $\mathscr{C}$ la courbe représentative de f dans un repère. Pour obtenir une valeur approchée de la solution α de l'équation $f(x) = 0$ sur l'intervalle $[a ; b]$, la méthode de Newton consiste à partir d'un point de $\mathscr{C}$ d'abscisse x_0 et à tracer la tangente T_0 à $\mathscr{C}$ en ce point. T_0 coupe l'axe des abscisses en un point d'abscisse x_1. On trace alors la tangente T_1 à $\mathscr{C}$ au point d'abscisse x_1. T_1 coupe l'axe des abscisses en un point d'abscisse x_2. Ce procédé réitéré permet de définir par récurrence une suite d'abscisses $x_3, x_4, \ldots, x_n$ de plus en plus proches de la valeur de α.

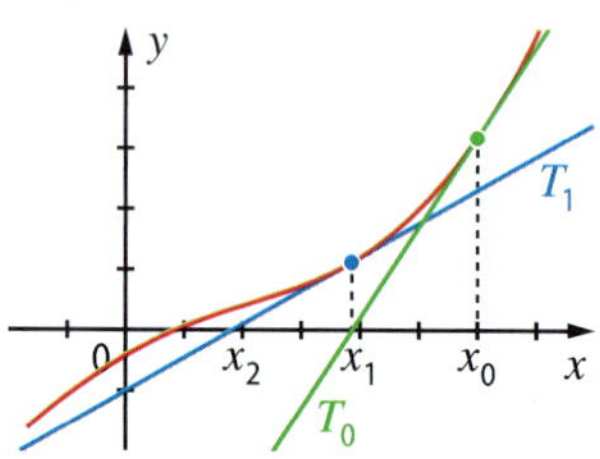

1. Soit T_k la tangente à $\mathscr{C}$ au point d'abscisse k. Montrer qu'une équation de T_k est $y = f'(k)x + f(k) - kf'(k)$.

2. Démontrer que T_k coupe l'axe des abscisses au point d'abscisse $x = k - \dfrac{f(k)}{f'(k)}$.

B Mise en application

Soit f la fonction définie sur l'intervalle [0 ; 4] par $f(x) = x^3 + x - 1$.

1. Justifier que l'équation $f(x) = 0$ admet une unique solution nommée α sur [0 ; 4].

2. Quel est le rôle de chacune des fonctions f1 et f2 définies en Python ci-contre ?

3. La fonction newton renvoie sous la forme d'une liste **L** les **n** premières abscisses (à partir de l'abscisse 4) calculées successivement à l'aide de l'algorithme décrit dans la **Partie A**.

a. Compléter la ligne **11** à l'aide du travail réalisé en **Partie A**.

b. Quelle liste est renvoyée par l'appel newton(f1, f2, 15) ? Que peut-on en déduire ?

```
1  def f1(x):
2      return x**3+x-1
3
4  def f2(x):
5      return 3*x**2+1
6
7  def newton(f1, f2, n):
8      k = 4
9      L = [k]
10     for i in range(1, n):
11         k = ...
12         L.append(k)
13     return L
```

EXERCICES Revoir des points essentiels

PARCOURS 1 Utiliser le théorème des valeurs intermédiaires

Un exemple :

Soit f la fonction définie sur l'intervalle [0 ; 2] par $f(x) = x^3 + 9x - 4$.
Démontrer que l'équation $f(x) = 0$ a une et une seule solution α dans [0 ; 2]. Donner un encadrement d'amplitude 0,1 de α.

Ma réflexion	→ Ma démarche
Que dois-je faire ?	Je dois démontrer l'existence et l'unicité de la solution d'une équation sur un intervalle donné. ► *Préciser cette équation, ainsi que l'intervalle d'étude.*
Comment démontrer l'existence et l'unicité de cette solution ?	Je ne peux pas résoudre l'équation directement, donc je dois utiliser un théorème (ou son corollaire). ► *Pour pouvoir utiliser le corollaire du théorème des valeurs intermédiaires, il faut que f soit continue. Citer les deux autres conditions que doit vérifier la fonction f.*
Comment démontrer que f est strictement monotone ?	Je peux dresser le tableau de variation de f. ► *Calculer $f'(x)$, étudier son signe, puis en déduire le tableau de variation de f.*
Comment vérifier la troisième condition du théorème ? Comment conclure ?	Je peux calculer les valeurs de $f(0)$ et $f(2)$. ► *Vérifier que 6 est bien compris entre $f(0)$ et $f(2)$, puis conclure.*
Comment encadrer la solution ?	Je peux utiliser la table de valeurs de la calculatrice. ► *Définir la table à partir de 0, avec un pas de 0,1.* ► *Parcourir cette table, puis donner l'encadrement recherché.*

77 Soit f la fonction définie sur l'intervalle [2 ; 5] par $f(x) = x^3 - 12x + 3$.
Démontrer que l'équation $f(x) = 0$ a une et une seule solution α dans [2 ; 5]. Donner un encadrement d'amplitude 0,01 de α.

78 Soit f la fonction définie sur l'intervalle [−2 ; 0] par $f(x) = -2x^3 + 9x^2 - 30$.
Démontrer que l'équation $f(x) = 0$ a une et une seule solution α dans [−2 ; 0]. Donner un encadrement d'amplitude 0,1 de α.

PARCOURS 2 Étudier la convexité d'une fonction

Un exemple :

Soit la fonction f définie sur $\mathbb{R}$ par $f(x) = x^3 - 6x^2 + 3$. Calculer $f'(x)$ et $f''(x)$, puis étudier la convexité de la fonction f.

Ma réflexion	→ Ma démarche
Que dois-je faire ?	Je dois étudier la convexité d'une fonction. ► *Préciser cette fonction.*
Comment démarrer ?	Je dois calculer l'expression de la dérivée seconde de f. ► *Calculer $f'(x)$, puis calculer $f''(x)$.*
Comment poursuivre ?	J'étudie le signe de la dérivée seconde. ► *Vérifier que $f''(x)$ s'annule en 2, puis dresser son tableau de signes.*
Comment conclure ?	J'utilise le signe de $f''(x)$ pour établir la convexité de f. ► *Expliquer pourquoi f est concave sur $]-\infty ; 2]$, puis conclure.*

79 Soit la fonction f définie sur $\mathbb{R}$ par $f(x) = x^3 - 5x + 2$. Calculer $f'(x)$ et $f''(x)$, puis étudier la convexité de la fonction f.

80 Soit la fonction f définie sur $\mathbb{R}$ par $f(x) = 3x^4 - 6x^3 - 4$. Calculer $f'(x)$ et $f''(x)$, puis étudier la convexité de la fonction f.

Tous ces exercices sont corrigés, leurs solutions succinctes sont disponibles à la fin du manuel (p. 281).
En flashant la page, vous accéderez aux **corrigés rédigés et détaillés** sur votre smartphone ou votre tablette.

bordas Flash PAGE corrigés détaillés

L'essentiel

Fonction réciproque

Si f est continue et strictement monotone définie sur I à valeurs dans J, alors sa fonction réciproque g est définie sur J à valeurs dans I.
- Pour tout x de I, $g(f(x)) = x$.
- Pour tout y de J, $f(g(y)) = y$.

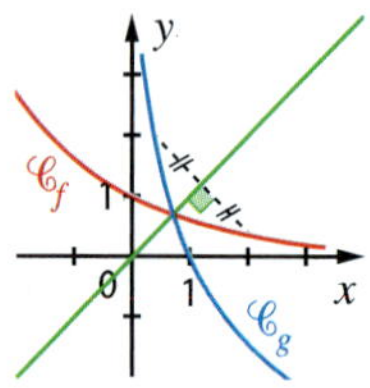

Théorème des valeurs intermédiaires

Si f est continue sur l'intervalle $[a\,;b]$ et si k est compris entre $f(a)$ et $f(b)$, alors l'équation $f(x) = k$ a au moins une solution dans $[a\,;b]$.

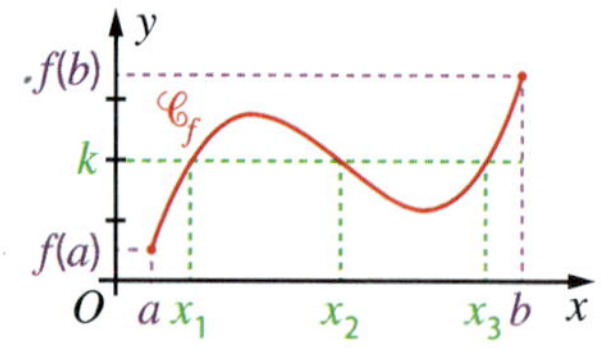

CONTINUITÉ

Corollaire du théorème des valeurs intermédiaires

Si f est continue sur l'intervalle $[a\,;b]$, si f est strictement monotone sur l'intervalle $[a\,;b]$ et si k est compris entre $f(a)$ et $f(b)$, alors l'équation $f(x) = k$ a **exactement** une solution x_0 dans $[a\,;b]$.

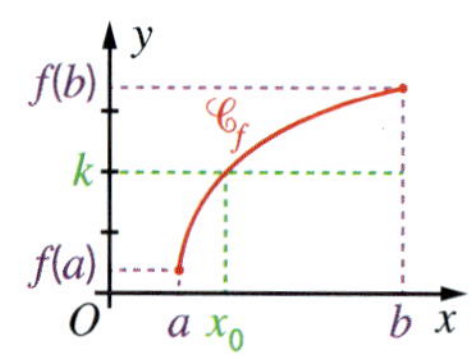

Fonction continue sur un intervalle I

- Sa courbe représentative est d'un seul tenant sur l'intervalle I.
- Une fonction dérivable sur I est continue sur I.

CONVEXITÉ

- f est convexe sur I si, et seulement si, f'' est positive sur I.
Graphiquement $\mathscr{C}_f$ est en dessous de ses sécantes sur I.
- f est concave sur I si, et seulement si, f'' est négative sur I.
Graphiquement $\mathscr{C}_f$ est au-dessus de ses sécantes sur I.
- $\mathscr{C}_f$ admet un point d'inflexion d'abscisse x_0 si, et seulement si, f change de convexité en x_0.
Graphiquement $\mathscr{C}_f$ traverse sa tangente en ce point.

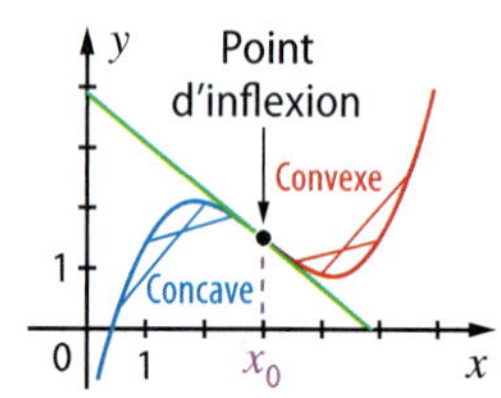

Faire le point avec des exercices corrigés

Utiliser le théorème des valeurs intermédiaires

* **81** 15 min Capacité 1, p. 61

On donne le tableau de variation d'une fonction f définie sur l'intervalle $[-10\,;10]$.

x	-10		-2		2		10
$f(x)$	-88	↗	17	↘	15	↗	88

1. Montrer, en justifiant, que l'équation $f(x) = 0$ a une unique solution, notée α, sur l'intervalle $[-10\,;10]$.

2. Résoudre l'inéquation $f(x) \leqslant 0$.

* **82** 20 min Capacité 1, p. 61

Soit f la fonction définie sur $[-2\,;2]$ par $f(x) = 2x^3 - 3x^2 + 4$.

1. a. Calculer $f'(x)$.

b. Dresser le tableau de variation de f.

2. Justifier que l'équation $f(x) = 0$ admet une unique solution, notée α, sur $[-2\,;2]$.

3. En déduire le tableau de signes de la fonction f.

* **83** 5 min Capacité 2, p. 61

Soit f la fonction définie sur $[0\,;4]$ par :

$$f(x) = \frac{1}{2}x^2 - 16\sqrt{x} + 14.$$

On admet que l'équation $f(x) = 4$ admet une unique solution α sur cet intervalle.

Déterminer une valeur approchée à 10^{-2} près de α.

84 20 min CALC Capacités 1 et 2, p. 61

Soit f la fonction définie sur $[2\,;5]$ par $f(x)=-x^3+9x^2-27x+29$.

1. a. Calculer $f'(x)$.

b. Justifier que la fonction f est strictement décroissante sur $[2\,;5]$.

2. Démontrer que l'équation $f(x)=0$ admet une unique solution, notée α, sur $[2\,;5]$.

3. À l'aide de la calculatrice, donner une valeur approchée à 10^{-2} près de cette solution.

4. En déduire le tableau de signes de la fonction f.

85 25 min Capacités 1 et 2, p. 61

Soit f la fonction définie sur $]0\,;+\infty[$ par $f(x)=\dfrac{1}{x}-x^2+1$.

1. Déterminer les limites de la fonction f en 0 et en $+\infty$.

2. Étudier les variations de la fonction f sur $]0\,;+\infty[$.

3. a. Démontrer que l'équation $f(x)=0$ admet une unique solution, notée α, dans $]0\,;+\infty[$.

b. Justifier le tableau de signes donné ci-dessous.

x	0		α		$+\infty$
$f(x)$	‖	+	0	−	

c. Déterminer un encadrement de α d'amplitude 0,1.

86 10 min

Soit f la fonction définie sur $\mathbb{R}$ par $f(x)=3x+2$.

1. Justifier que f admet une fonction réciproque g.

2. Quel est le sens de variation de g ?

87 20 min

Soit f la fonction définie sur $[0\,;+\infty[$ par $f(x)=x^2-4$.

1. Justifier que la fonction f est strictement croissante de l'intervalle $[0\,;+\infty[$ dans l'intervalle $[-4\,;+\infty[$.

2. On désigne par g la fonction réciproque de f.

a. Donner l'intervalle de définition de g.

b. Quel est le sens de variation de g ?

c. En considérant l'égalité $y=x^2-4$, déterminer l'expression de g en fonction de x.

Étudier la convexité d'une fonction

88 10 min Capacité 3, p. 63

Dans les cas suivants, préciser les intervalles où la fonction représentée est convexe, ceux où elle est concave et les coordonnées des éventuels points d'inflexion de la courbe.

Les droites tracées en A (et en B) sont tangentes à la courbe en ce point.

1.

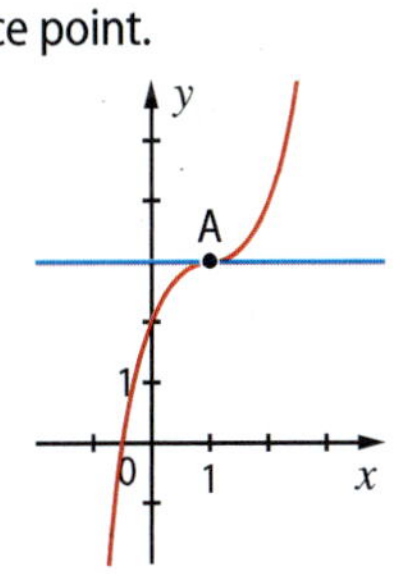

2.

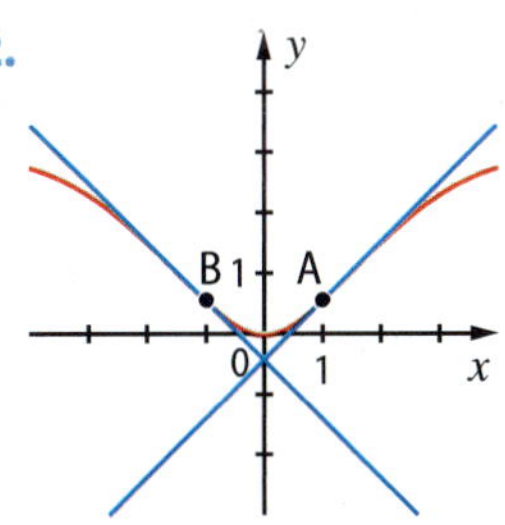

89 15 min Capacité 4, p. 63

La fonction f est définie sur $\mathbb{R}$ par :

$$f(x)=x^4-4x^3+6x^2-3x+1.$$

$\mathscr{C}_f$ est la courbe représentative de f.

1. Calculer $f'(x)$ et $f''(x)$.

2. Étudier le signe de $f''(x)$, puis justifier que la courbe $\mathscr{C}_f$ n'admet pas de point d'inflexion.

90 10 min Capacités 3 et 4, p. 63

VRAI/FAUX

Indiquer si les affirmations sont vraies ou fausses, puis justifier.

On considère une fonction f deux fois dérivable sur un intervalle I contenant 1 et $\mathscr{C}$ sa courbe représentative.

1. Si $\mathscr{C}$ admet un point d'inflexion d'abscisse 1, alors f change de variation en 1.

2. Si f est convexe sur I, alors f'' est négative sur I.

3. Si $f''(1)=0$, alors $\mathscr{C}$ admet un point d'inflexion d'abscisse 1.

91 20 min FORMEL Capacité 4, p. 63

La fonction f est définie sur $\mathbb{R}$ par $f(x)=\dfrac{1}{1+e^{-x}}$.

$\mathscr{C}_f$ est la courbe représentative de f.

1. Calculer $f'(x)$.

2. Un logiciel de calcul formel donne :

1	f(x):=1/(1+exp(-x)) → $f(x) := \dfrac{1}{e^{-x}+1}$
2	Factoriser(Dérivée(Dérivée(f(x)))) → $e^{-x}\cdot\dfrac{e^{-x}-1}{(e^{-x}+1)^3}$

a. Donner l'expression de $f''(x)$, puis étudier son signe.

b. En déduire l'abscisse du point d'inflexion de la courbe $\mathscr{C}_f$.

92 30 min Capacités 2, 3 et 4, pp. 61 et 63

La fonction f est définie sur $[-5\,;5]$ par :

$$f(x)=2x^3-3x^2-36x+84.$$

$\mathscr{C}_f$ est la courbe représentative de f.

1. a. Calculer $f'(x)$.

b. Dresser le tableau de variation de f.

c. Justifier que l'équation $f(x)=0$ admet une et une seule solution, notée α, dans $[-5\,;5]$.

d. Déterminer un encadrement de α d'amplitude 10^{-3}.

2. a. Calculer $f''(x)$.

b. Justifier que $\mathscr{C}_f$ admet un point d'inflexion et déterminer les coordonnées de ce point.

93 25 min Capacité 4, p. 63

Soit f la fonction définie sur l'intervalle $]-\infty\,;1[$ par $f(x)=\dfrac{1}{1-x}$ de courbe représentative $\mathscr{C}$ dans le plan.

1. Calculer $f'(x)$, puis montrer que $f''(x)=\dfrac{2}{(1-x)^3}$.

2. Justifier que f est convexe sur $]-\infty\,;1[$.

3. Déterminer une équation de la tangente T à $\mathscr{C}$ en son point d'abscisse 0.

4. Justifier l'inégalité $\dfrac{1}{1-x}\geqslant x+1$ pour tout réel x de $]-\infty\,;1[$.

FONCTION

Se tester pour un BON DÉPART

Utiliser les propriétés de la fonction exponentielle

1 Déterminer le nombre de solutions de chacune des équations suivantes.

a. $e^x = -3$ b. $e^x = 5$

QCM Pour les exercices 2 à 5, choisir la ou les bonnes réponses.

2 L'équation $e^x = 1$ équivaut à :

a. $x = e$ b. $x = 1$ c. $x = 0$ d. $x = 1$ ou $x = -1$

3 Parmi les égalités suivantes, lesquelles sont vraies pour tous réels a et b ?

a. $\dfrac{e^a}{e^b} = e^{a-b}$ b. $e^{a\times b} = e^a \times e^b$ c. $e^{a+b} = e^a \times e^b$ d. $e^{a\times b} = e^a + e^b$

4 Parmi les égalités suivantes, lesquelles sont vraies pour tout réel a ?

a. $e^{-a} = -e^a$ b. $e^{-a} = \dfrac{1}{e^a}$ c. $e^{2a} = (e^a)^2$ d. $e^{2a} = 2e^a$

5 La courbe représentative de la fonction exponentielle dans un repère passe par le point de coordonnées :

a. $(0\,;1)$ b. $(1\,;0)$ c. $(1\,;e)$ d. $(e\,;1)$

Déterminer le signe d'une expression

6 Soit f la fonction définie sur $\mathbb{R}$ par $f(x) = x^2 - 4$.
Étudier le signe de $f(x)$ selon les valeurs de x.

7 Résoudre dans $\mathbb{R}$ l'inéquation $-2x^2 + 5x + 3 > 0$.

8 Résoudre dans $\mathbb{R}$ l'inéquation $\dfrac{x+4}{x-3} > 0$.

9 Résoudre dans $\mathbb{R}$ l'inéquation $e^x - 1 \geqslant 0$.

10 Déterminer les réels x pour lesquels l'expression $\sqrt{-3x+1}$ est calculable.

11 Déterminer les réels x pour lesquels l'expression $\sqrt{x-2} - \sqrt{x-7}$ est calculable.

12 Déterminer les réels x pour lesquels l'expression $\sqrt{(x-2)(x-7)}$ est calculable.

Calculer des dérivées

VRAI/FAUX Pour les exercices 13 et 14, indiquer si les affirmations sont vraies ou fausses, puis justifier.

13 La fonction dérivée de la fonction f définie sur $]0\,;+\infty[$ par $f(x) = \dfrac{e^x}{x}$ a pour expression $f'(x) = \dfrac{(x-1)e^x}{x^2}$.

14 La fonction dérivée de la fonction f définie sur $\mathbb{R}$ par $f(x) = xe^x$ a pour expression $f'(x) = e^x$.

15 Déterminer la fonction dérivée de la fonction f définie sur $\mathbb{R}$ par $f(x) = e^{3x}$.

16 Déterminer la fonction dérivée de la fonction f définie sur $\mathbb{R}$ par $f(x) = e^{x^2+1}$.

POUR VOUS AIDER → Rappels .... page 258

LOGARITHME NÉPÉRIEN

CHAPITRE 4

Le tremblement de terre le plus puissant jamais enregistré est celui du 22 mai 1960 au Chili avec une magnitude estimée de 9,5. Ce tremblement de terre a fait plusieurs milliers de morts et occasionné de nombreux dégâts matériels.
Le vendredi 13 septembre 2019, un tremblement de terre de magnitude 4,8 s'est produit en Martinique sans faire de victime ni occasionner de dégâts.
Si la magnitude du premier séisme est à peu près le double de celle du second, il a pourtant libéré plus de 11 millions fois plus d'énergie que le séisme qui a eu lieu en Martinique. Ce rapport s'explique par la définition de la magnitude qui utilise le logarithme d'une expression.

Voir exercice 90 page 88

LES NOTIONS DU CHAPITRE

- Logarithme népérien d'un réel strictement positif
- Relation fonctionnelle
- Limites de la fonction ln
- Fonction dérivée de la fonction ln
- Fonctions ln$u$

bordas Flash PAGE

RESSOURCES NUMÉRIQUES
Téléchargez l'application FlashPage, puis scannez la page indiquée pour consulter votre ressource sur smartphone ou tablette.

Vidéos .... pp. 81, 83
Corrigés détaillés .... pp. 94, 95

DÉCOUVRIR

Activité 1

Un aller-retour avec la fonction exponentielle

Objectif

Introduire la fonction réciproque de la fonction exponentielle.

➩ Cours 1
Logarithme népérien d'un réel strictement positif

1 **a.** Expliquer pourquoi l'équation $\mathrm{e}^x = b$ n'a pas de solution lorsque b est un réel négatif ou nul.

b. Résoudre cette équation pour $b = 1$, $b = \mathrm{e}$ et $b = \frac{1}{\mathrm{e}}$.

c. Soit b un réel strictement positif. Démontrer que l'équation $\mathrm{e}^x = b$ admet une unique solution a.

Le nombre a est appelé le ***logarithme népérien*** *du réel b, et il est noté ln(b) ou lnb.*

d. Déterminer ln(1), ln(e), ln(e^{-1}) et ln(e^2).

e. Déterminer, par balayage, une valeur approchée à 10^{-2} près du logarithme népérien du réel 2.

f. Soit x un réel strictement positif.

Exprimer ln(exp(x)) et exp(ln(x)) en fonction de x.

g. En utilisant le **chapitre 3 page 58**, que peut-on dire des fonctions exp et ln ?

2 À tout point M de coordonnées $(x\,;y)$ appartenant à la courbe représentative $\mathscr{C}$ de la fonction exponentielle, on associe le point M′ de coordonnées $(y\,;x)$.

a. Tracer la courbe $\mathscr{C}$ dans un repère orthonormé du plan.

b. Donner les coordonnées des points M′ associés aux points M d'abscisse 0, 1 et −1.

Placer ces points.

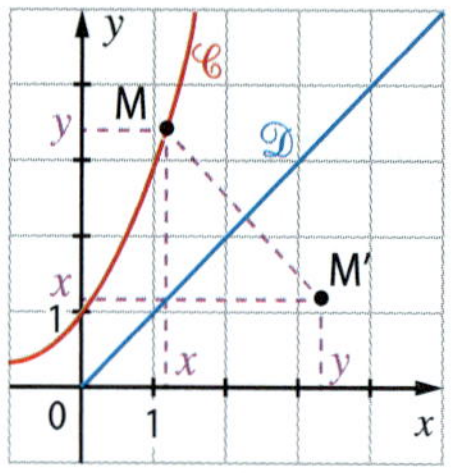

c. À quelle courbe $\mathscr{C}'$ appartient le point M′ ?

d. Soit $\mathscr{D}$ la droite d'équation $y = x$.

- Montrer que le milieu I du segment [MM′] appartient à $\mathscr{D}$.
- Montrer que la droite (MM′) est perpendiculaire à $\mathscr{D}$.
- Que peut-on en déduire pour les courbes $\mathscr{C}$ et $\mathscr{C}'$?
- Tracer alors la courbe $\mathscr{C}'$.

Activité 2

Les calculs de John Napier

Objectif

Découvrir des propriétés algébriques du logarithme népérien.

➩ Cours 1
Logarithme népérien d'un réel strictement positif

1 **a.** À l'aide de la calculatrice (touche ln), donner des valeurs approchées à 10^{-3} des nombres suivants :

$A = \ln 6$	$B = \ln 3 + \ln 11$
$C = \ln 13 + \ln 6$	$D = \ln 33$
$E = \ln 78$	$F = \ln 2 + \ln 3$

Quels regroupements peut-on faire ?

b. Conjecturer une relation entre $\ln(a \times b)$ et $\ln a + \ln b$ pour a et b deux réels strictement positifs.

2 **a.** Comparer $\ln\left(\frac{5}{3}\right)$ et $\ln 5 - \ln 3$, puis $\ln\left(\frac{9}{2}\right)$ et $\ln 9 - \ln 2$.

b. Conjecturer une formule reliant $\ln \frac{a}{b}$, $\ln a$ et $\ln b$ pour a et b deux réels strictement positifs.

3 **a.** Comparer ln25 et ln5, ln3 et $\ln\sqrt{3}$.

b. Conjecturer une formule reliant $\ln\sqrt{a}$ et $\ln a$ pour a réel strictement positif.

4 En 1614, John Napier, parfois francisé en Jean Neper, publie un traité dans lequel il présente des tables de logarithmes qui ne sont pas encore les logarithmes népériens.

Dans la préface de ce traité il écrit :

> « …on rejette les nombres utilisés dans les multiplications, les divisions et les extractions de racines lorsqu'elles sont difficiles et prolixes, et on les remplace par d'autres nombres, que j'ai pris soin de leur adjoindre, et l'on achève le calcul par des additions, des soustractions, des divisions par deux et par trois seulement… ».

Expliquer en quoi le logarithme népérien possède les propriétés évoquées par Napier.

Activité 3 — Plein les oreilles

Objectif

Découvrir une utilisation des logarithmes.

Cours 1
Logarithme népérien d'un réel strictement positif

Point Histoire

Le bel ou le décibel sont des unités qui ont été nommées ainsi en l'honneur de l'inventeur scotto-canadien **Alexandre Graham Bell** (1847-1922) à qui on doit de nombreuses découvertes notamment dans le domaine des télécommunications.

L'intensité I d'un son s'exprime en watts par m² ($W \cdot m^{-2}$) et $I_0 = 10^{-12}\ W \cdot m^{-2}$ est l'intensité sonore minimale que l'oreille peut percevoir.
Le niveau sonore $N(I)$, exprimé en décibels (dB), d'un son d'intensité acoustique I est défini par la relation :

$$N(I) = 10 \log\left(\frac{I}{I_0}\right)$$

où log est la fonction logarithme décimal définie sur $]0\,;+\infty[$ par $\log(x) = \dfrac{\ln(x)}{\ln(10)}$.

1 Quel est le niveau sonore $N(I)$ lorsque $I = I_0$?

2 Situé à deux mètres d'une vuvuzela, on observe une intensité $I = 1{,}0\ W \cdot m^{-2}$ correspondant au seuil de douleur de l'oreille humaine.
Quel est le niveau sonore correspondant ?

3 **a.** En utilisant les propriétés de la fonction ln, exprimer $\log(2x)$ en fonction de $\log(x)$.
b. Justifier alors que si l'intensité sonore double, le niveau sonore capté par l'oreille augmente d'environ 3 dB.

Activité 4 — En pente douce GÉOMÉTRIE

Objectif

Conjecturer la dérivée de la fonction logarithme népérien.

Cours 2
Limites et dérivées liées à la fonction ln

Fichier GeoGebra/Cabri
Disponible sur lycee.editions-bordas.fr

1 À l'aide d'un logiciel de géométrie, on a tracé la courbe représentative $\mathscr{C}_f$ de la fonction f définie sur $]0\,;+\infty[$ par $f(x) = \ln x$.
Sur la courbe $\mathscr{C}_f$ on a placé un point M et tracé la tangente T à $\mathscr{C}_f$ en M.
On note x l'abscisse de M et m le coefficient directeur de T.

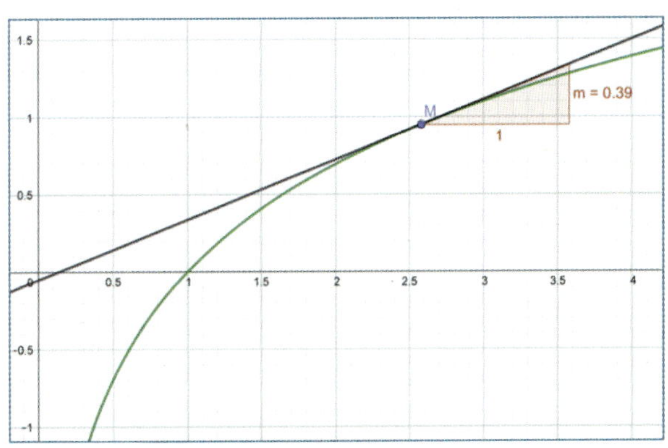

a. On admet que f est dérivable et on note f' sa fonction dérivée. Exprimer m en fonction de x.
b. On a construit le point N de coordonnées $(x\,;m)$. On fait varier M sur la courbe $\mathscr{C}_f$.
Quelle courbe d'une fonction usuelle semble décrire le point N ?
c. En déduire une conjecture pour l'expression de $f'(x)$ pour x appartenant à $]0\,;+\infty[$.

2 **a.** Soit u une fonction dérivable sur $]0\,;+\infty[$ et g la fonction définie sur $]0\,;+\infty[$ par $g(x) = e^{u(x)}$. Exprimer $g'(x)$ en fonction de $u'(x)$.
b. On suppose que la fonction ln est dérivable sur $]0\,;+\infty[$ et on pose $u(x) = \ln x$.
Donner une expression simple de $g(x)$. Que vaut $g'(x)$?
c. Déduire de la question précédente l'expression de $u'(x)$.

1. Logarithme népérien d'un réel strictement positif

On a vu que la fonction exponentielle est une fonction continue et strictement croissante sur $\mathbb{R}$; de plus, $\lim\limits_{x \to -\infty} e^x = 0$ et $\lim\limits_{x \to +\infty} e^x = +\infty$. La fonction exponentielle admet donc une fonction réciproque définie sur $]0\,;+\infty[$.

À noter
Le logarithme népérien du réel x est noté $\ln(x)$ ou $\ln x$.

DÉFINITION On appelle fonction **logarithme népérien** que l'on note **ln**, la fonction réciproque de la fonction exponentielle.

Ainsi $y = \ln x$ et $x > 0$ équivaut à $e^y = x$.

- $\ln 1 = 0$ car $e^0 = 1$.
- $\ln e = 1$ car $e^1 = e$

ln (↓) / exp (↑)

x	e^{-1}	1	2	e	e^3
$\ln x$	-1	0	$\ln 2$	1	3

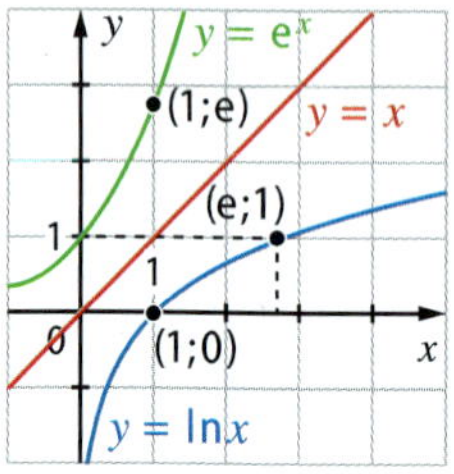

Dans un repère orthonormé, les courbes représentatives des fonctions logarithme népérien et exponentielle sont symétriques l'une de l'autre par rapport à la droite d'équation $y = x$.

Point Histoire
C'est vers 1614 que le mathématicien écossais **John Napier** (1550-1617) invente les logarithmes qui portent son nom.

PROPRIÉTÉS **(admises)**

(1) La fonction ln est définie, continue et strictement croissante sur $]0\,;+\infty[$.
(2) Pour tout réel x, $\ln(\exp(x)) = x$, ce qui s'écrit $\ln(e^x) = x$.
(3) Pour tout réel x strictement positif, $\exp(\ln(x)) = x$, ce qui s'écrit $e^{\ln x} = x$.
(4) Pour tous réels a et b strictement positifs, $a = b$ équivaut à $\ln a = \ln b$.
(5) Pour tous réels a et b strictement positifs, $a < b$ équivaut à $\ln a < \ln b$.
(6) $0 < x < 1$ équivaut à $\ln x < 0$; $x > 1$ équivaut à $\ln x > 0$.

À noter
L'énoncé 5 traduit la stricte croissance de la fonction ln.

Vocabulaire
On dit que la fonction logarithme népérien change les produits en sommes.

THÉORÈME **Relation fonctionnelle**

Pour tous réels a et b strictement positifs, $\ln(a \times b) = \ln a + \ln b$.

DÉMONSTRATION

Soit a et b deux réels strictement positifs.
$e^{\ln(a \times b)} = a \times b$ et $e^{\ln a + \ln b} = e^{\ln a} \times e^{\ln b} = a \times b$.
On a donc $e^{\ln(a \times b)} = e^{\ln a + \ln b}$ donc $\ln(a \times b) = \ln a + \ln b$.

EXEMPLES :
- $\ln 10 = \ln(2 \times 5) = \ln 2 + \ln 5$.
- Pour $x \in]1\,;+\infty[$, $\ln(x-1) + \ln(x+1) = \ln((x-1) \times (x+1)) = \ln(x^2 - 1^2) = \ln(x^2 - 1)$.

PROPRIÉTÉS Soit a et b deux réels strictement positifs et n un entier.

(1) $\ln \dfrac{1}{a} = -\ln a$ **(2)** $\ln \dfrac{a}{b} = \ln a - \ln b$ **(3)** $\ln(a^n) = n \ln a$ **(4)** $\ln \sqrt{a} = \dfrac{1}{2} \ln a$

DÉMONSTRATION

(1) $a \times \dfrac{1}{a} = 1$, donc $\ln\left(a \times \dfrac{1}{a}\right) = \ln 1$, donc $\ln a + \ln \dfrac{1}{a} = 0$, d'où $\ln \dfrac{1}{a} = -\ln a$.

(2) $\ln \dfrac{a}{b} = \ln\left(a \times \dfrac{1}{b}\right) = \ln a + \ln \dfrac{1}{b} = \ln a + (-\ln b) = \ln a - \ln b$.

La propriété **3** est admise.

(4) $2\ln\sqrt{a} = \ln\left((\sqrt{a})^2\right) = \ln a$, donc $\ln\sqrt{a} = \dfrac{1}{2}\ln a$.

EXEMPLES :
- $\ln 8 = \ln(2^3) = 3\ln 2$.
- $\ln\left(\dfrac{3}{4}\right) = \ln 3 - \ln 4 = \ln 3 - \ln(2^2) = \ln 3 - 2\ln 2$.

Vidéo 07:26
Utiliser la relation fonctionnelle pour transformer une écriture
bordas Flash PAGE vidéo

CAPACITÉ 1

Utiliser la relation fonctionnelle pour transformer une écriture

1. On pose $a = \ln 2$ et $b = \ln 3$. Exprimer en fonction de a et b chacun des nombres suivants : $\ln 6$; $\ln 4$; $\ln\left(\frac{3}{2}\right)$; $\ln\left(\frac{1}{18}\right)$; $\ln 72$; $\ln\left(\frac{2e^3}{3}\right)$.
2. Pour $x > 5$, on pose $A = \ln(x-5) - 2\ln(x-3)$.
Écrire A sous la forme du logarithme d'un quotient.

Conseil

Pour simplifier le logarithme d'un nombre, on peut écrire ce nombre sous la forme d'un produit ou d'un quotient.

Solution commentée

1. $\ln 6 = \ln(2 \times 3) = \ln 2 + \ln 3 = a + b$;
$\ln 4 = \ln(2^2) = 2 \times \ln 2 = 2a$;
$\ln\left(\frac{3}{2}\right) = \ln 3 - \ln 2 = b - a$;
$\ln\left(\frac{1}{18}\right) = -\ln(18) = -\ln(2 \times 3^2) = -(\ln 2 + 2\ln 3) = -(a + 2b) = -a - 2b$;
$\ln 72 = \ln(8 \times 9) = \ln(2^3 \times 3^2) = \ln(2^3) + \ln(3^2) = 3\ln(2) + 2\ln(3) = 3a + 2b$;
$\ln\left(\frac{2e^3}{3}\right) = \ln(2e^3) - \ln 3 = \ln 2 + \ln(e^3) - \ln 3 = \ln 2 + 3\ln e - \ln 3 = \ln 2 + 3 - \ln 3 = a + 3 - b$.
2. $A = \ln(x-5) - \ln((x-3)^2) = \ln\left(\frac{x-5}{(x-3)^2}\right)$.

Voir exercices
85 Pour s'entraîner
153 154 et 155 Pour travailler en autonomie

Vidéo 04:56
Résoudre une équation avec des logarithmes
bordas Flash PAGE vidéo

Vidéo 07:06
Résoudre une inéquation avec des logarithmes
bordas Flash PAGE vidéo

CAPACITÉ 2

Résoudre une équation ou une inéquation avec des logarithmes

1. Résoudre chacune des équations suivantes.
a. (E_1) $3 + 2\ln x = 17$ dans $]0 ; +\infty[$ **b.** (E_2) $5e^x - 8 = 2$ dans $\mathbb{R}$
2. Résoudre chacune des inéquations suivantes.
a. (I_1) $7 - 2\ln x > -3$ **b** (I_2) $\ln x - \ln 5 \leqslant 3\ln 2$ **c.** (I_3) $\ln(x-1) + \ln(x+4) \leqslant \ln 6$
3. Déterminer le plus petit entier naturel n tel que $0{,}9^n \leqslant 0{,}1$.

Conseil

La relation fonctionnelle permet de se ramener à une égalité de la forme $\ln a = \ln b$.

Solution commentée

1. **a.** L'équation (E_1) équivaut à $2\ln x = 14$, donc à $\ln x = 7$, soit à $x = e^7$.
L'équation (E_1) a pour unique solution e^7.
b. L'équation (E_1) équivaut à $5e^x = 10$, donc à $e^x = 2$, soit à $x = \ln 2$.
L'équation (E_2) a pour unique solution $\ln 2$.
2. **a.** $\ln x$ existe si, et seulement si, $x \in]0 ; +\infty[$. L'ensemble de définition de l'inéquation (I_1) est donc $]0 ; +\infty[$. Pour $x \in]0 ; +\infty[$, (I_1) équivaut à $-2\ln x > -10$, donc à $\ln x < 5$, soit à $x < e^5$. L'ensemble solution de l'inéquation (I_1) est $]0 ; 5[$.
b. $\ln x$ existe si, et seulement si, $x \in]0 ; +\infty[$. L'ensemble de définition de l'inéquation (I_2) est donc $]0 ; +\infty[$. Pour $x \in]0 ; +\infty[$, (I_2) équivaut à $\ln\frac{x}{5} \leqslant \ln 2^3$, donc à $\frac{x}{5} \leqslant 8$, soit à $x \leqslant 40$. L'ensemble solution de l'inéquation (I_2) est $]0 ; 40]$.
c. On doit avoir $x - 1 > 0$ et $x + 4 > 0$, ce qui équivaut à $x > 1$.
L'ensemble de définition de l'inéquation (I_3) est $]1 ; +\infty[$. Pour $x \in]1 ; +\infty[$, (I_3) équivaut à $\ln((x-1)(x+4)) \leqslant \ln 6$, donc à $(x-1)(x+4) \leqslant 6$, soit à $x^2 + 3x - 4 \leqslant 6$, donc à $x^2 + 3x - 10 \leqslant 0$.
Les racines du polynôme du second degré $x^2 + 3x - 10$ sont 2 et -5. La règle du signe d'un polynôme du second degré donne $x^2 + 3x - 10 \leqslant 0$ pour $x \in [-5 ; 2]$.
L'ensemble solution de l'inéquation (I_2) est donc $]1 ; +\infty[\cap [-5 ; 2]$, soit $]1 ; 2]$.
3. L'inéquation $0{,}9^n \leqslant 0{,}1$ équivaut à $\ln(0{,}9^n) \leqslant \ln(0{,}1)$, donc à $n\ln(0{,}9) \leqslant \ln(0{,}1)$.
Comme $0 < 0{,}9 < 1$, $\ln(0{,}9)$ est négatif et $n\ln(0{,}9) \leqslant \ln(0{,}1)$, équivaut à $n \geqslant \frac{\ln(0{,}1)}{\ln(0{,}9)}$.
Or $\frac{\ln(0{,}1)}{\ln(0{,}9)} \approx 21{,}85$ à 0,01 près.
Le plus petit entier naturel n vérifiant $0{,}9^n \leqslant 0{,}1$ est donc 22.

Méthode

Pour résoudre une inéquation d'inconnue n de la forme $a^n \leqslant b$, on utilise le logarithme népérien.

Voir exercices
93 109 et 116
Pour s'entraîner
156 157 158 159
160 161 162 et 163
Pour travailler en autonomie

2. Limites et dérivées liées à la fonction ln

PROPRIÉTÉS (admises)

(1) $\lim\limits_{x \to +\infty} \ln x = +\infty$ **(2)** $\lim\limits_{\substack{x \to 0 \\ x > 0}} \ln x = -\infty$

EXEMPLES :

- $\lim\limits_{\substack{x \to 0 \\ x > 0}} (2x + 1 + \ln x) = -\infty$ car $\lim\limits_{\substack{x \to 0 \\ x > 0}} (2x + 1) = 1$ et $\lim\limits_{\substack{x \to 0 \\ x > 0}} \ln x = -\infty$.
- $\lim\limits_{x \to +\infty} (1 - 2x)\ln x = -\infty$ car $\lim\limits_{x \to +\infty} (1 - 2x) = -\infty$ et $\lim\limits_{x \to +\infty} \ln x = +\infty$.

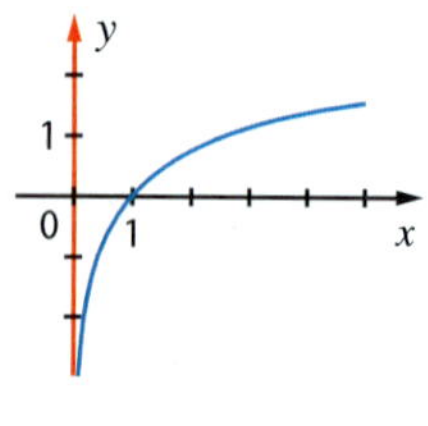

PROPRIÉTÉ La droite d'équation $x = 0$, c'est-à-dire l'axe des ordonnées, est asymptote verticale à la courbe représentative de la fonction ln dans un repère.

PROPRIÉTÉ La fonction ln est dérivable sur $]0 ; +\infty[$ et pour tout réel x de $]0 ; +\infty[$:

$$\ln'(x) = \frac{1}{x}.$$

DÉMONSTRATION

On admet que la fonction ln est dérivable sur $]0 ; +\infty[$.
Soit f la fonction définie sur $]0 ; +\infty[$ par $f(x) = e^{\ln x}$.
La fonction f est donc de la forme e^u avec $u(x) = \ln x$.
La fonction u est dérivable sur $]0 ; +\infty[$, donc f est dérivable sur $]0 ; +\infty[$ et $f'(x) = u'(x) \times e^{u(x)}$, soit $f'(x) = \ln'(x) \times e^{\ln x}$.
D'autre part pour tout réel x strictement positif, $f(x) = x$, donc $f'(x) = 1$.
On en déduit que $\ln'(x) \times e^{\ln x} = 1$, donc que $\ln'(x) = \frac{1}{e^{\ln x}}$, soit $\ln'(x) = \frac{1}{x}$.

EXEMPLE : Soit f la fonction définie sur $]0 ; +\infty[$ par $f(x) = 2\ln x + 3x$. La fonction f est dérivable sur $]0 ; +\infty[$ et pour tout réel x strictement positif, $f'(x) = 2 \times \frac{1}{x} + 3 = \frac{2}{x} + 3$.

PROPRIÉTÉ Soit u une fonction dérivable sur un intervalle I telle que $u(x) > 0$ pour tout réel x de I.
La fonction f définie sur I par $f(x) = \ln(u(x))$ est dérivable sur I et pour tout x de I,
$f'(x) = \frac{u'(x)}{u(x)}$. On a $(\ln u)' = \frac{u'}{u}$.

DÉMONSTRATION

Soit u une fonction dérivable sur un intervalle I telle que $u(x) > 0$ pour tout réel x de I.
On admet que la fonction $\ln u$ est dérivable.
Pour tout réel x de I, on pose $g(x) = e^{\ln(u(x))}$.
La fonction g est dérivable sur I et pour tout réel x de I, $g'(x) = (\ln u)'(x) \times e^{\ln(u(x))}$.
Or $g(x) = e^{\ln(u(x))} = u(x)$ pour tout réel x, donc $g'(x) = u'(x)$.
On en déduit que $(\ln u)'(x) \times e^{\ln(u(x))} = u'(x)$ soit $(\ln u)'(x) \times u(x) = u'(x)$, donc $(\ln u)'(x) = \frac{u'(x)}{u(x)}$.

EXEMPLE : Soit g la fonction par $g(x) = \ln(2x^2 + 1)$.
La fonction g est de la forme $\ln u$ avec $u(x) = 2x^2 + 1$, et g est définie sur $\mathbb{R}$ car $u(x) > 0$ pour tout réel x.
La fonction u est dérivable et $u'(x) = 4x$ pour tout réel x.
On a donc $g'(x) = \frac{u'(x)}{u(x)} = \frac{4x}{2x^2 + 1}$.

CAPACITÉ 3

Calculer des limites avec des logarithmes

1 Soit f la fonction définie sur $]0\,;1[$ par $f(x)=\dfrac{x+5}{\ln x}$.
Déterminer les limites de f aux bornes de son ensemble de définition et montrer alors que la courbe représentative $\mathscr{C}_f$ de f admet une asymptote verticale.

2 Soit g la fonction définie sur $]2\,;+\infty[$ par $g(x)=\ln\left(\dfrac{2x+5}{x-2}\right)$.
Déterminer la limite de g en 2.

Méthode

Pour mettre en évidence une asymptote verticale, on utilise la limite infinie de la fonction en un point.

Solution commentée

1 $\lim\limits_{\substack{x\to 0\\x>0}}\ln x=-\infty$ et $\lim\limits_{\substack{x\to 0\\x>0}}(x+5)=5$, donc par la règle de la limite d'un quotient, on en déduit $\lim\limits_{\substack{x\to 0\\x>0}}f(x)=0$.

$\lim\limits_{\substack{x\to 0\\x<0}}\ln x=0^-$ (en effet $\ln 1=0$, ln est continue et $\ln x<0$ pour $0<x<1$).

$\lim\limits_{\substack{x\to 1\\x<1}}(x+5)=6$. Avec la règle sur la limite d'un quotient, on a $\lim\limits_{\substack{x\to 1\\x<1}}f(x)=-\infty$.

Puisque la limite de f en 1 est infinie, la courbe $\mathscr{C}_f$ admet donc la droite d'équation $x=1$ comme asymptote verticale.

2 La fonction g est une fonction composée. $\lim\limits_{\substack{x\to 2\\x>2}}(2x+5)=9$ et $\lim\limits_{\substack{x\to 2\\x>2}}(x-2)=0^+$, donc $\lim\limits_{\substack{x\to 2\\x>2}}\dfrac{2x+5}{x-2}=+\infty$. De plus, $\lim\limits_{X\to+\infty}\ln X=+\infty$, en utilisant la limite d'une fonction composée, on en déduit $\lim\limits_{\substack{x\to 2\\x>2}}g(x)=+\infty$.

Voir exercices
120 et **127** Pour s'entraîner
164 **165** **166** et **167** Pour travailler en autonomie

CAPACITÉ 4

Étudier les variations d'une fonction avec des logarithmes

Vidéo 05:57
Dériver une fonction logarithme
bordas Flash PAGE vidéo

1 Étudier les variations de la fonction f définie sur $]0\,;+\infty[$ par $f(x)=\dfrac{\ln x}{x}$.

2 **a.** Justifier que, pour tout $x\in\,]2\,;+\infty[$, on a $\dfrac{2x+3}{x-2}>0$.

b. Étudier le sens de variation de la fonction g définie sur $]2\,;+\infty[$ par :
$$g(x)=\ln\left(\frac{2x+3}{x-2}\right).$$

Méthode

Pour déterminer le sens de variation d'une fonction de la forme $\ln u$, on peut commencer par dériver la fonction u.

Solution commentée

1 f est de la forme $\dfrac{u}{v}$, où $u(x)=\ln x$ et $v(x)=x$. Les fonctions u et v sont dérivables sur $]0\,;+\infty[$ et $u'(x)=\dfrac{1}{x}$ et $v'(x)=1$. La fonction f est donc dérivable sur $]0\,;+\infty[$ et

$f'(x)=\dfrac{u'(x)\times v(x)-u(x)\times v'(x)}{(v(x))^2}$ pour tout réel x strictement positif.

On a donc $f'(x)=\dfrac{\frac{1}{x}\times x-\ln x\times 1}{x^2}=\dfrac{1-\ln x}{x^2}$.

Comme $x^2>0$, pour tout x de $]0\,;+\infty[$, $f'(x)$ est du signe de $1-\ln x$.
L'inéquation $1-\ln x\geqslant 0$ est équivalente à $1\geqslant\ln x$, donc à $\ln x\leqslant\ln \mathrm{e}$, soit à $x\leqslant \mathrm{e}$.
On en déduit que $f'(x)\geqslant 0$ sur l'intervalle $]0\,;\mathrm{e}]$ et $f'(x)\leqslant 0$ sur l'intervalle $[\mathrm{e}\,;+\infty[$.
La fonction f est donc croissante sur $]0\,;\mathrm{e}]$ et décroissante sur $[\mathrm{e}\,;+\infty[$.

2 **a.** Pour $x\in\,]2\,;+\infty[$, $2x+3>7$ et $x-2>0$, donc $\dfrac{2x+3}{x-2}>0$.

b. La fonction g est de la forme $\ln u$ avec $u(x)=\dfrac{2x+3}{x-2}$. La fonction u est dérivable et strictement positive, donc g est dérivable sur $]2\,;+\infty[$ et $g'=\dfrac{u'}{u}$.

$u'(x)=\dfrac{2\times(x-2)-(2x+3)\times 1}{(x-2)^2}=\dfrac{-7}{(x-2)^2}$. Ainsi, pour tout $x>2$, $u'(x)<0$ et $u(x)>0$ donc $g'(x)<0$: g est donc décroissante sur $]2\,;+\infty[$.

Voir exercices
134 et **141** Pour s'entraîner
168 **169** et **170** Pour travailler en autonomie

Calcul mental

1 Calculer.

a. $30 \div 4$ b. $236 \div 4$
c. 46×4 d. 151×4

2 Calculer.

a. 18×5 b. 172×5
c. $2\,005 \div 5$ d. $2\,320 \div 5$

3 Calculer et simplifier.

a. $\frac{7}{5} + \frac{13}{5}$ b. $\frac{10}{4} - 1$ c. $\frac{3}{9} \times \frac{3}{5}$ d. $\frac{1}{6} \div \frac{1}{3}$

4 Calculer et simplifier.

a. $\frac{7 \times (9 - 2) + 1}{5}$ b. $\frac{24 - 4 \times 5}{11 - 13}$
c. $2 \times 3^2 + 5 \times 4$ c. $((5 + 7) \times 2) + 3$

5 Soit a un réel non nul. Écrire les nombres suivants sous la forme a^n avec n entier relatif.

a. $a^{12} \times a^{-3}$ b. $\frac{a^7 \times a^8}{a^3}$ c. $\frac{a^2 \times a^{-5}}{a^{-9}}$

6 Calculer l'image de 2 par chacune des fonctions suivantes.

a. $f(x) = 3x^2 - x$ b. $g(x) = (2x - 3)^3$
c. $h(x) = \frac{9x + 2}{x + 3}$ d. $i(x) = (5 - x)(2x + 3)$

7 Calculer les dérivées de chacune de fonctions suivantes.

a. f définie sur $\mathbb{R}$ par $f(x) = 5x^2 + 3x + 2$.
b. g définie sur $]0\,;+\infty[$ par $g(x) = \frac{3}{x} + \frac{1}{2}$.
b. h définie sur $]0\,;+\infty[$ par $h(x) = 2\sqrt{x} + x^3$.

Automatismes

Évolutions et pourcentages

8 Calculer.

a. 18 % de 15 000 b. 5 % de 280

9 Dans un lycée, parmi les 300 élèves de Terminale, 180 suivent l'enseignement de mathématiques complémentaires. Déterminer le pourcentage d'élèves de Terminale suivant l'enseignement de mathématiques complémentaires.

10 Le prix d'une veste est habituellement 142 €. En période de solde son prix est diminué de 20 %. Quel est son prix soldé ?

11 QCM *Choisir la ou les bonnes réponses.*
Augmenter une valeur de 2 %, c'est :
a. ajouter 0,02 à cette valeur ;
b. multiplier cette valeur par 1,2 ;
c. multiplier cette valeur par 1,02 ;
d. multiplier cette valeur par 0,02.

12 **Question de méthode**
Comment faire pour déterminer le prix hors taxe d'un objet connaissant le prix TTC lorsque le taux de TVA est 20 % ?

Calculs numériques et algébriques

13 Développer les expressions suivantes.

a. $A = (x + 1)^2 + 3$ b. $B = (x + 2)(2x - 3)$
c. $C = (x^2 + 2x + 7)(4 - 2x)$ d. $D = x\,(x + 7)(x - 2)$

14 Factoriser les expressions suivantes.

1. $A = (4x + 6)(x - 7) - (2x + 3)(4x - 5)$
2. $B = (x + 1)^2 - (2x + 9)^2$
3. $C = (4x + 1)^2 - 2(4x + 1)$

15 Résoudre les équations suivantes.

1. $4x + 7 = \frac{1}{2}x - 3$ 2. $(9x + 1)(x - 4) = 0$
3. $x(2x + 1) = 0$ 4. $\frac{x^2 - 9}{x - 9} = 1$

16 Résoudre les équations suivantes.

1. $6x^2 + 11x + 4 = 0$ 2. $-7x^2 + x - 4 = 0$
3. $81x^2 - 36x + 4 = 0$ 4. $2x^2 + 3x - 5 = 0$

Algorithme et programmation

17 PYTHON VRAI/FAUX
Indiquer si les affirmations sont vraies ou fausses, puis justifier.
On considère le script d'une fonction Python ci-dessous.

```
def f(x):
    if x<=3:
        return 6
    else:
        return x**2-3
```

1. L'appel f(2) renvoie 3.
2. L'appel f(4) renvoie 5.

18 PYTHON 1. Écrire une instruction Python permettant de générer en compréhension la liste L1 des entiers entre 0 et 100.
2. Soit la liste L2 définie de la façon suivante.

```
L2=[5*x for x in range(10) if x%3==0]
```

où $a\%b$ désigne le reste de la division euclidienne de a par b.
Quelle liste obtient-on ?

EXERCICES **Pour maîtriser les bases**

La fonction logarithme népérien

Questions flash

19 Pour quelles valeurs de x, $\ln(x)$ est-il défini ?

20 Donner la valeur de $e^{\ln 7}$.

21 Calculer $\ln(e^2)$ et $\ln(e^{-5})$.

22 VRAI/FAUX

Indiquer si les affirmations sont vraies ou fausses, puis justifier.

On note $\mathscr{C}$ la courbe représentative de la fonction logarithme népérien dans un repère.

1. $\mathscr{C}$ est toujours au-dessus de l'axe des abscisses.
2. Le point de coordonnées (1 ; 0) appartient à $\mathscr{C}$.

23 Simplifier les expressions suivantes.

1. $\dfrac{\ln(e^{-2})}{\ln(e^4)}$ 2. $\ln(e^9)\times\ln(e^{-2})$ 3. $\ln\left(\dfrac{1}{e}\right)+\ln\left(\dfrac{1}{e^2}\right)$

24 Dans chacun des cas, justifier pourquoi l'expression $f(x)$ est calculable pour tous les réels x de I.

1. $f(x)=\ln(x-5)$ $\quad I=]5\,;+\infty[$.
2. $f(x)=\ln(6-3x)$ $\quad I=]-\infty\,;2[$.
3. $f(x)=\ln(x)+\ln(4-x)$ $\quad I=]0\,;4[$.

25 Dans chacun des cas, déterminer les valeurs de x pour lesquelles l'expression $f(x)$ est calculable.

1. $f(x)=\ln(x+3)$ 2. $f(x)=\ln(2x-8)$

26 Parmi les courbes suivantes, quelle est la représentation graphique de la fonction logarithme népérien ? Justifier votre réponse.

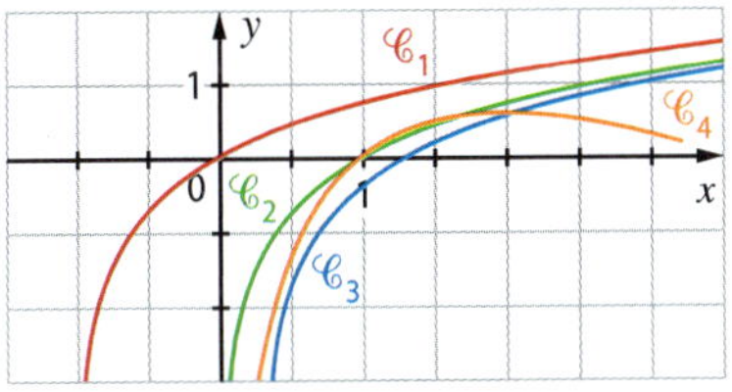

27 En utilisant la croissance de la fonction logarithme népérien, comparer.

1. ln5 et ln9 2. $\ln\left(\dfrac{1}{2}\right)$ et $\ln\left(\dfrac{1}{3}\right)$

28 1. Rappeler la valeur de ln1.

2. En utilisant les variations de la fonction logarithme népérien, déterminer le signe de $\ln(x)$ pour $x\in]0\,;1[$.

29 1. Rappeler la valeur de ln(e).

2. En utilisant les variations de la fonction logarithme népérien, comparer $\ln(x)$ et 1 pour $x>e$.

30 Sans les calculer, déterminer le signe de chacun des nombres suivants.

1. ln8 2. ln(0,1) 3. $\ln\left(\dfrac{1}{6}\right)$
4. ln(1,9) 5. ln(100) 6. $\ln(2\times10^{-3})$

31 VRAI/FAUX

Indiquer si les affirmations sont vraies ou fausses, puis justifier.

1. $\ln(x)$ existe si, et seulement si, x est strictement positif.
2. $\ln(x)$ est strictement positif pour tout réel x de $]0\,;+\infty[$.
3. La fonction ln est strictement croissante sur $]0\,;+\infty[$.

Résoudre des équations et des inéquations

Questions flash

32 1. On sait que $e^a=5$. Que vaut a ?

2. On sait que $\ln(a)=0$. Que vaut a ?
3. On sait que $\ln(b)=9$. Que vaut b ?
4. On sait que $\ln(c)=-3$. Que vaut c ?

33 Résoudre les équations suivantes dans $]0\,;+\infty[$.

1. $\ln(x)=1$ 2. $\ln(x)=7$
3. $\ln(x)=-2$ 4. $\ln(x)=-1$

34 Résoudre les équations suivantes dans $]0\,;+\infty[$.

1. $e^x=10$ 2. $3e^x+5=14$
3. $\ln(2x)+1=0$ 4. $\ln(x)=\ln(2x+1)$

35 ALGO **Compléter un algorithme**

1. Résoudre les équations suivantes dans $\mathbb{R}$.

a. $e^x=2$

b. $e^x=-3$

2. Compléter l'algorithme suivant afin que la variable b contienne la solution de l'équation $e^x=a$ si elle existe, sinon un message indiquant que l'équation n'a pas de solution.

```
Si a > 0
  | Alors b ← ...
  | Sinon b ← ...
Fin Si
```

36 Résoudre dans $]0\,;+\infty[$ les équations suivantes.

1. $(x-2)(\ln(x)+3)=0$ 2. $(x+1)(\ln(x)-1)=0$
3. $(x-5)(\ln(2x)-2)=0$ 4. $(x-3)(x-5)\ln(x)=0$

37 À l'aide d'une factorisation, résoudre dans $]0\,;+\infty[$ les équations suivantes.

1. $x-x\ln(x)=0$ 2. $4\ln(x)-3x\ln(x)=0$
3. $\ln(x)-(\ln(x))^2=0$ 4. $(\ln(x))^2-1=0$

38 Soit l'équation **(E)** $\ln(x+7)=5$.

1. Montrer que x doit appartenir à $]-7\,;+\infty[$.
2. Résoudre **(E)**.

39 Soit l'équation **(E)** $\ln(x)=\ln(5x-2)$.

1. Montrer que x doit appartenir à $\left]\dfrac{2}{5}\,;+\infty\right[$.
2. Résoudre **(E)**.

MATHS & SVT

40 Lors d'une expérience, on a mesuré la fréquence cardiaque, en battements par minute, d'un coureur de 400 mètres. Cette fréquence cardiaque est modélisée par la formule $f(x) = 22\ln(x+1) + 65$ où x représente la distance parcourue, en mètres, depuis le départ.

Au bout de combien de mètres la fréquence cardiaque de ce sportif est-elle égale à 175 battements par minutes ?

41 Résoudre les inéquations suivantes dans $]0\,;+\infty[$.
1. $\ln(x) > \ln 2$ **2.** $\ln(x) < 3$
3. $\ln(x) < 1$ **4.** $\ln(x) > 0$

42 Résoudre les inéquations suivantes dans $\mathbb{R}$.
1. $e^x > 4$ **2.** $e^x < 3$
3. $e^{2x} < 5$ **4.** $e^x + 1 > 7$

43 Résoudre les inéquations suivantes dans $]0\,;+\infty[$.
1. $\ln(x) \geqslant \ln(2x)$ **2.** $1 + 3\ln(x) < 5$
3. $1 - 5e^x > 7$ **4.** $\ln(x^2+1) > \ln(17)$

44 **1.** Résoudre l'inéquation $\ln(x) - 6 > 0$.
2. En déduire le signe de $\ln(x) - 6$ suivant les valeurs de x.

45 **1.** Résoudre l'inéquation $10 - 2\ln(x) > 0$.
2. En déduire le signe de $10 - 2\ln(x)$ suivant les valeurs de x.

46 Déterminer sur $]0\,;+\infty[$ le signe de chacune des expressions suivantes.
1. $\ln(x) + 2$ **2.** $5\ln(x) + 3$
3. $8 - \ln(x)$ **4.** $\dfrac{6 - \ln(x)}{x}$

47 En utilisant un tableau de signes, déterminer le signe de l'expression $(7 - x)\ln(x)$.

48 Déterminer le signe de chacune des expressions suivantes.
1. $e^x - 8$ **2.** $2e^x - 5$
3. $(e^x - 3)(2e^x - 3)$ **4.** $\dfrac{e^x - 11}{e^x + 2}$

Pour les exercices 49 et 50, après avoir déterminé les conditions d'existence, résoudre les inéquations proposées.

49 **1.** $\ln(5x) < 1$ **2.** $\ln(4 - 3x) \leqslant 0$

50 **1.** $\ln(x+4) < \ln 7$ **2.** $\ln(5 - x) > 2$

51 **1.** Résoudre l'inéquation $8x - 4 > 0$.
2. Résoudre l'inéquation $5 - x > 0$.
3. En déduire la condition d'existence de l'inéquation $\ln(8x - 4) \leqslant \ln(5 - x)$, puis résoudre cette inéquation.

Propriétés algébriques du logarithme

Questions flash

52 Exprimer $\ln(2 \times 3)$ en fonction de $\ln 2$ et $\ln 3$.

53 Exprimer $\ln\left(\dfrac{3}{5}\right)$ en fonction de $\ln 3$ et $\ln 5$.

54 Exprimer $\ln\sqrt{7}$ en fonction de $\ln 7$.

55 Exprimer les nombres suivants en fonction de $\ln 2$.
1. $A = \ln 8$ **2.** $B = \ln 16$ **3.** $C = \ln\sqrt{32}$
4. $D = \ln(8e)$ **5.** $E = \ln(4e^2)$ **6.** $F = \ln(\sqrt{32e^6})$

56 Exprimer les nombres suivants en fonction de $\ln 2$ et $\ln 5$.
1. $A = \ln 20$ **2.** $B = \ln 40$ **3.** $C = \ln\dfrac{4}{5}$
4. $D = \ln\sqrt{10}$ **5.** $E = \ln\left(\dfrac{1}{10}\right)$ **6.** $F = \ln(50^4)$

57 **1.** Vérifier l'égalité $100 = 2^2 \times 5^2$.
2. En déduire l'expression de $\ln 100$ en fonction de $\ln 2$ et $\ln 5$.

58 **1.** Vérifier que $0{,}02 = \dfrac{1}{50}$.
2. En déduire l'expression de $\ln(0{,}02)$ en fonction de $\ln 2$ et $\ln 5$.

59 Exprimer les nombres suivants en fonction de $\ln 3$ et $\ln 7$.
1. $A = \ln(21e)$ **2.** $B = \ln(63e^2)$ **3.** $C = \ln\left(\dfrac{3 \times 7^2}{e^5}\right)$

60 Écrire les réels suivants en utilisant une seule fois le symbole ln.
1. $A = 5\ln 2 + \ln 8 - \ln 4$ **2.** $B = 2\ln 3 + \ln 81 - \ln 9$
3. $D = \ln\left(\dfrac{e^2}{7}\right) + \ln 49$ **4.** $E = \ln 14 - \ln 19$

61 **1.** Écrire le réel $\ln 7 + \ln 2$ en utilisant une seule fois le symbole ln.
2. En déduire la résolution de l'équation $\ln(x) = \ln 7 + \ln 2$ dans $]0\,;+\infty[$.

62 Utiliser les propriétés algébriques du logarithme pour résoudre les équations suivantes dans $]0\,;+\infty[$.
1. $\ln(x) = \ln 5 + \ln 4$ **2.** $\ln(x) = 2\ln 3$
3. $\ln(x) = \ln 5 - \ln 3$ **4.** $\ln(x) + \ln 9 = \ln 8$

63 On considère l'équation **(E)** $\ln(x) + \ln(2x) = \ln 18$ pour x appartenant à $]0\,;+\infty[$.
1. Montrer que l'équation **(E)** est équivalente à $x^2 = 9$ pour x strictement positif.
2. En déduire l'ensemble solution de **(E)**.

64 Utiliser les propriétés algébriques du logarithme pour résoudre les équations suivantes dans $]0\,;+\infty[$.
1. $\ln(x) + \ln(4x) = \ln(100)$ **2.** $\ln(x) = -\ln(x) + \ln 25$
3. $\ln\sqrt{x} = \dfrac{1}{2}\ln 5$ **4.** $\ln\left(\dfrac{1}{x}\right) = \ln 3$

65 Utiliser les propriétés algébriques du logarithme pour résoudre les inéquations suivantes dans $]0\,;+\infty[$.
1. $\ln(x) + \ln(3x) > \ln 75$ **2.** $2\ln(x) > -\ln\left(\dfrac{1}{4}\right)$
3. $\ln(x) \leqslant 2\ln 2 + \ln 3$ **4.** $2\ln(x) \geqslant \ln 25 - \ln 16$

66 Soit l'équation $\ln(x+1)+\ln(x-1)=\ln 24$.

1. Montrer que x doit appartenir à $]1\,;+\infty[$.
2. Utiliser la relation fonctionnelle pour simplifier l'équation, puis la résoudre.

Limites de fonctions

Questions flash

67 1. Rappeler la limite de ln en $+\infty$.
2. En déduire $\lim\limits_{x\to+\infty}(x\ln(x))$.

68 1. Rappeler la limite de ln en 0.
2. En déduire une asymptote pour la courbe représentative de ln.

69 Soit f la fonction définie sur $]0\,;+\infty[$ par :

$$f(x)=3x+4+5\ln(x).$$

1. Justifier que la limite de f en 0 est égale à $-\infty$.
2. Justifier que la limite de f en $+\infty$ est égale à $+\infty$.

70 Soit g la fonction définie sur $]0\,;+\infty[$ par $g(x)=x^2+\ln(x)$.
Déterminer les limites de g en 0 et en $+\infty$.

71 Soit f la fonction définie sur $]0\,;1[$ par $f(x)=\dfrac{2}{\ln(x)}$.

1. Rappeler la limite de ln en 0, puis en déduire la limite de f en 0.
2. a. Donner le signe de $\ln(x)$ pour $x\in\,]0\,;1[$.
b. Déterminer la limite de f en 1.

72 Soit f la fonction définie sur $]0\,;+\infty[$ par $f(x)=\ln\left(1+\dfrac{1}{x}\right)$.

1. Déterminer $\lim\limits_{x\to+\infty}\left(1+\dfrac{1}{x}\right)$.
2. En déduire $\lim\limits_{x\to+\infty}f(x)$.

73 Soit g la fonction définie sur $]-\infty\,;3[$ par $g(x)=\ln(6-2x)$.

1. a. Déterminer $\lim\limits_{x\to-\infty}(6-2x)$.
b. En déduire $\lim\limits_{x\to-\infty}g(x)$.
2. a. Justifier que $\lim\limits_{\substack{x\to3\\x<3}}(6-2x)=0^+$.
b. En déduire $\lim\limits_{\substack{x\to3\\x<3}}g(x)$.

Variations de fonctions

Questions flash

74 **QCM** *Choisir la ou les bonnes réponses.*
On note f la fonction logarithme népérien. La fonction dérivée de f est définie sur $]0\,;+\infty[$ par :

a. $f'(x)=\ln(x)$ b. $f'(x)=e^x$
c. $f'(x)=\dfrac{1}{x}$ d. $f'(x)=\dfrac{-1}{x^2}$

75 Soit f la fonction définie sur $]0\,;+\infty[$ par $f(x)=-4\ln(x)$.

1. Calculer $f'(x)$.
2. En déduire le sens de variation de f.

76 Soit f la fonction définie sur $]0\,;+\infty[$ par $f(x)=3\ln(x)+1$.

1. Calculer $f'(x)$.
2. En déduire le sens de variation de f.

77 Soit f la fonction définie sur $]0\,;+\infty[$ par $f(x)=2x+\ln(x)$.

1. Calculer $f'(x)$.
2. En déduire le sens de variation de f.

78 Soit f la fonction définie sur $]0\,;+\infty[$ par $f(x)=x^2+3\ln(x)$.

1. Calculer $f'(x)$.
2. En déduire le sens de variation de f.

79 Soit f la fonction définie sur $]0\,;+\infty[$ par $f(x)=x-\ln(x)$.

1. Calculer $f'(x)$ et vérifier que $f'(x)=\dfrac{x-1}{x}$ pour tout $x\in\,]0\,;+\infty[$.
2. En déduire les variations de f.

80 Soit f la fonction définie sur $]0\,;+\infty[$ par $f(x)=x\ln(x)$.

1. Calculer $f'(x)$ et vérifier que $f'(x)=\ln(x)+1$.
2. Étudier le signe de $\ln(x)+1$. En déduire les variations de f.

81 Soit f la fonction définie sur $]0\,;+\infty[$ par $f(x)=\dfrac{\ln(x)}{x}$.

1. Calculer $f'(x)$.
2. a. Étudier le signe de $1-\ln(x)$.
b. En déduire les variations de f.

Variations de fonctions de la forme ln*u*

Questions flash

82 **QCM** *Choisir la ou les bonnes réponses.*
Soit f la fonction définie sur $\mathbb{R}$ par $f(x)=\ln(x^2+5)$. La fonction dérivée de f est définie sur $]0\,;+\infty[$ par :

a. $f'(x)=\dfrac{1}{x^2+5}$ b. $f'(x)=\dfrac{2x}{x^2+5}$
c. $f'(x)=\dfrac{x^2+5}{2x}$ d. $f'(x)=\dfrac{1}{\ln(x^2+5)}$

83 Soit f la fonction définie sur $]2\,;+\infty[$ par $f(x)=\ln(2x-4)$.

1. Pour $x\in\,]2\,;+\infty[$, on pose $u(x)=2x-4$. Calculer $u'(x)$.
2. En déduire $f'(x)$.
3. Quel est le sens de variation de f sur $]2\,;+\infty[$?

MATHS & SVT

84 On suppose que le taux d'anticorps en grammes par litre présents dans le sang d'un nourrisson en fonction de l'âge x, exprimé en années, depuis la naissance jusqu'à l'âge de 2 ans, est donné par :

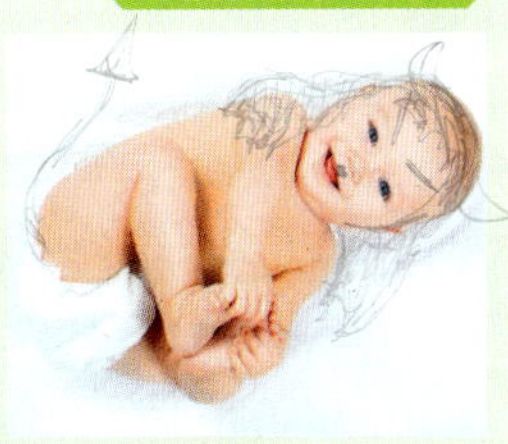

$$f(x)=12x+12-12\ln(3x+1).$$

1. Calculer $f'(x)$ et montrer que $f'(x)=\dfrac{12(3x-2)}{3x+1}$.
2. En déduire les variations de f.
3. Quel est le taux minimal d'anticorps dans le sang du nourrisson lors de ses deux premières années de vie ?

Relation fonctionnelle du logarithme

85 *Capacité 1, p. 81*

1. Exprimer les nombres ci-dessous en fonction de $a = \ln 2$, $b = \ln 3$ et $c = \ln 5$.

$A = \ln 32$ $\quad B = \ln 20$ $\quad C = \ln 600$ $\quad D = \ln 30 - 2\ln 6$

$E = \ln\left(\frac{8}{27}\right)$ $\quad F = \ln\left(\frac{36e^2}{25}\right)$ $\quad G = \ln\left(\frac{100}{3e^5}\right)$

2. Pour $x > 9$, on pose $A = \ln(x-9) - 3\ln(x-4)$.
Écrire A sous la forme du logarithme d'un quotient.

86 **1.** Simplifier les expressions suivantes.

$A = \ln\left(\frac{1}{2}\right) + \ln\left(\frac{2}{3}\right)$

$B = \ln\left(\frac{100}{3e^5}\right) + \ln\left(\frac{2}{3}\right) + \ln\left(\frac{3}{4}\right)$

$C = \ln\left(\frac{1}{2}\right) + \ln\left(\frac{2}{3}\right) + \ln\left(\frac{3}{4}\right) + \ldots + \ln\left(\frac{98}{99}\right) + \ln\left(\frac{99}{100}\right)$

2. Soit n un entier naturel non nul. Simplifier :

$$D = \ln\left(\frac{1}{2}\right) + \ln\left(\frac{2}{3}\right) + \ldots + \ln\left(\frac{n}{n+1}\right).$$

87 Démontrer que, pour tout réel x de $]0\,;+\infty[$:

a. $\ln\left(\frac{x}{1+x}\right) + \ln\left(1 + \frac{1}{x}\right) = 0$

b. $\ln\left(\sqrt{e+x} - \sqrt{x}\right) + \ln\left(\sqrt{e+x} + \sqrt{x}\right) = 1$

88 **QCM** *Choisir la ou les bonnes réponses.*

1. $\ln(128)$ est égal à :

a. $\ln 2 + \ln 7$ **b.** $7\ln 2$ **c.** $2\ln 14$ **d.** $\ln 120 + \ln 8$

2. Pour tout réel a strictement positif, $\frac{\ln(2a) + \ln(8a)}{2}$ est égal à :

a. $\ln(4a)$ **b.** $\ln(5a)$ **c.** $\ln(16a)$ **d.** $\ln(8a^2)$

89 Soit (u_n) la suite géométrique de premier terme $u_0 = 2$ et de raison 1,1.

1. Exprimer u_{n+1} en fonction de u_n.

2. Soit (v_n) la suite définie pour tout entier naturel n par $v_n = \ln(u_n)$. Démontrer que (v_n) est une suite arithmétique dont on précisera la raison et le premier terme.

RETOUR SUR L'OUVERTURE DU CHAPITRE — **MATHS & SVT**

90 Lors d'un séisme de magnitude M, l'énergie sismique E, exprimée en joules, est telle que :

$$\frac{\ln(E)}{\ln 10} = 4{,}8 + \frac{3}{2} \times M.$$

1. On note E_1 l'énergie sismique d'un séisme de magnitude M_1 et E_2 l'énergie sismique d'un séisme de magnitude M_2.

a. Montrer que $\ln\left(\frac{E_1}{E_2}\right) = \frac{3}{2}(M_1 - M_2) \times \ln(10)$.

b. En déduire l'expression de $\frac{E_1}{E_2}$ en fonction de M_1 et M_2.

2. En utilisant la relation précédente, vérifier qu'un séisme de magnitude 9,5 libère environ 11 millions fois plus d'énergie qu'un séisme de magnitude 4,8.

LE SAVIEZ-VOUS
La faille géologique de San Andreas passe notamment par San Francisco et Los Angeles et elle provoque des séismes très importants et dévastateurs en Californie.

VRAI/FAUX **Pour les exercices 91 et 92, indiquer si l'affirmation est vraie ou fausse, puis justifier.**

91 Pour tout réel a strictement positif :

$$\ln(a^5) - \ln(a^{-4}) = \ln(a^3) + \ln(a^6).$$

92 Pour tout réel x strictement positif :

$$\ln(2x^2 + 8x) = \ln 2 + \ln(x) + \ln(x+4).$$

Équations et inéquations

93 *Capacité 2, p. 81*

Résoudre chacune des équations suivantes.

1. $8 + 3\ln(x) = 23$ dans $]0\,;+\infty[$

2. $12e^x - 8 = -2$ dans $\mathbb{R}$

Pour les exercices 94 à 99, résoudre les équations données.

94 **a.** $\ln(4 + 5x) = \ln(x)$ **b.** $\ln(x^2 + 9) = \ln(x + 9)$

95 **a.** $\ln(2 - 3x) = \ln(1 + x)$ **b.** $\ln(x^2 - 4) = \ln(x - 4)$

96 **a.** $\ln(e^x + 3) = 1$ **b.** $\ln(e^x + 2) = 0$

97 **a.** $\ln(4 - x) = \ln(2x - 14)$ **b.** $\ln(x^2 + 1) = \ln(2x)$

98 **a.** $\ln(5 - 4x) = 2\ln 3$ **b.** $\ln(x) + \ln(x - 6) = \ln 7$

99 **a.** $\ln(x - 1) + \ln(x - 3) = \ln 35$
b. $\ln(x - 3) + \ln(x + 1) = \ln(x^2 + 5)$

100 On considère l'équation **(E)** :

$$\ln(x^2 + 15x + 44) = 2\ln 2 + \ln 11.$$

1. Déterminer l'ensemble des réels x tels que :

$$x^2 + 15x + 44 > 0.$$

2. Résoudre **(E)**.

101 **ORAL** On considère l'équation **(E)** :

$$\ln(x+4) + \ln(x-3) = 3\ln 2 \text{ pour } x \text{ réel.}$$

1. Expliquer oralement pourquoi les conditions d'existence conduisent à résoudre **(E)** dans l'intervalle $]3\,;+\infty[$.

2. a. Expliquer oralement comment on transforme l'équation **(E)**.

b. Effectuer ces transformations et montrer que pour $x \in\,]3\,;+\infty[$, l'équation **(E)** équivaut à $x^2 + x - 20 = 0$.

3. Sachant que les racines du polynôme $x^2 + x - 20$ sont -5 et 4, résoudre l'équation **(E)**.

102 Résoudre dans $]0\,;+\infty[$ les équations.

1. $\dfrac{\ln x}{x-1}=0$ 2. $\dfrac{1+\ln x}{x-\mathrm{e}}=0$ 3. $\dfrac{1-2\ln x}{1-2x}=0$

103 Résoudre dans $\mathbb{R}$ les équations.

1. $3\mathrm{e}^x+7=10$ 2. $-5\mathrm{e}^x+2=7$ 3. $3\mathrm{e}^x=2\mathrm{e}^x+\mathrm{e}$

104 LOGIQUE Soit la proposition :
« Si le réel a est solution de l'équation $\ln(x)+\ln(x-2)=\ln 8$, alors a est solution de l'équation $\ln(x(x-2))=\ln 8$ ».

1. Cette proposition est-elle vraie ?
2. Écrire la réciproque de cette implication. Est-elle vraie ?

105 À l'aide d'une factorisation, résoudre dans $]0\,;+\infty[$ les équations suivantes.

1. $2x\ln(x)-5x=0$ 2. $5x\ln(x)-3\ln(x)=0$
3. $3(\ln(x))^2-2\ln(x)=0$ 4. $(\ln(x))^2+\ln(x)=0$

106 Soit P la fonction définie sur $\mathbb{R}$ par $P(x)=x^2-6x-5$.

1. Résoudre dans $\mathbb{R}$ l'équation $P(x)=0$.
2. En utilisant le 1., déterminer les solutions, dans $]0\,;+\infty[$ de l'équation :

$$(\ln(x))^2-6\ln(x)-5=0.$$

VRAI/FAUX Pour les exercices 107 et 108, indiquer si l'affirmation est vraie ou fausse, puis justifier.

107 L'équation $\ln(x^2+2x)=\ln(x+2)$ admet deux solutions : 1 et -2.

108 L'équation $(\ln(x))^2+4\ln(x)-5=0$ a une unique solution.

109 Capacité 2, p. 81
Résoudre chacune des inéquations suivantes.

1. $5-2\ln(x)>-1$
2. $\ln(x)-\ln 9\leqslant 2\ln 3$
3. $\ln(x-5)+\ln(x+9)\leqslant \ln 7+\ln 3+2\ln 2$

Pour les exercices 110 à 112, résoudre les inéquations données.

110 1. $\ln(x-3)>1$ 2. $\ln(x^2+9)\geqslant \ln 13$

111 1. $\ln(x^2-2x)\leqslant \ln 24$ 2. $4-\mathrm{e}^{2x}<0$

112 1. $\ln(x^2+3x)>\ln(x^2+1)$ 2. $(x-3)(\ln(x)-1)<0$

113 1. Résoudre l'inéquation $5-\ln(x)>0$.
2. Soit f la fonction définie sur $]0\,;+\infty[$ par $f(x)=5x-x\ln(x)$.
a. Factoriser $f(x)$.
b. Déterminer le signe de $f(x)$.

114 Après avoir factorisé chacune des expressions suivantes, déterminer leur signe pour tout réel x strictement positif.

1. $A(x)=(\ln(x))^2+2\ln(x)$
2. $B(x)=(\ln(x))^2-1$

115 Soit P la fonction définie sur $\mathbb{R}$ par :

$$P(X)=X^2+2X-15.$$

1. Montrer que, pour tout X de $\mathbb{R}$:

$$P(X)=(X-3)(X+5).$$

2. En déduire la factorisation de $A(x)=(\ln(x))^2+2\ln(x)-15$.
3. a. Résoudre dans $\mathbb{R}$ l'inéquation $X^2+2X-15\leqslant 0$.
b. En déduire l'ensemble des solutions dans $]0\,;+\infty[$ de l'inéquation $(\ln(x))^2+2\ln(x)-15\leqslant 0$.

116 Capacité 2, p. 81
Déterminer le plus petit entier naturel n tel que $0{,}7^n\leqslant 0{,}2$.

117 Déterminer le plus petit entier naturel n tel que :

a. $1{,}2^n\geqslant 10\,000$ b. $\left(\dfrac{5}{4}\right)^n>2\times 10^4$

118 Une voiture achetée le 1er janvier 2020 au prix de 15 000 € perd 11 % de sa valeur par an.

1. Exprimer en fonction de n, le prix de cette voiture en l'année $2020+n$.
2. En quelle année cette voiture vaudra-t-elle moins de 6 000 € ?

119 PYTHON **Compléter un programme**
On considère ci-dessous le script d'une fonction Python :

```
def seuil():
    n=0
    while 1.1**n ... 10**3:
        n=...
    return n
```

1. Compléter ce programme afin que l'appel seuil() dans la console retourne le plus petit entier naturel n_0 tel que :

$$1{,}1^n\geqslant 10^3.$$

2. Déterminer cet entier n_0 en résolvant une inéquation.

Limites

120 Capacité 3, p. 83
Soit f la fonction définie sur $]1\,;+\infty[$ par $f(x)=\dfrac{x}{2}-\dfrac{2}{\ln x}$.
Déterminer les limites de f aux bornes de son ensemble de définition et montrer que la courbe représentative de f admet une asymptote verticale dont on donnera une équation.

121 Soit f la fonction définie sur $]0\,;+\infty[$ par :

$$f(x)=\left(1-\frac{1}{x}\right)\ln(x).$$

1. Déterminer la limite de f en $+\infty$.
2. a. Déterminer la limite de f en 0.
b. Comment peut-on interpréter graphiquement ce résultat ?

122 Soit g la fonction définie sur $]0\,;\mathrm{e}[$ par $g(x)=\dfrac{2x+1}{\ln(x)-1}$.

1. Déterminer la limite de g en 0.
2. Déterminer la limite de g en e et interpréter graphiquement ce résultat.

123 Soit f la fonction définie sur $]0\,;+\infty[$ par :

$$f(x)=2\ln(x)-3(\ln(x))^2.$$

1. a. Déterminer la limite de f en 0.
b. Interpréter graphiquement ce résultat.
2. a. Factoriser $f(x)$.
b. En déduire la limite de f en $+\infty$.

124 Soit h la fonction définie sur $]\mathrm{e}\,;+\infty[$ par :

$$h(x)=\frac{5\ln(x)+2}{\ln(x)-1}.$$

On note $\mathscr{C}_h$ la courbe représentative de h dans un repère.

1. Déterminer la limite de h en e. Interpréter graphiquement ce résultat.

2. a. Vérifier que, pour tout réel x de $]\mathrm{e}\,;+\infty[$, $h(x)=\dfrac{5+\dfrac{2}{\ln(x)}}{1-\dfrac{1}{\ln(x)}}$.

b. En déduire la limite de h en $+\infty$, puis une deuxième asymptote pour $\mathscr{C}_h$.

125 Déterminer les limites suivantes.

1. $\lim\limits_{\substack{x\to 0\\ x>0}}(1-\sqrt{x})\ln(x)$ **2.** $\lim\limits_{x\to+\infty}(1-\sqrt{x})\ln(x)$

126 Déterminer les limites suivantes.

1. $\lim\limits_{\substack{x\to 0\\ x>0}}(2x^2-3)\ln(x)$ **2.** $\lim\limits_{x\to+\infty}(2x^2-3)\ln(x)$

127 Capacité 3, p. 83

Soit g la fonction définie sur $]5\,;+\infty[$ par $g(x)=\ln\left(\dfrac{2x+3}{x-5}\right)$.
Déterminer la limite de g en 5.

128 Déterminer les limites suivantes.

1. $\lim\limits_{x\to+\infty}\ln(x^2+7x+3)$ **2.** $\lim\limits_{x\to+\infty}\ln\left(1+\dfrac{8}{x^2}\right)$

129 Déterminer les limites suivantes.

1. $\lim\limits_{\substack{x\to 1\\ x<1}}\ln\left(\dfrac{1+2x}{1-x}\right)$ **2.** $\lim\limits_{\substack{x\to -2\\ x>-2}}\ln\left(\dfrac{x+5}{4-x^2}\right)$

130 Soit f la fonction définie sur $\mathbb{R}$ par $f(x)=\ln(x^2+x+1)$.

1. Déterminer la limite de f en $+\infty$.

2. a. Vérifier que $x^2+x+1=x(x+1)+1$ pour tout réel x.

b. En déduire la limite de f en $-\infty$.

131 Soit f la fonction définie sur $]3\,;+\infty[$ par $f(x)=\ln\left(\dfrac{x^2-9}{x^2+1}\right)$.

On note $\mathscr{C}_f$ sa courbe représentative dans un repère.

1. Déterminer la limite de f en 3. Interpréter graphiquement ce résultat.

2. a. Vérifier que, pour tout réel x non nul :

$$\frac{x^2-9}{x^2+1}=\frac{1-\dfrac{9}{x^2}}{1+\dfrac{1}{x^2}}.$$

b. En déduire la limite de f en $+\infty$. Interpréter graphiquement ce résultat.

VRAI/FAUX **Pour les exercices 132 et 133, indiquer si l'affirmation est vraie ou fausse, puis justifier.**

132 **1.** $\lim\limits_{x\to+\infty}\ln\left(1+\dfrac{1}{x}\right)=1$ **2.** $\lim\limits_{x\to+\infty}(1-x^2)\ln(x)=-\infty$

133 **1.** $\lim\limits_{\substack{x\to 0\\ x>0}}\ln\left(\dfrac{4-x}{x}\right)=+\infty$ **2.** $\lim\limits_{\substack{x\to 0\\ x>0}}\dfrac{\ln(x)+1}{x}=+\infty$

Études de fonctions

134 Capacité 4, p. 83

Étudier les variations de la fonction f définie sur $]0\,;+\infty[$ par :

$$f(x)=x\ln(x).$$

135 Soit f la fonction définie sur $[1\,;11]$ par :

$$f(x)=-0{,}5x^2+2x+15\ln(x).$$

1. Montrer que $f'(x)=\dfrac{-x^2+2x+15}{x}$ pour tout réel x de $[1\,;11]$.

2. Dresser le tableau de variation de f.

136 Soit f la fonction définie sur $\mathbb{R}$ par $f(x)=\ln(1+\mathrm{e}^x)$ et $\mathscr{C}_f$ sa courbe représentative.

1. Déterminer les limites de f en $-\infty$ et en $+\infty$.

2. Démontrer que f est strictement croissante sur $\mathbb{R}$.

3. Démontrer que l'équation $f(x)=2$ a une unique solution.

4. Déterminer une équation de la tangente T à la courbe $\mathscr{C}_f$ au point d'abscisse 0.

5. Étudier la position relative de T et $\mathscr{C}_f$.

MATHS & SES

137 **1.** Soit f la fonction définie sur l'intervalle $[1\,;25]$ par :

$$f(x)=\frac{x+2-\ln(x)}{x}.$$

a. Démontrer que, pour tout réel x de $[1\,;25]$:

$$f'(x)=\frac{-3+\ln(x)}{x^2}.$$

b. Résoudre dans $[1\,;25]$ l'inéquation $-3+\ln(x)>0$.

c. Dresser le tableau de variation de la fonction f sur $[1\,;25]$.

d. Démontrer que dans l'intervalle $[1\,;25]$, l'équation $f(x)=1{,}5$ admet une seule solution.

On notera α cette solution.

e. Déterminer un encadrement d'amplitude 0,01 de α.

2. Une entreprise fabrique chaque jour entre 100 et 2 500 pièces électroniques pour des vidéoprojecteurs. Toutes les pièces fabriquées sont identiques.

On admet que lorsque x centaines de pièces sont fabriquées, avec $1\leqslant x\leqslant 25$, le coût moyen de fabrication d'une pièce est de $f(x)$ euros.

En utilisant les résultats obtenus à la question **1.** :

a. Déterminer, à l'unité près, le nombre de pièces à fabriquer pour que le coût moyen de fabrication d'une pièce soit minimal. Déterminer alors ce coût moyen, au centime d'euro près.

b. Déterminer le nombre minimal de pièces à fabriquer pour que le coût moyen de fabrication d'une pièce soit inférieur ou égal à 1,50 euro.

c. Est-il possible que le coût moyen d'une pièce soit de 50 centimes ? Justifier.

138 Une question ouverte

On considère la fonction f définie sur l'intervalle $]0\,;+\infty[$ par $f(x) = x - \ln(x)$.
On note $\mathscr{C}_f$ sa courbe représentative dans un repère et T la tangente à $\mathscr{C}_f$ au point d'abscisse 3.
La tangente T passe-t-elle par l'origine du repère ?

Piste → Voir p. 281

139 Soit f la fonction définie sur $]0\,;+\infty[$ par :

$$f(x) = -x^2 + 10x - 9 - 8\ln(x).$$

On note $\mathscr{C}_f$ la courbe représentative de f dans un repère.

1. Déterminer la limite de f en 0. Interpréter graphiquement ce résultat.

2. a. Vérifier que, pour tout réel x de $]0\,;+\infty[$:

$$f(x) = x(-x + 10) - 9 - 8\ln(x).$$

b. En déduire la limite de f en $+\infty$.

3. Montrer que, pour tout réel x de $]0\,;+\infty[$:

$$f'(x) = \frac{-2(x-1)(x-4)}{x}.$$

4. Dresser le tableau de variation de f sur $]0\,;+\infty[$.

140 Une question ouverte

On considère la fonction f définie sur l'intervalle $]0\,;+\infty[$ par $f(x) = 3x - 3x\ln(x)$.
On note $\mathscr{C}_f$ sa courbe représentative dans un repère orthonormé et T la tangente à $\mathscr{C}_f$ au point d'abscisse 1.
Quelle est la position relative de $\mathscr{C}_f$ par rapport à T ?

Piste → Voir p. 281

141 *Capacité 4, p. 83*

1. Justifier que, pour tout réel $x \in]1\,;+\infty[$, on a $\dfrac{5x+3}{x-1} > 0$.

2. Étudier le sens de variation de la fonction g définie sur $]1\,;+\infty[$ par $g(x) = \ln\left(\dfrac{5x+3}{x-1}\right)$.

142 Soit f la fonction définie sur $]0\,;+\infty[$ par :

$$f(x) = \ln\left(\frac{x^2}{x+1}\right).$$

1. Déterminer la limite de f en 0.

2. a. Vérifier que, pour tout réel x de $]0\,;+\infty[$, $\dfrac{x^2}{x+1} = \dfrac{x}{1+\dfrac{1}{x}}$.

b. En déduire la limite de f en $+\infty$.

3. Dresser le tableau de variation de f.

MATHS & SVT

143 On mesure la glycémie (taux de glucose sanguin) d'une personne après ingestion de sirop de glucose.

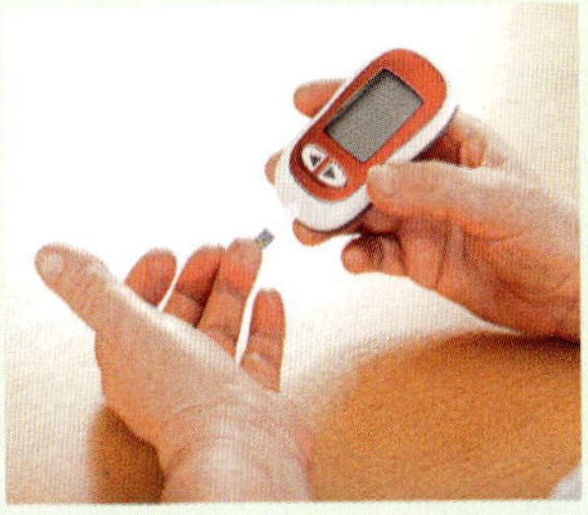

On suppose que cette glycémie, exprimée en grammes par litre ($g.L^{-1}$) en fonction du temps x (en heures), est donnée par :

$$f(x) = \ln(4x+1) - x + 1$$

où x varie dans l'intervalle $\left[0\,;\dfrac{5}{2}\right]$.

1. Calculer $f'(x)$ et montrer que $f'(x) = \dfrac{-4x+3}{4x+1}$.

2. Dresser le tableau de variation de f sur l'intervalle $\left[0\,;\dfrac{5}{2}\right]$.

3. Déterminer l'instant en minutes auquel la glycémie de cette personne est maximale.

LE SAVIEZ-VOUS

La régulation de la glycémie est un système de régulation mettant en œuvre des hormones (dont l'insuline et le glucagon) ainsi que divers organes (pancréas, foie, rein).

VRAI/FAUX Pour les exercices 144 et 145, indiquer si l'affirmation est vraie ou fausse, puis justifier.

144 Soit f la fonction définie sur $]0\,;\mathrm{e}[$ par $f(x) = \ln(1 - \ln(x))$ est décroissante sur $]0\,;\mathrm{e}[$.

145 La fonction g définie sur $]0\,;+\infty[$ par $g(x) = x\ln(x)$ est croissante sur $]0\,;+\infty[$.

Problème de synthèse

146 CALCULER RAISONNER

On note f la fonction définie sur l'intervalle $]0\,;+\infty[$ par :

$$f(x) = (2 - \ln(x))\ln(x).$$

Sa courbe représentative $\mathscr{C}_f$ dans un repère orthonormé est donnée ci-dessous.

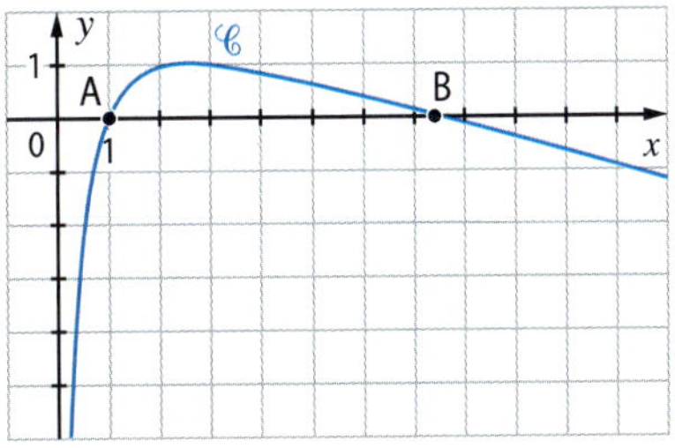

1. a. Lire sur le graphique la limite de la fonction f en 0.
Retrouver ce résultat à l'aide de l'expression de $f(x)$.

b. Déterminer la limite de la fonction f en $+\infty$.

2. Calculer $f'(x)$ et montrer que, pour tout réel x de $]0\,;+\infty[$:

$$f'(x) = \frac{2(1 - \ln x)}{x}.$$

3. En déduire les variations de la fonction f sur l'intervalle $]0\,;+\infty[$.

4. a. On appelle A et B les points d'intersection de la courbe $\mathscr{C}_f$ avec l'axe des abscisses. Calculer les abscisses des points A et B.

b. Calculer le coefficient directeur de la tangente T à la courbe $\mathscr{C}_f$ au point A.

BESOIN D'AIDE ?
Voir fiche Tableur, GeoGebra, p. 272, 274

TP GÉOMÉTRIE TABLEUR La méthode du banquier CHERCHER MODÉLISER

On se propose de trouver une approximation de $\ln(1+h)$ pour h proche de 0, puis d'utiliser cette approximation pour déterminer une méthode rapide permettant d'obtenir le nombre d'années nécessaire pour doubler un capital placé à intérêts composés.

A Établir une approximation

1. À l'aide d'un logiciel de géométrie, tracer la courbe représentative $\mathscr{C}$ de la fonction ln, son point A d'abscisse 1 et sa tangente T en A.

2. Déterminer une équation de la tangente T.

3. a. Définir un paramètre h dont les valeurs vont de $-0{,}2$ à 0,2 avec un pas de 0,01.

b. Construire le point M de $\mathscr{C}$ d'abscisse $(1+h)$ et le point M′ de T d'abscisse $(1+h)$.

c. Que dire des points M et M′ quand h prend des valeurs proches de 0 ?

d. Exprimer les ordonnées des points M et M′ en fonction de h, puis justifier que $\ln(1+h) \approx h$ lorsque h prend des valeurs proches de 0.

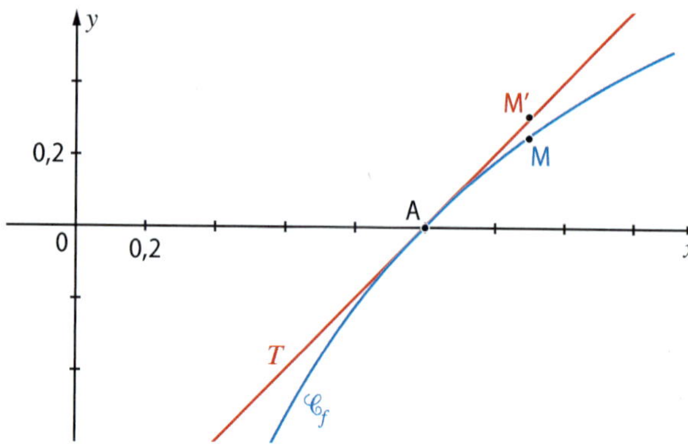

B Utiliser cette approximation

On considère un capital C_0 placé à un intérêt composé de t % à capitalisation annuelle. On note C_n le capital disponible à la fin de la n-ième année.
On veut déterminer à partir de combien d'années ce capital aura doublé.

	A	B	C	D
1		TAUX		
2	n	3%	5%	7%
3	0	100	100	100
4	1	103		

1. a. On se place dans le cas où $C_0 = 100$. À l'aide d'un tableur, construire un tableau permettant de déterminer le nombre d'années nécessaire pour que ce capital dépasse 200 euros lorsque le taux est égal à 3 %, 5 %, 7 %…

b. Un banquier affirme : « Une méthode rapide pour estimer le nombre d'années qu'il faut à un capital, placé au taux t % d'intérêts composés à capitalisation annuelle, pour doubler consiste à diviser 70 par t ».
Utiliser le tableau précédent pour déterminer si cette méthode semble valable.

2. a. Exprimer C_{n+1} en fonction de C_n. En déduire la nature de la suite (C_n).

b. Exprimer alors C_n en fonction de C_0, t et n.

c. Expliquer pourquoi trouver n, le nombre d'années nécessaire pour doubler le capital C_0, revient à déterminer n tel que $\left(1+\frac{t}{100}\right)^n \geqslant 2$.

d. En utilisant la fonction ln, justifier pourquoi cela revient à chercher n tel que $n \geqslant \dfrac{\ln 2}{\ln\left(1+\frac{t}{100}\right)}$.

3. On note $N = \dfrac{\ln 2}{\ln\left(1+\frac{t}{100}\right)}$.

Calculer le nombre N pour les différentes valeurs de t prises dans la question **1**, et comparer à chaque fois avec le résultat obtenu à l'aide du tableur.

4. On va maintenant utiliser l'approximation de $\ln(1+h)$ pour justifier la méthode du banquier.

a. Pour $t < 10$, on peut considérer que $\frac{t}{100}$ est proche de 0.

Donner alors une approximation de $\ln\left(1+\frac{t}{100}\right)$.

b. En déduire que, lorsque t est inférieur à 10, le produit $N \times t$ est environ égal à 70.

c. Que peut-on dire alors de la méthode du banquier ?

Revoir des points essentiels

PARCOURS 1 Résoudre une équation avec ln

Un exemple : Résoudre l'équation $\ln(x+3)+\ln(x-5)=2\ln 3$ (**E**).

Ma réflexion	→ Ma démarche
Quelles sont les conditions pour que les expressions en x soient définies ?	Toutes les expressions dont je calcule le logarithme népérien doivent être strictement positives. ▶ *Expliquer pourquoi x doit appartenir à l'intervalle $]5\,;+\infty[$.*
Comment continuer ?	Je dois arriver à une équation de la forme $\ln a=\ln b$. ▶ *Pourquoi le premier membre de l'équation peut-il s'écrire $\ln((x+3)(x-5))$?*
Comment transformer le second membre de l'équation ?	J'utilise une propriété permettant d'écrire une expression du type $n\ln A$ sous la forme du logarithme d'un nombre. ▶ *Effectuer une transformation d'écriture du second membre afin d'obtenir une équation de la forme $\ln a=\ln b$.*
Comment résoudre une équation de la forme $\ln a=\ln b$?	$\ln a=\ln b$ est équivalent à $a=b$ lorsque a et b sont strictement positifs. ▶ *Montrer que, pour $x>5$, l'équation est équivalente à $(x+3)(x-5)=9$.*
Comment obtenir l'ensemble des solutions ?	On résout l'équation obtenue après simplification et on prend en considération les conditions d'existence. ▶ *Résoudre l'équation $x^2-2x-24=0$, puis justifier que l'équation (E) a une seule solution que l'on précisera.*

147 Résoudre l'équation $\ln(x-2)+\ln(x+6)=4\ln 2+\ln 3$.

148 Résoudre l'équation $\ln(x+3)+\ln(x+7)=\ln 5+2\ln 3$.

149 Résoudre l'inéquation $\ln(x-7)+\ln(x+4)<\ln 2+\ln 13$.

PARCOURS 2 Calculer la dérivée d'une fonction liée à ln

Un exemple : Déterminer la fonction dérivée de la fonction f définie sur $\left]\frac{3}{2}\,;+\infty\right[$ par $f(x)=\ln(x)+\ln(4x^2-9)$.

Ma réflexion	→ Ma démarche
Comment déterminer la formule de dérivation à appliquer ?	Je commence par observer la forme de $f(x)$: il s'agit d'une somme dont le second terme est de la forme $\ln(u(x))$. ▶ *Identifier chacun des termes de cette somme et donner l'expression de $u(x)$.*
Comment poursuivre ?	Je dois dériver chacune des fonctions de la somme. ▶ *Rappeler la fonction dérivée de la fonction ln et la formule de dérivation de $\ln u$ lorsque u est une fonction dérivable, puis calculer $u'(x)$.*
Comment terminer ?	J'applique la formule de dérivation d'une somme. ▶ *Calculer $f'(x)$ et donner le résultat sous forme d'une écriture fractionnaire.*
Quels moyens peut-on utiliser pour vérifier le résultat ?	Je peux utiliser ma calculatrice. ▶ *Remplacer x par deux ou trois valeurs dans l'expression de $f'(x)$ obtenue et vérifier que les résultats sont compatibles avec ceux obtenus en calculant les nombres dérivés correspondants avec la calculatrice.*

150 Déterminer la fonction dérivée de la fonction f définie sur $]1\,;+\infty[$ par $f(x)=3\ln(x)+\ln(x^2-1)$.

151 Déterminer la fonction dérivée de la fonction f définie sur $]0\,;+\infty[$ par $f(x)=x(1+\ln(x))$.

152 Déterminer la fonction dérivée de la fonction f définie sur $]0\,;+\infty[$ par $f(x)=\dfrac{\ln(x)+3}{x^2+1}$.

Tous ces exercices sont corrigés, leurs solutions succinctes sont disponibles à la fin du manuel (p. 282).
En flashant la page, vous accéderez aux **corrigés rédigés et détaillés** sur votre smartphone ou votre tablette.

bordas Flash PAGE corrigés détaillés

L'essentiel

Courbe représentative

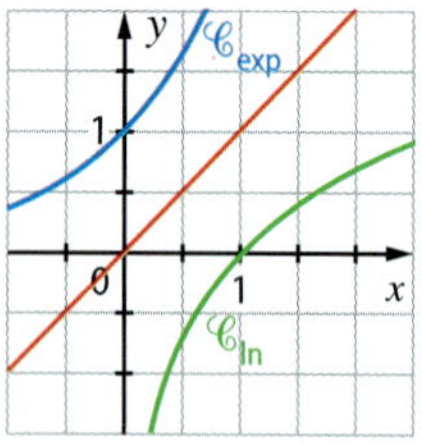

- Dans un repère orthonormé, les courbes représentatives des fonctions logarithme népérien et exponentielle sont symétriques l'une de l'autre par rapport à la droite d'équation $y = x$.
- L'axe des ordonnées est asymptote à la courbe de ln.

Liens avec la fonction exponentielle

- Pour tout réel x, $\ln(\exp(x)) = x$, ce qui s'écrit $\ln(e^x) = x$.
- Pour tout réel x strictement positif, $\exp(\ln(x)) = x$, ce qui s'écrit $e^{\ln x} = x$.
- $\ln 1 = 0$; $\ln e = 1$ et pour tout entier n, $\ln(e^n) = n$.

Relation fonctionnelle et conséquences

Pour tous réels a et b strictement positifs et tout entier n :
- $\ln(ab) = \ln a + \ln b$
- $\ln\frac{1}{a} = -\ln a$
- $\ln\frac{a}{b} = \ln a - \ln b$
- $\ln(a^n) = n\ln a$
- $\ln\sqrt{a} = \frac{1}{2}\ln a$

Logarithme népérien

- **La fonction logarithme népérien** que l'on note **ln** est la fonction réciproque de la fonction exponentielle.
Pour $x > 0$, $y = \ln x$ équivaut à $e^y = x$.
- La fonction ln est définie sur $]0\,;+\infty[$.

Variations et conséquences

- La fonction ln est strictement croissante sur $]0\,;+\infty[$.
- Pour tous réels a et b strictement positifs, $\ln a = \ln b$ équivaut à $a = b$.
- Pour tous réels a et b strictement positifs, $\ln a < \ln b$ équivaut à $a < b$.
- $0 < x < 1$ équivaut à $\ln x < 0$.
- $x > 1$ équivaut à $\ln x > 0$.

Limites

$\lim\limits_{x\to+\infty} \ln x = +\infty$ $\qquad$ $\lim\limits_{\substack{x\to 0\\ x>0}} \ln x = -\infty$

Fonction dérivée

- Pour tout réel x de $]0\,;+\infty[$, $\ln'(x) = \frac{1}{x}$.
- Soit u une fonction dérivable sur un intervalle I telle que $u(x) > 0$ pour tout réel x de I. On a $(\ln u)' = \frac{u'}{u}$.

Faire le point avec des exercices corrigés

Transformer des écritures

* **153** 10 min Capacité 1, p. 81

Exprimer en fonction de ln2, ln3 et ln5, les nombres suivants.

$A = \ln\left(\frac{9e^2}{10}\right)$ $\qquad$ $B = \frac{\ln(20e^3)}{\ln(8)}$ $\qquad$ $C = \ln\left(\frac{\sqrt{1\,350}}{2}\right)$

$D = \sqrt{\ln(e^5)} + \ln\left(\frac{40}{9}\right)$ $\qquad$ $E = \ln\frac{5}{3} + \ln\frac{45}{e^7}$

*** **154** 15 min Capacité 1, p. 81

Soit f la fonction définie sur $\mathbb{R}$ par $f(x) = x + \ln(e^{-x} + 1)$.

1. Démontrer que, pour tout réel x, $f(x) = \ln(1 + e^x)$.
2. En déduire le signe de $f(x)$.

*** **155** 15 min Capacité 1, p. 81

Démontrer que, pour tout réel x strictement positif :

$$2\ln(x) + \ln\left(1 + \frac{1}{x^2}\right) = \ln(x^2 + 1).$$

Résoudre des équations et des inéquations

* **156** 5 min Capacité 2, p. 81

Résoudre dans $\mathbb{R}$ chacune des équations suivantes.

1. $e^x - 5 = 0$ $\qquad$ **2.** $\ln(x) - 5 = 0$

** **157** 10 min Capacité 2, p. 81

Résoudre dans $\mathbb{R}$ l'équation :

$$\ln(x - 1) + \ln(x - 4) = \ln(-3x + 7).$$

** **158** 20 min Capacité 2, p. 81

1. Résoudre dans $\mathbb{R}$ l'équation $x^2 - 4x - 5 = 0$.
2. En déduire la résolution dans $\mathbb{R}$ des équations suivantes.
a. $(\ln(x))^2 - 4\ln(x) - 5 = 0$
b. $\ln(x - 3) + \ln(x - 1) = 3\ln 2$
c. $\ln(x^2 - 4x) = \ln 5$
d. $e^{2x} - 4e^x = 5$

159 15 min Capacité 2, p. 81

1. Résoudre dans ℝ l'inéquation $-x^2 - 6x + 27 > 0$.

2. Résoudre l'équation $\ln(-x^2 - 6x + 27) = \ln 11$.

160 20 min Capacité 2, p. 81

Résoudre dans ℝ les équations suivantes.

1. $6x\ln(x) - \ln(x) = 0$

2. $x^2\ln(x^3) - 3\ln(x) = 0$

161 10 min Capacité 2, p. 81

Résoudre dans ℝ l'inéquation :

$$\ln(2x+1) + \ln(4-x) \leqslant \ln 7.$$

162 15 min Capacité 2, p. 81

Résoudre dans ℝ l'inéquation $(2\ln(x) - 1)(4 - \ln(x)) \leqslant 0$.

163 10 min Capacité 2, p. 81

La population d'une petite ville augmente de 1 % par an. Au 1er janvier 2020, cette ville compte 15 000 habitants. Pour tout entier naturel n, on note p_n la population de cette ville au 1er janvier de l'année $2020 + n$.

1. Exprimer p_n en fonction de n.

2. En quelle année la population dépassera-t-elle 20 000 habitants pour la première fois ?

Calculer des limites

164 15 min Capacité 3, p. 83

Soit f la fonction définie sur $]0\,;e[$ par $f(x) = \dfrac{x-3}{\ln(x)-1}$.

On note $\mathscr{C}_f$ sa courbe représentative dans un repère.

1. Déterminer la limite de f en 0.

2. Déterminer la limite de f en e. Interpréter graphiquement ce résultat.

165 15 min Capacité 3, p. 83

Soit f la fonction définie sur $]0\,;+\infty[$ par $f(x) = \ln\left(e^2 + \dfrac{1}{x}\right)$.

On note $\mathscr{C}_f$ sa courbe représentative dans un repère.

1. Déterminer les limites de f en 0 et en $+\infty$.

2. En déduire l'existence de deux asymptotes pour $\mathscr{C}_f$.

166 15 min Capacité 3, p. 83

Soit f la fonction définie sur $]e^3\,;+\infty[$ par $f(x) = \dfrac{2\ln(x)-7}{\ln(x)-3}$.

1. Déterminer la limite de f en e^3. Interpréter graphiquement ce résultat.

2. a. Vérifier que $f(x) = \dfrac{2 - \dfrac{7}{\ln(x)}}{1 - \dfrac{3}{\ln(x)}}$.

b. En déduire la limite de f en $+\infty$. Interpréter graphiquement ce résultat.

167 10 min Capacité 3, p. 83

Déterminer les limites suivantes.

1. $\lim\limits_{x\to+\infty} \ln\left(e - \dfrac{4}{x}\right)$

2. $\lim\limits_{\substack{x\to 0\\ x>0}} \sqrt{1+x}\,\ln(x)$

Étudier des fonctions

168 20 min Capacité 4, p. 83

Soit g la fonction définie sur l'intervalle $I =]0\,;+\infty[$ par :

$$g(x) = x^2 - 2\ln(x) + 4.$$

1. Calculer $g'(x)$ et montrer que $g'(x) = \dfrac{2(x^2-1)}{x}$.

2. Dresser le tableau de variation de g sur I.

3. En déduire le signe de $g(x)$ sur I.

169 25 min Capacité 4, p. 83

Soit la fonction f définie pour tout réel x de l'intervalle $\left]-\dfrac{1}{2}\,;+\infty\right[$ par $f(x) = 1 + \ln(2x+1)$.

On désigne par $\mathscr{C}$ la courbe représentative de la fonction f dans le repère $(O\,;\vec{i},\ \vec{j})$.

1. a. Déterminer la limite de la fonction f en $-\dfrac{1}{2}$ et en donner une interprétation graphique.

b. Déterminer la limite de la fonction f en $+\infty$.

2. a. Calculer $f'(x)$ pour tout réel x de l'intervalle $\left]-\dfrac{1}{2}\,;+\infty\right[$.

b. Étudier le sens de variation de la fonction f et dresser son tableau de variation.

3. a. Résoudre dans l'intervalle $\left]-\dfrac{1}{2}\,;+\infty\right[$ l'équation :

$$1 + \ln(2x+1) = 0.$$

b. Déterminer les coordonnées des points d'intersection de la courbe $\mathscr{C}$ avec chacun des axes du repère.

170 30 min Capacité 4, p. 83

Partie A : Soit f une fonction définie sur $]0\,;+\infty[$.

$\mathscr{C}$ est la représentation graphique de la fonction f dans un repère orthonormé.

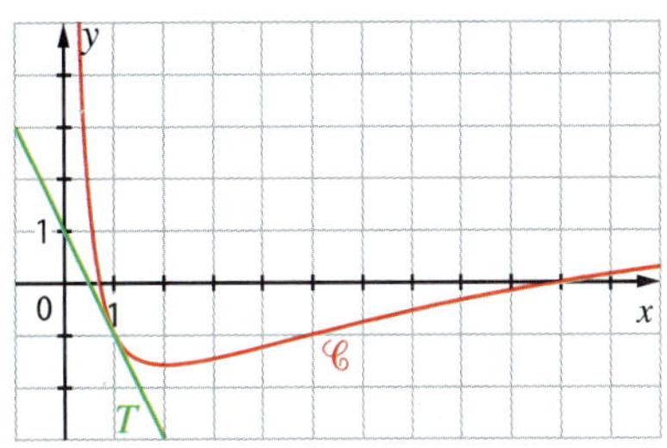

T est la tangente à $\mathscr{C}$ au point de coordonnées $(1\,;-1)$.

T passe par le point de coordonnées $(0\,;1)$.

1. Par lecture graphique, déterminer $f(1)$ et $f'(1)$.

2. On sait que $f(x) = 2\ln(x) + \dfrac{a}{x} + b$ où a et b sont des nombres réels.

a. Calculer $f'(x)$.

b. Justifier alors que $a = 4$ et $b = -5$.

Partie B : La fonction f est donc définie sur $]0\,;+\infty[$ par :

$$f(x) = 2\ln(x) + \frac{4}{x} - 5.$$

1. a. Déterminer $\lim\limits_{x\to+\infty} f(x)$.

b. On admet que $\lim\limits_{x\to 0} f(x) = +\infty$. Que peut-on en déduire graphiquement ?

2. Étudier les variations de f sur $]0\,;+\infty[$.

3. Justifier que l'équation $f(x) = 0$ admet exactement deux solutions dans $]0\,;+\infty[$.

Se tester pour un BON DÉPART

Utiliser une représentation graphique

Le graphique ci-contre donne le prix de location journalier d'un véhicule en fonction de la distance parcourue.

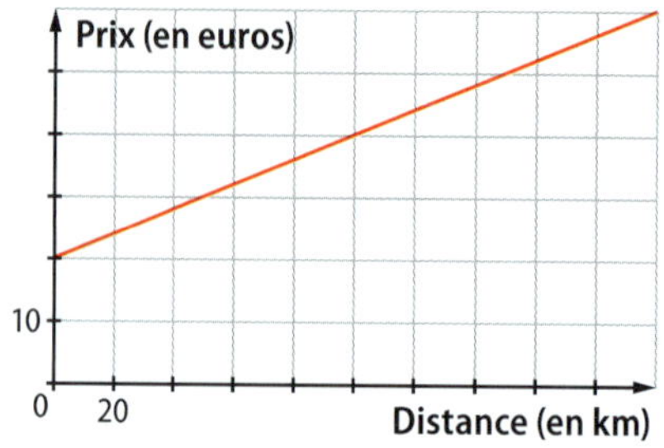

1 QCM *Choisir la ou les bonnes réponses.*

1. Le prix à payer si on effectue 50 kilomètres avec le véhicule est :

a. 30 € **b.** 50 €
c. 145 € **d.** 150 €

2. Avec un budget de 55 €, on peut parcourir :

a. 31 km **b.** 160 km **c.** 175 km **d.** 180 km

2 Pour quelle distance parcourue le coût moyen du kilomètre est-il de 1 € ?

Déterminer et utiliser une équation de droite

3 VRAI/FAUX *Indiquer si les affirmations sont vraies ou fausses, puis justifier.*

Deux droites sont tracées dans le repère ci-contre.

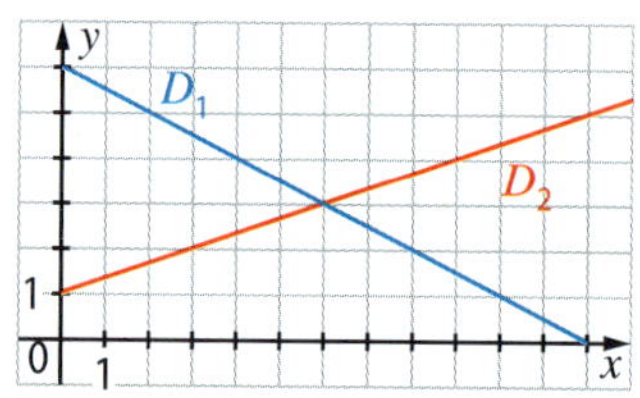

a. Le coefficient directeur de D_1 est $\frac{1}{2}$.

b. Une équation de D_2 est $y = \frac{1}{3}x + 1$.

c. Le point A(4 ; 2,5) appartient à la droite D_2.

d. Le point de D_1 d'ordonné 4,5 a pour abscisse 3.

4 On considère la droite d d'équation $y = -15x + 375$.

a. Calculer l'ordonnée du point de d dont l'abscisse est 9.

b. Calculer l'abscisse du point de d dont l'ordonnée est 120.

c. Tracer la droite d dans le repère (O, I, J). On prendra comme unités : 1 cm pour 2 unités en abscisses et 1 cm pour 50 unités en ordonnées.

5 Déterminer une équation de la droite passant par les points A(12,5 ; 2 455) et B(23 ; 2 686).

Utiliser le mode statistique de la calculatrice CALC

6 QCM *Choisir la ou les bonnes réponses.*

On considère la série statistique donnée par le tableau ci-contre.

Valeur	1	2	4	6	7	10	24
Effectif	3	5	15	13	10	3	1

1. L'étendue de cette série est :

a. 12 **b.** 15 **c.** 23 **d.** 24

2. La moyenne pondérée de cette série est :

a. 4 **b.** 5,5 **c.** 6 **d.** 8

3. L'écart-type de cette série est, à 0,001 près :

a. 3,419 **b.** 3,454 **c.** 7,225 **d.** 7,804

POUR VOUS AIDER → Rappels .... page 258

STATISTIQUES À DEUX VARIABLES

CHAPITRE 5

Il arrive fréquemment que l'on souhaite observer l'évolution d'une grandeur en fonction du temps ou que l'on cherche à déterminer s'il semble exister un lien entre deux caractères quantitatifs d'une même population. C'est le cas en particulier quand des décideurs souhaitent disposer de prévisions afin de les aider à orienter leurs politiques.

On peut par exemple étudier l'évolution de la population des tigres en Inde ; ces félins faisant l'objet d'une mobilisation internationale pour éviter leur extinction.

Voir exercice 50 page 113

LES NOTIONS DU CHAPITRE

- **Ajustement affine**
- **Interpolation, extrapolation**
- **Méthode des moindres carrés**
- **Ajustements par changement de variable**

bordas Flash PAGE

RESSOURCES NUMÉRIQUES

Téléchargez l'application FlashPage, puis scannez la page indiquée pour consulter votre ressource sur smartphone ou tablette.

DÉCOUVRIR

Activité 1 Prime d'ancienneté

Objectif

Découvrir la notion de nuage de points et de point moyen d'une série statistique à deux variables.

Cours 1 Ajustement affine

Les employés du service informatique d'une entreprise ont reçu des primes différentes selon leur ancienneté. Ils décident de comparer le montant de leurs primes. Leurs observations sont reportées dans le tableau suivant.

Employé	n° 1	n° 2	n° 3	n° 4	n° 5	n° 6
Années d'ancienneté	2	8	11	17	20	22
Prime (en €)	290	390	450	580	640	710

Ce tableau définit deux séries statistiques : celle donnant l'ancienneté des employés du service informatique, formée des valeurs $x_1, x_2, \dots, x_6$ et celle donnant la prime de ces employés formée des valeurs $y_1, y_2, \dots, y_6$.

1 Préciser les valeurs de x_1, x_2, y_1 et y_2.

2 On se place dans un repère orthogonal du plan. On prendra comme unités : 1 cm pour 2 ans en abscisses et 1 cm pour 100 € en ordonnées.
a. Placer le point $M_1(x_1 ; y_1)$ dans le repère.
b. À quel relevé peut être associé le point de coordonnées (8 ; 390) ?
c. Placer les points M_2, M_3, M_4, M_5 et M_6 associés respectivement aux employés 2, 3, 4, 5 et 6.
*L'ensemble de ces points constitue le **nuage de points** de la série statistique à deux variables.*

3 **a.** Que peut-on dire de l'allure de ce nuage de points ?
b. Quel lien semble-t-il y avoir entre le nombre d'années d'ancienneté et la prime perçue par les employés du service informatique ?

4 Calculer la moyenne $\overline{x}$ des années d'ancienneté et la moyenne $\overline{y}$ des primes perçues, pour les six relevés. Placer le point $G(\overline{x} ; \overline{y})$ dans le repère précédent.
*Le point $G(\overline{x} ; \overline{y})$ est appelé **point moyen** du nuage.*

Activité 2 Ajustement affine

Objectif

Mettre en œuvre des méthodes d'ajustement affine.

Cours 1 Ajustement affine

On considère la série statistique à deux variables de **l'activité 1**. On a représenté, sur la figure ci-contre, le nuage de points associé à cette série et le point moyen G du nuage.

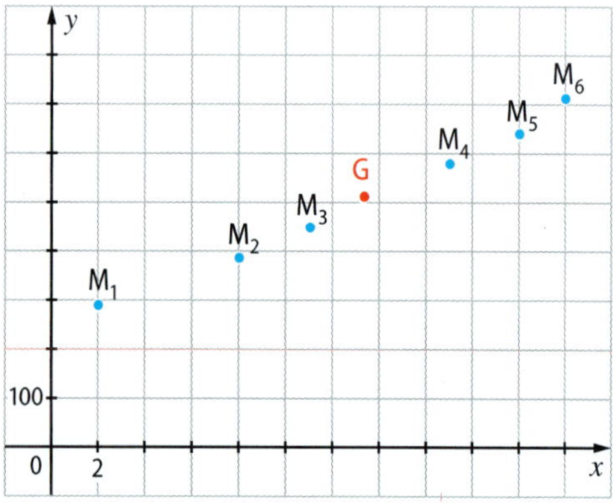

1 Reproduire ce graphique.

2 Tracer la droite (M_1M_6).
Les autres points du nuage sont-ils très « éloignés » de cette droite ?

3 **a.** Placer les points A (4 ; 315) et B (21 ; 670), puis tracer la droite (AB).
b. La droite (AB) semble-t-elle mieux approcher le nuage de points que la droite (M_1M_6) ?

4 **a.** La droite (AB) peut-elle renseigner sur la prime que peut obtenir un employé ayant une ancienneté de 14 ans ?
*On dit que cette estimation d'une valeur, dans le domaine d'étude fourni par les données, a été obtenue par **interpolation linéaire**.*
b. La droite (AB) peut-elle renseigner sur la prime que peut espérer un employé ayant une ancienneté de 30 ans ?
*On dit que cette estimation d'une valeur, hors du domaine d'étude fourni par les données, a été obtenue par **extrapolation linéaire**.*

Activité 3

Fréquentation d'un parc de loisirs

GÉOMÉTRIE

Objectif

Découvrir la droite d'ajustement par la méthode des moindres carrés.

Cours 2 Méthode des moindres carrés

Animation Méthode des moindres carrés

Fichier GeoGebra/Cabri Disponible sur lycee.editions-bordas.fr

Le tableau ci-dessous donne l'évolution de la fréquentation annuelle d'un parc de loisirs.

Année	2012	2013	2014	2015	2016	2017	2018	2019
Rang de l'année x_i	1	2	3	4	5	6	7	8
Nombre de visiteurs y_i (en milliers)	87	132	147	174	232	246	295	324

On a représenté, sur la figure vidéoprojetée, le nuage de points associé à cette série, le point moyen G du nuage et une droite d d'équation $y = ax + b$, où a et b sont des nombres réels que l'on peut faire varier.
Le point A_1 est le point de la droite d de même abscisse que le point M_1 et on note ℓ_1 la longueur du segment $[M_1A_1]$.
On définit de façon analogue les points A_2, A_3, A_4, A_5, A_6, A_7 et A_8 et les longueurs ℓ_2, ℓ_3, ℓ_4, ℓ_5, ℓ_6, ℓ_7 et ℓ_8.
Enfin, on appelle E la somme des carrés de ces longueurs, c'est-à-dire :

$$E = \ell_1^2 + \ell_2^2 + \ell_3^2 + \ell_4^2 + \ell_5^2 + \ell_6^2 + \ell_7^2 + \ell_8^2.$$

On cherche à déterminer une droite qui soit la plus « proche » des points du nuage.
Pour cela, on cherche une droite telle que le nombre positif E soit minimal.

1 En observant le nuage, donner une estimation du coefficient directeur d'une droite approchant de façon raisonnable le nuage de points.

2 On fixe $a = 33$ et on fait varier le réel b. Quelle semble être la plus petite valeur possible de E ? Par quel point remarquable passe alors la droite d ?

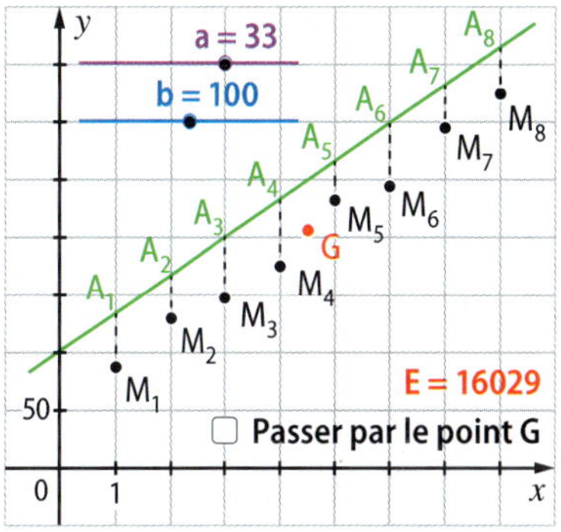

3 Cette observation concernant la droite d est-elle valable lorsque $a = 34$? lorsque $a = 33{,}5$?

4 La droite d passe désormais par le point G.
On fait varier son coefficient directeur a.
Quelle semble être la valeur minimale du nombre E ?

5 Quelle est l'équation réduite de la droite d lorsque E est minimal ?

Activité 4

Un indicateur utile

GÉOMÉTRIE

Objectif

Découvrir le coefficient de corrélation linéaire.

Cours 2 Méthode des moindres carrés

Animation Méthode des moindres carrés

Fichier GeoGebra/Cabri Disponible sur lycee.editions-bordas.fr

À l'aide d'un logiciel de géométrie, on a représenté un nuage de points associé à une série statistique ainsi que la droite d'ajustement par la méthode des moindres carrés.
Le logiciel fournit un indicateur, appelé coefficient de corrélation, qui permet d'évaluer la pertinence d'un tel ajustement.

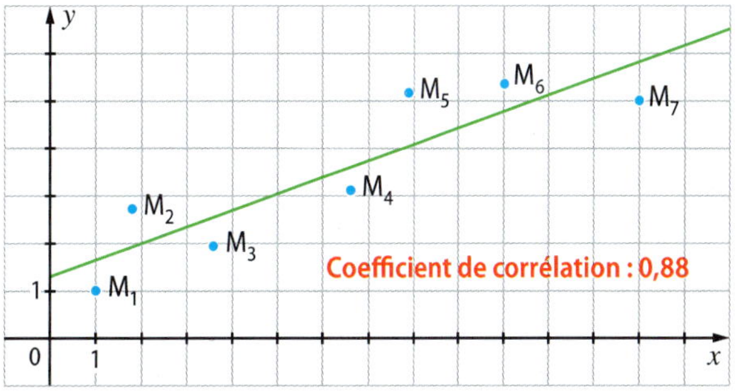

1 On déplace les points M_1 à M_7 en faisant en sorte que la droite d garde une pente positive. Comment évolue le coefficient de corrélation lorsque les points sont de plus en plus alignés ?

2 On déplace les points M_1 à M_7 en faisant en sorte que la droite d garde une pente négative. Comment évolue le coefficient de corrélation lorsque les points sont de plus en plus alignés ?

3 À l'aide de ces différentes observations, conjecturer un encadrement du coefficient de corrélation et comment ce coefficient permet d'indiquer la pertinence d'un ajustement affine.

1. Ajustement affine

Série statistique à deux variables

Vocabulaire
Une série statistique à deux variables est aussi appelée **série statistique double.**

DÉFINITION Quand on étudie deux caractères statistiques sur une même population, on obtient une **série statistique à deux variables.**

x_i	x_1	x_2	...	x_n
y_i	y_1	y_2	...	y_n

Si les valeurs prises par le premier caractère sont x_1, x_2, ..., x_n et celles prises par le second caractère sont y_1, y_2, ..., y_n, alors cette série est définie par le tableau ci-contre.

EXEMPLE : Une grande surface s'intéresse au lien entre ses dépenses publicitaires et son chiffre d'affaires. Les résultats sont donnés dans le tableau ci-contre (en milliers d'euros).

Dépenses publicitaires x_i	5	20	30	42	50	60
Chiffre d'affaires y_i	400	460	870	1 070	980	1 170

Les deux caractères étudiés sont le montant des dépenses publicitaires (série des x_i) et le chiffre d'affaires (série des y_i).

À noter
Quand, sur une population, on étudie un seul caractère dont les valeurs sont relevées à des dates différentes, la série est dite **série chronologique**.

Nuage de points - Point moyen

Soit une série statistique à deux variables donnée par le tableau ci-contre.

x_i	x_1	x_2	...	x_n
y_i	y_1	y_2	...	y_n

DÉFINITIONS • Dans un repère du plan, l'ensemble des points $M_1(x_1 ; y_1)$, $M_2(x_2 ; y_2)$, ..., $M_n(x_n ; y_n)$ constitue le **nuage de points** associé à cette série statistique.
• Le **point moyen** du nuage de points de cette série statistique est le point G ($\overline{x}$; $\overline{y}$) où $\overline{x}$ est la moyenne de la série x_1, ..., x_n et $\overline{y}$ est la moyenne de la série y_1, ..., y_n.

EXEMPLE : Avec les valeurs de l'exemple précédent, le nuage de points de la série statistique à deux variables est constitué des six points : $M_1(5 ; 400)$, $M_2(20 ; 460)$, ..., $M_6(60 ; 1\,170)$. Le point moyen G du nuage a pour coordonnées (34,5 ; 825) puisque la moyenne de la série des x_i est 34,5 et la moyenne de la série des y_i est 825.

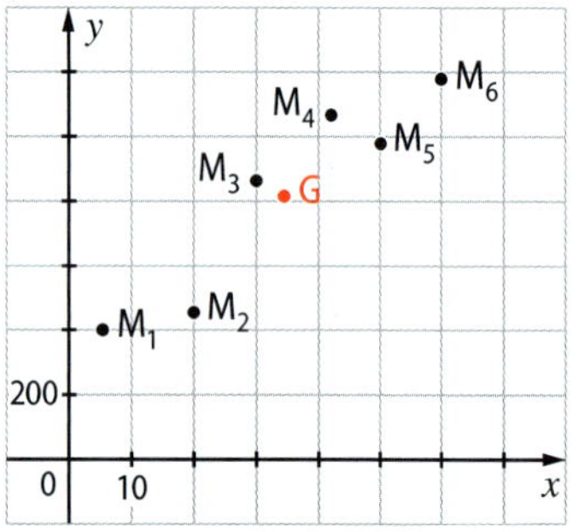

Ajustement affine - Interpolation - Extrapolation

DÉFINITION Lorsque les points du nuage d'une série statistique à deux variables sont sensiblement alignés, on peut construire une droite passant au plus près de ces points. On dit que cette droite réalise un **ajustement affine** du nuage de points.

Pour obtenir une droite d'ajustement, on peut utiliser une méthode graphique en traçant une droite au plus près possible des points du nuage. On peut pour cela choisir une droite passant par deux points du nuage, ou répartir équitablement les points de part et d'autre de la droite, ou encore choisir une droite passant par le point moyen...

DÉFINITION Un ajustement affine permet de faire des **estimations** :
• une **interpolation** quand on estime une valeur inconnue dans le domaine d'étude fourni par l'échantillon ;
• une **extrapolation** quand on estime une valeur inconnue en dehors du domaine d'étude fourni par l'échantillon.

À noter
Pour obtenir une droite d'ajustement, on peut aussi utiliser la méthode des moindres carrés (voir page 102).

CAPACITÉ 1

Représenter un nuage de points

Le tableau suivant donne l'évolution du nombre d'adhérents d'un club de rugby.
Représenter dans un repère orthogonal le nuage de points de coordonnées $(x_i ; y_i)$ associé à cette série statistique.

Année	2014	2015	2016	2017	2018	2019	2020
Rang de l'année x_i	1	2	3	4	5	6	7
Nombre d'adhérents y_i	90	135	142	194	216	227	270

Méthode

Pour tracer un nuage de points, on choisit un repère adapté. Ensuite, chaque colonne du tableau donne les coordonnées d'un point du nuage.

Solution commentée

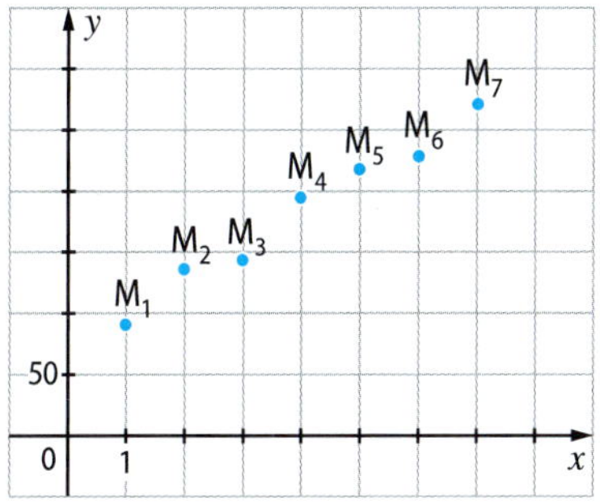

Les valeurs x_i sont représentées sur l'axe des abscisses, les valeurs y_i sont représentées sur l'axe des ordonnées.
Le repère doit permettre de graduer de 0 à 7 sur l'axe des abscisses et de 0 à 270 sur l'axe des ordonnées.
La première année, c'est-à-dire l'année de rang 1, il y a eu 90 adhérents, on place donc le point M_1 de coordonnées (1 ; 90). L'année de rang 2, il y a eu 135 adhérents, on place donc le point M_2 de coordonnées (2 ; 135).
On poursuit la lecture du tableau de valeurs et on place successivement les points $M_3(3 ; 142)$, $M_4(4 ; 194)$, $M_5(5 ; 216)$, $M_6(6 ; 227)$ et $M_7(7 ; 270)$.

Voir exercices
39 Pour s'entraîner
56 et 57 Pour travailler

CAPACITÉ 2

Calculer les coordonnées d'un point moyen

On reprend l'exemple de la **capacité 1**.
Déterminer les coordonnées du point moyen G associé à cette série statistique.

Méthode

Pour déterminer les coordonnées du point moyen, on calcule la moyenne $\overline{x}$ de la série x_i et la moyenne $\overline{y}$ de la série y_i.

Solution commentée

La moyenne de la série x_i est $\overline{x} = \dfrac{1+2+3+4+5+6+7}{7}$, soit $\overline{x} = 4$.

La moyenne de la série y_i est $\overline{y} = \dfrac{90+135+142+194+216+227+270}{7}$, soit $\overline{y} = 182$. Le point G a donc pour coordonnées G(4 ; 182).

Voir exercices
41 Pour s'entraîner
58 et 59 Pour travailler

CAPACITÉ 3

Réaliser et utiliser un ajustement affine

On reprend l'exemple de la **capacité 1**.
On décide d'ajuster le nuage de points à l'aide de la droite d, passant par les points $M_1(1 ; 90)$ et $M_7(7 ; 270)$.

1. Tracer la droite d dans le même repère que le nuage de points de la **capacité 1**.
2. À l'aide de cet ajustement, estimer graphiquement le nombre d'adhérents que l'on peut prévoir la neuvième année.

Méthode

Pour faire graphiquement une estimation, on utilise les coordonnées d'un point de la droite d'ajustement.

Solution commentée

1. Voir figure ci-contre.
2. Le point d'abscisse 9 de la droite d a pour ordonnée 330, donc on peut estimer que la neuvième année, il y aura 330 adhérents dans le club de rugby.

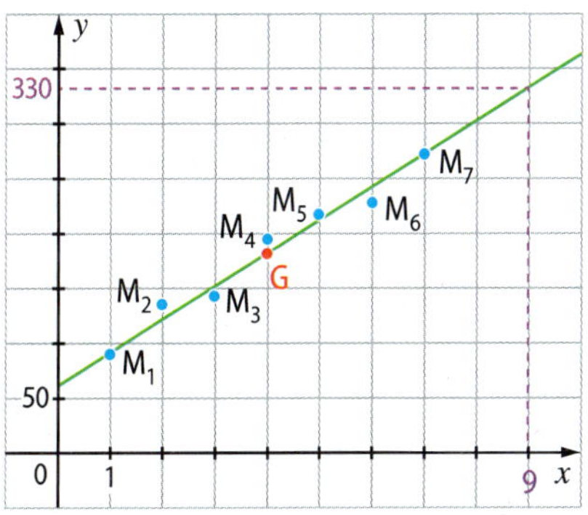

Voir exercices
43 Pour s'entraîner
60 Pour travailler en autonomie

2. Méthode des moindres carrés

Étant donné un nuage de n points M_i d'une série statistique à deux variables, l'ajustement affine par la méthode des moindres carrés consiste à déterminer la droite telle que la somme des carrés des écarts $E = d_1{}^2 + d_2{}^2 + \ldots + d_n{}^2$ soit minimale ; d_i étant la distance entre le point M_i et le point A_i ; A_i étant le point de la droite d'approximation ayant la même abscisse que M_i.

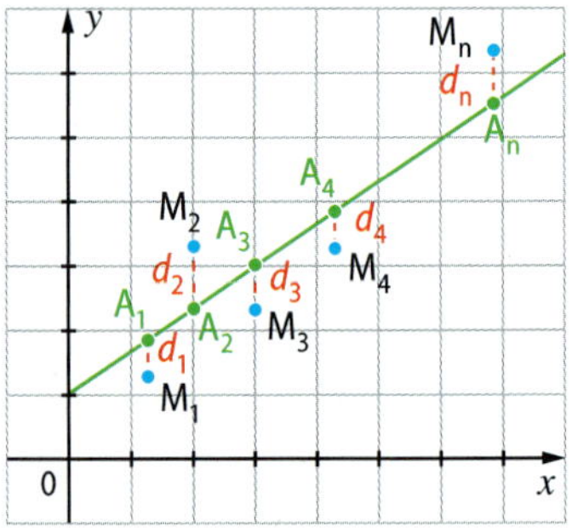

À noter
$\sigma_x{}^2$ est la variance de la série des x_i.

Animation
Méthode des moindres carrés

DÉFINITION - PROPRIÉTÉ La droite obtenue par la **méthode des moindres carrés** est la droite d'équation $y = ax + b$ avec $\boldsymbol{a} = \dfrac{\sigma_{xy}}{\sigma_x{}^2}$ et $\boldsymbol{b} = \overline{\boldsymbol{y}} - \boldsymbol{a}\overline{\boldsymbol{x}}$.
La quantité notée σ_{xy} s'appelle la **covariance** de la série statistique à deux variables et a pour valeur $\sigma_{xy} = \dfrac{1}{n}\displaystyle\sum_{i=1}^{i=n}(x_i - \overline{x})(y_i - \overline{y})$.

DÉMONSTRATION

• On considère un nuage de points $M_i(x_i\,;y_i)$, a et b deux réels et d la droite d'équation $y = ax + b$. Alors : $\quad E = \displaystyle\sum_{i=1}^{i=n} A_iM_i{}^2 = \sum_{i=1}^{i=n}\left[y_i - (ax_i + b)\right]^2$.

Les x_i et y_i étant des valeurs numériques, E est une fonction de deux variables a et b dont on cherche le minimum.

• Pour un réel a fixé, la quantité E est une fonction de la variable b :

$E = f(b) = \displaystyle\sum_{i=1}^{i=n}\left[(y_i - ax_i) - b\right]^2$. En développant cette expression relativement à b, on obtient $f(b) = \displaystyle\sum_{i=1}^{i=n} b^2 - \sum_{i=1}^{i=n} 2b(y_i - ax_i) + \sum_{i=1}^{i=n}(y_i - ax_i)^2$.

Soit $f(b) = nb^2 - 2b\displaystyle\sum_{i=1}^{i=n}(y_i - ax_i) + \sum_{i=1}^{i=n}(y_i - ax_i)^2$.

Cette fonction polynôme du second degré en b a pour dérivée :

$$f'(b) = 2nb - 2\sum_{i=1}^{i=n}(y_i - ax_i)$$

qui s'annule pour $b = \dfrac{1}{n}\displaystyle\sum_{i=1}^{i=n}(y_i - ax_i) = \dfrac{1}{n}\sum_{i=1}^{i=n} y_i - a\dfrac{1}{n}\sum_{i=1}^{i=n} x_i$ soit $b = \overline{y} - a\overline{x}$.

Ainsi, quand a est fixé, $f(b)$, c'est-à-dire E, est minimum lorsque $\boldsymbol{b} = \overline{\boldsymbol{y}} - \boldsymbol{a}\overline{\boldsymbol{x}}$.

• On remplace b par $\overline{y} - a\overline{x}$ dans l'expression de E et on obtient l'expression d'une fonction g de la variable a :

$$E = g(a) = \sum_{i=1}^{i=n}\left[(y_i - ax_i) - (\overline{y} - a\overline{x})\right]^2 = \sum_{i=1}^{i=n}\left[(y_i - \overline{y}) - a(x_i - \overline{x})\right]^2.$$

Soit $g(a) = a^2\displaystyle\sum_{i=1}^{i=n}(x_i - \overline{x})^2 - 2a\sum_{i=1}^{i=n}(x_i - \overline{x})(y_i - \overline{y}) + \sum_{i=1}^{i=n}(y_i - \overline{y})^2$.

Or, on sait que la variance de la série des x_i est $V(x) = \sigma_x{}^2 = \dfrac{1}{n}\displaystyle\sum_{i=1}^{i=n}(x_i - \overline{x})^2$ et la variance de la série des y_i est $V(y) = \sigma_y{}^2 = \dfrac{1}{n}\displaystyle\sum_{i=1}^{i=n}(y_i - \overline{y})^2$.

Alors $g(a) = n\sigma_x{}^2a^2 - 2n\sigma_{xy}a + n\sigma_y{}^2$. Cette fonction polynôme du second degré en a a pour dérivée $g'(a) = 2n\sigma_x{}^2a - 2n\sigma_{xy}$. Cette dérivée s'annule pour $a = \dfrac{2n\sigma_{xy}}{2n\sigma_x{}^2}$, soit $a = \dfrac{\sigma_{xy}}{\sigma_x{}^2}$. Ainsi $g(a)$, c'est-à-dire E, est minimum lorsque $\boldsymbol{a} = \dfrac{\sigma_{xy}}{\sigma_x{}^2}$.

Finalement, E est minimum lorsque $\boldsymbol{a} = \dfrac{\sigma_{xy}}{\sigma_x{}^2}$ et $\boldsymbol{b} = \overline{\boldsymbol{y}} - \boldsymbol{a}\overline{\boldsymbol{x}}$.

À noter
On utilise la calculatrice ou le tableur pour déterminer l'équation de la droite obtenue par la méthode des moindres carrés (voir pages 106 et 107).

Vidéo 10:00
Déterminer un ajustement affine

bordas Flash PAGE vidéo

CAPACITÉ 4

CALC Déterminer une droite d'ajustement

Le webmaster d'un réseau social spécialisé dans le streaming de courtes vidéos a remarqué que la durée de chargement dépendait du nombre de connectés simultanément. Le tableau ci-dessus donne les mesures constatées.

Nombre d'internautes connectés (en milliers) x_i	0,5	1	2,5	3	4	5	6
Durée de chargement de la vidéo (en secondes) y_i	0,3	0,5	0,6	0,9	1,8	2	2,8

Il souhaite réaliser un ajustement affine de cette série à l'aide de la méthode des moindres carrés.

1 **a.** Représenter dans un repère orthogonal le nuage de points de coordonnées $(x_i\,;y_i)$ associé à cette série statistique.
b. Un ajustement affine semble-t-il pertinent ?

2 À l'aide de la calculatrice, déterminer une équation de la droite d d'ajustement affine de y en x par la méthode des moindres carrés. Les coefficients seront arrondis au millième.

Méthode

Pour déterminer une équation de la droite d'ajustement par la méthode des moindres carrés, on utilise le mode statistique de la calculatrice.

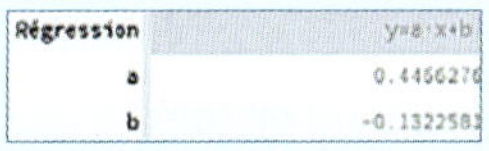

Voir exercices
45 Pour s'entraîner
61 Pour travailler

Solution commentée

1 **a.** Voir ci-contre.

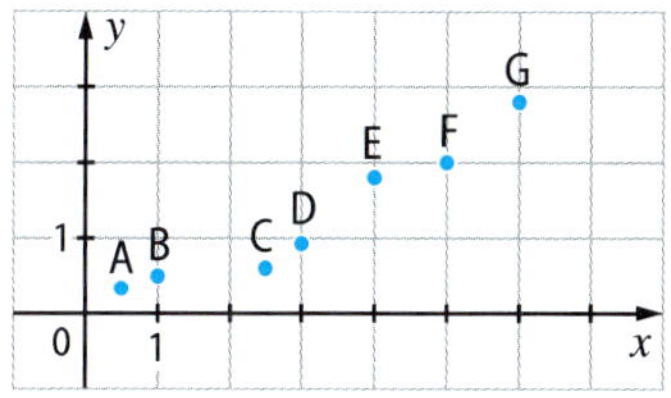

b. Le nuage de points est constitué de points relativement alignés, un ajustement affine est donc pertinent.

2 Pour obtenir une équation de la droite d, on utilise le mode statistique de la calculatrice.
On obtient le coefficient directeur de d : $a \approx 0{,}447$ (à 0,001 près) et l'ordonnée à l'origine de d : $b \approx -0{,}132$ (à 0,001 près).
La droite d a donc pour équation $y = 0{,}447x - 0{,}132$.

Vidéo 10:00
Déterminer un ajustement affine

bordas Flash PAGE vidéo

CAPACITÉ 5

Utiliser un ajustement pour interpoler ou extrapoler

On reprend l'exemple de la **capacité 4**.

1 Avec ce modèle, estimer le temps de réponse quand 4 500 personnes sont connectées, puis quand 8 000 personnes sont connectées.

2 Mélodie a chargé une vidéo en 5 secondes. Estimer le nombre d'internautes connectés à la centaine près.

Méthode

Pour utiliser un ajustement affine, on commence par identifier le rôle de chacune des variables x et y.

Voir exercices
49 Pour s'entraîner
62 Pour travailler

Solution commentée

1 • On donne à x la valeur 4,5 et on calcule la valeur de y correspondante, soit $y = 0{,}447 \times 4{,}5 - 0{,}132 = 1{,}8795$. On peut estimer à 1,9 secondes le temps de téléchargement quand 4 500 personnes sont connectées.
Puisque 4,5 est compris entre 0,5 et 6, on a estimé la valeur de y pour une valeur de x située dans le domaine d'étude fourni par l'échantillon : cette estimation est une **interpolation**.
• On donne à x la valeur 8 et on calcule la valeur de y correspondante, soit $y = 0{,}447 \times 8 - 0{,}132 = 3{,}444$. On peut estimer à 3,4 secondes le temps de téléchargement quand 8 000 personnes sont connectées.
Puisque 8 n'est pas compris entre 0,5 et 6, on a estimé la valeur de y pour une valeur de x située hors du domaine d'étude fourni par l'échantillon : cette estimation est une **extrapolation**.

2 On cherche x tel que $y = 5$. On résout l'équation $0{,}447x - 0{,}132 = 5$ qui équivaut à $0{,}447x = 5{,}132$, donc à $x = \dfrac{5{,}132}{0{,}447}$.
Or $\dfrac{5{,}132}{0{,}447} \approx 11{,}48$ donc il y avait environ 11 480 internautes connectés.

COURS

3. Coefficient de corrélation - Changement de variable

Coefficient de corrélation linéaire

Point Histoire

La corrélation, concept ancien de la biologie, est devenu un outil de mesure statistique grâce aux travaux de **Francis Galton** (1822-1911).

C'est Karl Pearson qui propose en 1896 la formule du coefficient de corrélation linéaire.

On considère une série statistique à deux variables x et y. On note σ_x l'écart-type de la série x, σ_y l'écart-type de la série y et σ_{xy} la covariance des séries statistique x et y.

DÉFINITION On appelle **coefficient de corrélation linéaire** de la série statistique à deux variables x et y le nombre noté r défini par $r = \dfrac{\sigma_{xy}}{\sigma_x \sigma_y}$.

PROPRIÉTÉS Soit r le coefficient de corrélation linéaire d'une série statistique à deux variables.

- r est un réel compris entre -1 et 1 : $-1 \leqslant r \leqslant 1$.
- Le coefficient r permet de mesurer la qualité d'un ajustement affine obtenu par la méthode des moindres carrés.

À noter
Le coefficient de corrélation s'obtient avec la calculatrice ou le tableur (voir pages 106 et 107).

- Plus la valeur du coefficient de corrélation linéaire est proche des valeurs extrêmes 1 ou -1, plus la relation affine entre les variables est forte.
- Plus la valeur du coefficient de corrélation linéaire est proche de 0, plus la relation affine entre les variables est faible.
- Si la valeur du coefficient de corrélation est proche de 1, les séries évoluent dans le même sens, la droite d'ajustement a un coefficient directeur positif.
- Si la valeur du coefficient de corrélation est proche de -1, les séries évoluent en sens opposé, la droite d'ajustement a un coefficient directeur négatif.

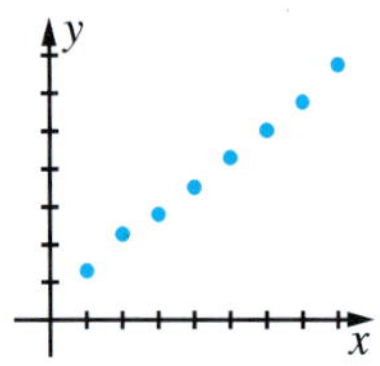

$r \approx 0{,}998$

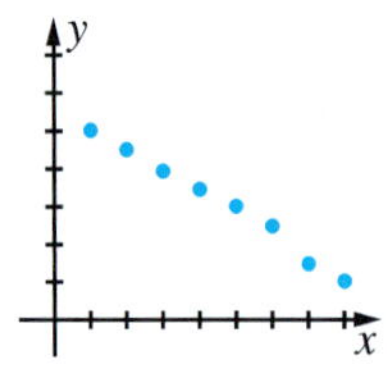

$r \approx -0{,}994$

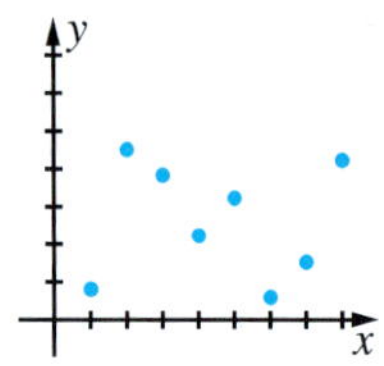

$r \approx 0{,}004$

REMARQUE : Une corrélation forte n'est pas forcément la preuve d'une liaison de cause à effet entre les caractères étudiés, les deux séries de données peuvent être influencées conjointement par une troisième.

Ajustement par changement de variable

À noter
Quand un changement de variable est nécessaire, celui-ci est donné par l'énoncé.

Il peut arriver que le nuage de points associé à une série statistique à deux variables ait l'allure de la courbe d'une fonction autre qu'une fonction affine. Par exemple, une fonction polynôme, une fonction exponentielle, une fonction logarithme...

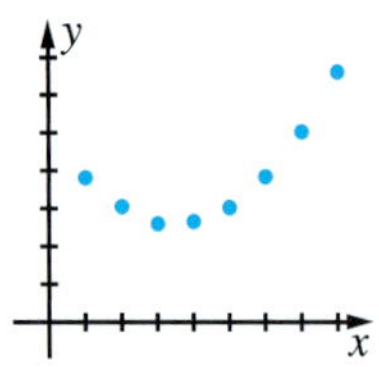

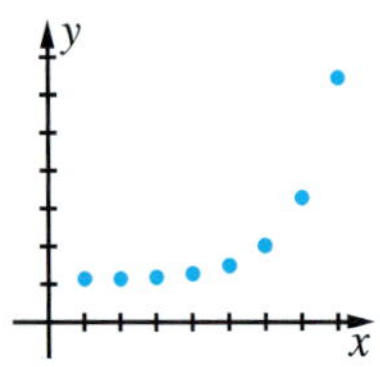

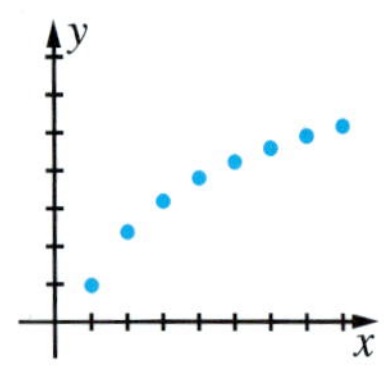

MÉTHODE

- On commence par effectuer le changement de variable sur l'une des deux variables statistiques. Le plus souvent ce changement est de la forme $z = f(y)$.
Pour cela, il faut remplacer chaque valeur y_i de la série des y par $z_i = f(y_i)$.
On obtient alors une nouvelle série statistique à deux variables $(x_i\,;z_i)$, avec $1 \leqslant i \leqslant n$.
- Ensuite on calcule, par la méthode des moindres carrés, l'équation de la droite d'ajustement de z en x. On obtient une relation de la forme $z = ax + b$.
- Pour finir, on revient à la variable initiale. On obtient alors une relation de la forme $f(y) = ax + b$, que l'on simplifie si cela est possible.

Animation
Méthode des moindres carrés

CAPACITÉ 6

CALC Déterminer et utiliser le coefficient de corrélation linéaire

Le tableau ci-dessous donne le montant du SMIC horaire, en euros, entre 2013 et 2019.

Année	2013	2014	2015	2016	2017	2018	2019
Rang x_i	1	2	3	4	5	6	7
SMIC horaire y_i	9,43	9,53	9,61	9,67	9,76	9,88	10,03

Calculer et interpréter le coefficient de corrélation de cette série statistique à deux variables.

Méthode

Pour déterminer un coefficient de corrélation, on utilise le module statistique de la calculatrice.

Solution commentée

À l'aide de la calculatrice, on obtient comme coefficient de corrélation $r \approx 0{,}99$ à 0,01 près. Ce nombre est très proche de 1, on peut donc estimer que la relation entre les variables « rang de l'année » et « montant du SMIC » est de type affine. Un ajustement affine du nuage de points de la série statistique est envisageable.

Voir exercices
46 Pour s'entraîner
61 et 63 Pour travailler

CAPACITÉ 7

CALC Effectuer et utiliser un ajustement par changement de variable

Le tableau ci-contre donne la consommation d'un véhicule, en litres pour 100 km, en fonction de sa vitesse en km/h.

Vitesse x_i	30	50	70	80	90	110	120
Consommation y_i	4,1	4,4	4,9	5,1	5,5	6,5	7,1
$z_i = \sqrt{y_i - 4}$							

1. Représenter dans un repère orthogonal le nuage de points de coordonnées $(x_i ; y_i)$ associé à cette série statistique. Un ajustement affine semble-t-il pertinent ?
2. a. On effectue un changement de variable $z = \sqrt{y-4}$. Recopier et compléter le tableau ci-dessus. On arrondira les valeurs au centième.
   b. À l'aide de la calculatrice, déterminer une équation de la droite d d'ajustement affine de z en x par la méthode des moindres carrés. Les coefficients seront arrondis au millième.
   c. En déduire, d'après ce modèle, l'expression de y en fonction de x.
3. Avec ce modèle, estimer la consommation pour une vitesse de 130 km/h.

Méthode

Pour obtenir un ajustement par changement de variable, on commence par calculer les valeurs de la nouvelle série obtenue par chargement de variable.

Solution commentée

1. Les points du nuage ne sont pas sensiblement alignés, un ajustement affine ne semble donc pas pertinent.

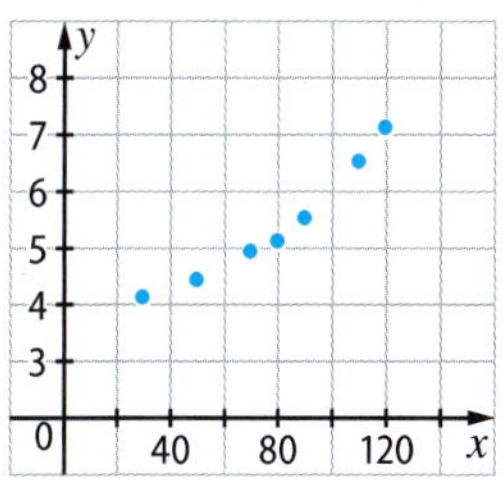

2. a.

Vitesse x_i	30	50	70	80	90	110	120
Consommation y_i	4,1	4,4	4,9	5,1	5,5	6,5	7,1
$z_i = \sqrt{y_i - 4}$	0,32	0,63	0,95	1,05	1,22	1,58	1,76

b. À l'aide de la calculatrice, on obtient $a \approx 0{,}016$ et $b \approx -0{,}171$, d'où l'équation $z = 0{,}016x - 0{,}171$.

c. Comme $z = \sqrt{y-4}$, on a $y - 4 = z^2$, soit $y = z^2 + 4$.
Comme $z = 0{,}016x - 0{,}171$, on en déduit que $y = (0{,}016x - 0{,}171)^2 + 4$.

3. Si la vitesse est 130 km/h, la consommation est $(0{,}016 \times 130 - 0{,}171)^2 + 4$, soit environ 7,6 litres pour 100 km.

Voir exercices
52 Pour s'entraîner
63 Pour travailler

Ajustement affine par la méthode des moindres carrés CALC

On souhaite déterminer une équation de la droite d'ajustement de y en x par la méthode des moindres carrés, pour la série statistique à deux variables donnée ci-contre.

x_i	1	2	3	4	5	6	7
y_i	9,7	12,3	15,8	17	19,3	21,9	24,1

Calculatrices TEXAS INSTRUMENT

1 Saisie des données

- Accéder au mode statistique : stats, choisir le menu ÉDIT, sélectionner 1:Modifier... puis appuyer sur entrer.
- Saisir les valeurs x_i dans une liste, par exemple **L1**, et les valeurs y_i dans une autre liste, par exemple **L2**.

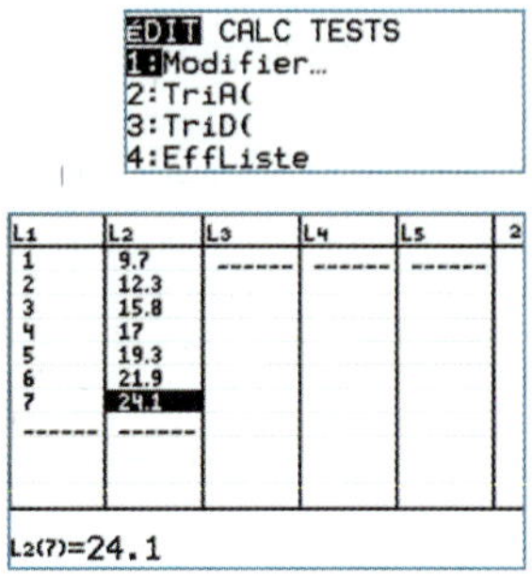

2 Calcul de paramètres statistiques

- Revenir au mode statistique : stats et choisir le menu CALC, puis sélectionner 2:Stats 2 Var suivi de entrer.
- Compléter l'écran comme ci-contre, (2nde 1 pour obtenir **L1** et 2nde 2 pour obtenir **L2**).
- Sélectionner Calculer, suivi de entrer. On obtient entre autres $\overline{x}$ et $\overline{y}$.

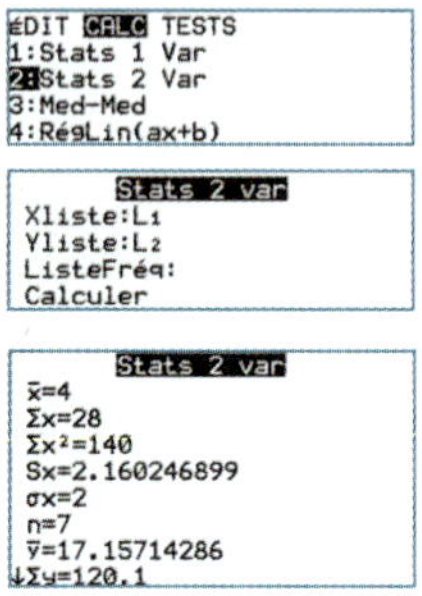

3 Calcul des coefficients de la droite

- Revenir au mode statistique : stats et choisir le menu CALC, puis sélectionner 4:RégLin(ax+b) suivi de entrer.
- Compléter l'écran comme ci-contre.
- Sélectionner Calculer, suivi de entrer.

On obtient les valeurs de a, b et du coefficient de corrélation r.

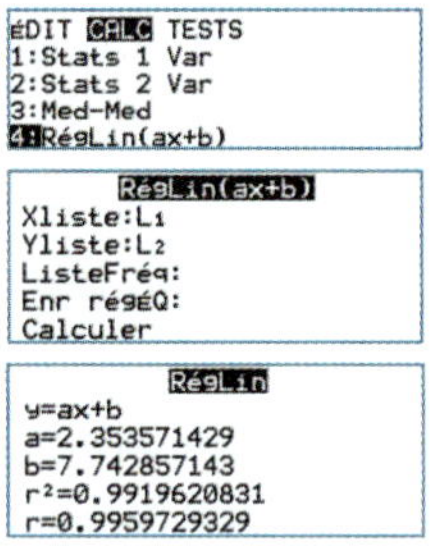

4 Afficher le nuage de points

- Accéder au mode graph stats : touches 2nde f(x) et sélectionner 1:Graph1... suivi de entrer.
- Compléter l'écran comme ci-contre.
- Régler la fenêtre graphique : touche Zoom, puis choisir 9:ZoomStat suivi de entrer.

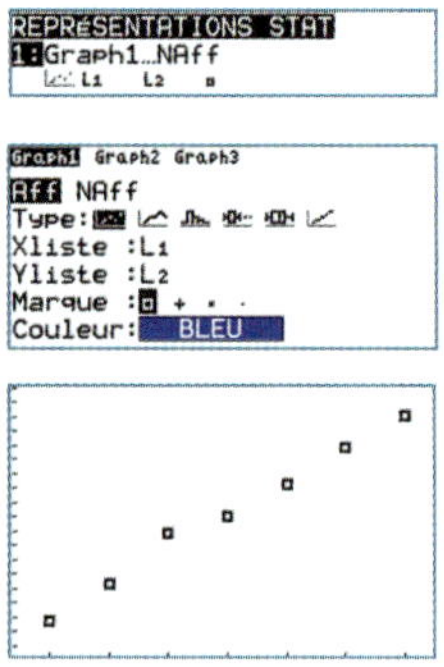

Calculatrices CASIO

1 Saisie des données

- Accéder au mode statistique : Statistique
- Saisir les valeurs x_i dans une liste, par exemple **List1**, et les valeurs y_i dans une autre liste, par exemple **List2**.

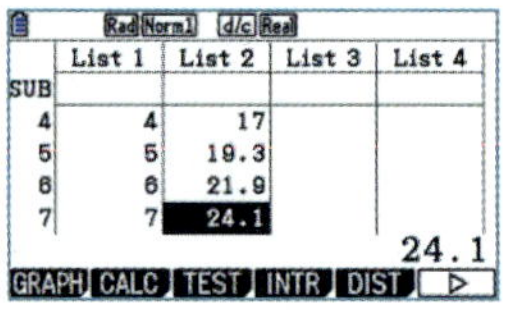

2 Calcul de paramètres statistiques

- Choisir le menu CALC : touche F2, puis sélectionner 2-VAR : touche F2.
- On obtient entre autres $\overline{x}$ et $\overline{y}$.

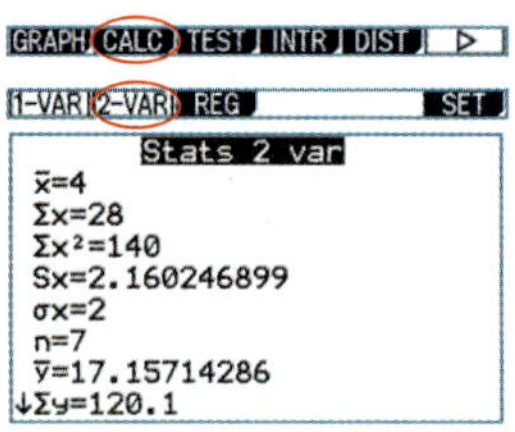

3 Calcul des coefficients de la droite

- Deux fois touche EXIT pour revenir au menu CALC : touche F2.
- Sélectionner successivement : REG : touche F2, puis X : touche F1 et ax+b : touche F1.
- On obtient les valeurs de a, b et du coefficient de corrélation r.

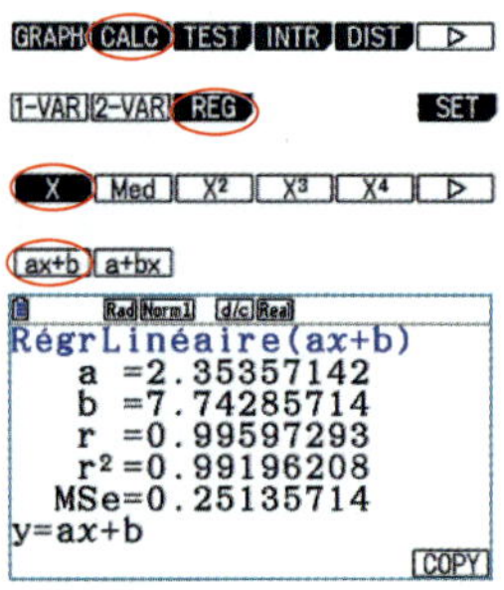

4 Afficher le nuage de points

- Quatre fois touche EXIT et choisir le menu GRAPH : touche F1.
- Sélectionner GRAPH1 : touche F1, pour afficher le graphique.

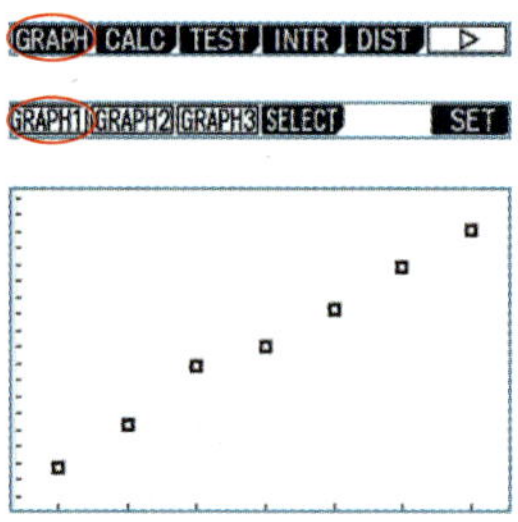

Ajustement affine par la méthode des moindres carrés CALC TABLEUR

On souhaite déterminer une équation de la droite d'ajustement de y en x par la méthode des moindres carrés, pour la série statistique à deux variables donnée ci-contre.

x_i	1	2	3	4	5	6	7
y_i	9,7	12,3	15,8	17	19,3	21,9	24,1

Calculatrices NUMWORKS

1 Saisie des données

• Accéder au mode Régressions :

• Dans le tableau de l'onglet Donées, saisir les valeurs x_i dans une liste, par exemple **X1**, et les valeurs y_i dans une autre liste, par exemple **Y1**.

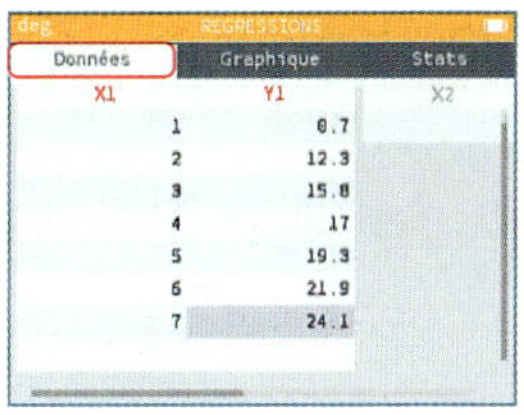

2 Calcul de paramètres statistiques

• À l'aide du pavé directionnel, sélectionner l'onglet Stats en haut de l'écran et validez en appuyant sur la touche OK.

• On obtient entre autres $\overline{x}$ et $\overline{y}$.

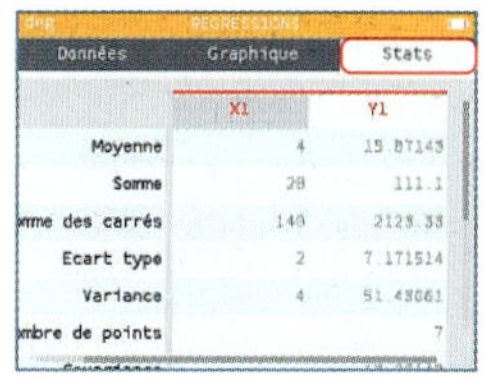

3 Calcul des coefficients de la droite

• Sélectionner l'onglet Stats en haut de l'écran et valider avec la touche OK.

• Utiliser la flèche ▽ du pavé directionnel jusqu'à atteindre le bas du tableau de résultats

• On obtient les valeurs de a, b et du coefficient de corrélation r.

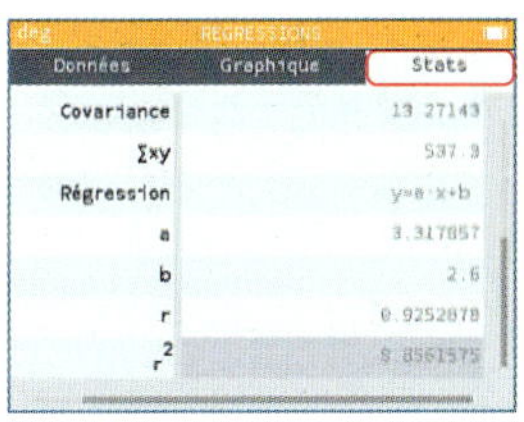

4 Afficher le nuage de points

• À l'aide du pavé directionnel, sélectionner l'onglet Graphique en haut de l'écran et valider avec la touche OK.

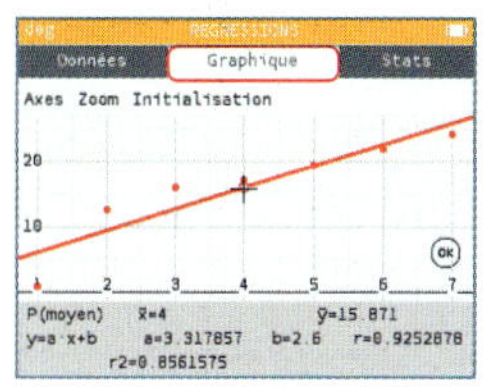

Tableur

1 Dans la ligne **1**, on fait figurer les valeurs de x_i ; dans la ligne **2**, on fait figurer les valeurs de y_i.
On peut ajouter une légende :

- dans la cellule **A1**, saisir la légende « *xi* » ;
- dans la cellule **A2**, saisir la légende « *yi* ».

2 • Dans la cellule **J1**, la formule =MOYENNE(B1:H1) permet de calculer la moyenne des x_i.
• Dans la cellule **J2**, la formule =MOYENNE(B2:H2) permet de calculer la moyenne des y_i.

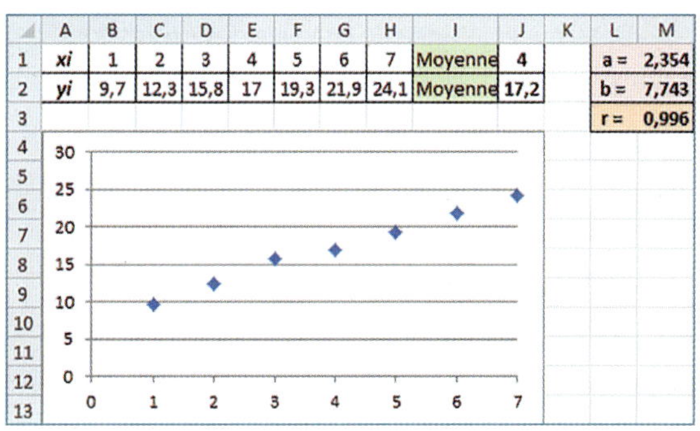

3 • Dans la cellule **M1**, la formule =PENTE(B2:H2;B1:H1) permet de calculer la valeur de la pente a.
Attention à l'ordre des zones de cellules : on commence par les valeurs de la série des y_i.
• Dans la cellule **M2**, la formule =ORDONNEE.ORIGINE(B2:H2;B1:H1) permet de calculer la valeur de l'ordonnée à l'origine b.
• Dans la cellule **M3**, la formule =COEFFICIENT.CORRELATION(B2:H2;B1:H1) permet de calculer la valeur du coefficient de corrélation r.

4 Nuage de points :
Tableur Excel : Sélectionner la plage de cellule **B1:H2** ; dans le menu **Insertion** **Graphiques** choisir **Nuage de points**, puis **avec marqueurs uniquement**.
Tableur Libre Office : Sélectionner la plage de cellule **B1:H2** ; cliquer sur Diagramme et choisir **XY**, puis **points seuls**.

EXERCICES Automatismes et rituels

Calcul mental

1 Calculer.

a. $\frac{8}{21}+\frac{1}{7}$ b. $\frac{2}{3}\div\frac{1}{6}$ c. $\frac{5}{4}+3\times 2$ d. $\frac{3}{4}+\frac{4}{3}$

2 Résoudre dans $\mathbb{R}$ les équations.

a. $x-1=\frac{1}{4}$ b. $5x+3=6$

c. $\frac{4}{7}x=8$ d. $5x-1=2x+3$

3 Simplifier les expressions.

a. $e^{4x+3}\times e^{2x-1}$ b. $\frac{e^{3x-4}}{e^{x+1}}$ c. $(e^{x+3})^2$

4 Calculer l'image de 2 par chacune des fonctions suivantes.

a. $f(x)=x^2-5x+4$ b. $g(x)=(e^{2x-3})^2$

c. $h(x)=\frac{2x-1}{x+2}$ d. $i(x)=\frac{1}{3}\ln(x^3)$

5 Calculer la dérivée de chacune des fonctions suivantes.

a. $f(x)=e^{2x}+2x$ sur $\mathbb{R}$

b. $g(x)=\ln(x)+\frac{x^2}{2}$ sur $]0\,;+\infty[$

Automatismes

Calculs numériques et algébriques

6 Calculer les réels A et B en donnant le résultat sous la forme d'une fraction irréductible.

1. $A=\dfrac{1+\frac{1}{2}+\frac{1}{3}+\frac{1}{6}}{1\times\frac{1}{2}+\frac{1}{3}\times\frac{1}{6}}$ 2. $B=\dfrac{2^5\times 6^3\times 9^{-1}}{3^{-3}\times 8^4}$

7 Résoudre les inéquations suivantes dans $\mathbb{R}$.

1. $2(x-7)\geqslant -3x+1$ 2. $3x-(2x+4)\leqslant\frac{1}{4}(x-8)$

3. $e^{2x+3}-1>0$

8 **Question de méthode**

1. Comment faire pour déterminer le signe de l'expression $(2x+5)(3x-9)$?
2. Comment faire pour résoudre une inéquation de la forme $x^2>a$, où a est un réel strictement positif ?

9 Déterminer le signe de chacune des expressions, suivant les valeurs du réel x.

1. $A(x)=3(x+5)(7-2x)$ 2. $B(x)=-2\left(x-\frac{1}{3}\right)(2x+1)$

Fonctions

10 VRAI/FAUX

Indiquer si les affirmations sont vraies ou fausses, puis justifier.

On considère les fonctions f et g définies respectivement sur $\mathbb{R}$ et sur $\mathbb{R}^*$ par $f(x)=x^2-6x$ et $g(x)=x+\frac{1}{x}$. On note $\mathscr{C}_f$ et $\mathscr{C}_g$ leurs courbes représentatives dans un repère.

1. La tangente à $\mathscr{C}_f$ en son point d'abscisse 2 a pour équation $y=2x+4$.
2. La tangente à $\mathscr{C}_g$ en son point d'abscisse −2 a pour équation $y=\frac{3}{4}x-1$.

11 QCM *Choisir la ou les bonnes réponses.*

Soit la fonction f définie sur $\mathbb{R}$ par $f(x)=x^3-3x^2$.

1. f est croissante sur $[0\,;2]$.
2. f est croissante sur $]-\infty\,;0[$.
3. f est décroissante sur $[0\,;3]$.
4. f est positive sur $[3\,;+\infty[$.

12 QCM *Choisir la ou les bonnes réponses.*

Sur $]2\,;+\infty[$, la fonction $g(x)=\frac{-5}{(x-2)^2}$ est la dérivée de la fonction :

1. $f(x)=\frac{x+3}{x-2}$ 2. $f(x)=\frac{-5}{x-2}$

3. $f(x)=\frac{2x+1}{x-2}$ 4. $f(x)=\frac{5}{x-2}$

Algorithmique et programmation

13 PYTHON On considère la fonction Python dont le script est donné ci-contre.

```python
def fonc(n):
    while n>7:
        n = n-7
    return(n)
```

1. Quelle est la valeur retournée par l'appel fonc(30) ?
2. Proposer deux valeurs entières de n différentes pour lesquelles la fonction fonc retourne la valeur 1.
3. Expliquer pourquoi la fonction fonc ne peut pas retourner la valeur 10.

14 PYTHON QCM *Choisir la ou les bonnes réponses.*

On saisit L = **list(range(5))**. Alors L est la liste :

1. [0, 1, 2, 3, 4] 2. [0, 1, 2, 3, 4, 5]

3. [1, 2, 3, 4] 4. [1, 2, 3, 4, 5]

15 PYTHON Compléter le script de la fonction Python ci-dessous pour que l'appel suite(n) retourne la somme des $n+1$ premiers termes de la suite définie par $u_0=4$ et, pour tout entier n, $u_{n+1}=2u_n-3$.

```python
def suite(n):
    u = ...
    S = ...
    for k in range(n):
        u = ...
        S = ...
    return(S)
```

Nuage de points – Point moyen

Pour les exercices 16 et 17, on considère la série statistique à deux variables suivante.

Valeurs x_i	3	5	10
Valeurs y_i	22	16	7

Questions flash

16 ORAL VRAI/FAUX
Indiquer si les affirmations sont vraies ou fausses, puis justifier.
1. Le nuage de points associé à cette série comporte six points.
2. Le point M(10 ; 7) appartient à ce nuage de points.

17 ORAL **1.** Effectuer le calcul $\frac{3+5+10}{3}$. À quoi correspond cette valeur pour le point moyen G de ce nuage ?
2. Comment peut-on déterminer l'ordonnée du point G ?

18 On donne ci-dessous le nuage de points associé à une série statistique à deux variables.

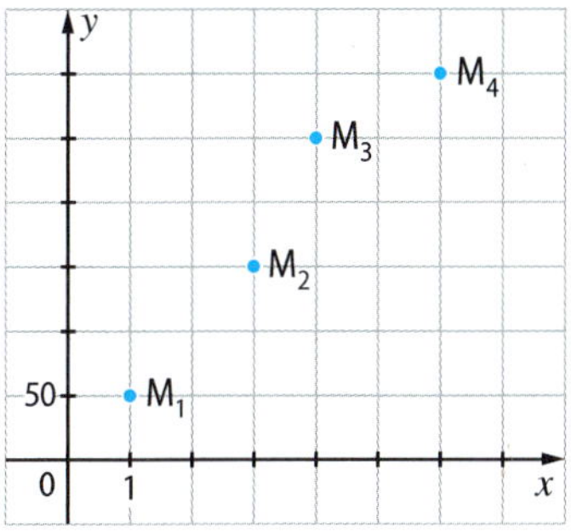

1. Indiquer pour chacun des quatre points M_i du nuage l'abscisse x_i et l'ordonnée y_i.
2. Recopier et compléter le tableau ci-dessous constituant la série statistique étudiée.

Valeurs x_i	1			
Valeurs y_i	50			

3. a. Calculer $\frac{1+3+4+6}{4}$ et en déduire l'abscisse du point moyen G du nuage.
b. Vérifier que l'ordonnée du point G est égale à 187,5.

19 QCM *Choisir la ou les bonnes réponses.*
On considère la série statistique à deux variables donnée par le tableau suivant.

Valeurs x_i	3	7	9	12	14
Valeurs y_i	10	8	5	3	2

Le point moyen du nuage de points associé à cette série à pour coordonnées :
1. (5,6 ; 9) **2.** (9 ; 5) **3.** (9 ; 5,6) **4.** (45 ; 28)

20 Quand il court, un sportif relève sa vitesse moyenne (en km/h) en fonction de la distance parcourue (en h).
Le graphique suivant donne ces valeurs pour quatre distances différentes.

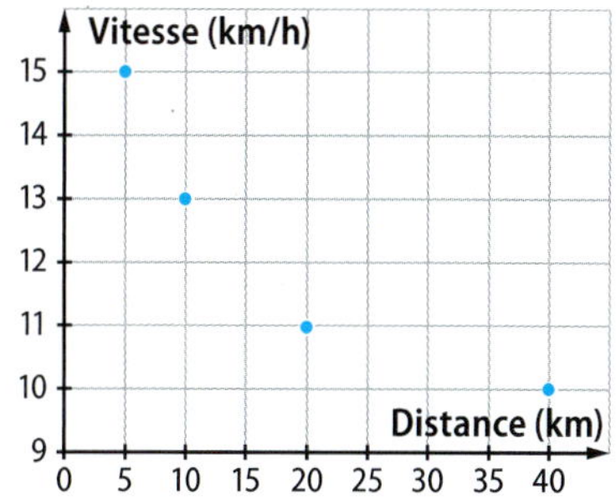

1. Quelle est la vitesse moyenne pour un parcours de 20 km ?
2. Quelle est la distance parcourue si la vitesse moyenne est de 13 km/h ?
3. Vérifier que G(18,75 ; 12,25) est le point moyen associé à ce nuage.
4. Un nouveau relevé permet de compléter le nuage de points précédent par le point M(25 ; 10,5). Comment peut-on interpréter les coordonnées de ce point M ?

21 Le graphique ci-dessous donne l'évolution du nombre d'hippopotames dans une réserve à partir de l'année 2011, prise pour rang zéro.

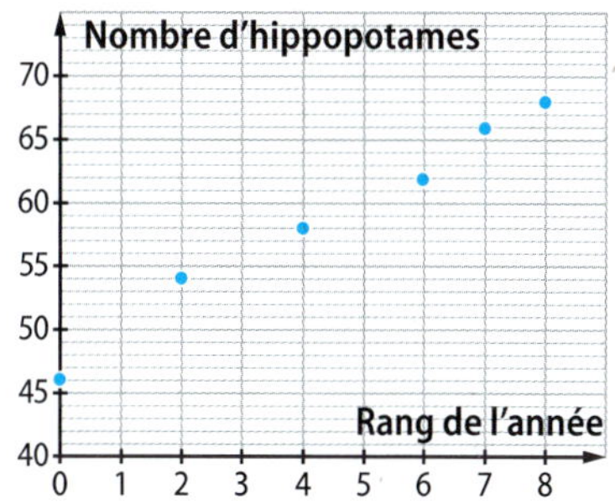

1. Recopier et compléter le tableau de données suivant.

Année	2011	2013	2015	…	…	…
Rang de l'année x_i	0	2	4			
Effectif y_i	46	54				

2. Vérifier que le point moyen du nuage de points associé à la série statistique $(x_i ; y_i)$ a pour coordonnées (4,5 ; 59).
3. En 2020, la réserve compte 69 hippopotames.
Préciser les coordonnées du point que l'on peut ajouter au nuage de points précédent.

22 PYTHON **Compléter un programme**
Recopier et compléter le programme Python ci-contre afin que l'appel PointM(X,Y) renvoie les coordonnées (xG,yG) du point moyen de la série statistique double $(x_i ; y_i)$ où les valeurs x_i sont contenues dans la liste X et les valeurs y_i sont contenues dans la liste Y. Les listes X et Y ont le même nombre d'éléments.

```
def PointM(X,Y):
    n=len(X)
    xG=0;yG=0
    for i in range(n):
        xG=xG+...
        yG=...
    xG=xG/n ; yG=yG/n
    return xG,yG
```

Ajustement affine d'un nuage de points

Questions flash

23 ORAL QCM *Choisir la ou les bonnes réponses.*

On donne ci-dessous des nuages de points associés chacun à une série statistique à deux variables. Indiquer ceux pour lesquels un ajustement affine est envisageable.

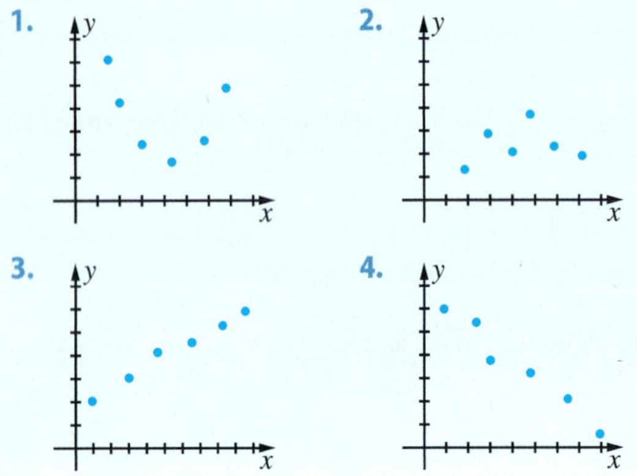

24 On donne ci-dessous un nuage de points associé à une série statistique à deux variables.

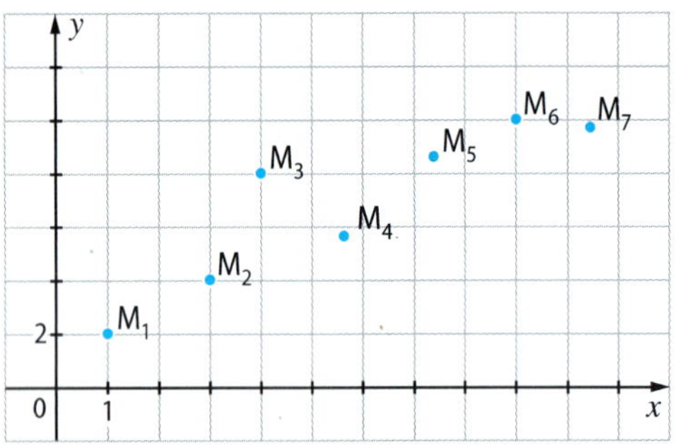

1. Indiquer, parmi les droites proposées, celle qui semble la plus pertinente pour effectuer un ajustement affine de ce nuage de points.

a. (M_1M_3) **b.** (M_1M_4)
c. (M_1M_6) **d.** (M_1M_7)

2. On décide de choisir la droite (M_1M_6) pour effectuer un ajustement affine de ce nuage.
Vérifier que son équation réduite est $y = x + 1$.

25 CALC On considère la série statistique à deux variables donnée par le tableau suivant.

Valeurs x_i	12	18	31	45	52	64
Valeurs y_i	72	60	58	48	32	24

1. À l'aide de la calculatrice, vérifier que les coordonnées du point moyen sont G(37 ; 49).

2. À l'aide de la calculatrice, tracer le nuage de points correspondant à cette série statistique.
On pourra choisir comme fenêtre graphique :
Xmin = 0 Xmax = 70
Ymin = 0 Ymax = 80

3. Un ajustement affine est-il envisageable ?

26 Le graphique ci-dessous donne l'évolution du nombre de cannettes d'une boisson énergisante vendues pendant les 6 premières années de leur mise sur le marché. On décide d'ajuster le nuage de points par la droite représentée en rouge.

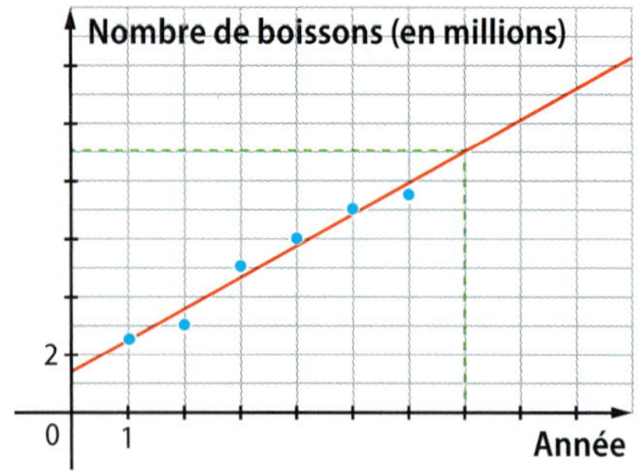

1. Donner les coordonnées de deux points du nuage.

2. À l'aide de l'ajustement proposé, estimer graphiquement le nombre de millions de cannettes vendues la septième année.

3. Déterminer graphiquement la première année durant laquelle les ventes vont dépasser 11 millions.

Méthode des moindres carrés

Questions flash

27 ORAL On considère la série statistique à deux variables donnée par le tableau suivant.

Valeurs x_i	2	5	7	10	11
Valeurs y_i	8	12	15	17	19

Pour déterminer la droite d d'ajustement de y en x par la méthode des moindres carrés, on utilise la calculatrice et on obtient les valeurs ci-contre.

```
a=1.166666667
b=6.033333333
```

Donner une équation de la droite d en arrondissant les coefficients à 0,01 près.

28 ORAL Le tableau de valeurs est celui de l'exercice précédent.

1. Si on cherche à estimer la valeur de y quand x vaut 6, est-ce une interpolation ou une extrapolation ?

2. Si on cherche à estimer la valeur de y quand x vaut 12, est-ce une interpolation ou une extrapolation ?

29 TABLEUR On a entré les valeurs d'une série statistique à deux variables dans une feuille de calcul d'un tableur donnée ci-dessous.

	A	B	C	D	E	F	G	H	I
1	Valeurs x_i	1	2	5	6	8	10		15,61
2	Valeurs y_i	40	54	63	71	134	192		9,067

On a saisi la formule =PENTE(B2:G2;B1:G1) dans la cellule **I1** et la formule =ORDONNEE.ORIGINE(B2:G2;B1:G1) dans la cellule **I2**.

À l'aide des informations contenues dans la copie d'écran, écrire une équation de la droite d d'ajustement de y en x par la méthode des moindres carrés.

On arrondira les coefficients à 0,1 près.

30 LOGIQUE Soit d une droite et G le point moyen d'un nuage de points associé à une série statistique à deux variables.

1. La proposition suivante est-elle vraie : « Si d est la droite d'ajustement de y en x par la méthode des moindres carrés de ce nuage de points, alors le point G appartient à d » ?

2. Énoncer la réciproque de cette proposition.
Cette réciproque est-elle vraie ?

31 CALC On considère la série statistique à deux variables donnée par le tableau suivant.

Valeurs x_i	0	1	2	3	4	5
Valeurs y_i	10	18	25	48	53	77

En arrondissant les coefficients au centième, vérifier qu'une équation de la droite d d'ajustement de y en x par la méthode des moindres carrés est $y = 13{,}23x + 5{,}43$.

32 CALC On considère la série statistique dont les valeurs sont celles du tableau de l'exercice **31**.

1. Vérifier que le coefficient de corrélation de cette série statistique à deux variables est $r \approx 0{,}979$.

2. Peut-on considérer que la relation affine entre les deux variables de cette série est forte ?

33 Associer chaque nuage de points au coefficient de corrélation qui lui correspond.

$r \approx -0{,}993$ $r \approx 0{,}474$ $r \approx 0{,}995$

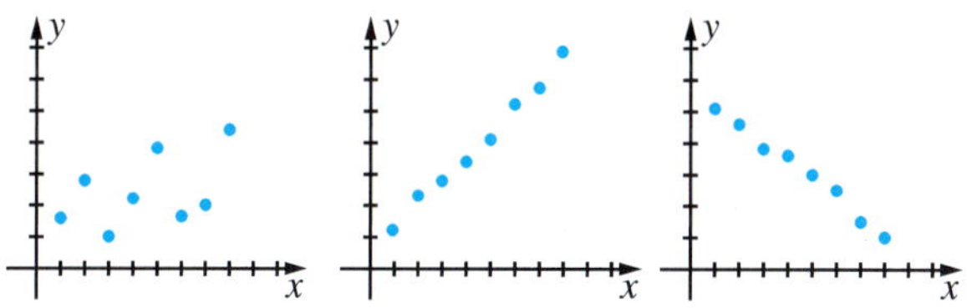

Nuage 1 Nuage 2 Nuage 3

34 CALC QCM *Choisir la ou les bonnes réponses.*
On considère la série statistique à deux variables donnée par le tableau suivant.

Valeurs x_i	7	11	15	20	21
Valeurs y_i	121	98	64	42	20

On note d la droite d'ajustement de y en x par la méthode des moindres carrés du nuage de points $M_i(x_i\,;\,y_i)$.
Les coefficients étant arrondis au centième, une équation de d est :

1. $y = -0{,}14x + 24{,}70$ **2.** $y = -7{,}21x + 171{,}47$

3. $y = -5{,}20x + 157{,}40$ **4.** $y = -6{,}83x + 170{,}01$

35 On considère la série statistique à deux variables donnée par le tableau suivant.

Valeurs x_i	4	7	13	17	37
Valeurs y_i	17	36	49	62	106

On admet que la droite d'ajustement de y en x par la méthode des moindres carrés du nuage de points a pour équation $y = 2{,}5x + 14{,}2$ (les coefficients étant arrondis au dixième).

1. À l'aide de cet ajustement, estimer la valeur de y lorsque x est égal à 30.

2. a. Résoudre l'équation $2{,}5x + 14{,}2 = 40$.

b. En déduire une estimation de la valeur de x lorsque y est égal à 40.

Ajustement affine et changement de variables

Questions flash

36 On considère la série statistique à deux variables donnée par le tableau ci-dessous.

Valeurs x_i	2	3	4	5
Valeurs y_i	0,4	0,16	0,125	0,1

Pour chaque valeur y_i, on pose $z_i = \dfrac{1}{y_i}$.
Calculer les valeurs manquantes du tableau ci-dessous

Valeurs x_i	2	3	4	5
Valeurs y_i	**0,4**	0,16	0,125	0,1
Valeurs z_i	$\dfrac{1}{\mathbf{0{,}4}} = 2{,}5$			

37 On considère la série statistique à deux variables donnée par le tableau ci-dessous.

Valeurs x_i	0	1	2	3
Valeurs z_i	1,02	1,42	1,72	2,01

On pose $z_i = y_i^2$.

1. Recopier et compléter le tableau suivant en arrondissant les valeurs au centième.

Valeurs x_i	0	1	2	3
Valeurs z_i	1,04			

2. On réalise un ajustement du nuage de points $M_i(x_i\,;\,z_i)$ à l'aide de la droite d'équation $z = x + 1$.

a. Estimer alors la valeur de z lorsque x est égal à 8.

b. Résoudre l'équation $y^2 = 9$ pour y positif, puis en déduire une estimation de la valeur de y lorsque x est égal à 8.

38 Le responsable d'un site Internet s'intéresse au nombre de pages visitées au cours des sept semaines suivant l'ouverture de son site.

Semaine x_i	1	2	3	4	5	6	7
Nombre de pages visitées (en milliers) y_i	40	45	55	70	95	125	175

On pose $z_i = \ln(y_i)$.

1. Recopier et compléter le tableau suivant en arrondissant les valeurs au centième.

Semaine x_i	1	2	3	4	5	6	7
$z_i = \ln(y_i)$							

2. En arrondissant les coefficients au centième, vérifier qu'une équation de la droite d d'ajustement de z en x par la méthode des moindres carrés est $z = 0{,}25x + 3{,}33$.

3. Donner une estimation du nombre de pages visitées la huitième semaine.

Nuage de points – Point moyen

39 Capacité 1, p. 101

Le tableau suivant donne l'évolution du nombre d'internautes abonnés au profil Instagram d'un influenceur chaque mois durant six mois.

Mois	Janvier	Février	Mars	Avril	Mai	Juin
Rang du mois x_i	1	2	3	4	5	6
Nombre d'abonnés (en milliers) y_i	10	12	13	14	17	19

Représenter graphiquement le nuage de points associé à la série statistique $(x_i\,;y_i)$.

MATHS & SES

40 Le tableau suivant propose une comparaison entre le taux d'emploi x_i et la part des personnes à temps partiel y_i, exprimés en pourcentages, pour les pays de la zone euro ayant le plus grand PIB.

Pays	Taux d'emploi	Part des personnes en emploi à temps partiel
Allemagne	74,7	26,7
France	64,2	18,3
Italie	57,2	18,5
Espagne	59,5	15,1
Pays-Bas	74,8	49,7
Belgique	62,3	24,7
Autriche	71,5	27,8

Construire le nuage de points associé à cette série statistique à deux variables x_i et y_i.

On prendra comme unités :

- 1 cm pour 5 points de pourcentage en abscisses, en commençant la graduation à 50 ;
- 1 cm pour 10 points de pourcentage en ordonnées.

41 Capacité 2, p. 101

On considère la série statistique à deux variables donnée par le tableau suivant.

Valeurs x_i	0	2	3	4	6
Valeurs y_i	5	11	13	15	18

Déterminer les coordonnées du point moyen de cette série statistique.

42 VRAI/FAUX

Indiquer si les affirmations sont vraies ou fausses, puis justifier.

Les élèves d'une classe de Terminale comparent leur moyenne du deuxième trimestre en histoire (x_i) et en mathématiques (y_i).

x_i	12	8	9	13	9	10	14	5	10	16
y_i	13	9	17	11	12	15	11	7	10	11

1. Le point M(11 ; 13) appartient au nuage de points de coordonnées de cette série statistique $(x_i\,;y_i)$.

2. Le point moyen G du nuage de points de cette série statistique a pour coordonnées (10,6 ; 11,6).

Ajustement affine d'un nuage de points

43 Capacité 3, p. 101

On a relevé au cours de six années consécutives le chiffre d'affaires d'une entreprise, exprimé en milliers d'euros.

Année	2014	2015	2016	2017	2018	2019
Rang de l'année x_i	1	2	3	4	5	6
Chiffre d'affaires y_i	115	133	150	167	180	200

1. Représenter, dans un repère orthogonal, le nuage de points M_i de cette série stat doubles $(x_i\,;y_i)$.

On prendra comme unités :

- 1 cm pour une année en abscisses ;
- 1 cm pour 20 milliers d'euros en ordonnées, en commençant la graduation à 80 milliers d'euros.

2. On décide d'ajuster le nuage de points à l'aide de la droite (M_1M_6).

a. Tracer la droite (M_1M_6).

b. Estimer graphiquement le chiffre d'affaires de cette entreprise en 2021.

c. Déterminer graphiquement la première année pour laquelle le chiffre d'affaires dépassera 240 milliers d'euros.

LE SAVIEZ-VOUS

Cette méthode est appelée la méthode des points extrêmes.

MATHS & SES

44 Le tableau suivant donne l'évolution en fonction de l'année du budget publicitaire d'une entreprise, en dizaines de milliers d'euros.

Année x_i	2013	2014	2015	2016	2017	2018	2019	2020
Budget y_i	2	2,3	2,5	3	3,2	3,5	3,7	4,2

1. Dans un repère d'unité 1 cm sur l'axe des abscisses et 2 cm sur l'axe des ordonnées, représenter le nuage de points associé à cette série statistique.

2. Soit G_1 le point moyen associé aux quatre premiers points du nuage et G_2 le point moyen associé aux quatre derniers points du nuage.

Calculer les coordonnées des points G_1 et G_2.

3. On choisit la droite (G_1G_2) comme droite d'ajustement.

a. Placer les points G_1 et G_2 sur le graphique et tracer la droite (G_1G_2).

b. Estimer, à l'aide du graphique, le budget à prévoir pour l'année 2022.

c. Déterminer graphiquement à partir de quelle année le budget devrait dépasser 55 000 euros.

Point Histoire

Johann Tobias Mayer (1723-1762), astronome allemand, utilisa cette méthode d'ajustement pour étudier la position d'un point sur la Lune, d'où son nom : méthode de Mayer.

Méthode des moindres carrés

45 CALC Capacité 4, p. 103

On donne dans le tableau ci-dessous la production éolienne annuelle d'électricité en France exprimée en térawatt-heure (TWh), de 2012 à 2018.

Année	2012	2013	2014	2015	2016	2017	2018
Rang de l'année x_i	0	1	2	3	4	5	6
Énergie produite y_i	14,9	15,9	17,1	21,1	20,9	24,1	27,8

1. Représenter dans un repère orthogonal le nuage de points de coordonnées $(x_i\,;y_i)$ associé à cette série statistique.
On prendra comme unités :
- 2 cm pour une année en abscisses ;
- 2 cm pour 5 TWh en ordonnées en commençant la graduation à 10.

2. Un ajustement affine semble-t-il pertinent ? Justifier.
3. À l'aide de la calculatrice, déterminer une équation de la droite d d'ajustement affine de y en x par la méthode des moindres carrés. Les coefficients seront arrondis au dixième.

46 CALC Capacité 6, p. 105

Le tableau suivant donne la taille moyenne y_i d'un jeune enfant (en cm) selon son âge x_i (en mois).

x_i	6	9	12	15	18	21	24
y_i	66	71	74	77	80	83	85

Calculer et interpréter le coefficient de corrélation linéaire de cette série statistique à deux variables.

47 VRAI/FAUX CALC

Indiquer si les affirmations sont vraies ou fausses, puis justifier.

Le tableau ci-dessous, extrait d'une feuille de calcul, donne l'évolution de 2013 à 2019 du nombre de naissances dans une commune rurale.

	A	B	C	D	E	F	G	H
1	**Année**	2013	2014	2015	2016	2017	218	2019
2	**Rang de l'année x_i**	0	1	2	3	4	5	6
3	**Nombre de naissances y_i**	231	220	212	201	191	185	181

On donne ci-contre le nuage de points associé à cette série statistique à deux variables.

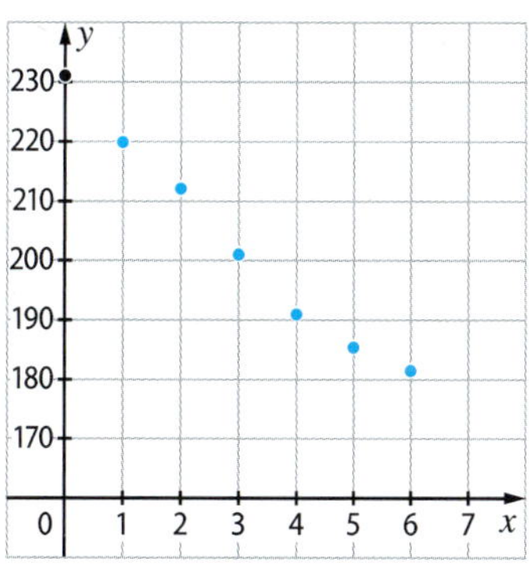

1. Le coefficient de corrélation linéaire de cette série statistique a une valeur proche de 1.
2. La droite d'équation $y=-11x+231$ réalise un ajustement convenable de ce nuage de points.
3. La droite d'ajustement de y en x par la méthode des moindres carrés a pour équation $y=-8{,}6x+228{,}8$ (les coefficients étant arrondis à 0,1 près).

48 LOGIQUE On considère la proposition : « Si les points du nuage associé à une série statistique à deux variables sont presque alignés, alors la valeur du coefficient de corrélation linéaire associé à cette série statistique est proche de 1 ».
1. Cette proposition est-elle vraie ?
2. Énoncer la réciproque de la proposition précédente. Cette réciproque est-elle vraie ?

Interpolation et extrapolation

49 CALC Capacité 5, p. 103

Dans une entreprise qui fabrique et vend un seul produit, le relevé des ventes mensuelles et des charges (en centaines d'euros) donne le tableau suivant.

Mois	Janvier	Février	Mars	Avril	Mai	Juin
Nombre de ventes x_i	18	16	21	22	28	28
Montant des charges y_i	19	16	19	21	26	24

1. À l'aide de la calculatrice, déterminer une équation de la droite d d'ajustement affine de y en x par la méthode des moindres carrés. Les coefficients seront arrondis au dixième.
2. Avec ce modèle, estimer le montant des charges en euros pour 24 ventes mensuelles.
3. Avec ce modèle, estimer le nombre de ventes à réaliser par mois pour que les charges restent inférieures à 2 600 euros.

RETOUR SUR L'OUVERTURE DU CHAPITRE

50 CALC PYTHON **Compléter un programme**

En Inde, la population de tigres sauvages est recensée tous les quatre ans. Voici les résultats depuis 2006 date à laquelle cette population était au plus bas.

Année x_i	2006	2010	2014	2018
Population y_i	1 411	1 706	2 226	2 967

1. Représenter, dans un repère convenablement choisi, le nuage de points M_i de coordonnées $(x_i\,;y_i)$ correspondant à cette série statistique.
2. Calculer les coordonnées du point moyen G du nuage de points et le placer dans le repère.
3. a. À l'aide de la calculatrice, calculer le coefficient de corrélation linéaire de cette série statistique.
b. Peut-on considérer que la relation affine entre les deux variables de cette série est forte ?
4. Déterminer une équation de la droite d d'ajustement affine de y en x par la méthode des moindres carrés. Les coefficients seront arrondis au dixième.

5. À l'aide de cet ajustement, estimer quelle était la population de tigres en 2016.

6. En 2010, lors d'un sommet en Russie, l'Inde et les dirigeants de 12 autres pays abritant des tigres s'étaient engagés à doubler leur population d'ici 2022. Selon ce modèle, l'inde va-t-elle réussir à tenir ses engagements ?

7. On donne ci-contre le script incomplet d'une fonction Python.

Recopier et compléter ce script afin que l'appel tigre() retourne la première année au cours de laquelle le nombre de tigres dépassera 5 000 individus selon ce modèle.

```
def tigre():
    a=...
    b=...
    n=2018
    while a*n+b ...:
        n=...
    return(n)
```

LE SAVIEZ-VOUS

Avec un cerveau pesant plus de 300 g, les tigres ont le 2e plus gros cerveau des animaux carnivores, juste derrière l'ours polaire.

51 Une question ouverte CALC

Le tableau ci-dessous présente l'évolution du prix moyen de vente x_i (en euros) du paquet de 20 cigarettes de la marque la plus vendue en France ainsi que l'évolution des ventes annuelles de cigarettes y_i (en milliards d'unités).

Année	2000	2003	2006	2009	2012	2015	2018
Prix moyen	3,20	4,08	5,00	5,35	6,30	7,00	7,88
Ventes annuelles	82,51	69,65	55,77	54,98	51,46	45,46	40,23

Source : OFDT (Observatoire français des drogues et des toxicomanies)

Estimer le nombre de cigarettes vendues en une année pour un prix moyen du paquet de 20 cigarettes de 10 euros.

Piste → Voir p. 282

Ajustements par changement de variable

MATHS & PHYSIQUE

52 CALC *Capacité 7, p. 105*

Le tableau ci-dessous indique la distance de freinage en fonction de la vitesse avec un véhicule donné.

Vitesse (km/h) x_i	0	30	50	70	80	90	110	130
Distance de freinage (m) y_i	0	12	31	57	72	89	129	175

1. À l'aide de la calculatrice, représenter le nuage de points associé à cette série statistique.

On peut constater que le nuage peut difficilement être ajusté par une droite, mais qu'il a plutôt l'allure d'une parabole. Un ajustement affine de ce nuage de points n'est donc pas pertinent.

2. On effectue le changement de variable $z_i = \sqrt{y_i}$.

Recopier et compléter le tableau suivant dans lequel les valeurs z_i seront données à 0,01 près.

Vitesse (km/h) x_i	0	30	50	70	80	90	110	130
$z_i = \sqrt{y_i}$	0							

3. Donner, à l'aide de la calculatrice, une équation de la droite d'ajustement de z en x par la méthode des moindres carrés, sous la forme $z = ax + b$, où a et b sont arrondis au centième.

4. En déduire une expression de y en fonction de x.

5. Déterminer la distance de freinage pour une vitesse de 60 km/h, puis pour une vitesse de 120 km/h.

Problème de synthèse

53 CALC REPRÉSENTER CALCULER Une usine fabrique des montures de lunettes. Lors d'une étape de la fabrication, les montures sont chauffées à 75 °C pour prendre la forme voulue puis on les laisse refroidir à l'air ambiant.

Lors du refroidissement, on a mesuré la température des montures toutes les 5 minutes pendant 25 minutes. On a obtenu le tableau suivant.

Temps (minutes) x_i	0	5	10	15	20	25
Température (degrés Celsius) y_i	75	45	31	26	23	21

1. a. Déterminer le coefficient de corrélation linéaire de cette série statistique à deux variables.

b. L'hypothèse d'une décroissance linéaire de la température est-elle envisageable ?

c. Pour confirmer le résultat précédant, représenter, l'aide de la calculatrice, le nuage de points associé à cette série statistique.

2. Afin d'obtenir un ajustement satisfaisant du nuage de points, on décide d'effectuer le changement de variable : $z = \ln(y - 20)$.

Recopier et compléter le tableau suivant dans lequel les valeurs z_i seront données à 0,001 près.

Temps (minutes) x_i	0	5	10	15	20	25
$z_i = \ln(y_i - 20)$						

3. a. Calculer le coefficient de corrélation linéaire de cette série statistique. Un ajustement affine semble-t-il pertinent ?

b. Pour confirmer le résultat précédent, représenter le nuage de points de coordonnées $(x_i ; z_i)$ associé à cette série statistique.

4. a. Donner, à l'aide de la calculatrice, une équation de la droite d'ajustement de z en x par la méthode des moindres carrés, sous la forme $z = ax + b$, où a et b sont arrondis au centième.

b. En déduire une expression de y en fonction de x de la forme $y = 20 + C_0 e^{ax}$, où C_0 est arrondi au centième.

5. Donner une estimation de la température des montures au bout de 30 minutes de refroidissement.

EXERCICES **Revoir des points essentiels**

PARCOURS 1 Déterminer un ajustement affine par la méthode des moindres carrés

Un exemple : Le tableau ci-dessous donne le taux d'émission moyen de CO_2 (exprimé en grammes de CO_2 par km) des voitures particulières neuves, immatriculées chaque année en France, entre 2010 et 2017.

Année	2010	2011	2012	2013	2014	2015	2016	2017
Rang de l'année x_i	0	1	2	3	4	5	6	7
Émission moyenne de CO_2 y_i	130	127	124	117	114	111	110	111

Source : ADEME

Déterminer, à l'aide de la calculatrice, une équation de la droite d'ajustement de y en x par la méthode des moindres carrés. Les coefficients seront arrondis au dixième.

Ma réflexion	→ Ma démarche
Que me demande-t-on ?	Je dois déterminer une équation de la droite d'ajustement de y en x par la méthode des moindres carrés. ▶ *Pour cela, utiliser le mode statistique de la calculatrice (voir p. 106 et 107).*
Comment faire pour démarrer ?	Si nécessaire, j'efface le contenu des listes, puis je saisis les valeurs x_i et y_i. ▶ *Saisir les valeurs x_i dans la liste 1 (colonne X1 pour NumWorks) et les valeurs y_i dans la liste 2 (colonne Y1 pour NumWorks).*
Comment obtenir les coefficients cherchés ?	Je connais et j'utilise les commandes de ma calculatrice. ▶ *Vérifier que l'on obtient $a \approx -3{,}095$ et $b \approx 128{,}833$.*
Comment terminer ?	Je donne l'équation sous la forme $y = ax + b$. ▶ *Arrondir les coefficients a et b au dixième et rédiger une conclusion.*

54 La série statistique ci-contre donne l'évolution y_i des dépenses courantes de santé en France (en milliards d'euros) en fonction du rang x_i de l'année.
Déterminer, à l'aide de la calculatrice, une équation de la droite d'ajustement de y en x par la méthode des moindres carrés. Les coefficients seront arrondis au dixième.

Année	2012	2013	2014	2015	2016	2017	2018
Rang de l'année x_i	0	1	2	3	4	5	6
Montant des dépenses y_i	246	252	258	261	266	272	276

Source : DREES

PARCOURS 2 Utiliser un ajustement affine

Un exemple : On considère la série statistique à deux variables de l'exemple précédent (**parcours 1**). On suppose que la droite d'équation $y = -3{,}1x + 128{,}8$ constitue un bon ajustement du nuage de points de cette série.
À l'aide de cet ajustement, estimer le taux d'émission moyen de CO_2 en 2022.

Ma réflexion	→ Ma démarche
Que me demande-t-on ?	Je dois estimer le taux d'émission moyen de CO_2 en 2022. ▶ *Pour cela, utiliser l'équation $y = -3{,}1x + 128{,}8$.*
Comment faire pour démarrer ?	Je détermine le rang x_0 de l'année 2022. ▶ *L'année 2017 est l'année de rang 7. Déterminer alors le rang x_0 de l'année 2022.*
Comment déterminer la valeur demandée ?	Je dois déterminer la valeur y correspondant au rang x_0 de l'année 2022. ▶ *Remplacer x par x_0 dans l'équation et calculer la valeur y correspondante.*
Comment terminer ?	Je tiens compte du fait que le taux d'émission moyen de CO_2 est exprimé en grammes par kilomètres. ▶ *Conclure par une phrase.*

55 On reprend les données de l'exercice **54**. On suppose que la droite d'équation $y = 4{,}9x + 246{,}8$ constitue un bon ajustement du nuage de points de cette série.

1. Estimer le montant des dépenses courantes de santé en France en 2024.
2. Déterminer l'année à partir de laquelle le montant des dépenses courantes de santé dépassera 300 milliards d'euros.

EXERCICES Pour travailler en autonomie

Tous ces exercices sont corrigés, leurs solutions succinctes sont disponibles à la fin du manuel (p. 282).
En flashant la page, vous accéderez aux corrigés rédigés et détaillés sur votre smartphone ou votre tablette.

bordas Flash PAGE corrigés détaillés

L'essentiel

Statistiques à deux variables

On étudie simultanément deux caractères statistiques sur une même population.

Valeur du premier caractère x_i	x_1	x_2	…	x_n
Valeur du second caractère y_i	y_1	y_2	…	y_n

Nuage de points

Ensemble des points $M_i (x_i ; y_i)$

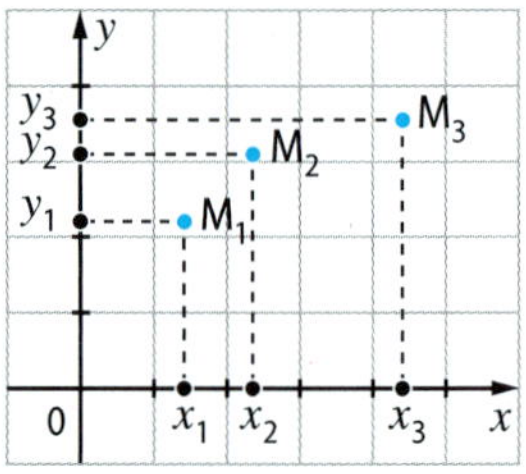

Point moyen du nuage :
$G(\overline{x} ; \overline{y})$ avec $\overline{x}$ moyenne de la série des x_i et $\overline{y}$ moyenne de la série des y_i.

Coefficient de corrélation linéaire

Il permet de mesurer la qualité d'un ajustement linéaire.
Sa valeur est comprise entre –1 et 1.

Interpolations et extrapolations

On cherche à estimer y lorsque x est connu ou réciproquement.
- **Interpoler**, c'est estimer une valeur inconnue dans le domaine d'étude fourni par les données.
- **Extrapoler**, c'est estimer une valeur inconnue hors du domaine d'étude fourni par les données.

Droite d'ajustement

Droite qui passe au plus près des points du nuage.
Elle peut s'obtenir :
- par un tracé au jugé : on trace une droite au plus près des points du nuage ;
- par la méthode des moindres carrés : l'équation de la forme $y = ax + b$ est obtenue à l'aide de la calculatrice ou du tableur (voir p. 106 et 107).

Le point moyen du nuage appartient cette droite d'ajustement.

Faire le point avec des exercices corrigés

Représenter un nuage de points

*** 56** 10 min Capacité 1, p. 101

Le tableau suivant donne le nombre de contrats signés par le commercial d'une entreprise durant les cinq dernières semaines écoulées.

Numéro de la semaine x_i	1	2	3	4	5
Nombre de contrats signés y_i	6	9	13	18	17

Représenter graphiquement le nuage de points M_i de coordonnées $(x_i ; y_i)$.

On prendra comme unités :
- 2 cm pour une semaine en abscisses ;
- 1 cm pour 2 contrats en ordonnées.

** 57** 15 min Capacité 1, p. 101

Le tableau ci-dessous donne, pour la France, le nombre d'immatriculations de véhicules particuliers neufs de 2014 à 2018.

Année x_i	2014	2015	2016	2017	2018
Nombre d'immatriculations y_i (en millions)	1,82	1,94	2,04	2,14	2,20

Représenter graphiquement le nuage de points $M_i(x_i ; y_i)$.

Point moyen - Ajustement affine

*** 58** 5 min Capacité 2, p. 101

VRAI/FAUX

Indiquer si les affirmations sont vraies ou fausses, puis justifier.

Les données sont celles du tableau de l'exercice **57**.

1. Le point moyen est un des points du nuage de points associé à cette série statistique.

2. Les coordonnées du point moyen associé à ce nuage de points sont G(2 ; 2,028).

*** 59** 5 min Capacité 2, p. 101

QCM *Choisir la ou les bonnes réponses.*

On considère la série statistique à deux variables donnée par le tableau suivant.

Valeurs x_i	4	12	16	22	26
Valeurs y_i	24	19	12	7	4

Le point moyen du nuage de points associé à cette série a pour coordonnées :

1. (13,2 ; 16) 2. (16 ; 12) 3. (16 ; 13,2) 4. (80 ; 66)

*** 60** 20 min Capacité 3, p. 101

Le tableau ci-dessous donne l'évolution, par tranches de cinq années, de la population mondiale (en milliards d'habitants) entre 1990 et 2020 (*source* : Insee).

Année	1990	1995	2000	2005	2010	2015	2020
Rang de l'année x_i	1	2	3	4	5	6	7
Nombre d'habitants y_i	5,3	5,7	6,1	6,5	6,9	7,3	7,7

1. Représenter le nuage de points $M_i(x_i ; y_i)$ associé au tableau ci-dessus dans un repère d'unités :
- un centimètre pour cinq années en abscisses ;
- un centimètre pour un milliard d'habitants en ordonnées.

2. Expliquer pourquoi on peut envisager un ajustement affine de ce nuage de points.

3. On choisit la droite (M_1M_7) comme droite d'ajustement.

a. Tracer la droite (M_1M_7).

b. Estimer graphiquement la population mondiale en 2030.

Méthode des moindres carrés

*** 61** 5 min CALC Capacités 4 et 6, pp. 103 et 105

Chaque année, au mois de septembre, un château ouvre ses jardins au public pendant un week-end.

Le tableau suivant donne l'évolution du nombre de visiteurs de 2015 à 2020.

Année	2015	2016	2017	2018	2019	2020
Rang de l'année x_i	1	2	3	4	5	6
Nombre y_i de visites	1053	1350	1619	2154	2440	3112

1. Déterminer, à l'aide de la calculatrice, une équation de la droite d d'ajustement affine de y en x par la méthode des moindres carrés. Les coefficients seront arrondis au centième.

2. Déterminer le coefficient de corrélation de cette série statistique à deux variables.

3. Que peut-on en déduire concernant la qualité de l'ajustement linéaire obtenu par la méthode des moindres carrés et la corrélation entre les deux variables de la série ?

*** 62** 10 min CALC Capacité 5, p. 103

VRAI/FAUX

Indiquer si les affirmations sont vraies ou fausses, puis justifier.

Un médecin débutant étudie l'évolution de son nombre de visites à domicile au cours des premiers mois de l'année 2020. Voici les résultats qu'il obtient.

Mois	Janvier	Février	Mars	Avril	Mai	Juin	Juillet
Rang du mois	1	2	3	4	5	6	7
Nombre de visites	5	8	10	15	18	20	24

1. En arrondissant les coefficients au dixième, une équation de la droite d'ajustement de y en x par la méthode des moindres carrés est $y = 3,2x - 1,6$.

2. On admet que cet ajustement est valable pour les mois qui suivent. À l'aide de ce modèle :

a. On peut estimer qu'au mois de novembre 2020, le nombre de visites sera de 46.

b. On peut estimer que le nombre de visites sera supérieur à 41 à partir du mois de janvier 2021.

Utiliser un changement de variable

*** 63** 25 min CALC Capacités 6 et 7, p. 105

On souhaite étudier la croissance de bactéries à température ambiante sur un échantillon de glaces.

On suppose que 10 bactéries sont déposées en même temps sur 1 gramme de glace.

Voici les relevés du nombre de bactéries heure par heure.

Heure (t_i)	0	1	2	3	4	5	6	7
Nombre de bactéries (N_i)	10	27	78	232	650	1 800	5 100	14 100

1. a. Déterminer le coefficient de corrélation linéaire de cette série statistique à deux variables.

b. L'hypothèse d'une croissance linéaire du nombre de bactéries est-elle envisageable ?

2. La croissance du nombre de bactéries étant plus rapide qu'une croissance linéaire, on se propose de poser $z_i = \ln(N_i)$.

a. Représenter sous forme de tableau la série statistique (t_i, z_i). Pour z_i, on prendra des valeurs approchées à 10^{-2} près.

b. Déterminer une équation de la droite d'ajustement affine de z en t par la méthode des moindres carrés. Les coefficients de cette équation seront arrondis à 10^{-2} près.

3. En admettant la validité de la relation obtenue en **2**, déterminer le nombre d'heures nécessaires pour que le nombre de bactéries soit supérieur à 100 000.

Dans les problèmes qui suivent, on va modéliser des phénomènes issus de contextes différents à l'aide de fonctions d'une variable réelle.

PROBLÈMES DU THÈME

1. Concentration d'un médicament dans le sang
2. Prix unitaire dégressif
3. Situation de monopole
4. Approximation d'une aire
5. Croissance d'un goéland
6. Ventilation dans un espace clos
7. Étude de différents coûts

PROBLÈME 1 — MATHS & SVT

Concentration d'un médicament dans le sang

RAISONNER — CALCULER

Un médicament est un poison potentiel. À trop faible dose, il peut se révéler inefficace tandis qu'à trop forte dose, il peut se révéler toxique pour l'organisme.
On appelle « pharmacocinétique » la modélisation de l'absorption d'un médicament par le patient, depuis son administration jusqu'à son élimination.

NOTIONS UTILISÉES

PREMIÈRE ▪ Fonction exponentielle
CHAPITRE 3 ▪ Convexité d'une fonction
CHAPITRE 3 ▪ Théorème des valeurs intermédiaires
LOGICIELS ▪ Calcul formel

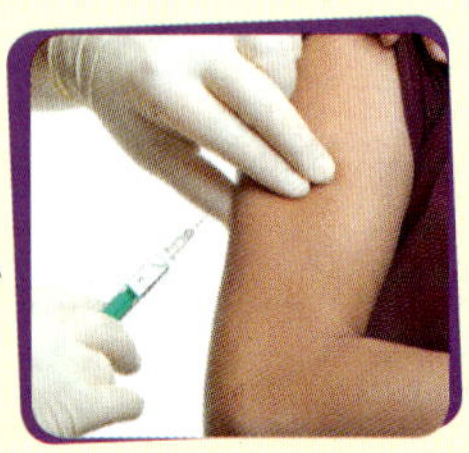

Injection d'un médicament

On injecte à un patient un médicament et on mesure régulièrement, pendant une journée, la concentration, en milligrammes par litre (mg/L), de ce médicament dans le sang.

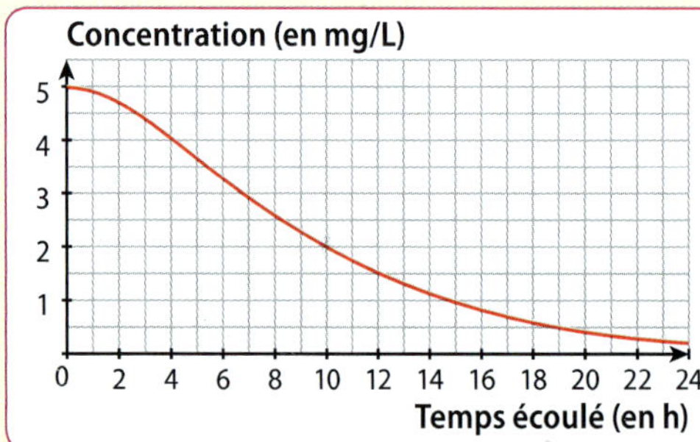

Partie A ▪ Étude graphique

Avec la précision permise par le graphique, indiquer :

1. la concentration à l'instant initial ;
2. l'intervalle de temps pendant lequel la concentration dépasse 2 mg/L.

Partie B ▪ Étude théorique

On admet que la concentration peut être modélisée par la fonction f définie sur l'intervalle $[0\ ;\ 24]$ par $f(x) = (x+5)e^{-0,2x}$, où x représente le nombre d'heures écoulées depuis l'instant initial et $f(x)$ la concentration, en milligrammes par litre, du médicament dans le sang.

1. Calculer $f'(x)$. En déduire le tableau de variation de la fonction f sur $[0\ ;\ 24]$.

2. a. Justifier que l'équation $f(x) = 0,5$ admet une unique solution α sur l'intervalle $[0\ ;\ 24]$.
b. Déterminer un encadrement de α d'amplitude 0,1.

3. Un logiciel de calcul formel donne les résultats ci-contre.
a. Retrouver par un calcul l'expression de $f''(x)$.
b. Déterminer l'abscisse du point d'inflexion de la courbe.

1	f(x):=(x+5)*exp(-0.2x) → $f(x) := (x+5)\,e^{-\frac{1}{5}x}$
2	Dérivée(Dérivée(f(x))) → $0.04 \times e^{-0.2x} - 0.2\,e^{-0.2x}$

Partie C ▪ Interprétation des résultats

1. On estime que le médicament est inactif lorsque la concentration est strictement inférieure à 0,5 milligrammes par litre de sang.
Pendant combien de temps le médicament est-il actif ?
2. Au bout de combien d'heures la baisse de concentration ralentit-elle ?

À noter
Un médicament est dit « assimilable par l'organisme » lorsque la concentration de ce médicament dans le sang tend vers 0 lorsque le temps écoulé tend vers $+\infty$.

2 PROBLÈME — Prix unitaire dégressif

MATHS & SES

CALCULER · RAISONNER

Les entreprises déterminent les prix d'un produit en fonction de différents critères. Parmi ces critères, on trouve la notion de dégressivité des prix. Les tarifs unitaires sont liés aux quantités commandées.

Notions utilisées

Première ▪ Dérivée d'une fonction
Première ▪ Inéquation du second degré
Chapitre 2 ▪ Limite de fonction

LE SAVIEZ-VOUS ?
La loi « alimentation » du 30 octobre 2018 a pour but de rééquilibrer les relations entre producteurs et distributeurs. Parmi les mesures contenues dans cette loi, la principale contraint les distributeurs à appliquer des réductions maximales de 34 % sur le prix de vente.

Un supermarché souhaite acheter des pommes à un fournisseur qui propose des prix au kilogramme dégressifs en fonction de la masse de pommes commandée.

Pour une commande de x kilogrammes de pommes, le prix $p(x)$, en euro par kilogramme de fruits, est donné par la formule :

$$p(x) = \frac{x+300}{x+100} \text{ pour } x \in [100\ ;\ +\infty[.$$

Partie A ▪ Étude du prix p proposé par le fournisseur

1. a. Montrer que $p(x) = 1 + \dfrac{200}{x+100}$.
b. Calculer la limite de p en $+\infty$.

2. a. Calculer $p'(x)$, puis dresser le tableau de variation de la fonction p.
b. Interpréter économiquement ce résultat.

À noter
Le prix total à payer lorsqu'on achète une certaine quantité d'articles identiques correspond au produit de cette quantité par le prix unitaire d'un article.

Partie B ▪ Étude de la somme S à dépenser

1. Quelle somme devra dépenser le supermarché pour acheter à ce fournisseur 150 kg de pommes ? 700 kg de pommes ?

2. On appelle $S(x)$ la somme, en euros, à dépenser par le supermarché pour une commande de x kilogrammes de pommes vendues au prix de $p(x)$ euros par kilogramme.
a. Par définition, $S(x) = x \times p(x)$. Déterminer la limite de S en $+\infty$.
b. Calculer $S'(x)$, puis dresser le tableau de variation de S sur $[100\ ;\ +\infty[$.

3. Le magasin dispose d'un budget de 900 euros pour acheter des pommes.
Préciser, au kilogramme près, le poids maximum de fruits que le magasin peut commander sans dépasser son budget. Justifier.

3 PROBLÈME — Situation de monopole

MATHS & SES

PYTHON · CALC · CALCULER · REPRÉSENTER

Lorsqu'une entreprise n'a pas de concurrent sur un marché, elle peut fixer librement ses prix. Dans une situation idéale, on peut même estimer que l'intégralité de la production est vendue au prix unitaire défini par l'entreprise, sans remise d'aucune sorte.

Notions utilisées

Chapitre 3 ▪ Théorème des valeurs intermédiaires
Chapitre 3 ▪ Résolution d'équation par balayage
Chapitre 4 ▪ Fonction logarithme

Un artisan glacier vient de s'installer dans un village. Il peut produire entre 100 et 300 litres de glace par semaine.

Le coût total de fabrication, **en centaines d'euros**, est modélisé par la fonction C définie sur l'intervalle $[1\ ;\ 3]$ par :

$$C(x) = 10x^2 - 20x \ln x$$

où x représente le nombre de **centaines de litres** de glace fabriqués.

À noter
La recette est le produit entre la quantité d'articles vendus et le prix unitaire de vente.

1. Calculer, en euros, le coût de fabrication de 100 litres de glace.

2. L'intégralité de la production hebdomadaire est vendue au prix de 10 euros le litre. On note R la recette, en centaines d'euros, obtenue pour la vente de x centaines de litres de glace. Exprimer $R(x)$ en fonction de x.

3. On note $B(x)$ le bénéfice, en centaines d'euros, réalisé par l'artisan pour la vente des x centaines de litres de glace produits. Justifier que $B(x) = -10x^2 + 10x + 20x \ln x$.

À noter
Le bénéfice est la différence entre le coût de production des articles et la recette obtenue pour la vente de ces articles.

4. a. Montrer que $B'(x) = -20x + 20 \ln x + 30$, puis calculer $B''(x)$.

b. En déduire que B' est strictement décroissante sur l'intervalle $[1 ; 3]$.

c. Justifier que l'équation $B'(x) = 0$ admet une unique solution, notée α, sur l'intervalle $[1 ; 3]$, puis en donner une valeur approchée à 10^{-2} près.

d. En déduire le tableau de signes de B' et le tableau de variation de B.

5. Pour éviter de gâcher de la matière première, l'artisan veut déterminer la plage de production pour laquelle le bénéfice hebdomadaire est supérieur à 800 euros. Pour cela, son comptable utilise le programme ci-contre.

a. Justifier les lignes **8**, **9**, **15** et **16**.

b. Tracer la courbe représentative de la fonction B sur l'écran de la calculatrice, puis expliquer les tests présents aux lignes **11** et **13**.

c. Quel intervalle est renvoyé par l'appel rech_benef(0.01) ? Conclure.

```
1  from math import log
2
3  def B(x):
4      return -10*x**2 + 10*x + 20*x*log(x)
5
6  def rech_benef(pas):
7      prod = []
8      a = 1
9      b = a+pas
10     while a < 3:
11         if (B(a) <= 8 <= B(b)):
12             prod.append(b)
13         else if (B(a) >= 8 >= B(b)):
14             prod.append(a)
15         a = b
16         b = a+pas
17     return prod
```

À noter
En Python, la fonction « logarithme népérien » est notée **log**.

Fichier Python
Disponible sur lycee.editions-bordas.fr

4 PROBLÈME
PYTHON Approximation d'une aire
CALCULER CHERCHER

Les bureaux d'études utilisent les outils mathématiques pour anticiper les quantités de matériaux nécessaires à la fabrication des objets avant de lancer la production. Cela permet de minimiser les pertes de matière première et d'évaluer les coûts de fabrication (donc le prix de vente).

Notions utilisées
Chapitre 3 ▪ Convexité d'une fonction
Logiciels ▪ Python

Une entreprise souhaite fabriquer un fauteuil « relax » pour enfant. Le bureau d'étude réalise le plan ci-contre, en perspective cavalière. Le plan de face est représenté par un repère orthonormé **d'unité le décimètre** et dans lequel est tracée une courbe reliant A à B.

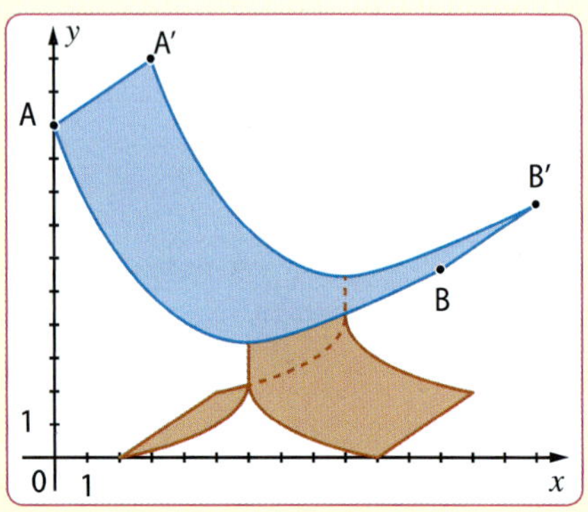

Le profil des montants sur lesquels la toile sera tendue est modélisé par la courbe représentative de la fonction f définie sur l'intervalle $[0 ; 12]$ par :

$$f(x) = -0{,}01x^3 + 0{,}3x^2 - 2{,}52x + 10.$$

On note $\mathscr{C}$ la courbe représentative de f dans le repère orthonormé de la face avant et d'unité le décimètre.

Partie A ▪ Étude du profil

Vocabulaire
On appelle **inclinaison** d'une courbe en un point la valeur absolue du coefficient directeur de la tangente à la courbe $\mathscr{C}$ en ce point.

1. Calculer $f'(x)$ et étudier les variations de f sur $[0 ; 12]$.

2. a. Calculer l'inclinaison de la courbe modélisant le fauteuil au point A.

b. L'inclinaison du fauteuil est-elle huit fois plus grande à la tête qu'aux pieds ?

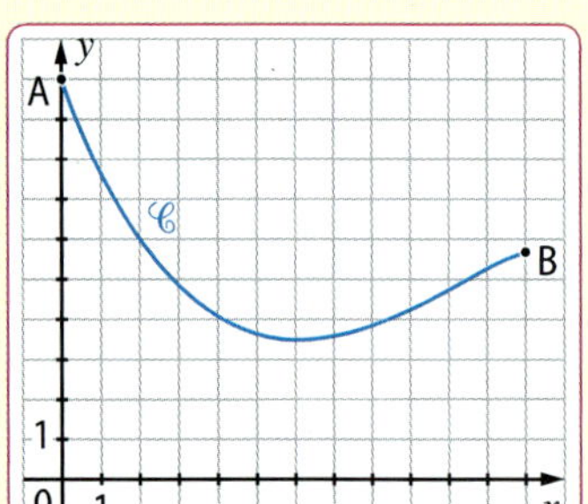

3. Le fauteuil est considéré comme « morphologiquement adapté aux enfants » si son profil change de convexité au niveau des genoux, c'est-à-dire à l'abscisse 10. Ce fauteuil est-il adapté ?

Partie B ▪ Approximation de l'aire

L'assise est constituée d'un rectangle de tissu, de largeur AA' = 6 dm. Afin de déterminer une valeur approchée de l'aire du tissu, on considère dans le repère du plan de face les points $A_k(k\ ;\ f(k))$ pour k variant de 0 à 11. Ainsi $A_0 = A$.

Les ingénieurs du bureau d'étude décident d'approcher l'arc de la courbe $\mathscr{C}$ allant de A_k à A_{k+1} par le segment $[A_k\ A_{k+1}]$. Ainsi, l'aire du tissu sera approchée par la somme des aires des rectangles du type $A_k\ A_{k+1}\ A'_k\ A'_{k+1}$.

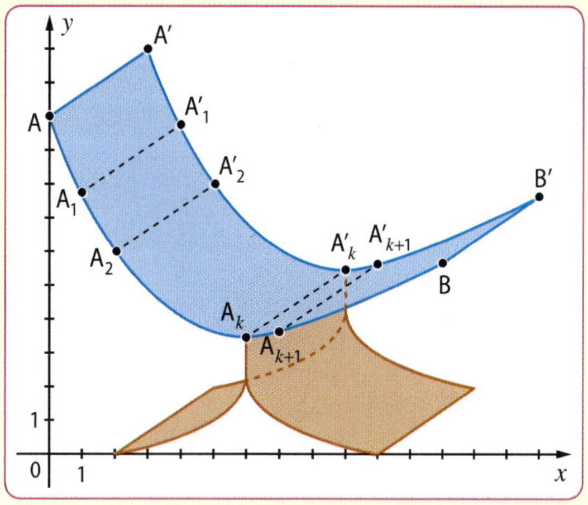

1. Montrer que, pour tout entier k variant de 0 à 11 :

$$A_k\,A_{k+1} = \sqrt{1 + (f(k+1) - f(k))^2}.$$

2. Recopier, puis compléter la définition en Python de la fonction longueur pour qu'elle renvoie une estimation de la longueur de la courbe reliant A à B.

```
from math import *

def f(x):
    return -0.01*x**3+0.3*x**2-2.52*x+10

def longueur(f):
    L = 0
    for k in range(..........):
        L = ..................
    return L
```

3. En exécutant ce programme sur un ordinateur ou une calculatrice, déterminer une valeur approchée, au cm² près, de l'aire du tissu formant l'assise du fauteuil.

5 PROBLÈME — Croissance d'un goéland

MATHS & SVT

REPRÉSENTER — MODÉLISER

Dans des conditions normales, la masse d'un animal ne croît pas de manière exponentielle. Pour les vertébrés, la vitesse de croissance de la masse est forte au début de la vie, puis diminue à partir d'un certain âge. Les fonctions qui permettent d'étudier ces phénomènes sont dites « fonctions logistiques ».

Notions utilisées

Première ▪ Fonction exponentielle
Chapitre 2 ▪ Limite de fonction
Chapitre 4 ▪ Fonction logarithme
Chapitre 5 ▪ Statistiques à deux variables

↑ Pierre-François Verhulst (1804-1849)

On a relevé dans un tableau la masse corporelle (en grammes) d'un jeune goéland en fonction de son âge, exprimé en jours après l'éclosion.

Âge x_i	0	5	10	15	20	25	30	35	40	45	50
Masse y_i	76	146	257	412	588	713	808	843	871	890	892

Point Histoire

Le mathématicien belge **Pierre-François Verhulst** a mis en évidence les fonctions logistiques (vers 1838) pour décrire l'évolution des populations. Ces fonctions logistiques permettent aussi de modéliser la croissance d'un individu.

1. a. À l'aide d'un logiciel (ou de la calculatrice), placer les points correspondant à ces données dans un repère. Une unité représentera 10 jours en abscisses et 100 grammes en ordonnées.

b. L'utilisation d'un ajustement affine du nuage de points semble-t-elle pertinente ?

2. On pose $z_i = \ln\left(\dfrac{900}{y_i} - 1\right)$.

Recopier et compléter le tableau ci-dessous en arrondissant les valeurs à 0,001 près.

Âge x_i	0	5	10	15	20	25	30	35	40	45	50
z_i											

3. On nomme $\mathcal{D}$ la droite d'ajustement de z en x obtenue par la méthode des moindres carrés. L'équation réduite de $\mathcal{D}$ est de la forme $z = ax + b$ où a et b sont des nombres réels. Donner les valeurs de a et b à 0,01 près.

4. En déduire un ajustement de y en x de la forme $y = \dfrac{900}{1 + k\,\mathrm{e}^{ax}}$, où k est un entier à déterminer.

5. a. Conjecturer la masse théorique d'un goéland à l'âge adulte selon ce modèle.

b. Déterminer la limite de y quand x tend vers $+\infty$ et valider la conjecture précédente.

6 PROBLÈME — MATHS & PHYSIQUE

PYTHON Ventilation dans un espace clos

CALCULER · RAISONNER

Dans un espace insuffisamment ventilé, il est possible que l'atmosphère soit trop pauvre en oxygène pour qu'un individu puisse respirer. L'air est normalement composé à 21 % d'oxygène. En-dessous de 19,5 % d'oxygène, des symptômes commencent à apparaître. Parmi les gaz qui peuvent remplacer l'oxygène de l'air, on trouve l'argon ou le monoxyde de carbone.

NOTIONS UTILISÉES

- **PREMIÈRE** ▪ Fonction exponentielle
- **CHAPITRE 3** ▪ Convexité
- **CHAPITRE 3** ▪ Théorème des valeurs intermédiaires
- **CHAPITRE 3** ▪ Résolution d'équation par dichotomie

Avant de lancer la fabrication en série d'une hotte aspirante, ses concepteurs réalisent le test suivant : dans un local clos équipé du prototype de hotte aspirante, on diffuse du monoxyde de carbone à débit constant.

Dans ce qui suit, t est le temps exprimé en minutes.

À l'instant $t = 0$, la hotte est mise en marche et on la laisse fonctionner pendant 20 minutes. Les mesures réalisées permettent de modéliser le taux en **parties par millions** (*ppm*) de monoxyde de carbone contenu dans le local au bout de t minutes de fonctionnement de la hotte par l'expression $f(t)$, où f est la fonction définie, pour tout réel t de l'intervalle $[0 ; 20]$, par :

$$f(t) = (800t + 200)\mathrm{e}^{-0,5t} + 30.$$

LE SAVIEZ-VOUS ?

Le monoxyde de carbone est un gaz incolore, inodore, insipide et non irritant. Il provient d'une combustion incomplète de composés carbonés. On estime qu'entre 1 000 et 1 500 personnes sont intoxiquées par ce gaz chaque année en France. En cas d'intoxication au monoxyde de carbone avec une concentration de 800 ppm, des convulsions apparaissent dans un délai de 45 minutes.

1. a. Déterminer le taux de monoxyde de carbone dans l'atmosphère du local à l'instant initial.

b. Calculer $f(20)$, puis interpréter cette valeur dans le contexte de l'énoncé.

2. a. Calculer $f'(t)$, puis dresser le tableau de variation de la fonction f.

b. Quel est le taux maximal de monoxyde de carbone dans l'atmosphère de ce local pendant cette expérience ?

3. La hotte est considérée efficace si le taux de monoxyde de carbone retrouve une valeur V inférieure ou égale à 35 ppm en moins de 20 minutes. Justifier que cette hotte est efficace.

4. Afin de déterminer le temps nécessaire pour que le taux de monoxyde de carbone devienne inférieur ou égal à 35 ppm, on considère la fonction `recherche` définie ci-contre en Python.

```python
from math import exp

def f(t):
    return (800*t+200)*exp(-0.5*t) + 30

def recherche():
    a = 1.75
    b = 20
    while b-a > 0.1 :
        m = (a+b)/2
        if f(m) > 35:
            a = m
        else:
            b = m
    return b
```

a. Quel type d'algorithme est implémenté par cette fonction ?

Fichier Python
Disponible sur lycee.editions-bordas.fr

b. Pourquoi la valeur initiale de a est-elle 1,75 ?
c. Quelle est la valeur renvoyée par l'appel recherche() ?
d. Interpréter cette valeur dans le contexte de l'énoncé.

5. a. Calculer $f''(t)$.
b. Justifier que f change de convexité en un réel de l'intervalle [0 ; 20].
c. Interpréter ce réel dans le contexte de l'énoncé.

7 PROBLÈME — MATHS & SES

Étude de différents coûts

CALCULER — CHERCHER

Le directeur financier d'une entreprise peut s'intéresser à différents types de coûts.

– Le **coût total** correspond à tout ce que l'entreprise a dû dépenser pour réaliser sa production.

– Le **coût marginal** est le coût supplémentaire induit par la dernière unité produite.

– Le **coût moyen** (ou coût unitaire) d'un objet est le coût total divisé par le nombre d'objets produits.

Notions utilisées

Chapitre 3 ▪ Convexité
Chapitre 3 ▪ Théorème des valeurs intermédiaires
Chapitre 4 ▪ Fonction logarithme

LE SAVIEZ-VOUS ?

Mathématiquement : $C_m(x) = C(x+1) - C(x)$, *d'où* $C_m(x) = \dfrac{C(x+1) - C(x)}{1}$.
On reconnaît une expression de la forme : $C_m(x) = \dfrac{C(x+h) - C(x)}{h}$
qui est celle du taux de variation de C en x pour h = 1. Lorsque C est dérivable, et puisque h est « proche » de 0, on considère que $C_m(x) \approx C'(x)$.

À noter

Le coût moyen d'un objet lorsque x objets sont produits est donné par le quotient $\dfrac{C(x)}{x}$ pour x strictement positif.

Une entreprise fabrique chaque jour entre 100 et 2 500 pièces pour des trottinettes électriques. Toutes les pièces fabriquées sont identiques et on estime que le coût total, en centaines d'euros, de la production de x centaines de pièces est défini par :

$$C(x) = x + 2 - \ln(x) \quad \text{pour } x \in [1 ; 25].$$

Partie A ▪ Étude du coût total

1. Déterminer le coût total de fabrication de 100 pièces.

2. a. Déterminer l'expression du coût marginal C_m en fonction de x.
b. En déduire le tableau de variation de C sur l'intervalle [1 ; 25].

3. a. Calculer $C''(x)$.
b. La fonction C change-t-elle de convexité sur [1 ; 25] ? Justifier.

Partie B ▪ Étude du coût moyen

Lorsque x centaines de pièces sont fabriquées, pour x compris entre 1 et 25, le coût moyen de fabrication d'une pièce, en euros, est donné par la fonction f définie par :

$$f(x) = \frac{x + 2 - \ln(x)}{x}.$$

1. Quel est le coût moyen d'une pièce, arrondi au centime d'euro près, lorsque 1 000 pièces sont fabriquées ?

2. a. Calculer $f'(x)$, puis étudier les variations de la fonction f sur [1 ; 25].
b. Déterminer, à l'unité près, le nombre de pièces à fabriquer pour que le coût moyen de fabrication d'une pièce soit minimal.
Déterminer alors ce coût moyen, arrondi au centime d'euros près.
c. Donner une méthode pour déterminer rapidement le coût total correspondant.

4. Il est trop risqué pour l'entreprise de produire uniquement la quantité conduisant à un coût moyen minimal par pièce. Le directeur financier souhaite déterminer la plage de production pour laquelle le coût moyen de fabrication d'une pièce est inférieur ou égal à 1,5 euro.
a. Démontrer que, dans l'intervalle [1 ; 25], l'équation $f(x) = 1,5$ admet une unique solution notée α.
b. Déterminer un encadrement d'amplitude 0,01 de α.
c. Conclure.

La confusion corrélation-causalité est une source inépuisable de « raisonnements » fantaisistes.

On peut ainsi discuter de l'information : « Les ventes de crèmes glacées augmentent avec le nombre de morts par noyade ». Peut-on en conclure qu'il est urgent de fermer toutes les boutiques vendant des glaces ? Bien évidemment non, les variables « nombre de noyades » et « nombre de glaces vendues » sont toutes les deux influencées par un même phénomène, la météo : quand il fait beau, on se baigne plus et on mange aussi plus de glaces.
Ainsi, deux événements peuvent être corrélés (c'est-à-dire liés par une relation) sans pour autant avoir des rapports de cause à effet.
Des calculs statistiques ne peuvent pas à eux seuls permettre d'établir un lien de causalité entre deux phénomènes.

PROBLÈMES DU THÈME

1. Établissement de la loi d'Ohm
2. Loi de désintégration radioactive
3. Évolution de la température et des émissions de gaz à effet de serre dans le cadre du réchauffement climatique
4. Loi de Moore

PROBLÈME 1 — MATHS & PHYSIQUE

Établissement de la loi d'Ohm

REPRÉSENTER — CALCULER

La loi d'Ohm est une loi physique établie de façon empirique. Cela signifie que c'est une loi (une formule) validée par des faits expérimentaux, mais pour laquelle on ne dispose pas de base théorique.
Cette loi établit un lien entre l'intensité du courant électrique traversant un dipôle (composant électrique disposant de deux bornes) et la tension aux bornes de ce dipôle. Elle a été établie par **Georg Simon Ohm** dans un article publié en 1826.

Notions utilisées
Chapitre 5 ▪ Ajustement affine

Point Histoire

Georg Simon Ohm (1789-1854) est un physicien allemand. Ses travaux de recherche ont porté sur les phénomènes électriques. Il en proposa une description théorique dans un ouvrage publié en 1827.

Georg Simon Ohm

Lors d'un TP d'électricité, les élèves d'une classe ont réalisé un montage électrique permettant de mesurer en même temps l'intensité du courant traversant une résistance (aussi appelé dipôle ohmique) et la tension aux bornes de ce dipôle.
Les élèves, répartis en groupes, ne disposent pas tous des mêmes dipôles pour effectuer leurs mesures.

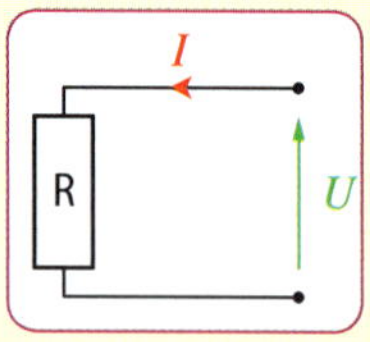

Partie A ▪ Premiers résultats

En faisant varier la tension dans leur circuit, voici les résultats obtenus par un premier groupe d'élèves.

Intensité (en A)	0	0,0106	0,0213	0,0329	0,0425	0,0531	0,0638	0,0745	0,0851	0,0957	0,106
Tension (en V)	0	0,5	1	1,5	2	2,5	3	3,5	4	4,5	5

On considère la série statistique à deux variables formée à partir de ces deux séries de mesures, l'intensité correspondant à la variable x et la tension correspondant à la variable y.

1. Tracer le nuage de points correspondant à cette série statistique.
Quelle observation peut-on faire ?
*La courbe obtenue s'appelle « **caractéristique** » du dipôle ohmique.*

2. Calculer et interpréter le coefficient de corrélation de cette série statistique à deux variables.

3. Déterminer une équation de la droite d d'ajustement affine de y en x par la méthode des moindres carrés. Les coefficients seront arrondis au centième.

Partie B ▪ Calcul de résistances

1. L'ordonnée à l'origine de la droite de régression obtenue dans la partie précédente peut être considérée comme négligeable.
En déduire une relation simple entre la tension U en volts et l'intensité I en ampères.

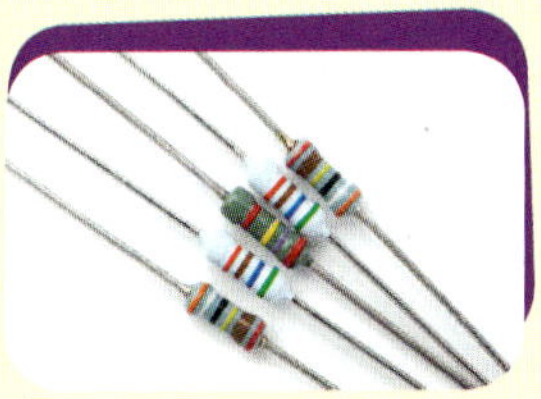

Des résistances (dipôles ohmiques)

2. Le coefficient directeur de la droite, qui est aussi le coefficient de proportionnalité entre la tension en U en volts et l'intensité I en ampères, représente la résistance R du dipôle exprimée en ohms (Ω).

a. Quelle relation peut-on écrire entre I, R et U ?

b. Quelle est la résistance du dipôle mesurée par le groupe d'élèves ?

3. Un second groupe d'élèves a obtenu les résultats suivants.
Quelle est la résistance du dipôle mesurée par le groupe d'élèves ?

Intensité (en A)	0	0,039	0,079	0,118	0,16	0,198	0,238	0,277	0,316	0,355
Tension (en V)	0	1	2	3	4	5	6	7	8	9

2 PROBLÈME — Loi de désintégration radioactive

MATHS & PHYSIQUE — REPRÉSENTER — RAISONNER

Dans la nature, certains noyaux d'atomes sont instables car ils possèdent trop de protons ou trop de neutrons. Pour retrouver un état stable, ces atomes se transforment en émettant des rayonnements. C'est le phénomène de radioactivité, découvert par hasard par Henri Becquerel en 1896.
La désintégration radioactive est un phénomène aléatoire, impossible à prédire pour un noyau donné. Par contre, si on considère un grand nombre de noyaux, le phénomène est alors statistiquement mesurable avec une très grande précision.

Notions utilisées

- **Première** ▪ Fonction exponentielle
- **Chapitre 4** ▪ Fonction logarithme népérien
- **Chapitre 5** ▪ Ajustement affine
- **Logiciels** ▪ Programmation en Python

Partie A ▪ Étude statistique

Henri Becquerel (1852-1908) est un physicien français, lauréat du prix Nobel de physique en 1903 (partagé avec Pierre et Marie Curie) pour ses travaux sur la radioactivité.

Henri Becquerel

L'iode 131 est un produit radioactif utilisé en médecine.
On considère un échantillon comportant 10^6 noyaux d'iode 131 et on relève, tous les trois jours durant un mois, le nombre de noyaux d'iode 131 restants.
Les résultats sont donnés dans le tableau suivant.

Nombre de jours (x_i)	0	3	6	9	12	15	18	21	24	27	30
Nombre de milliers de noyaux (y_i)	1 000	771	594	458	353	272	210	162	125	96	74
$z_i = \ln(y_i)$											

1. Représenter le nuage de points de coordonnées (x_i ; y_i) associé à cette série statistique. Quelle allure a le nuage de points ?

2. On effectue le changement de variable : $z = \ln(y)$.

a. Recopier et compléter le tableau ci-dessus. On arrondira les valeurs au millième.

b. Calculer et interpréter le coefficient de corrélation de cette série statistique à deux variables.

c. Déterminer une équation de la droite d d'ajustement affine de z en x par la méthode des moindres carrés. Les coefficients seront arrondis au millième.

3. a. En déduire, d'après ce modèle, l'expression de y en fonction de x.

b. Donner une estimation du nombre de noyaux d'iode 131 encore présents dans l'échantillon au bout de 40 jours.

Partie B ▪ Simulation à l'aide d'algorithmes

Un atome

1. On se propose de simuler la désintégration radioactive à l'aide du programme suivant écrit en langage Python, où n est la taille d'un échantillon de noyaux instables et p la probabilité qu'un noyau se désintègre durant une unité de temps.

```
1 from random import*
2
3 def atomes_restants(n,p):
4     N=n
5     for i in range(n):
6         if random() < p :
7             N=N-1
8     return N
```

a. Pour $n = 5$ et $p = 0,6$, décrire les calculs effectués dans la boucle « for » (lignes **5** à **7**).

b. Créer une fonction Liste_atomes qui, en faisant appel à la fonction atomes_restants, retourne une liste contenant le nombre d'atomes restants pendant 10 unités de temps consécutives.

Point Histoire

Marie Curie (1867-1934) est une physicienne polonaise naturalisée française. Elle comprend que les rayons observés par Henri Becquerel sont une propriété générale de la matière, elle leur donne le nom de radioactivité (du latin *radius*, rayon).

Marie Curie

c. Tester ce programme pour un échantillon d'un million de noyaux d'iode 131, sachant que le nombre de noyaux diminue chaque jour d'environ 8,3 %.

2. La période radioactive (ou demi-vie) d'un isotope radioactif est le temps nécessaire pour que la moitié des noyaux de cet isotope, initialement présents dans un échantillon, se désintègrent naturellement.

a. En utilisant les informations données dans la question précédente, donner la période de demi-vie de l'iode 131.

b. Créer une nouvelle fonction `Demi_vie` qui, faisant appel à la fonction `atomes_restants`, retourne la période de demi-vie d'un élément radioactif.

c. Déterminer une estimation de la période de demi-vie du Césium 137, sachant que le nombre de noyaux diminue chaque année de 2,3%.

Partie C ▪ Point de vue analytique

Si l'on considère une population macroscopique de noyaux radioactifs (c'est-à-dire dont le nombre est de l'ordre du nombre d'Avogadro, soit 6×10^{23}), le nombre moyen de noyaux qui se désintègrent entre les instants 0 et t, est $N(t) = N(0)\,e^{-\lambda t}$. Le réel λ est une constante déterminée de façon empirique : elle se nomme constante de désintégration et a pour unité des inverses d'unité de temps, souvent elle est exprimée en s^{-1}.

1. Sachant que la constante de désintégration du krypton 89 est $0{,}219\ \text{min}^{-1}$, déterminer la période de demi-vie du krypton 89.

2. Sachant que la période de demi-vie du polonium 214 est de $1{,}64 \times 10^{-4}$ seconde, déterminer la constante de désintégration du polonium 214.

3 PROBLÈME — MATHS & SVT

Évolution de la température et des émissions de gaz à effet de serre dans le cadre du réchauffement climatique

RAISONNER — CALCULER

En 1824, Joseph Fourier, physicien français, surnomme « effet de serre » le phénomène mis en évidence par l'hélio thermomètre d'Horace Bénédict de Saussure à la fin du XVIIIe siècle : la température sur Terre est accrue par l'atmosphère qui piège une partie du rayonnement infrarouge émis par la Terre.

Ce phénomène est dû aux gaz à effet de serre présents dans l'atmosphère (vapeur d'eau, dioxyde de carbone, ozone et méthane pour les plus importants) qui absorbent et réémettent en partie vers le sol l'énergie en provenance du Soleil.

Notions utilisées

Chapitre 5 ▪ Statistiques à deux variables – Ajustement affine

Fichier Tableur
Disponible sur lycee.editions-bordas.fr

Point Histoire

Jean Baptiste Joseph Fourier (1768-1830) est un mathématicien et physicien français qui a déterminé, par le calcul, la diffusion de la chaleur. Sa méthode a des applications dans le traitement et la compression du son et de l'image numérique.

Ouvrir le fichier tableur.
(Source : *Goddard Institute for Space Studies (NASA) & European Commission*).

Il contient, pour les années à partir de 1970, la valeur des émissions mondiales de gaz à effet de serre (en équivalent CO_2) en colonne B et les « Anomalies de température » en colonne C. L'anomalie de température est l'écart entre la température mesurée en un lieu en degrés Celsius (positive ou négative) par rapport à la température moyenne normale (calculée sur une période d'au moins 30 ans).

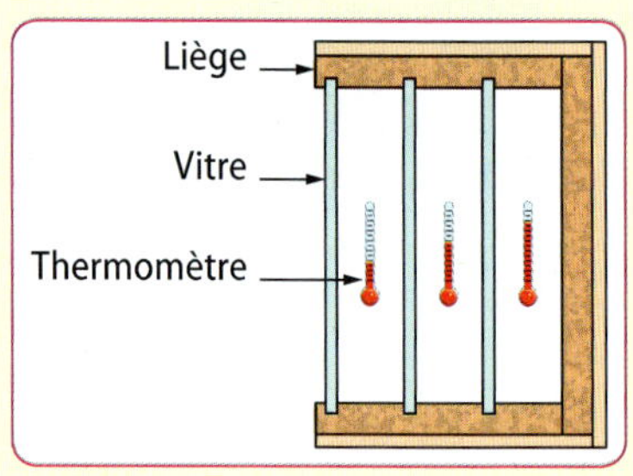

L'hélio thermomètre de Saussure

Partie A ▪ Évolution des gaz à effet de serre

On considère la série statistique à deux variables formée des années (x_i) et des émissions mondiales de gaz à effet de serre (y_i).

1. Déterminer et interpréter le coefficient de corrélation de cette série statistique (arrondi au millième).

2. Déterminer une équation de la droite d d'ajustement affine de y en x par la méthode des moindres carrés. Les coefficients seront arrondis à l'unité.

3. Avec ce modèle, estimer la production de gaz à effet de serre en 2100.

LE SAVIEZ-VOUS ?

Le réchauffement climatique est le phénomène d'augmentation des températures moyennes, du fait d'émissions de gaz à effet de serre excessives.

Partie B ▪ Gaz à effet de serre et température

On considère cette fois la série statistique à deux variables formée des émissions mondiales de gaz à effet de serre (y_i) et des indices de température (z_i).

1. Déterminer et interpréter le coefficient de corrélation de cette série statistique (arrondi au millième).

2. Déterminer une équation de la droite d d'ajustement affine de z en y par la méthode des moindres carrés. Les coefficients seront donnés avec trois chiffres significatifs.

3. Lors de la COP 21 en 2015, les participants se sont engagés à maintenir le réchauffement sous la barre des 2 °C d'ici à 2100. Selon ce modèle, l'objectif sera-t-il tenu ?

4. Selon un rapport du GIEC de 2018, il faudrait limiter l'augmentation des températures à 1,5 °C, sinon cela pourrait entraîner des effets domino sur le climat, pour la plupart irréversibles. Pour cela, à quelle quantité faut-il limiter les émissions mondiales de gaz à effet de serre ?

4 PROBLÈME

MATHS & PHYSIQUE

Loi de Moore

MODÉLISER · CALCULER

Cofondateur de la société Intel, Gordon Moore, né en 1929 à San Francisco, avait affirmé dès 1965 que le nombre de transistors présents dans des microprocesseurs de même taille allait doubler, à prix constants, tous les ans. Il rectifia par la suite en portant à deux ans le rythme de doublement. Il en déduisit que la puissance des ordinateurs allait croître de manière exponentielle, et ce pour des années.

La loi de Moore est une loi empirique qui repose sur l'observation.

Notions utilisées

Première ▪ Fonction exponentielle
Chapitre 1 ▪ Suites
Chapitre 5 ▪ Ajustement affine

Le tableau suivant donne le nombre de transistors présents dans les microprocesseurs « grands public » produits depuis 1971 par la société Intel.

Un microprocesseur

Année (x_i)	1971	1974	1979	1982	1985	1989	1993	1997
Nombre de transistors (y_i) (en millions)	0,0023	0,006	0,029	0,134	0,275	1,2	3,1	7,5
$z_i = \ln(y_i)$								

x_i	1999	2000	2004	2006	2008	2009	2012	2015	2018
y_i	9,5	42	125	291	410	774	1400	1750	2990
$z_i = \ln(y_i)$									

LE SAVIEZ-VOUS ?

Un microprocesseur est un composant électronique, constitué d'une multitude de transistors, qui traite des informations pour ensuite les exécuter. Il a été inventé en 1971 par Intel (avec le modèle 4004).

1. a. Représenter le nuage de points de coordonnées (x_i; y_i) associé à cette série statistique et calculer le coefficient de corrélation correspondant.

b. L'hypothèse d'une croissance exponentielle semble-t-elle valide ?

2. On effectue le changement de variable : $z = \ln(y)$.

a. Recopier et compléter le tableau ci-dessus. On arrondira au millième.

b. Calculer le coefficient de corrélation de la série statistique (x_i; z_i) et comparer sa valeur avec celle obtenue à la question **1.a.**

c. Déterminer une équation de la droite d d'ajustement affine de z en x par la méthode des moindres carrés. Les coefficients seront arrondis au millième.

3. a. En déduire, d'après ce modèle, l'expression de y en fonction de x.

b. Déterminer une estimation du nombre de transistors présents dans les microprocesseurs produits, par la société en 2024.

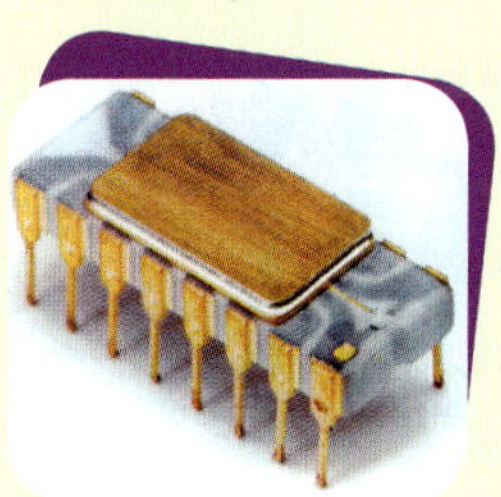

Microprocesseur Intel 4004

4. On note u_n le nombre de transistors présents dans les microprocesseurs produits, par la société en $1970 + n$ (avec $n \geqslant 1$). On fait l'hypothèse d'un doublement du nombre de transistors tous les deux ans, et on note q la raison de la suite géométrique (u_n).

a. Déterminer q.

b. En déduire que $u_n = 0{,}0023 \times \sqrt{2}^{\,n-1}$.

c. Que penser de l'hypothèse d'un doublement du nombre de transistors tous les deux ans ?

Se tester pour un BON DÉPART

▶ Calculer la dérivée d'une fonction

1 Calculer la dérivée de chacune des fonctions définies de la façon suivante :

a. $f(x) = 5x^2 + 2x - 3$ sur $\mathbb{R}$ **b.** $g(x) = x + \frac{1}{x}$ sur $]0 ; +\infty[$ **c.** $h(x) = 2x(3x^2 + 1)$ sur $\mathbb{R}$

d. $i(x) = \frac{x}{x^2 + 1}$ sur $\mathbb{R}$ **e.** $j(x) = e^{2x}$ sur $\mathbb{R}$ **f.** $k(x) = x\ln(x)$ sur $]0 ; +\infty[$

2 Soit les fonctions f et g définies sur $]1 ; +\infty[$ par $f(x) = \frac{x + 2}{x - 1}$ et $g(x) = \frac{-2x + 5}{x - 1}$.

a. Calculer $f'(x)$ et $g'(x)$.

b. Expliquer pourquoi il existe un réel k tel que, pour tout réel x de $]1 ; +\infty[$, $g(x) = f(x) + k$.

c. Calculer $f(2)$ et $g(2)$, puis en déduire le réel k.

3 **VRAI/FAUX**

Indiquer si les affirmations sont vraies ou fausses, puis justifier.

a. Deux fonctions ayant la même dérivée sur un intervalle I sont égales sur I.

b. Soit u une fonction dérivable sur un intervalle I. Alors, la fonction u^2 est dérivable sur I et sa dérivée est $2u$.

c. La fonction f définie sur $\mathbb{R}$ par $f(x) = e^{2x}$ vérifie, pour tout réel x, $f'(x) = 2f(x)$.

▶ Transformer une expression algébrique

4 Démontrer que, pour tout réel x différent de 1, $\frac{2x + 1}{x - 1} = 2 + \frac{3}{x - 1}$.

5 Démontrer que, pour tout réel x différent de 0 et 1, $\frac{1}{x(x - 1)} = \frac{1}{x - 1} - \frac{1}{x}$.

6 Déterminer le réel k tel que, pour tout réel x différent de $\frac{1}{2}$:

$$\frac{3}{2x - 1} = k \times \frac{2}{2x - 1}.$$

7 Démontrer que, pour tout réel x, $\frac{1}{1 + e^{-x}} = \frac{e^x}{e^x + 1}$.

▶ Déterminer une fonction satisfaisant à des conditions

8 **QCM** *Choisir la ou les bonnes réponses.*

1. Soit f une fonction dérivable sur $[0 ; 1]$ vérifiant $f'(x) = 0$ pour tout réel x de $[0 ; 1]$ et telle que $f(0) = 1$. Alors :

a. $f(x) = x$ **b.** $f(x) = 1$ **c.** $f(x) = x + 1$ **d.** $f(x) = 0$

2. Soit f une fonction dérivable sur $\mathbb{R}$ et telle que $f'(x) = f(x)$ pour tout réel x de $\mathbb{R}$. Alors, on peut avoir :

a. $f(x) = 0$ **b.** $f(x) = e^x$ **c.** $f(x) = e^x + 1$ **d.** $f(x) = 5e^x$

9 Soit E l'ensemble des fonctions f_k définies sur $\mathbb{R}$ par $f_k(x) = ke^x$, où k est un réel. Déterminer la fonction f_k de E telle que $f_k(2) = 1$.

10 Soit deux fonctions u et v dérivables sur $\mathbb{R}$ et telles que, pour tout réel x, $u'(x) = v'(x)$. Que peut-on dire de la fonction $u - v$?

POUR VOUS AIDER → Rappels .... page 258

CHAPITRE 6

T ÉQUATIONS DIFFÉRENTIELLES

Lors du branchement d'une batterie d'une voiture électrique sur une borne de recharge, la charge (en kWh) en fonction du temps (en heures) peut être modélisée par une fonction f qui vérifie une équation de la forme $f' + af = b$, où a et b sont deux réels. Cette équation, dont l'inconnue est la fonction f, est une équation différentielle.
Ce type d'équations intervient dans beaucoup de phénomènes économiques et scientifiques.

Voir exercice 94 page 145

LES NOTIONS DU CHAPITRE

- Primitives d'une fonction continue
- Équation différentielle $y' = ay$
- Équation différentielle $y' = ay + b$

bordas Flash PAGE

RESSOURCES NUMÉRIQUES
Téléchargez l'application FlashPage, puis scannez la page indiquée pour consulter votre ressource sur smartphone ou tablette.

Vidéos .... pp. 133, 135, 137
Corrigés détaillés .... pp. 148, 149

Activité 1

Objectif

Découvrir une équation différentielle.

➪ Cours 1
Équations différentielles - Primitives d'une fonction

La prolifération de bactéries

On veut étudier la croissance du nombre de bactéries à température ambiante sur un mélange de glaces qu'on laisse fondre.
On suppose qu'un gramme de ce mélange contient déjà 10 bactéries à l'instant $t = 0$.

1 Voici le nombre de bactéries relevé dans ce mélange heure par heure.

Heure	0	1	2	3	4
Nombre de bactéries	10	27	73	198	533

On note $N(t)$ le nombre de bactéries à l'instant t.

a. Calculer une valeur approchée à 0,1 près de chacun des quotients suivants :

$$q_0 = \frac{N(1) - N(0)}{N(0)},\quad q_1 = \frac{N(2) - N(1)}{N(1)},\quad q_2 = \frac{N(3) - N(2)}{N(2)},\quad q_3 = \frac{N(4) - N(3)}{N(3)}.$$

b. Quelle remarque peut-on faire ?

2 On suppose que la croissance du nombre de bactéries évolue de façon continue et que l'accroissement $N(t+h) - N(t)$ entre deux instants t et $t+h$ (avec $h > 0$), est tel que :

$$\frac{N(t+h) - N(t)}{N(t)} = 1{,}7h.$$

a. En déduire l'expression du rapport $\frac{N(t+h) - N(t)}{h}$ en fonction de $N(t)$.

b. On admet que la fonction N est dérivable et on rappelle que :

$$N'(t) = \lim_{h \to 0} \frac{N(t+h) - N(t)}{h}.$$

Expliquer pourquoi $N'(t) = 1{,}7N(t)$.

Cette équation, dans laquelle l'inconnue est la fonction N, est appelée ***une équation différentielle.***

c. Un étudiant pense que la fonction $t \mapsto 10\mathrm{e}^{1{,}7t}$ peut modéliser le nombre de bactéries présentes dans ce mélange à l'instant t.
Que peut-on dire de sa proposition ?

Activité 2

Objectif

Découvrir des primitives de fonctions de référence.

➪ Cours 2
Recherche des primitives d'une fonction

De qui suis-je la dérivée ?

1 Calculer la dérivée de chacune des fonctions F, G, H, I suivantes :

a. $F(x) = x^2$ sur $\mathbb{R}$ **b.** $G(x) = x^3$ sur $\mathbb{R}$

c. $H(x) = \mathrm{e}^x$ sur $\mathbb{R}$ **d.** $I(x) = \ln(x)$ sur $]0\,;+\infty[$

2 **a.** Déterminer une fonction F définie sur $\mathbb{R}$ et telle que $F'(x) = 2x$.

b. Peut-on trouver une autre fonction dont la dérivée est la fonction $x \mapsto 2x$?
On dit que ces deux fonctions sont des **primitives** sur $\mathbb{R}$ de la fonction $x \mapsto 2x$.

On passe de F à F' par un calcul de dérivée. — **a pour dérivée** : $F \curvearrowright F'$

L'opération qui fait passer de F' à F : — $F \hookleftarrow F'$

consiste à déterminer une ***primitive*** *de F'.* — **a pour primitve**

3 **a.** Donner une primitive de la fonction j définie sur $\mathbb{R}$ par $j(x) = x$.

b. Déterminer une primitive de la fonction p définie sur $\mathbb{R}$ par $p(x) = 3x^2$, puis de la fonction q définie sur $\mathbb{R}$ par $q(x) = x^2$.

c. Déterminer une primitive de la fonction inverse sur $]0\,;+\infty[$.

d. Déterminer une primitive de la fonction exponentielle sur $\mathbb{R}$.

Activité 3

Objectif

Résoudre une équation différentielle de la forme $y' = ay$.

Cours 3
Équations différentielles $y' = ay$ et $y' = ay + b$

Point Histoire

En juin 2018, des chercheurs ont découvert, grâce à l'étude des fards contenus dans des pots de la **Haute Égypte**, que les esthètes de cette époque-là utilisaient la chimie de synthèse pour fabriquer leur maquillage.

Au fil du temps !

La datation au carbone 14 est une technique, découverte en 1950 par Frank Libby, un physicien américain. Cette technique repose sur le fait que le nombre d'atomes 14 contenu dans les tissus animaux et végétaux diminue à leur mort d'environ 1,21 % par siècle.

En appelant $N(t)$ le nombre d'atomes de carbone 14 restant dans l'organisme t siècles après sa mort, et en considérant que la fonction N est dérivable, on a $N'(t) = -0{,}0121N(t)$.

Ainsi, N est une solution de l'équation différentielle **(E)** : $y' = -0{,}0121y$.

1 Montrer que la fonction f telle que $f(t) = \mathrm{e}^{-0{,}0121t}$ est une solution de **(E)**.

2 Soit g une solution de **(E)** et h la fonction définie sur $[0\,;+\infty[$ par $h(t) = \mathrm{e}^{0{,}0121t}g(t)$.

a. Vérifier que $h'(t) = \mathrm{e}^{0{,}0121t}\left[g'(t) + 0{,}0121g(t)\right]$.

b. Justifier que h est une fonction constante.

c. En déduire que $g(t) = C\mathrm{e}^{-0{,}0121t}$, où C est une constante réelle.

3 **a.** Déterminer l'expression de la fonction N en fonction de $N(0)$.

b. Quelle est la proportion d'atomes de carbone 14 contenue dans une statuette datant de 30 siècles ?

Activité 4

Objectif

Résoudre une équation différentielle de la forme $y' = ay + b$.

Cours 3
Équations différentielles $y' = ay$ et $y' = ay + b$

Attention à la casse !

Dans une usine, un four cuit des céramiques à la température de 1 000 °C.

À la fin de la cuisson, ce four est éteint et il refroidit.

La porte du four peut être ouverte sans risque pour les céramiques dès que sa température est inférieure à 70 °C. Sinon les céramiques peuvent se fissurer, voire se casser.

On s'intéresse à la température du four depuis qu'il a été éteint ; on note $f(t)$ cette température, exprimée en degré Celsius, à l'instant t, exprimé en heures.

On admet que f vérifie l'équation différentielle **(E)** : $y' + 0{,}2y = 4$.

1 Montrer que la fonction $g : t \mapsto 20$ est une solution de **(E)**.

2 Soit h une solution de **(E)**.

a. Montrer que $h'(t) - g'(t) + 0{,}2(h(t) - g(t)) = 0$ pour tout réel positif t.

b. En déduire que la fonction $h - g$ est solution de l'équation différentielle $y' = -0{,}2y$.
Résoudre cette équation différentielle et en déduire l'expression $h(t)$.

c. Quand on éteint le four, à l'instant $t = 0$, la température du four est 1 000 °C.
En déduire l'expression de $f(t)$ pour $t \geqslant 0$.

3 Avec ce modèle, est-il vrai qu'au bout de 15 heures, on peut ouvrir le four sans risque pour les céramiques ?

COURS

1. Équations différentielles – Primitives d'une fonction

Équation différentielle $y' = f$

À noter
L'inconnue d'une équation différentielle est une fonction.

DÉFINITION Soit f une fonction définie sur un intervalle I de $\mathbb{R}$.
On dit que la fonction g est une solution de l'équation différentielle $y' = f$ sur I si, et seulement si, g est dérivable sur I et, pour tout réel x de I, $g'(x) = f(x)$.

Notation
On écrit généralement y à la place de $f(x)$ et y' à la place de $f'(x)$ dans les équations différentielles.

EXEMPLE : Soit l'équation différentielle $y' = 2x$, pour x élément de $\mathbb{R}$.
La fonction g telle que $g(x) = x^2$ est dérivable sur $\mathbb{R}$ et, pour tout réel x, $g'(x) = 2x$.
Donc g est une solution sur $\mathbb{R}$ de l'équation différentielle $y' = 2x$.

Plus généralement, une **équation différentielle du 1er ordre** est une équation dans laquelle interviennent une fonction dérivable f, sa dérivée f' et la variable x. L'inconnue de cette équation est la fonction f.

EXEMPLE : $y' = x^3$ et $y' - y = 1$ sont des équations différentielles du 1er ordre.

Primitives d'une fonction

Toute fonction solution sur un intervalle I de l'équation différentielle $y' = f$ s'appelle une **primitive** de f sur I.

À noter
La recherche d'une primitive est l'opération inverse de la dérivation.

DÉFINITION Soit f une fonction définie sur un intervalle I de $\mathbb{R}$.
On dit qu'une fonction F est une primitive de f sur I si, pour tout x de I, $F'(x) = f(x)$.

EXEMPLE : Soit f la fonction définie sur $\mathbb{R}$ par $f(x) = 2x$. La fonction F définie sur $\mathbb{R}$ par $F(x) = x^2$ est une primitive de f sur $\mathbb{R}$ car $F'(x) = f(x)$ pour tout réel x.

À noter
F —— a pour dérivée ——→ f
F ←—— a pour primitive —— f

PROPRIÉTÉ **(démontrée dans le chapitre 7 p. 156)**

Toute fonction continue sur I admet des primitives sur I.

PROPRIÉTÉ Soit f une fonction continue sur I.
Deux primitives de f sur I diffèrent d'une constante.

DÉMONSTRATION AU PROGRAMME

Soit F et G deux primitives de la fonction f sur I.

Alors, pour tout réel x de I, on a $F'(x) = f(x)$ et $G'(x) = f(x)$.

On en déduit $F'(x) = G'(x)$, soit $F'(x) - G'(x) = 0$, soit $(F - G)'(x) = 0$ pour tout réel x de I.

La fonction $F - G$ a une dérivée nulle sur I, elle est donc constante sur I.

On nomme k cette constante. Ainsi, $F(x) - G(x) = k$ pour tout x de I, ce qui montre que ces deux primitives F et G de la fonction f diffèrent d'une constante.

À noter
Une fonction continue sur I admet une infinité de primitives sur I.

PROPRIÉTÉ Soit f une fonction admettant une primitive F sur I.
Alors, pour tout réel k, la fonction $G : x \mapsto F(x) + k$ est aussi une primitive de f sur I, et toute primitive de f sur I est de ce type.

DÉMONSTRATION

$G'(x) = F'(x) + 0 = F'(x) = f(x)$ pour tout x de I, donc G est une primitive de f.
Soit H une primitive de f. D'après la propriété précédente, $H(x) - F(x) = k$, où k est un réel, et ainsi $H(x) = F(x) + k$.

EXEMPLE : La fonction $x \mapsto x^2$ est une primitive de la fonction $f : x \mapsto 2x$ sur $\mathbb{R}$, donc toutes les primitives de f sur $\mathbb{R}$ sont de la forme $F(x) = x^2 + k$, avec k réel.

CAPACITÉ 1

Vérifier qu'une fonction est solution d'une équation différentielle

1 Soit l'équation différentielle $y' = 2x + 1$ pour x réel.
Montrer que la fonction f définie sur $\mathbb{R}$ par $f(x) = x^2 + x + 3$ est une solution de cette équation.

2 Soit l'équation différentielle $y' - 2y = 0$ pour x réel.
Montrer que la fonction g définie sur $\mathbb{R}$ par $g(x) = e^{2x}$ est une solution de cette équation.

3 Soit l'équation différentielle $xy' + y = x$ pour x réel.
Montrer que la fonction h définie sur $\mathbb{R}$ par $h(x) = \frac{1}{2}x$ est une solution de cette équation.

Méthode

Pour vérifier qu'une fonction f est solution d'une équation différentielle du premier ordre, on calcule d'abord $f'(x)$, puis on remplace $f(x)$ et $f'(x)$ dans l'équation.

Solution commentée

1 Pour tout réel x, $f'(x) = 2x + 1 + 0 = 2x + 1$.
Puisque $f'(x) = 2x + 1$ pour tout réel x, f est une solution de l'équation différentielle $y' = 2x + 1$.

2 Pour tout réel x, $g(x) = e^{2x}$, donc $g'(x) = 2e^{2x}$.
D'où $g'(x) - 2g(x) = 2e^{2x} - 2e^{2x} = 0$.
Puisque $g'(x) - 2g(x) = 0$ pour tout réel x, g est une solution de l'équation différentielle $y' - 2y = 0$.

3 Pour tout réel x, $h(x) = \frac{1}{2}x$, donc $h'(x) = \frac{1}{2}$.
D'où $xh'(x) + h(x) = \frac{1}{2}x + \frac{1}{2}x = x$.
Puisque $xh'(x) + h(x) = x$ pour tout réel x, h est une solution de l'équation différentielle $xy' + y = x$.

Voir exercices
47 Pour s'entraîner
99 et 100 Pour travailler en autonomie

CAPACITÉ 2

Vérifier qu'une fonction est une primitive d'une autre fonction

Vidéo 01:53
Vérifier qu'une fonction est une primitive
bordas Flash PAGE vidéo

1 Soit les fonctions f et F définies sur $\mathbb{R}$ par $f(x) = xe^x$ et $F(x) = (x - 1)e^x$.
a. Montrer que F est une primitive de f sur $\mathbb{R}$.
b. En déduire toutes les primitives de f sur $\mathbb{R}$.

2 Soit f et F les fonctions définies sur $]0\,;+\infty[$ par :

$$f(x) = \frac{2x+3}{x} \quad \text{et} \quad F(x) = 2x + 3\ln(x).$$

a. Montrer que F est une primitive de f sur $]0\,;+\infty[$.
b. Déterminer la primitive de f sur $]0\,;+\infty[$ qui s'annule en 1.

Méthode

Pour montrer qu'une fonction F est une primitive d'une fonction donnée f, on dérive F et on montre que $F' = f$.

Solution commentée

1 **a.** La fonction F est de la forme uv avec $u(x) = x - 1$ et $v(x) = e^x$.
Pour tout réel x, $F'(x) = 1e^x + (x - 1)e^x = e^x + xe^x - e^x = xe^x$.
Puisque $F'(x) = f(x)$ pour tout réel x, F est une primitive de f sur $\mathbb{R}$.
b. La fonction F est une primitive de f sur $\mathbb{R}$, donc les primitives de f sur $\mathbb{R}$ sont les fonctions de la forme $x \mapsto (x - 1)e^x + k$, avec k réel.

2 **a.** Pour tout réel x de $]0\,;+\infty[$, $F'(x) = 2 + 3 \times \frac{1}{x} = \frac{2x+3}{x}$.
Puisque $F'(x) = f(x)$ pour tout réel x de $]0\,;+\infty[$, F est une primitive de f sur $]0\,;+\infty[$.
b. Les primitives de f sur $]0\,;+\infty[$ sont les fonctions G définies par :

$$G(x) = F(x) + k, \text{ avec } k \text{ réel},$$

donc $G(x) = 2x + 3\ln(x) + k$.
On cherche G telle que $G(1) = 0$, soit $2 \times 1 + 3\ln(1) + k = 0$, soit $k = -2$.
La primitive cherchée a pour expression $G(x) = 2x + 3\ln(x) - 2$.

Voir exercices
50 Pour s'entraîner
101 et 102 Pour travailler en autonomie

2. Recherche des primitives d'une fonction

Primitives des fonctions usuelles

Par lecture inverse du tableau des dérivées, on obtient le tableau ci-dessous.

Fonction f	Une primitive F	Intervalle de validité
$f(x) = a$	$F(x) = ax$	$\mathbb{R}$
$f(x) = x$	$F(x) = \frac{1}{2}x^2$	$\mathbb{R}$
$f(x) = x^n$ pour n entier naturel non nul	$F(x) = \frac{1}{n+1}x^{n+1}$	$\mathbb{R}$
$f(x) = \frac{1}{x}$	$F(x) = \ln(x)$	$]0\,;+\infty[$
$f(x) = \frac{1}{x^2}$	$F(x) = -\frac{1}{x}$	$]-\infty\,;0[$ ou $]0\,;+\infty[$
$f(x) = e^x$	$F(x) = e^x$	$\mathbb{R}$
$f(x) = \frac{1}{2\sqrt{x}}$	$F(x) = \sqrt{x}$	$]0\,;+\infty[$

À noter
Une primitive de la fonction $x \mapsto x^2$ est la fonction $x \mapsto \frac{1}{3}x^3$.

À noter
Pour vérifier ces formules, il suffit de montrer que la dérivée de F est égale à f.

Primitives de fonctions ayant des formes remarquables

En utilisant les formules de dérivation d'une somme et d'un produit de fonction par un réel, ainsi que les formules de dérivation de u^2, e^u et $\ln(u)$, on obtient des méthodes de calcul des primitives de fonctions ayant une forme remarquable.

PROPRIÉTÉS Soit f et g deux fonctions continues sur un intervalle I, k un réel quelconque et u une fonction dérivable sur l'intervalle I.

(1) Une primitive de kf est kF, avec F une primitive de f.

(2) Une primitive de $f+g$ est $F+G$ avec F une primitive de f et G une primitive de g.

(3) Une primitive de $u' \times e^u$ est e^u.

(4) Une primitive de $2uu'$ est u^2.

(5) Une primitive de $\frac{u'}{u}$ avec $u(x) > 0$ sur I, est $\ln(u)$.

À noter
Une primitive de uu' est $\frac{1}{2}u^2$.

DÉMONSTRATIONS

(1) $(kF)' = kF' = kf$, donc une primitive de kf est kF.

(2) $(F+G)' = F' + G' = f + g$, donc une primitive de $f+g$ est $F+G$.

(3) $(e^u)' = u'e^u$, donc une primitive de $u' \times e^u$ est e^u.

(4) $(u^2)' = 2 \times u \times u'$, donc une primitive de $2uu'$ est u^2.

(5) $(\ln(u))' = \frac{u'}{u}$, donc une primitive de $\frac{u'}{u}$ est $\ln(u)$.

EXEMPLES : • Une primitive de la fonction f définie sur $\mathbb{R}$ par $f(x) = 5x^2$ est la fonction F définie sur $\mathbb{R}$ par $F(x) = 5 \times \frac{1}{3}x^3$.

• Une primitive de la fonction f définie sur $]0\,;+\infty[$ par $f(x) = x^3 + \frac{1}{x}$ est la fonction F définie sur $]0\,;+\infty[$ par $F(x) = \frac{1}{4}x^4 + \ln(x)$.

• La fonction f définie sur $\mathbb{R}$ par $f(x) = 2e^{2x}$ est de la forme $u' \times e^u$ avec u définie sur $\mathbb{R}$ par $u(x) = 2x$. Donc, une primitive de f est la fonction F définie sur $\mathbb{R}$ par $F(x) = e^{2x}$.

Vidéo 09:34
Calculer une primitive (1)

bordas Flash PAGE vidéo

CAPACITÉ 3

Calculer une primitive en utilisant les fonctions de référence

❶ Déterminer une primitive sur $\mathbb{R}$ de la fonction f définie sur $\mathbb{R}$ par $f(x) = x^2 - 6x + 5$.

❷ Déterminer une primitive sur $]0\,;+\infty[$ de la fonction g définie sur $]0\,;+\infty[$ par :

$$g(x) = \frac{7}{x} + \frac{1}{x^2}.$$

Conseil

On peut vérifier le résultat trouvé en dérivant la primitive obtenue.

Solution commentée

❶ f est de la forme $u + v + w$ avec $u(x) = x^2$, $v(x) = -6x$ et $w(x) = 5$.

Une primitive de f est donc la fonction F définie sur $\mathbb{R}$ par $F = U + V + W$ où U est une primitive de u, V une primitive de v et W une primitive de w.

On a $u(x) = x^2$ donc $U(x) = \frac{1}{3}x^3$

$v(x) = -6x$ donc $V(x) = -6 \times \frac{1}{2}x^2$

$w(x) = 5$ donc $W(x) = 5x$.

Donc, pour tout réel x, $F(x) = \frac{1}{3}x^3 - 3x^2 + 5x$.

❷ g est de la forme $u + v$ avec $u(x) = \frac{7}{x}$ et $v(x) = \frac{1}{x^2}$.

Une primitive de g est donc la fonction G définie sur $]0\,;+\infty[$ par $G = U + V$ où U est une primitive de u et V une primitive de v sur $]0\,;+\infty[$.

On a $u(x) = \frac{7}{x} = 7 \times \frac{1}{x}$ donc $U(x) = 7 \times \ln(x)$.

De plus $v(x) = \frac{1}{x^2}$ donc $V(x) = -\frac{1}{x}$.

On en déduit, pour tout réel x, $G(x) = 7\ln(x) - \frac{1}{x}$.

Voir exercices
60 Pour s'entraîner
103 et 104 Pour travailler en autonomie

Vidéo 04:32
Calculer une primitive (4)

bordas Flash PAGE vidéo

CAPACITÉ 4

Calculer une primitive à l'aide d'une forme remarquable

Déterminer une primitive sur $]0\,;+\infty[$ de chacune des fonctions f, g, h définies sur $]0\,;+\infty[$ par :

❶ $f(x) = (2x + \frac{1}{x})(x^2 + \ln(x))$ ❷ $g(x) = \frac{4}{3x + 1}$ ❸ $h(x) = e^{3x+1}$

Méthode

Pour déterminer une primitive d'une fonction, on commence par faire apparaître une forme remarquable dont on connaît une primitive.

Solution commentée

❶ f est un produit de fonctions : on cherche à faire apparaître la forme uu'.

En prenant $u(x) = x^2 + \ln(x)$, on a $u'(x) = 2x + \frac{1}{x}$ et f est de la forme uu'.

On sait qu'une primitive de $2uu'$ est u^2 donc une primitive de uu' est $\frac{1}{2}u^2$.

Ainsi, une primitive de f est la fonction F définie sur $]0\,;+\infty[$ par :

$$F(x) = \frac{1}{2}\left(x^2 + \ln(x)\right)^2.$$

❷ g est un quotient : on cherche donc à faire apparaître la forme $\frac{u'}{u}$. Ici, $u(x) = 3x + 1$, $u(x)$ est strictement positif sur $]0\,;+\infty[$ et $u'(x) = 3$.

On doit donc faire apparaître la forme $\frac{3}{3x+1}$.

On écrit alors $g(x) = \frac{4}{3} \times \frac{3}{3x+1} = \frac{4}{3} \times \frac{u'(x)}{u(x)}$. Or, une primitive de $\frac{u'}{u}$ avec $u > 0$ est $\ln(u)$. Donc une primitive de g est la fonction G définie sur $]0\,;+\infty[$ par $G(x) = \frac{4}{3}\ln(3x+1)$.

❸ La fonction h est définie à l'aide d'une exponentielle : on cherche à faire apparaître la forme $u'e^u$ dans l'expression de h.

Ici $u(x) = 3x + 1$, ce qui donne $u'(x) = 3$.

On doit donc faire apparaître la forme $3e^{3x+1}$.

On écrit alors $h(x) = \frac{1}{3} \times 3 \times e^{3x+1} = \frac{1}{3}\,u'(x)\,e^{u(x)}$.

Or, une primitive de $u'e^u$ est e^u, donc une primitive de h est la fonction H définie sur $]0\,;+\infty[$ par $H(x) = \frac{1}{3} \times e^{3x+1}$.

Voir exercices
69 Pour s'entraîner
105 Pour travailler en autonomie

3. Équations différentielles $y' = ay$ et $y' = ay + b$

Équation différentielle $y' = ay$

Vocabulaire
On dit que $x \mapsto Ce^{ax}$ est la solution générale de l'équation $y' = ay$.

PROPRIÉTÉ Soit a un réel. L'ensemble des solutions dans $\mathbb{R}$ de l'équation différentielle $y' = ay$ est l'ensemble des fonctions $x \mapsto Ce^{ax}$, où C est une constante réelle quelconque.

DÉMONSTRATION AU PROGRAMME

Soit la fonction f définie sur $\mathbb{R}$ par $f(x) = Ce^{ax}$, où C est un réel.
Alors, $f'(x) = C \times ae^{ax} = af(x)$. Puisque $f'(x) = af(x)$ pour tout réel x, f est bien solution de l'équation différentielle $y' = ay$.

Réciproquement, soit f une solution de l'équation différentielle **(E)** $y' = ay$ et soit g la fonction définie sur $\mathbb{R}$ par $g(x) = e^{-ax} \times f(x)$.

g est dérivable sur $\mathbb{R}$ et $g'(x) = e^{-ax} \times f'(x) + (-ae^{-ax}) \times f(x)$.

Puisque f est solution de **(E)**, $f'(x) = af(x)$ pour tout réel x et ainsi :

$$g'(x) = e^{-ax} \times af(x) - ae^{-ax} \times f(x) = 0.$$

La fonction g est constante, soit $e^{-ax} \times f(x) = C$, avec C réel.

Puisque e^{-ax} est différent de 0 pour tout réel x, on obtient $f(x) = \dfrac{C}{e^{-ax}} = Ce^{ax}$.

LOGIQUE
On raisonne ici par double inclusion. Si E est l'ensemble des fonctions $x \mapsto Ce^{ax}$ et F l'ensemble des solutions de l'équation, on montre $E \subset F$, puis $F \subset E$ pour avoir $E = F$.

EXEMPLE : Soit l'équation différentielle $y' = 2y$, pour x élément de $\mathbb{R}$.
L'ensemble de ses solutions est l'ensemble des fonctions de la forme $x \mapsto Ce^{2x}$, où C est un réel.
La fonction constante telle que $f(x) = 0$ est une solution de cette équation différentielle ; sa courbe représentative est l'axe des abscisses.
Les courbes des autres fonctions solutions se partagent en deux groupes, selon le signe de C, et admettent l'axe des abscisses comme asymptote en $-\infty$.

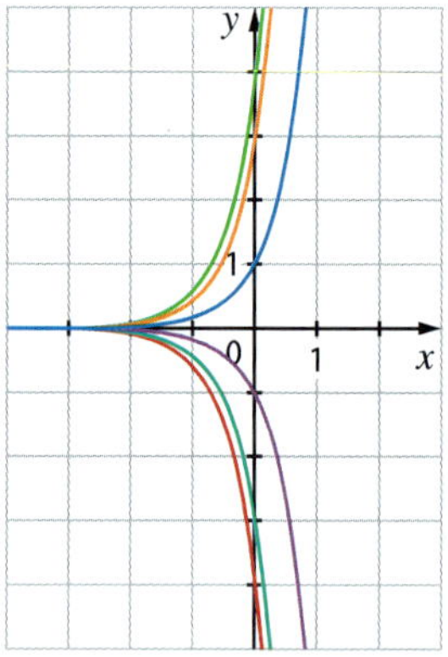

Équations différentielles $y' = ay + b$

L'équation différentielle $y' = ay + b$ ($a \neq 0$) a toujours une solution particulière constante.
En effet, la fonction p définie sur $\mathbb{R}$ par $p(x) = -\dfrac{b}{a}$ est solution puisque, pour tout réel x :

$$p'(x) = 0 \quad \text{et} \quad a \times \left(-\frac{b}{a}\right) + b = 0.$$

Vocabulaire
L'équation $y' = ay + b$ est appelée équation différentielle linéaire du premier ordre à coefficients constants.

PROPRIÉTÉ Soit a et b des réels, a non nul. L'ensemble des solutions dans $\mathbb{R}$ de l'équation différentielle **(E)** $y' = ay + b$ est l'ensemble des fonctions $x \mapsto f(x) + p(x)$, où f est une solution de l'équation $y' = ay$ et p une solution particulière constante de **(E)**.

EXEMPLE : L'équation différentielle $y' = -y + 4$ admet pour solution particulière constante la fonction p telle que $p(x) = 4$ (puisque $p'(x) = 0$ et $-p(x) + 4 = 0$).
Les solutions de l'équation différentielle $y' = -y + 4$ sont donc les fonctions $x \mapsto Ce^{-x} + 4$, où C est un réel quelconque.
La fonction constante telle que $f(x) = 4$ est une solution ; sa courbe représentative est la droite d'équation $y = 4$.
Les courbes représentatives des autres fonctions solutions se partagent en deux groupes, selon le signe de C, et elles admettent la droite d'équation $y = 4$, comme asymptote en $+\infty$.

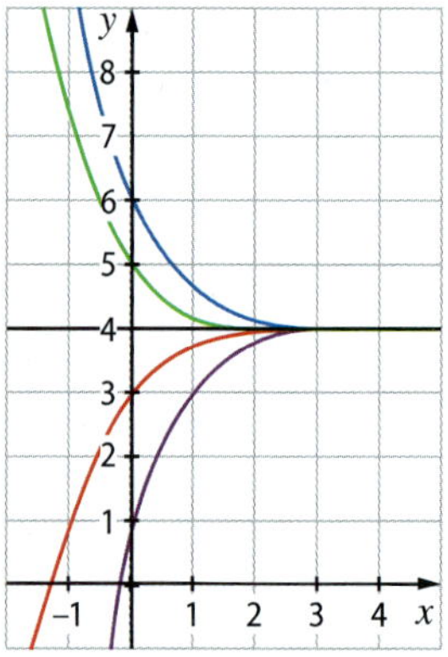

Vidéo 07:01
Résoudre une équation différentielle du 1er ordre sans second membre

bordas Flash PAGE vidéo

CAPACITÉ 5

Résoudre une équation différentielle de la forme $y' = ay$

1. Résoudre l'équation différentielle (**E**) : $y' = -4y$, pour x réel.
2. Déterminer la solution f de (**E**) telle que $f(2) = 1$.
3. Déterminer la solution g de (**E**) dont la courbe représentative passe par le point A de coordonnées (1 ; –3).

Méthode

Pour résoudre une équation de la forme $y' = ay$, on commence par identifier la valeur de a.

Solution commentée

1. L'équation (**E**) est de la forme $y' = ay$, avec $a = -4$.
L'ensemble des solutions de (**E**) est donc formé des fonctions de la forme $x \mapsto Ce^{-4x}$, où C est une constante réelle.
2. La fonction f a pour expression $f(x) = Ce^{-4x}$, où C est un réel.
La condition $f(2) = 1$ va permettre de déterminer la constante C.
Puisque $f(2) = Ce^{-8}$ et que $f(2) = 1$, on en déduit $Ce^{-8} = 1$.
D'où $C = \dfrac{1}{e^{-8}} = e^{8}$.
En conclusion, $f(x) = e^{8}e^{-4x}$, ou encore $f(x) = e^{8-4x}$.
3. La fonction g a pour expression $g(x) = Ke^{-4x}$, où K est un réel.
Puisque A(1 ; –3) appartient à la courbe représentative de la fonction g, on a $g(1) = -3$. Par ailleurs $g(1) = Ke^{-4}$, donc $Ke^{-4} = -3$.
Par suite, $K = -3e^{4}$.
En conclusion, $g(x) = -3e^{4}e^{-4x}$, ou encore $g(x) = -3e^{4-4x}$.

Voir exercices
83 Pour s'entraîner
106 107 108 et 109 Pour travailler en autonomie

Vidéo 04:36
Résoudre une équation différentielle de la forme $y' = ay + b$

bordas Flash PAGE vidéo

CAPACITÉ 6

Résoudre une équation différentielle de la forme $y' = ay + b$

Soit l'équation différentielle (**E**) $y' = 2y + 6$.

1. Déterminer une solution particulière de (**E**).
2. En déduire toutes les solutions de (**E**).
3. **a.** Déterminer la solution de (**E**) dont la courbe passe par le point A de coordonnées (1 ; 4).
b. Tracer la courbe représentative de cette fonction à l'aide d'un logiciel ou de la calculatrice.

Méthode

Pour résoudre une équation différentielle de la forme $y' = ay + b$, on commence par déterminer la solution particulière constante de cette équation.

Solution commentée

1. On cherche la solution particulière constante de (**E**), de la forme $p(x) = k$.
Puisque la fonction p est une solution de l'équation différentielle (**E**), on a :
$$p'(x) = 2p(x) + 6 \text{ pour tout réel } x.$$
Or, $p'(x) = 0$, donc $2p(x) + 6 = 0$, soit $p(x) = -\dfrac{6}{2}$.
Une solution particulière de (**E**) est donc la fonction p telle que $p(x) = -3$.
2. On commence par résoudre l'équation différentielle $y' = 2y$: elle est de la forme $y' = ay$, avec $a = 2$, donc elle admet pour solutions les fonctions $x \mapsto Ce^{2x}$ avec C réel.
On en déduit que les solutions de (**E**) sont les fonctions f définies sur $\mathbb{R}$ par une expression de la forme $f(x) = Ce^{2x} - 3$, avec C constante réelle.
3. **a.** Le point A appartient à la courbe représentative de la fonction f si, et seulement si, $f(1) = 4$.
Puisque $f(1) = Ce^{2} - 3$, on en déduit $Ce^{2} - 3 = 4$, donc $Ce^{2} = 7$. Par suite $C = 7e^{-2}$, donc $f(x) = 7e^{-2}e^{2x} - 3$, soit $f(x) = 7e^{2x-2} - 3$.
b. Le tracé de la courbe représentative de f est donné ci-contre.

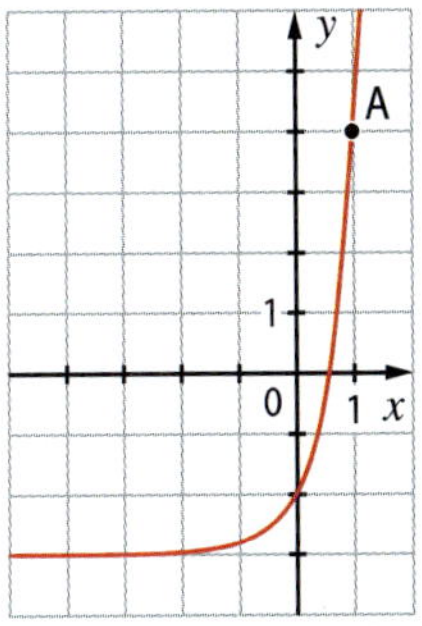

Voir exercices
90 Pour s'entraîner
110 111 112 113 114 et 115 Pour travailler en autonomie

Calcul mental

1 Calculer et simplifier.

a. $1+\frac{1}{3}$ b. $\frac{9}{5}-2$

c. $\frac{3}{4}\times\frac{2}{5}$ d. $10\div\frac{5}{3}$

2 Calculer et simplifier.

a. $\sqrt{2}\times\sqrt{8}$ b. $\sqrt{18}-\sqrt{2}$

c. $\ln(8)-\ln(2)$ d. $e^{-3}\times e^{2}$

3 Calculer l'image de 1 par chacune des fonctions suivantes.

a. $f(x)=x^2-2x+3$ b. $g(x)=(2x-3)^2$

c. $h(x)=\frac{x-1}{x+2}$ d. $i(x)=e^{2x-1}$

4 Calculer la dérivée de chacune des fonctions f et g suivantes.

a. $f(x)=2x^2-5x+250$ sur $\mathbb{R}$ b. $h(x)=x+\ln(x)$ sur $]0\,;+\infty[$

Automatismes

Évolutions et pourcentages

5 Sur un site de vente en ligne, on propose deux tarifs pour l'achat de capsules de café : chaque capsule peut être achetée 0,70 euro à l'unité ou on peut acheter 150 capsules au prix de 63 euros.

De quel pourcentage de réduction bénéficie-t-on grâce à l'offre groupée par rapport à un achat à l'unité ?

6 Un responsable de magasin étudie l'évolution de son chiffre d'affaires (CA) annuel en euros sur trois années consécutives.

Année	2018	2019	2020
CA	52 750	55 651	58 712

Calculer le taux d'évolution du CA entre 2018 et 2019, puis celui entre 2019 et 2020. Donner des valeurs approchées à 10^{-3} près.

Lectures graphiques

7 VRAI/FAUX

Indiquer si les affirmations sont vraies ou fausses, puis justifier.

Sur le graphique ci-dessous sont représentées une fonction f et deux tangentes à sa courbe représentative $\mathscr{C}$.

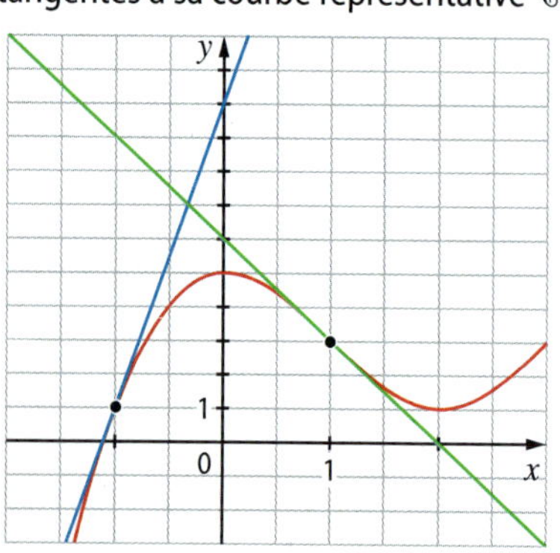

1. La tangente à $\mathscr{C}$ au point d'abscisse -1 a un coefficient directeur égal à 9.
2. $f(1)=3$.
3. Une équation de la tangente à $\mathscr{C}$ au point d'abscisse 1 est $y=-3x+3$.

Statistiques et probabilités

8 Le graphique ci-dessous représente la répartition des temps de parcours en minutes entre le domicile et le lycée de 200 élèves de ce lycée.

1. Quel est le pourcentage d'élèves ayant un temps de parcours de plus de 30 minutes ?
2. Quel est le pourcentage d'élèves ayant un temps de parcours de moins de 10 minutes ?

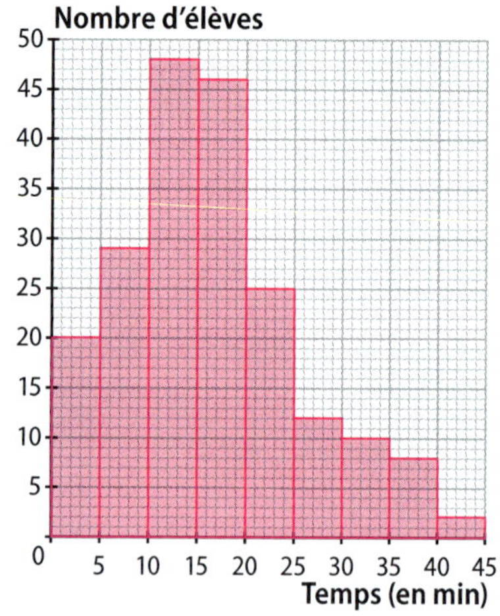

9 CALC Soit la série statistique pondérée donnée par le tableau suivant.

x_i	1	2	4	5
n_i	5	8	4	3

Calculer la moyenne et l'écart-type de cette série.

10 CALC On s'intéresse à une variable aléatoire X dont la loi de probabilité est :

x_i	-3	2	7
$P(X=x_i)$	0,14	0,58	a

1. Calculer a.
2. Calculer l'espérance de X.
3. Donner une valeur approchée à 0,01 près de l'écart-type de cette variable aléatoire.

11 **Question de méthodes**

La proportion d'enfants ayant une réaction forte à un vaccin donné est de 15 %. On vaccine trois enfants.

Comment peut-on modéliser cette situation ?

Équations différentielles

Questions flash

12 ORAL VRAI/FAUX

Indiquer si les affirmations sont vraies ou fausses, puis justifier.

1. $y' = x + 1$ est une équation différentielle.
2. $y = 2x$ est une équation différentielle.
3. La fonction f telle que $f(x) = 7$ est une solution de l'équation différentielle $y' = 7$.

13 1. Quelles sont les fonctions dont la dérivée est nulle pour tout réel x ?

2. Résoudre l'équation différentielle $y' = 0$.

14 Soit f la fonction définie sur $\mathbb{R}$ par $f(x) = 3x^2 - 1$.

1. Calculer $f'(x)$.
2. Expliquer pourquoi cette fonction f est une solution de l'équation différentielle $y' = 6x$.

15 Soit u et v les fonctions définies sur $\mathbb{R}$ par :

$$u(x) = 2x + 1 \quad \text{et} \quad v(x) = 2x - 4.$$

1. Calculer $u'(x)$ et $v'(x)$.
2. Montrer que u et v sont des solutions de l'équation différentielle $y' = 2$.
3. Donner une autre fonction solution de cette équation différentielle.

16 Soit f la fonction définie sur $\mathbb{R}$ par $f(x) = e^{-4x}$.

1. Calculer $f'(x)$ en précisant la formule utilisée pour calculer cette dérivée.
2. Expliquer pourquoi cette fonction f est une solution de l'équation différentielle $y' + 4y = 0$.

17 QCM *Choisir la ou les bonnes réponses.*

Une solution de l'équation différentielle $y' = -y$ est la fonction définie sur $\mathbb{R}$ par :

1. $f(x) = -1$ 2. $f(x) = 4\,e^{-x}$ 3. $f(x) = e^{-x} + 1$ 4. $f(x) = 0$

Primitives d'une fonction

Questions flash

18 ORAL

1. Expliquer pourquoi la fonction F définie sur $]0\,;+\infty[$ par $F(x) = 7\ln(x)$ est une primitive de la fonction f définie sur $]0\,;+\infty[$ par $f(x) = \frac{7}{x}$.
2. Donner une primitive de chacune des fonctions g, h, i et j définies sur $\mathbb{R}$ par :

$$g(x) = 5\,; \quad h(x) = e^x\,; \quad i(x) = x\,; \quad j(x) = x^2.$$

19 Soit F la fonction définie sur $\mathbb{R}$ par $F(x) = e^{-x}$.

1. Calculer la dérivée de F.
2. Expliquer pourquoi F est une primitive de la fonction f définie sur $\mathbb{R}$ par $f(x) = -e^{-x}$.

20 Soit F la fonction définie sur $\mathbb{R}$ par $F(x) = xe^x$.

1. Calculer la dérivée de F.
2. Montrer que F est une primitive de la fonction f définie sur $\mathbb{R}$ par $f(x) = (1 + x)e^x$.

21 Soit F la fonction définie sur $]0\,;+\infty[$ par :

$$F(x) = x\ln(x).$$

1. Calculer la dérivée de F.
2. Expliquer pourquoi F est une primitive de la fonction f définie sur $]0\,;+\infty[$ par $f(x) = \ln(x) + 1$.
3. Donner une autre primitive de f sur $]0\,;+\infty[$.

22 1. Recopier le tableau suivant.

$f(x)$	x^2		$5x$	$\frac{1}{x}$ $(x \neq 0)$	
$f'(x)$		$3x^2$			$\frac{1}{x}$ pour $x > 0$

2. Compléter la deuxième ligne de ce tableau.
3. a. Que représentent les fonctions de la première ligne par rapport aux fonctions correspondantes de la deuxième ligne ?
b. Donner une première ligne possible de ce tableau.

23 1. Donner une primitive des fonctions f et g définies sur $\mathbb{R}$ par $f(x) = x$ et $g(x) = x^3$.

2. En déduire une primitive de la fonction h définie sur $\mathbb{R}$ par :

$$h(x) = x + x^3.$$

24 1. Donner une primitive de la fonction f définie sur $\mathbb{R}$ par $f(x) = x^2$.

2. En déduire une primitive sur $\mathbb{R}$ de chacune des fonctions u et v définies sur $\mathbb{R}$ par $u(x) = 5x^2$ et $v(x) = \frac{x^2}{3}$.

25 1. Déterminer une primitive de la fonction f définie sur $]0\,;+\infty[$ par $f(x) = \frac{1}{x}$.

2. En déduire une primitive sur $]0\,;+\infty[$ de chacune des fonctions g et h définies par $g(x) = 5 + \frac{1}{x}$ et $h(x) = 5 \times \frac{1}{x}$.

26 1. Rappeler la dérivée de la fonction inverse sur $]0\,;+\infty[$.

2. En déduire une primitive sur $]0\,;+\infty[$ de chacune des fonctions g et h définies sur $]0\,;+\infty[$ par :

$$g(x) = \frac{1}{x^2} \quad \text{et} \quad h(x) = \frac{9}{x^2}.$$

27 VRAI/FAUX

Indiquer si les affirmations sont vraies ou fausses, puis justifier.

Soit f et g des fonctions continues sur un intervalle I ; soit F et G des primitives respectives de f et g sur I.

1. $F + G$ est une primitive de $f + g$ sur I.
2. $F \times G$ est une primitive de $f \times g$ sur I.
3. $-F$ est une primitive de $-f$ sur I.

28 Soit f la fonction définie sur $\mathbb{R}$ par $f(x) = 3x^2$.

1. Donner toutes les primitives sur $\mathbb{R}$ de la fonction f.
2. Déterminer la primitive de la fonction f qui s'annule en 1.

29 Soit f la fonction définie sur $\mathbb{R}$ par $f(x) = e^x$.

1. Donner toutes les primitives sur $\mathbb{R}$ de la fonction f.

2. Déterminer la primitive de la fonction f qui s'annule en 0.

30 **1.** Soit la fonction f définie sur $\mathbb{R}$ par :

$$f(x) = 2e^{2x}.$$

1. a. Vérifier que f est de la forme $u'e^u$, où u est une fonction dont on donnera l'expression.

b. Donner une primitive de la fonction f sur $\mathbb{R}$.

2. En déduire une primitive sur $\mathbb{R}$ de la fonction g telle que $g(x) = e^{2x}$.

31 Soit la fonction f définie sur $\mathbb{R}$ par :

$$f(x) = 2xe^{x^2}.$$

1. Vérifier que f est de la forme $u'e^u$, où u est une fonction dont on donnera l'expression.

2. En déduire une primitive de la fonction f sur $\mathbb{R}$.

32 Soit f la fonction définie sur $\left]\frac{1}{2} ; +\infty\right[$ par :

$$f(x) = \frac{2}{2x-1}.$$

1. a. Vérifier que f est de la forme $\frac{u'}{u}$, où u est une fonction dont on donnera l'expression.

b. Donner le signe de la fonction u sur $\left]\frac{1}{2} ; +\infty\right[$.

2. En déduire une primitive de la fonction f sur $\left]\frac{1}{2} ; +\infty\right[$.

Équations différentielles $y' = ay$

Questions flash

33 ORAL VRAI/FAUX

Indiquer si les affirmations sont vraies ou fausses, puis justifier.

1. L'équation $y' = y$ a une unique solution.

2. La fonction $x \mapsto e^{3x}$ est une solution de l'équation $y' = 3y$.

34 Écrire chacune des équations différentielles suivantes sous la forme $y' = ay$ en précisant à chaque fois la valeur de la constante a.

1. $y' - 5y = 0$ **2.** $y' + 4y = 0$ **3.** $2y' = 3y$ **4.** $3y' - 6y = 0$

35 Soit l'équation différentielle $y' = 7y$.

1. Justifier que les fonctions solutions de cette équation sont de la forme $f(x) = Ce^{7x}$, avec C réel.

2. Expliquer pourquoi la solution de cette équation différentielle dont la courbe représentative passe par le point A(0 ; 3) est la fonction f définie sur $\mathbb{R}$ par $f(x) = 3e^{7x}$.

36 Soit l'équation différentielle $y' + 4y = 0$.

1. Écrire cette équation sous la forme $y' = ay$, où a est un réel que l'on donnera.

2. Déterminer les solutions de cette équation différentielle sur $\mathbb{R}$.

37 QCM *Choisir la ou les bonnes réponses.*

Parmi les fonctions suivantes, quelle est la fonction qui est solution de l'équation différentielle $y' = y$ et dont la courbe passe par le point A (0 ; –1) ?

1. $f(x) = x$ **2.** $f(x) = e^x$ **3.** $f(x) = e^x - 1$ **4.** $f(x) = -e^x$

MATH & SVT

38 La vitesse de croissance du poids du coton, en grammes par jour, est proportionnelle au poids P à chaque instant t pendant le premier mois de croissance. Pour certaines espèces de coton, on admet que P est une solution sur $[0 ; +\infty[$ de l'équation différentielle (**E**) $y' = 0{,}21y$.

1. a. Vérifier que la fonction f définie sur $[0 ; +\infty[$ par :

$$f(t) = e^{0{,}21t}$$

est une solution de (**E**).

b. Donner toutes les solutions de (**E**).

2. On s'intéresse à une plante dont le poids est 70 milligrammes au début du mois, c'est-à-dire à l'instant $t = 0$.

a. Expliquer pourquoi son poids, en grammes, à l'instant t est tel que $P(t) = 0{,}07e^{0{,}21t}$.

b. Déterminer une valeur approchée à 0,01 près de son poids à la fin du mois, lorsque $t = 30$.

39 Sur le graphique ci-dessous sont représentées deux fonctions : l'une est une solution de l'équation différentielle (**E**) $y' + y = 0$ et l'autre est une solution de l'équation différentielle (**F**) $y' = 1{,}5y$.

On a ainsi une fonction de la forme $x \mapsto Ce^{-x}$ et une fonction de la forme $x \mapsto ke^{1{,}5x}$ où C et k sont des constantes réelles.

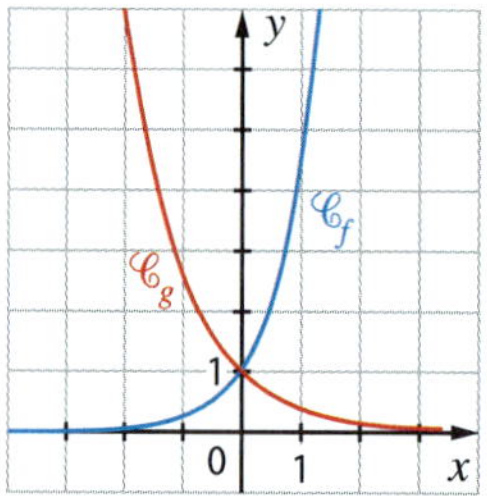

1. a. Par lecture graphique, donner les coordonnées d'un point appartenant aux deux courbes.

b. Expliquer pourquoi on a $C = k = 1$.

2. a. Par lecture graphique, donner le sens de variation de chacune de ces deux fonctions f et g sur $[-2 ; 2]$.

b. Quelle est la fonction qui est une solution de l'équation différentielle (**F**) ?

MATH & SVT

40 TABLEUR Lors d'un incident dans une usine, une substance chimique a pollué l'eau potable d'une ville. On modélise la concentration de cette substance dans l'eau, exprimée en milligrammes par litre, en fonction du temps t, exprimé en heures, par une fonction f solution de l'équation différentielle $y' = -0{,}06y$ sur $[0 ; +\infty[$.

1. Justifier que, pour $t \geqslant 0$, $f(t) = ke^{-0{,}06t}$, où k est un réel.

2. La concentration de cette substance à l'instant $t = 0$, lors de l'accident, est de 30 milligrammes par litre.
Déterminer la constante k.

3. On a construit, à l'aide d'un tableur, un tableau donnant les valeurs de t et des valeurs approchées de $f(t)$.

	A	B
1	t (en heures)	f(t) en milligrammes
2	0	30,00
3	1	28,25

a. Donner la formule saisie dans la cellule **A3** qui permet, par recopie vers le bas, d'obtenir les valeurs de t avec un pas de 1.

b. Donner la formule saisie dans la cellule **B2** qui permet d'obtenir, par recopie vers le bas, des valeurs approchées de $f(t)$.

4. L'eau pourra de nouveau être consommée lorsque la concentration de cette substance sera inférieure à 0,05 milligrammes par litre.
Est-il vrai qu'au bout de 4 jours, l'eau n'est toujours pas consommable ? (On pourra utiliser un tableur ou une calculatrice pour répondre.)

Équations différentielles $y' = ay + b$

Questions flash

41 ORAL **1.** Donner la solution particulière constante de l'équation différentielle $y' = 3y - 6$.

2. Donner les fonctions solutions de l'équation différentielle $y' = 5y - 10$, sachant qu'une solution particulière de cette équation est la fonction p telle que $p(x) = 2$ et que l'équation $y' = 5y$ a pour solution générale $y = Ce^{5x}$ avec C réel.

42 Écrire chacune des équations différentielles suivantes sous la forme $y' = ay + b$ en précisant à chaque fois la valeur de a et celle de b.

1. $y' - 5y = 1$ **2.** $y' - 4y + 2 = 0$
3. $2y' = 4y + 6$ **4.** $3y' - 6y = 9$

43 Soit l'équation différentielle (**E**) $y' = y + 2$.

1. Expliquer pourquoi la fonction p définie sur $\mathbb{R}$ par $p(x) = -2$ est la solution constante de l'équation (**E**).

2. Résoudre l'équation différentielle $y' = y$.

3. Justifier que les solutions de (**E**) sont les fonctions f de la forme $f(x) = Ce^x - 2$, où C est un réel quelconque.

44 Soit l'équation différentielle (**E**) $y' + y = 1$.

1. Résoudre l'équation différentielle $y' + y = 0$.

2. Justifier que les solutions de (**E**) sont les fonctions f de la forme $f(x) = Ce^{-x} + 1$, où C est un réel quelconque.

3. L'une des solutions de l'équation (**E**) est représentée ci-dessous.

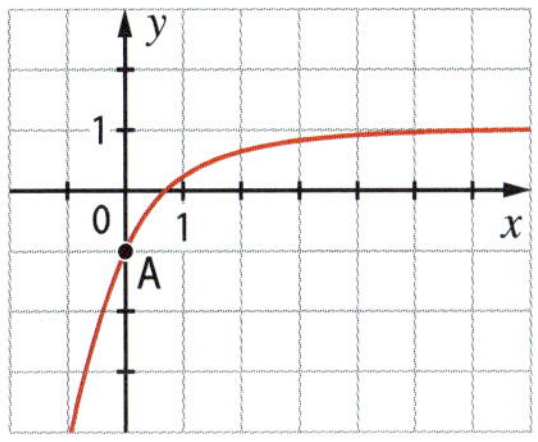

Déterminer l'expression de cette fonction sachant que le point A(0 ; –1) appartient à cette courbe.

45 QCM *Choisir la ou les bonnes réponses.*
Parmi les fonctions suivantes, quelle est la fonction qui est solution de l'équation différentielle $y' = y + 3$ et dont la courbe passe par le point A(0 ; 3) ?

1. $f(x) = x + 3$ **2.** $f(x) = 6e^x - 3$
3. $f(x) = e^x + 2$ **4.** $f(x) = 3e^x - 3$

46 Du thé est mis à infuser dans une tasse placée dans une pièce où la température ambiante, supposée constante, est de 21°C. Dans ce qui suit, t est le temps exprimé en minutes.
On admet que la température du thé exprimée en degrés Celsius est une solution de l'équation différentielle :

$$(\mathbf{E}) : y' = -0{,}05\,y + 1{,}05.$$

1. Expliquer pourquoi la fonction p définie sur $[0 ; +\infty[$ par $p(t) = 21$ est la solution constante de l'équation (**E**).

2. Résoudre l'équation différentielle $y' + 0{,}05y = 0$.

3. Expliquer pourquoi les solutions de (**E**) sont les fonctions f définies sur $[0 ; +\infty[$ par :

$$f(t) = ke^{-0{,}05t} + 21, \text{ où } k \text{ est un réel.}$$

4. La température du thé à l'instant $t = 0$ est égale à 90 °C.
Déterminer la valeur de k, puis donner l'expression de la température de l'eau en fonction de t.

Équations différentielles

47 Capacité 1, p. 133

1. Soit l'équation différentielle $y' = 4x - 1$ pour x réel.
Montrer que la fonction g définie sur $\mathbb{R}$ par :
$$g(x) = 2x^2 - x + 5$$
est une solution de cette équation.

2. Soit l'équation différentielle $xy' + 3y = 2x$ pour x réel.
Montrer que la fonction h définie sur $\mathbb{R}$ par $h(x) = \frac{1}{2}x$ est une solution de cette équation.

48 Soit l'équation différentielle $y' + 4y = 8$ pour x réel. Montrer que la fonction f définie sur $\mathbb{R}$ par $f(x) = e^{-4x} + 2$ est une solution de cette équation.

49 Soit l'équation différentielle $xy' + 2y = 6x$ pour x réel. Démontrer que la fonction f définie sur $\mathbb{R}$ par $f(x) = 2x$ est une solution de cette équation.

Primitives d'une fonction

50 Capacité 2, p. 133

Soit f et F les fonctions définies sur $\mathbb{R}$ par :
$$f(x) = (1 - x)e^{-x} \quad \text{et} \quad F(x) = xe^{-x}.$$

1. Démontrer que la fonction F est une primitive sur $\mathbb{R}$ de la fonction f.

2. En déduire toutes les primitives de f sur $\mathbb{R}$.

3. Déterminer la primitive de f qui s'annule pour $x = 1$.

51 Soit les fonctions f et F définies sur $\mathbb{R}$ par :
$$f(x) = (x^2 + 5x + 2)e^x \quad \text{et} \quad F(x) = (x^2 + 3x - 1)e^x.$$
Vérifier que la fonction F est une primitive de la fonction f sur $\mathbb{R}$.

52 Soit les fonctions f et F définies sur $\mathbb{R}$ par :
$$f(x) = 18x - 5 \quad \text{et} \quad F(x) = (3x - 1)^2 + x.$$
Vérifier que la fonction F est une primitive de la fonction f sur $\mathbb{R}$.

53 Soit les fonctions f et F définies sur $]0 ; +\infty[$ par :
$$f(x) = x - \ln(x) \quad \text{et} \quad F(x) = \frac{1}{2}x^2 + x - x\ln(x).$$
Démontrer que F est une primitive de f sur $]0 ; +\infty[$.

54 Soit les fonctions f et F définies sur $]1 ; +\infty[$ par :
$$f(x) = \frac{x}{x-1} \quad \text{et} \quad F(x) = x + \ln(x - 1).$$
Démontrer que F est une primitive de f sur $]1 ; +\infty[$.

55 VRAI/FAUX

Indiquer si les affirmations sont vraies ou fausses, puis justifier.

1. Toute fonction continue sur $\mathbb{R}$ admet des primitives sur $\mathbb{R}$.

2. Toute fonction constante sur $\mathbb{R}$ admet pour primitive la fonction nulle sur $\mathbb{R}$.

3. Si f est une fonction dérivable sur un intervalle I, alors une primitive de f' sur I est la fonction f.

56 LOGIQUE Soit f une fonction continue sur $\mathbb{R}$ et F une primitive de f sur $\mathbb{R}$.

1. Dire, en le justifiant, si l'énoncé suivant est vrai ou faux : « si la fonction f est positive sur $\mathbb{R}$, alors la fonction F est croissante sur $\mathbb{R}$ ».

2. Énoncer la réciproque de la proposition précédente. Cette réciproque est-elle vraie ou fausse ? Justifier la réponse.

57 Sur le graphique ci-dessous est représenté une fonction affine f par la droite d et deux fonctions dont l'une est une primitive de f sur $\mathbb{R}$.

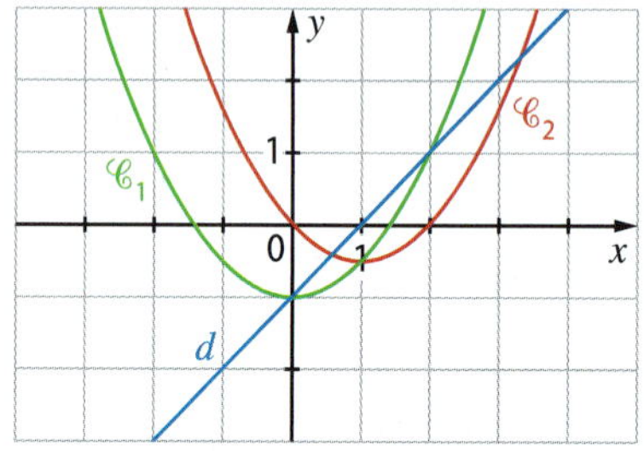

1. Par lecture graphique, déterminer le signe de f.

2. Expliquer pourquoi on peut en déduire le sens de variation des primitives de f. Donner ce sens de variation sur $\mathbb{R}$.

3. Parmi les deux courbes dessinées, quelle est celle qui représente une primitive de f sur $\mathbb{R}$?

58 Soit f une fonction définie sur $[-3 ; 5]$. La courbe ci-contre représente une primitive F de f.
Parmi les deux courbes dessinées ci-dessous, laquelle représente la fonction f ? Justifier.

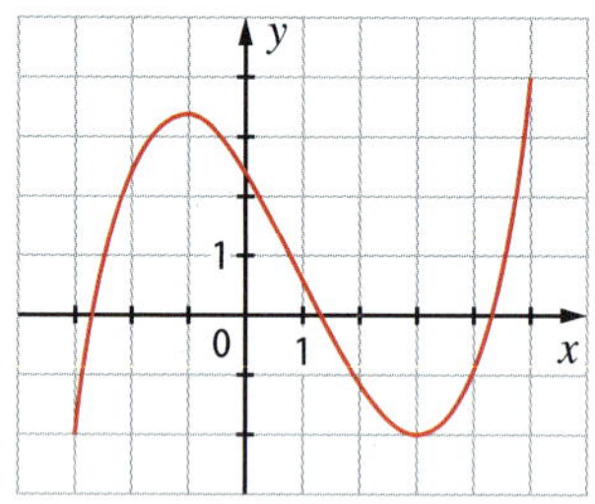

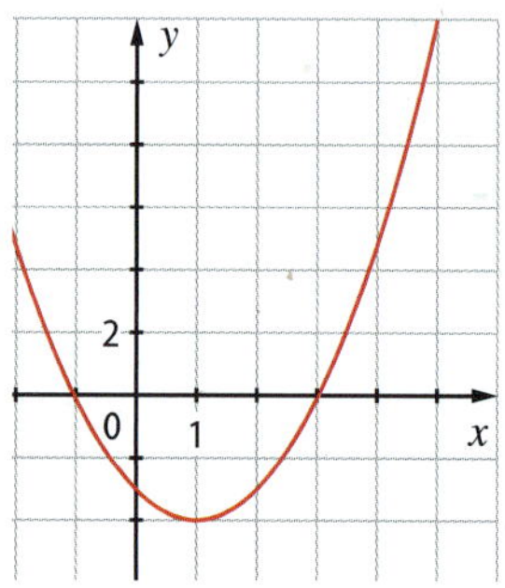

Courbe 1

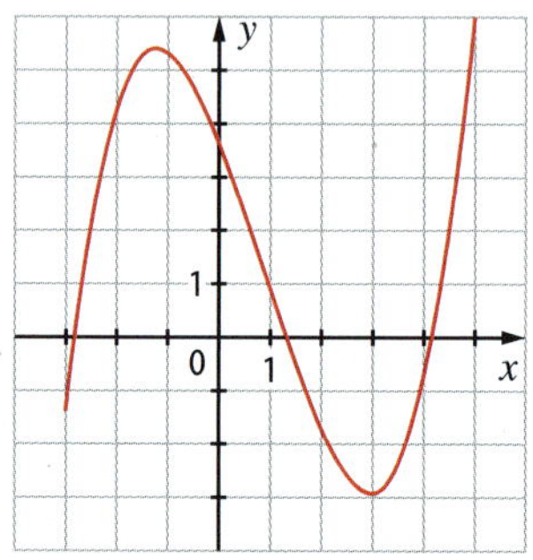

Courbe 2

59 VRAI/FAUX

Indiquer si les affirmations sont vraies ou fausses, puis justifier.

La fonction F représentée ci-contre est une primitive d'une fonction f sur $\mathbb{R}$.

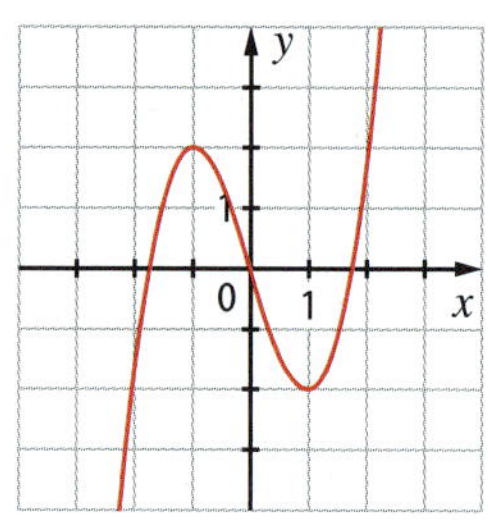

1. $f(0) = 0$

2. $f(1) = 0$

3. $f(x) \geqslant 0$ sur $[-1 ; 0]$

4. $f(x) \geqslant 0$ sur $[0 ; 1]$

Calcul des primitives d'une fonction

60 Capacité 3, p. 135

1. Déterminer une primitive sur $\mathbb{R}$ de la fonction f définie sur $\mathbb{R}$ par $f(x)=x^2-8x+3$.

2. Déterminer une primitive sur $]0\,;+\infty[$ de la fonction g définie sur $]0\,;+\infty[$ par $g(x)=\dfrac{1}{x^2}-\dfrac{3}{x}$.

Pour les exercices 61 à 64, déterminer une primitive de chacune des fonctions f et g définies sur $\mathbb{R}$ par leurs expressions.

61 $f(x)=8x^3-3x+1$ $\quad g(x)=x^4-6x^3$

62 $f(x)=10x^2-x$ $\quad g(x)=4x^4-7x$

63 $f(x)=e^x+x^2$ $\quad g(x)=-3e^x+e$

64 $f(x)=\dfrac{x^2}{5}+\dfrac{1}{6}$ $\quad g(x)=100x^3-7x^2+1{,}5x$

Pour les exercices 65 à 68, déterminer une primitive de chacune des fonctions f et g définies sur $]0\,;+\infty[$ par leurs expressions.

65 $f(x)=6x+\dfrac{11}{x}$ $\quad g(x)=x^2+\dfrac{4}{x^2}$

66 $f(x)=x-\dfrac{1}{2x}$ $\quad g(x)=\dfrac{4}{x}-\dfrac{3}{x^2}$

67 $f(x)=x-3+\dfrac{5}{x}$ $\quad g(x)=\dfrac{x^2-x+2}{x}$

68 $f(x)=\dfrac{x+5}{x^2}$ $\quad g(x)=\dfrac{x^2-x+8}{x^2}$

69 Capacité 4, p. 135

Déterminer une primitive sur $]0\,;+\infty[$ de chacune des fonctions f, g, h et i définies sur $]0\,;+\infty[$ par :

1. $f(x)=(3-\dfrac{1}{x})(3x-\ln(x))$ $\quad$ **2.** $g(x)=\dfrac{7}{2x+3}$

3. $h(x)=e^{-2x+3}$ $\quad$ **4.** $i(x)=xe^{x^2}$.

Pour les exercices 70 à 72, déterminer une primitive de chacune des fonctions f et g définies sur $\mathbb{R}$ par leurs expressions.

70 $f(x)=e^{3x+4}$ $\quad g(x)=xe^{x^2-3}$

71 $f(x)=5e^{4-x}$ $\quad g(x)=\dfrac{x}{x^2+1}$

72 $f(x)=xe^{1-x^2}$ $\quad g(x)=\dfrac{e^x}{e^x+4}$

Pour les exercices 73 à 75, déterminer une primitive de la fonction f sur l'intervalle $]0\,;+\infty[$, en faisant apparaître l'une des formes $u'u$ ou $u'\,e^u$.

73 $f(x)=\dfrac{2}{x}(2\ln(x)+1)$

74 $f(x)=\dfrac{\ln(x)}{x}$

75 $f(x)=\dfrac{2}{x^2}e^{-\frac{1}{x}}$

Pour les exercices 76 à 78, déterminer une primitive de la fonction f sur l'intervalle I.

76 $f(x)=x+\dfrac{1}{3x-1}$ sur $I=\left]\dfrac{1}{3}\,;+\infty\right[$

77 $f(x)=\dfrac{2-4x}{x^2-x+1}$ sur $\mathbb{R}$

78 $f(x)=\dfrac{1}{x\ln(x)}$ sur $I=]1\,;+\infty[$

79 **1.** Démontrer que, pour tout réel x de $]2\,;+\infty[$:

$$\frac{x}{(x-1)(x-2)}=\frac{-1}{x-1}+\frac{2}{x-2}.$$

2. En déduire les primitives de la fonction f telle que :

$$f(x)=\frac{x}{(x-1)(x-2)} \text{ sur }]2\,;+\infty[.$$

80 **1.** Démontrer que la fonction F définie sur $]0\,;+\infty[$ par :

$$F(x)=x^2\ln(x)-\frac{1}{2}x^2$$

est une primitive de la fonction f définie sur $]0\,;+\infty[$ par :

$$f(x)=2x\ln x.$$

2. En déduire une primitive de la fonction g définie sur $]0\,;+\infty[$ par $g(x)=2x\ln x-x$.

81 Une question ouverte

Déterminer une primitive de la fonction f définie sur $\mathbb{R}$ par :

$$f(x)=\frac{e^{-2x}+3}{e^{-2x}+1}.$$

Piste → Voir p. 283

MATHS & SES

82 Une entreprise fabrique mensuellement x tonnes de peinture, avec x compris entre 0 et 85.

Le coût marginal de fabrication, exprimé en centaines d'euros, pour une production de x tonnes est donné par $f(x)=0{,}03x^2-2{,}08x+36{,}43$ sur $[0\,;85]$.

De plus, les coûts fixes mensuels de cette entreprise s'élèvent à 4 000 euros.

La quantité fabriquée étant très grande, on considère que le coût marginal est égal à la dérivée du coût total de fabrication.

1. Que représente le coût total de fabrication C par rapport au coût marginal ?

2. Déterminer l'expression du coût total de fabrication, exprimé en milliers d'euros, de x tonnes de ce produit.

Équations différentielles $y' = ay$

83 Capacité 5, p. 137

1. Résoudre l'équation différentielle (E) $y' = 5y$.
2. Déterminer la solution f de (E) telle que $f(1) = 4$.

84 Déterminer l'ensemble des solutions de chacune des équations différentielles suivantes sur $\mathbb{R}$.

1. $y' = -2y$
2. $3y' - 2y = 0$

85 Pour chacune des équations différentielles suivantes, déterminer la solution f vérifiant la condition donnée.

1. $y' = 5y$ et $f(0) = 2$
2. $y' + 6y = 0$ et $f(1) = 1$

86 QCM *Choisir la ou les bonnes réponses.*

La solution f de l'équation différentielle (E) $y' = -\frac{1}{4}y$ telle que $f(0) = \mathrm{e}$ est :

a. $f(x) = \mathrm{e}^{-\frac{1}{4}x+1}$
b. $f(x) = \mathrm{e}^{-\frac{1}{4}x}$
c. $f(x) = \mathrm{e}^{-4x+1}$
d. $f(x) = \mathrm{e}^{4x+1}$

87 VRAI/FAUX

Indiquer si les affirmations sont vraies ou fausses, puis justifier.

Soit f une fonction dérivable sur un intervalle I, solution d'une équation de la forme $y' = ay$ (avec $a < 0$) et positive sur I.

1. f est une fonction croissante sur I.
2. f est une fonction convexe sur I.

88 **Une question ouverte**

Déterminer l'expression de la fonction dont la courbe représentative passe par le point A de coordonnées (1 ; 3) et telle qu'en chaque point M de cette courbe, le coefficient directeur de la tangente est égal au double de l'ordonnée du point M.

Piste → Voir p. 283

MATHS & PHYSIQUE

89 PYTHON

Comprendre et exécuter un programme

Une note de musique est émise en pinçant la corde d'une guitare électrique.

La puissance du son émis, initialement de 100 watts, diminue avec le temps t, mesuré en secondes.

On modélise la puissance du son, exprimée en watts, t secondes après le pincement de la corde par $f(t)$, où f est une solution de l'équation différentielle (E) $25y' + 3y = 0$.

1. Résoudre l'équation différentielle (E).
2. Déterminer l'expression de $f(t)$.
3. Quelle est la puissance du son deux secondes après le pincement de la corde ?
Arrondir au watt près.
4. Résoudre par le calcul l'équation $f(t) = 80$. On donnera la valeur exacte et une valeur approchée à 10^{-2} près de la solution. Interpréter ce résultat.
5. On donne le programme Python ci-dessous.

```
from math import exp
def Son():
    T=0
    y=100
    while(y>=50):
        T=T+1
        y=100*exp(-0.12*T)
    return(T)
```

a. Expliquer à quelle question ce programme permet de répondre.
b. Déterminer la valeur retournée par ce programme lors de son exécution.

6. Déterminer la limite de f lorsque t tend vers $+\infty$ et donner une interprétation du résultat.

LE SAVIEZ-VOUS

Lorsqu'on joue de la guitare électrique avec un son saturé, il est utile de maîtriser la technique de « l'étouffement des cordes » afin d'éviter d'entendre des sons produits par erreur.

Équations différentielles $y' = ay + b$

90 Capacité 6, p. 137

Soit l'équation différentielle (E) $y' = 3y + 9$.

1. Déterminer la solution particulière constante de (E).
2. En déduire toutes les solutions de (E).

91 Soit l'équation différentielle (E) $y' + 2y = 6$.

1. Résoudre l'équation différentielle $y' + 2y = 0$.
2. Déterminer toutes les solutions de (E) sur $\mathbb{R}$.
3. Déterminer la fonction f, solution de (E) sur $\mathbb{R}$ dont la courbe représentative passe par le point A(1 ; 4).

92 VRAI/FAUX

Indiquer si les affirmations sont vraies ou fausses, puis justifier.

Soit (E) l'équation différentielle $y' - 3y = 2$.

1. L'équation (E) admet pour solutions les fonctions f définies sur $\mathbb{R}$ par $f(x) = C\mathrm{e}^{3x} + 2$, avec C réel quelconque.
2. La solution particulière f de (E) telle que $f(0) = 1$ est définie sur $\mathbb{R}$ par $f(x) = \frac{1}{3}(5\mathrm{e}^{3x} - 2)$.

93 Les courbes ci-dessous représentent trois solutions de l'équation différentielle $2y' = y + 1$.

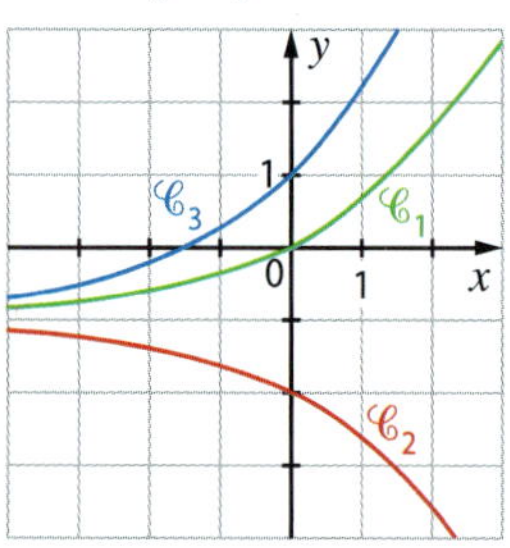

1. Résoudre cette équation différentielle.
2. Donner une équation de chacune des courbes $\mathscr{C}_1$, $\mathscr{C}_2$ et $\mathscr{C}_3$.

RETOUR SUR L'OUVERTURE DU CHAPITRE

94 Lors du branchement d'une batterie d'une voiture électrique sur une borne de recharge, la charge, en kWh, en fonction du temps, exprimé en heures, peut être modélisée par une fonction f solution sur $[0\,;+\infty[$ de l'équation (**E**) $y' + 0{,}55y = 12{,}1$.

1. Résoudre l'équation différentielle (**E**).

2. Sachant que $f(0) = 0$, vérifier que $f(t) = 22 - 22\mathrm{e}^{-0{,}55t}$ pour t positif ou nul.

3. Tracer à l'aide d'une calculatrice ou d'un logiciel, la représentation graphique de cette fonction f.

4. Déterminer la limite de la fonction f en $+\infty$ et donner une interprétation du résultat.

5. Étudier la convexité de la fonction f sur $\mathbb{R}$ et donner une interprétation du résultat.

6. On considère qu'il faut environ 6 heures pour effectuer une charge complète de ce type de batterie. Est-il vrai, qu'après 50 % du temps de charge complète, cette batterie est déjà à environ 80 % de sa capacité de charge totale ?

7. a. Déterminer une primitive F de cette fonction f sur $\mathbb{R}$.

b. On s'intéresse à une batterie complètement déchargée à l'instant $t = 0$. Lors des 6 heures de charge de cette batterie, on admet que la charge horaire moyenne est égale à $\dfrac{F(6) - F(0)}{6}$.

Donner une valeur approchée au watt près de cette charge moyenne.

LE SAVIEZ-VOUS

D'ici quelques années, les voitures électriques devraient être équipées de « films supercondensateurs » qui auront l'avantage d'un temps de charge réduit à quelques minutes, au lieu de plusieurs heures actuellement, et qui permettront une autonomie de 500 kilomètres.

MATHS & PHYSIQUE

95 Léda sort des macarons du congélateur à −18 °C et les place dans une pièce à 20 °C.

D'après la loi de Newton, la vitesse de décongélation est proportionnelle à la différence de température entre les macarons et l'air ambiant. La température des macarons, exprimée en degrés Celsius, en fonction du temps, exprimé en minutes, est donc une solution sur $[0\,;+\infty[$ de l'équation différentielle (**E**) $y' = k(y - 20)$, où k est un réel.

1. Résoudre l'équation différentielle (**E**).

2. Sachant que la température des macarons à l'instant $t = 0$ est égale à −18 °C et que, au bout de 15 minutes, elle est de 1 °C, montrer que l'expression de la température des macarons en fonction de t est $f(t) = 20 - 38\,\mathrm{e}^{-\frac{t\ln 2}{15}}$.

3. La température idéale de dégustation des macarons étant de 15 °C, Léda estime que celle-ci sera atteinte au bout de 30 min.

A-t-elle raison ? Justifier la réponse.

Sinon, combien de temps faudra-t-il attendre ?

Problème de synthèse

96 CALCULER REPRÉSENTER

À un patient souffrant de douleurs intenses, un médecin injecte 200 milligrammes d'analgésique en perfusion au rythme de 4 milligrammes par heure.

On admet que la vitesse d'évolution de la quantité d'antidouleur dans le sang est proportionnelle, à chaque instant t, à la différence entre 200 et la quantité présente dans le sang à l'instant t.

On modélise cette quantité, exprimée en milligrammes, à chaque instant t, exprimé en heures, par une fonction f solution sur l'intervalle $[0\,;+\infty[$ de l'équation différentielle (**E**) $y' = k(200 - y)$, où k est un nombre réel.

1. Déterminer le nombre k sachant que $200k$ est égal à la vitesse d'injection, exprimée en milligrammes par heure, de cet antidouleur.

2. a. Vérifier que l'équation (**E**) s'écrit $y' = 4 - 0{,}02y$, puis résoudre cette équation différentielle.

b. Sachant que cet antidouleur n'était pas présent dans le sang avant l'injection, vérifier que :

$$f(t) = 200 - 200\mathrm{e}^{-0{,}02t} \text{ pour } t \text{ positif.}$$

3. Tracer à l'aide d'une calculatrice ou d'un logiciel, la représentation graphique de cette fonction f.

4. Déterminer la limite de la fonction f en $+\infty$. Cette valeur représente la quantité limite de l'antidouleur présent dans le sang.

5. On admet que la quantité moyenne de l'antidouleur présent dans le sang pendant les dix premières heures de perfusion est égale à $\dfrac{F(10) - F(0)}{10}$ où F est une primitive de f.

a. Vérifier que la fonction F définie par :

$$F(t) = 10\,000\mathrm{e}^{-0{,}02t} + 200t$$

est une primitive de la fonction f.

b. Donner une valeur approchée, au dixième de milligramme près, de la quantité moyenne de l'antidouleur présent dans le sang pendant les dix premières heures de perfusion.

BESOIN D'AIDE ?
Voir fiche Python, p. 248

TP PYTHON Équation $y' = f$ par la méthode d'Euler avec Python

MODÉLISER CHERCHER

A Méthode d'Euler

On considère l'équation différentielle $y' = (x+1)\,e^x$ sur l'intervalle [0 ; 1] : cette équation admet des solutions car la fonction $f : x \mapsto (x+1)\,e^x$ admet des primitives sur [0 ; 1].

On note $\mathscr{C}$ la représentation graphique de la solution g de cette équation vérifiant la condition initiale $g(0) = 0{,}1$.

On se propose de construire une représentation graphique approchée sur l'intervalle [0 ; 1] de la solution g, en utilisant la **méthode d'Euler**.

Pour cela, on va définir une suite de points A_n qui approchent la courbe $\mathscr{C}$: celle-ci sera « approchée » par la ligne brisée $A_0A_1 \dots A_{10}$.

Le premier point est $A_0(0 ; 0{,}1)$.

Puis on partage l'intervalle [0 ; 1] en 10 intervalles de même amplitude et on va définir les points d'abscisses $x_0 = 0 ; x_1 = 0{,}1 ; \dots ; x_{10} = 1$.

On passe d'une abscisse à la suivante avec un pas constant $h = 0{,}1$.

On trace la tangente T_0 en A_0 à la courbe $\mathscr{C}$ et on place le point A_1 d'abscisse x_1 de T_0.

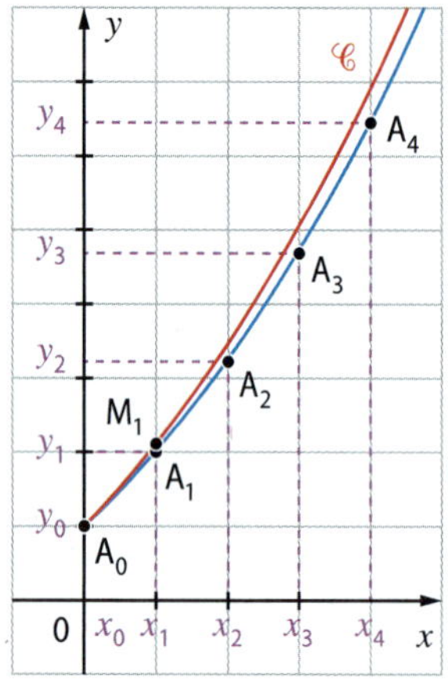

Ce point est une approximation du point M_1 de la courbe $\mathscr{C}$ d'abscisse x_1, car la tangente est « proche » de la courbe.

1. Montrer qu'une équation de T_0 s'écrit $y = x + 0{,}1$ et que le point A_1 a pour ordonnée $y_1 = 0{,}2$.

2. On nomme T_1 la droite passant par A_1 et de coefficient directeur $g'(x_1)$: cette droite est parallèle à la tangente au point M_1 de $\mathscr{C}$, et elle est encore « proche » de $\mathscr{C}$.

a. Montrer que T_1 a pour équation $y = y_1 + (x - x_1)\,g'(x_1)$, ou encore $y = y_1 + (x - x_1) f(x_1)$.

b. Montrer que $y_2 = y_1 + h f(x_1)$.

3. En réitérant le procédé, on obtient les ordonnées des points A_n.

Montrer que $y_{n+1} = y_n + h f(x_n)$.

B Programmation en Python

Fichier Python
Disponible sur lycee.editions-bordas.fr

On donne le programme ci-contre.

1. a. Quel est le rôle de la fonction fon ?

b. Le programme définit deux listes Lx et Ly.
Que contiennent ces deux listes en fin de programme ?

c. Justifier la ligne **9**.

d. Exécuter ce programme

2. Modifier ce programme en prenant pour paramètres de la fonction euler $x0$, $y0$, xf et n, dans le cas d'une condition initiale $g(x0) = y0$, d'un intervalle de résolution $[x0 ; xf]$ et du nombre n d'intervalles de même amplitude et partageant l'intervalle $[x0 ; xf]$.

```
1  from math import exp
2  def fon(x):
3      return((x+1)*exp(x))
4
5  def euler():
6      x=0;Lx=[x]
7      y=0.1;Ly=[y]
8      h=0.1
9      for i in range(1,11):
10         y=y+h*fon(x)
11         x=x+h
12         Lx.append(x)
13         Ly.append(y)
14     return(Lx,Ly)
```

C Représentation graphique avec Python

Pour représenter la liste de points obtenue, on doit d'abord importer la bibliothèque matplotlib avec l'instruction import matplotlib.pyplot as plt placée avant le script des deux fonctions.

Puis on remplace l'instruction return(Lx, Ly) par les instructions ci-contre : plot génère la ligne brisée reliant les points dont les abscisses sont dans la liste Lx et les ordonnées dans la liste Ly, grid génère le quadrillage et show affiche la figure à l'écran.

```
    plt.plot(Lx,Ly)
    plt.grid()
    plt.show()
```

Afficher le nuage de points obtenu sur [0 ; 3] avec la condition initiale $g(0) = 2$ et $n = 100$.

EXERCICES Revoir les points essentiels

PARCOURS 1 Déterminer une primitive d'une fonction simple

Un exemple : Déterminer une primitive des fonctions f, g et h suivantes.

$f(x) = 6x^2 - 4x + 7$ sur $\mathbb{R}$ $\qquad g(x) = \frac{3}{x} + \frac{8}{x^2}$ sur $]0\,;+\infty[$ $\qquad h(x) = \frac{1}{x-2}$ sur $]2\,;+\infty[$.

Ma réflexion	→ Ma démarche
Que dois-je faire pour f ?	Je dois calculer une primitive d'une fonction polynôme. ► *Donner une primitive des fonctions $x \mapsto x^2$, $x \mapsto x$ et $x \mapsto 7$.*
Comment terminer le calcul pour la fonction f ?	J'en déduis une primitive des fonctions $x \mapsto 6x^2$ et $x \mapsto -4x$. ► *Donner le résultat en ajoutant les trois primitives calculées.*
Comment démarrer pour la fonction g ?	J'écris chaque quotient sous la forme d'un produit afin de faire apparaître des fonctions de référence, l'une étant $x \mapsto \frac{1}{x}$. ► *Donner une primitive de chacune de ces fonctions de référence.*
Comment terminer le calcul pour la fonction g ?	Je calcule une primitive des fonctions $x \mapsto \frac{3}{x}$ et $x \mapsto \frac{8}{x^2}$. ► *Conclure en ajoutant ces deux primitives.*
Quelle forme puis-je reconnaître pour h ?	Je reconnais un quotient et je pense à la formule $\frac{u'}{u}$. ► *Expliciter $u(x)$, et montrer que $u(x) > 0$. Calculer $u'(x)$.*
Comment calculer une primitive de h ?	Je constate que je peux appliquer la formule du cours avec $\frac{u'}{u}$. ► *Expliquer pourquoi, puis donner une primitive de h.*

97 Calculer une primitive de chacune des fonctions suivantes sur l'intervalle donné.

1. $f(x) = -3x^2 + 4x + 1$ sur $\mathbb{R}$ **2.** $g(x) = 8x^3 - 3x + 5$ sur $\mathbb{R}$ **3.** $h(x) = 4x - \frac{7}{x}$ sur $]0\,;+\infty[$

4. $j(x) = -\frac{1}{x^2} + \frac{1}{2\sqrt{x}}$ sur $]0\,;+\infty[$ **5.** $p(x) = \frac{2}{2x-3}$ sur $\left]\frac{3}{2}\,;+\infty\right[$ **6.** $q(x) = \frac{2x}{x^2+5}$ sur $\mathbb{R}$

PARCOURS 2 Résoudre une équation différentielle de la forme $y' = ay + b$

Un exemple : Résoudre l'équation différentielle $y' - 8y = 6$.

Ma réflexion	→ Ma démarche
Que me demande-t-on ?	Je dois résoudre une équation différentielle du premier ordre. ► *Reconnaître le type de cette équation.*
Comment démarrer ?	Je l'écris sous la forme $y' = ay + b$ et j'identifie a et b. ► *Quelle propriété du cours me donne la marche à suivre ?*
Comment continuer ?	Je commence par chercher la solution particulière constante de cette équation. ► *Poser $y = C$ avec C réel et déterminer la valeur de C.*
Comment poursuivre ?	Je résous l'équation différentielle $y' = 8y$. ► *Rappeler la formule du cours et donner la solution générale de cette équation.*
Comment peut-on conclure et vérifier son résultat ?	Je conclus en utilisant la propriété citée plus haut. ► *On peut ensuite vérifier le résultat en remplaçant la fonction trouvée et sa dérivée dans l'équation différentielle.*

98 Résoudre les équations différentielles suivantes.

1. $y' + 4y = 8$ **2.** $y' = -3y + 2$ **3.** $y' + 7y = 14$ **4.** $y' = 6 - 2y$ **5.** $y' = 9y$ **6.** $y' - \frac{1}{4}y = 1$ **7.** $y' + 11y = 0$ **8.** $y' = \frac{y}{2} - 4$

Pour travailler en autonomie

Tous ces exercices sont corrigés, leurs solutions succinctes sont disponibles à la fin du manuel (p. 283).
En flashant la page, vous accéderez aux corrigés rédigés et détaillés sur votre smartphone ou votre tablette.

L'essentiel

PRIMITIVES D'UNE FONCTION

Toute fonction continue sur I admet des primitives sur I.

Primitive d'une fonction f sur I : fonction F telle que $F'(x)=f(x)$ pour tout x de I.

Si F est une primitive de f sur I, toutes les primitives de f sur I sont de la forme $x \mapsto F(x)+C$, où F est primitive de f et C une constante.

ÉQUATIONS DIFFÉRENTIELLES

- L'équation $y'=f$ a pour solutions les fonctions $x \mapsto F(x)+C$, où F est une primitive de f et C une constante.
- L'équation $y' = ay$ a pour solutions les fonctions $x \mapsto ke^{ax}$, où $k \in \mathbb{R}$.
- L'équation $y' = ay + b$ $(a \neq 0)$ a pour solutions les fonctions $x \mapsto ke^{ax}+p(x)$, où $k \in \mathbb{R}$ et p est la solution constante de cette équation.

Primitives des fonctions de référence		Primitives des fonctions ayant une forme remarquable	
Fonction f	**Une primitive F**	Soit f et g deux fonctions continues sur un intervalle I, F une primitive de f, G une primitive de g, k un réel et u une fonction dérivable sur un intervalle I.	
$f(x)=a$	$F(x)=ax$	**Fonction**	**Une primitive**
$f(x)=x$	$F(x)=\frac{1}{2}x^2$	kf	kF
$f(x)=x^n$ pour n entier naturel non nul	$F(x)=\frac{1}{n+1}x^{n+1}$	$f+g$	$F+G$
$f(x)=\frac{1}{x}(x>0)$	$F(x)=\ln(x)$	$u' \times e^u$	e^u
$f(x)=\frac{1}{x^2}(x \neq 0)$	$F(x)=-\frac{1}{x}$	$2uu'$	u^2
$f(x)=e^x$	$F(x)=e^x$	$\frac{u'}{u}$ avec $u(x)>0$ sur I	$\ln(u)$
$f(x)=\frac{1}{2\sqrt{x}}$	$F(x)=\sqrt{x}$		

Faire le point avec des exercices corrigés

Primitives d'une fonction

99 10 min Capacité 1, p. 133

Montrer que la fonction g définie sur $\mathbb{R}$ par :

$$g(x)=0{,}25x^4 - x^3+6$$

est une solution de l'équation différentielle $y'=x^3-3x^2$.

100 QCM 10 min Capacité 1, p. 133

Choisir la ou les bonnes réponses.

La fonction g définie par $g(x)=xe^x$ est une solution de l'équation différentielle :

a. $y'=(1+x)e^x$ **b.** $y'=e^x$ **c.** $y'=y$ **d.** $y'=y+e^x$

101 10 min Capacité 2, p. 133

Soit f et F les fonctions définies sur $\mathbb{R}$ par :

$$f(x)=(x^2+2x)e^x \quad \text{et} \quad F(x)=x^2e^x.$$

1. Montrer que F est une primitive de f sur $\mathbb{R}$.

2. Déterminer la primitive de f qui s'annule pour $x=1$.

102 VRAI/FAUX 10 min Capacité 2, p. 133

Indiquer si l'affirmation est vraie ou fausse, puis justifier.

La fonction F définie sur $]0\,;+\infty[$ par :

$$F(x)=6x\ln(x)-x^2$$

est une primitive de la fonction f définie sur $]0\,;+\infty[$ par :

$$f(x)=2(3-x+3\ln(x)).$$

103 15 min Capacité 3, p. 135

Déterminer une primitive de chacune des fonctions définies de la façon suivante.

1. $f(x) = 7x^2 - 4x$ sur $\mathbb{R}$.
2. $g(x) = \dfrac{1}{2x} + \dfrac{3}{x^2}$ sur l'intervalle $]0\,;+\infty[$.
3. $h(x) = x - e^x$ sur $\mathbb{R}$.
4. $i(x) = x + \dfrac{1}{2\sqrt{x}}$ sur l'intervalle $]0\,;+\infty[$.

104 10 min Capacité 3, p. 135

Résoudre les équations différentielles suivantes.

1. $y' = x^3 - 6x$ sur $\mathbb{R}$ 2. $y' = \dfrac{2}{x}$ sur $]0\,;+\infty[$

105 15 min Capacité 4, p. 135

Déterminer une primitive de chacune des fonctions définies de la façon suivante.

1. $f(x) = \dfrac{3}{2x-1}$ sur l'intervalle $\left]\dfrac{1}{2}\,;+\infty\right[$.
2. $g(x) = \left(\dfrac{2}{x} + 6\right)(\ln(x) + 3x)$ sur $]0\,;+\infty[$.
3. $h(x) = (x-1)e^{x^2-2x+3}$ sur $\mathbb{R}$.

Équations différentielles $y' = ay$ et $y' = ay + b$

106 5 min Capacité 5, p. 137

Soit l'équation différentielle $y' = 8y$ sur $\mathbb{R}$.

1. Résoudre cette équation.
2. Déterminer la solution f de cette équation telle que $f(2) = 10$.

107 QCM 15 min Capacité 5, p. 137

Choisir la ou les bonnes réponses.

Soit l'équation différentielle **(E)** $y' + 5y = 0$.

1. La fonction $x \mapsto 5e^{-x}$ est une solution de **(E)**.
2. La fonction $x \mapsto e^{-5x}$ est une solution de **(E)**.
3. La fonction $f : x \mapsto 4e^{-5x}$ est la solution de **(E)** qui s'annule en 4.
4. La fonction $f : x \mapsto 3e^{5(2-x)}$ est la solution de **(E)** telle que $f(2) = 3$.

108 20 min Capacité 5, p. 137

Pour de faibles valeurs de l'altitude, on considère que la fonction f qui, à l'altitude x, exprimée en kilomètres, associe la pression atmosphérique, exprimée en hectopascals, est la solution de l'équation différentielle **(E)** $y' + 0{,}12y = 0$ qui vérifie $f(0) = 1\,013{,}25$.

1. Résoudre l'équation différentielle **(E)**.
2. En déduire une valeur approchée à 0,01 près de la pression atmosphérique à 150 mètres d'altitude.

109 10 min Capacité 5, p. 137

Soit l'équation différentielle $y' - 3y = 0$.

Déterminer la fonction solution de cette équation dont la courbe représentative admet une tangente de coefficient directeur 2 en son point d'abscisse 1.

110 10 min Capacité 6, p. 137

Soit l'équation différentielle $y' + 5y = 20$.

1. Déterminer la solution particulière constante de cette équation.
2. Résoudre cette équation différentielle sur $\mathbb{R}$.
3. Déterminer la fonction f, solution de cette équation, telle que $f(0) = -6$.

111 15 min Capacité 6, p. 137

On a représenté ci-dessous trois fonctions solutions d'une même équation différentielle.

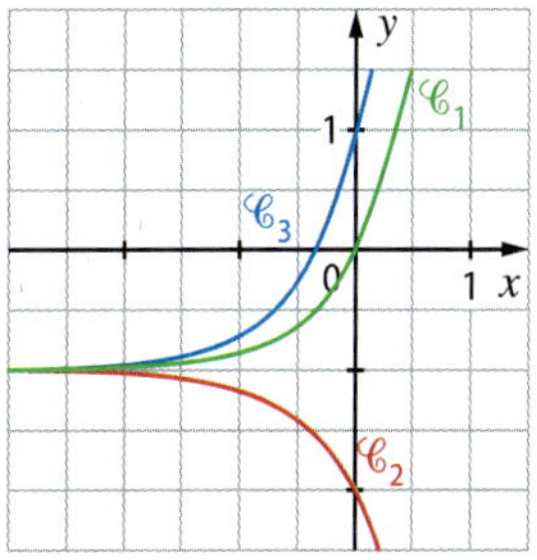

Déterminer une équation de chacune des courbes $\mathscr{C}_1$ et $\mathscr{C}_3$, sachant que $\mathscr{C}_2$ a pour équation $y = -e^{2x-1}$.

112 QCM 15 min Capacité 6, p. 137

Choisir la ou les bonnes réponses.

Une solution de l'équation différentielle $y' + y = 2$ est la fonction f définie sur $\mathbb{R}$ par :

a. $f(x) = 2$ b. $f(x) = 5e^x + 2$
c. $f(x) = 2 - e^x$ d. $f(x) = 2 + 3e^{-x}$

113 20 min Capacité 6, p. 137

À la suite d'un incident, de l'eau de mer pénètre dans un réservoir contenant de l'eau potable. On s'intéresse à la salinité de cette eau, c'est-à-dire à son taux de sel, exprimé en grammes par litre. On modélise cette situation en notant s la salinité, exprimée en grammes par litre et t le temps écoulé en minutes depuis le début de l'incident. On suppose que s est une solution de l'équation différentielle **(E)** $y' + 0{,}01y = 0{,}39$.

1. Résoudre l'équation **(E)**.
2. Déterminer l'expression de $s(t)$ sachant que la salinité de l'eau dans le réservoir avant l'incident, c'est-à-dire à $t = 0$, est égale à 0,12 grammes par litre.
3. Sachant que la salinité doit être inférieure à 3,9 grammes par litre pour que l'eau soit potable, déterminer le temps dont dispose le service de surveillance pour arrêter l'arrivée de l'eau salée et limiter l'impact de cet incident. Justifier la réponse.

114 10 min Capacité 6, p. 137

Soit l'équation différentielle $y' + 2y = 3$.

1. Déterminer l'ensemble des solutions de cette équation sur $\mathbb{R}$.
2. Déterminer la fonction f, solution de cette équation, telle que $f'(0) = 2$.

115 20 min Capacité 6, p. 137

Soit l'équation différentielle **(E)** $y'' - 4y' = 1$. On pose $z = y'$.

1. Écrire l'équation différentielle vérifiée par z, puis la résoudre.
2. En déduire l'ensemble des solutions de l'équation différentielle **(E)**.

Se tester pour un BON DÉPART

Calculer l'aire de certaines surfaces

1 Le plan est muni d'un repère orthonormé d'unité 1 cm.
Dans chaque cas, calculer l'aire, en cm², de la surface colorée en vert.

a.

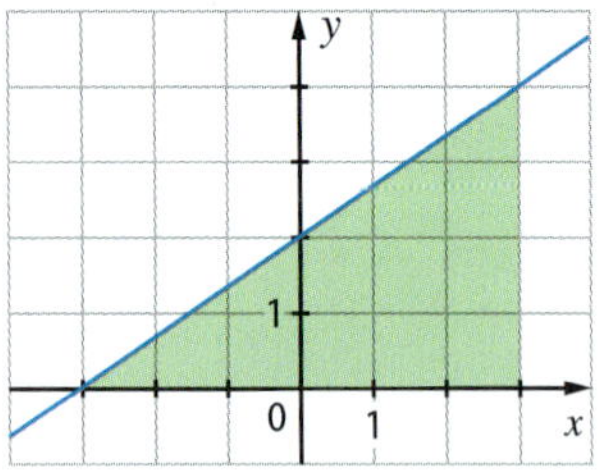

b.

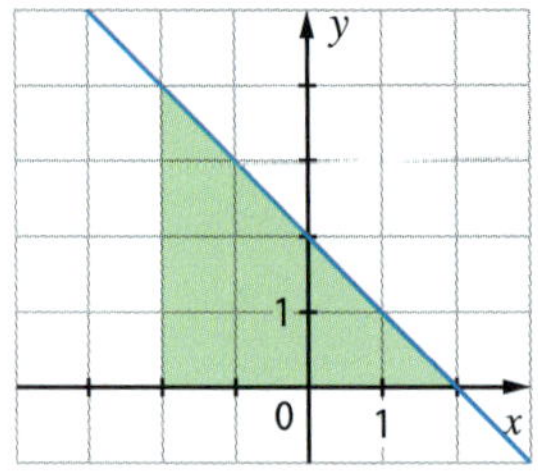

Utiliser le nombre dérivé d'une fonction

2 **a.** Soit f une fonction définie sur un intervalle I et a un réel de I.
Rappeler la définition de la dérivabilité de f en a.
b. Soit f la fonction définie sur $\mathbb{R}$ par $f(x) = x^2 + 1$.
Calculer le taux de variation de f entre 3 et $3 + h$, où h est un réel non nul.
En déduire que f est dérivable en 3 et donner $f'(3)$.

3 Soit g la fonction définie sur $\mathbb{R}$ par $g(x) = 2x^2 - x$ et x_0 un réel.

a. Soit h un réel non nul. Montrer que le taux de variation de g entre x_0 et $x_0 + h$ est égal à $4x_0 + 2h - 1$.

b. En déduire que g est dérivable en x_0 et donner $g'(x_0)$ en fonction de x_0.

Déterminer une primitive d'une fonction

4 **a.** Déterminer une primitive sur $\mathbb{R}$ de la fonction f définie sur $\mathbb{R}$ par $f(x) = x^2 + 1$.
b. Déterminer une primitive sur $\mathbb{R}$ de la fonction f définie sur $\mathbb{R}$ par $f(x) = 3e^{-2x}$.
c. Déterminer une primitive sur $]0\,;+\infty[$ de la fonction f définie sur $]0\,;+\infty[$ par $f(x) = x + \frac{1}{x}$.

5 Déterminer la primitive F de la fonction f sur I vérifiant la condition indiquée.
a. $f : x \mapsto xe^{x^2}$; $\quad$ I $= \mathbb{R}$ $\quad$ et $F(-1) = 0$.
b. $f : x \mapsto (-2x + 1)e^{x^2 - x}$; $\quad$ I $= \mathbb{R}$ $\quad$ et $F(1) = 0$.

6 Soit f et g les fonctions définies sur $\mathbb{R}$ par $f(x) = \dfrac{2x}{(x^2 + 2)^2}$ et $g(x) = \dfrac{x^2 + 1}{x^2 + 2}$.
Démontrer que la fonction g est une primitive de la fonction f sur $\mathbb{R}$.

7 **QCM** *Choisir la ou les bonnes réponses.*
1. Soit f la fonction définie sur $\mathbb{R}$ par $f(x) = 9x^2 + 1$.
Une primitive F de f sur $\mathbb{R}$ est définie par :
a. $F(x) = 3x^3 + x - 1$ $\quad$ **b.** $F(x) = 18x$
c. $F(x) = 3x^3 + 1$ $\quad$ **d.** $F(x) = 3x^3 + x + 7$
2. Soit f la fonction définie sur $\mathbb{R}$ par $f(x) = e^{2x}$. Une primitive F de f sur $\mathbb{R}$ est définie par :
a. $F(x) = e^{x^2}$ $\quad$ **b.** $F(x) = \frac{1}{2}e^{2x}$
c. $F(x) = 2e^{2x}$ $\quad$ **d.** $F(x) = \frac{1}{2}e^{2x} + 1$

POUR VOUS AIDER → Rappels .... page 258

CALCUL INTÉGRAL

CHAPITRE 7

Depuis Archimède (287-212 av. J.-C.), les mathématiciens ont cherché à résoudre des problèmes de quadrature, c'est-à-dire déterminer des aires. Archimède s'est intéressé à l'aire d'un « segment de parabole », domaine compris entre une parabole et un segment dont les extrémités sont deux points de cette parabole.

C'est à partir du XVIIe siècle, grâce à Leibniz et Newton, que le calcul intégral, permettant notamment de justifier le résultat précédent par une méthode mathématique, a vraiment pris naissance.

Voir exercice 78 page 165

LES NOTIONS DU CHAPITRE

- **Intégrale d'une fonction**
- **Méthode des rectangles**
- **Calcul d'aires**
- **Valeur moyenne d'une fonction**

bordas Flash PAGE

RESSOURCES NUMÉRIQUES

Téléchargez l'application FlashPage, puis scannez la page indiquée pour consulter votre ressource sur smartphone ou tablette.

Vidéos .... pp. 157, 159
Animations .... p. 152
Corrigés détaillés .... pp. 170, 171

Activité 1

Encadrer une aire par la méthode des rectangles ALGO GÉOMÉTRIE

Objectif

Introduire la notion d'intégrale comme aire sous une courbe.

Cours 1
Intégrale d'une fonction continue et positive

Dans un repère orthonormé d'origine O, $\mathscr{C}$ est la courbe représentative de la fonction carré sur l'intervalle [0 ; 1].
On note D la surface située sous la courbe $\mathscr{C}$, c'est-à-dire la surface délimitée par la courbe $\mathscr{C}$, l'axe des abscisses et les droites parallèles à l'axe des ordonnées d'équations respectives $x = 0$ et $x = 1$.
L'objectif de cette activité est de déterminer une valeur approchée de l'aire $\mathscr{A}$, en unités d'aire, de la surface D.

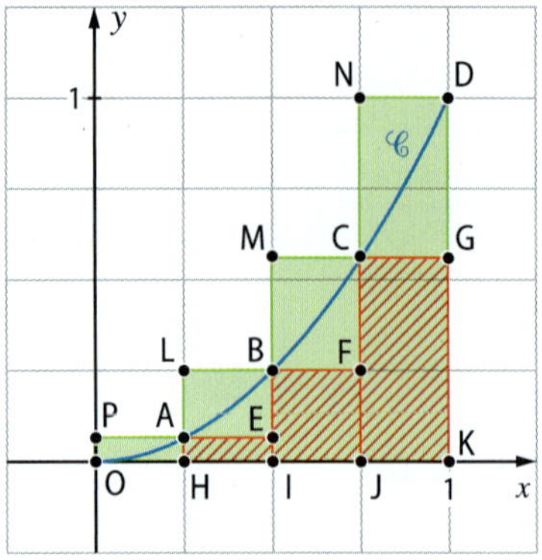

1 On partage l'intervalle [0 ; 1] en quatre intervalles de même amplitude, puis on place les points A, B, C et D sur la courbe $\mathscr{C}$ d'abscisses respectives 0,25 ; 0,5 ; 0,75 et 1.

a. Donner l'ordonnée du point A, puis l'aire du rectangle AEIH.
b. Calculer de même l'aire de chacun des rectangles BIJF et CJKG hachurés en rouge.
c. Calculer l'aire de chacun des rectangles verts.
d. En déduire un encadrement de l'aire $\mathscr{A}$ de la surface D.

Animation
Méthode des rectangles

2 Recopier et compléter l'algorithme ci-contre afin que les variables u et v contiennent en sortie respectivement la somme des aires des rectangles hachurés en rouge et celle des rectangles verts.

```
x ← 0
u ← 0
v ← 0
Pour k allant de 0 à 3
  u ← u + ....
  x ← x + ....
  v ← v + ....
Fin Pour
```

Fichier GeoGebra
Disponible sur lycee.editions-bordas.fr

3 Observer le graphique obtenu à l'aide du logiciel.
Que se passe-t-il lorsqu'on augmente le nombre n de subdivisions de l'intervalle [0 ; 1] ?
Faire une conjecture sur la valeur de $\mathscr{A}$.

Activité 2

Fonction aire

Objectif

Introduire le théorème liant intégrale et dérivée.

Cours 2
Calcul intégral

1 Soit f la fonction définie sur $\mathbb{R}$ par :

$$f(t) = t + 2.$$

On note $\mathscr{C}$ sa courbe représentative dans le repère $(O ; \vec{i}, \vec{j})$ ci-contre.
On considère la fonction F qui à chaque réel positif x associe l'aire, en unités d'aire, de la surface colorée.

a. Que représente $F(3)$?
b. Montrer que $F(3) = 10{,}5$.
c. Exprimer $F(x)$ en fonction de x.
d. Calculer la dérivée de la fonction F.
e. Que remarque-t-on ?

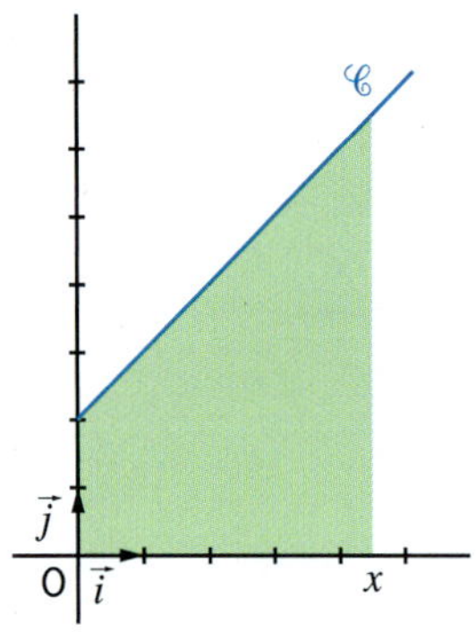

2 Soit g la fonction définie sur $\mathbb{R}$ par $g(t) = -\frac{1}{2}t - 1$. On note $\mathscr{C}'$ sa courbe représentative dans le repère $(O ; \vec{i}, \vec{j})$ ci-contre.
On considère la fonction G qui, à chaque réel positif x, associe l'aire, en unités d'aire, de la surface colorée.

a. Que représente $G(4)$?
b. Montrer que $G(4) = 8$.
c. Exprimer $G(x)$ en fonction de x.
d. Calculer la dérivée de la fonction G.
e. Que remarque-t-on ?

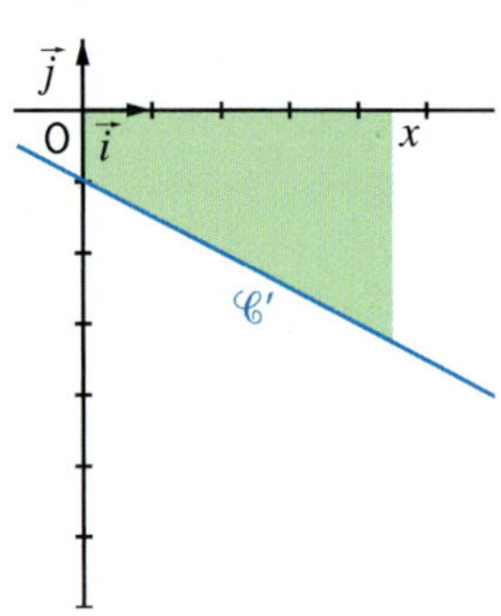

Activité 3

Objectif

Découvrir la notion de valeur moyenne d'une fonction.

Cours 3
Applications du calcul intégral – Valeur moyenne d'une fonction

Aplanissement d'un terrain GÉOMÉTRIE

Soit f la fonction définie sur l'intervalle [0 ; 3] par :

$$f(x) = \frac{1}{50}\left(3x^3 - 11x^2 + x + 20\right).$$

On note $\mathscr{C}$ sa courbe représentative dans un repère orthonormé du plan d'origine O.

1 **a.** Calculer l'intégrale de f entre 0 et 3.
b. Donner une interprétation graphique de cette intégrale.

2 La courbe $\mathscr{C}$, où x et $f(x)$ sont en décamètres, représente le profil d'un terrain avant des travaux d'aplanissement afin de créer une aire de jeu.
a. Tracer la courbe $\mathscr{C}$ avec un logiciel et, en utilisant la commande adéquate, faire apparaître la valeur de l'intégrale calculée précédemment.
b. Créer un curseur h et placer les points A(3 ; 0), B(3 ; h) et C(0 ; h).
c. Tracer le rectangle OABC et faire afficher son aire.
d. À l'aide du curseur, déterminer une valeur approchée de la hauteur h du terrain aplani.
e. Conjecturer une relation entre la valeur exacte de h et l'intégrale calculée dans la question **1**.

Activité 4

Objectif

Utiliser le calcul intégral dans une situation concrète.

Cours 3
Applications du calcul intégral – Calculs d'aires

Rampe de skate

Le gérant d'un centre de loisirs décide de faire installer une rampe de skate.
La figure de gauche ci-dessous donne un aperçu de cette rampe en perspective cavalière.
La figure de droite ci-dessous donne une représentation, dans un repère orthonormé d'unité 1 mètre, du profil de la rampe par la courbe $\mathscr{C}$ représentant la fonction f définie sur l'intervalle [1 ; 8] par $f(x) = 10xe^{-x}$.

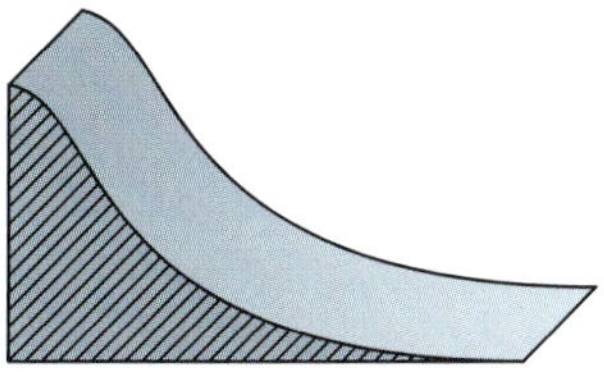

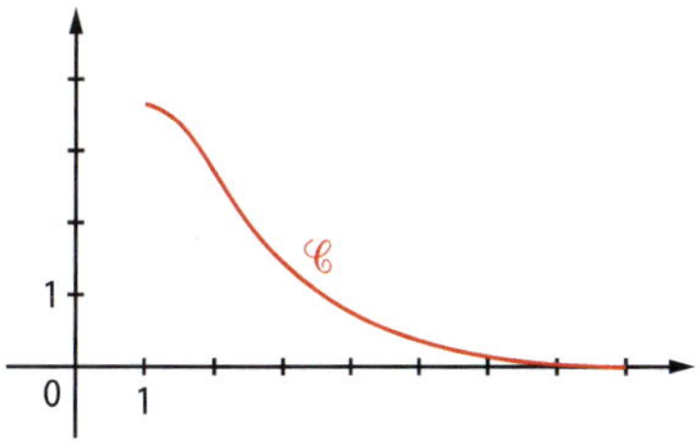

1 Soit F la fonction définie sur l'intervalle [1 ; 8] par $F(x) = 10(-x - 1)\,e^{-x}$.
Montrer que F est une primitive de la fonction f sur [1 ; 8].

2 Le mur de soutènement de la rampe sera peint sur une seule face, hachurée sur la figure de gauche. Le gérant fait appel à Gaétan, animateur et artiste peintre dans son temps libre. Sur son devis, il demande un forfait de 300 euros auquel s'ajouteront 50 euros par mètre carré peint.
a. Exprimer la surface hachurée à l'aide d'une intégrale.
b. Quel est le montant du devis de Gaétan ? Arrondir le résultat à l'euro près.

Le plan est muni d'un repère orthogonal $(O\,;\vec{i},\vec{j})$ et on notera $\mathscr{C}_f$ la courbe représentative de la fonction f.

1. Intégrale d'une fonction continue et positive

Intégrale et aire sous la courbe

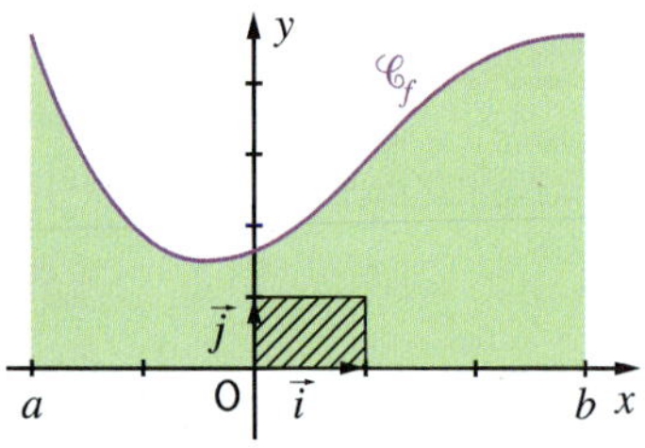

Vocabulaire
Cette aire est également appelée « aire sous la courbe de f ».

DÉFINITIONS **(1)** On appelle **unité d'aire (u.a.)** l'aire du rectangle de côtés [OI] et [OJ].
(2) Soit f une fonction **continue et positive** sur un intervalle $[a\,;b]$. On appelle **intégrale de f entre a et b**, l'aire en u.a., de la surface délimitée par la courbe $\mathscr{C}_f$, l'axe des abscisses et les droites d'équations $x=a$ et $x=b$.
Cette intégrale se note $\int_a^b f(x)\mathrm{d}x$ et se lit « intégrale de a à b de f ». Les réels a et b sont les **bornes d'intégration** : a est la borne inférieure et b la borne supérieure.

À noter
$\int_a^a f(x)\mathrm{d}x = 0.$

REMARQUE : La variable x est dite muette car elle peut être remplacée par une autre lettre non utilisée pour les bornes d'intégration $\int_a^b f(x)\mathrm{d}x = \int_a^b f(t)\mathrm{d}t$.

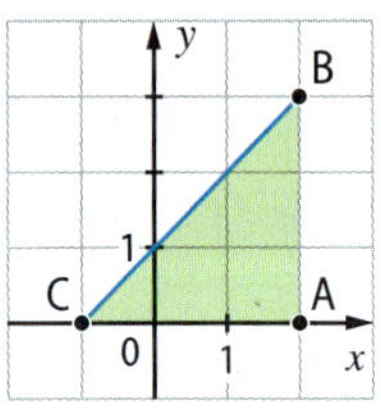

EXEMPLE : La fonction f définie sur $[-1\,;2]$ par $f(x)=x+1$ est continue et positive. L'intégrale de f entre -1 et 2 est l'aire, en u.a., du triangle ABC avec A(2 ; 0), B(2 ; 3) et C(–1 ; 0).
Donc $\int_{-1}^{2}(x+1)\mathrm{d}x = \dfrac{AB\times AC}{2} = \dfrac{3\times 3}{2} = 4{,}5.$

PROPRIÉTÉ **Relation de Chasles**
Soit f une fonction continue et positive sur $[a\,;b]$ et soit $c\in[a\,;b]$.
Alors $\int_a^b f(x)\mathrm{d}x = \int_a^c f(x)\mathrm{d}x + \int_c^b f(x)\mathrm{d}x$.

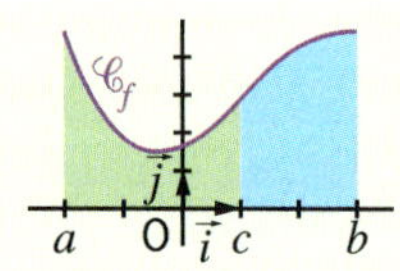

En effet, l'aire sous $\mathscr{C}_f$ est la réunion disjointe des surfaces verte et bleue.

Point Histoire
La notation $\int$ est due au mathématicien allemand **Gottfried Wilhelm Leibniz** (1646 – 1716).
Ce symbole est un S stylisé : il illustre le fait que l'intégrale de la fonction f peut être approchée par une somme d'aires de rectangles notée $\sum_{i=0}^{n-1} f(x_i)\Delta x_i$.

Encadrement par la méthode des rectangles

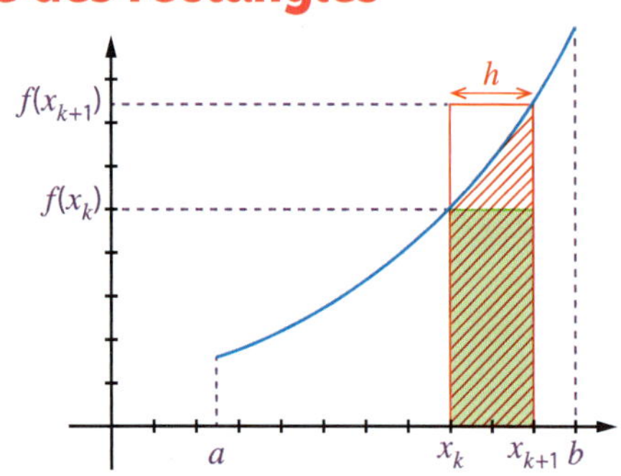

Pour déterminer un encadrement de l'intégrale d'une fonction continue, monotone et positive sur $[a\,;b]$, on peut partager $[a\,;b]$ en n intervalles de même amplitude $h=\dfrac{b-a}{n}$.
Sur chacun des intervalles $[x_k\,;x_{k+1}]$, l'aire sous $\mathscr{C}_f$ est comprise entre **l'aire de deux rectangles** : l'un de hauteur $f(x_k)$ et d'aire $h\times f(x_k)$ et l'autre de hauteur $f(x_{k+1})$ et d'aire $h\times f(x_{k+1})$.
L'aire de la surface D sous $\mathscr{C}_f$ peut alors être encadrée par la somme u des aires des n rectangles contenus dans D et la somme v des aires des n rectangles dont la réunion contient D. L'utilisation d'un algorithme permet alors d'obtenir en sortie cet encadrement, avec les variables u et v.
La ligne [1] traduit l'initialisation de la variable x par la valeur de la borne inférieure. La ligne [4] donne l'amplitude des intervalles ($x_{k+1}-x_k=h$).
Chacune des lignes [6], [7] et [8] de la boucle **Pour** permettent, pour chaque valeur de k, d'ajouter à u l'aire du rectangle suivant contenu dans D et à v l'aire du rectangle suivant contenant D.

$x\leftarrow a$	[1]
$u\leftarrow 0$	[2]
$v\leftarrow 0$	[3]
$h\leftarrow \dfrac{b-a}{n}$	[4]
Pour k allant de 0 à $n-1$	[5]
$\quad u\leftarrow u+h\times f(x)$	[6]
$\quad x\leftarrow x+h$	[7]
$\quad v\leftarrow v+h\times f(x)$	[8]
Fin Pour	[9]

À noter
Cet algorithme est valable pour f croissante. Les lignes [6] et [8] seraient modifiées dans le cas où f est décroissante.

CAPACITÉ 1

Estimer graphiquement ou encadrer une intégrale

Soit f la fonction définie sur $I = [-1\,;6]$ dont la courbe représentative $\mathscr{C}$ est donnée dans le repère orthonormé ci-contre.

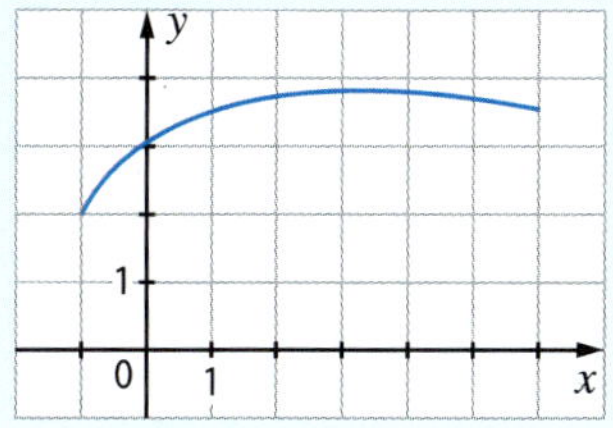

1. Donner le signe de f sur I, puis interpréter graphiquement $\int_{-1}^{6} f(x)\mathrm{d}x$.
2. Estimer, à une unité près, la valeur de $\int_{-1}^{0} f(x)\mathrm{d}x$.
3. Déterminer un encadrement de $\int_{-1}^{6} f(x)\mathrm{d}x$ par deux nombres entiers.

Méthode

Pour estimer ou encadrer une intégrale, on estime ou on encadre l'aire sous la courbe.

Solution commentée

1. La courbe $\mathscr{C}$ est située au-dessus de l'axe des abscisses donc, pour tout réel x de I, $f(x) \geqslant 0$. La fonction f est positive sur I.
   $\int_{-1}^{6} f(x)\mathrm{d}x$ représente donc l'aire, en u.a., de la surface D délimitée par $\mathscr{C}$, l'axe des abscisses et les droites d'équations $x = -1$ et $x = 6$.
2. On compte le nombre de carrés entiers contenant la surface délimitée par $\mathscr{C}$, l'axe des abscisses et les droites d'équations $x = -1$ et $x = 0$.
   On estime alors que $\int_{-1}^{0} f(x)\mathrm{d}x \approx 3$. *On observe que le nombre de carrés est compris entre 2 et 3. On peut estimer avec une meilleure précision et dire que* $\int_{-1}^{0} f(x)\mathrm{d}x \approx 2{,}5$.
3. On compte le nombre de carrés entiers contenus dans D (en rouge), puis le nombre de carrés entiers contenant D (en vert).
   On obtient alors :
   $20 < \int_{-1}^{6} f(x)\mathrm{d}x < 27.$

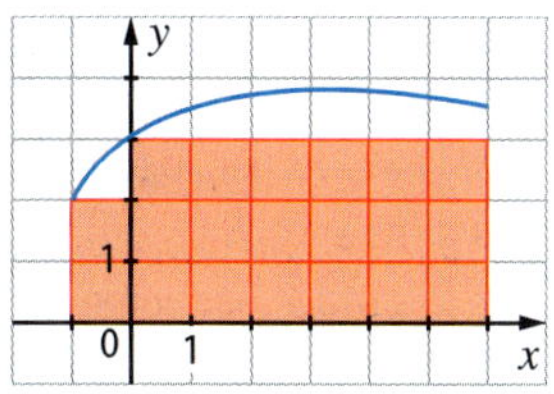

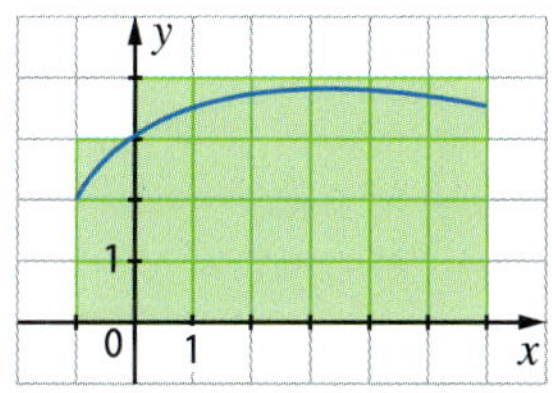

Voir exercices
56 Pour s'entraîner
90 Pour travailler en autonomie

CAPACITÉ 2

PYTHON Programmer la méthode des rectangles avec Python

Soit f la fonction définie sur $]0\,;+\infty[$ par $f(x) = \ln(x)$. On note $\mathscr{C}$ sa courbe représentative dans un repère orthonormé du plan. On considère la surface D délimitée par la courbe $\mathscr{C}$, l'axe des abscisses et les droites d'équations $x = a$ et $x = b$, où a et b sont des réels strictement positifs tels que $a < b$.

1. Exprimer l'aire de la surface D à l'aide d'une intégrale I.
2. On partage l'intervalle $[a\,;b]$ en n intervalles de même amplitude h. On note u_n la somme des aires des rectangles contenus dans D et v_n la somme des aires des rectangles dont la réunion contient D.
   a. Exprimer h en fonction de a, b et n.
   b. Écrire une fonction Python de paramètres a, b et n qui retourne un encadrement de l'aire de D, en unités d'aire.
   c. Donner l'encadrement de I obtenu pour $a = 2$, $b = 3$, $n = 10$, puis $n = 50$. Arrondir à 10^{-3}.

Fichier Python
Disponible sur lycee.editions-bordas.fr

Méthode

Pour programmer la méthode des rectangles, on utilise une boucle `for`.

Solution commentée

```
from math import log
def rectangles(a,b,n):
    x=a
    u=0
    v=0
    h=(b-a)/n
    for k in range (0,n):
        u=u+h*log(x)
        x=x+h
        v=v+h*log(x)
    return(u,v)
```

1. La fonction ln est continue et positive sur $[a\,;b]$, donc $I = \int_{a}^{b} \ln(x)\,\mathrm{d}x$.
2. **a.** L'amplitude de l'intervalle $[a\,;b]$ est $b - a$, donc $h = \dfrac{b-a}{n}$.
   b. On utilise la boucle `for` pour calculer la somme des aires des rectangles.
   c. Pour $n = 10$, la fonction `rectangles` retourne $u = 0{,}889$ et $v = 0{,}93$.
   Pour $n = 50$, la fonction `rectangles` retourne $u = 0{,}905$ et $v = 0{,}914$.

Voir exercices
57 Pour s'entraîner
91 Pour travailler en autonomie

2. Calcul intégral

Intégrale d'une fonction de signe quelconque

On généralise le résultat du cours 1 au cas des fonctions continues de signe quelconque sur l'intervalle $[a\,;b]$ en partageant $[a\,;b]$ en intervalles sur lesquels f est de signe constant.

À noter
Lorsque f est négative, alors $-f$ est positive.

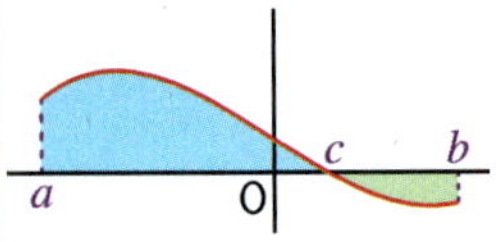

$\int_a^b f(x)\mathrm{d}x = \text{Aire } D - \text{Aire } D'$ où D est la surface bleue et D' la surface verte.

DÉFINITIONS **(1)** Si f est négative sur $[a\,;b]$, alors l'intégrale de f entre a et b est égale à $-\int_a^b -f(x)\mathrm{d}x$.

(2) Si f est positive sur $[a\,;c]$ et négative sur $[c\,;b]$, où c est le réel de $[a\,;b]$ tel que $f(c)=0$, alors l'intégrale de f entre a et b est égale à $\int_a^c f(x)\mathrm{d}x - \int_c^b -f(x)\mathrm{d}x$.

Théorème fondamental

À noter
La fonction F est la **primitive** de f sur $[a\,;b]$ qui s'annule en a.

THÉORÈME Soit f une fonction continue sur un intervalle $[a\,;b]$.
La fonction F définie sur $[a\,;b]$ par $F(x)=\int_a^x f(t)\mathrm{d}t$ est dérivable sur $[a\,;b]$ et sa dérivée est la fonction f. Autrement dit, pour tout réel x de $[a\,;b]$, $F'(x)=f(x)$.

DÉMONSTRATION **(cas où la fonction f est positive et croissante sur $[a\,;b]$)**

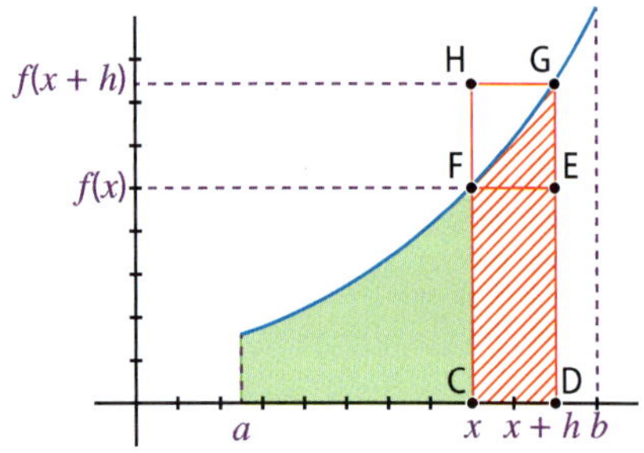

Soit x un réel de $[a\,;b]$ et h un réel non nul tel que $x+h \in [a\,;b]$.

Cas où $h>0$: f étant positive sur $[a\,;b]$, $F(x)$ est l'aire, en u.a., de la surface verte.
La différence $F(x+h)-F(x)$ est l'aire, en u.a., de la surface hachurée en rouge. Puisque f est croissante sur $[a\,;b]$, on peut encadrer cette surface par l'aire, en u.a., des rectangles CDEF et CDGH de largeur h et de hauteurs respectives $f(x)$ et $f(x+h)$.
Donc $f(x)\times h \leqslant F(x+h)-F(x) \leqslant f(x+h)\times h$ et par conséquent :

$$f(x) \leqslant \frac{F(x+h)-F(x)}{h} \leqslant f(x+h).$$

Cas où $h<0$: de façon analogue, $f(x+h) \leqslant \dfrac{F(x+h)-F(x)}{h} \leqslant f(x)$.

Conclusion : f est continue sur $[a\,;b]$ donc $\lim_{h\to 0} f(x+h) = f(x)$.

D'après le théorème des gendarmes : $\lim_{h\to 0} \dfrac{F(x+h)-F(x)}{h} = f(x)$.

F est donc dérivable en tout réel x de $[a\,;b]$ et $F'(x)=f(x)$.

Calcul d'une intégrale

PROPRIÉTÉ Soit f une fonction continue sur $[a\,;b]$ et F une primitive de f sur $[a\,;b]$.
L'**intégrale de f entre a et b** est égale à $F(b)-F(a)$.

À noter
Dans la présentation des calculs, on note :
$\int_a^b f(x)\mathrm{d}x = [F(x)]_a^b = F(b)-F(a)$.

DÉMONSTRATION
On sait que la fonction G définie sur $[a\,;b]$ par $G(x)=\int_a^x f(t)\mathrm{d}t$ est une primitive de f.
De plus, si F est une primitive de f, alors il existe une constante réelle k telle que $F(x)=G(x)+k$. Par conséquent, $F(b)-F(a)=G(b)-G(a)$.
Or $G(b)=\int_a^b f(t)\mathrm{d}t$ et $G(a)=\int_a^a f(t)\mathrm{d}t=0$. Donc $F(b)-F(a)=G(b)-G(a)=\int_a^b f(t)\mathrm{d}t$.

EXEMPLE : $\mathrm{I}=\int_{-3}^1 x^3\,\mathrm{d}x = \left[\frac{1}{4}x^4\right]_{-3}^1 = \frac{1}{4}\times 1^4 - \frac{1}{4}\times(-3)^4 = \frac{1}{4}-\frac{81}{4} = -\frac{80}{4} = -20.$

CAPACITÉ 3

Calculer une intégrale

1 Calculer les intégrales :

a. $I=\int_{-1}^{4}(3x^2+4x+1)\mathrm{d}x$ b. $J=\int_{1}^{4}\left(x^3+\frac{1}{\sqrt{x}}+\frac{1}{x^2}\right)\mathrm{d}x$

c. $K=\int_{-1}^{0}\mathrm{e}^{3x+1}\mathrm{d}x$ d. $L=\int_{-1}^{1}(x-1)(x^2-2x+3)\mathrm{d}x$ e. $M=\int_{-3}^{1}\frac{x}{x^2+1}\mathrm{d}x$

2 a. Démontrer que la fonction F définie sur $]0\,;+\infty[$ par $F(x)=x\ln(x)-x$ est une primitive de la fonction logarithme népérien sur $]0\,;+\infty[$.

b. Calculer l'intégrale $L=\int_{1}^{\mathrm{e}}\ln(x)\mathrm{d}x$.

Méthode

Pour calculer $\int_{a}^{b}f(x)\mathrm{d}x$, on détermine une primitive F de f sur $[a\,;b]$, puis on calcule la différence $F(b)-F(a)$.

Vidéo 03:35 Calculer une intégrale — bordas Flash PAGE vidéo

Solution commentée

1 a. Soit f la fonction définie sur $\mathbb{R}$ par $f(x)=3x^2+4x+1$.

Une primitive de f sur $\mathbb{R}$ est la fonction F définie sur $\mathbb{R}$ par $F(x)=x^3+2x^2+x$.

$I=\int_{-1}^{4}(3x^2+4x+1)\mathrm{d}x=[F(x)]_{-1}^{4}=F(4)-F(-1)$.

Or $F(4)=4^3+2\times4^2+4=100$

et $F(-1)=(-1)^3+2(-1)^2+(-1)=0$.

Donc $I=100$.

b. Soit f la fonction définie sur $]0\,;+\infty[$ par $f(x)=x^3+\frac{1}{\sqrt{x}}+\frac{1}{x^2}$.

Une primitive de f sur $]0\,;+\infty[$ est la fonction F définie sur $]0\,;+\infty[$ par :

$$F(x)=\frac{x^4}{4}+2\sqrt{x}-\frac{1}{x}.$$

$J=\int_{1}^{4}\left(x^3+\frac{1}{\sqrt{x}}+\frac{1}{x^2}\right)\mathrm{d}x=[F(x)]_{1}^{4}$

$=\frac{4^4}{4}+2\sqrt{4}-\frac{1}{4}-\left(\frac{1}{4}+2\sqrt{1}-1\right)=64+4-\frac{1}{4}-\frac{1}{4}-2+1$

$=66{,}5$.

c. Soit g la fonction définie sur $\mathbb{R}$ par $g(x)=\mathrm{e}^{3x+1}$.

Pour tout réel x, $g(x)=\frac{1}{3}\times3\mathrm{e}^{3x+1}$.

La fonction g est donc de la forme $ku'\mathrm{e}^{u}$ avec $u(x)=3x+1$.

La fonction G définie sur $\mathbb{R}$ par $G(x)=\frac{1}{3}\mathrm{e}^{3x+1}$ est donc une primitive de g sur $\mathbb{R}$.

$K=\int_{-1}^{0}\mathrm{e}^{3x+1}\mathrm{d}x=[G(x)]_{-1}^{0}=\frac{1}{3}\mathrm{e}-\frac{1}{3}\mathrm{e}^{-2}$.

d. Soit g la fonction définie sur $\mathbb{R}$ par $g(x)=(x-1)(x^2-2x+3)$.

Pour tout réel x, $g(x)=\frac{1}{2}(2x-2)(x^2-2x+3)$. La fonction g est donc de la forme $k\,uu'$, avec $u(x)=x^2-2x+3$ et une primitive de uu' est $\frac{1}{2}u^2$.

Une primitive de g sur $\mathbb{R}$ est donc la fonction G définie sur $\mathbb{R}$ par :

$$G(x)=\frac{1}{2}\times\frac{1}{2}(x^2-2x+3),\text{ soit } G(x)=\frac{1}{4}(x^2-2x+3)^2.$$

$L=\int_{-1}^{1}(x-1)(x^2-2x+3)\mathrm{d}x=[G(x)]_{-1}^{1}=\frac{1}{4}\times2^2-\frac{1}{4}\times6^2=1-9=-8$.

e. Soit h la fonction définie sur $\mathbb{R}$ par $h(x)=\frac{x}{x^2+1}$.

Pour tout réel x, $h(x)=\frac{1}{2}\times\frac{2x}{x^2+1}$.

La fonction h est donc de la forme $k\frac{u'}{u}$ avec $u(x)=x^2+1$, soit $u(x)>0$.

La fonction H définie sur $\mathbb{R}$ par $H(x)=\frac{1}{2}\ln(x^2+1)$ est donc une primitive de h sur $\mathbb{R}$.

$M=\int_{-3}^{1}\frac{x}{x^2+1}\mathrm{d}x=\left[\frac{1}{2}\ln(x^2+1)\right]_{-3}^{1}=\frac{1}{2}\ln(2)-\frac{1}{2}\ln(10)=\frac{1}{2}(\ln(2)-\ln(10))$.

Donc $M=\frac{1}{2}\ln\left(\frac{2}{10}\right)=\frac{1}{2}\ln\left(\frac{1}{5}\right)=-\frac{1}{2}\ln5$.

2 a. On dérive F sur $]0\,;+\infty[$ comme la dérivée d'un produit.

Pour tout réel $x>0$, $F'(x)=\ln(x)+x\times\frac{1}{x}-1=\ln(x)+1-1=\ln(x)$.

Donc F est une primitive de la fonction ln sur $]0\,;+\infty[$.

b. $L=\int_{1}^{\mathrm{e}}\ln(x)\mathrm{d}x=[x\ln(x)-x]_{1}^{\mathrm{e}}=\mathrm{e}\ln(\mathrm{e})-\mathrm{e}-(1\ln(1)-1)=\mathrm{e}-\mathrm{e}+1=1$.

Voir exercices
61 Pour s'entraîner
92 93 et 94 Pour travailler en autonomie

3. Applications du calcul intégral

Calculs d'aires

La définition de l'intégrale d'une fonction f continue et positive sur $[a\ ;b]$ permet de calculer l'aire sous sa courbe. Plus généralement, l'intégrale d'une fonction de signe quelconque permet de calculer l'aire de certaines surfaces planes délimitées par une ou deux courbes.

À noter
Lorsque f change de signe sur $[a\ ;b]$, la surface peut alors être décomposée en une réunion de surfaces sur lesquelles $\mathscr{C}_f$ est située, soit au-dessus, soit en dessous de l'axe des abscisses.

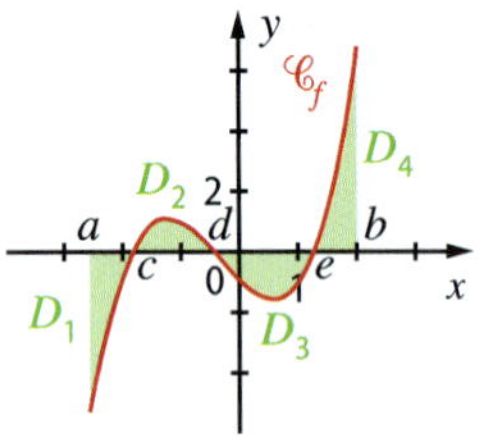

$\int_a^b f(x)\mathrm{d}x = -\text{Aire }(D_1) + \text{Aire }(D_2) - \text{Aire }(D_3) + \text{Aire }(D_4)$.

PROPRIÉTÉS **(1)** Si f est continue et négative sur $[a\ ;b]$, l'aire, en u.a., de la surface délimitée par $\mathscr{C}_f$, l'axe des abscisses et les droites d'équations $x=a$ et $x=b$, est égale à $-\int_a^b f(x)\mathrm{d}x$.

(2) Si f et g sont deux fonctions continues sur $[a\ ;b]$ telles que $f(x) \leqslant g(x)$, alors l'aire, en u.a., de la surface délimitée par les courbes $\mathscr{C}_f$ et $\mathscr{C}_g$ et les droites d'équations $x=a$ et $x=b$, est égale à $\int_a^b (g(x)-f(x))\mathrm{d}x$.

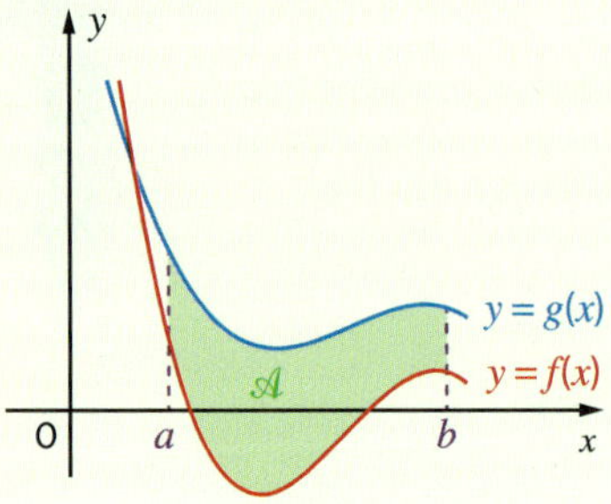

EXEMPLE : Soit f et g les fonctions définies sur $[0\ ;1]$ par $f(x)=x^2$ et $g(x)=x$. Soit D la surface délimitée par $\mathscr{C}_f$, $\mathscr{C}_g$ et les droites d'équations $x=0$ et $x=1$.
Pour tout réel x de $[0\ ;1]$, on sait que $x^2 \leqslant x$.
$\int_0^1 (x-x^2)\mathrm{d}x = \left[\frac{1}{2}x^2 - \frac{1}{3}x^3\right]_0^1 = \frac{1}{2} - \frac{1}{3} = \frac{1}{6}$.
Donc l'aire de D est égale, en u.a., à $\frac{1}{6}$.

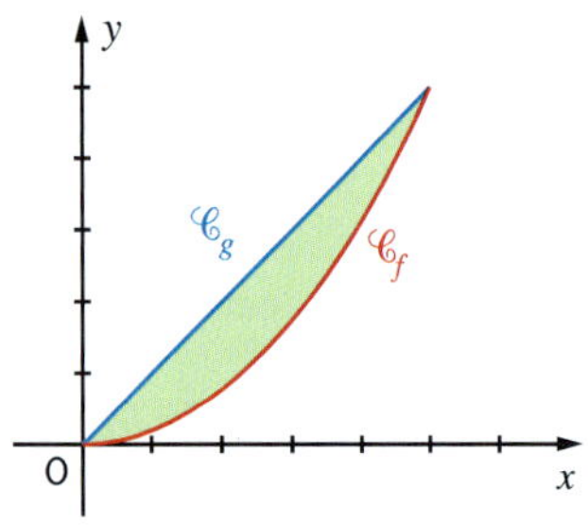

Valeur moyenne d'une fonction

DÉFINITION Soit f une fonction continue sur un intervalle $[a\ ;b]$.
On appelle **valeur moyenne** de f sur $[a\ ;b]$ le réel μ défini par :

$$\mu = \frac{1}{b-a}\int_a^b f(x)\mathrm{d}x.$$

Illustration
Dans le cas où f est une fonction positive sur $[a\ ;b]$, la valeur moyenne de f sur cet intervalle est égale à la hauteur h du rectangle de largeur $b-a$ qui a la même aire que l'aire sous la courbe.
Sur la figure ci-contre, l'aire, en u.a., du rectangle hachuré est égale à l'aire, en u.a., sous la courbe de f.

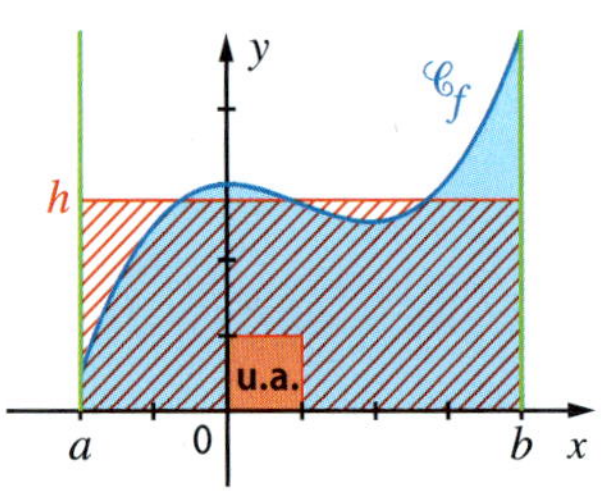

REMARQUE : $\mu = \frac{1}{b-a}\int_a^b f(x)\mathrm{d}x$ équivaut à $\mu\ (b-a) = \int_a^b f(x)\mathrm{d}x$.
On retrouve ainsi l'aire d'un rectangle dans le membre de gauche et l'aire « sous la courbe » de f dans le membre de droite.

EXEMPLE : La valeur moyenne de la fonction carré sur $[0\ ;3]$ est :

$$\mu = \frac{1}{3}\int_0^3 x^2\,\mathrm{d}x = \frac{1}{3}\left[\frac{1}{3}x^3\right]_0^3 = \frac{1}{3}\times 9 = 3.$$

Vocabulaire
Lorsque $m \leqslant f(x) \leqslant M$ sur $[a\ ;b]$, f est dite bornée sur $[a\ ;b]$.

PROPRIÉTÉ Soit m et M deux réels.
Si f est une fonction continue sur $[a\ ;b]$, de valeur moyenne μ et telle que pour tout réel x de $[a\ ;b]$, $m \leqslant f(x) \leqslant M$, alors $m \leqslant \mu \leqslant M$.

CAPACITÉ 4

Calculer une aire à l'aide d'une intégrale

Vidéo 07:10
Calculer l'aire entre deux courbes
bordas Flash PAGE vidéo

Soit f et g les fonctions définies sur $[0\,;+\infty[$ par $f(x)=x^2$ et $g(x)=x^3$ dont les courbes représentatives dans un repère orthonormé sont notées $\mathscr{C}_f$ et $\mathscr{C}_g$.

1 Déterminer l'aire $\mathscr{A}$, en u.a., de la surface délimitée par $\mathscr{C}_g$, l'axe des abscisses et les droites d'équations $x=0$ et $x=1$.

2 **a.** Préciser la position relative des courbes $\mathscr{C}_f$ et $\mathscr{C}_g$ sur l'intervalle $[0\,;1]$.
b. Calculer l'aire $\mathscr{A}'$, en u.a., de la surface délimitée par $\mathscr{C}_f$, $\mathscr{C}_g$ et les droites d'équations $x=0$ et $x=1$.

Conseil
Pour calculer l'aire de la surface comprise entre deux courbes, on doit d'abord connaître la position relative de ces deux courbes.

Solution commentée

1 Pour tout réel x positif, $x^3 \geqslant 0$.
De plus, la fonction cube est continue sur $[0\,;+\infty[$.
Donc l'aire $\mathscr{A}$, en u.a., est égale à $\int_0^1 x^3\,\mathrm{d}x$.
Or, $\int_0^1 x^3\,\mathrm{d}x = \left[\frac{1}{4}x^4\right]_0^1 = \frac{1}{4}$ donc $\mathscr{A}=0{,}25$ u.a.

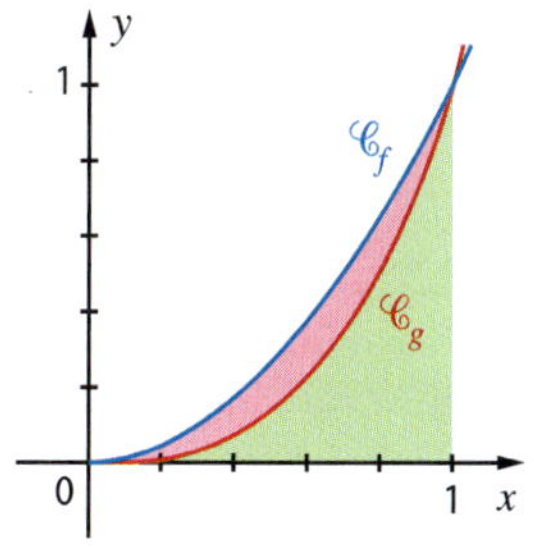

2 **a.** On sait que, pour tout réel x de $[0\,;1]$, on a $x^3 \leqslant x^2$.
Donc $\mathscr{C}_g$ est en dessous de $\mathscr{C}_f$ sur $[0\,;1]$.
b. D'après la question précédente, l'aire $\mathscr{A}'$ est égale, en u.a., à $\int_0^1 (x^2-x^3)\,\mathrm{d}x$.
Or, $\int_0^1 (x^2-x^3)\,\mathrm{d}x = \left[\frac{1}{3}x^3-\frac{1}{4}x^4\right]_0^1 = \frac{1}{3}-\frac{1}{4}=\frac{1}{12}$.
Donc $\mathscr{A}'=\frac{1}{12}$ u.a.

Voir exercices
72 Pour s'entraîner
95 96 97 et 98 Pour travailler en autonomie

CAPACITÉ 5

Interpréter une intégrale ou une valeur moyenne dans un contexte issu d'une autre discipline

Vidéo 06:47
Calculer et interpréter une valeur moyenne
bordas Flash PAGE vidéo

La proportion d'individus qui possèdent un certain type d'équipement dans une population est modélisée par la fonction p définie sur $[0\,;+\infty[$ par $p(x)=\frac{e^{0,2x}}{1+e^{0,2x}}$.
Le réel x représente le temps écoulé, en année, depuis le 1er janvier 2011.
Le nombre $p(x)$ modélise la proportion d'individus équipés après x années.

1 Calculer la valeur moyenne μ de la fonction p sur l'intervalle $[8\,;10]$.
Donner sa valeur exacte, puis sa valeur arrondie au centième.

2 Donner une interprétation de ce résultat.

Conseil
Pour interpréter un résultat, on se réfère au contexte de l'exercice.

Solution commentée

1 $\mu=\frac{1}{2}\int_8^{10} p(x)\,\mathrm{d}x = \frac{1}{10-8}\int_8^{10} p(x)\,\mathrm{d}x$.
On a $p(x)=\frac{e^{0,2x}}{1+e^{0,2x}}=\frac{1}{0{,}2}\times\frac{0{,}2e^{0,2x}}{1+e^{0,2x}}=5\times\frac{0{,}2e^{0,2x}}{1+e^{0,2x}}$.
La fonction p est de la forme $k\frac{u'}{u}$ avec $u(x)=1+e^{0,2x}$, soit $u(x)>0$.
La fonction P définie sur $[0\,;+\infty[$ par $P(x)=5\ln(1+e^{0,2x})$ est donc une primitive de la fonction p sur $[0\,;+\infty[$.
$\mu=\frac{1}{2}\int_8^{10} p(x)\,\mathrm{d}x=\frac{1}{2}[P(x)]_8^{10}$
$=\frac{1}{2}\times\left(5\ln(1+e^2)-5\ln(1+e^{1,6})\right)$.
Donc $\mu=\frac{5}{2}\ln\left(\frac{1+e^2}{1+e^{1,6}}\right)$, soit $\mu\approx 0{,}86$.

2 La proportion moyenne d'individus équipés entre 2019 et 2021 est environ égale à 86 %.

Voir exercices
82 et 84 Pour s'entraîner
99 et 100 Pour travailler en autonomie

Calcul mental

1 Calculer.

a. 10 % de 1 500 **b.** 25 % de 500
c. 30 % de 300 **d.** 40 % de 1 200
e. $\frac{3}{4}$ de 3 000 **f.** $\frac{5}{7}$ de 3 500

2 Résoudre dans $\mathbb{R}$ les équations suivantes.

a. $3x+1=2x-1$ **b.** $-5x=1+3x$
c. $(x-1)(2x+3)=0$ **d.** $-4x(7-x)=0$
e. $x^2=16$ **f.** $x^2-9=0$

3 Écrire chacun des nombres suivants sous la forme a^n avec a entier naturel et n entier.

a. $A=10^5\times 10^{-3}$ **b.** $B=2^{-5}\times 16$
c. $C=3^3\times(9^2)^{-3}$ **d.** $D=\dfrac{7^{-3}\times 49}{7^5}$

4 Calculer la dérivée de chacune des fonctions f, g et h définies sur $\mathbb{R}$.

a. $f(x)=x-1$
b. $g(x)=x^2-3x+7$
c. $h(x)=-2x^3-5x^2+x+3$

Automatismes

Calculs numériques et algébriques

5 Écrire les nombres suivants sous la forme e^k, où k est un entier.

1. $A=e^{-7}\times e^3$ **2.** $B=e^2\times(e^{-1})^3$
3. $C=\dfrac{e^4}{e^7}$ **4.** $D=\dfrac{e^2\times e^{-3}}{e^5}$

6 Exprimer les nombres suivants en fonction de ln(2) et ln(3).

1. $A=\ln(24)-2\ln(6)$ **2.** $B=\ln\left(\dfrac{32}{27}\right)$
3. $C=\ln(16)+\ln\left(\sqrt{27}\right)$

7 Démontrer les égalités suivantes, pour tout réel x.

1. $\dfrac{e^{x+1}}{e^{3x+1}}=\left(e^{-x}\right)^2$ **2.** $\dfrac{e^{2x}-1}{e^x+1}=e^x-1$

8 **QCM** *Choisir la ou les bonnes réponses.*
Une forme factorisée du polynôme du second degré $5x^2-15x-20$ est :

$A : (x+1)(x-4)$ $B : 5(x+1)(x-4)$
$C : (5x+5)(5x-20)$ $D : (x+1)(5x-20)$

9 Quels sont tous les polynômes du second degré qui s'annulent en –5 et 2 ?

10 **1.** Déterminer les racines du polynôme du second degré $4x^2-10x-14$, où x est un réel.
2. En déduire l'ensemble solution dans $\mathbb{R}$ de l'inéquation $4x^2-10x-14<0$.

Géométrie

11 **VRAI/FAUX**
Indiquer si les affirmations sont vraies ou fausses, puis justifier.
On se place dans un repère du plan.

1. La droite d'équation $y=2x+1$ a pour coefficient directeur 2.
2. Les droites d'équations $y=-5x+1$ et $y=3-5x$ sont parallèles.
3. Les vecteurs $\vec{u}\,(5\,;-1)$ et $\vec{v}\,(10\,;2)$ sont colinéaires.

12 **Question de méthode**
On se place dans un repère orthonormé du plan et on donne deux points A et B de coordonnées $(x_A\,;y_A)$ et $(x_B\,;y_B)$.

1. Comment calcule-t-on la distance AB ?
2. Comment calcule-t-on les coordonnées du milieu du segment [AB] ?

13 Dans un repère orthonormé du plan, on donne les points A(–1 ; 9), B(3 ; 6) et C(5 ; 1).

1. Calculer les distances AB, BC et AC.
2. Le triangle ABC est-il rectangle ? Justifier.

Statistiques et probabilités

14 A et B sont deux événements d'un même univers tels que $P(\text{A})=0{,}6$, $P(\text{B})=0{,}7$ et $P(\text{A}\cap\text{B})=0{,}5$.

1. Calculer $P(\text{A}\cup\text{B})$. **2.** Calculer $P_{\text{A}}(\text{B})$.

15 A et B sont deux événements d'un même univers tels que $P(\text{A})=0{,}4$, $P_{\text{A}}(\text{B})=0{,}3$ et $P_{\bar{\text{A}}}\left(\bar{\text{B}}\right)=0{,}8$.

1. Représenter la situation à l'aide d'un arbre pondéré.
2. Calculer $P(\text{A}\cap\text{B})$ et $P(\bar{\text{A}}\cap\text{B})$.

16 Le diagramme en bâtons ci-dessous donne les performances (hauteur en mètres) d'un sauteur à la perche au cours des six derniers mois.

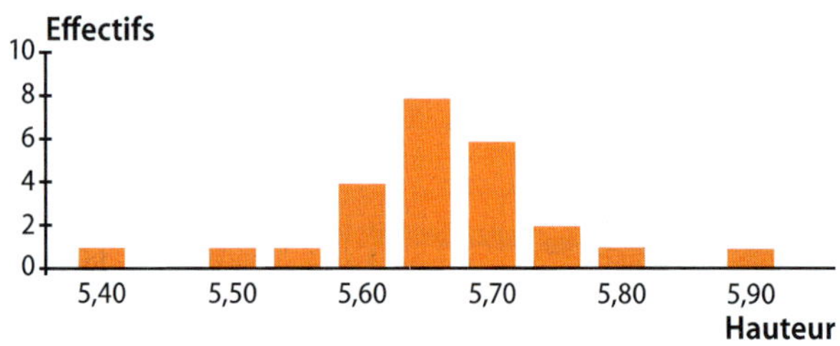

Calculer la hauteur moyenne de ces performances.

Intégrale comme aire sous une courbe

Questions flash

17 ORAL Soit $(O\,;\vec{i},\vec{j})$ un repère orthogonal d'unités 3 cm sur l'axe des abscisses et 2 cm sur l'axe des ordonnées. Quelle est, en cm², l'unité d'aire ?

18 Soit f la fonction définie sur $[-2\,;4]$ dont la courbe représentative $\mathscr{C}$ est donnée ci-dessous.

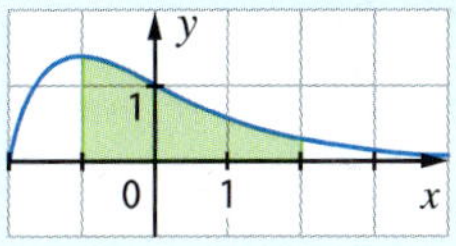

Interpréter graphiquement $\int_{-1}^{2} f(x)\,\mathrm{d}x$.

19 VRAI/FAUX

Indiquer si l'affirmation est vraie ou fausse, puis justifier.

Si f est une fonction continue et positive sur $[-3\,;4]$, alors :

$$\int_{-3}^{4} f(x)\,\mathrm{d}x = \int_{-3}^{1} f(x)\,\mathrm{d}x + \int_{1}^{4} f(x)\,\mathrm{d}x.$$

20 Sur le graphique ci-contre sont données la droite représentant une fonction f définie sur $[-3\,;1]$ ainsi qu'une surface colorée.

Déterminer par lecture graphique la valeur de $\int_{-3}^{1} f(x)\,\mathrm{d}x$.

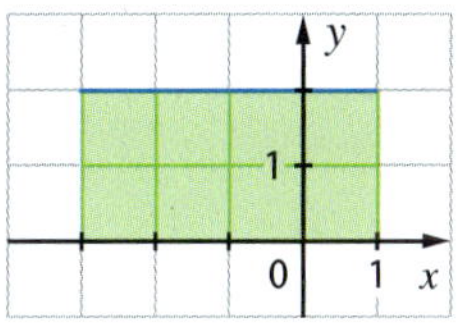

21 Sur le graphique ci-contre sont représentées la courbe d'une fonction f définie sur $[-3\,;5]$ ainsi qu'une surface colorée.

Écrire l'aire, en unités d'aire, de cette surface à l'aide d'une intégrale.

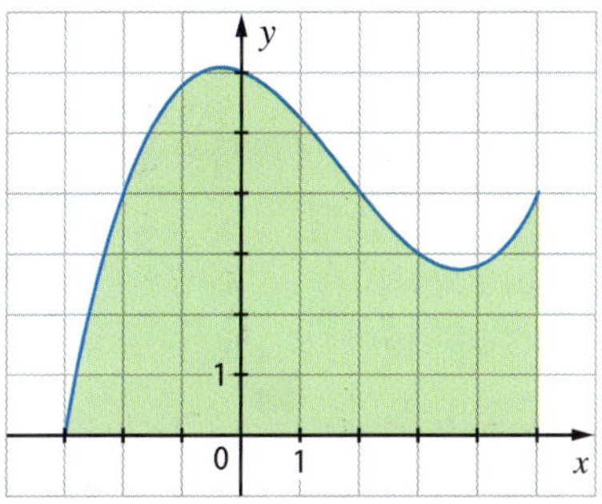

22 Sur le graphique ci-dessous sont représentées la courbe d'une fonction f définie sur $[-2\,;4]$ ainsi qu'une surface colorée.

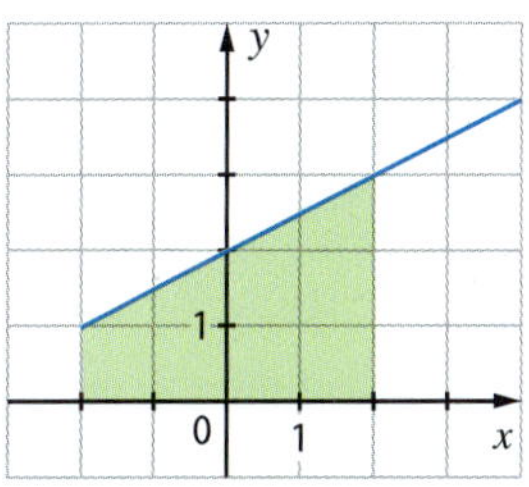

1. Déterminer par lecture graphique l'expression de $f(x)$.

2. Vérifier que $\int_{-2}^{2} f(x)\,\mathrm{d}x = 8$.

23 Soit f la fonction valeur absolue dont on donne la représentation graphique ci-contre.

Calculer $\int_{-3}^{1} f(x)\,\mathrm{d}x$.

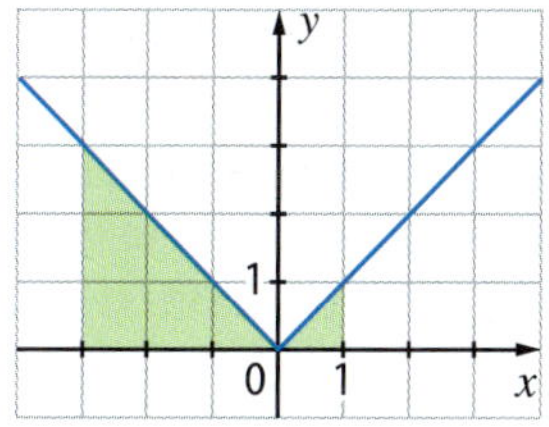

24 Dans chacun des cas suivants, on donne une fonction f définie sur un intervalle I, sa courbe représentative dans un repère orthonormé du plan et une surface colorée.

Écrire l'aire de cette surface à l'aide d'une intégrale.

1. $f(x) = 1 - x^2$

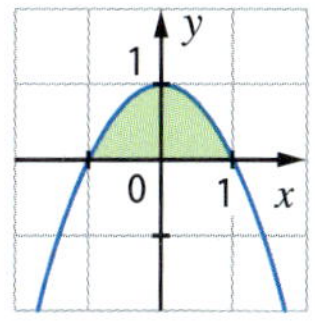

2. $f(x) = \mathrm{e}^x$

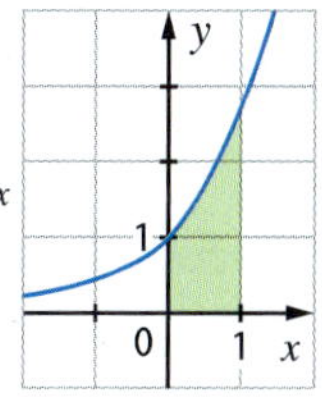

3. $f(x) = \ln(x+3)$

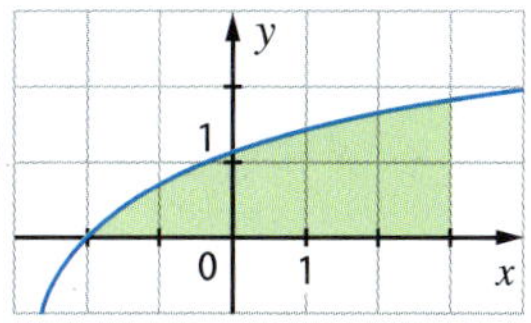

25 Dans chacun des cas suivants, on donne la courbe représentative (en bleue) d'une fonction f définie sur l'intervalle $\mathrm{I} = [a\,;b]$. Déterminer, par lecture graphique, un encadrement par deux nombres entiers de $\int_a^b f(x)\,\mathrm{d}x$.

1. $\mathrm{I} = [0\,;2]$

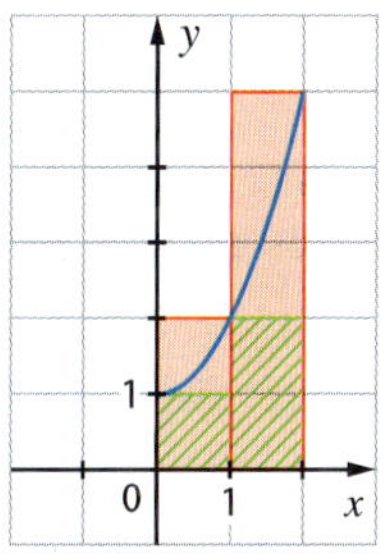

2. $\mathrm{I} = [-1\,;3]$

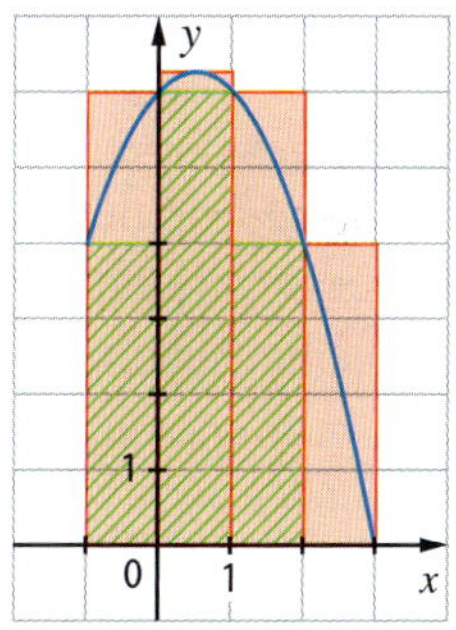

3. $\mathrm{I} = [-1\,;4]$

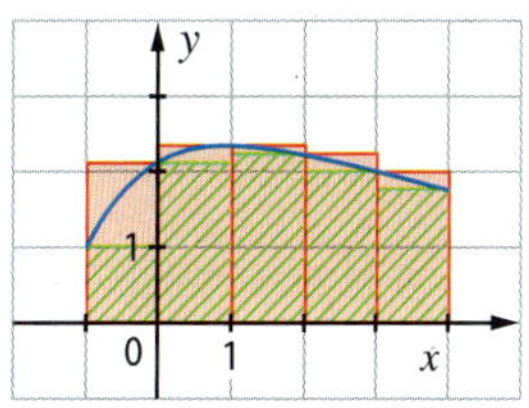

26 On donne ci-dessous la courbe représentative d'une fonction g définie sur $[-2\,;5]$.

Déterminer les intégrales suivantes.

1. $\int_{-2}^{1} g(x)\,\mathrm{d}x$

2. $\int_{1}^{3} g(x)\,\mathrm{d}x$

3. $\int_{-2}^{5} g(x)\,\mathrm{d}x$

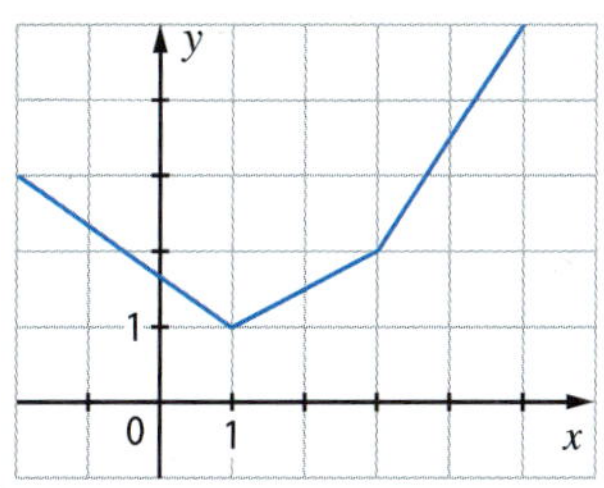

27 QCM *Choisir la ou les bonnes réponses.*

La courbe $\mathscr{C}$ ci-dessous est la représentation graphique d'une fonction f définie sur l'intervalle $[-2\,;3]$.

On note A l'aire, en unités d'aire, de la surface délimitée par $\mathscr{C}$, l'axe des abscisses et les droites d'équations $x=-2$ et $x=3$.

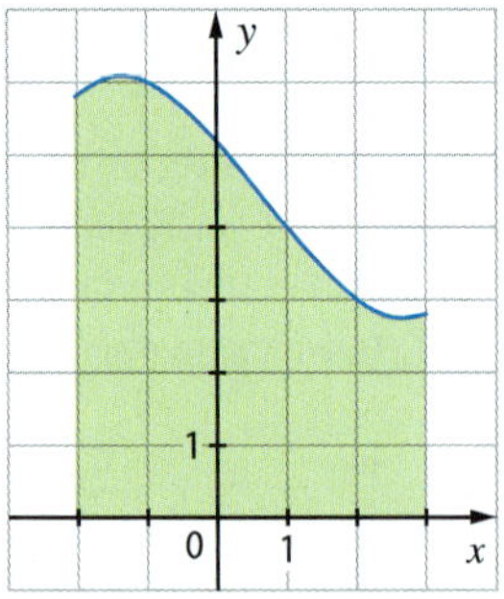

Un encadrement de A est :

1. $10 \leqslant A \leqslant 35$
2. $19 \leqslant A \leqslant 24$
3. $2 \leqslant A \leqslant 7$
4. $19 \leqslant A \leqslant 25$

28 PYTHON Soit f la fonction définie sur $[0\,;2]$ par :

$$f(x)=x^3.$$

On partage l'intervalle $[0\,;2]$ en 4 intervalles de même amplitude $h=0{,}5$ et on considère la fonction Python qui retourne un encadrement de $\int_0^2 f(x)\,dx$ par la méthode des rectangles.

```
def rectangles():
    x=0
    u=0
    v=0
    h=...
    for k in range(0,...):
        u=u+h*...
        x=x+...
        v=......
    return(...,...)
```

1. Recopier et compléter la fonction Python ci-dessus pour qu'elle retourne l'encadrement demandé.
2. Programmer cette fonction.
3. Que retourne l'appel rectangles() ?
4. En déduire un encadrement de l'aire, en unités d'aire, de la surface délimitée par la courbe de la fonction f, l'axe des abscisses et les droites d'équations $x=0$ et $x=2$.

Calcul d'intégrales

Questions flash

ORAL VRAI/FAUX

Indiquer si les affirmations sont vraies ou fausses, puis justifier.

29 Soit f une fonction continue et positive sur $[-3\,;4]$ et F une primitive de f sur cet intervalle.

1. $\int_{-3}^{4} f(x)\,dx = F(-3)-F(4)$.
2. $\int_{-3}^{4} f(x)\,dx = f(4)-f(-3)$.

30 $\int_{-1}^{1} x\,dx = 0$.

31 $\int_{-2}^{-1} x^2\,dx < 0$.

32 Soit f la fonction définie sur $\mathbb{R}$ par $f(x)=3x^2+2x$ dont une primitive F sur $\mathbb{R}$ est définie par $F(x)=x^3+x^2+1$.

Calculer $\int_0^3 f(x)\,dx$.

33 Soit f la fonction définie sur $\mathbb{R}$ par $f(x)=8x^3-6x^2+1$.

1. Vérifier que la fonction F définie sur $\mathbb{R}$ par :
$$F(x)=2x^4-2x^3+x-2$$
est une primitive de f sur $\mathbb{R}$.
2. Calculer alors $\int_{-2}^{1} f(x)\,dx$.

Pour les exercices 34 à 38, on donne une fonction f définie sur l'intervalle I. Déterminer une primitive F de f sur I, puis justifier la valeur donnée de l'intégrale $J=\int_a^b f(x)\,dx$.

34	$f(x)=x-1$	$\mathrm{I}=[2\,;5]$	$J=7{,}5$
35	$f(x)=x^2+2x$	$\mathrm{I}=[-1\,;3]$	$J=\dfrac{52}{3}$
36	$f(x)=\mathrm{e}^x+1$	$\mathrm{I}=[0\,;1]$	$J=\mathrm{e}$
37	$f(x)=\dfrac{1}{x}$	$\mathrm{I}=[1\,;\mathrm{e}]$	$J=1$
38	$f(x)=\dfrac{1}{\sqrt{x}}$	$\mathrm{I}=[4\,;9]$	$J=2$

39 Calculer les intégrales suivantes.

1. $I=\int_{-3}^{1} x^3\,dx$
2. $J=\int_{-1}^{2}(-3x+5)\,dx$
3. $K=\int_0^1(3x^2-2x+1)\,dx$

40 Calculer les intégrales suivantes.

1. $I=\int_1^2\left(1-\dfrac{1}{x}\right)dx$
2. $J=\int_{-1}^{0}\left(x^3-5x\right)dx$
3. $K=\int_{-1}^{1}14x\left(7x^2+5\right)dx$

41 Soit f et F les fonctions définies sur $\mathbb{R}$ par :

$$f(x)=(3x+1)\mathrm{e}^{3x} \text{ et } F(x)=x\mathrm{e}^{3x}.$$

1. Montrer que F est une primitive de f sur $\mathbb{R}$.
2. Vérifier que $\int_{-1}^{1} f(x)\,dx = \mathrm{e}^3+\dfrac{1}{\mathrm{e}^3}$.

42 Soit f une fonction continue et positive sur $\mathbb{R}$.

On donne $\int_{-5}^{1} f(x)\,dx = 8$ et $\int_1^3 f(x)\,dx = 2$.

Calculer $\int_{-5}^{3} f(x)\,dx$.

43 Soit g une fonction continue et positive sur $\mathbb{R}$.

On donne $\int_{-8}^{5} f(x)\,dx = 15$ et $\int_{-8}^{1} g(x)\,dx = 7$.

Calculer $\int_1^5 g(x)\,dx$.

Applications du calcul intégral

Questions flash

44 Déterminer, en unités d'aire, l'aire de la surface délimitée par la courbe représentative de la fonction carré, l'axe des abscisses et les droites d'équations $x = 1$ et $x = 3$.

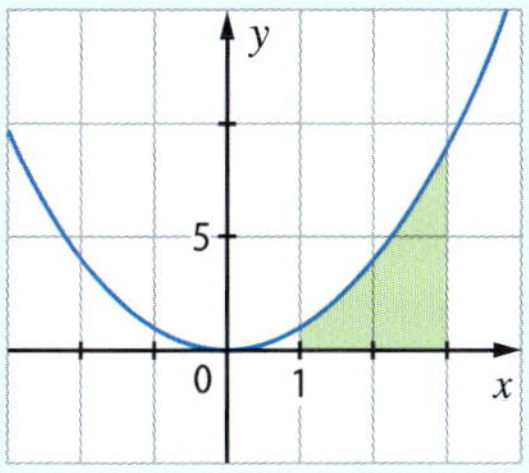

45 f est une fonction définie et continue sur $\mathbb{R}$ telle que $\int_3^7 f(x)\,\mathrm{d}x = 10$.

Calculer la valeur moyenne de f sur $[3 ; 7]$.

46 Soit f et g les fonctions définies sur $]0 ; +\infty[$ par :

$$f(x) = \frac{1}{x} \qquad \text{et} \qquad g(x) = -\frac{1}{x}.$$

Sur le graphique suivant sont tracées les courbes représentant ces deux fonctions ainsi que deux surfaces hachurées.

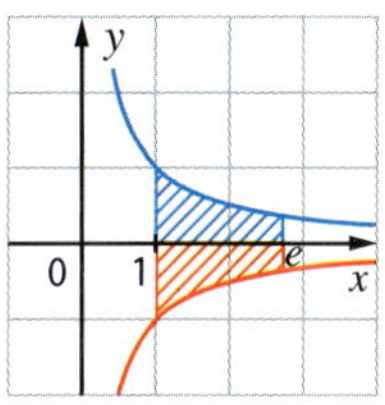

1. Calculer l'aire, en unités d'aire, de la surface hachurée en bleu.

2. a. En déduire, sans calcul, l'aire en unités d'aire de la surface hachurée en rouge.

b. Retrouver ce résultat par un calcul d'intégrale.

47 Soit f la fonction définie sur $\mathbb{R}$ par :

$$f(x) = 0{,}5x - 1.$$

1. Tracer la droite D représentant la fonction f.

2. Hachurer la surface S délimitée par la droite D, l'axe des abscisses et les droites d'équations $x = -1$ et $x = 1$.

3. Calculer l'aire de S en unités d'aire.

48 Soit f la fonction définie sur $\mathbb{R}$ par $f(x) = x^3$.

1. Tracer la courbe représentative $\mathscr{C}$ de f dans un repère orthonormé du plan.

2. Hachurer sur le graphique la surface S délimitée par la courbe $\mathscr{C}$, l'axe des abscisses et les droites d'équations $x = 1$ et $x = 2$.

3. Calculer, en unités d'aire, l'aire de S.

49 Soit f et g les fonctions définies sur $\mathbb{R}$ par $f(x) = x$ et $g(x) = 2x$ dont on donne les courbes représentatives $\mathscr{C}_f$ et $\mathscr{C}_g$ ci-contre dans un repère orthonormé.

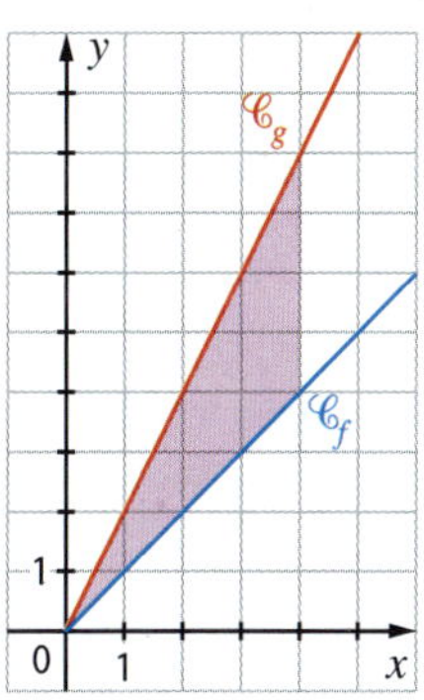

1. Justifier que $\mathscr{C}_f$ est en dessous de $\mathscr{C}_g$ sur l'intervalle $[0 ; +\infty[$.

2. Exprimer l'aire, en unités d'aire, de la surface colorée à l'aide d'une intégrale que l'on notera I.

3. Montrer par un calcul que $I = 8$.

50 Soit f et g les fonctions définies sur $\mathbb{R}$ par :

$$f(x) = x^2 \qquad \text{et} \qquad g(x) = x$$

dont on donne les courbes $\mathscr{C}_f$ et $\mathscr{C}_g$ ci-dessous dans un repère orthonormé d'unités graphique 2 cm.

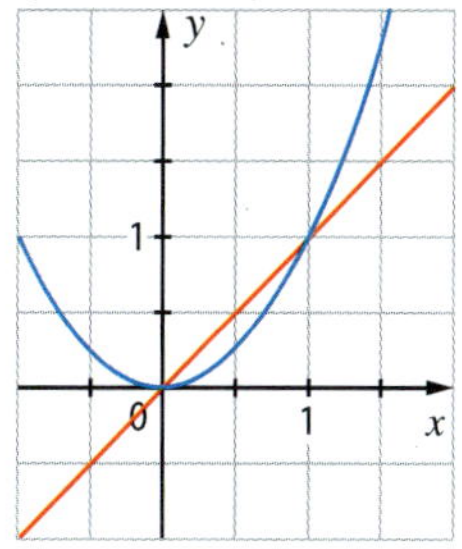

1. Préciser la position relative des deux courbes sur l'intervalle $[0 ; 1]$.

2. a. Reproduire $\mathscr{C}_f$ et $\mathscr{C}_g$ et hachurer la surface S délimitée par $\mathscr{C}_f$ et $\mathscr{C}_g$ et les droites d'équations $x = 0$ et $x = 1$.

b. Justifier que l'aire de la surface S est égale, en unités d'aire, à $\int_1^1 (x - x^2)\,\mathrm{d}x$.

c. Calculer l'aire, en unités d'aire, puis en cm^2 de la surface S.

51 **1.** Calculer $\int_0^4 x\,\mathrm{d}x$.

2. En déduire la valeur moyenne sur $[0 ; 4]$ de la fonction f définie sur $\mathbb{R}$ par $f(x) = x$.

52 **1.** Calculer $\int_2^5 (2x - 3)\,\mathrm{d}x$.

2. En déduire la valeur moyenne sur $[2 ; 5]$ de la fonction f définie sur $\mathbb{R}$ par $f(x) = 2x - 3$.

53 Calculer la valeur moyenne sur l'intervalle $[-1 ; 1]$ de la fonction exponentielle.

54 Calculer la valeur moyenne de la fonction inverse sur l'intervalle $[1 ; \mathrm{e}]$.

55 Une entreprise informatique produit et vend des clés USB. Le bénéfice mensuel, exprimé en milliers d'euros, est modélisé par la fonction B définie sur l'intervalle $[0 ; 10]$ par :

$$B(x) = -x^2 + 10x + 9,$$

où x représente le nombre de milliers de clés produites et vendues.

1. Calculer $I = \int_0^{10} B(x)\mathrm{d}x$.

2. En déduire le bénéfice mensuel moyen de cette entreprise lorsqu'elle fabrique et vend entre 0 et 10 000 clés.

Intégrale d'une fonction

56 Capacité 1, p. 155

Soit f la fonction définie sur $\mathbb{R}$ par la courbe $\mathscr{C}$ ci-contre tracée dans un repère orthonormé du plan.

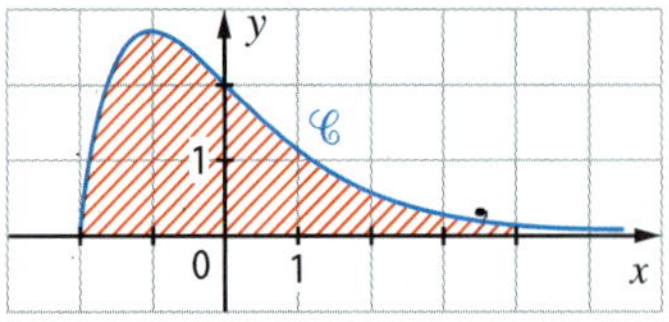

1. a. Donner le signe de f sur l'intervalle $[-2\,;4]$.

b. Exprimer l'aire, en unités d'aire, de la surface hachurée à l'aide d'une intégrale que l'on notera I.

2. Estimer la valeur de $\int_0^1 f(x)\,\mathrm{d}x$.

3. Déterminer un encadrement de I par deux nombres entiers.

57 PYTHON Capacité 2, p. 155

Soit f la fonction définie sur $[0\,;+\infty[$ par $f(x)=\sqrt{x}$. On note $\mathscr{C}$ sa courbe représentative dans un repère orthonormé du plan. On considère la surface D délimitée par la courbe $\mathscr{C}$, l'axe des abscisses et les droites d'équations $x=a$ et $x=b$, où a et b sont des réels positifs tels que $a<b$.

1. Exprimer l'aire, en unités d'aire, de la surface D à l'aide d'une intégrale I.

2. On partage l'intervalle $[a\,;b]$ en n intervalles de même amplitude h. On note u_n la somme des aires des rectangles contenus dans D et v_n la somme des aires des rectangles dont la réunion contient D.

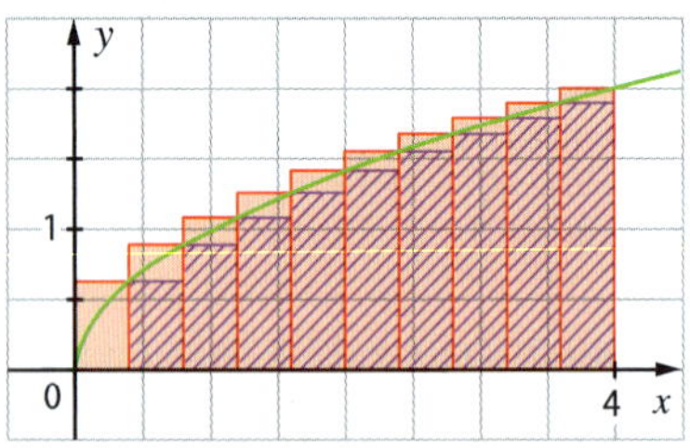

$a=0$
$b=4$
$n=10$

a. Exprimer h en fonction de a, b et n.

b. Écrire une fonction Python de paramètres a, b et n qui retourne un encadrement de l'aire de D, en unités d'aire.

c. Donner l'encadrement de I obtenu pour $a=0$, $b=4$, $n=10$, puis $n=50$. Arrondir à 10^{-3}.

Point Histoire

C'est le mathématicien **allemand Riemann** (1826 – 1866) qui propose la méthode des rectangles. L'aire cherchée est alors comprise entre la somme des aires des rectangles inférieurs et celle des rectangles supérieurs. Pour obtenir l'aire du domaine, il suffit alors de faire tendre le nombre de rectangles vers l'infini.

58 Soit F la fonction définie sur $[1\,;+\infty[$ par :

$$F(x)=\int_1^x \ln(t)\,\mathrm{d}t.$$

1. a. Donner une interprétation graphique de $F(2)$ et $F(3)$.

b. Conjecturer une comparaison de ces deux nombres.

2. a. Déterminer la dérivée de la fonction F.

b. En déduire le sens de variation de F.

c. Valider la conjecture faite en **1. b.**.

59 Soit F la fonction définie sur $[1\,;+\infty[$ par :

$$F(x)=\int_1^x \frac{1}{t}\,\mathrm{d}t.$$

1. Donner une interprétation graphique de $F(x)$.

2. a. Déterminer la dérivée de la fonction F.

b. En déduire le sens de variation de F.

c. Comparer $F(4)$ et $F(5)$.

60 VRAI/FAUX

Indiquer si les affirmations sont vraies ou fausses, puis justifier.

Soit F la fonction définie sur $[0\,;1[$ par :

$$F(x)=\int_0^x \frac{1}{1-t^2}\,\mathrm{d}t.$$

1. $F(0)=0$.

2. $F'(0)=1$.

3. F est décroissante sur $[0\,;1[$.

Calcul d'intégrales

Dans les exercices 61 à 66, calculer les intégrales.

61 Capacité 3, p. 157

1. $I=\int_1^3 \left(x^3+4x^2-5x+1\right)\mathrm{d}x$

2. $J=\int_1^3 \frac{2}{x}\,\mathrm{d}x$ **3.** $K=\int_{-1}^1 \mathrm{e}^{-x}\,\mathrm{d}x$

62 **1.** $I=\int_1^{\mathrm{e}} \left(1-\frac{1}{x}\right)\mathrm{d}x$ **2.** $J=\int_4^9 \left(x+\frac{1}{\sqrt{x}}\right)\mathrm{d}x$

3. $K=\int_0^{\ln 2} \left(2x+\mathrm{e}^x\right)\mathrm{d}x$

63 **1.** $I=\int_1^2 \frac{x^2+3}{x}\,\mathrm{d}x$ **2.** $J=\int_1^2 \frac{1}{x}\,\mathrm{d}x$

3. $K=\int_1^{\ln 2} \mathrm{e}^{4x}\,\mathrm{d}x$

64 **1.** $I=\int_0^1 \frac{\mathrm{e}^{-x}}{\mathrm{e}^{-x}+1}\,\mathrm{d}x$ **2.** $J=\int_0^1 \frac{x}{x^2+3}\,\mathrm{d}x$

3. $K=\int_{-1}^0 x^2\mathrm{e}^{x^3}\,\mathrm{d}x$

65 **1.** $I=\int_{-2}^2 (x+1)\,\mathrm{d}x$ **2.** $J=\int_1^{\mathrm{e}} \frac{1}{x}\ln(x)\,\mathrm{d}x$

3. $K=\int_0^4 x\mathrm{e}^{x^2}\,\mathrm{d}x$

66 **1.** $I=\int_{-1}^1 (2x+1)\left(x^2+x\right)^2\mathrm{d}x$

2. $J=\int_1^{\mathrm{e}} \frac{1}{x}\left(\ln(x)\right)^2\mathrm{d}x$

3. $K=\int_0^1 \left(3x^2-5\right)\left(x^3-5x+1\right)^3\mathrm{d}x$

67 VRAI/FAUX

Indiquer si les affirmations sont vraies ou fausses, puis justifier.

1. L'intégrale de -1 à 1 de la fonction f définie sur $\mathbb{R}$ par $f(x)=x^2-5x+4$, est positive.

2. $\int_{\ln 2}^{\ln 5} \mathrm{e}^{2x}\,\mathrm{d}x = 2\ln 5-2\ln 2$.

68 LOGIQUE Soit f une fonction continue sur l'intervalle $[a\,;b]$.

1. Dire, en justifiant, si l'énoncé suivant est vrai ou faux.

« Si la fonction f est positive sur $[a\,;\,b]$, alors l'intégrale de f entre a et b est positive. »

2. Énoncer la réciproque de la proposition précédente. Cette réciproque est-elle vraie ou fausse ? Justifier.

69 Soit f la fonction définie sur $\mathrm{I} =]-1\,;+\infty[$ par :

$$f(x) = \frac{2x^2 + x}{x+1}.$$

1. Démontrer que, pour tout réel x de I :

$$f(x) = 2x - 1 + \frac{1}{x+1}.$$

2. Calculer $\int_0^1 f(x)\mathrm{d}x$.

70 Soit f et F les fonctions définies sur $\mathbb{R}$ par :

$$f(x) = x\mathrm{e}^x \text{ et } F(x) = (x-1)\mathrm{e}^x.$$

1. Montrer que la fonction F est une primitive de f sur $\mathbb{R}$.

2. Calculer $\int_0^1 f(x)\mathrm{d}x$.

71 **1.** Montrer que sur $]0\,;+\infty[$, la fonction F définie par $F(x) = x\ln(x)$ est une primitive de la fonction f définie par $f(x) = 1 + \ln(x)$.

2. Calculer $\int_1^2 f(x)\mathrm{d}x$.

Calculs d'aires

72 Capacité 4, p. 157

Soit f la fonction définie sur $\mathbb{R}$ par $f(x) = 0{,}5x^2 - 3x + 4$.

1. Étudier le signe de la fonction f sur $\mathbb{R}$.

2. Tracer la courbe représentative $\mathscr{C}$ de f dans un repère orthonormé du plan.

3. Déterminer l'aire, en unités d'aire, de la surface délimitée par la courbe $\mathscr{C}$, l'axe des abscisses et les droites d'équations $x = 1$ et $x = 2$.

4. Déterminer l'aire, en unités d'aire, de la surface délimitée par la courbe $\mathscr{C}$, l'axe des abscisses et les droites d'équations $x = 2$ et $x = 4$.

73 Soit f et g les fonctions définies sur $]0\,;+\infty[$ par $f(x) = x^2$ et $g(x) = \dfrac{1}{x}$.

On note $\mathscr{C}_f$ et $\mathscr{C}_g$ les courbes représentatives des fonctions f et g données ci-contre.

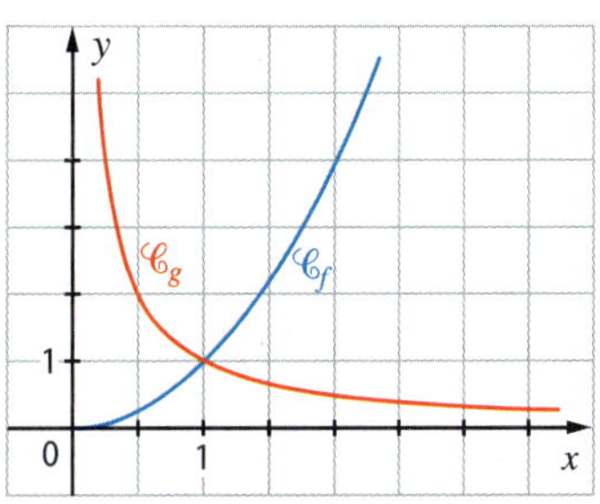

1. Déterminer par un calcul le signe de $f(x) - g(x)$ sur l'intervalle $]0\,;+\infty[$.

2. Calculer l'aire, en unités d'aire, de la surface délimitée par les courbes $\mathscr{C}_f$ et $\mathscr{C}_g$ et les droites d'équations $x = 1$ et $x = \mathrm{e}$.

74 Soit f la fonction définie sur $]0\,;+\infty[$ par $f(x) = \dfrac{\ln(x)}{x^2}$.

1. Calculer $f'(x)$, puis déterminer le sens de variation de f.

2. Étudier le signe de $f(x)$ selon les valeurs de x.

3. Démontrer que la fonction F définie sur $]0\,;+\infty[$ par $F(x) = -\dfrac{\ln(x)}{x} - \dfrac{1}{x}$ est une primitive de la fonction f sur $]0\,;+\infty[$.

4. Soit $\mathscr{C}$ la courbe représentative de f dans un repère d'unités 2 cm sur l'axe des abscisses et 6 cm sur l'axe des ordonnées. Déterminer l'aire, en cm^2, de la surface délimitée par la courbe $\mathscr{C}_f$, l'axe des abscisses et les droites d'équations $x = 1$ et $x = \mathrm{e}$.

75 **Une question ouverte**

Soit f et g les fonctions définies sur $\mathbb{R}$ par :

$$f(x) = -x^2 + 2x + 4 \text{ et } g(x) = -2x + 7.$$

Calculer, l'aire, en unités d'aire, de la surface délimitée par les courbes représentatives de ces deux fonctions et les droites d'équations $x = 1$ et $x = 3$.

Piste → Voir p. 284

76 CALC Soit f la fonction définie sur $\mathbb{R}$ par $f(x) = 1 + \mathrm{e}^{-x}$ et $\mathscr{C}$ sa courbe représentative dans un repère orthonormé du plan.

Soit T la droite d'équation $y = -x + 2$. On donne ci-contre $\mathscr{C}$ et T obtenues sur un écran de calculatrice.

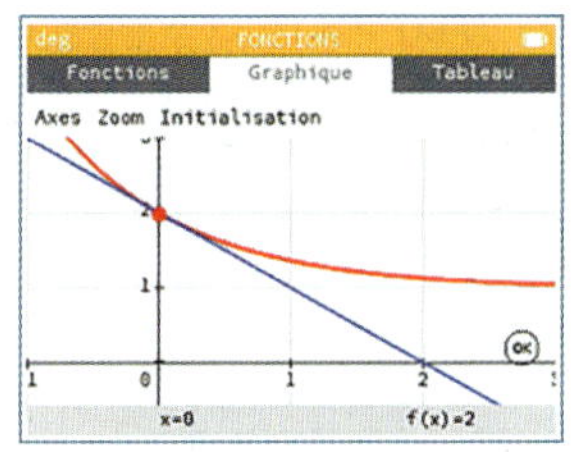

1. Justifier que la droite T est tangente à la courbe $\mathscr{C}$ au point d'abscisse 0.

2. a. Calculer $f''(x)$ et en déduire la convexité de la fonction f sur $\mathbb{R}$.

b. En déduire la position de $\mathscr{C}$ par rapport à T.

3. Calculer l'aire, en unités d'aires, de la surface délimitée par $\mathscr{C}$, T et les droites d'équations $x = 0$ et $x = 2$. Donner la valeur exacte, puis un arrondi à 10^{-2} près.

77 **Une question ouverte**

Soit f la fonction définie sur $\mathbb{R}$ par $f(x) = \mathrm{e}^x$ et $\mathscr{C}$ sa courbe représentative dans un repère orthonormé du plan.

On note T la tangente à $\mathscr{C}$ au point d'abscisse 0.

Calculer l'aire, en unités d'aire, de la surface délimitée par $\mathscr{C}$, T et les droites d'équations $x = 0$ et $x = 2$.

Piste → Voir p. 284

RETOUR SUR L'OUVERTURE DU CHAPITRE

78 Soit f la fonction définie sur $[-2\,;2]$ par $f(x) = 4 - x^2$.

Soit A, B et C les points de la courbe représentative $\mathscr{C}$ de f d'abscisses respectives -2 ; 2 et 0.

1. Construire $\mathscr{C}$ et le triangle ABC.

2. Déterminer l'aire A_1, en unités d'aire, du triangle ABC.

3. Déterminer l'aire A_2, en unités d'aire, de la surface délimitée par $\mathscr{C}$, le segment [AB] et les droites d'équations $x = -2$ et $x = 2$.

4. Calculer le rapport $\dfrac{A_1}{A_2}$.

Point Histoire

C'est Archimède (287 – 212 av. J.-C.) qui a démontré ce résultat à l'aide de connaissances mécaniques.

Valeur moyenne d'une fonction

Dans les exercices 79 et 80, on donne l'expression d'une fonction f définie sur l'intervalle I. Calculer sa valeur moyenne sur I.

79 1. $f(x) = -3x^2 + 5x - 1$ $\quad$ $I = [0\,;1]$

2. $f(x) = \dfrac{1}{x} + 1$ $\quad$ $I = [1\,;\mathrm{e}]$

3. $f(x) = \mathrm{e}^{2-x}$ $\quad$ $I = [0\,;4]$

80 1. $f(x) = (2 - x)(x - 1)$ $\quad$ $I = [-1\,;0]$

2. $f(x) = \dfrac{x^2}{x^3 + 1}$ $\quad$ $I = [0\,;1]$

81 Soit f et g les fonctions définies sur $\mathbb{R}$ par :

$$f(x) = (2x^2 - x + 1)\mathrm{e}^{-x} \text{ et } g(x) = (-2x^2 + 5x - 2)\mathrm{e}^{-x}.$$

1. Montrer que f est une primitive de g sur $\mathbb{R}$.
2. En déduire la valeur moyenne de g sur l'intervalle [0 ; 1]. On arrondira le résultat à 10^{-3}.

MATHS & ÉCONOMIE

82 Capacité 5, p. 159

Une entreprise produit x centaines d'objets chaque semaine.
Le coût de production, exprimé en milliers d'euros, est défini sur l'intervalle [0 ; 5] par la fonction C telle que $C(x) = (4x + 1)\,\mathrm{e}^{-x}$.

1. Démontrer que la fonction F définie sur [0 ; 5] par $F(x) = (-4x - 5)\,\mathrm{e}^{-x}$ est une primitive de la fonction C sur ce même intervalle.
2. a. Calculer $\frac{1}{5}\int_0^5 C(x)$. Arrondir à 10^{-3}.
b. Quelle interprétation peut-on faire du résultat précédent pour l'entreprise ?

MATHS & PHYSIQUE

83 On étudie le mouvement d'un point mobile sur l'intervalle de temps [0 ; 20]. Le temps est exprimé en secondes. Sa vitesse en $\mathrm{m \cdot s^{-1}}$ est donnée par $v(t) = 2t^2 + 3t$.

1. Calculer la valeur moyenne de la fonction v sur [0 ; 20].
2. Que représente cette valeur moyenne ?

MATHS & SVT

84 Capacité 5, p. 159

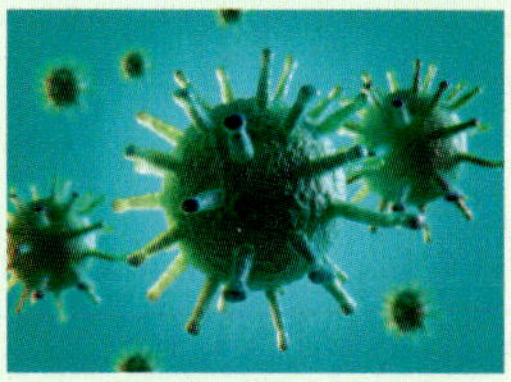

Les antibiotiques sont des molécules possédant la propriété de tuer des bactéries ou d'en limiter leur progression.
On note $f(t)$ la concentration dans le sang (en mg/L) en fonction du temps t (en heures) d'un antibiotique administré en une seule dose à un animal, t appartenant à l'intervalle [0 ; 24].
On admet que, pour tout réel t dans cet intervalle :

$$f(t) = \frac{50t}{t^2 + 4}.$$

Calculer la concentration moyenne de l'antibiotique pendant les 10 premières heures. Donner la valeur exacte, puis la valeur arrondie au millième.

Problème de synthèse

85 PYTHON CALCULER

On considère la fonction f définie sur $\mathbb{R}$ par :

$$f(x) = (x + 2)\mathrm{e}^{-x}.$$

On note $\mathscr{C}$ sa courbe représentative dans un repère orthonormé d'unité graphique 4 cm.

1. a. Étudier les variations de la fonction f sur $\mathbb{R}$.
b. Justifier que f est positive sur [0 ; 1].
c. Construire la courbe $\mathscr{C}$.
2. On note D le domaine délimité par la courbe $\mathscr{C}$, l'axe des abscisses et les droites d'équations $x = 0$ et $x = 1$. Dans cette question, on approche l'aire du domaine D en calculant une somme S d'aires de rectangles à l'aide de la fonction Python suivante.

```
1 from math import*
2 def aire():
3     S=0
4     for k in range (0,4):
5         S = S+0.25*(k/4+2)*exp(-k/4)
6     return(S)
```

a. Programmer cette fonction et donner une valeur approchée à 10^{-3} près de S.
b. Expliquer les lignes **4** et **5** de ce programme.
c. Donner une illustration graphique de S sur le graphique de la question 1.
d. Soit N un nombre entier supérieur ou égal à 2. On partage l'intervalle [0 ; 1] en N intervalles de même amplitude. Modifier la fonction précédente pour qu'elle retourne la somme des aires de ces N rectangles.
3. Soit F la fonction définie sur $\mathbb{R}$ par $F(x) = (-x - 3)\mathrm{e}^{-x}$.
a. Démontrer que F est une primitive de f sur $\mathbb{R}$.
b. Calculer une valeur exacte, puis arrondie à 10^{-3} de l'aire A en cm^2 du domaine D.

BESOIN D'AIDE ?
Voir fiche GeoGebra, p. 274

TP1 PYTHON Méthode des rectangles et méthode des trapèzes RAISONNER CHERCHER

Soit f la fonction définie sur $\mathbb{R}$ par $f(x) = \dfrac{4}{1+x^2}$.

On ne sait pas déterminer en Terminale une primitive de cette fonction.

L'objectif de ce TP est le calcul d'une valeur approchée de $\int_0^1 f(x)\mathrm{d}x$.

A Questions préliminaires

1. Étudier les variations de la fonction f sur $\mathbb{R}$.

2. Tracer la courbe représentative $\mathscr{C}$ de f dans un repère orthonormé du plan.

B La méthode des rectangles

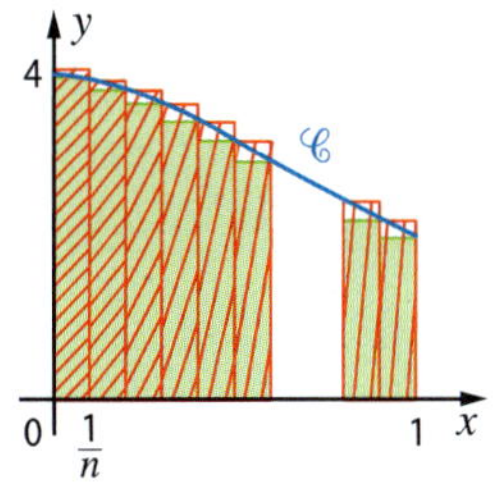

On partage l'intervalle [0 ; 1] en n intervalles de même amplitude $h = \dfrac{1}{n}$. On note D la surface située sous $\mathscr{C}$ et on appelle U_n la somme des aires des rectangles contenus dans D (verts) et V_n la somme des aires des rectangles contenant D (hachures rouges).

1. Déterminer en fonction de n les dimensions des rectangles verts et des rectangles rouges.

2. On considère la fonction Python ci-dessous.

a. Recopier et compléter les lignes **6** et **7** pour que les variables U et V contiennent en sortie les sommes U_n et V_n.

b. Programmer cette fonction.

c. Que retourne l'appel rectangles(10) ? l'appel rectangles(100) ? l'appel rectangles(1000) ? Arrondir à 10^{-3} près.

d. Conjecturer la valeur exacte de $\int_0^1 f(x)\mathrm{d}x$.

```
1 def rectangles(n):
2     h=1/n
3     U=0
4     V=0
5     for k in range(1,n+1):
6         U=...............
7         V=...............
8     return(U,V)
```

C La méthode des trapèzes

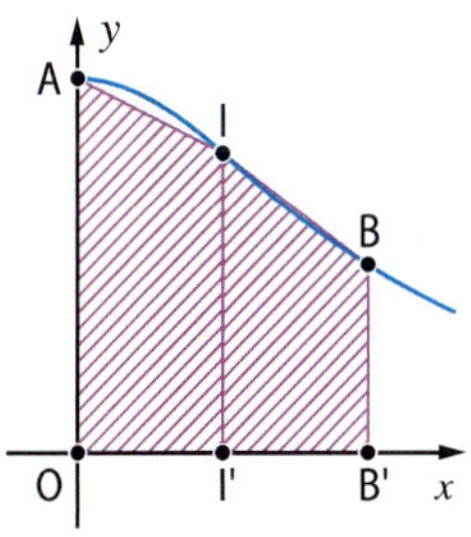

1. Principe : on partage l'intervalle [0 ; 1] en deux intervalles d'amplitude 0,5. On note A, I et B les points de la courbe $\mathscr{C}$ d'abscisses respectives 0, 0,5 et 1 et on note I' et B' les projetés orthogonaux de I et B sur l'axe des abscisses.

On construit ensuite les trapèzes OI'IA et I'B'BI.

a. Déterminer l'aire des trapèzes OI'IA et I'B'BI.

b. En déduire une valeur approchée de $\int_0^1 f(x)\mathrm{d}x$.

2. Pour améliorer la précision de cette approximation, on partage l'intervalle [0 ; 1] en n intervalles d'amplitude $h = \dfrac{1}{n}$.

a. Construire la courbe $\mathscr{C}$ avec le logiciel GeoGebra.

b. Créer un curseur n variant de 1 à 200 avec un pas de 1.

c. Entrer dans la zone de saisie : **SommeTrapèzes[$f(x)$, 0, 1, n].**

d. Quel semble être le nombre de trapèzes nécessaire pour que cette somme soit une valeur approchée de 3,14 à 10^{-2} près ?

e. Entrer dans la zone de saisie : **SommeInférieure[$f(x)$, 0, 1, n]** et donner le nombre de rectangles situés en dessous de $\mathscr{C}$ pour obtenir la même valeur approchée.

3. Justifier que la somme des aires des trapèzes de largeur $\dfrac{1}{n}$ est $T_n = \dfrac{1}{n}\sum_{k=0}^{n-1} \dfrac{f\left(\frac{k}{n}\right) + f\left(\frac{k+1}{n}\right)}{2}$.

4. On considère la fonction Python ci-contre.

a. Recopier et compléter les lignes **4**, **5** et **6** pour que la fonction trapezes retourne la somme T_n.

b. Programmer cette fonction et la tester pour différentes valeurs de n.

5. Modifier ce programme pour obtenir une valeur approchée de l'intégrale d'une fonction f continue et positive sur un intervalle $[a\,;b]$ par cette méthode.

```
1 def trapezes(n):
2     h=1/n
3     T=0
4     for k in range (0,...):
5         T=......
6     return(...)
```

BESOIN D'AIDE ?
Voir fiche Python, p. 248

TP2 PYTHON Méthode de Monte-Carlo pour un calcul d'aire

MODÉLISER RAISONNER

Point Histoire

Cette méthode, inventée en 1947 par le physicien gréco-américain **Nicholas Metropolis** (1915-1999), consiste à obtenir l'approximation d'une aire (ou d'un volume) en simulant un grand nombre de fois une expérience aléatoire et en utilisant la loi des grands nombres.
Stanislaw Ulam et John Von Neumann l'appelèrent ainsi, en référence aux jeux de hasard dans les casinos, au cours du projet Manhattan qui produisit la première bombe atomique pendant la Seconde Guerre mondiale.

A Principe de la méthode

Dans un repère d'origine O, on considère l'arc de parabole P représentant la fonction carré sur l'intervalle [0 ; 1].
On donne les points A(1 ; 0), B(1 ; 1) et C(0 ; 1).

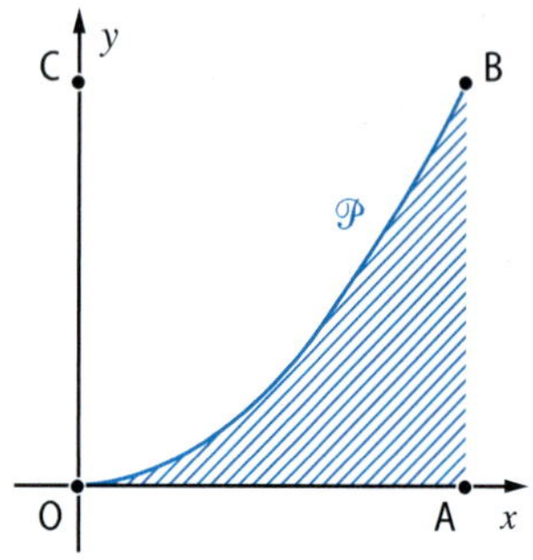

On choisit au hasard un point M dans le carré OABC. La probabilité qu'il se trouve dans le domaine hachuré est $p = \dfrac{\text{aire du domaine hachuré}}{\text{aire du carré OABC}}$.

1. Donner l'aire du carré OABC.

2. Soit un point M(x ; y) du plan.

a. À quelles conditions portant sur x et y le point M appartient-il au carré OABC ?

b. À quelles conditions portant sur x et y le point M appartient-il au domaine hachuré ?

3. On donne ci-contre une fonction écrite en langage Python et qui simule n fois l'expérience aléatoire consistant à choisir au hasard un point M dans le carré OABC.

```
1  from random import *
2  def aire(n):
3      c=0
4      for i in range (1,n+1):
5          x=random()
6          y=random()
7          if y<=x**2:
8              c=c+1
9      A=c/n
10     return(A)
```

a. Expliquer les lignes **5** et **6**.

b. Expliquer les lignes **3**, **7**, **8** et **9** en décrivant le rôle de la variable c.

c. Programmer cette fonction.

d. Que renvoie l'appel de la fonction aire lorsque $n = 10$? $n = 100$? $n = 1\,000$?

e. Donner alors une valeur approchée de l'aire du domaine hachuré.

f. Ce résultat vous semble-t-il cohérent ?

B Estimation du nombre π

On reprend la situation précédente en remplaçant P par le quart de disque $\mathscr{D}$ de centre O et de rayon 1 inscrit dans le carré OABC.

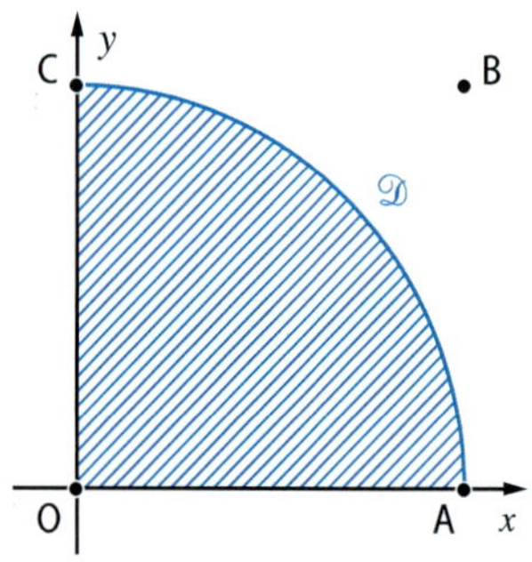

1. Soit M(x ; y). À quelles conditions portant sur x et y le point M appartient-il à $\mathscr{D}$?

2. Exprimer l'aire de la surface hachurée à l'aide de l'intégrale d'une fonction que l'on précisera.

3. Modifier la fonction Python précédente pour qu'elle retourne une valeur approchée de l'aire de $\mathscr{D}$.

4. En déduire une approximation du nombre π.

C Estimation du nombre ln(2)

1. Calculer la valeur exacte de l'aire, en unités d'aire, de la surface délimitée par l'hyperbole d'équation $y = \dfrac{1}{x}$, l'axe des abscisses et les droites d'équations $x = 1$ et $x = 2$.

2. En adaptant le principe de la méthode de Monte-Carlo et en apportant les modifications nécessaires à la fonction Python précédente, donner une approximation de ln(2).

EXERCICES **Revoir des points essentiels**

PARCOURS 1 Calculer une intégrale

■ Un exemple : Calculer l'intégrale $I = \int_0^1 xe^{x^2+1}\,dx$.

Ma réflexion	→ Ma démarche
Quelle est la consigne ?	Je dois calculer l'intégrale d'une fonction f sur un intervalle. ▶ *Préciser cette fonction et les bornes de l'intervalle.*
Quelle est la méthode de calcul ?	Je dois commencer par chercher une primitive F de la fonction f. ▶ *De quelle forme est la fonction f ?*
Pourquoi est-il plus intéressant d'écrire xe^{x^2+1} sous la forme $\frac{1}{2}2xe^{x^2+1}$?	Je fais ainsi apparaître une forme remarquable : la forme $u'e^u$. ▶ *Quelle est la fonction u ? Rappeler une primitive de $u'e^u$. Déterminer ensuite une primitive F de la fonction f.*
Comment effectuer le calcul demandé ?	Je dois calculer $F(b) - F(a)$. ▶ *Préciser a et b, puis justifier que $I = \frac{1}{2}(e^2 - e)$.*
Comment vérifier son calcul ?	Je peux utiliser la calculatrice pour contrôler mon résultat. ▶ *Vérifier que la valeur approchée fournie par la calculatrice est la même que celle obtenue à partir de la valeur exacte précédente.*

86 Calculer les intégrales suivantes.

a. $J = \int_{-2}^{4}(9x^2 + 8x - 1)dx$ **b.** $K = \int_{-1}^{2}(2x+2)(x^2+2x-5)^3\,dx$ **c.** $L = \int_{-1}^{0} e^{-x}dx$ **d.** $M = \int_{-1}^{2}\frac{5x}{x^2+1}dx$

87 Calculer les intégrales suivantes.

a. $J = \int_1^2\left(x^3 + \frac{1}{x^2}\right)dx$ **b.** $K = \int_{-2}^{1} x^2(x^3+3)^2\,dx$ **c.** $L = \int_4^5 \frac{1}{3x+2}dx$ **c.** $M = \int_1^2 \frac{e^x}{e^x - 1}dx$

PARCOURS 2 Calculer une aire

■ Un exemple : Calculer l'aire A, en unités d'aire, de la surface délimitée par la courbe représentative de la fonction f définie sur $]0\,;+\infty[$ par $f(x) = \frac{3}{x}$, l'axe des abscisses et les droites d'équations $x = 2$ et $x = 4$.

Ma réflexion	→ Ma démarche
Quelle est la consigne ?	Je dois calculer l'aire d'une surface. ▶ *Visualiser cette surface en traçant la courbe représentative de f.*
De quoi doit-on s'assurer pour le calcul de cette aire ?	Je dois connaître le signe de la fonction f sur l'intervalle $[2\,;4]$. ▶ *Préciser le signe de f sur [2 ; 4].*
Comment procéder pour calculer cette aire ?	Je calcule l'intégrale de f entre 2 et 4. ▶ *Effectuer ce calcul et montrer que $A = 3\ln 2$.*
Comment vérifier son calcul ?	Je contrôle que le résultat obtenu peut correspondre à l'aire demandée. ▶ *Vérifier le signe du résultat (car une aire est positive) et la cohérence de ce résultat avec une lecture graphique ou une lecture sur la calculatrice.*

88 Soit f la fonction définie sur $\mathbb{R}$ par $f(x) = x^2 - 1$ dont la courbe représentative est notée $\mathscr{C}$.
Calculer l'aire, en unités d'aire, de la surface délimitée par $\mathscr{C}$, l'axe des abscisses et les droites d'équations $x = 1$ et $x = 2$.

89 Soit g la fonction définie sur $\mathbb{R}$ par $g(x) = x(x^2 - 4)$ et dont la courbe représentative est notée $\mathscr{C}$.
Calculer l'aire, en unités d'aire, de la surface délimitée par $\mathscr{C}$, l'axe des abscisses et les droites d'équations $x = -2$ et $x = 0$.

Tous ces exercices sont corrigés, leurs solutions succinctes sont disponibles à la fin du manuel (p. 284).
En flashant la page, vous accéderez aux **corrigés rédigés et détaillés sur votre smartphone ou votre tablette**.

L'essentiel

CALCUL INTEGRAL

Méthode de calcul

Soit f une fonction continue sur un intervalle $[a\,;b]$ et F une primitive de f sur cet intervalle.

$$\int_a^b f(x)\mathrm{d}x = \left[F(x)\right]_a^b = F(b) - F(a)$$

Relation de Chasles

Soit f une fonction continue et positive sur un intervalle $[a\,;b]$ et $c \in [a\,;b]$.

$$\int_a^b f(x)\,\mathrm{d}x = \int_a^c f(x)\,\mathrm{d}x + \int_c^b f(x)\,\mathrm{d}x$$

Valeur moyenne d'une fonction f sur l'intervalle $[a\,;b]$

$$m = \frac{1}{b-a}\int_a^b f(x)\,\mathrm{d}x$$

La méthode des rectangles

Soit f une fonction continue et positive sur un intervalle $[a\,;b]$. $\int_a^b f(x)\mathrm{d}x$ peut être encadrée par la somme des aires de rectangles contenus et contenant le domaine sous la courbe de f.

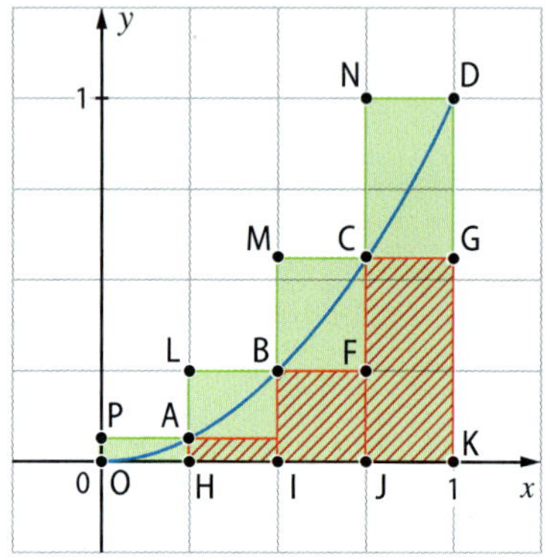

Calcul d'aires

• Lorsque f est continue et positive sur $[a\,;b]$
L'aire, en unités d'aire, de la surface hachurée est égale à $\int_a^b f(x)\,\mathrm{d}x$.

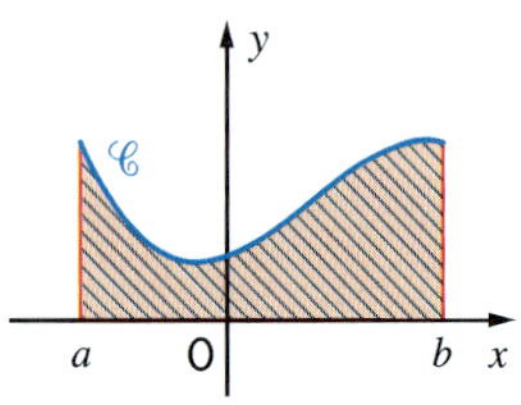

• Lorsque f est continue et négative sur $[a\,;b]$
L'aire, en unités d'aire, de la surface hachurée est égale à l'opposé de $\int_a^b f(x)\,\mathrm{d}x$.

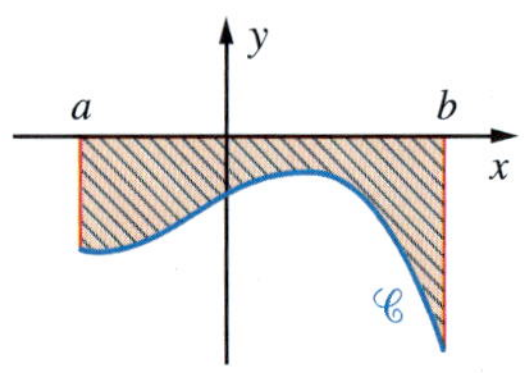

• Aire entre deux courbes
Lorsque $\mathscr{C}_f$ est au-dessus de $\mathscr{C}_g$, l'aire, en unités d'aire, de la surface hachurée est égale à $\int_a^b \left(f(x) - g(x)\right)\mathrm{d}x$.

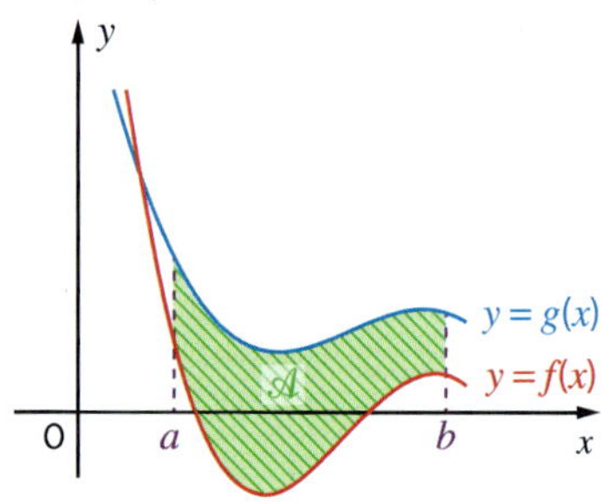

Faire le point avec des exercices corrigés

Estimer une intégrale

90 * 10 min Capacité 1, p. 155

QCM *Choisir la ou les bonnes réponses.*

Soit f la fonction définie sur $[-2\,;5]$ et dont la courbe représentative $\mathscr{C}$ est donnée ci-contre.

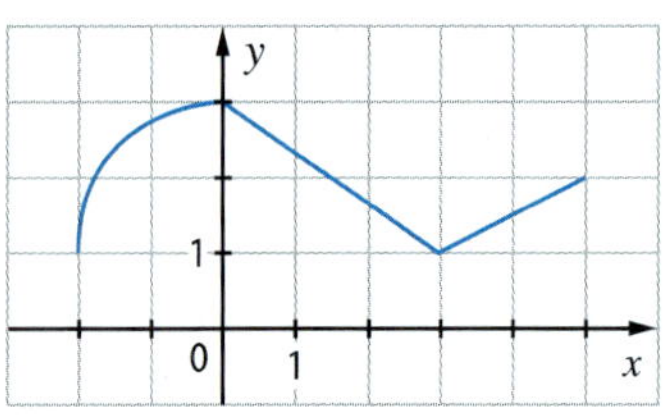

On note $I = \int_{-2}^{0} f(x)\,\mathrm{d}x$, $J = \int_0^3 f(x)\mathrm{d}x$ et $K = \int_3^5 f(x)\mathrm{d}x$.

1. a. $I > 0$ **b.** $I < 0$ **c.** $I = 0$

2. La meilleure estimation de I est :
a. $I \approx 4$ **b.** $I \approx 5$ **c.** $I \approx 6$

3. a. $1 < J < 3$ **b.** $3 < J < 5$ **c.** $5 < J < 7$

4. L'intégrale de 0 à 5 de la fonction f est égale à :
a. $I + J$ **b.** $J + K$ **c.** $I + K$

91 ** 20 min PYTHON

Capacité 2, p. 155

On donne ci-contre la courbe représentative $\mathscr{C}$ de la fonction exponentielle sur $[-1\,;0]$ et cinq rectangles de largeurs identiques ayant tous un sommet appartenant à $\mathscr{C}$.

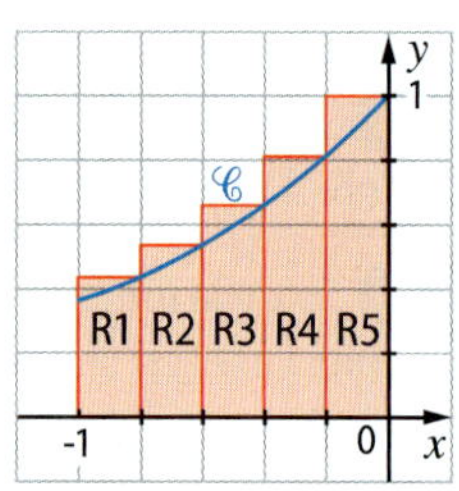

1. Donner une valeur approchée de la somme des aires de ces rectangles à 0,001 près.

2. On donne ci-contre le script incomplet d'une fonction somme en langage Python. Celle-ci doit retourner la somme S des aires des rectangles précédents. La variable h représente la largeur de chacun de ces rectangles.

```
from math import*
def somme():
    S=0
    x=-1
    h=...
    for i in range(1,...):
        x=...
        S=...
    return(S)
```

a. Recopier et compléter cette fonction.

b. Modifier cette fonction en une fonction de paramètre n qui retourne une valeur approchée de $\int_{-1}^{0} e^x \mathrm{d}x$ en utilisant n rectangles de largeur identique.

Calculer une intégrale

92 * 30 min Capacité 3, p. 157

Calculer les intégrales suivantes.

1. $\int_1^2 (2x^3 + 3x^2 - x)\mathrm{d}x$ **2.** $\int_0^1 (2x-1)^2 \mathrm{d}x$

3. $\int_{-1}^1 2xe^{x^2} \mathrm{d}x$ **4.** $\int_0^1 \frac{e^x + 1}{e^x + x}\mathrm{d}x$ **5.** $\int_5^8 \frac{3}{2x-5}\mathrm{d}x$

93 ** 15 min Capacité 3, p. 157 VRAI/FAUX

Indiquer si les affirmations sont vraies ou fausses, puis justifier.

1. $\int_{-2}^4 e^{\frac{1}{2}x+1}\mathrm{d}x = 2(e^3 - 1)$

2. $\int_0^{\ln 2} \frac{e^x}{e^x+1}\mathrm{d}x = \ln\left(\frac{2}{3}\right)$

3. $\int_2^4 \frac{3x}{x^2-1}\mathrm{d}x = 3\ln\left(\sqrt{5}\right)$

94 ** 15 min Capacité 3, p. 157

Soit f et F les fonctions définies sur $\mathbb{R}$ par :

$$f(x) = (x^2 + 4x + 3)\, e^{-x}$$
$$\text{et } F(x) = (-x^2 - 6x - 9)\, e^{-x}.$$

1. Montrer que la fonction F est une primitive de la fonction f sur $\mathbb{R}$.

2. Calculer la valeur exacte de $\int_{-3}^0 f(x)\mathrm{d}x$.

Calculer une aire ou une valeur moyenne

95 * 15 min Capacité 4, p. 159

QCM *Choisir la ou les bonnes réponses.*

1. L'aire, en unités d'aire, de la surface délimitée par la courbe représentative de la fonction cube, l'axe des abscisses et les droites d'équations $x = 0$ et $x = 2$ est égale à :

a. 4 **b.** 8 **c.** 12

2. f est la fonction définie sur $\mathbb{R}$ par $f(x) = e^{-3x+3}$.
L'aire, en unités d'aires, de la surface délimitée par $\mathscr{C}_f$, l'axe des abscisses et les droites d'équations $x = 1$ et $x = 2$ est égale à :

a. $\frac{1}{3}(e^3 - 1)$ **b.** $3(1 - e^{-3})$ **c.** $\frac{1}{3}(1 - e^{-3})$

96 ** 20 min Capacité 4, p. 159

Soit f la fonction définie sur $]0\,;+\infty[$ par $f(x) = x - \frac{1}{x}$.

1. Montrer que, pour tout réel $x > 0$, $f'(x) = \frac{x^2-1}{x}$.

2. Étudier le signe de $f(x)$ selon les valeurs de x.

3. En déduire la valeur exacte de l'aire, en unités d'aire, de la surface délimitée par droite d'équation $y = x$, l'hyperbole d'équation $y = \frac{1}{x}$ et les droites d'équations $x = 1$ et $x = 2$.

97 *** 25 min Capacité 4, p. 159

Soit f la fonction définie sur $]0\,;+\infty[$ par $f(x) = \ln(x)$. On note $\mathscr{C}$ sa courbe représentative dans un repère du plan.

1. Déterminer une équation de la tangente T à $\mathscr{C}$ au point d'abscisse 1.

2. En utilisant la convexité de f, justifier que T est au-dessus de $\mathscr{C}$ sur $]0\,;+\infty[$.

3. Soit h et H les fonctions définies sur $]0\,;+\infty[$ par :

$$h(x) = x - 1 - \ln(x) \quad \text{et} \quad H(x) = 0{,}5x^2 - x\ln(x).$$

a. Montrer que H est une primitive de h sur $]0\,;+\infty[$.

b. Déterminer l'aire, en unités d'aire, de la surface délimitée par $\mathscr{C}$, T et les droites d'équations $x = 1$ et $x = e$.

98 *** 30 min Capacité 4, p. 159

Soit f la fonction définie sur $\mathbb{R}$ par $f(x) = xe^{-x} + 1$.
On note $\mathscr{C}$ sa courbe représentative dans un repère du plan.

1. Montrer que l'équation réduite de la tangente T à $\mathscr{C}$ en son point d'abscisse 0 est $y = x + 1$.

2. Montrer que, pour tout réel x, $f''(x) = e^{-x}(x - 2)$.

3. Déterminer la convexité de la fonction f et en déduire la position relative de $\mathscr{C}$ et T.

4. Montrer que la fonction F définie sur $\mathbb{R}$ par :
$F(x) = e^{-x}(-1 - x) + x$ est une primitive de la fonction f sur $\mathbb{R}$.

5. Calculer, en unités d'aire, l'aire de la surface comprise entre la courbe $\mathscr{C}$, la droite T et les droites d'équations $x = 0$ et $x = 1$.

99 * 10 min Capacité 5, p. 159

1. Calculer la valeur moyenne sur $[1\,;4]$ de la fonction f définie sur $\mathbb{R}$ par $f(x) = e^{3x}$.

2. Sachant que cette fonction modélise l'augmentation d'une population sur 3 ans, déterminer une valeur approchée de l'augmentation moyenne annuelle de cette population.

100 ** 20 min Capacité 5, p. 159

1. Soit f la fonction définie sur $[0\,;12]$ par $f(t) = 10\,e^{-0{,}15t}$.

a. Étudier le sens de variation de la fonction f.

b. Montrer que la fonction F définie sur l'intervalle $[0\,;12]$ par $F(t) = -\frac{200}{3}e^{-0{,}15t}$ est une primitive de f sur $[0\,;12]$.

c. Calculer $I = \int_0^{12} f(t)\mathrm{d}t$.

2. Une substance médicamenteuse est injectée par voie intraveineuse. On suppose que la quantité de substance présente dans le sang, exprimée en milligrammes, à l'instant t, exprimé en heures, est modélisée par la fonction f précédente.
Calculer, à un dixième de milligramme près, la quantité moyenne de substance médicamenteuse présente chaque heure dans le sang pendant les 12 heures qui suivent l'injection.

Dans les problèmes qui suivent, on va modéliser des phénomènes qui dépendent du temps, à l'aide de suites ou de fonctions d'une variable réelle. On va utiliser des modèles discrets et des modèles continus.

PROBLÈMES DU THÈME

1. Évolution d'un capital, amortissement d'une dette
2. Loi de décroissance radioactive
3. Décharge et charge d'un condensateur
4. Loi de refroidissement de Newton
5. Chute d'un corps dans un fluide visqueux
6. Dynamique des populations : modèles de Malthus et de Verhulst
7. Modèle proie-prédateur

PROBLÈME 1 — MATHS & SES

Évolution d'un capital, amortissement d'une dette

TABLEUR · CALCULER · RAISONNER

L'évolution d'un capital est modélisée par des suites. Dans le cas le plus courant, celui des intérêts composés, on peut déterminer ce que devient un capital placé à un taux donné et calculer les mensualités d'un prêt à un taux fixé consenti par un organisme bancaire.

Notions utilisées

- **Chapitre 1** ▪ Suites arithmétiques
- **Chapitre 1** ▪ Suites géométriques
- **Chapitre 1** ▪ Suites arithmético-géométriques
- **Logiciels** ▪ Tableur

Partie A ▪ Évolution d'un capital

Camille dispose d'un capital de 20 000 € au 1er janvier 2020.

1. Il le place à intérêts simples au taux de 4 % l'an.

a. Quel est son capital au 1er janvier 2021 ? au 1er janvier 2022 ?

b. Quel est son capital au 1er janvier 2030 ?

2. Il le place à intérêts composés au taux de 4 % l'an.

a. Quel est son capital au 1er janvier 2021 ? au 1er janvier 2022 ?

b. On note u_n le capital de Camille au 1er janvier 2020 + n. Montrer que la suite (u_n) est géométrique.

c. Exprimer u_n en fonction de n.
En déduire son capital au 1er janvier 2030.

d. Au bout de combien d'années son capital a-t-il doublé ?

À noter
Dans le cas d'intérêts simples, le taux ne porte que sur le capital initial.
Dans le cas d'intérêts composés, il porte sur le capital augmenté des intérêts.

Partie B ▪ Amortissement d'un emprunt

Maël souhaite emprunter 200 000 € pour acheter un bien immobilier. Sa banque propose de lui prêter cette somme au taux annuel de 2 % sur une période de 20 ans et selon les modalités suivantes :

- Maël paiera 19 annuités constantes égales à 12 000 € chacune, le premier règlement ayant lieu un an après la mise à disposition du capital.
- À la fin de la 20e année, Maël soldera son crédit en une fois.

On note C_0 le capital emprunté et pour $n \geqslant 1$:

- C_n est le capital restant dû après la $n^{\text{ième}}$ annuité ;
- I_n désigne les intérêts payés à la fin de la $n^{\text{ième}}$ année ;
- A_n est la somme consacrée au remboursement du capital lors de la $n^{\text{ième}}$ annuité.

Vocabulaire
(A_n) est la suite des amortissements du prêt.

1. Calcul des premiers termes des suites

a. Déterminer les intérêts I_1 que doit payer Maël à la fin de la première année.

b. En déduire la somme A_1 consacrée au remboursement du capital lors de la première échéance.

c. Quel est le capital C_1 restant dû après la première annuité ?

d. Déterminer I_2, A_2 et C_2 représentant respectivement les intérêts payés en fin de deuxième année, la somme consacrée au remboursement du capital lors de la deuxième annuité et le capital restant dû après cette deuxième annuité.

2. Création d'un tableau d'amortissement

a. À l'aide d'un tableur, réaliser un tableau d'amortissement comme ci-après.

b. Déterminer à l'aide du tableau, la somme que devra verser Maël pour solder son crédit à la fin de la douzième année.

3	Capital emprunté		200 000,00 €				
4	Nombre d'annuités		20				
5	Taux du prêt		2,00%				
6	Montant des annuités		12 000,00 €				
7							
8		Annuités	Capital restant dû avant paiement de l'annuité	Amortissement du capital	Intérêts	Montant de l'annuité	Capital restant dû après paiement de l'annuité
9		1	200 000,00	8 000,00	4 000,00	12 000,00	192 000,00
10		2	192 000,00	8 160,00	3 840,00	12 000,00	183 840,00

3. Nature de la suite (A_n) et conclusion.

a. Conjecturer, à l'aide du tableur, la nature de la suite (A_n).

b. Justifier que, pour $n \geqslant 2$, $C_{n-1} - C_n = A_n$.

c. Exprimer I_n en fonction de C_{n-1}.

d. Justifier que $A_n = 12\ 000 - I_n$.

e. En déduire que $A_{n+1} = 12\ 000 - 0{,}02\ (C_{n-1} - A_n)$.

f. En déduire une relation entre A_{n+1} et A_n, puis donner la nature de (A_n).

g. En déduire A_{20}, puis I_{20}, C_{19}, et C_{20}. Comparer avec le résultat trouvé à la question **2.b**.

2 PROBLÈME — MATHS & SVT

Loi de décroissance radioactive

CALCULER — MODÉLISER

L'atmosphère terrestre contient de l'azote qui est transformé sous l'effet du rayonnement cosmique en carbone 14 radioactif noté ^{14}C. Les êtres vivants contiennent donc du carbone 14 qui est renouvelé constamment. À leur mort, il n'y a plus d'emprunt de carbone 14 à l'extérieur et le carbone 14 qu'ils contiennent se désintègre. Le temps écoulé depuis la mort d'un être vivant peut donc être évalué en mesurant la proportion de carbone 14 qui lui reste.

Des expériences de comptage permettent de conjecturer la loi de décroissance radioactive sous la forme suivante : « la proportion de noyaux radioactifs d'un échantillon se désintégrant sur une courte durée est proportionnelle à la fois à la proportion de noyaux présents à l'instant initial et à la durée d'observation ».

Notions utilisées

Première ▪ Fonction exponentielle
Chapitre 1 ▪ Suites géométriques
Chapitre 2 ▪ Limites d'une fonction
Chapitre 6 ▪ Équations différentielles

Point Histoire

La radioactivité est un phénomène naturel découvert par hasard en 1896 par **Henri Becquerel** alors qu'il faisait des recherches sur la fluorescence des sels d'uranium.

Radioactivité

On note $u(t)$ la proportion restante d'atomes de carbone 14 à l'instant t après la mort d'un être vivant (exprimé en milliers d'années), dans un échantillon de matière organique.

Dans le cas où la durée d'observation est petite par rapport à la durée de vie des noyaux, ceci peut s'écrire $u(t + d) - u(t) = -k\ d\ u(t)$ **(1)**, où t désigne l'instant du début de l'observation, d la durée de l'observation et k un nombre réel positif.

On obtient $k = 0{,}124$ et $u(0) = 0{,}153$ à la suite d'observations.

Partie A ▪ Modèle discret

On pose $d = 1$ et on modélise cette loi par la suite (u_n) telle que $u_{n+1} - u_n = -0{,}124u_n$.

1. Montrer que (u_n) est une suite géométrique.

2. Exprimer u_n en fonction de n.

Partie B ▪ Modèle continu

1. En faisant tendre d vers 0 dans la relation **(1)**, expliquer pourquoi la fonction u vérifie, pour t dans $[0\ ;+\infty[$, $u'(t) = -0{,}124t$.

2. Résoudre l'équation différentielle **(E)** : $y' = -0{,}124y$.

3. Déterminer la solution u de **(E)** vérifiant la condition initiale $u(0) = 0{,}153$.

4. On appelle période (ou demi-vie) du carbone 14, le temps au bout duquel la moitié des atomes se sont désintégrés. Déterminer la période du carbone 14, arrondie à l'année.

5. Déterminer la limite de u en $+\infty$. Interpréter ce résultat.

6. Des archéologues ont trouvé des fragments d'os présentant une concentration en carbone 14 de 7,27 %.
Justifier que l'on peut estimer l'âge de ces fragments d'os à 6 000 ans.

7. Quand la concentration en carbone 14 d'un organisme devient inférieure à 0,3 % de sa valeur initiale, on ne peut pas dater raisonnablement à l'aide du carbone 14.
Déterminer l'âge à partir duquel un organisme ne peut plus être daté au carbone 14.
On arrondira au millier d'années.

Partie C ▪ Comparaison des deux modèles

Utiliser un tableur pour comparer ces deux modèles.

3 PROBLÈME — Décharge et charge d'un condensateur

MATHS & PHYSIQUE — CALCULER — REPRÉSENTER

La charge ou la décharge d'un condensateur au travers d'une résistance est une technique dans le domaine de l'électronique qui est exploitée pour diverses applications.

Dans un circuit électrique contenant une résistance et un condensateur qui a préalablement été chargé, la fermeture de l'interrupteur permet l'écoulement à travers la résistance d'un courant visant à équilibrer progressivement les charges respectives des deux bornes du condensateur.

Notions utilisées
Première ▪ Fonction exponentielle
Chapitre 6 ▪ Équations différentielles

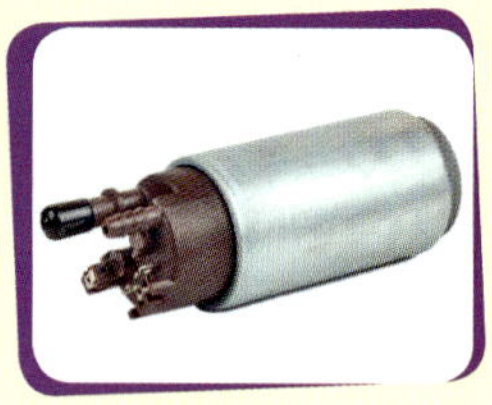

Un condensateur

Partie A ▪ Décharge

Un condensateur de capacité C est chargé sous une tension initiale de 20 volts. Il se décharge ensuite dans un résistor de résistance R. La tension aux bornes du condensateur est une fonction u du temps (en secondes) définie sur $[0\ ;+\infty[$. Cette fonction u est solution, sur $[0\ ;+\infty[$, de l'équation différentielle **(E)** : $u'(t)+\dfrac{1}{RC}u(t)=0$.

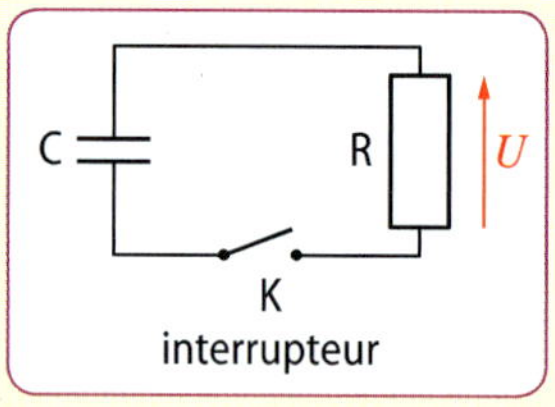

1. Déterminer toutes les solutions de l'équation différentielle **(E)** en fonction de R et C.

2. Déterminer la fonction u.

3. Dans la suite, on suppose $R = 1\,000\ \Omega$ et $C = 10^{-4}$ F.

a. Montrer que, pour tout réel t de $[0\ ;+\infty[$, $u(t)=20\mathrm{e}^{-10t}$.

b. Représenter la fonction u dans un repère du plan.

c. Déterminer les valeurs de t pour lesquelles $u(t)$ est supérieur ou égal à 0,02 volt.
Arrondir au centième de secondes.

Partie B ▪ Charge du condensateur

On suppose à présent que le condensateur est déchargé à l'instant initial.
On a donc $u(0) = 0$.
Le circuit est à présent alimenté par une tension constante égale à 20 volts.
La tension aux bornes du condensateur est alors une solution de l'équation différentielle $u' + 10u = 20$.

1. Résoudre cette équation différentielle.

2. a. Montrer que, pour tout réel t de $[0\ ;+\infty[$, $u(t)=2\left(1-\mathrm{e}^{-10t}\right)$.

b. Étudier le sens de variation de u, puis représenter la fonction u dans un repère.

3. Pour ce circuit, on considère que la tension finale aux bornes du condensateur est de 2 volts.

a. Que représente cette valeur pour la fonction u ?

b. Quel pourcentage de la tension finale a-t-on aux bornes du condensateur au bout de 0,2 seconde ? Arrondir ce pourcentage au centième.

LE SAVIEZ-VOUS ?
Le circuit RC est très utilisé en électronique : dans les filtres, pour la fréquence des oscillateurs, dans les intégrateurs…

c. On considère que le condensateur est chargé lorsque la tension à ses bornes atteint 95 % de la tension finale : on dit alors que le condensateur est passé en régime permanent. Déterminer une valeur approchée au centième de la durée nécessaire pour atteindre le régime permanent.

4 PROBLÈME — MATHS & PHYSIQUE

Loi de refroidissement de Newton

PYTHON · MODÉLISER · CALCULER

La loi de refroidissement de Newton stipule que le taux d'évolution de la température d'un corps est proportionnel à la différence entre la température de ce corps et celle du milieu environnant. On suppose pour cela que le milieu et le corps sont homogènes, et aussi que le milieu est à température constante.

Notions utilisées

Chapitre 1 ▪ Suites arithmético-géométriques
Logiciels ▪ Python

Isaac Newton (1642-1727)

Une tasse de café est servie à une température initiale de 80° Celsius dans un milieu dont la température est supposée constante et égale à 20 °C. On va étudier à l'aide d'une suite le refroidissement du café en appliquant la loi de Newton.

Pour tout entier naturel n, on note T_n la température du café à l'instant n, avec T_n exprimé en degrés Celsius et n en minutes.

On a ainsi $T_0 = 80$. On modélise cette expérience entre deux minutes consécutives quelconques n et $n+1$ par l'égalité $T_{n+1} - T_n = -0{,}2(T_n - 20)$.

1. Conjecturer d'après le contexte le sens de variation de la suite (T_n).

2. Montrer que, pour tout entier naturel n, $T_{n+1} = 0{,}8T_n + 4$.

3. a. Exprimer T_n en fonction de n.

b. Déterminer la limite de la suite (T_n).

4. On considère le programme Python ci-contre.

a. Quelle valeur retourne ce programme après l'appel cafe() ?

b. Interpréter cette valeur dans le contexte de ce problème.

```
def cafe():
    n=0
    T=80
    while T>=30:
        T=0.8*T+4
        n=n+1
    return(n)
```

À noter
On utilise ici un modèle discret.

5 PROBLÈME — MATHS & PHYSIQUE

Chute d'un corps dans un fluide visqueux

CALCULER · REPRÉSENTER

Un corps déposé à la suface d'un fluide visqueux est soumis à plusieurs forces : celle due à sa masse, la poussée d'Arhimède et des forces de frottement liées à la viscosité du fluide.
La seconde loi de Newton permet d'obtenir une équation différentielle, puis la loi du mouvement du corps.

Notions utilisées

Première ▪ Fonction exponentielle
Chapitre 2 ▪ Limites d'une fonction
Chapitre 6 ▪ Équations différentielles

On considère une bille d'acier de masse m. À l'instant $t = 0$, cette bille est déposée sans vitesse initiale à la surface d'un tube rempli d'un fluide visqueux.

La position du centre G de la bille est repérée par l'axe vertical orienté vers le bas (Oz) comme ci-contre.

La force exercée par le fluide sur la bille en mouvement est de la forme $\vec{F} = -k\vec{v}$, où k est une constante positive et $\vec{v}$ le vecteur vitesse du centre G de la bille à l'instant t.

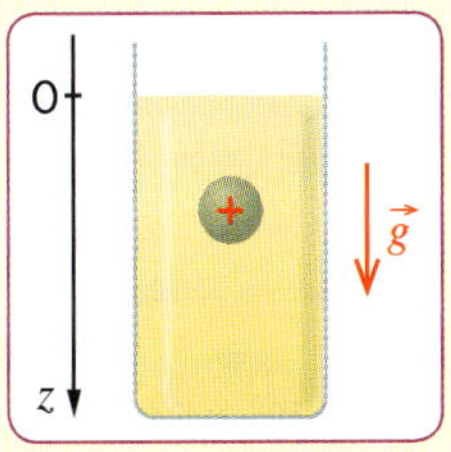

La norme v du vecteur $\vec{v}$ est une fonction de t qui vérifie l'équation différentielle **(E)** $v' = -\frac{k}{m}v + \alpha g$, où g est l'accélération de la pesanteur et α une constante dépendant des masses volumiques de l'acier et du fluide.

1. a. Résoudre l'équation différentielle $v' = -\frac{k}{m}v$.

b. Déterminer la solution particulière constante de **(E)** en fonction de k, m, α et g.

c. En déduire que la solution générale de **(E)** est $v(t) = C\,e^{-\frac{k}{m}t} + \frac{\alpha m g}{k}$.

d. En tenant compte de la condition initiale, déterminer l'expression de $v(t)$ en fonction de t.

2. On suppose que $m = 5.10^{-3}$ kg, $g = 9{,}81$ m.s^{-2}, $\alpha = 0{,}9$, $k = 7{,}6.10^{-2}$ kg.s^{-1}.

a. Donner l'expression de $v(t)$, en arrondissant les coefficients à l'unité.

b. Étudier les variations de la fonction v sur $[0\ ;+\infty[$.

c. Déterminer la limite de v en $+\infty$: cette limite est appelée vitesse limite de la bille ; on la note v_{lim}.

d. Représenter graphiquement la fonction v.

e. On considère que la vitesse limite est atteinte lorsque la vitesse de la bille est égale à 99 % de la vitesse limite. Au bout de combien de temps peut-on supposer celle-ci atteinte ? Arrondir au centième de secondes.

6 PROBLÈME — Dynamique des populations

MODÉLISER · CHERCHER · MATHS & SES

L'économiste anglais Thomas Malthus constate, dans son ouvrage « *Essai sur le principe des populations* » publié en 1798, qu'on peut modéliser l'évolution d'une population en supposant que la vitesse d'accroissement de la population est proportionnelle à cette population.

Mais le modèle de Malthus n'est pas réaliste : à long terme, l'espace restreint ou la quantité de nourriture disponible freinent l'accroissement de la population. Le modèle de Verhulst, proposé en 1840, est basé sur l'hypothèse que la vitesse d'accroissement est proportionnelle, d'une part à la population $g(t)$ à l'instant t, et d'autre part à la capacité d'accueil encore disponible $M - g(t)$, où M est une constante représentant l'effectif maximal qui peut apparaître au sein de cette population.

Notions utilisées

- **Première** ▪ Fonction exponentielle
- **Chapitre 1** ▪ Suites géométriques
- **Chapitre 6** ▪ Équations différentielles

Point Histoire

Malthus développe une vision pessimiste du futur : il pose l'hypothèse que la population double tous les 25 ans, et que les moyens de subsistance ont une croissance linéaire, ce qui conduirait le monde à une situation désastreuse.

Thomas Malthus (1766-1834)

Pierre-François Verhulst (1804-1849)

Partie A ▪ Modèle de Malthus

On étudie en laboratoire une population de petits rongeurs. On suppose qu'à l'instant $t = 0$, il y a 100 rongeurs.

1. Modèle continu

Soit f la fonction qui associe, à l'instant t exprimé en années, la population de rongeurs. D'après l'hypothèse de Malthus, f est solution de l'équation différentielle $(\mathbf{E_1})$ $y' = ky$, où k est un réel et $f(0) = 100$.

a. Donner la solution de cette équation différentielle en fonction de k.

b. On observe que la population de rongeurs triple en 6 ans. En déduire la valeur de k, arrondie au centième, puis l'expression de f en fonction de t.

c. Déterminer la limite de f en $+\infty$. Interpréter ce résultat.

2. Modèle discret

On note u_n le nombre de rongeurs au bout de n années.

a. En utilisant la question **1**, montrer que $u_n = 100 \times 1{,}20^n$.

b. Quelle est la nature de la suite (u_n) ?

c. Selon ce modèle, quel est le taux d'évolution annuel de la population ?

Partie B ▪ Modèle de Verhulst

On introduit une population de 10 lapins sur une île qui ne peut contenir plus de 1 000 lapins. On note $g(t)$ la population (en milliers de lapins) à l'instant t.

1. Modèle continu

Selon l'hypothèse de Verhulst, la fonction g vérifie alors l'équation logistique :

$$(\mathbf{E_2})\quad y' = ay(1 - y),\text{ où } a = 0{,}05.$$

a. On pose $z = \dfrac{1}{y}$. Montrer que l'équation $(\mathbf{E_2})$ équivaut à $z' + az = a \quad (\mathbf{E_3})$.

b. Résoudre l'équation différentielle $(\mathbf{E_3})$ et montrer que $g(t) = \dfrac{1}{1 + 99\,\mathrm{e}^{-0{,}05t}}$.

c. Étudier le sens de variation de g sur $[0\ ;+\infty[$ ainsi que sa limite en $+\infty$.

d. Représenter graphiquement la fonction g dans le plan. On obtient la courbe logistique.

2. Modèle discret

En temps discret, si on note u_n le nombre de milliers de lapins au bout de n années, on obtient la relation $u_{n+1} - u_n = au_n(1 - u_n)$.

a. Utiliser un tableur pour déterminer l'évolution de cette population.

b. Comparer les résultats avec ceux du modèle continu.

7 PROBLÈME

MATHS & SVT

Modèle proie-prédateur

TABLEUR · MODÉLISER · REPRÉSENTER

Le « modèle proie-prédateur » est formé d'un couple d'équations différentielles non linéaires du premier ordre, et il est utilisé pour décrire la dynamique de systèmes biologiques dans lesquels un prédateur et sa proie interagissent. Il a été proposé par Alfred James Lotka en 1925 et Vito Volterra en 1926.

Ces équations différentielles ont été discrétisées dans ce qui suit, afin de ramener le problème à une étude conjointe de deux suites avec un tableur.

Notions utilisées

Chapitre 1 ▪ Suites
Logiciels ▪ Tableur

Point Histoire

De nombreuses données de terrain ont été collectées sur les populations des deux espèces par la Compagnie de la baie d'Hudson au XIXe siècle.

Vito Volterra (1860-1940)

Alfred Lotka (1880-1949)

On va étudier les évolutions respectives des populations de proies (lièvres variables) et de prédateurs (lynx du Canada) dans la baie d'Hudson, au Canada.

Suite à un grand nombre d'observations, on fait les hypothèses suivantes :

- La population de proies a tendance à croître naturellement d'une année sur l'autre : l'augmentation qui en résulte est de 5 %.
- L'interaction des prédateurs se traduit par une baisse de la population de proies d'une année sur l'autre : cette diminution est proportionnelle au nombre de proies et au nombre de prédateurs avec un coefficient de 0,1 %.
- Le nombre de naissances de prédateurs au cours d'une année dépend pratiquement uniquement de la capacité des prédateurs à trouver de la nourriture et il est proportionnel au nombre de prédateurs et au nombre de proies avec un coefficient de 0,02 %.
- Sur une année, le nombre de prédateurs diminue par décès de 3 %.

Partie A ▪ Mise en équations du problème

On va décrire les populations de proies et de prédateurs à l'aide de deux suites (x_n) et (y_n) associées aux populations de lièvres et de lynx une année donnée.

Montrer que, pour tout entier naturel n, $\begin{cases} x_{n+1} = 1{,}05\, x_n - 0{,}001\, x_n\, y_n \\ y_{n+1} = 0{,}97\, y_n + 0{,}0002\, x_n\, y_n \end{cases}$.

Partie B ▪ Première étude du problème

1. Que se passerait-il en l'absence de prédateurs, c'est-à-dire si l'on suppose que, pour tout entier naturel n, $y_n = 0$?

2. Que se passerait-il en l'absence de proies ?

3. On suppose à présent que, pour tout entier naturel n, $x_n \neq 0$ et $y_n \neq 0$.
Montrer qu'il existe des conditions initiales x_0 et y_0 pour lesquelles le nombre de lièvres et de lynx resteraient constants.

Partie C ▪ Utilisation d'un tableur

On suppose qu'il y a au départ 200 lièvres et 50 lynx dans la baie d'Hudson. On va étudier avec un tableur l'évolution du nombre de lièvres et de lynx sur 500 ans.

1. Saisir les effectifs initiaux dans les cellules **A2** et **B2**, les valeurs de n dans la colonne **C** et calculer les effectifs de lièvres et de lynx dans les colonnes **E** et **F**.

2. Représenter graphiquement l'évolution du nombre de proies en fonction du temps. Que constate-t-on ?

3. Représenter l'évolution du nombre de prédateurs en fonction du temps. Que constate-t-on en le comparant au graphique précédent ?

4. Représenter l'ensemble des points de coordonnées $(x_n ; y_n)$. Mettre en évidence le *point d'équilibre* du système, de coordonnées $(x_0 ; y_0)$.

	A	B	D	E	F
1	x0	yo	n	xn	yn
2	200	50	0	200	50
3			1	200	50,5

5. Faire varier les effectifs initiaux des deux populations. Commenter les différences.

Thème D — MODÈLES D'ÉVOLUTION

À la fin du XVIe siècle, le développement de certaines activités humaines comme le commerce, la banque ou l'astronomie nécessite des calculs longs et compliqués. Il s'agit par exemple de déterminer une longitude en mer, la route la plus courte d'un point à un autre, et plus généralement d'améliorer la précision et la sécurité de la navigation. La difficulté de ces calculs est restée légendaire puisqu'aujourd'hui, le terme « calculs astronomiques » est utilisé pour désigner des calculs difficiles et fastidieux.

Les savants de l'époque cherchent donc à simplifier les calculs, l'idée générale étant de « transformer » les multiplications en additions, opérations beaucoup plus simples à effectuer.

John Neper inscrit sa démarche dans cette logique et la publication en 1614 de la Mirifici Logarithmorum Canonis Descriptio constitue en quelque sorte l'acte de naissance des logarithmes. Cette invention, complétée par les travaux d'autres mathématiciens comme Henry Briggs, constitue une avancée considérable et fera dire plus tard à Simon Pierre de Laplace : « l'invention des logarithmes, en réduisant le temps passé au calcul de quelques mois à quelques heures, double pour ainsi dire la vie des astronomes ».

PROBLÈMES DU THÈME

1. Travaux de Neper : le passage du discret au continu
2. L'algorithme de Briggs
3. Vision fonctionnelle du logarithme népérien
4. Une construction du logarithme par la quadrature de l'hyperbole

PROBLÈME 1

Travaux de Neper : le passage du discret au continu

CHERCHER · MODÉLISER

Jean Neper introduit les logarithmes en associant une suite arithmétique à une suite géométrique telles que le produit de deux termes de la suite géométrique est un terme de cette suite et a pour associé, dans la suite arithmétique, la somme des associés des deux nombres de départ. Cette association n'est pas nouvelle, le lien entre ces deux types de suites avait déjà été remarqué par Archimède. Le côté novateur des travaux de Neper tient au fait qu'il a l'idée d'utiliser une représentation cinématique pour étendre ce lien aux autres nombres que ceux des deux suites.

NOTIONS UTILISÉES

CHAPITRE 1 ▪ Suites arithmétique et géométriques
CHAPITRE 4 ▪ Logarithme népérien
CHAPITRE 6 ▪ Équations différentielles

Point Histoire

John Napier, francisé en Jean Neper, est un théologien, physicien, astronome et mathématicien écossais.

John Napier (1550-1617)

Partie A ▪ Du discret…

Neper considère une demi-droite d d'origine A_0 et une longueur l fixée.

Sur cette demi-droite, on place le point A_1 tel que $A_0A_1 = l$, le point A_2 tel que $A_0A_2 = 2l, \ldots$, le point A_n tel que $A_0A_n = nl$.

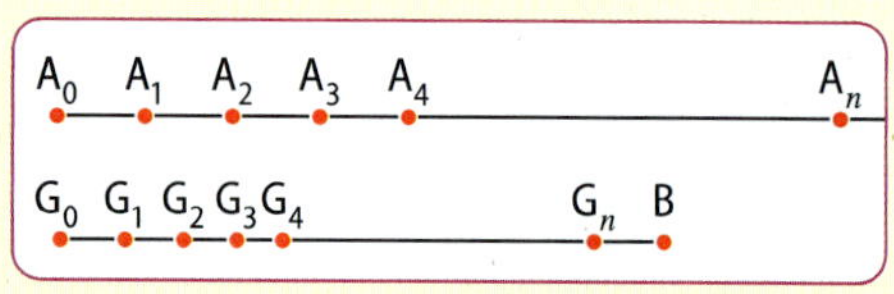

Par ailleurs, il considère un réel fixé q de l'intervalle $]0\ ;\ 1[$ et sur un segment $[G_0B]$ de longueur l'unité, c'est-à-dire tel que $G_0B = 1$, il place le point G_1 tel que $G_1B = qG_0B = q$ puis le point G_2 tel que $G_2B = qG_1B = q^2, \ldots$, le point G_n tel que $G_nB = qG_{n-1}B = q^n$.

Neper associe au nombre G_kB le nombre A_0A_k : le logarithme du nombre G_kB est égal à A_0A_k. On note $g(G_kB) = A_0A_k$.

1. Justifier que, selon cette définition, $g(1) = 0$.

2. Démontrer que, pour tout entier naturel k, $g(q^k) = kg(q)$.

Partie B ▪ … au continu

Comme le logarithme de Neper n'est alors défini que pour les nombres q^k, Neper a alors l'idée suivante. Il considère deux points mobiles, l'un sur l'axe d l'autre sur l'axe (G_0B) que l'on note d'.

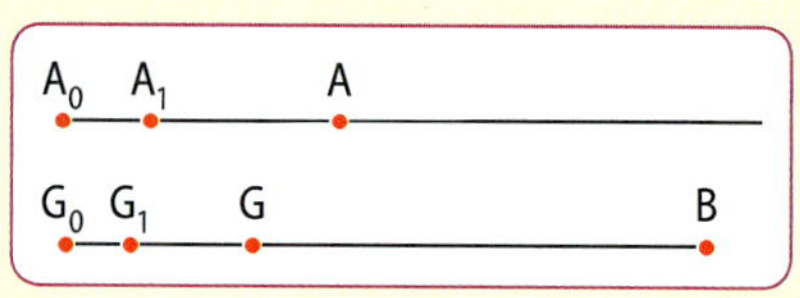

LE SAVIEZ-VOUS ?
Après les logarithmes, Napier inventa le bâton qui porte son nom, aussi appelé réglette de Neper, qui est un abaque facilitant le calcul des produits, quotients, puissances et racines.

Réglette de Neper

- Le point A mobile sur la demi-droite d se déplace avec un mouvement uniforme, c'est-à-dire à vitesse constante de norme v dans le sens du vecteur $\overrightarrow{A_0A_1}$. Le point A se situe en A_0 au temps $t = 0$.
- Le point G se déplace sur l'axe (G_0B) dans le sens du vecteur $\overrightarrow{G_0B}$ tel qu'à l'instant 0, G se situe en G_0. Deux hypothèses sont émises pour interpréter la pensée de Neper. On retiendra ici celle qui consiste à dire que le point G se déplace avec la vitesse initiale v et à chaque instant la vitesse du point G est proportionnelle à la distance GB.

On associe au nombre réel positif GB, le réel A_0A qui est alors le logarithme de GB.
On note $\text{Nep(GB)} = A_0A$ et on va vérifier en utilisant les notations actuelles, que cette définition est cohérente avec l'approche discrète qui a été faite dans la **partie A**.
On munit l'axe d' du repère (G_0,B) et on note $p(t)$ l'abscisse du point G dans ce repère. Le nombre $p'(t)$ est donc la vitesse du point G à l'instant t.

1. Exprimer la longueur A_0A en fonction de v et de t.

2. Justifier que la vitesse du point G au temps t est égale à $v \times \text{GB}$.

3. a. Exprimer GB en fonction de $p(t)$.
b. En déduire que la fonction p vérifie $p'(t) = -v\,p(t) + v$ pour tout instant t.

4. a. Résoudre l'équation différentielle $y' = -vy + v$.
b. En déduire que $p(t) = 1 - e^{-vt}$ puis que $\text{GB} = e^{-vt}$.
c. Démontrer alors que $\text{Nep}(x) = -\ln(x)$ pour tout x de $]0\ ;\ 1]$.

5. a. Vérifier alors que, pour tout entier naturel n, $\text{Nep}(q^n) = n\text{Nep}(q)$.
b. Interpréter cette égalité à l'aide de la position du point G aux instants $t_n = nt_1$ où t_1 est l'instant auquel A se trouve à la position A_1.

Point Histoire

La règle à calcul qui fût utilisée par les lycéens français jusque dans les années 1980, est un instrument mécanique qui sert à effectuer facilement des multiplications et des divisions par simple déplacement longitudinal d'un coulisseau gradué. La règle à calcul utilise les propriétés algébriques du logarithme.

Partie C ▪ Calcul d'une valeur approchée d'un logarithme et encadrement

Après avoir développé l'aspect théorique du logarithme, Neper doit aborder le calcul pratique des logarithmes. Pour cela, il choisit $q = 1 - 10^{-7}$.
Soit t_1 l'instant auquel le point A est à la position A_1.
À cet instant t_1, le point G se situe à la position G_1.

1. Déterminer la distance A_0A_1 en fonction de v et de t_1.

2. Comme q est très proche de 1, G_1 et G_0 sont très proches et on peut considérer que la vitesse du point G reste égale à v entre ces deux points.
a. En utilisant cette approximation, estimer la distance G_1B.
b. En déduire l'approximation $\text{Nep}(q) \approx 1 - q$.

3. En réalité, la vitesse du point G décroit durant l'intervalle de temps $[0\ ;\ t_1]$ puisque le point G se rapproche de B, donc à l'instant t_1, le point G n'a pas encore parcouru la distance vt_1. En déduire une inégalité vérifiée par $\text{Nep}(q)$.

4. Pour obtenir un encadrement de $\text{Nep}(q)$, Neper suppose que le mouvement des points A et G a commencé avant l'instant $t_0 = 0$. On note $t_{-1} = -t_1$ et A_{-1} et G_{-1} les positions respectives des points A et G à l'instant t_{-1}.

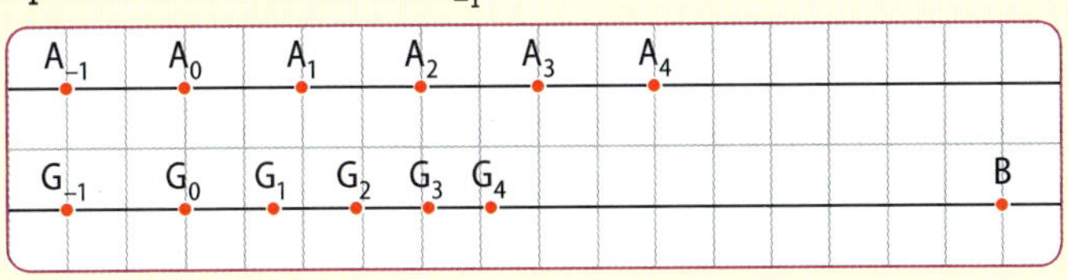

a. Justifier que $G_0G_{-1} > A_0A_{-1}$.
b. En déduire que $G_0G_{-1} > \text{Nep}(q)$.
c. Exprimer BG_0 en fonction de BG_{-1} et en déduire que $G_0G_{-1} = \dfrac{1}{q} - 1$
d. En déduire finalement que $1 - q < \text{Nep}(q) < \dfrac{1-q}{q}$.
e. En prenant, comme Neper, la demi-somme des bornes de l'encadrement précédent, déterminer une valeur approchée de $\text{Nep}(q)$.

Neper utilisa cette approximation pour différentes valeurs de q et les propriétés algébriques de son logarithme pour établir des tables qui serviront à effectuer plus simplement des calculs.

2 PROBLÈME

PYTHON L'algorithme de Briggs

CALCULER RAISONNER

Henry Briggs s'enthousiasma à la lecture des travaux de Neper. Suite à des échanges avec le mathématicien écossais, Briggs publia des tables de logarithmes en utilisant un algorithme que l'on présente ci-dessous.

Notions utilisées

Chapitre 5 ▪ Logarithme népérien
Logiciels ▪ Programmation en Python

Fichier Python
Disponible sur lycee.editions-bordas.fr

Henry Briggs (1576-1630) était un mathématicien anglais.

À noter
Pour établir ses tables de logarithmes, Briggs commença par calculer 54 racines carrées successives en partant de $\sqrt{10}$.

LE SAVIEZ-VOUS ?
Avant l'apparition des calculatrices, on utilisait différents algorithmes pour « extraire » des racines carrées.

Partie A ▪ Étude préliminaire

Soit g la fonction définie sur $]0\,;+\infty[$ par $g(x) = \ln(x)$.

1. Calculer $g'(x)$, puis $g'(1)$.
2. En déduire $\lim\limits_{h \to 0} \dfrac{\ln(1+h)}{h} = 1$.

Pour un réel h très proche de 0, on peut donc écrire $\ln(1+h) \approx h$ **(1)**.

Partie B ▪ Valeur approchée de ln(2)

1. Montrer l'égalité $\ln(2) = 2\ln\left(\sqrt{2}\right)$, puis l'égalité $\ln(2) = 4\ln\left(\sqrt{\sqrt{2}}\right)$.
2. Exprimer ln(2) en fonction de $\ln\left(\sqrt{\sqrt{\sqrt{\sqrt{\sqrt{\sqrt{\sqrt{\sqrt{\sqrt{\sqrt{2}}}}}}}}}}\right)$.
3. On donne $\sqrt{\sqrt{\sqrt{\sqrt{\sqrt{\sqrt{\sqrt{\sqrt{\sqrt{\sqrt{2}}}}}}}}}} \approx 1{,}000677$ à 0,000001 près.

a. En utilisant l'approximation (**1**), donner une valeur approchée de $\ln\left(\sqrt{\sqrt{\sqrt{\sqrt{\sqrt{\sqrt{\sqrt{\sqrt{\sqrt{\sqrt{2}}}}}}}}}}\right)$.

b. En déduire une valeur approchée de ln(2).

Partie C ▪ Programmation de l'algorithme

On considère la fonction `logBriggs` programmée en Python ci-contre. Compléter cette fonction afin que l'appel `logBriggs(a)`, où a est un réel strictement positif, renvoie un valeur approchée de $\ln(a)$ par la méthode décrite dans la **partie B**.

On rappelle que la fonction `sqrt` désigne en Python, la fonction racine carrée.

```
from math import sqrt
def logBriggs(a):
    u=a;n=0
    while abs(u-1)>=0.001:
        u=...
        n=n+1
    u=u-1
    for k in range(...):
        u=...
    return(u)
```

3 PROBLÈME

Vision fonctionnelle du logarithme népérien

CHERCHER

À l'époque de Neper, la notion de fonction n'existe pas encore. Ses travaux contribueront d'ailleurs au développement de cette notion. Cinquante ans plus tard, l'invention du calcul infinitésimal par Newton et Leibniz permettra de découvrir d'autres particularités des fonctions logarithmes et notamment du logarithme népérien.

Notions utilisées

Chapitre 2 ▪ Calculs de dérivées
Chapitre 6 ▪ Primitives

Gottfried Wilhelm Leibniz (1646-1716) mathématicien allemand

Dans ce problème, on souhaite déterminer les fonctions f dérivables sur $]0\,;+\infty[$ vérifiant la relation **(E)** : $f(x \times y) = f(x) + f(y)$ pour tous réels x et y strictement positifs.

Partie A ▪ Unicité

Supposons qu'une telle fonction f existe.

1. Démontrer que $f(1) = 0$.
2. Soit a un réel strictement positif et g la fonction définie sur $]0\,;+\infty\,[$ par $g(x) = f(x \times a)$.

a. Calculer $g'(x)$ en fonction de $f'(x)$, puis démontrer l'égalité $af'(a \times x) = f'(x)$.

b. En déduire que, pour tout réel a strictement positif, $f'(a) = \dfrac{f'(1)}{a}$.

c. Justifier alors que f est une primitive d'une fonction $x \mapsto \dfrac{k}{x}$ que l'on précisera.

Isaac Newton (1642-1727) physicien et mathématicien anglais

Partie B ▪ Existence

On étudie dans cette partie la réciproque du résultat obtenu à la **partie A**.
Pour cela, un réel k étant fixé, on considère la primitive f de la fonction $x \mapsto \frac{k}{x}$ telle que $f(1) = 0$. On va montrer que cette fonction f vérifie la relation **(E)**.
Pour un réel a fixé, soit g la fonction définie sur $]0\,;+\infty[$ par $g(x) = f(ax)$.

1. Calculer $g'(x)$ et montrer que, pour tout réel x de $]0\,;+\infty[$, $g'(x) = f'(x)$.

2. Justifier alors qu'il existe une constante C telle que, pour tout réel x, $f(ax) = f(x) + C$.

3. Déterminer la constante C et en déduire que f vérifie la relation **(E)**.

Partie C

1. En utilisant les **parties A** et **B**, justifier que pour tout réel k, il existe une unique fonction f définie et dérivable sur $]0\,;+\infty[$ telle que $f'(1) = k$ et $f(xy) = f(x) + f(y)$ pour tous réels x et y strictement positifs.

2. Quelle est la fonction f lorsque $k = 1$?

3. Déterminer l'expression de f pour k réel quelconque.

4 PROBLÈME
Une construction du logarithme par la quadrature de l'hyperbole
CALCULER RAISONNER

Comme beaucoup de mathématiciens avant lui, en particulier Archimède, Grégoire de Saint Vincent s'intéresse au problème de la quadrature de l'hyperbole. C'est entre 1647 et 1649 que Grégoire de Saint Vincent et son élève Alfonso Antonio de Sarasa mettront en évidence les propriétés logarithmiques de l'aire sous l'hyperbole.

Notions utilisées

Chapitre 1 ▪ Suites numériques
Chapitre 4 ▪ Logarithme népérien
Chapitre 7 ▪ Calculs d'aires

Point Histoire

Grégoire de Saint Vincent (1584-1667) était un jésuite mathématicien.
Il démontre l'égalité ci-contre mais ne voit cependant pas de lien avec les logarithmes de Napier. C'est son disciple Alphonse Antoine de Sarasa qui l'expliquera en 1649.

Grégoire de Saint Vincent

Soit r un réel strictement positif. On considère la transformation du plan que l'on note T_r qui à tout point $M(x\,;y)$ du plan associe le point $M'(rx\,;\frac{y}{r})$.

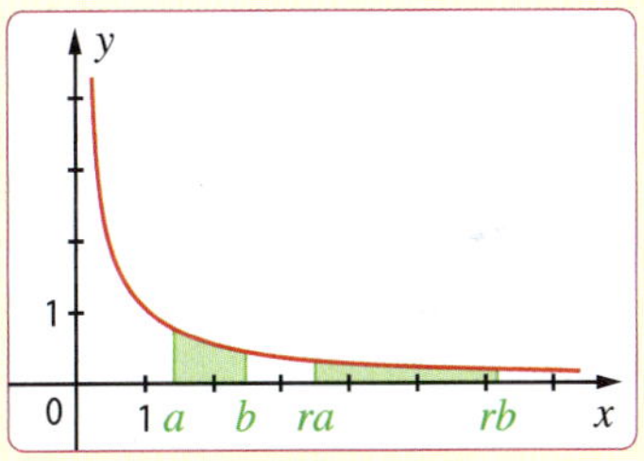

1. On note C le carré unité, c'est-à-dire l'ensemble des points $M(x\,;y)$ du plan tels que $\begin{cases} 0 \leqslant x \leqslant 1 \\ 0 \leqslant y \leqslant 1 \end{cases}$.
Montrer qu'un point M du plan appartient à C si, et seulement si, son transformé M' par T_r appartient à un rectangle d'aire 1.
On admet que T_r conserve les aires.

2. Pour deux réels a et b strictement positifs tels que $a < b$, on note S_a^b le domaine du plan délimité par l'axe des abscisses, les droites d'équations $x = a$ et $x = b$ et l'hyperbole d'équation $y = \frac{1}{x}$.
a. Montrer qu'un point M appartient à S_a^b si, et seulement si, M' appartient à S_{ra}^{rb}.
b. Que peut-on en déduire pour les aires des domaines S_a^b et S_{ra}^{rb} ?

3. Pour deux réels a et b de $]1\,;+\infty[$ tels que $a < b$, on note A_a^b l'aire du domaine S_a^b.
a. Justifier que $A_a^{ab} = A_1^b$ pour tous réels a et b de $]1\,;+\infty[$ tels que $a < b$.
b. En utilisant une propriété des aires, exprimer A_1^{ab} en fonction A_1^a et A_a^{ab}.
c. Pour un réel a strictement supérieur à 1, on définit le nombre $L(a)$ par $L(a) = A_1^a$.
Déduire de ce qui précède que pour tous réels a et b de $]1\,;+\infty[$, on a $L(ab) = L(a) + L(b)$.
d. Quelle relation du logarithme népérien Grégoire de Saint Vincent a-t-il obtenu ?

4. Justifier que, pour tout réel a de $]1\,;+\infty[$, $L(a) = 2\,L(\sqrt{a})$.

5. On considère la suite (u_n) définie par $u_0 = 3$ et la relation $u_{n+1} = \sqrt{u_n}$.
a. Exprimer $L(u_8)$ en fonction de $L(3)$.
b. Donner une valeur approchée de u_8.
c. u_8 étant proche de 1, on peut approcher $L(u_8)$ par l'aire d'un rectangle de base $[1\,;u_8]$ et de hauteur $\frac{1}{u_8}$. Déterminer une valeur approchée de $L(u_8)$, puis de $L(3)$.

De tout temps, les mathématiciens se sont intéressés à des calculs d'aire de figures, telles que les rectangles, les triangles, les disques mais aussi à des recherches d'approximations d'aires délimitées par des courbes. Ce travail de calcul d'aire, appelé quadrature, a pu évoluer grâce à l'apport des notions de suites, de limites et d'intégrales. Mais, dès les mathématiciens grecs, les prémices de ces notions étaient sous-jacentes dans leurs approximations successives à l'aide de rectangles, triangles, polygones. Dans les problèmes qui suivent, on va effectuer des calculs d'aires par différentes méthodes.

PROBLÈMES DU THÈME

1. Quadrature de la parabole par la méthode d'Archimède
2. Quadrature de l'hyperbole par la méthode de Brouncker
3. Quadrature de l'hyperbole par la méthode de Grégoire de Saint Vincent
4. Approximation de l'aire sous la courbe de la fonction exponentielle sur [0 ; 1] par la méthode des rectangles
5. Estimation de l'aire sous une courbe par la méthode de Monte-Carlo
6. Approximation de π et aire d'un disque

PROBLÈME 1 — Quadrature de la parabole par la méthode d'Archimède

REPRÉSENTER · CALCULER

Dans son traité *Quadrature de la parabole*, Archimède a proposé le calcul d'une approximation de l'aire d'un domaine compris entre une parabole et un segment dont les extrémités sont sur la parabole : il appelait cette aire, l'aire d'un « segment de parabole ». Il a prouvé que ce « segment de parabole » avait une aire égale à quatre fois le tiers de l'aire du triangle de même base inscrit dans cette parabole. Dans ce problème, on va découvrir sa méthode dans le cas particulier de la parabole représentant la fonction carré, puis on calculera l'aire grâce à une intégrale.

NOTIONS UTILISÉES
CHAPITRE 1 ▪ Suites
CHAPITRE 7 ▪ Calcul intégral

Dans tout ce problème, on s'intéresse à la courbe d'équation $y = x^2$ sur [−1 ; 1], aux points A(−1 ; 1) et B(1 ; 1) et au « segment de parabole » délimité par le segment [AB].

Archimède de Syracuse (287-212 avant J.-C)

LE SAVIEZ-VOUS ?
Les symétries, les translations, les rotations sont des transformations géométriques qui conservent les distances et les aires. Ces transformations sont appelées des isométries.

Partie A ▪ Un peu de géométrie

1. Dans la figure ci-dessous, on a tracé le triangle AOB et quatre triangles bleus, inscrits dans le « segment de parabole » ; ces triangles sont obtenus à l'aide des points C et G milieux respectifs des segments [OA] et [OB], et des points D et H situés sur la parabole et ayant respectivement la même abscisse que C et G.

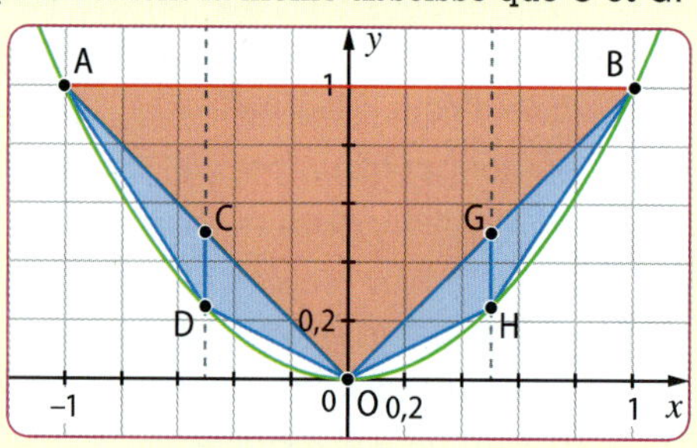

a. Justifier que l'aire du triangle OAB est égale à une unité d'aire.

b. Les triangles ACD et BGH étant symétriques par rapport à l'axe des ordonnées, que peut-on dire de l'aire de ces deux triangles ?

c. Dans le triangle ACD, quelle est la hauteur relative au côté [CD] ?
Expliquer pourquoi les triangles ACD et OCD ont la même aire.

d. Déterminer les coordonnées du point C.

e. Vérifier que CD = $0{,}5 - 0{,}5^2$, puis déterminer l'aire du triangle ACD.

f. En déduire que la somme des aires des triangles bleus est égale à 0,25.

g. Justifier que l'aire du polygone ADOHB, réunion du triangle rouge et des triangles bleus, est égale à $\left(1 + \frac{1}{4}\right)$.

À noter
Dans la figure ci-contre, on a pratiquement rempli le segment de parabole en rajoutant huit triangles verts au polygone de la **partie A**.

Partie B ▪ Approche de l'aire du segment de parabole à l'aide de polygones successifs

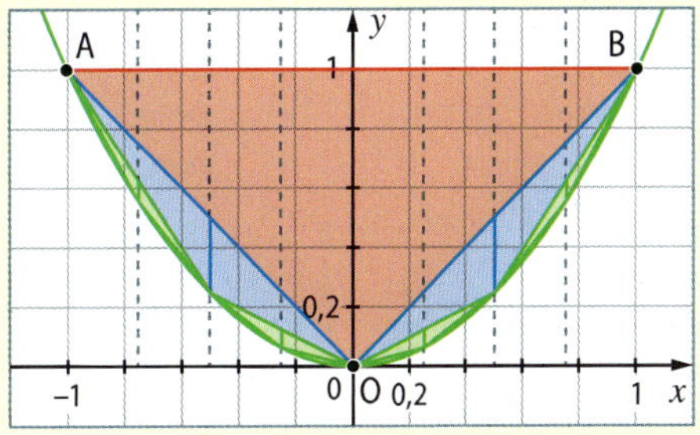

Dans sa méthode, Archimède a construit à l'intérieur du « segment de parabole » des triangles successifs en introduisant à chaque étape les milieux des segments précédents comme on l'a fait dans la **partie A**. Il obtenait ainsi une suite de polygones, d'aires de plus en plus grandes, qui finissaient par remplir le segment de parabole. On admet que les aires successives de ces polygones sont 1 pour l'aire du triangle rouge, $\left(1+\frac{1}{4}\right)$ pour l'aire du polygone correspondant à la réunion du triangle rouge et des quatre triangles bleus, $\left(1+\frac{1}{4}+\frac{1}{16}\right)$ pour l'aire du polygone correspondant à la réunion du polygone précédent et des huit triangles verts…

À noter
Archimède ne disposait pas de la notion de limite.

Archimède faisait alors un double raisonnement par l'absurde afin de prouver que la somme infinie $1+\frac{1}{4}+\left(\frac{1}{4}\right)^2+\ldots$ n'était pas strictement supérieure à $\frac{4}{3}$ et n'était pas non plus strictement inférieure à $\frac{4}{3}$; il en déduisait qu'elle était donc égale à $\frac{4}{3}$.

1. En utilisant les connaissances sur la somme des termes d'une suite géométrique, justifier que $1+\frac{1}{4}+\left(\frac{1}{4}\right)^2+\ldots+\left(\frac{1}{4}\right)^n=\frac{4}{3}\left(1-\left(\frac{1}{4}\right)^{n+1}\right)$.

2. À l'aide d'un calcul de limite, justifier la valeur $\frac{4}{3}$ annoncée par Archimède.

Partie C ▪ Calcul des aires

1. a. Exprimer l'aire en unités d'aire de la surface située entre la parabole, l'axe des abscisses et les droites d'équations $x=-1$ et $x=1$ à l'aide d'une intégrale.
b. Calculer cette intégrale.

2. En déduire l'aire du « segment de parabole » AOB.

2 PROBLÈME
PYTHON Quadrature de l'hyperbole par la méthode de Brouncker

REPRÉSENTER · CALCULER

William Brouncker, linguiste et mathématicien anglais, a proposé en 1668 une méthode d'approximation de l'aire sous l'hyperbole. On va dans ce problème découvrir cette méthode et l'appliquer pour déterminer une valeur approchée de l'aire sous l'hyperbole. On déterminera également la valeur exacte de cette aire en utilisant un calcul d'intégrale et on écrira un programme Python lié à cette approximation.

Notions utilisées
Chapitre 1 ▪ Suites
Chapitre 7 ▪ Calcul intégral
Logiciels ▪ Programmation en Python

↑ William Brouncker (1620-1684)

Partie A

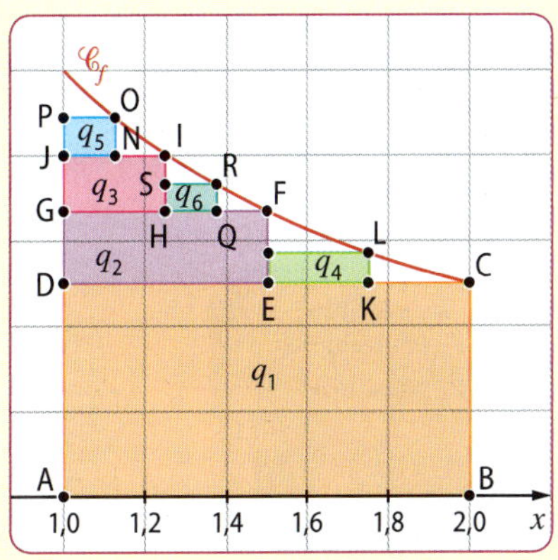

Dans la figure ci-contre, on a construit la courbe représentant la fonction inverse sur l'intervalle [1 ; 2] et plusieurs rectangles ayant un sommet sur cette courbe : le rectangle ABCD, appelé q_1 de longueur AB = 1, le rectangle DEFG, appelé q_2 de longueur DE = $\frac{1}{2}$ AB, le rectangle GHIJ, appelé q_3 de longueur GH = $\frac{1}{2}$DE, le rectangle EKLM, appelé q_4 de longueur EK = $\frac{1}{2}$EC, et les rectangles q_5 et q_6 de longueurs moitié de GH.

1. Déterminer l'aire du rectangle q_1.

2. a. Sachant que E est le milieu de [CD], expliquer pourquoi EF = $\frac{2}{3}-\frac{1}{2}$.
b. Démontrer que l'aire du quadrilatère q_2 est égale à $\frac{1}{3\times 4}$.
c. Expliquer de même pourquoi l'aire de q_3 est égale à $\frac{1}{5\times 6}$.

Fichier Python
Disponible sur lycee.editions-bordas.fr

Partie B

1. On admet que la somme des aires des six rectangles dessinés précédemment est égale à $S = \frac{1}{1\times2} + \frac{1}{3\times4} + \frac{1}{5\times6} + \frac{1}{7\times8} + \frac{1}{9\times10} + \frac{1}{11\times12}$.
Déterminer, à l'aide d'un tableur ou d'une calculatrice, une valeur approchée de S à 0,001 près.

2. On admet qu'en poursuivant « le remplissage des trous » à l'aide de rectangles obtenus par dichotomie, l'aire de ces rectangles est de la forme $\frac{1}{(2k+1)(2k+2)}$ avec k entier naturel dont la première valeur est 0.

a. Vérifier que les aires, obtenues précédemment pour les rectangles q_1 à q_3, sont cohérentes avec cette formule, en remplaçant successivement k par 0, 1 et 2.

b. On peut construire une fonction Python permettant d'obtenir une valeur approchée de la somme des $n + 1$ premiers rectangles.
Compléter le programme ci-contre qui correspond à cette fonction Python appelée BROU().

```
def BROU(n):
    S=0
    for k in range(n):
        S=.........
    return(S)
```

c. Que retourne l'appel BROU(9) ?

Vocabulaire
Le mot dichotomie signifie diviser en 2 parts égales.

Partie C

1. À l'aide de quelle intégrale, peut-on calculer l'aire sous cette hyperbole entre les droites d'équations $x = 1$ et $x = 2$?

2. Calculer cette intégrale et donner sa valeur exacte, puis une valeur approchée à 0,001 près.

3. a. Que permet de faire le programme ci-contre ?

b. Programmer cette fonction Python.

c. Que retourne l'appel BROUP(2) ? l'appel BROUP(4) ?

```
from math import log
def BROUP(p):
    S=0
    k=0
    while (log(2)-S)>10**(-p):
        S=S+1/((2*k+1)*(2*k+2))
        k=k+1
    return(k)
```

À noter
Le logiciel Python utilise la notation log(2) à la place de ln(2) pour désigner le logarithme népérien de 2.

3 PROBLÈME
Quadrature de l'hyperbole par la méthode de Grégoire de Saint Vincent

RAISONNER — CALCULER

Notions utilisées
Chapitre 1 ▪ Suites arithmétiques et géométriques
Chapitre 4 ▪ Logarithme népérien
Chapitre 7 ▪ Calcul intégral

Grégoire de Saint Vincent est un mathématicien belge qui a notamment proposé une quadrature de l'hyperbole. Il a écrit en 1647 : « *Si les abscisses d'une hyperbole équilatère croissent en progression géométrique, les aires des surfaces découpées entre l'hyperbole et son asymptote par les lignes ordonnées correspondantes croissent en progression arithmétique.* » Dans sa démonstration, Grégoire de Saint Vincent ne fait aucune allusion au logarithme pourtant découvert en 1614 par l'écossais John Neper. En lisant le travail de Grégoire de Saint Vincent en 1649, Alphonse Antoine de Sarasa signale le comportement logarithmique de l'aire sous l'hyperbole. L'aire sous l'hyperbole entre le point d'abscisse 1 et le point d'abscisse a est alors appelée le logarithme de la section hyperbolique.
On va dans ce problème illustrer le propos de Grégoire de Saint Vincent, puis le démontrer en utilisant les connaissances sur les intégrales et le logarithme.

↑ Grégoire de Saint Vincent (1584-1667)

Partie A ▪ Illustration du propos de Grégoire de Saint Vincent

1. Dans le texte cité précédemment de Grégoire de Saint Vincent, il est question d'hyperbole et d'asymptote.

a. Quelle est la fonction de référence dont la courbe représentative est une hyperbole ?

b. Quelle est son asymptote horizontale ?

c. Construire, dans un repère orthonormé d'unité 1 cm, cette hyperbole sur l'intervalle [0 ; 8].

2. Dans son texte, Grégoire de Saint Vincent parle *des abscisses de points situés sur cette hyperbole et qui croissent en progression géométrique.*
Pour la suite de cette question, on choisit les points d'abscisses 1, 2, 4 et 8.

a. Quelle est la raison de la suite géométrique dont on a ainsi listé les premiers termes ?

b. Construire ces points sur le graphique précédent.

LE SAVIEZ-VOUS ?
Une hyperbole équilatère est une hyperbole dont les asymptotes sont perpendiculaires.

3. Dans son texte, Grégoire de Saint Vincent parle de *surfaces découpées entre l'hyperbole et l'asymptote par les lignes ordonnées correspondantes.*

On appelle D_1 la surface située entre l'hyperbole, son asymptote et les droites d'équations $x = 1$ et $x = 2$, D_2 la surface située entre l'hyperbole son asymptote et les droites d'équations $x = 1$ et $x = 4$, D_3 la surface située entre l'hyperbole, son asymptote et les droites d'équations $x = 1$ et $x = 8$.

On a matérialisé sur la figure ci-contre la courbe d'équation $y = \frac{1}{x}$, les trois surfaces, et des valeurs approchées de leurs aires.

En utilisant les valeurs a, b et c affichées par le logiciel, peut-on dire que les trois premières aires semblent être en progression arithmétique ?

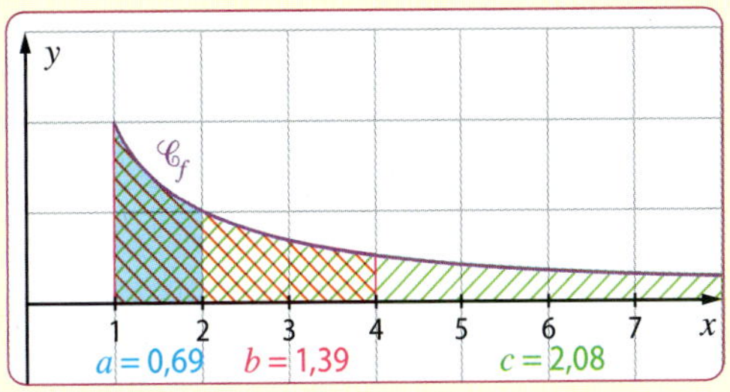

Partie B ▪ Calcul exact des aires et preuve de l'affirmation de Grégoire de Saint Vincent pour l'hyperbole d'équation $y = \frac{1}{x}$

1. Exprimer chacune des aires des surfaces précédentes à l'aide d'une intégrale, puis expliquer pourquoi ces aires sont égales en unité d'aires à ln(2), ln(4) et ln(8).

2. D'après ces trois premiers termes, quelle semble être la raison de la suite arithmétique dont parle Grégoire de Saint Vincent ?

3. On s'intéresse maintenant aux points de l'hyperbole d'abscisses 1, a, a^2,..., où a est un réel supérieur à 1.

Ces abscisses croissent en progression géométrique de raison a.

Pour tout entier naturel non nul, on appelle u_n l'aire, exprimée en unités d'aire, de la surface délimitée par l'hyperboles l'axe des abscisses et les droites d'équations, $x = 1$ et $x = a^n$.

a. Exprimer u_n à l'aide d'une intégrale, puis expliquer pourquoi $u_n = n\ln(a)$.

b. Démontrer que la suite (u_n) est une suite arithmétique de raison $\ln(a)$.

4 PROBLÈME

PYTHON Approximation de l'aire sous la courbe de la fonction exponentielle sur [0 ; 1] par la méthode des rectangles

RAISONNER CALCULER

La façon la plus naturelle d'obtenir un encadrement de l'aire sous une courbe consiste à faire apparaître des rectangles inférieurs situés sous la courbe et des rectangles supérieurs situés au-dessus de la courbe. L'objectif de ce problème est de compléter une fonction Python afin d'obtenir un encadrement de l'aire sous la courbe de la fonction exponentielle.

Notions utilisées

Chapitre 1 ▪ Suites
Chapitre 7 ▪ Calcul intégral
Logiciels ▪ Programmation en Python

Point Histoire

C'est à partir de tels encadrements que le mathématicien allemand **Bernhard Riemann** a défini l'intégrale en 1850.

Soit f la fonction définie sur $\mathbb{R}$ par $f(x) = e^x$ et $\mathscr{C}$ sa courbe représentative dans un repère du plan. On considère la surface D délimitée par la courbe $\mathscr{C}$, l'axe des abscisses et les droites d'équations $x = 0$ et $x = 1$.

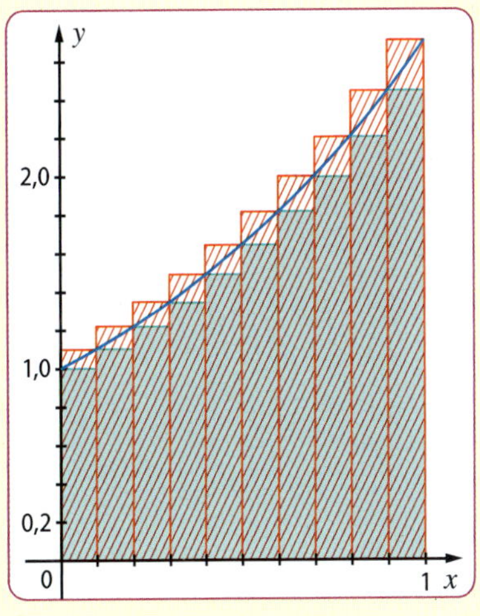

Partie A

On partage l'intervalle [0 ; 1] en n intervalles de même amplitude h. On note U_n la somme des aires des n rectangles contenus dans D (en bleu sur la figure ci-contre) et V_n la somme des aires des n rectangles dont la réunion contient D (hachures rouges).

1. Exprimer h à l'aide de n.

Fichier Python
Disponible sur lycee.editions-bordas.fr

2. Soit k un entier naturel compris entre 0 et $n-1$.

a. Pour obtenir U_{k+1} à l'aide de U_k, on ajoute à U_k l'aire du rectangle bleu construit sur l'intervalle $\left[\frac{k}{n} ; \frac{k+1}{n}\right]$. Quelle est la hauteur de ce rectangle ? son aire ?

b. Comment obtient-on V_{k+1} à l'aide de V_k ?

3. On considère la fonction Python ci-contre.

a. Recopier et compléter les lignes **6** et **7** pour que l'appel rectangles (n) retourne les sommes U_n et V_n.

b. Programmer cette fonction.

c. Que retourne l'appel rectangles(10) ? l'appel rectangles(100) ? l'appel rectangles(1000) ? Arrondir les réponses à 10^{-3} près.

```
1 def rectangles(n):
2     h=1/n
3     U=0
4     V=0
5     for k in range(1,n+1):
6         U=..............
7         V=..............
8     return(U,V)
```

Partie B

1. Exprimer l'aire de la surface D à l'aide d'une intégrale I.

2. Calculer cette intégrale et donner sa valeur exacte.

3. Déduire de la question **2.** et de la **partie A**, un encadrement de e.

5 PROBLÈME

PYTHON Estimation de l'aire sous une courbe par la méthode de Monte-Carlo

RAISONNER MODÉLISER

Le physicien gréco-américain Nicholas Metropolis (1915-1999) a inventé une méthode utilisant les probabilités pour obtenir une valeur approchée des aires des surfaces. Pour cela, il a simulé un grand nombre de fois une expérience aléatoire et utilisé la loi des grands nombres. C'est Stanislaw Ulam et John Von Neumann qui donnèrent le nom à cette méthode en référence aux jeux de hasard dans les casinos. Dans ce problème, on va appliquer cette méthode pour déterminer une valeur approchée de l'aire sous la courbe d'équation $y=\sqrt{x}$ sur [0 ; 1].

Notions utilisées

- **Chapitre 6** ▪ Primitives
- **Chapitre 7** ▪ Calcul intégral
- **Chapitre 9** ▪ Lois à densité
- **Logiciels** ▪ Programmation en Python

Nicholas Metropolis (1915-1999)

Partie A ▪ Principe de la méthode

Dans un repère d'origine O, on considère la courbe d'équation $y=\sqrt{x}$ sur l'intervalle [0 ; 1] et les points A(1 ; 0), B(1 ; 1) et C(0 ; 1).

On choisit au hasard un point M dans le carré OABC.

La probabilité qu'il se trouve dans le domaine hachuré est :

$$p = \frac{\text{aire du domaine hachuré}}{\text{aire du carré OABC}}.$$

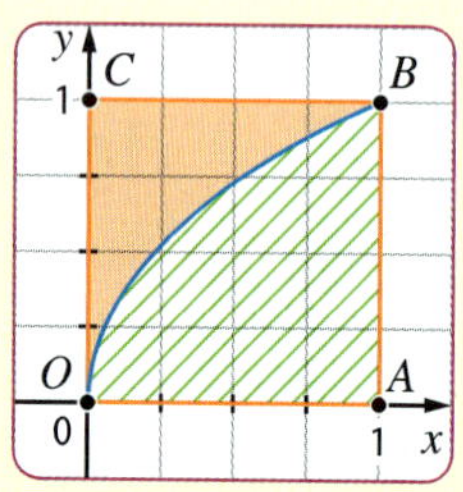

1. Donner l'aire du carré OABC.

2. Soit un point M(x ; y) du plan.

a. À quelles conditions portant sur x et y le point M appartient-il au carré OABC ?

b. À quelles conditions portant sur x et y le point M appartient-il au domaine hachuré ?

Partie B ▪ Programmation d'une fonction Python

1. On donne ci-contre une fonction écrite en langage Python qui simule n fois l'expérience aléatoire consistant à choisir au hasard un point M dans le carré OABC.

a. Expliquer les lignes **6** et **7**.

b. Expliquer les lignes **4, 8, 9** et **10** en décrivant le rôle de la variable c.

c. Programmer cette fonction.

d. Que retourne l'appel Carlo(10) ? l'appel Carlo(100) ? l'appel Carlo(1000) ?

Que constate-t-on ? Comment peut-on expliquer ces observations ?

e. Donner alors une valeur approchée de l'aire du domaine hachuré.

```
1 from math import *
2 from random import *
3 def Carlo(n):
4     c=0
5     for i in range (1,n+1):
6         x=random()
7         y=random()
8         if y<=sqrt(x):
9             c=c+1
10    A=c/n
11    return(A)
```

À noter
Pour tout réel x strictement positif $\frac{x}{\sqrt{x}} = \sqrt{x}$.

Partie C ▪ Calcul exact de l'aire sous la courbe

1. Donner l'expression de l'aire, en unités d'aire, du domaine hachuré à l'aide d'une intégrale.

2. Démontrer que la fonction F, définie sur $[0 ; +\infty[$ par $F(x) = \frac{2}{3}x\sqrt{x}$, est une primitive sur $]0 ; +\infty[$ de la fonction f définie par $f(x) = \sqrt{x}$.

3. Calculer l'aire du domaine hachuré et comparer le résultat avec les valeurs approchées obtenues dans la **partie B**.

6 PROBLÈME

Approximation de π et aire d'un disque

TABLEUR · RAISONNER · CALCULER

Pour déterminer une valeur approchée de π, Archimède a construit des polygones à n côtés inscrits dans un cercle de rayon 1 et des polygones à n côtés circonscrits à ce cercle. Puisque l'aire du disque de rayon 1 est π, le calcul des aires de ces polygones donne un encadrement du nombre π.

Notions utilisées
Chapitre 1 ▪ Suites
Logiciels ▪ Utilisation du tableur
▪ Script d'une fonction Python

Point Histoire
Archimède a également obtenu un encadrement de π en utilisant les périmètres de ces polygones.

Partie A ▪ Observation d'une figure

Dans la figure ci-contre, on a construit quatre polygones réguliers inscrits dans le cercle de rayon 1.

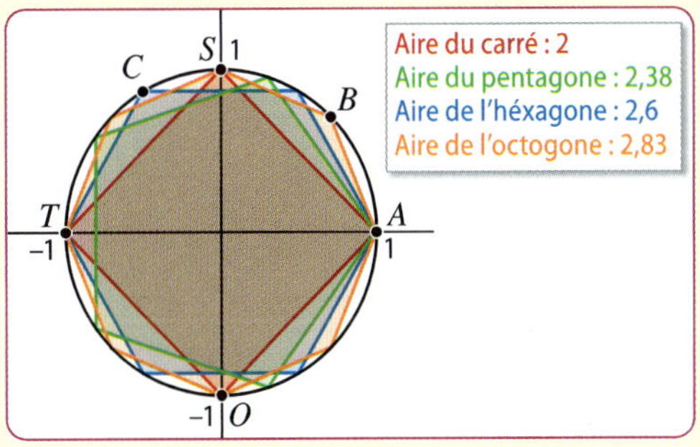

1. Donner le nombre de côtés de chacun de ces polygones et vérifier que l'angle au centre d'un polygone régulier de n côtés a pour mesure $\frac{360}{n}$, en degrés.

2. On appelle a_n l'aire du polygone de n côtés. Dans la figure ci-contre, on donne des valeurs approchées de quelques termes de la suite (a_n).
Quel semble être le sens de variation de cette suite ? Vers quel nombre les termes de cette suite s'approchent lorsque n devient suffisamment grand ?

Vocabulaire
Un polygone de 10 côtés s'appelle un décagone, de 12 côtés un dodécagone, de 50 côtés un pentacontagone, de 100 côtés un hectogone.

Partie B

On s'intéresse maintenant à l'aire a_n du polygone régulier inscrit de n côtés et à l'aire b_n du polygone régulier circonscrit de n côtés dans le cercle de centre O et de rayon 1.

1. L'aire du polygone inscrit de n côtés est égale à n fois l'aire d'un triangle AOB isocèle en O, où A et B appartiennent au cercle et l'angle $\widehat{AOB}$ a pour mesure $\frac{2\pi}{n}$ en radians.
On appelle H le milieu de [AB].

a. Déterminer une mesure de l'angle $\widehat{AOH}$ en radians.

b. Exprimer AH et OH en fonction de n.

c. Expliquer pourquoi l'aire a_n est égale à $n\sin\left(\frac{\pi}{n}\right)\cos\left(\frac{\pi}{n}\right)$.

2. On pourrait de même montrer que l'aire b_n est égale à $n\tan\left(\frac{\pi}{n}\right)$.

a. Expliquer pourquoi $a_n < \pi < b_n$.

b. Construire, à l'aide d'un tableur, un tableau donnant, pour tous les entiers n compris entre 4 et 100, une valeur approchée de a_n et b_n.
Pour cela, on saisira dans la cellule **B2** la formule :

	A	B	C	D
1	n	an	bn	bn-an
2	4	2,000	4,000	2,000
3	5	2,378	3,633	1,255
4	6	2,598	3,464	0,866

```
=A2*SIN(RADIANS(180/A2))*COS(RADIANS(180/A2))
```

c. Quel est le plus petit entier n tel que $b_n - a_n < 0{,}01$?

3. Écrire le script d'une fonction Python de paramètre n qui retourne une valeur approchée de a_n et une valeur approchée de b_n.

Dans les problèmes qui suivent, on va étudier diverses situations relatives à la répartition des richesses dans la population, dans les entreprises, ainsi que les inégalités sous-jacentes.

PROBLÈMES DU THÈME

1 PROBLÈME — MATHS & SES

GÉOMÉTRIE

Inégalités de revenus

MODÉLISER — REPRÉSENTER

À partir des données de l'INSEE (Institut National de la Statistique et des Études Économiques) sur les revenus fiscaux des ménages français, on peut mesurer les inégalités et les comparer. Pour cela, on utilise la courbe de Lorenz, développée par Max Otto Lorenz, qui met en relation la fraction x % d'une population détentrice d'une part d'une richesse à la part y % de la grandeur détenue.

Une lecture de la courbe de Lorenz peut être faite au moyen du coefficient de Gini, permettant de mesurer « l'éloignement de cette courbe » par rapport à la ligne d'égalité parfaite.

Notions utilisées

Chapitre 5 ▪ Statistiques
Chapitre 7 ▪ Calcul intégral

À noter
Les déciles divisent une série ordonnée en 10 parties d'effectifs à peu près égaux (au lieu de 4 pour les quartiles). Par exemple, le premier décile D_1 est la plus petite valeur de la série telle qu'au moins 10 % des valeurs soient inférieures ou égales à D_1.

Max O. Lorenz (1876-1959)

Point Histoire
Le coefficient de Gini a été développé par le statisticien italien **Corrado Gini** (1884 – 1965).

Le tableau suivant donne la répartition cumulée croissante du revenu déclaré y_i par décile x_i de la France en 2017.

x_i	0	10	20	30	40	50	60	70	80	90	100
y_i	0	3,5	8,8	15,2	22,5	30,8	40	50,3	62	76,1	100

Source : Insee-DGFiP-Cnaf-Cnav-CCMSA, enquêtes Revenus fiscaux et sociaux 2005 à 2017.

Exemple de lecture du tableau : 20 % des moins riches détiennent 8,8 % des revenus du pays.

Partie A ▪ Interprétation

1. Quelle est la part des revenus détenue par les 60 % les moins riches ?

2. Quelle est la part des revenus détenue par les 30 % les plus riches ?

3. Quelle devrait être la part des revenus détenue par les x % les moins riches pour que la répartition soit égalitaire ?

Partie B ▪ Étude discrète

On appelle **courbe de Lorenz** la représentation graphique de cette répartition.

1. Avec le logiciel GeoGebra, construire le nuage de points $M_i(x_i\,;\,y_i)$ de cette répartition.

2. En admettant que la répartition des revenus entre deux déciles est régulière, relier les points par des segments de droite. La courbe obtenue est la **courbe de Lorenz**.

3. Tracer le segment correspondant à une répartition égalitaire.

4. Le **coefficient de Gini** mesure l'inégalité d'une répartition en comparant l'écart entre la situation égalitaire et la situation réelle.
Il est égal au rapport entre l'aire du polygone $M_0M_1M_2M_3M_4M_5M_6M_7M_8M_9M_{10}$ et l'aire du triangle $M_0M_{10}N$ avec $N(1\,;\,0)$.

a. Vérifier que le logiciel donne 0,14 comme aire de ce polygone.

b. En déduire le coefficient de Gini pour la répartition des revenus en France en 2017.

c. Une étude similaire sur les années 2010 et 2003 donne des aires du polygone respectivement égales à 0,15 et 0,137.
En déduire les coefficients de Gini correspondant et les comparer.

À noter
Le coefficient de Gini est un nombre compris entre 0 et 1. 0 signifie l'égalité parfaite et 1 (qui ne peut être atteint) l'inégalité totale (une seule personne dispose de tous les revenues et tous les autres n'en ont aucun).

Partie C ▪ Modélisation

1. Avec le logiciel GeoGebra, il est possible d'ajuster le nuage de points par la courbe d'une fonction polynôme de degré 3.
Saisir **AjustPoly[{M_0,M_3,M_7,M_{10}},3]** et vérifier que la fonction f proposée est définie par :

$$f(x) = 0{,}58x^3 - 0{,}05x^2 + 0{,}47x.$$

2. Calculer l'intégrale de la fonction f entre 0 et 1.

3. En déduire le coefficient de Gini correspondant et le comparer avec celui obtenu dans la partie **B**.

2 PROBLÈME — MATHS & SES

PYTHON Réduction des inégalités et dépenses de retraites

RAISONNER — REPRÉSENTER

En Europe, les systèmes de retraite reposent essentiellement sur deux principes. Le principe de répartition dans lequel les cotisations des actifs d'aujourd'hui paient les pensions de retraite d'aujourd'hui et le principe par capitalisation dans lequel les actifs accumulent un stock de capital qui servira à financer leur pension une fois devenus inactifs. Depuis le début des années 1990, les pays européens ont entrepris de réformer leurs régimes de retraite pour répondre aux mêmes enjeux (couverture minimale, pérennité financière du système…).

Notions utilisées
Chapitre 7 ▪ Calcul intégral
Logiciels ▪ Programmation

Corrado Gini (1884-1965)

LE SAVIEZ-VOUS ?
Les masses de retraite désignent le cumul des pensions de retraite des assurés. Ainsi, dans le second tableau ci-contre, 25 % des retraités les moins aisés bénéficient de 12 % des masses de retraite dans le système « nouveau ».

Dans un pays, les simulations d'un organisme ont permis d'analyser la correction des inégalités apportées par un système « nouveau » des retraites en comparaison à un système « ancien ». Pour cela, on a utilisé le **coefficient de Gini**, indicateur permettant de mesurer l'inégalité d'une répartition, en comparant l'écart entre la situation égalitaire et la situation réelle.

La répartition des dépenses de retraites dans le système « ancien » et dans le système « nouveau » est donnée par les tableaux ci-dessous où x_i désigne la part de l'ensemble des retraités et y_i la part correspondante de l'ensemble des masses de retraite.

Système « ancien »					
x_i	0	0,25	0,5	0,75	1
y_i	0	0,08	0,27	0,56	1

Système « nouveau »					
x_i	0	0,25	0,5	0,75	1
y_i	0	0,12	0,31	0,58	1

Dans le repère orthonormal ci-dessous, on a tracé la droite d'équation $y = x$ et la courbe de Lorenz de la répartition dans le système « ancien » à partir du nuage de points M_i $(x_i\,;\,y_i)$ pour i allant de 0 à 4.

Le coefficient de Gini, que l'on notera G, est égal au nombre $2A$ où A est l'aire, en unités d'aire, du polygone $M_0M_1M_2M_3M_4$.

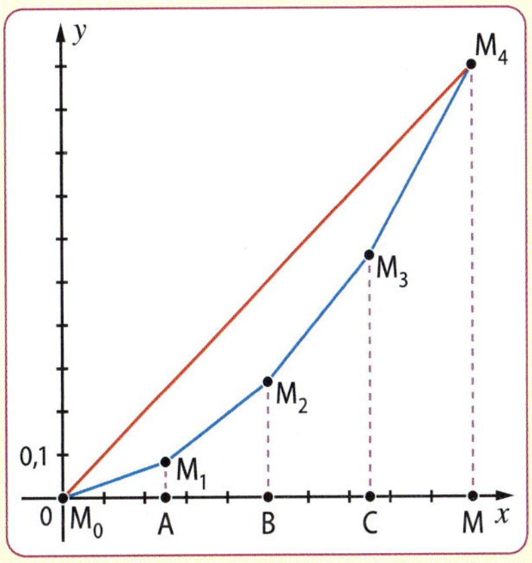

1. Montrer que G = 1 – 2B où B est l'aire, en unités d'aire, du polygone $M_0M_1M_2M_3M_4M$.
On souhaite calculer une valeur approchée de G à l'aide d'un programme. Pour cela, on décompose le polygone $M_0M_1M_2M_3M_4M$ en un triangle rectangle et trois trapèzes.

2. Calculer l'aire du triangle M_0M_1A et l'aire du trapèze M_1M_2BA.

3. On considère la fonction **Gini** d'argument L écrite en langage Python et donnée ci-contre.
a. Expliquer la ligne **4** de ce programme.
b. Programmer cette fonction.
Que retourne Gini([0, 0.08, 0.27, 0.56, 1]) ? Arrondir à 10^{-3} près.

```
1 def Gini(L):
2     B=0
3     for k in range(1,5):
4         B=B+0.25*(L[k-1]+L[k])/2
5     G=1-2*B
6     return(G)
```

4. Le système « nouveau » a-t-il corrigé les inégalités ? Dans quelle mesure ?

3 PROBLÈME

MATHS & SES

Répartition des salaires dans une entreprise

CALCULER

En économie, la courbe de Lorenz permet de représenter une dispersion : en abscisse est porté le pourcentage cumulé croissant de la population et en ordonnée le pourcentage cumulé croissant de la donnée étudiée. Cette courbe est située au-dessous d'une diagonale de référence représentant une répartition égalitaire. Plus la courbe est éloignée de la diagonale, plus la répartition est inégalitaire. La courbe de Lorenz permet également de calculer le coefficient de Gini mesurant le degré d'inégalité. Ce coefficient varie entre 0 (égalité parfaite) et 1 (inégalité maximale).

Notions utilisées

Chapitre 3 ▪ Continuité. convexité
Chapitre 6 ▪ Primitives
Chapitre 7 ▪ Calcul intégral

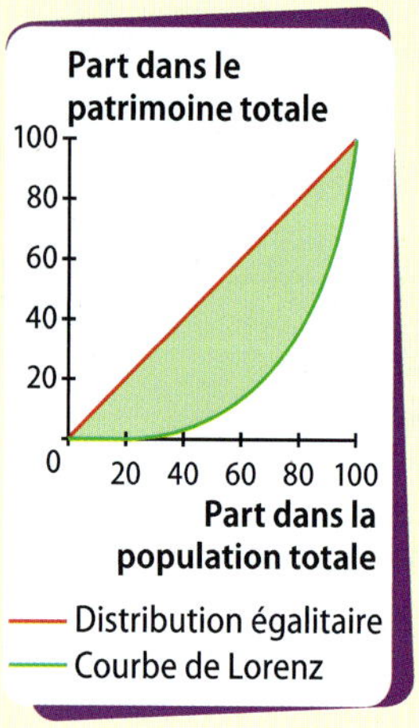

↑ Une courbe de Lorenz

On appelle **courbe de Lorenz** la représentation graphique d'une fonction L vérifiant les conditions suivantes :

- L est définie sur l'intervalle $[0\ ;\ 1]$;
- $L(0) = 0$ et $L(1) = 1$;
- L est croissante sur l'intervalle $[0\ ;\ 1]$;
- L est convexe sur $[0\ ;\ 1]$;
- pour tout réel x de $[0\ ;\ 1]$, $L(x) \leqslant x$.

Partie A ▪ Étude mathématique

Soit f et g les fonctions définies sur $[0\ ;\ 1]$ par $f(x) = x^3$ et $g(x) = xe^{x^2-1}$.

On note $\mathscr{C}_f$ et $\mathscr{C}_g$ leurs courbes représentatives dans un repère orthonormé du plan.

1. Montrer que la courbe $\mathscr{C}_f$ est une courbe de Lorenz.

2. **a.** Montrer que, pour tout réel x de $[0\ ;\ 1]$, $g'(x) = (2x^2 + 1)e^{x^2-1}$.
b. En déduire le sens de variation de g sur $[0\ ;\ 1]$.

3. **a.** Montrer que, pour tout réel x de $[0\ ;\ 1]$, $g''(x) = 2x(2x^2 + 3)e^{x^2-1}$.
b. En déduire la convexité de g sur l'intervalle $[0\ ;\ 1]$.

4. Soit h la fonction définie sur $\mathbb{R}$ par $h(x) = x(1 - e^{x^2-1})$.
a. Déterminer le signe de $h(x)$ sur l'intervalle $[0\ ;\ 1]$.
b. En déduire la position relative sur $[0\ ;\ 1]$ de $\mathscr{C}_g$ par rapport à la droite D d'équation $y = x$.

5. La courbe $\mathscr{C}_g$ est-elle une courbe de Lorenz ? Justifier.

Partie B ▪ Répartition des salaires

Sur le graphique ci-contre, sont tracées sur l'intervalle $[0\ ;\ 1]$, les courbes $\mathscr{C}_f$ et $\mathscr{C}_g$ ainsi que la droite $\mathscr{D}$.

Les courbes $\mathscr{C}_f$ et $\mathscr{C}_g$ illustrent ici la répartition des salaires dans deux entreprises F et G. En abscisses, x représente la proportion des employés ayant les salaires les plus faibles par rapport à l'effectif total de l'entreprise. En ordonnées, $f(x)$ (ou $g(x)$) représente la proportion de la masse salariale détenue par la proportion x des employés les moins bien payés de l'entreprise F (respectivement G).

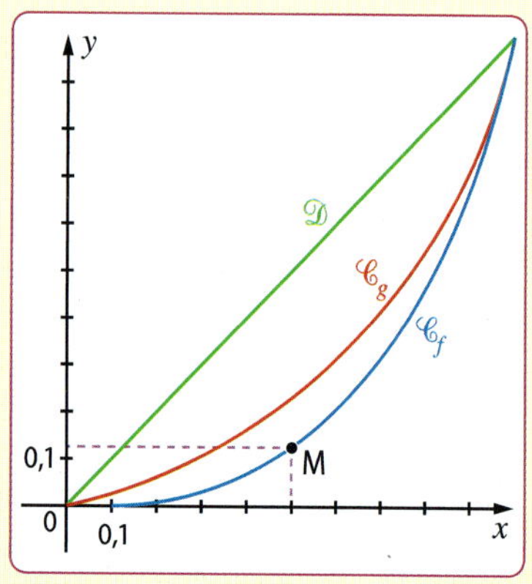

Par exemple : Le point M (0,5 ; 0 ,125) est un point appartenant à la courbe $\mathscr{C}$. Ainsi, dans l'entreprise F, 50 % des employés ayant les salaires les plus bas détiennent 12,5 % de la masse salariale.

À noter
La masse salariale correspond à la somme de tous les salaires des employés.

1. Calculer à 0,1 % près le pourcentage de la masse salariale détenu par 80 % des employés ayant les salaires les plus bas dans l'entreprise G.

2. On appelle **coefficient de Gini** associé à la fonction de Lorenz L, le nombre réel noté γ_L et défini par $\gamma_L = 2 \times A_L$ où A_L est l'aire, en unités d'aire, de la surface délimitée par la droite D et la courbe de la fonction L.

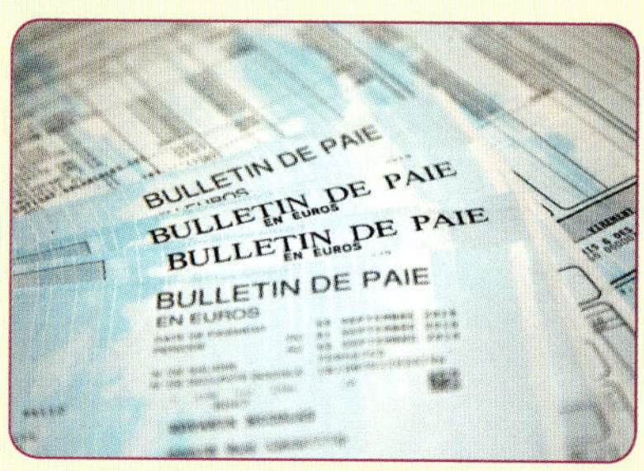

? LE SAVIEZ-VOUS ?
On exprime parfois le coefficient de Gini en pourcent et on parle alors d'indice de Gini. Par exemple, un coefficient de Gini de 0,75 correspond à un indice de Gini de 75.

a. Montrer que la fonction H définie sur $[0 ; 1]$ par $H(x) = \frac{1}{2}x^2 - \frac{1}{2}e^{x^2-1}$ est une primitive de la fonction h (définie en partie **A**) sur cet intervalle.

b. Calculer la valeur exacte de $\int_0^1 h(x)\mathrm{d}x$.

c. Montrer que le coefficient de Gini pour l'entreprise G est $\gamma_g = \frac{1}{e}$.

d. Expliquer la phrase suivante : « Plus le coefficient de Gini est petit, plus la répartition des salaires dans l'entreprise est égalitaire ».

e. Dans quelle entreprise la distribution des salaires est-elle plus égalitaire ? Justifier.

4 PROBLÈME — MATHS & SES

TABLEUR Revenu disponible des ménages CHERCHER

Le revenu disponible d'un ménage (ensemble des occupants d'une résidence principale) est le revenu à la disposition de ce dernier pour consommer et épargner. Il comprend les revenus déclarés à l'administration fiscale, les revenus financiers non déclarés et imputés (assurance-vie, PEL...), les prestations sociales et la prime pour l'emploi, nets des impôts directs (impôts sur le revenu, taxe d'habitation...).

Notions utilisées

Seconde ▪ Statistiques

Logiciels ▪ Tableur

À noter

Les déciles divisent une série ordonnée en 10 parties d'effectifs à peu près égaux (au lieu de 4 pour les quartiles). Par exemple, le premier décile D_1 est la plus petite valeur de la série telle qu'au moins 10 % des valeurs soient inférieures ou égales à D_1.

Revenu disponible des ménages en France en 2009

Le tableau ci-contre donne le revenu disponible par ménage selon la tranche de revenu annuel disponible en 2009 par décile.

1		Nombre total de ménages:	26 701 000	Masse totale des revenus disponibles (en euros):	922 110 000 000
2	Tranches	Limite supérieure de tranche(en euros)	Revenu annuel moyen (en euros)	Pourcentage de la masse totale des revenus disponibles	Cumul du pourcentage de la masse totale des revenus disponibles
3	Inférieur à D1	12930	9480	2,7%	2,7%
4	D1 à D2	16660	14870	4,3%	7,1%
5	D2 à D3	20190	18410	5,3%	12,4%
6	D3 à D4	24290	22190	6,4%	18,8%
7	D4 à D5	28740	26480	7,7%	26,5%
8	D5 à D6	33640	31150	9,0%	35,5%
9	D6 à D7	39260	36350	10,5%	46,0%
10	D7 à D8	46880	42780	12,4%	58,4%
11	D8 à D9	59900	52650	15,2%	73,7%
12	Supérieur à D9		90970	26,3%	100,0%

Source : Insee ; DGFIP ; Cnaf ; Cnav ; CCMSA, enquête Revenus fiscaux et sociaux 2009.

Exemple de lecture du tableau : en 2009, les 10 % des ménages dont le revenu est compris entre 12 930 euros et 16 660 euros ont un revenu disponible moyen de 14 870 euros.

1. Expliquer ce que représentent les données grisées de la feuille de calcul.

2. Les statistiques indiquent un nombre total de 26,701 millions de ménages et une masse totale de 922 110 millions d'euros de revenus disponibles.
Calculer la moyenne des revenus annuels disponibles pour l'ensemble des ménages en 2009.

Fichier Tableur
Disponible sur lycee.editions-bordas.fr

3. a. Dans la cellule **D3** du tableur, la formule **=$C$1*0,1*C3/$E$1** a été saisie, puis étirée par recopie vers le bas. Expliquer cette formule.

b. Quelle formule doit-on saisir dans la cellule **E4** afin d'obtenir par recopie vers le bas les données de la dernière colonne ?

4. a. Dans un repère orthonormé du plan (unités : 1 cm = 0,1), placer les points dont les abscisses sont 0,1 ; 0,2 ; ... ; 1 et les ordonnées sont les cumuls du pourcentage de la masse totale des revenus disponibles. Relier les points par des segments.
La courbe obtenue est appelée **courbe de Lorenz**.

b. Pour les 10 % des ménages ayant les revenus les plus bas, quel est leur revenu disponible maximal et quel pourcentage de la masse totale de revenus disponibles détiennent-ils ?

c. Pour les 10 % des ménages ayant les revenus les plus élevés, quel est leur revenu disponible minimal et quel pourcentage de la masse totale de revenus disponibles détiennent-ils ?

d. Quel pourcentage des ménages ayant les revenus les plus faibles détient la moitié de la masse totale des revenus disponibles ?

e. Tracer la droite d'équation $y = x$. Quelle interprétation dans ce contexte peut-on faire de cette droite et de « l'éloignement » de la courbe de Lorenz par rapport à la droite d'équation $y = x$?

Se tester pour un BON DÉPART

Utiliser une variable aléatoire

QCM Pour les exercices 1 et 2, choisir la ou les bonnes réponses.
La loi de probabilité d'une variable aléatoire X est donnée par le tableau ci-contre.

x_i	0	1	3
$P(X=x_i)$	0,4	0,25	a

1 La somme des probabilités du tableau vaut :
a. 0,4 **b.** 0,65 **c.** 1 **d.** 0,25

2 La probabilité $P(X \leqslant 1)$ vaut :
a. 0,25 **b.** 0,4 **c.** 0,65 **d.** $P(X=0)+P(X=1)$

VRAI/FAUX Pour les exercices 3 et 4, indiquer si les affirmations sont vraies ou fausses, puis justifier.
On considère la loi de probabilité de l'exercice précédent.

3 La valeur de a est égale à 0,25.

4 $P(1 < X \leqslant 3) = 0{,}35$.

Utiliser un arbre pondéré

VRAI/FAUX Pour les exercices 5 à 7, indiquer si les affirmations sont vraies ou fausses, puis justifier.
On considère l'arbre pondéré ci-contre.

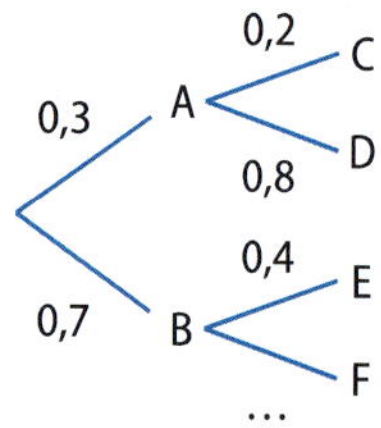

5 $P(\mathrm{A} \cap \mathrm{C}) = 0{,}2$

6 $P_{\mathrm{A}}(\mathrm{D}) = 0{,}8$

7 $P_{\mathrm{B}}(\mathrm{F}) = 0{,}6$

8 Dans un club de fitness, 15 % des membres ont choisi le forfait « Sport+ » leur donnant accès à un coach personnel. Parmi les membres ayant choisi le forfait « Sport+ », 80 % ont également pris l'option « Confort » leur donnant accès à la piscine et au sauna. Pour les membres qui n'ont pas choisi le forfait « Sport+ », 45 % ont pris l'option « Confort ».
On choisit au hasard un membre de ce club et on note S l'événement « le membre a souscrit au forfait « Sport+ » » et C l'événement « le membre a choisi l'option « Confort » ».

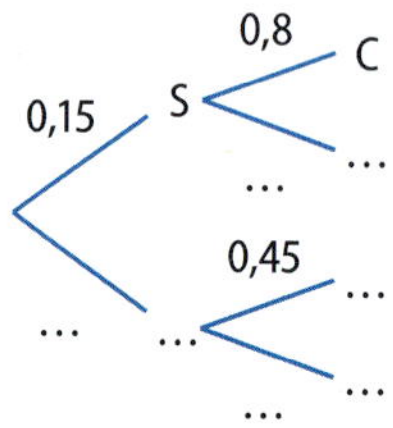

1. Recopier et compléter l'arbre de probabilité représenté ci-contre.
2. Déterminer la probabilité de l'événement S ∩ C.
3. Déterminer la probabilité que le membre ait choisi l'option « Confort ».

Calculer l'espérance et la variance d'une variable aléatoire

9 La loi de probabilité d'une variable aléatoire X est donnée par le tableau ci-contre.

x_i	−2	0	3
$P(X=x_i)$	0,45	0,4	0,15

1. Calculer l'espérance de X.
2. X représente un gain lors d'un jeu. Ce jeu est-il équitable ?

VRAI/FAUX Pour les exercices 10 et 11, indiquer si les affirmations sont vraies ou fausses, puis justifier.

10 La variance $V(X)$ est donnée par $V(X) = -2 \times 0{,}45^2 + 0 \times 0{,}4^2 + 3 \times 0{,}15^2$.

11 L'écart-type $\sigma(X)$ vaut 1,72 à 10^{-2} près.

POUR VOUS AIDER → Rappels .... page 259

LOIS DISCRÈTES

CHAPITRE **8**

Dans une ville comme New York dont le réseau routier est organisé selon un quadrillage, combien a-t-on de chemins différents avec un même nombre de tronçons qui mènent d'un point à un autre ?
Ce problème est facilement résolu grâce aux coefficients binomiaux et au triangle de Pascal.
Ces derniers interviennent dans la loi binomiale, loi de probabilité discrète vue dans ce chapitre.

Voir exercice 68 page 211

LES NOTIONS DU CHAPITRE

- Loi uniforme
- Loi de Bernoulli
- Schéma de Bernoulli
- Loi binomiale
- Loi géométrique

RESSOURCES NUMÉRIQUES
Téléchargez l'application FlashPage, puis scannez la page indiquée pour consulter votre ressource sur smartphone ou tablette.

Vidéos .... pp. 199, 201
Animations .... pp. 194, 198, 200, 202
Corrigés détaillés .... pp. 214, 215

Activité 1

Au lycée à vélo

Objectif

Introduire la notion de loi binomiale.

➪ Cours 2
Schéma de Bernoulli

Cette année, Lucie décide qu'elle ira au lycée à vélo les jours où la météo le permet, et en transports en commun sinon. La météo est suffisamment bonne dans 30 % des cas ; on admet que la météo d'une journée n'a pas d'influence sur les jours suivants.
On étudie les trajets de Lucie durant trois jours consécutifs. On appelle « succès », noté S, le fait que Lucie aille au lycée à vélo.
On définit la variable aléatoire X qui, à chaque série de trois jours, associe le nombre de fois où Lucie va au lycée à vélo.

1 Construire un arbre pondéré qui modélise la situation sur trois jours consécutifs.

2 Déterminer $P(X=0)$ et $P(X=3)$.

3 **a.** L'événement $\{X=1\}$ est formé de trois listes de résultats, chacune de ces listes étant représentée par un chemin sur l'arbre. Colorer ces chemins sur l'arbre.
b. Quelle est la probabilité que Lucie aille à vélo au lycée uniquement le premier jour ?
c. Expliquer pourquoi la probabilité de l'événement $\{X=1\}$ est égale à 0,441.

4 Déterminer $P(X=2)$, puis donner la loi de probabilité de X.

Activité 2

Le triangle arithmétique de Pascal

Objectif

Découvrir le triangle de Pascal et quelques propriétés.

➪ Cours 2
Schéma de Bernoulli

Animation
Triangle de Pascal

Dans son *Traité du triangle arithmétique* écrit en 1654 et publié en 1655, le mathématicien Blaise Pascal explique la construction d'un triangle arithmétique.
Il place le nombre 1 dans la cellule G située en haut à gauche. Ce nombre est appelé par Pascal la Génératrice. Il complète ensuite le triangle en utilisant la règle ci dessous.

> Le nombre de chaque cellule est égal à celui de la cellule qui la précède dans son rang perpendiculaire, plus à celui de la cellule qui la précède dans son rang parallèle. Ainsi la cellule F, égale la cellule C, plus la cellule E. Ainsi des autres.

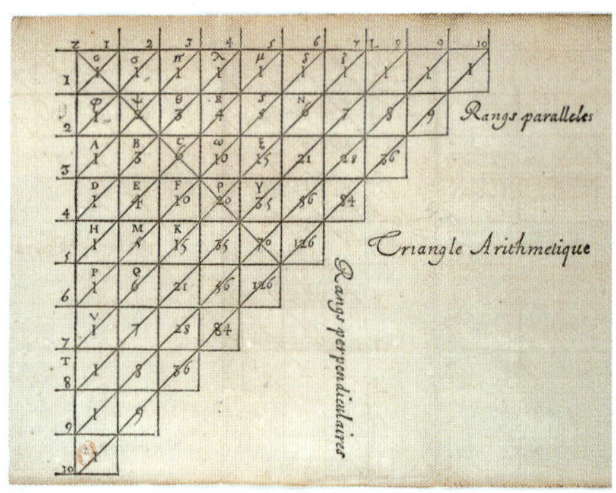

1 **a.** Selon la règle énoncée, comment a-t-on obtenu le nombre de la cellule F ?
b. Comment obtient-t-on le nombre de la cellule K à partir des nombres des cellules F et M ?
c. En considérant que lorsqu'une cellule n'existe pas elle contient le nombre 0, Pascal énonce le résultat ci-contre.
Comment se traduit cette propriété dans le triangle arithmétique ?

> (...) toutes les cellules du premier rang parallèle, et du premier rang perpendiculaire, font pareilles à la génératrice.

2 De nos jours, ce triangle, appelé **triangle de Pascal**, est représenté différemment : les « rangs parallèles » sont représentés en diagonale.
Le début du triangle est donné ci-contre.
En utilisant la méthode énoncée par Pascal, compléter la ligne suivante de ce triangle.

1
1 1
1 2 1
1 3 3 1

Activité 3

Objectif

Approcher de façon pratique la loi binomiale.

➩ Cours 3
Loi binomiale

Fichier Tableur
Disponible sur lycee.editions-bordas.fr

TABLEUR La planche de Galton

La planche de Galton est un dispositif inventé par Sir Francis Galton (1822 – 1911).
Il s'agit de clous disposés en triangle sur une planche sur laquelle on lâche une bille, comme symbolisé ci-contre.
La bille bleue tombe sur un clou : elle a autant de chances d'aller à droite que d'aller à gauche. Elle rencontre alors un nouveau clou avec les mêmes probabilités de « chute » et ainsi de suite jusqu'à un clou de niveau 4 qui la dirige vers l'un des casiers M, N, P, Q ou R.

Sir Francis Galton
(1822-1911)

1 On a simulé cette expérience sur tableur en laissant tomber 1 024 billes bleues.
Observer et commenter les résultats et la représentation graphique obtenus avec le tableur.

2 **a.** Reproduire la figure ci-dessus matérialisant les différents clous et colorer tous les chemins menant la bille dans le casier N.
Donner leur nombre.
b. Compléter cette figure afin de trouver tous les chemins menant à tous les autres casiers.
c. Grâce à cette modélisation, trouver la probabilité pour une bille d'arriver dans chacun des casiers M, N, P, Q et R.
Est-ce cohérent avec les observations faites à la question **1.** ?

Activité 4

Objectif

Introduire la loi géométrique.

➩ Cours 4
Loi géométrique

Une carte bonus chaque jour

Dans un jeu de combat sur smartphone, Louison dispose d'un paquet de cartes représentant des sorts ou des créatures pour affronter des joueurs du monde entier.
Ces cartes sont d'une rareté plus ou moins grande : il y a les communes, les peu communes (20 %) et les rares (10 %).

1 Chaque jour où Louison se connecte, on lui offre une carte au hasard. Quelle est la probabilité que le cadeau soit une carte commune ?

2 Après une mise à jour du jeu, un système de cadeau journalier est instauré.
Chaque samedi à minuit, le système est remis à zéro.
Le dimanche, le joueur reçoit une carte au hasard : s'il obtient une carte rare, il ne reçoit plus de cadeau journalier jusqu'au samedi minuit. Sinon, il reçoit à nouveau un cadeau le lendemain, avec les mêmes conditions et probabilités.
Expliquer pourquoi la probabilité qu'il reçoive une carte rare le mardi est 0,081.

3 Si jamais le joueur reçoit une carte rare un samedi, alors il l'obtient dans une couleur spéciale.
Quelle est la probabilité que cela arrive à Louison ?

1. Loi uniforme – Loi de Bernoulli

Loi uniforme, espérance

DÉFINITION Soit n un entier naturel non nul. On dit qu'une variable aléatoire X suit la loi uniforme sur $\{1, \ldots, n\}$ lorsque X prend toutes les valeurs entières de 1 à n avec la probabilité $\frac{1}{n}$.

À noter
Il suffit de connaître la valeur de n pour caractériser cette loi.

EXEMPLES :

- On lance un dé équilibré à six faces et on définit la variable aléatoire égale au numéro de la face obtenue. Cette variable aléatoire suit la loi uniforme sur {1 ; ... ; 6}.
- On lance une pièce non truquée. On définit la variable aléatoire égale à 1 si l'on obtient Pile et à 2 si l'on obtient Face. Cette variable aléatoire suit la loi uniforme sur {1 ; 2}.

PROPRIÉTÉ Soit n un entier naturel non nul. Soit X une variable aléatoire suivant la loi uniforme sur $\{1, \ldots, n\}$. L'espérance de X est $E(X) = \frac{n+1}{2}$.

DÉMONSTRATION

$E(X) = \frac{1}{n} \times 1 + \frac{1}{n} \times 2 + \ldots + \frac{1}{n} \times n = \frac{1}{n} \times (1 + 2 + \ldots + n)$.

Or $1 + 2 + \ldots + n = \frac{n(n+1)}{2}$, donc $E(X) = \frac{1}{n} \times \frac{n(n+1)}{2}$, soit $E(X) = \frac{n+1}{2}$.

Point Histoire

Jacques Bernoulli (1654-1705) est un mathématicien suisse célèbre pour ses travaux en probabilités et leurs applications à l'économie et aux questions sociales.

Loi de Bernoulli, espérance et écart-type

DÉFINITIONS Une épreuve de Bernoulli de paramètre p est une expérience aléatoire présentant deux issues dont l'une, nommée « succès », a pour probabilité p et l'autre, nommée « échec » a pour probabilité $1 - p$.

- La variable aléatoire qui prend la valeur 1 en cas de succès et 0 en cas d'échec est appelée **variable aléatoire de Bernoulli.**
- La loi de probabilité de cette variable aléatoire est appelée **loi de Bernoulli de paramètre p.**

x_i	0	1
$P(X = x_i)$	$1 - p$	p

EXEMPLES :

- Lors du lancer d'un dé, on appelle succès le fait d'obtenir un 4. Cette expérience aléatoire est une épreuve de Bernoulli de paramètre $\frac{1}{6}$.
- On tire une carte au hasard dans un jeu classique de 32 cartes. Soit X la variable aléatoire qui prend pour valeur 1 si la carte tirée est un cœur et 0 sinon. X suit la loi de Bernoulli de paramètre $\frac{1}{4}$. Cette loi est donnée par le tableau ci-contre.

x_i	0	1
$P(X = x_i)$	$\frac{3}{4}$	$\frac{1}{4}$

PROPRIÉTÉ Si X est une variable aléatoire suivant la loi de Bernoulli de paramètre p, alors :

$$E(X) = p \,; \qquad V(X) = p(1 - p) \quad \text{et} \quad \sigma(X) = \sqrt{p(1-p)}.$$

DÉMONSTRATION

$E(X) = 0 \times (1 - p) + 1 \times p = p$.

En outre $V(X) = (0 - p)^2 \times (1 - p) + (1 - p)^2 \times p = p^2 \times (1 - p) + (1 - p)^2 \times p$

$= p \times (1 - p) \times [p + 1 - p]$

$= p \times (1 - p)$.

EXEMPLE :

- Lors du tirage de carte précédent, $E(X) = 1 \times \frac{1}{4} + 0 \times \frac{3}{4} = \frac{1}{4}$.

CAPACITÉ 1

Utiliser la loi uniforme

1. Arthur prend un livre au hasard dans son étagère constituée de 50 livres numérotés de 1 à 50.
   On note X le numéro de livre choisi.
   a. Quelle est la loi suivie par la variable aléatoire X ?
   b. Déterminer $P(X = 23)$.
2. On suppose que le livre choisi comporte 250 pages. Arthur ouvre alors le livre au hasard.
   On note Y le numéro de la page sur laquelle il tombe.
   a. Quelle est la loi suivie par Y ?
   b. Déterminer alors $P(50 \leqslant Y \leqslant 109)$.

Méthode

Pour déterminer les probabilités de certains événements, on peut les décomposer en événements plus simples.

Solution commentée

1. **a.** X peut prendre les valeurs entières de 1 à 50. Comme Arthur choisit au hasard, la probabilité est la même pour chacun des livres : $\frac{1}{50}$.
   X suit donc la loi uniforme sur $\{1, ..., 50\}$.
   b. D'après la question précédente, $P(X = 23) = \frac{1}{50}$.
2. **a.** La page étant choisie au hasard, Y suit la loi uniforme de sur $\{1, ..., 250\}$.
   b. L'événement $\{50 \leqslant Y \leqslant 109\}$ est réalisé si Arthur tombe sur une page entre la page 50 et la page 109. Il y a 60 pages possibles, on peut tomber sur chacune d'elles avec une probabilité égale à $\frac{1}{250}$.
   Ainsi $P(50 \leqslant Y \leqslant 109) = P(Y = 50) + P(Y = 51) + \ldots + P(Y = 109)$
   $= 60 \times \frac{1}{250}$
   $= \frac{60}{250} = \frac{6}{25}$.

Voir exercices
52 Pour s'entraîner
98 Pour travailler en autonomie

CAPACITÉ 2

Identifier une situation où une variable aléatoire suit une loi de Bernoulli

Dans chacun des cas suivants, déterminer si la variable aléatoire X proposée suit ou non une loi de Bernoulli. Si oui, préciser alors le paramètre de cette loi.

1. Une urne contient trois boules numérotées 0, 1 et 2. On tire une boule au hasard et on note X la valeur inscrite sur la boule.
2. On lance une pièce truquée qui a 55 % de chances de tomber sur Pile. X est la variable aléatoire qui prend pour valeur 1 la pièce tombe sur Face et 0 sinon.
3. On lance un dé équilibré. X prend la valeur 1 si le résultat du lancer est supérieur ou égal à 5, et 0 sinon.

Méthode

Pour vérifier qu'une variable aléatoire suit une loi de Bernoulli, on commence par vérifier qu'elle ne peut prendre que deux valeurs : 0 ou 1.

Solution commentée

1. X prend trois valeurs : 0, 1 et 2, donc X ne suit pas une loi de Bernoulli.
2. La variable aléatoire X ne prend que deux valeurs : 0 ou 1.
   L'événement $\{X = 0\}$, qu'on peut qualifier d'échec, a pour probabilité 0,55.
   L'événement $\{X = 1\}$, qu'on peut qualifier de succès, a pour probabilité $1 - 0{,}55 = 0{,}45$.
   X suit donc la loi de Bernoulli de paramètre 0,45.
3. La variable aléatoire X ne prend que deux valeurs : 0 ou 1.
   L'événement $\{X = 1\}$, qu'on peut qualifier de succès, est réalisé lorsqu'on obtient la face 5 ou la face 6 : sa probabilité est égale à $\frac{2}{6} = \frac{1}{3}$.
   L'événement $\{X = 0\}$, qu'on peut qualifier d'échec, a pour probabilité $1 - \frac{1}{3} = \frac{2}{3}$.
   X suit donc la loi de Bernoulli de paramètre $\frac{1}{3}$.

Voir exercices
54 Pour s'entraîner
99 Pour travailler en autonomie

2. Schéma de Bernoulli

Définition, arbre pondéré

À noter
L'indépendance est assurée dans le cas de tirages successifs avec remise, ce que l'on appelle des **tirages non exhaustifs.**

DÉFINITION L'expérience aléatoire consistant à répéter n fois de manière indépendante une épreuve de Bernoulli de paramètre p s'appelle un **schéma de Bernoulli de paramètres n et p.**

EXEMPLE : On lance un dé deux fois et pour chaque lancer le succès S est l'obtention d'un 6. Cette expérience est un schéma de Bernoulli de paramètres 2 et $\frac{1}{6}$.

À noter
On note S le succès de probabilité p et $q = 1 - p$.

Cas $n = 2$

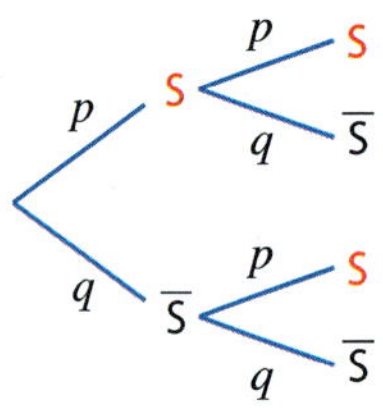

$P(\text{SS}) = p \times p = p^2$

Cas $n = 3$

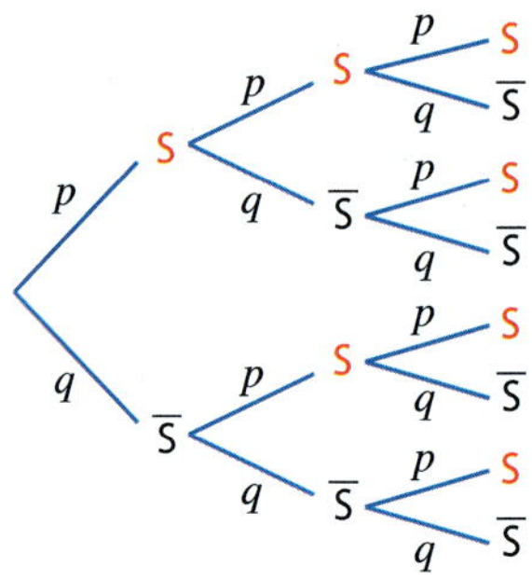

$P(\text{S}\overline{\text{S}}\text{S}) = p \times q \times p = p^2q$

Coefficients binomiaux, triangle de Pascal

À noter
$\binom{n}{k}$ se lit « k parmi n ».

DÉFINITION Soit n un entier naturel non nul et k un entier compris entre 0 et n.
Le **coefficient binomial** $\binom{n}{k}$ est le nombre de chemins réalisant k succès pour n répétitions sur l'arbre associé à un schéma de Bernoulli. Par convention, $\binom{0}{0} = 1$.
Conséquence : Pour $n \neq 0$, $\binom{n}{0} = 1$; $\binom{n}{1} = n$ et $\binom{n}{n} = 1$.

EXEMPLE : Dans le paragraphe précédent, dans le cas $n = 3$, il y a trois chemins qui ne comportent qu'un seul succès. Donc $\binom{3}{1} = 3$.

À noter
Un chemin à k échecs comporte $n - k$ succès.

PROPRIÉTÉS **(1) Formule de Pascal :** pour n entier naturel non nul et k un entier compris entre 0 et $n - 1$, on a la formule $\binom{n}{k} + \binom{n}{k+1} = \binom{n+1}{k+1}$.
(2) Pour tout entier k compris entre 0 et n : $\binom{n}{k} = \binom{n}{n-k}$.

Animation
Triangle de Pascal

(1) Calcul de coefficients binomiaux à l'aide du triangle de Pascal : pour écrire les coefficients binomiaux $\binom{n}{k}$, on construit un tableau, où l'on place $\binom{n}{k}$ à l'intersection de la ligne d'indice n et de la colonne d'indice k.

$n \backslash k$	0	1	2	3	4
0	1				
1	1	1			
2	1	2	1		
3	1	3	3	1	
4	1	4	6	4	1

On sait que $\binom{n}{0} = \binom{n}{n} = 1$, donc la première colonne et la diagonale ne contiennent que des 1. Puis, avec la formule de Pascal, on complète l'intégralité du tableau : chaque nombre est la somme de deux autres nombres de la ligne précédente, l'un dans la même colonne et l'autre dans la colonne précédente. Par exemple, $\binom{3}{1} + \binom{3}{2} = \binom{4}{2}$.

(2) Symétrie du triangle de Pascal : pour chacune des lignes du triangle de Pascal, on observe une symétrie : ceci est dû au fait que $\binom{n}{k} = \binom{n}{n-k}$. Par exemple, $\binom{3}{1} = \binom{3}{2}$.

CAPACITÉ 3 Utiliser un schéma de Bernoulli

Une urne contient deux boules vertes et cinq boules rouges. On tire trois boules, successivement et avec remise, de cette urne.
On appelle V l'événement « la boule tirée est verte ».

1. Réaliser un arbre pondéré illustrant ce schéma de Bernoulli.
2. Soit X la variable aléatoire comptant le nombre de boules vertes tirées. Déterminer $P(X=0)$, puis $P(X=1)$.
3. Quelle est la probabilité $P(X \geqslant 1)$?

Méthode

Pour résoudre un problème lié à la répétition identique et indépendante d'une même épreuve de Bernoulli, on utilise un schéma de Bernoulli.

Solution commentée

1. La probabilité p de tirer une boule verte est égale à $\frac{2}{7}$ et la probabilité q de tirer une boule rouge est égale à $q = 1 - p = \frac{5}{7}$. On obtient l'arbre ci-contre.

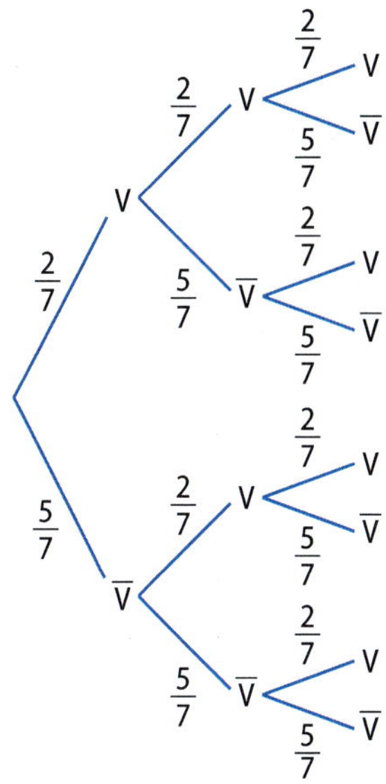

2. L'événement $\{X=0\}$ correspond à un unique chemin sur l'arbre : $\overline{V}\overline{V}\overline{V}$.
D'où $P(X=0) = \left(\frac{5}{7}\right)^3 = \frac{125}{343}$.
L'événement $\{X=1\}$ correspond à trois chemins sur l'arbre : $V\overline{V}\overline{V}$, $\overline{V}\overline{V}V$ et $\overline{V}V\overline{V}$.
D'où $P(X=1) = 3 \times \frac{2}{7} \times \left(\frac{5}{7}\right)^2 = \frac{150}{343}$.
3. En utilisant l'événement contraire :
$P(X \geqslant 1) = 1 - P(X=0) = 1 - \frac{125}{343} = \frac{218}{343}$.

Voir exercices
60 Pour s'entraîner
100 Pour travailler en autonomie

CAPACITÉ 4 Utiliser le triangle de Pascal

Vidéo 06:18
Déterminer des coefficients binomiaux à l'aide du triangle du Pascal
bordas Flash PAGE vidéo

1. Donner chacun des coefficients binomiaux suivants : $\binom{2}{0}, \binom{2}{2}, \binom{4}{0}, \binom{3}{3}$ et $\binom{5}{0}$.
Où ces coefficients sont-ils situés sur le triangle de Pascal ?
2. Même question avec $\binom{7}{1}, \binom{13}{1}$ et $\binom{81}{1}$.
3. À l'aide du triangle de Pascal, déterminer $\binom{5}{2}, \binom{6}{3}, \binom{6}{4}, \binom{7}{2}$ et $\binom{7}{4}$.

Méthode

Pour calculer des coefficients binomiaux, on peut construire le triangle de Pascal.

Solution commentée

1. Ces coefficients binomiaux sont de la forme $\binom{n}{0}$ ou de la forme $\binom{n}{n}$: ils sont égaux à 1. Les coefficients de la forme $\binom{n}{0}$ sont situés sur la première colonne, et les coefficients $\binom{n}{n}$ sont situés sur la diagonale du triangle de Pascal.
2. Pour tout entier naturel n, $\binom{n}{1} = n$. D'où $\binom{7}{1} = 7$, $\binom{13}{1} = 13$ et $\binom{81}{1} = 81$.
Ces coefficients sont situés dans la seconde colonne du triangle de Pascal.
3. On construit le triangle de Pascal jusqu'à sa huitième ligne car on demande $\binom{7}{2}$ et $\binom{7}{4}$.
Ainsi, on obtient à l'intersection de la sixième ligne et de la troisième colonne : $\binom{5}{2} = 10$.
En procédant de même, on obtient $\binom{6}{3} = 20$, $\binom{6}{4} = 15$, $\binom{7}{2} = 21$ et $\binom{7}{4} = 35$.

1							
1	1						
1	2	1					
1	3	3	1				
1	4	6	4	1			
1	5	10	10	5	1		
1	6	15	20	15	6	1	
1	7	21	35	35	21	7	1

Voir exercices
63 Pour s'entraîner
101 Pour travailler en autonomie

3. Loi binomiale

Définition et propriétés

Vocabulaire
La loi binomiale est aussi appelée « loi du nombre de succès ».

DÉFINITION Soit X une variable aléatoire qui, à chaque issue d'un schéma de Bernoulli de paramètres n et p, associe le nombre de succès au cours de ces n épreuves. La loi de probabilité de X est appelée **loi binomiale** de paramètres n et p. On la note $B(n,p)$.

PROPRIÉTÉ Soit X une variable aléatoire suivant la loi binomiale de paramètres n et p, alors, pour tout entier k compris entre 0 et n, $P(X = k) = \binom{n}{k} p^k q^{n-k}$, où $q = 1 - p$.

Animation
Chemin dans un arbre – Loi binomiale – Loi géométrique

DÉMONSTRATION
Dans l'arbre modélisant une épreuve de Bernoulli à n épreuves, l'événement $\{X = k\}$ est formé de $\binom{n}{k}$ issues, car il y a $\binom{n}{k}$ chemins réalisant k succès. De plus, ces issues ont toutes la même probabilité $p^k \times q^{n-k}$, d'après une propriété des arbres pondérés. On obtient la formule donnée.

PROPRIÉTÉ Soit X une variable aléatoire suivant la loi binomiale de paramètres n et p, alors $E(X) = np$, $V(X) = npq$ et $\sigma(X) = \sqrt{npq}$.

DÉMONSTRATION
Dans le cas $n = 3$. Grâce à la formule on obtient $P(X = 0) = q^3$, $P(X = 1) = 3pq^2$, $P(X = 2) = 3p^2q$ et $P(X = 3) = p^3$.
Alors $E(X) = 0 \times q^3 + 1 \times 3pq^2 + 2 \times 3p^2q + 3 \times p^3 = 3p(q^2 + 2\,pq + p^2) = 3p(p + q)^2$.
Or $p + q = 1$ et $n = 3$, donc $E(X) = np \times 1^2 = np$.

Utilisation de la calculatrice et du tableur

	Casio	Texas	NumWorks
Syntaxe	Dans le menu **Exe-Mat**, touche OPTN OPTN, STAT (F5), DIST (F3), BINOMIAL (F5) puis **Bpd** (F1) ou **Bcd**.(F2)	Menu distrib (2nde VAR) puis **binomFdP** (ou **binomFRép**) puis **nbreEssais** : n **p** : p **valeur de x** : k	Menu Probabilités, puis Binomiale. Saisir n et p puis Suivant. Sélectionnez l'icône puis OK.
$P(X = k)$	BinomialPD(k,n,p)		Choisir
$P(X \leqslant k)$	BinomialCD(k,n,p)	nbreEssais: p: valeur de x: Coller	Choisir

Avec le tableur : LOI.BINOMIALE(k;n;p;0) pour P(X=k) et LOI.BINOMIALE(k;n;p;1) pour P(X⩽k).

Représentation graphique

On représente la loi binomiale à l'aide d'un diagramme en bâtons.

À noter
Plus p est grand, plus le diagramme est décalé sur la droite.

Pour $n = 10$

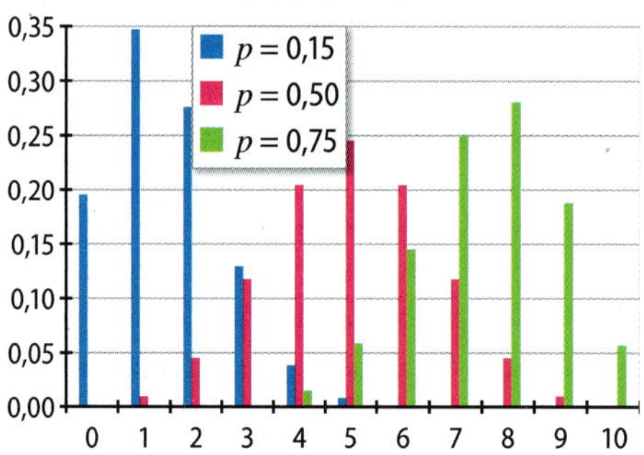

Pour $n = 30$

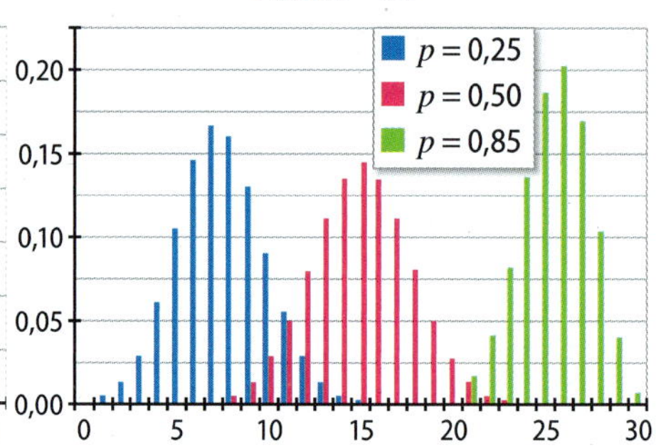

CAPACITÉ 5

Identifier une situation où une variable aléatoire suit une loi binomiale

1 On considère un jeu de 32 cartes. On tire deux cartes de ce jeu et on note X la variable aléatoire qui compte le nombre de cœurs obtenus. Dans chacune des situations suivantes, dire si X suit une loi binomiale, et en préciser les paramètres.

a. On tire les deux cartes l'une après l'autre en ne remettant pas la première.

b. On tire les deux cartes l'une après l'autre en remettant la première dans le jeu.

2 La ville de Las Vegas accueille environ 100 000 touristes chaque jour. On estime que 5 % des touristes ne viennent pas à Las Vegas pour jouer au casino. On interroge au hasard 10 touristes dans la rue. On note Y la variable aléatoire qui compte le nombre de touristes témoignant ne pas être venus dans cette ville pour jouer. Expliquer pourquoi on peut considérer que Y suit une loi binomiale.

Méthode

Pour identifier une situation de loi binomiale, il faut s'assurer que l'expérience se répète de manière identique et indépendante.

Solution commentée

1 **a.** Dans cette situation, on tire d'abord une carte dans un jeu qui comporte 32, puis une carte parmi 31 car une carte a été retirée. Les expériences ne sont donc pas identiques et X ne suit pas une loi binomiale.

b. Étant donné qu'il y a remise de la carte, l'expérience aléatoire est répétée deux fois de façon identique et indépendante. La probabilité d'un succès (l'obtention d'un cœur) vaut $\frac{8}{32} = \frac{1}{4}$ car il y a 8 cœurs dans le jeu.

X suit donc la loi binomiale de paramètres $n = 2$ et $p = \frac{1}{4}$.

2 Interroger un touriste dans la rue est une expérience aléatoire à deux issues : « le touriste n'est pas venu pour jouer » (le succès) ou « le touriste est venu pour jouer » (l'échec). Comme le nombre de touristes est très grand, on peut assimiler le choix des dix touristes à des tirages successifs avec remise. Y suit donc la loi binomiale de paramètres $n = 10$ et $p = 0{,}05$.

Voir exercices
69 Pour s'entraîner
102 Pour travailler en autonomie

CAPACITÉ 6

Calculer $P(X = k)$ ou $P(X \leqslant k)$ pour X suivant une loi binomiale

Vidéo 09:06
Calculer $P(X = k)$ ou $P(X \leqslant k)$ pour X suivant une loi binomiale
bordas Flash PAGE vidéo

1 Soit X une variable aléatoire suivant la loi binomiale de paramètres $n = 3$ et $p = \frac{1}{4}$.

Déterminer la valeur exacte de $P(X = 1)$, puis la valeur exacte de $P(X \leqslant 2)$.

2 Soit Y une variable aléatoire suivant la loi binomiale de paramètres $n = 10$ et $p = \frac{1}{4}$.

Déterminer, à l'aide de la calculatrice ou du tableur, des valeurs approchées à 10^{-4} de $P(X = 3)$ et $P(X \leqslant 7)$.

Méthode

Lorsque n est petit, on calcule la valeur exacte de la probabilité demandée à l'aide de la formule.

Solution commentée

1 On peut utiliser la formule générale :

$$P(X = 1) = \binom{3}{1}\left(\frac{1}{4}\right)^1\left(1 - \frac{1}{4}\right)^{3-1} = 3 \times \frac{1}{4} \times \left(\frac{3}{4}\right)^2 = \frac{27}{64}.$$

Pour $P(X \leqslant 2)$, on pourrait calculer $P(X = 0)$, $P(X = 1)$, $P(X = 2)$ et additionner les résultats.

On peut également penser au fait que $P(X \leqslant 2) = 1 - P(X = 3)$.

Ainsi $P(X \leqslant 2) = 1 - \binom{3}{3}\left(\frac{1}{4}\right)^3\left(1 - \frac{1}{4}\right)^{3-3} = 1 - \frac{1}{64} = \frac{63}{64}$.

2 On obtient, à l'aide de la calculatrice ou du tableur :

$$P(X = 3) \approx 0{,}2503 \qquad \text{et} \qquad P(X \leqslant 7) \approx 0{,}9996.$$

Voir exercices
71 Pour s'entraîner
103 et 104 Pour travailler en autonomie

4. Loi géométrique

Définition, espérance

À noter
La variable aléatoire X représente le « temps d'attente » de la réalisation du premier succès S.

DÉFINITION On considère une épreuve de Bernoulli de paramètre p dont le succès est noté S. Soit X la variable aléatoire comptant le nombre de répétitions nécessaires de cette épreuve de Bernoulli avant l'obtention d'un premier succès S. Cette variable aléatoire prend des valeurs entières non nulles.
La loi de probabilité de X est appelée **loi géométrique** de paramètre p.

EXEMPLE : On lance une pièce de monnaie jusqu'à la première obtention du côté Pile. La variable aléatoire X, comptant le nombre de lancers nécessaires pour l'obtention du premier Pile, suit la loi géométrique de paramètre 0,5.

Animation
Chemin dans un arbre – Loi binomiale – Loi géométrique

PROPRIÉTÉ Soit X une variable aléatoire suivant la loi géométrique de paramètre p.
Pour tout entier naturel k non nul, $P(X = k) = (1 - p)^{k-1} \times p$.

DÉMONSTRATION

On souhaite obtenir le premier succès après k répétitions. On est en présence d'un schéma de Bernoulli de paramètres k et p. Dans l'arbre correspondant à ce schéma, un seul chemin est constitué de $k - 1$ échecs suivi d'un succès : sa probabilité vaut $(1 - p)^{k-1} \times p$.

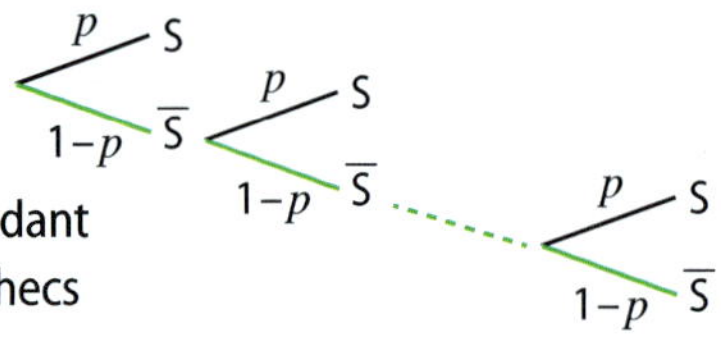

PROPRIÉTÉ Soit X une variable aléatoire suivant la loi géométrique de paramètre p.
Alors on a $E(X) = \dfrac{1}{p}$.

Représentation graphique

À noter
Chaque série de points est placée selon la représentation graphique d'une fonction exponentielle.

Voici les représentations graphiques de trois lois géométriques de paramètres 0,2, 0,5 et 0,8.
On remarque que plus le nombre k est grand, plus la probabilité $P(X = k)$ est faible.

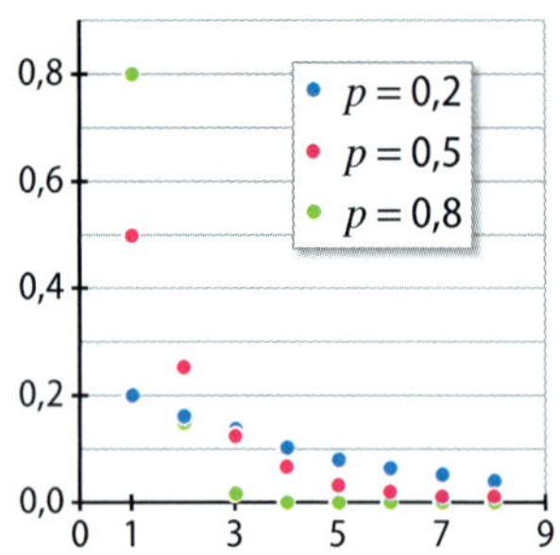

Propriétés caractéristiques

PROPRIÉTÉ Soit X une variable aléatoire.
(1) Si X suit une loi géométrique, alors X est sans mémoire, c'est-à-dire que pour tous entiers m et n non nuls, on a $P_{X>n}(X > m + n) = P(X > m)$.
(2) Réciproquement, si X est sans mémoire, alors X suit une loi géométrique.

À noter
Ici, on a démontré un lemme, c'est-à-dire un résultat intermédiaire sur lequel on s'appuie pour conduire la démonstration.

DÉMONSTRATION

(1) Soit X une variable aléatoire suivant la loi géométrique de paramètre p.
$P(X > m) = 1 - P(X \leqslant m) = 1 - \left[P(X = 1) + \ldots + P(X = m)\right]$.
Or $P(X = 1) + \ldots + P(X = m) = p + (1 - p)p + \ldots(1 - p)^{m-1} \times p$

$= p \times \left[1 + (1 - p) + \ldots + (1 - p)^{m-1}\right] = p \times \dfrac{1 - (1 - p)^m}{1 - (1 - p)} = 1 - (1 - p)^m$

car $1 + (1 - p) + \ldots + (1 - p)^{m-1}$ est la somme des m premiers termes d'une suite géométrique. Ainsi $P(X > m) = 1 - \left(1 - (1 - p)^m\right) = (1 - p)^m$.

On a $P_{X>n}(X > m + n) = \dfrac{P(\{X > m + n\} \cap \{X > n\})}{P(X > n)} = \dfrac{P(X > m + n)}{P(X > n)}$

$= \dfrac{(1 - p)^{m+n}}{(1 - p)^n} = (1 - p)^m = P(X > m)$.

CAPACITÉ 7

Identifier une situation où une variable aléatoire suit une loi géométrique

Dans chacun des cas suivants, déterminer si la variable aléatoire X proposée suit ou non une loi géométrique. Si oui, préciser alors le paramètre de cette loi.

1. Une urne contient une boule blanche et deux noires. On tire, successivement et avec remise, n boules de cette urne. On note X la variable aléatoire comptant le nombre de boules blanches obtenues.
2. On lance un dé équilibré à six faces plusieurs fois de suite : tant qu'on n'a pas obtenu un 6, on continue à lancer le dé. X est la variable aléatoire qui compte le nombre de répétitions nécessaires à l'obtention de la valeur 6.
3. Sur une route départementale fréquentée, on estime qu'un autostoppeur a 15 % de chances d'être pris à chaque fois qu'un véhicule passe à côté de lui. X est le nombre de véhicules qu'il a vu au total.

Conseil

Pour déterminer si une variable aléatoire suit une loi géométrique, on peut commencer par déterminer si elle prend des valeurs entières non nulles.

Solution commentée

1. X compte le nombre de succès obtenus lors d'une série de n tirages. On peut très bien ne tirer aucune boule blanche, donc X ne prend pas ses valeurs dans l'ensemble des entiers non nuls. X ne suit pas une loi géométrique mais la loi binomiale de paramètres n et $\frac{1}{3}$.
2. La variable aléatoire X compte le nombre de répétitions nécessaires de l'expérience jusqu'à l'obtention du succès « obtenir un 6 ». Elle prend ses valeurs dans l'ensemble des entiers non nuls. La probabilité de succès vaut $\frac{1}{6}$.
   X suit bien la loi géométrique de paramètre $\frac{1}{6}$.
3. La variable aléatoire X compte le nombre de répétitions nécessaires de l'expérience jusqu'à l'obtention du succès « l'autostoppeur est pris ».
   X suit la loi géométrique de paramètre 0,15.

Voir exercices
81 Pour s'entraîner
110 Pour travailler en autonomie

CAPACITÉ 8

Calculer $P(X=k)$ ou $P(X \leqslant k)$ pour X suivant une loi géométrique

Un photographe passionné de nature part réaliser un safari photo autour du monde et s'arrête en Indonésie, dans la région de Sumatra. Il souhaite photographier un orang-outan (*Pongo abelii*) qui vit exclusivement dans cette région. La probabilité qu'il réussisse une photo d'orang-outan est 0,1 chaque jour. Une fois la photo prise, il change de destination.

1. Quelle est la probabilité qu'il réussisse une photo le troisième jour ?
2. S'il réussit une photo dans les trois premiers jours, il se rendra ensuite à Bornéo pour tenter de photographier d'autres orangs-outans.
   Quelle est la probabilité qu'il se rende à Bornéo ?

Méthode

Pour calculer une probabilité de la forme $P(X \leqslant k)$, on peut d'abord calculer toutes les probabilités de la forme $P(X=n)$ pour $1 \leqslant n \leqslant k$, puis les ajouter.

Solution commentée

1. Si on note X la variable aléatoire comptant le nombre de répétitions (donc ici le nombre de jours) nécessaires à la réussite de la photo, X suit une loi géométrique de paramètre $p = 0{,}1$.
   La probabilité de réussir la photo le troisième jour est :
   $$P(X = 3) = (1 - p)^{3-1} \times p = 0{,}081.$$
2. La probabilité de réussir la photo dans les trois premiers jours est la somme des probabilités de réussir le premier jour, le deuxième et le troisième. Autrement dit :
   $$P(X \leqslant 3) = P(X = 1) + P(X = 2) + P(X = 3).$$
   Avec $P(X = 2) = (1 - p)^{2-1} \times p = 0{,}09$ et la question précédente, on trouve que :
   $$P(X \leqslant 3) = 0{,}271.$$

Voir exercices
83 Pour s'entraîner
107 et 108 Pour travailler en autonomie

CAPACITÉ 9 Déterminer un intervalle I pour lequel $P(X \in \mathrm{I}) \geqslant 1-\alpha$ si X suit une loi binomiale

Dans une chaîne de production pharmaceutique, la proportion de gélules non commercialisables en sortie de chaîne est 3 %. Soit X la variable aléatoire qui, à chaque échantillon de 200 gélules, associe le nombre de gélules non commercialisables.

1. Quelle est la loi suivie par X ?
2. Déterminer le plus petit entier b tel que $P(X \in [0 ; b]) \geqslant 0{,}9$.
3. Interpréter le résultat précédent.

Méthode

Pour déterminer un intervalle I pour lequel $P(X \in \mathrm{I})$ est inférieure ou supérieure à une valeur donnée, on peut construire la table des valeurs $P(X \leqslant k)$ pour k entier entre 0 et n.

Voir exercices
73 Pour s'entraîner
105 et 106 Pour travailler en autonomie

Solution commentée

1. Le fait de choisir une gélule est une épreuve de Bernoulli dont le succès « la gélule est non commercialisable » a pour probabilité 0,03. La constitution de l'échantillon revient à réaliser 200 fois de façon identique et indépendante cette épreuve de Bernoulli : ainsi, X suit la loi binomiale de paramètres 200 et 0,03.

X	Y1
0	0.0023
1	0.0162
2	0.0593
3	0.1472
4	0.281
5	0.4432
6	0.6063
7	0.7461
8	0.8504
9	0.9192
10	0.9599

2. Comme $P(X \in [0 ; b]) = P(X \leqslant b)$, on construit la table des valeurs $P(X \leqslant k)$ pour k compris entre 0 et 200. En parcourant les valeurs de la table, on obtient $b = 9$, puisque $P(X \leqslant 8) \approx 0{,}85$ donc $P(X \leqslant 8) < 0{,}9$ et $P(X \leqslant 9) \approx 0{,}92$ donc $P(X \leqslant 9) \geqslant 0{,}9$.
3. On peut affirmer qu'au moins 90 % des échantillons de 200 gélules ne contiennent pas plus de 9 gélules défectueuses.

CAPACITÉ 10 Utiliser la caractérisation d'une loi géométrique par l'absence de mémoire

Un joueur de fléchettes s'entraîne au tir sur une cible circulaire. La probabilité qu'il touche la zone centrale, celle qui rapporte le plus de points, est de $\frac{1}{40}$. Il décide de se lancer un défi : tant qu'il n'aura pas réussi à toucher le centre, il continue à lancer des fléchettes. On note X la variable aléatoire comptant le nombre de tirs nécessaires au joueur pour atteindre la zone centrale.

1. Quelle est la loi suivie par X ?
2. Sachant qu'il a déjà effectué neuf tirs sans succès, quelle est la probabilité que le joueur n'atteigne pas la zone centrale avant le 21e tir ?

Méthode

Pour calculer des probabilités conditionnelles faisant intervenir une variable aléatoire suivant une loi géométrique, on peut utiliser l'absence de mémoire de cette loi.

Voir exercices
85 Pour s'entraîner
109 Pour travailler en autonomie

Solution commentée

1. La variable aléatoire X compte le nombre de répétitions nécessaires de l'expérience jusqu'à l'obtention du succès « atteindre la zone centrale ». Elle prend ses valeurs dans l'ensemble des entiers non nuls. La probabilité de succès vaut $\frac{1}{40}$.
X suit la loi géométrique de paramètre $\frac{1}{40}$.
2. On cherche $P_{X>9}(X > 20)$, on peut utiliser l'absence de mémoire de la loi géométrique :
$$P_{X>9}(X > 20) = P_{X>9}(X > 11+9) = P(X > 11) = 1 - P(X \leqslant 11).$$
Or $P(X \leqslant 11) = P(X = 1) + P(X = 2) + \ldots + P(X = 11)$,
soit $P(X \leqslant 11) = \frac{1}{40} + \frac{1}{40} \times \frac{39}{40} + \frac{1}{40} \times \left(\frac{39}{40}\right)^2 + \ldots + \frac{1}{40} \times \left(\frac{39}{40}\right)^{10}$,
donc $P(X \leqslant 11) = \frac{1}{40} \times \left[1 + \frac{39}{40} + \left(\frac{39}{40}\right)^2 + \ldots + \left(\frac{39}{40}\right)^{10}\right] = \frac{1}{40} \times \frac{1 - \left(\frac{39}{40}\right)^{11}}{1 - \frac{39}{40}}$
et $P(X \leqslant 11) = 1 - \left(\frac{39}{40}\right)^{11} \approx 0{,}243$.
La probabilité que le joueur n'atteigne pas la zone centrale avant le 21e tir sachant qu'il a déjà effectué neuf tirs sans succès est environ égale à 0,243.

Tableau de valeurs de probabilités

On va construire un tableau de valeurs $P(X \leqslant k)$ pour une variable aléatoire X suivant une loi binomiale de paramètres 15 et 0,3.

Calculatrice CASIO

Appuyer sur la touche **MENU**, sélectionner le menu **TABLE**, puis suivre les instructions suivantes.

1 Dans **Y1**, saisir **BinomialCD(X,15,0.3)** suivi de **EXE**. Pour cela, utiliser la fonction **BinomialCD** que l'on trouve de la façon suivante : **OPTN** puis ▷ (touche F6) puis **STAT** (touche F3) puis **DIST** (touche F1) puis **BINOMIAL** (touche F5) et enfin **Bcd** (touche F2).

2 Choisir **SET** (touche F5), puis entrer la première (**Start**) et la dernière valeur (**End**) de k, ainsi que le pas, suivi de **EXE**.

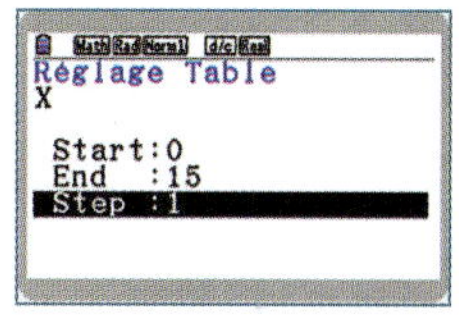

3 Choisir **TABLE** (touche F6).

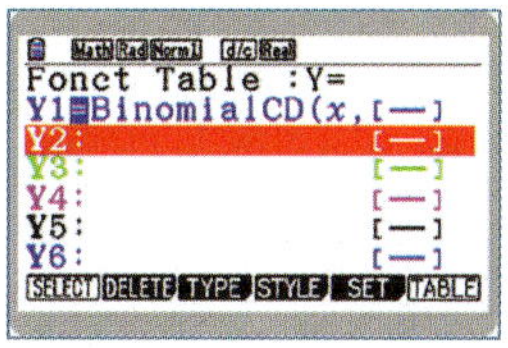

4 Le début du tableau de valeurs s'affiche. On obtient la suite du tableau en appuyant sur la touche ↓ du pavé directionnel.

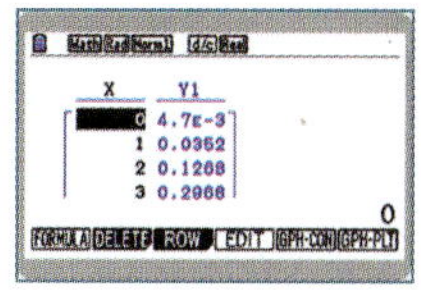

Remarque : pour un tableau de valeurs $P(X = k)$, on utilise l'instruction **BinomialPD (Bpd)**.

Calculatrice TEXAS

1 Sélectionner au clavier le menu **f(x)**, saisir dans $\mathbf{Y_1}$: **BinomFRép(15,0.3,X)** suivi de **entrer**. Pour cela, utiliser la fonction **BinomFRép** que l'on trouve de la façon suivante : **distrib** (2nde puis **var**) puis avec la flèche de défilement, rechercher le menu **BinomFRép(**.

2 Choisir **déf table** (2nde puis **fenêtre**) et entrer la première valeur (**DébutTbl**) ainsi que le pas (**ΔTbl**). On entre **Auto** pour **Indpnt** et **Auto** pour **Dépndte**. On passe d'une ligne à l'autre avec les flèches du curseur.

3 Sélectionner l'instruction **table** au clavier (2nde puis **graphe**).
Le début du tableau de valeurs s'affiche. On obtient la suite du tableau en appuyant sur la touche ↓ du pavé directionnel.
Remarque : pour un tableau de valeurs $P(X = k)$, on utilise l'instruction **binomFdp**.

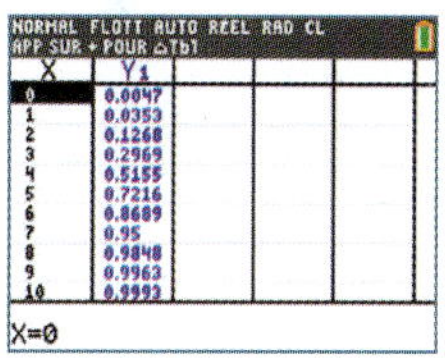

Calculatrice NUMWORKS

1 Choisir le menu **Fonctions**. Saisir dans **f(x)=** : **binomcdf(x,15,0.3)** suivi de **EXE**. Pour cela utiliser la fonction **binomcdf** que l'on trouve de la façon suivante: **Boîte à outils** 
puis à l'aide du pavé directionnel 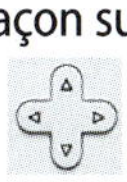 choisir **Probabilités** puis **Loi binomiale** puis **binomcdf(m,n,p)**.

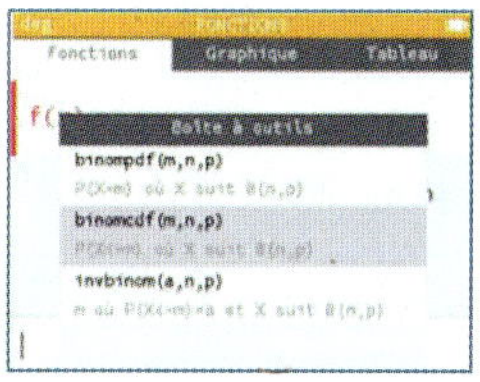

2 Sélectionner l'onglet **Tableau**, puis **Régler l'intervalle.** Entrer la première valeur (**X début**), la dernière valeur (**X fin**) ainsi que le **Pas**, puis sélectionner Valider et **EXE**.

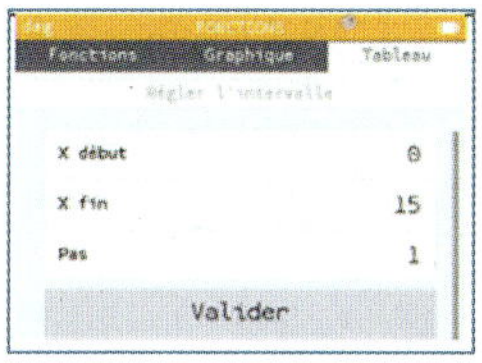

2 Le début du tableau de valeurs s'affiche. On obtient la suite du tableau en appuyant sur la touche ↓ du pavé directionnel.
Remarque : pour un tableau de valeurs $P(X = k)$, on utilise l'instruction **binompdf(m,n,p)**.

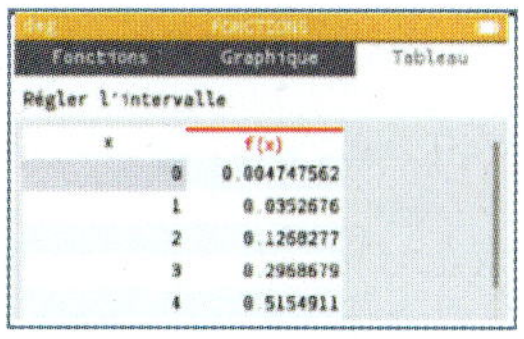

EXERCICES Automatismes et rituels

Calcul mental

1 Comparer les réels suivants.

a. 2 et $\frac{7}{3}$
b. $\frac{17}{3}$ et 6
c. 4×6 et 3×8
d. 9×6 et 7×8
e. $\sqrt{63}$ et 9
f. $\frac{46}{45}$ et $\frac{807}{806}$

2 Déterminer si 1 et –2 sont solutions de chacune des équations suivantes.

a. $x^2-2x+1=0$
b. $x^2+x-2=0$
c. $(3-6x)^2=81$
d. $(x^2+4)(x^2+1)=0$

3 Déterminer la résistance R équivalente à deux résistances R_1 et R_2 en parallèle grâce à la formule $R=\frac{R_1R_2}{R_1+R_2}$ lorsque :

a. $R_1=1, R_2=7$
b. $R_1=3, R_2=6$
c. $R_1=10, R_2=10$
d. $R_1=15, R_2=3$

4 Convertir les grandeurs suivantes.

a. 1 609 m en km
b. 17 cm en m
c. 33 cL en L
d. 250 mL en L

Automatismes

Calcul numérique et algébrique

5 Développer et réduire chacune des expressions suivantes.

1. $(x-3)(2x+1)$
2. $(x^2-2x+5)(x-9)$
3. $(x^2-1)(x+7)-(2x+1)$
4. $(x-2)(x+2)(x+5)$

6 **Question de méthodes**

Comment faire pour résoudre une inéquation du type :

1. $\mathrm{e}^{3x-1}\geqslant 1$?
2. $\left(x^2-5x+4\right)\mathrm{e}^{3x}\geqslant 0$?
3. $\frac{3x-5}{2x+3}\leqslant 0$?

7 Calculer.

1. $\frac{2^9\times\left(2^5\right)^{-2}}{\left(2^7\right)^2}$
2. $\frac{\left(10^{-3}\right)^{-8}\times10^{-9}}{\left(10^{-6}\right)^3}$

8 Résoudre dans $\mathbb{R}$ les équations suivantes.

1. $x^2-5x+4=0$
2. $\mathrm{e}^{3x}-1=0$
3. $\mathrm{e}^{2x^2}-\mathrm{e}^{x}=0$
4. $\mathrm{e}^{x^2+1}-\mathrm{e}^{2x}=0$

9 Résoudre dans $\mathbb{R}$ les inéquations suivantes.

1. $-2x+1>x-4$
2. $(x-1)(x+3)<0$
3. $\mathrm{e}^{x}\leqslant -1$
4. $\mathrm{e}^{2x+3}-\mathrm{e}^{x-3}\geqslant 0$

10 Résoudre les systèmes d'équations suivants.

1. $\begin{cases}x+2y=4\\x-3y=-1\end{cases}$
2. $\begin{cases}5x+3y=2\\2x+6y=-4\end{cases}$

Fonctions

11 VRAI/FAUX

Indiquer si les affirmations sont vraies ou fausses, puis justifier.

Soit f la fonction définie sur $[-4\,;2]$ par $f(x)=\left(3-x^2\right)\mathrm{e}^{x}$ et $\mathscr{C}_f$ sa courbe représentative dans un repère.

1. Pour tout réel x de $[-4\,;2]$ $f'(x)=-2x\mathrm{e}^{x}$.
2. $\mathscr{C}_f$ coupe une seule fois l'axe des abscisses au point d'abscisse $\sqrt{3}$.
3. Le coefficient directeur de la tangente à $\mathscr{C}_f$ au point d'abscisse 0 vaut 3.

12 Étudier les variations des fonctions suivantes définies pour tout réel x par :

1. $f(x)=-x^2+5x+7$
2. $g(x)=x^3+9x^2-21x+2$
3. $h(x)=3-\mathrm{e}^{0,5x}$
4. $k(t)=t^2\mathrm{e}^{t}$

Algorithmique et programmation

13 ALGO Amir met 4 € chaque mois dans une tirelire à partir du 1er janvier 2021.

Compléter l'algorithme ci-dessous afin que la variable T contienne en fin d'algorithme la somme présente dans sa tirelire le 1er janvier 2023.

```
T ← 4
Pour k allant de 1 à ... faire
   | T ← ...........
Fin Pour
```

14 PYTHON On considère la fonction Python suivante.

```python
def f(A):
    y=1
    n=0
    while y<=A:
        y=2*y
        n=n+1
    return n
```

1. Que renvoie l'appel f(2) ?
2. Que renvoie l'appel f(10) ?
3. Expliquer ce que fait la fonction f.

15 Soit la liste M = [3*x for x in range(5)] et la liste N définie par N = [x – 3 for x in M].

Écrire en extension la liste M, puis la liste N.

Loi uniforme – Loi de Bernoulli

Questions flash

16 Soit X une variable aléatoire suivant la loi uniforme sur $\{1, 2, 3, 4, 5\}$.

1. Quelles peuvent être les valeurs prises par X ?

2. Donner $P(X = 2)$.

17 Soit Y une variable aléatoire suivant la loi de Bernoulli de paramètre 0,35.
Déterminer $P(Y = 1)$.

18 Pour décider du nombre de points accordés en bonus dans un jeu de société, on lance un dé équilibré à vingt faces numérotées de 1 à 20. On note X la valeur donnée par le lancer du dé.

1. Justifier que X suit la loi uniforme sur l'ensemble $\{1, 2, \dots, 20\}$.

2. Donner $P(X = 5)$.

3. Déterminer l'espérance de X.

19 Une urne contient trois boules blanches et deux boules noires.
On tire au hasard une boule de cette urne.

1. Quelle est la probabilité d'obtenir une boule blanche ?

2. Soit X la variable aléatoire qui prend 1 pour valeur lorsque la boule tirée est blanche, et 0 si la boule tirée est noire. Expliquer pourquoi X suit une loi de Bernoulli et préciser son paramètre.

20 LOGIQUE Soit la proposition suivante : « Si la variable aléatoire X suit la loi uniforme sur $\{1, 2, 3, 4, 5\}$, alors $P(X = 3) = 0{,}2$ ».

1. Cette proposition est-elle vraie ?

2. Énoncer la proposition réciproque. Est-elle vraie ou fausse ?

21 Proposer une expérience aléatoire dans laquelle une variable aléatoire suit une loi uniforme sur $\{1, \dots, 6\}$.

22 Proposer une expérience aléatoire dans laquelle une variable aléatoire suit une loi de Bernoulli de paramètre $p = \frac{1}{4}$.

23 Une pièce est truquée de telle sorte que la probabilité d'obtenir « Pile » est égale à $\frac{2}{3}$ et la probabilité d'obtenir « Face » est égale à $\frac{1}{3}$.
On lance une fois cette pièce et on s'intéresse à la variable aléatoire X telle que l'événement $\{X = 1\}$ est l'événement « obtenir Face » et l'événement $\{X = 0\}$ est l'événement « obtenir Pile ».

1. Quelle est la loi suivie par la variable X ?

2. Quel est son paramètre ?

24 VRAI/FAUX
Indiquer si les affirmations sont vraies ou fausses, puis justifier.
Soit X une variable aléatoire prenant toutes les valeurs entières de 1 à 5 avec une même probabilité valant 0,2. Alors :

1. X suit la loi uniforme sur $\{1, \dots, 5\}$.

2. $E(X)$ vaut 3.

25 VRAI/FAUX
Indiquer si les affirmations sont vraies ou fausses, puis justifier.
Soit Y une variable aléatoire suivant la loi de Bernoulli de paramètre p, alors :

1. $E(Y) = p$. **2.** $\sigma(Y) = p(1 - p)$.

Schéma de Bernoulli

Questions flash

26 On lance trois fois de suite une pièce bien équilibrée. On considère qu'obtenir « Pile » est un succès.

1. Expliquer pourquoi on peut modéliser cette situation par un schéma de Bernoulli dont on précisera les paramètres.

2. Voici un arbre pondéré illustrant ce schéma de Bernoulli.

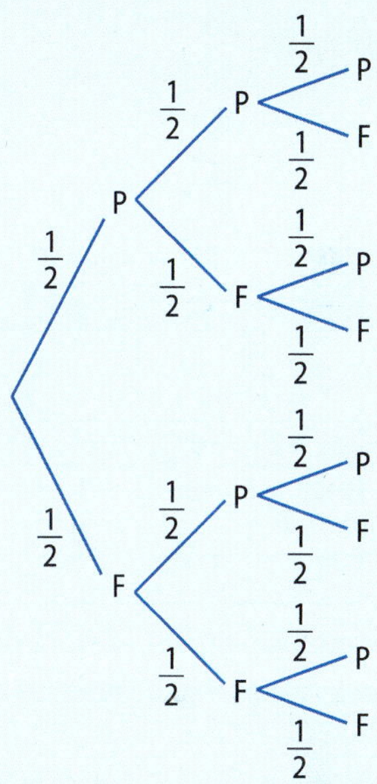

Quel est le nombre de chemins sur cet arbre pondéré, conduisant à l'événement « obtenir exactement deux fois "Pile" » ?

3. Comment note-t-on ce nombre ?

27 QCM *Choisir la ou les bonnes réponses.*
L'arbre pondéré ci-contre représente un schéma de Bernoulli pour lequel le succès est noté S.
Les paramètres de ce schéma de Bernoulli sont :

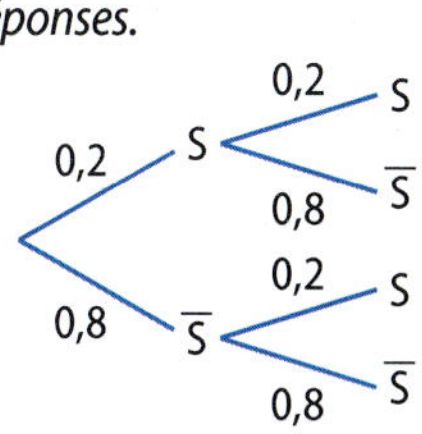

1. $n = 4$ et $p = 0{,}8$ **2.** $n = 2$ et $p = 0{,}8$
3. $n = 2$ et $p = 0{,}2$ **4.** $n = 4$ et $p = 0{,}2$

28 Un joueur de basket-ball réalise trois lancers de façon indépendante. À chaque lancer, la probabilité qu'il marque un panier est 0,85.
Expliquer pourquoi on peut modéliser cette situation par un schéma de Bernoulli dont on précisera les paramètres.

29 Réaliser un arbre pondéré correspondant à un schéma de Bernoulli de paramètres 2 et 0,4.

30 Sur un arbre pondéré modélisant un schéma de Bernoulli de paramètres $n = 4$ et $p = 0{,}1$, que représente le nombre $\binom{4}{2}$?

31 **1.** Expliquer pourquoi $\binom{3}{1} = \binom{3}{2}$. Quelle est cette valeur ?
2. Rappeler la formule de Pascal.
3. En déduire la valeur de $\binom{4}{2}$.

32 **1.** Donner, sans justification, la valeur des coefficients binomiaux $\binom{4}{0}$ et $\binom{4}{4}$.
2. a. Donner la valeur de $\binom{4}{1}$.
b. En déduire la valeur de $\binom{4}{3}$.

33 On donne les premières lignes du triangle de Pascal.

$n \backslash k$	0	1	2	3	4	5
0	1					
1	1	1				
2	1	2	1			
3	1	3	3	1		
4	1	4	6	4	1	
5	1	5	…	…	5	1

1. Interpréter le nombre 6 situé sur l'avant-dernière ligne.
2. Calculer les deux valeurs manquantes de la dernière ligne.

34 **VRAI/FAUX**
Indiquer si les affirmations sont vraies ou fausses, puis justifier.
Si l'on répète une expérience de Bernoulli trois fois de suite de façon indépendante, il y a six chemins différents dans l'arbre pondéré correspondant.

Loi binomiale

Questions flash

35 On considère une variable aléatoire X suivant la loi binomiale de paramètres $n = 2$ et $p = 0{,}3$.
1. Quelles sont les valeurs prises par X ?
2. On considère ci-dessous l'arbre pondéré associé à ce schéma de Bernoulli.

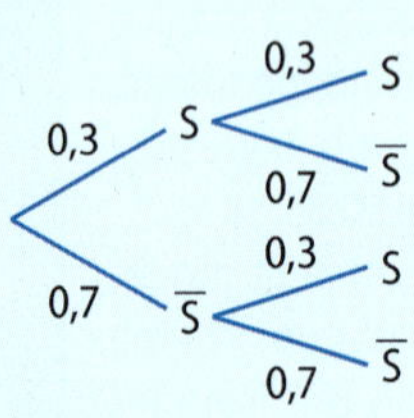

Quelle est la probabilité de l'événement $\{X = 2\}$?

36 On considère un schéma de Bernoulli dont on donne la représentation par un arbre pondéré.
On note X le nombre de succès obtenus.

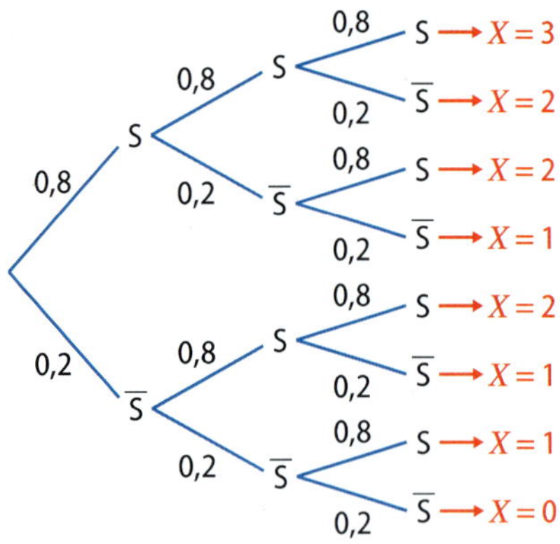

1. Préciser la loi suivie par la variable aléatoire X.
2. À l'aide de l'arbre pondéré, déterminer la probabilité de l'événement $\{X = 2\}$.

37 Soit X la variable aléatoire de paramètres $n = 3$ et $p = 0{,}8$. En vous aidant de l'arbre pondéré de l'exercice **36**, déterminer les probabilités $P(X = 0)$, $P(X = 1)$ et $P(X \leqslant 1)$.

38 On lance une pièce de monnaie équilibrée trois fois de suite et on appelle pour chaque lancer « succès » l'obtention d'un « Pile ». Y est la variable aléatoire comptant le nombre de succès obtenus.
1. Expliquer pourquoi Y suit une loi binomiale et en préciser les paramètres.
2. Quelle est la formule permettant de déterminer $P(Y = 2)$? Le faire.
3. Déterminer l'espérance de Y.

39 On considère le schéma de Bernoulli représenté par l'arbre pondéré ci-contre.
Soit X la variable aléatoire associée à ce schéma de Bernoulli.

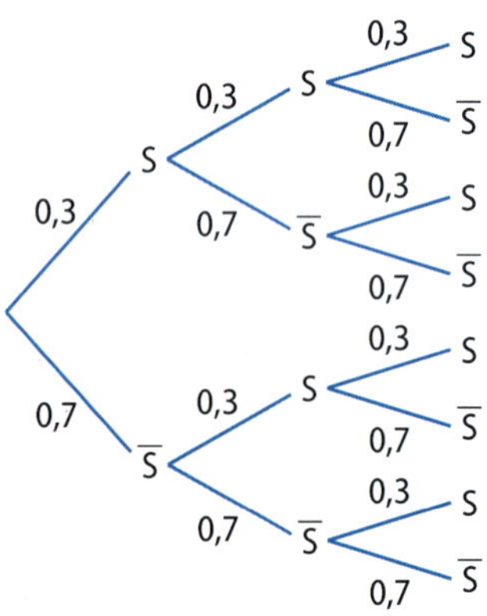

1. Quelle est la loi suivie par X ?
2. Déterminer $P(X = 1)$ et $P(X = 3)$.

40 On effectue deux tirages successifs d'une carte dans un jeu de 32 cartes. À chaque fois, on remet la carte dans le jeu. Pour chaque tirage, on note S l'événement « obtenir un as ».
1. Construire un arbre pondéré correspondant à cette répétition de deux expériences identiques et indépendantes.
2. On appelle X la variable aléatoire qui, à chaque tirage de deux cartes, associe le nombre d'as obtenus.
a. Expliquer pourquoi X suit une loi binomiale et en préciser les paramètres.
b. Décrire l'événement $\{X = 1\}$, puis calculer $P(X = 1)$.

LE SAVIEZ-VOUS
Un jeu de 32 cartes compte 8 cartes dans chacune des quatre couleurs : l'as, le 7, le 8, le 9, le 10 et les trois figures : Valet, Dame, Roi.

41 On lance deux fois de suite un dé à six faces bien équilibré. Lors de chaque lancer, on appelle « succès » l'événement « obtenir une face dont le numéro est un multiple de 3 ».

1. Justifier que la probabilité du succès est $\frac{1}{3}$.

2. Soit X la variable aléatoire qui compte le nombre de succès.

a. Donner la loi suivie par X et ses paramètres.

b. Déterminer l'espérance mathématique de X.

c. Déterminer l'écart-type de X.

42 Un sachet de bonbons contient 15 bonbons rouges et 20 bonbons verts.
On tire successivement quatre bonbons du sachet, sans jamais en remettre aucun dans le sac.
Soit Z la variable aléatoire qui, à chaque tirage de quatre bonbons, associe le nombre de bonbons rouges obtenus. Expliquer pourquoi Z ne peut suivre une loi binomiale.

43 Soit X une variable aléatoire suivant une loi binomiale de paramètres $n = 3$ et $p = 0{,}4$.

1. Quelles sont les valeurs prises par X ?

2. a. Construire l'arbre pondéré correspondant.

b. Combien existe-t-il de chemins permettant d'obtenir exactement deux succès ?

3. Expliquer pourquoi la probabilité de l'événement $\{X = 2\}$ est égale à 0,288.

44 On tire au hasard une carte d'un jeu de 32 cartes. On note la valeur de la carte, puis on la remet dans le jeu. On effectue ainsi cinq tirages successifs. On appelle F la variable aléatoire qui compte le nombre de figures obtenues (Valet, Dame ou Roi) lors des cinq tirages.

1. Quelle est la probabilité d'obtenir une figure au premier tirage ?

2. Expliquer pourquoi F suit une loi binomiale dont on précisera les paramètres.

45 TABLEUR On a obtenu ci-après des valeurs approchées des probabilités $P(X = k)$, pour X suivant la loi binomiale de paramètres $n = 6$ et $p = 0{,}2$.

	A	B
1	k	P(X=k)
2	0	0,26
3	1	0,39
4	2	0,25
5	3	0,08
6	4	0,02
7	5	0
8	6	0

1. Quelle est la formule saisie dans la cellule **B2** puis recopiée vers le bas ?

2. Déterminer des valeurs approchées des probabilités $P\{X = 1\}$ et $P\{X \leqslant 1\}$.

46 VRAI/FAUX

Indiquer si les affirmations sont vraies ou fausses, puis justifier.

Une urne contient 18 boules rouges et 12 boules noires.
On tire successivement cinq boules de l'urne. On considère qu'obtenir une boule rouge est un succès et on note X la variable aléatoire comptant le nombre de ces succès.
Affirmation : « Si on effectue les tirages sans remise, alors X suit la loi binomiale de paramètres $n = 5$ et $p = 0{,}6$. »

Loi géométrique

Questions flash

47 On considère une variable aléatoire X suivant la loi géométrique de paramètre 0,1.

1. Quelles peuvent être les valeurs prises par X ?

2. Quelle est la probabilité de l'événement $\{X = 1\}$?

3. Justifier que l'espérance mathématique de X vaut 10.

48 Soit Y une variable aléatoire suivant la loi géométrique de paramètre 0,4.

1. Quelle est la formule permettant de calculer la probabilité de l'événement $\{Y = k\}$ pour tout $k \geqslant 1$?

2. Calculer $P(Y = 4)$. En donner une valeur approchée à 10^{-2} près.

49 On considère deux variables aléatoires X et Y suivant des lois géométriques représentées ci-contre. X suit la loi représentée en bleu, Y celle en rose.

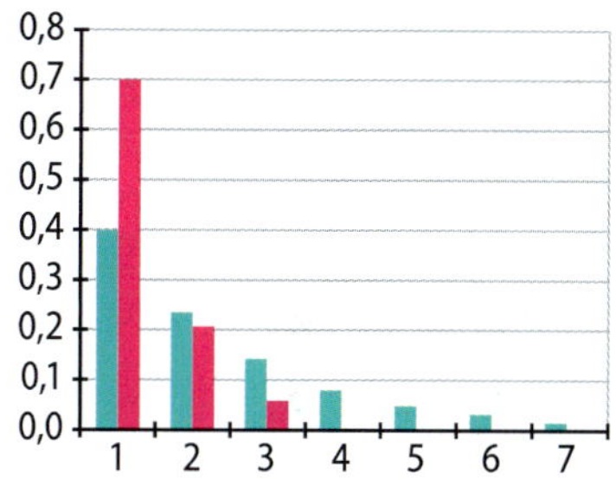

1. a. Lire sur le graphique la probabilité $P(X = 1)$.

b. En déduire le paramètre de la loi géométrique suivie par X.

2. a. Déterminer le paramètre de la loi géométrique suivie par la variable aléatoire Y.

b. Déterminer graphiquement une valeur approchée de la probabilité $P(Y = 2)$.

50 Pierre réalise un sondage à l'occasion des élections municipales. Il interroge au hasard des passants dans la rue. La probabilité qu'il interroge un électeur écologiste est de 0,2 pour chaque personne interrogée. Soit X la variable aléatoire qui compte le nombre de personnes à interroger pour que Pierre interroge pour la première fois sur un électeur écologiste.

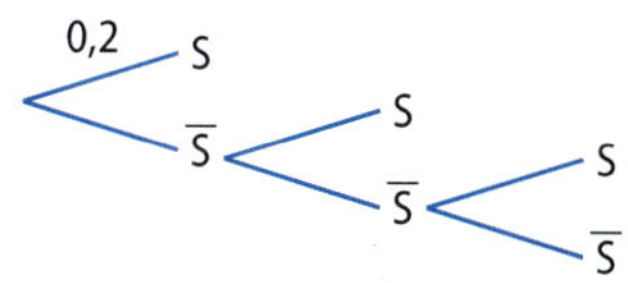

1. Expliquer pourquoi X suit une loi géométrique dont on précisera le paramètre.

2. Recopier et compléter l'arbre de probabilités ci-dessus.

3. En déduire la probabilité de l'événement $\{X = 3\}$.

51 QCM *Choisir la ou les bonnes réponses.*

Soit X une variable aléatoire suivant la loi géométrique de paramètre p.

1. La propriété caractéristique de la loi géométrique permet de dire que :

a. $P_{X>n}(X > m + n) = P(X > m + n)$

b. $P_{X>n}(X > m + n) = P(X > n)$

c. $P_{X>n}(X > m + n) = P(X > m)$

2. $P_{X>10}(X > 25)$ vaut :

a. $P(X > 25)$ **b.** $P_{X>5}(X > 20)$

c. $P(X < 15)$ **d.** $P(X > 15)$

Loi uniforme – Loi de Bernoulli

52 Capacité 1, p. 197

1. Charlotte prend un disque vinyle au hasard dans sa collection de 150 disques ordonnée de 1 à 150.
On note X le numéro du disque choisi.

a. Quelle est la loi suivie par la variable aléatoire X ?

b. Déterminer $P(X=97)$.

2. Dans sa collection, les albums du genre « rock » sont les numéros 23 à 87. Quelle est la probabilité que Charlotte choisisse un disque de rock ?

53 1. Ahmed se rend à un salon du livre. 200 auteurs sont présents ; leurs stands sont numérotés de 1 à 200. Ahmed déambule au hasard et s'intéresse à un stand précis, dont le numéro est noté Y.

a. Quelle est la loi suivie par la variable aléatoire Y ?

b. Déterminer $P(Y=73)$.

2. Durant ce salon, les auteurs de BD ont les stands numérotés entre 111 et 140. Quelle est la probabilité qu'Ahmed soit tombé sur le stand d'un auteur de BD ?

54 Capacité 2, p. 197

Dans chacun des cas suivants, déterminer si la variable aléatoire X proposée suit ou non une loi de Bernoulli. Si oui, préciser alors le paramètre de cette loi.

1. On lance un dé équilibré. X prend la valeur 1 si le résultat est un multiple de 3, et prend la valeur 0 sinon.

2. On choisit au hasard un élève de Terminale d'un lycée général comportant 53 % de filles. X prend la valeur 1 si l'élève est une fille, et 0 sinon.

55 Dans chacun des cas suivants, déterminer si la variable aléatoire X proposée suit ou non une loi de Bernoulli. Si oui, préciser alors le paramètre de cette loi.

1. On tire au hasard une carte d'un jeu de 32 cartes. X prend la valeur 1 si la carte tirée est un carreau, 2 si c'est un cœur, 3 si c'est un trèfle et 4 si c'est un pique.

2. Environ deux tiers de la population française est titulaire du permis de conduire. On interroge au hasard un passant dans la rue. X prend la valeur 1 si le passant est titulaire du permis de conduire, et 0 sinon.

56 **Une question ouverte**

Comment déterminer le paramètre de la loi de Bernoulli suivie par une variable aléatoire X si l'on connaît $V(X)$?

Piste → Voir p. 284

57 PYTHON On considère la fonction Python suivante.

```
from random import *
def simu(n):
    return(randint(1,n))
```

1. Quelles peuvent être les valeurs retournées par l'appel simu(5) ?

2. Cette fonction simule une loi de probabilité. Laquelle ? Justifier.

VRAI/FAUX

Pour les exercices 58 et 59, indiquer si les affirmations sont vraies ou fausses, puis justifier.

58 X est une variable aléatoire d'espérance k. Si X suit une loi uniforme, alors il s'agit de la loi uniforme sur $\{1, \ldots, 2k+1\}$.

59 Si Y est une variable aléatoire suivant une loi de Bernoulli de paramètre $p=\frac{1}{4}$, alors $E(Y)=\frac{1}{4}$ et $V(Y)=\frac{3}{16}$.

Schéma de Bernoulli

60 Capacité 3, p. 199

Une boîte contient dix jetons noirs et quarante jetons blancs. On tire au hasard, successivement et avec remise, deux jetons de la boîte.

1. Réaliser un arbre pondéré illustrant ce schéma.

2. Soit X la variable aléatoire comptant le nombre de jetons noirs tirés.
Calculer $P(X=1)$, puis $P(X \geqslant 1)$.

61 Une urne contient deux fois plus de boules rouges que de boules noires.

1. On tire une boule de l'urne. Quelle est la probabilité p que cette boule soit rouge ?

2. On tire trois fois de suite avec remise une boule de l'urne.

a. Identifier un schéma de Bernoulli dont on précisera les paramètres.

b. Réaliser un arbre pondéré illustrant ce schéma.

c. Soit X la variable aléatoire comptant le nombre de boules rouges tirées. Déterminer $P(X=2)$, puis $P(X \geqslant 2)$.

62 Donner la valeur de chacun des coefficients binomiaux $\binom{21}{1}$, $\binom{150}{0}$, $\binom{42}{41}$ et $\binom{363}{363}$.

63 Capacité 4, p. 199

Calculer, à l'aide du triangle de Pascal, les coefficients binomiaux $\binom{5}{3}$, $\binom{6}{2}$, $\binom{7}{3}$ et $\binom{7}{5}$.

64 Calculer, à l'aide du triangle de Pascal, les coefficients binomiaux $\binom{5}{2}$, $\binom{7}{4}$, $\binom{8}{4}$ et $\binom{8}{5}$.

VRAI/FAUX

Pour les exercices 65 et 66, indiquer si les affirmations sont vraies ou fausses, puis justifier.

65 Pour tout entier $n \geqslant 1$:

$$\binom{n}{0}+\binom{n}{1}+\binom{n}{n-1}+\binom{n}{n}=2n.$$

66 Un coefficient binomial est toujours un entier.

67 **1.** Construire les 6 premières lignes du triangle de Pascal.
2. Calculer la somme des termes de chacune des lignes. Que remarque-t-on ?
3. a. Déterminer le nombre total de chemins dans un arbre modélisant un schéma de Bernoulli de paramètres n et p.
b. Expliquer alors le résultat de la question **2.**.

RETOUR SUR L'OUVERTURE DU CHAPITRE

68 Dans une ville dont le réseau routier est assimilable à un quadrillage carré comme sur le schéma ci-dessous, un touriste prend un taxi. Le taxi ne se déplace qu'en direction du Nord ou de l'Est.
On appelle étape tout déplacement sur une arête du carré unité du quadrillage en direction du Nord ou de l'Est.

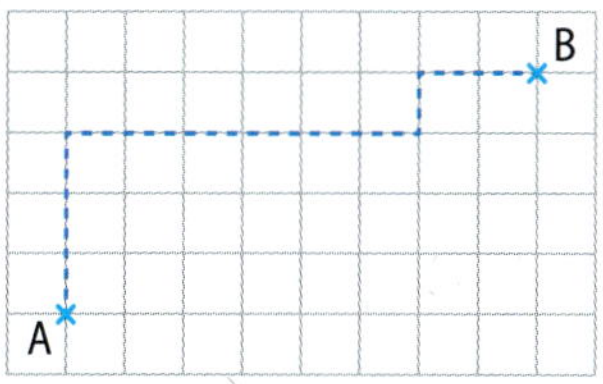

1. a. À l'aide d'un arbre, déterminer tous les chemins possibles ayant quatre étapes.
b. Parmi les chemins de quatre étapes, déterminer le nombre de chemins comportant exactement deux étapes en direction du Nord ? À quel coefficient binomial ce nombre correspond-il ?
2. a. Avec les hypothèses énoncées, décrire les étapes que doit comporter un chemin permettant de se rendre du point A au point B.
b. En déduire le nombre d'itinéraires différents que peut emprunter le chauffeur de taxi pour aller de A à B.

LE SAVIEZ-VOUS
À la fin des années 1890, il y avait près de 100 taxis à New York et ils étaient électriques !

Loi binomiale

69 *Capacité 5, p. 201*
On lance cinq fois de suite un dé bien équilibré à 20 faces numérotées de 1 à 20. On s'intéresse à la variable aléatoire X qui, à chaque série de cinq lancers, associe le nombre de fois où un nombre supérieur ou égal à 15 apparaît. La variable aléatoire X suit-elle une loi binomiale ? Si oui, donner ses paramètres.

LE SAVIEZ-VOUS
Un polyèdre régulier à 20 faces s'appelle un icosaèdre. Les dés à 20 faces sont utilisés dans certains jeux de rôle.

70 On estime que 71 % de la population française possède des lunettes de vue. On interroge cinq personnes au hasard dans la rue. On note X le nombre de personnes possédant des lunettes parmi les cinq interrogées. La variable aléatoire X suit-elle une loi binomiale ? Si oui, donner ses paramètres.

71 CALC *Capacité 6, p. 201*
La variable aléatoire X suit la loi binomiale de paramètres $n = 20$ et $p = 0{,}2$.
1. Calculer, à 10^{-3} près, $P(X = 5)$ et $P(X = 10)$.
2. Calculer, à 10^{-3} près, $P(X \leqslant 8)$ et $P(X > 5)$.

72 Maëva s'entraîne régulièrement à un jeu de hasard sur son smartphone. La probabilité qu'elle gagne une partie est égale à 0,8. Elle joue successivement cinq parties indépendantes. Soit X la variable aléatoire comptant le nombre de victoires de Maëva.
1. Calculer $P(X = 4)$.
2. Calculer $P(X \geqslant 1)$.

73 CALC *Capacité 9, p. 204*
Dans une population donnée, 30 % des personnes interrogées se disent sans religion. On appelle X la variable aléatoire qui, à chaque échantillon de 200 personnes choisies au hasard, associe le nombre de personnes se disant sans religion.
1. Quelle est la loi suivie par X ?
2. Déterminer le plus petit entier b tel que $P(X \leqslant b) \geqslant 0{,}9$.
3. En déduire un intervalle $[a\,;b]$ tel que $P(X \in [a;b])$ soit supérieure à 90 %.

74 CALC Une enquête réalisée auprès des Français de plus de 18 ans révèle que 57 % d'entre eux disent jouer à des jeux vidéos. Soit X la variable aléatoire qui, à tout échantillon de 200 personnes de plus de 18 ans choisies au hasard, associe le nombre d'adeptes de jeux vidéo.
1. Quelle loi suit X ?
2. Déterminer le plus petit entier b tel que $P(X \leqslant b) \geqslant 0{,}95$.

75 LOGIQUE Soit la proposition suivante : « Si la variable aléatoire X suit une loi binomiale, alors elle suit une loi de Bernoulli. »
1. Cette proposition est-elle vraie ?
2. Énoncer la proposition réciproque. Est-elle vraie ou fausse ?

76 **Une question ouverte**
On considère une variable aléatoire Y qui suit la loi binomiale de paramètres 16 et p.
Déterminer p sachant que $\sigma(Y) = \sqrt{3}$.

Piste → Voir p. 285

77 PYTHON On considère la fonction Python ci-contre.

```
from random import *
def ber():
    S=0
    for k in range(4):
        a=random()
        if a<0.4:
            S=S+1
    return(S)
```

1. On suppose que lors de l'appel ber( ), l'instruction random() renvoie successivement les valeurs 0,1, 0,5, 0,6 et 0,2. Que retourne alors l'appel ber( ) ?
2. Modifier cette fonction pour qu'elle prenne en argument deux variables n et p et simule une loi binomiale de paramètres n et p.

VRAI/FAUX **Pour les exercices 78 à 80, indiquer si les affirmations sont vraies ou fausses, puis justifier.**
Soit X une variable aléatoire suivant une loi binomiale de paramètres 10 et p.

78 X prend toutes les valeurs entières de 1 à 10.

79 $P(X = 0) = (1 - p)^{10}$.

80 $P(X = 4) = 4p^4(1 - p)^6$.

Loi géométrique

81 Capacité 7, p. 203

On sait que sur un site de vente en ligne, environ 5 % des commandes font l'objet d'un retour. Dans chacun des cas, déterminer si la variable aléatoire X proposée suit ou non une loi géométrique. Si oui, préciser alors le paramètre de cette loi.

1. On examine 100 ventes dans la base de données et on note X le nombre de retours.

2. On examine des ventes dans la base de données jusqu'à en trouver un retour. On note alors X le nombre de ventes examinées.

82 Sur une population donnée, on sait qu'environ 15 % des personnes sont porteuses saines d'un virus.
Dans chacun des cas suivants, déterminer si la variable aléatoire Y proposée suit ou non une loi géométrique. Si oui, préciser alors le paramètre de cette loi.

1. On examine des personnes au hasard jusqu'à en trouver une qui soit porteuse saine du virus. On note alors Y le nombre de personnes examinées.

2. On examine 500 personnes au hasard et on note Y le nombre de personnes porteuses saines du virus.

83 Capacité 8, p. 203

Laurent, surfeur émérite, décide de partir en voyage dans l'archipel d'Hawaï pour profiter des plus beaux endroits où surfer. Il débute son périple à North Shore Ohau. Chaque jour, la probabilité qu'il réussisse un « aérial » est de 60 %. Tant qu'il n'a pas réussi cette figure, il ne change pas de destination.
Soit X le nombre de jours où Laurent reste à North Shore Ohau.

1. Expliquer pourquoi X suit une loi géométrique dont on précisera le paramètre.

2. Déterminer la probabilité de l'événement $\{X = 2\}$.

3. Quelle est la probabilité que Laurent change de destination après trois jours ?

MATHS & NSI

84 Lors d'une transmission numérique bit à bit, la probabilité que la transmission d'un bit soit erronée est de 1 %.
On continue à transmettre tant qu'il n'y a pas d'erreur.
Soit X la variable aléatoire comptant le nombre de bits transmis jusqu'à la première erreur.

1. Calculer $P(X = 1)$, $P(X = 2)$ et $P(X = 3)$.

2. Un octet est un ensemble de 8 bits.
Calculer la probabilité que le premier octet soit bien transmis, c'est-à-dire $P(X \geqslant 9)$.

85 Capacité 10, p. 204

Dans une coopérative fruitière, on estime la proportion de fruits présentant un défaut d'aspect à 15 %.
On note X la variable aléatoire comptant le nombre de fruits examinés jusqu'à l'obtention d'un fruit présentant un défaut.

1. Expliquer pourquoi X suit une loi géométrique dont on précisera le paramètre.

2. Sachant que le nombre de fruits examinés est supérieur ou égal à cinq, quelle est la probabilité qu'il soit inférieur ou égal à dix ?

86 CALC TABLEUR Sur une population donnée, 20 % des gens privilégient le bio pour leur alimentation. On souhaite déterminer le nombre minimum de personnes à interroger dans la rue pour s'assurer que dans au moins 75 % des cas, on puisse trouver une personne privilégiant le bio pour son alimentation.

1. Si on note X le nombre de personnes interrogées jusqu'à en trouver une privilégiant le bio, quelle est la loi suivie par X ?

2. Soit k le nombre minimum de personnes à interroger. Traduire les données de l'énoncé par une inéquation.

3. À l'aide de la calculatrice ou d'un tableur, résoudre le problème posé.

87 Soit X une variable aléatoire suivant la loi géométrique de paramètre 0,2.

1. Quelle est la formule permettant de calculer $P(X = k)$ pour tout entier k supérieur ou égal à 1 ?

2. Simplifier la somme $1 + q + \ldots + q^8$ pour q réel différent de 1.

3. En déduire le calcul de $P(X \leqslant 9)$.

88 On considère une variable aléatoire X qui suit la loi géométrique de paramètre p. Déterminer p sachant que $E(X) = 15$.

VRAI/FAUX

Pour les exercices 89 et 90, indiquer si les affirmations sont vraies ou fausses, puis justifier.
Soit X une variable aléatoire suivant la loi géométrique de paramètre p.

89 $P(X = 1) = p$

90 $P(X = 2) = p^2$

Problème de synthèse

91 CALCULER COMMUNIQUER Chris joue un tournoi de tennis de table. À chaque rencontre, il a une probabilité de gagner égale à 0,6.

1. On suppose que Chris joue trois matchs par tournoi. Soit X la variable aléatoire qui, à chaque tournoi associe le nombre de victoires de Chris.

a. Expliquer pourquoi X suit une loi binomiale, et en préciser les paramètres.

b. Calculer $P(X \geqslant 1)$.

2. On suppose maintenant que le tournoi est à élimination directe, avec un très grand nombre de participants. Soit Y la variable aléatoire qui, lors du tournoi, associe le nombre de matchs joués par Chris.

a. Justifier que Y suit une loi géométrique dont on précisera les paramètres.

b. Montrer que $P(Y = 2) = 0{,}24$. **c.** Calculer $P(Y \leqslant 9)$.

Revoir des points essentiels

PARCOURS 1 Calculer des probabilités avec la loi binomiale CALC

Un exemple : Soit X une variable aléatoire suivant la loi binomiale de paramètres $n = 12$ et $p = 0,7$.
Déterminer les probabilités $P(X = 6)$ et $P(X \geqslant 9)$ à 0,01 près.

Ma réflexion	→ Ma démarche
Que me demande-t-on ?	Je cherche les probabilités d'événements liés à une loi binomiale. ▶ *Pour un entier n supérieur à 6, le calcul des coefficients binomiaux à l'aide du triangle de Pascal devient trop fastidieux : on utilise donc la calculatrice ou le tableur.*
Comment déterminer la probabilité d'un événement $\{X = k\}$ avec la calculatrice ?	J'utilise la fonction BinomialPD (Casio), ou binomFdp (Texas), ou binompdf (Numworks). ▶ *Vérifier que $P(X = 6) \approx 0,08$ à 0,01 près.*
Comment déterminer la probabilité d'un événement $\{X \geqslant k\}$?	Si besoin, je peux utiliser l'événement contraire. ▶ *Déterminer l'événement contraire de $\{X \geqslant 9\}$. Quelle probabilité est la plus simple à calculer, celle de $\{X \geqslant 9\}$ ou celle de son événement contraire ?*
Comment déterminer la probabilité d'un événement $\{X \leqslant k\}$ avec la calculatrice ?	J'utilise la fonction BinomialCD (Casio), ou binomFdp (Texas), ou binomcdf (Numworks). ▶ *Calculer $P(X \leqslant 8)$, et en déduire $P(X \geqslant 9)$.*

92 Soit X une variable aléatoire suivant la loi binomiale de paramètres $n = 9$ et $p = 0,51$. Calculer $P(X = 7)$, puis $P(X \geqslant 5)$.

93 Soit X une variable aléatoire suivant la loi binomiale de paramètres $n = 30$ et $p = 0,2$. Calculer $P(X = 15)$, puis $P(X \geqslant 11)$.

94 Soit X une variable aléatoire suivant la loi binomiale de paramètres $n = 200$ et $p = 0,8$. Calculer $P(X = 153)$, puis $P(X \geqslant 167)$.

PARCOURS 2 Calculer des probabilités avec la loi géométrique

Un exemple : Soit X une variable aléatoire suivant la loi géométrique de paramètre $p = 0,2$.
Déterminer les probabilités $P(X = 3)$ et $P(X \geqslant 3)$ à 0,01 près.

Ma réflexion	→ Ma démarche
Que me demande-t-on ?	On cherche les probabilités d'événements liés à une loi géométrique. ▶ *Préciser le paramètre de cette loi géométrique.*
Comment déterminer la probabilité d'un événement $\{X = k\}$?	J'applique la formule du cours $P(X = k) = (1 - p)^{k-1}p$ avec $k = 3$ et $p = 0,2$. ▶ *Vérifier que $P(X = 3) \approx 0,03$ à 0,01 près.*
Comment déterminer la probabilité d'un événement $\{X \geqslant k\}$?	Je peux utiliser l'événement contraire. ▶ *Quel est l'événement contraire de $\{X \geqslant 4\}$? Exprimer $P(X \geqslant 4)$ en fonction de $P(X \leqslant 3)$.*
Comment déterminer la probabilité d'un événement $\{X \leqslant k\}$?	On additionne les probabilités des événements $\{X = n\}$ pour $n \leqslant k$. ▶ *Calculer alors $P(X = 1)$ et $P(X = 2)$, en déduire $P(X \leqslant 3)$, puis en déduire $P(X \geqslant 4)$.*
Comment vérifier ?	Je peux utiliser un arbre pondéré. ▶ *Construire un arbre pondéré à quatre niveaux de branches.*

95 Soit X une variable aléatoire suivant la loi géométrique de paramètre 0,1. Calculer $P(X = 4)$, puis $P(X \geqslant 5)$.

96 Soit X une variable aléatoire suivant la loi géométrique de paramètre 0,47. Calculer $P(X = 2)$, puis $P(X \geqslant 3)$.

97 Soit X une variable aléatoire suivant la loi géométrique de paramètre 0,7. Calculer $P(X = 3)$, puis $P(X \geqslant 4)$.

Flash PAGE corrigés détaillés

Tous ces exercices sont corrigés, leurs solutions succinctes sont disponibles à la fin du manuel (p. 285).
En flashant la page, vous accéderez aux **corrigés rédigés et détaillés** sur votre smartphone ou votre tablette.

L'essentiel

Lois discrètes

Loi géométrique de paramètre p

X est le nombre de répétitions nécessaires d'une épreuve de Bernoulli pour l'obtention d'un premier succès S.

- Pour tout entier naturel k non nul : $P(X=k)=(1-p)^{k-1}\times p$.
- $E(X)=\dfrac{1}{p}$.
- La loi géométrique est sans mémoire : pour tous entiers m et n non nuls, on a : $P_{X>n}(X>m+n)=P(X>m)$.

Loi uniforme sur $\{1, \dots, n\}$

- Pour tout $k\in\{1,\dots,n\}$: $P(X=k)=\dfrac{1}{n}$.
- $E(X)=\dfrac{n+1}{2}$.

Loi binomiale de paramètres n et p

À chaque issue d'un schéma de Bernoulli de paramètres n et p, on associe X le nombre de succès au cours de ces n épreuves.

- Pour tout entier k compris entre 0 et n, $P(X=k)=\dbinom{n}{k}p^k q^{n-k}$, où $q=1-p$.
- $E(X)=np$ et $\sigma(X)=\sqrt{npq}$.

Loi de Bernoulli de paramètre p

x_i	0	1
$P(X=x_i)$	$1-p$	p

- $E(X)=p$
- $\sigma(X)=\sqrt{p(1-p)}$

Schéma de Bernoulli

Répétition de n fois de manière indépendante d'une épreuve de Bernoulli de paramètre p.

Cas $n=3$

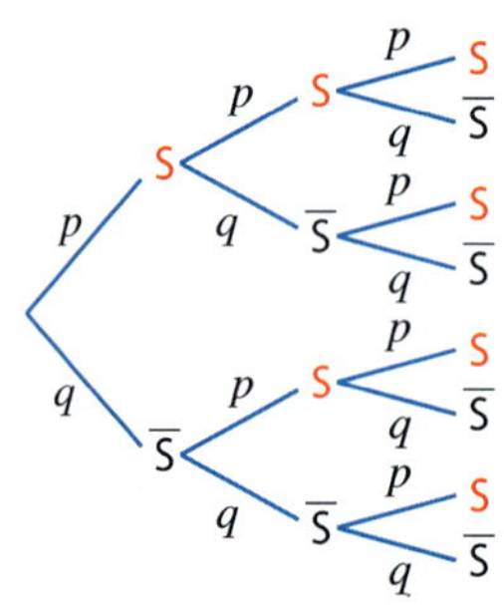

Coefficients binomiaux

$\dbinom{n}{k}$ est le nombre de chemins réalisant k succès pour n répétitions sur l'arbre associé à un schéma de Bernoulli.

- Pour $n\neq 0$, $\dbinom{n}{0}=1$; $\dbinom{n}{1}=n$ et $\dbinom{n}{n}=1$.
- **Formule de Pascal** : pour n entier naturel non nul et k un entier compris entre 0 et $n-1$, $\dbinom{n}{k}+\dbinom{n}{k+1}=\dbinom{n+1}{k+1}$.
- Pour tout entier k compris entre 0 et n : $\dbinom{n}{k}=\dbinom{n}{n-k}$.
- **Triangle de Pascal**

$n\backslash k$	0	1	2	3	4
0	1				
1	1	1			
2	1	2	1		
3	1	3	3	1	
4	1	4	6	4	1

Faire le point avec des exercices corrigés

Travailler avec la loi uniforme ou la loi de Bernoulli

* **98** 10 min Capacité 1, p. 197

Thibaud possède 175 jeux vidéo anciens numérotés de 1 à 175, exposés dans une vitrine. Il choisit au hasard l'un de ses jeux. On note X le numéro du jeu choisi.

1. Quelle est la loi suivie par la variable aléatoire X ?
2. Ses jeux de type « *shoot them up* » sont les jeux numérotés 33 à 56.
Quelle est la probabilité que le jeu choisi au hasard soit un jeu de ce type ?

* **99** 05 min Capacité 2, p. 197

Une urne contient quatre enveloppes vertes, cinq enveloppes bleues et huit enveloppes roses. On tire une enveloppe au hasard. X prend la valeur 1 si l'enveloppe est rose, 0 sinon. Expliquer pourquoi X suit une loi de Bernoulli dont on précisera le paramètre.

Utiliser un schéma de Bernoulli

** **100** 15 min Capacité 3, p. 199

On considère un jeu de 52 cartes comportant 13 trèfles.

1. On tire une carte au hasard. Quelle est la probabilité p que cette carte soit un trèfle ?

2. On tire trois fois de suite avec remise une carte de ce jeu.

a. Identifier un schéma de Bernoulli dont on précisera les paramètres.

b. Réaliser un arbre pondéré illustrant ce schéma.

c. On note X la variable aléatoire comptant le nombre de cartes trèfle tirées.
Déterminer, à l'aide de cet arbre pondéré, $P(X=0)$, $P(X=1)$, puis $P(X \geqslant 2)$.

* **101** 10 min Capacité 4, p. 199

1. Déterminer, en utilisant le triangle de Pascal, la valeur de $\binom{5}{3}$ et $\binom{5}{4}$.

2. En utilisant la relation de Pascal, déterminer alors $\binom{6}{4}$.

Travailler avec la loi binomiale

* **102** 10 min Capacité 5, p. 201

On sait qu'environ 89 % de la population finlandaise a les yeux bleus.

1. Pourquoi peut-on considérer que la variable aléatoire Y comptant le nombre de personnes aux yeux bleus parmi 200 finlandais pris au hasard suit une loi binomiale ?
En préciser les paramètres.

2. Calculer alors l'espérance, la variance et l'écart-type de Y.

** **103** 15 min Capacité 6, p. 201 CALC

La variable aléatoire X suit la loi binomiale de paramètres $n=30$ et $p=0{,}85$.

1. Calculer, à 10^{-3} près, $P(X=21)$ et $P(X=22)$.

2. Calculer, à 10^{-3} près, $P(X \leqslant 19)$ et $P(X > 20)$.

*** **104** 20 min Capacité 6, p. 201

On administre un vaccin à des enfants en bas âge. La proportion des enfants présentant une forte réaction à ce vaccin est 15 %. On examine vingt enfants d'une école maternelle. Le nombre d'enfants dans cette école est suffisamment grand pour qu'on puisse assimiler cet examen à vingt tirages indépendants.

1. Quelle est la probabilité, à 10^{-2} près, que quatre enfants exactement présentent une forte réaction au vaccin ?

2. Quel est le nombre moyen d'enfants présentant une forte réaction au vaccin ?

3. Quelle est la probabilité, à 10^{-2} près, que le nombre d'enfants présentant une forte réaction soit compris entre 3 et 7 ?

* **105** 10 min Capacité 9, p. 204

QCM *Choisir la ou les bonnes réponses.*

La variable aléatoire X suit la loi binomiale de paramètres $n=80$ et $p=0{,}45$. Le plus petit entier k tel que :

	A	B	C
1. $P(X \leqslant k)$ dépasse 0,05 est	26	28	29
2. $P(X \leqslant k)$ dépasse 0,95 est	42	43	44

** **106** 10 min Capacité 9, p. 204

On sait que 87 % des sachets vendus par un grainetier donnent des plantes résistantes à une maladie donnée. On prélève au hasard un échantillon de 100 sachets parmi la production de 50 000 sachets. On note X la variable aléatoire comptant le nombre de sachets donnant des plantes résistantes dans cet échantillon.

1. Quelle loi suit X ?

2. Déterminer le plus petit entier a tel que $P(X \leqslant a) \geqslant 0{,}1$.

3. Déterminer le plus petit entier b tel que $P(X \leqslant b) \geqslant 0{,}9$.

Utiliser la loi géométrique

* **107** 05 min Capacité 8, p. 203

VRAI/FAUX

Indiquer si les affirmations sont vraies ou fausses, puis justifier.

Soit X une variable aléatoire suivant la loi géométrique de paramètre p.

1. $P(X \leqslant 10^{10}) = 1$.

2. $P(X \geqslant 1) = 1$.

** **108** 15 min Capacité 8, p. 203

On considère une variable aléatoire X qui suit la loi géométrique de paramètre $\frac{2}{3}$.

1. Calculer $P(X=2)$, $P(X \geqslant 1)$.

2. a. Calculer la somme $1+\frac{1}{3}+\ldots+\left(\frac{1}{3}\right)^7$.

b. En déduire $P(X \leqslant 8)$ à 10^{-4} près.

** **109** 10 min Capacité 10, p. 204

Soit X une variable aléatoire suivant une loi géométrique de paramètre $\frac{1}{4}$.

1. Pour quelle(s) valeur(s) de k a-t-on $P(X=k) \leqslant 0{,}01$?

2. Sachant que l'événement $\{X > 11\}$ est réalisé, quelle est la probabilité que $\{X \leqslant 20\}$ se réalise ?

*** **110** 25 min Capacité 7, p. 203

Dans un jeu de société, à chaque fin de tour, un joueur lance un dé équilibré à vingt faces. Si le résultat est un multiple de 3, il gagne alors un bonus spécial qui l'aide pour la suite du jeu. Il ne peut gagner qu'un seul bonus par partie et ne lance plus le dé s'il a gagné le dit bonus.

1. Quelle est la probabilité p que le joueur obtienne le bonus à la fin de son premier tour ?

2. Quelle est la probabilité p que le joueur obtienne le bonus à la fin de son second tour ?

3. Soit X le nombre de tours joués jusqu'à ce que le joueur obtienne le bonus au dé. Quelle est la loi suivie par X ?

4. Quel est le nombre moyen de tours que devra jouer le joueur avant d'obtenir le bonus ?

5. La partie s'arrête au bout de dix tours.

a. Simplifier la somme $1+q+\ldots+q^9$ où q est un réel différent de 1.

b. En déduire le calcul de $P(X \leqslant 10)$.

c. Quelle est la probabilité qu'un joueur donné n'ait pas obtenu de bonus en fin de partie ?

Se **tester** pour un **BON DÉPART**

Déterminer et utiliser la loi d'une variable aléatoire discrète

1 **VRAI/FAUX**
Indiquer si les affirmations sont vraies ou fausses, puis justifier.
Soit X la variable aléatoire dont la loi de probabilité est donnée par le tableau ci-contre.

k	0	1	2	5
$P(X=k)$	0,2	0,4	0,1	0,3

a. La probabilité que X prenne une valeur inférieure ou égale à 2 est 0,7.
b. L'espérance de X est 2.

2 On lance un dé cubique bien équilibré dont les faces sont numérotées de 1 à 6. On lit le numéro inscrit sur la face supérieure du dé. Si on obtient un nombre pair, on gagne 1 euro ; si on obtient 3 ou 5, on ne gagne rien et on ne perd rien ; si on obtient 1, on perd 3 euros. On note G la variable aléatoire qui, à chaque lancer du dé, associe le gain du joueur, en euros. Déterminer la loi de probabilité de G.

3 Un jeu de 32 cartes est composé de 8 cartes « cœur ». Un joueur tire au hasard trois cartes successivement, avec remise. On note C la variable aléatoire qui, à chaque tirage de trois cartes, associe le nombre de cartes « cœur » obtenues.
a. Quelle est la loi suivie par C ? Justifier.
b. Calculer l'espérance de C ainsi que son écart-type.

Utiliser la fonction exponentielle

4 **VRAI/FAUX**
Indiquer si l'égalité est vraie ou fausse, puis justifier : $\dfrac{e^{2x}}{e^{-3x+1}} = e^{5x+1}$.

5 Soit f la fonction définie sur $\mathbb{R}$ par $f(x) = 5e^{-5x}$. Déterminer une primitive de f.

Utiliser le calcul intégral

6 Soit f la fonction affine dont la courbe représentative $\mathscr{C}_f$ est tracée ci-contre.

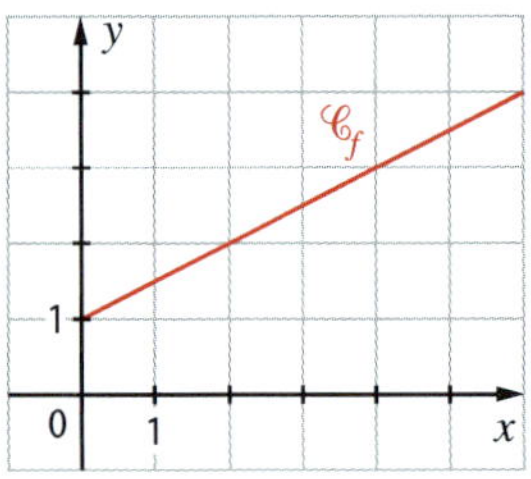

a. Par lecture graphique, déterminer l'aire, exprimée en unités d'aire, de la surface délimitée par $\mathscr{C}_f$, l'axe des abscisses et les droites d'équations respectives $x=2$ et $x=4$.
b. La fonction f est définie sur $\mathbb{R}$ par $f(x) = 0{,}5x + 1$.
Vérifier le résultat de la question **a.** en calculant $\int_2^4 f(x)\,\mathrm{d}x$.

7 Montrer que $\int_1^2 6x^2\,\mathrm{d}x = 14$.

8 **QCM** *Choisir la ou les bonnes réponses.*
Quelle(s) intégrale(s) est (sont) égale(s) à 1 ?
a. $\int_0^2 1\,\mathrm{d}x$ **b.** $\int_0^1 2t\,\mathrm{d}t$ **c.** $\int_1^2 e^t\,\mathrm{d}t$ **d.** $\int_0^2 xf(x)\,\mathrm{d}x$ avec $f(x) = -3x+4$

POUR VOUS AIDER → Rappels .... page 258

LOIS À DENSITÉ

CHAPITRE 9

Avant une livraison, une société de distribution informe ses clients d'une plage horaire de livraison, comme par exemple entre 9 h et 12 h. Le colis peut être livré à n'importe quel moment dans cette plage horaire, avec la même probabilité. Ainsi, le temps d'attente de la livraison, en heures, est une variable aléatoire qui suit une loi uniforme continue, étudiée dans ce chapitre.

Voir exercice 70 page 229

LES NOTIONS DU CHAPITRE

- **Lois de probabilité à densité**
- **Loi uniforme continue**
- **Loi exponentielle**

bordas Flash PAGE

RESSOURCES NUMÉRIQUES

Téléchargez l'application FlashPage, puis scannez la page indiquée pour consulter votre ressource sur smartphone ou tablette.

Vidéos .... pp. 221, 223
Animations .... pp. 218, 220
Corrigés détaillés .... pp. 236, 237

DÉCOUVRIR

Activité 1

Objectif

Découvrir la notion de loi à densité.

➪ Cours 1
Loi de probabilité à densité

Animation
Introduction d'une loi à densité

L'infatigable Griezmann

1 Un journaliste sportif a recensé à chaque match la distance d en km, à 0,1 près, parcourue par le joueur de football Antoine Griezmann depuis le début de sa carrière. Les fréquences observées sont rangées par classes, d'amplitude 0,1. Les résultats sont donnés par l'histogramme ci-dessous. On note X la variable aléatoire qui, à chaque match, associe la distance en km parcourue par Griezmann. Les valeurs prises par cette variable aléatoire sont dans l'intervalle [7 ; 13].
On souhaite déterminer sa loi de probabilité.

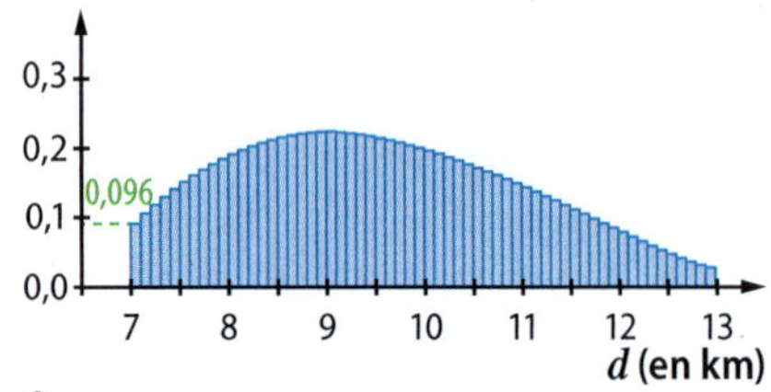

a. Sur cet histogramme, la fréquence des matchs durant lesquels Griezmann a parcouru entre 7 km et 7,1 km est donnée par l'aire du premier rectangle, et ainsi de suite. Calculer cette fréquence.

b. Que vaut la somme des aires des rectangles ?

c. Comment est représentée sur le graphique la probabilité que Griezmann ait parcouru entre 7 et 8 km ?

2 Si on effectue les relevés à 0,01 km près, on voit apparaître une courbe comme celle tracée sur le graphique ci-contre. Cette courbe est celle d'une fonction f continue sur [7 ; 13], appelée *densité de probabilité de la loi de X*.

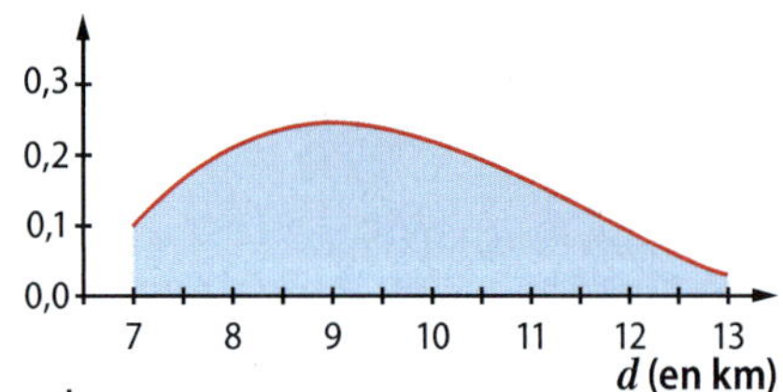

a. Interpréter graphiquement $\int_7^{13} f(x)\mathrm{d}x$ et estimer sa valeur.

b. La somme des aires des 100 rectangles situés entre les droites d'équations $x = 9$ et $x = 10$ est environ égale à 0,2365. Interpréter ce résultat. Que représente-t-il pour la fonction f ?

Activité 2

Objectif

Découvrir l'espérance d'une variable aléatoire à densité.

➪ Cours 1
Loi de probabilité à densité

Fichier GeoGebra
Disponible sur lycee.editions-bordas.fr

Passage d'une somme à une intégrale

1 On considère la fonction f définie sur l'intervalle [0 ; 1] par $f(x) = 2x$.

Vérifier que f est une fonction de densité de probabilité sur [0 ; 1], puis que $\int_0^1 xf(x)\mathrm{d}x = \frac{2}{3}$.

2 Soit X la variable aléatoire dont la loi de probabilité est donnée par le tableau ci-contre.

i	0	$\frac{1}{4}$	$\frac{1}{2}$	$\frac{3}{4}$
$P(X = i)$	$\frac{1}{4}$	$\frac{1}{8}$	$\frac{1}{4}$	$\frac{3}{8}$

1. Calculer l'espérance de X.

2. On a représenté ci-contre la courbe $\mathscr{C}$ de la fonction f définie dans la question **1**.

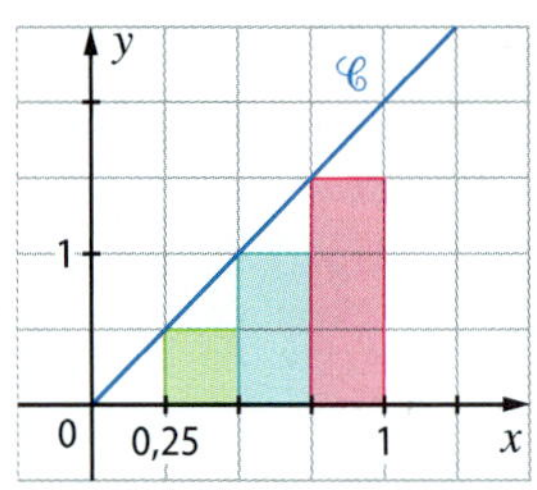

a. Vérifier que l'aire du rectangle vert est égale, en unités d'aire, à $P\left(X = \frac{1}{4}\right)$.

b. Interpréter graphiquement $P\left(X = \frac{1}{2}\right)$ et $P\left(X = \frac{3}{4}\right)$.

3 Soit n un entier naturel tel que $n \geqslant 2$. On partage l'intervalle [0 ; 1] en n intervalles de même longueur : $\left[0 ; \frac{1}{n}\right], \left[\frac{1}{n} ; \frac{2}{n}\right], \ldots, \left[\frac{n-1}{n} ; 1\right]$.

Soit X_n la variable aléatoire dont la loi de probabilité est donnée par $P(X_n = 0) = \frac{1}{n}$ et, pour tout entier i compris entre 1 et $n - 1$, $P\left(X_n = \frac{i}{n}\right) = \frac{1}{n} \times f\left(\frac{i}{n}\right)$.

1. La variable aléatoire X de la question **2.** correspond à une variable aléatoire X_n. Quelle est la valeur de n ?

2. À l'aide d'un logiciel de géométrie, on a réalisé un graphique similaire à celui de la question **2.** avec un entier n variable. Le nombre *espérance* renvoie l'espérance de X_n. Qu'observe-t-on pour $E(X_n)$ lorsque n devient grand ?

Activité 3

Objectif

Introduire la loi uniforme.

Cours 2
Loi uniforme – Loi exponentielle

Temps d'attente

1 Loi uniforme sur [0 ; 1]

Pendant « l'heure de pointe », une rame de métro récupère des voyageurs à une station donnée toutes les minutes. Il y a donc une minute d'intervalle entre deux rames. On note T la variable aléatoire qui, à chaque usager du métro, associe son temps d'attente en minutes avant de pouvoir entrer dans une rame. Pendant un intervalle d'une minute, la rame de métro peut arriver à n'importe quel moment, avec la même probabilité.

1. Justifier que T prend ses valeurs dans l'intervalle [0 ; 1].
On dit alors que T suit la *loi uniforme sur [0 ; 1]*.

2. Soit f la fonction de densité de probabilité de T. On admet que f est une fonction constante. Déterminer l'ensemble de définition de f, puis déterminer son expression.

3. a. Calculer $P(T < 0{,}75)$, puis interpréter le résultat.
b. Calculer $E(T)$, puis interpréter le résultat.

2 Loi uniforme sur $[a ; b]$

Léa joue souvent en ligne avec d'autres personnes. On note T la variable aléatoire qui, à chaque connexion de Léa, associe son temps d'attente, en secondes, avant que tous les joueurs soient connectés. On admet que T suit la loi uniforme sur [10 ; 60]. Ainsi, elle attend entre 10 secondes et 1 minute à chaque connexion. De plus, par exemple, la probabilité que Léa attende entre 10 et 20 secondes est identique à celle qu'elle attende entre 40 et 50 secondes. On note g la fonction de densité de probabilité de T. On admet que g est une fonction constante sur [10 ; 60].

1. En utilisant l'égalité $\int_{10}^{60} g(x)\mathrm{d}x = 1$ et le fait que g est constante, déterminer l'expression de g.

2. Calculer $P(10 \leqslant T \leqslant 12)$, puis interpréter le résultat.

3. Calculer la probabilité que Léa attende :
a. moins de 40 secondes ; **b.** au moins 15 secondes.

4. Montrer qu'en moyenne Léa attend 35 secondes avant que tous les joueurs soient connectés.

Activité 4

Objectif

Introduire la loi exponentielle.

Cours 2
Loi uniforme – Loi exponentielle

Radioactivité d'un atome de molybdène

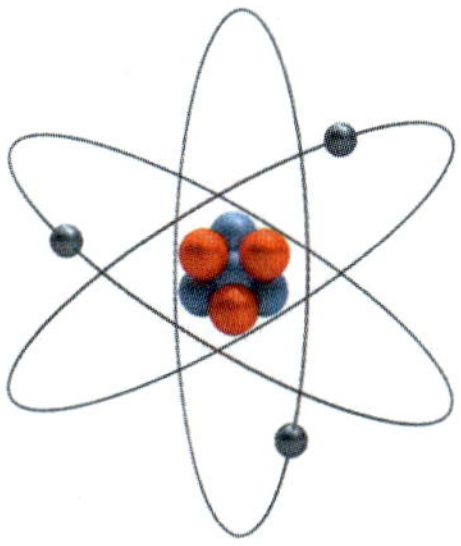

Parmi un grand nombre d'atomes de molybdène, il y en a N_0 qui sont radioactifs à un instant donné $t_0 = 0$. Le nombre de ces atomes encore radioactifs à l'instant t (exprimé en heures) est donné par :

$$N(t) = N_0 \mathrm{e}^{-0{,}25t}.$$

On suppose que chacun des N_0 atomes radioactifs se comporte indépendamment des autres. Soit D la variable aléatoire qui, à chaque atome choisi au hasard, associe sa durée de vie en heures.

1 Calculer $P(D > 1)$ et interpréter le résultat.

2 On note $g(t)$ la probabilité qu'un atome choisi au hasard soit encore radioactif à l'instant t.

a. Justifier que, pour tout t positif, $g(t) = \mathrm{e}^{-0{,}25t}$.
b. Exprimer $P(D \leqslant t)$ en fonction de t. Traduire ce résultat par une phrase.
c. Quelle est la probabilité qu'un atome pris au hasard ait une durée de vie inférieure ou égale à 3 heures ? Arrondir le résultat au centième.

3 Durée de vie sans vieillissement.

a. Calculer la probabilité que l'atome choisi au hasard ait une durée de vie d'au moins 4 heures.
b. On choisit un atome qui a une durée de vie d'au moins 3 heures.
Calculer la probabilité qu'il ait une durée de vie d'au moins 7 heures.
c. Que peut-on alors dire de $P_{D \geqslant 3}(D \geqslant 7)$ et $P(D \geqslant 4)$?

COURS

1. Lois de probabilité à densité

Animation
Introduction d'une loi à densité

Définitions

Dans de nombreux domaines, on étudie des variables aléatoires pouvant prendre, **du moins théoriquement**, toute valeur d'un intervalle I de $\mathbb{R}$.

DÉFINITIONS • On appelle **fonction de densité de probabilité** sur l'intervalle I toute fonction f définie, continue et positive sur I telle que l'intégrale de f sur I est égale à 1.
• Une **variable aléatoire à densité X** sur un intervalle I est définie par la donnée d'une fonction de densité de probabilité f définie sur I. La probabilité que X appartienne à un intervalle $[a\,;b]$ de I est égale à l'aire sous la courbe de f sur $[a\,;b]$, soit $\int_a^b f(t)\mathrm{d}t$.

Vocabulaire
Une variable aléatoire qui peut prendre toute valeur d'un intervalle est dite **continue**.

EXEMPLE : Soit X la variable aléatoire qui, à chaque smartphone, associe sa durée de vie, en années. Cette durée peut prendre toute valeur de l'intervalle $\mathrm{I} = [0\,;5]$. On souhaite déterminer la probabilité qu'un smartphone pris au hasard ait une durée de vie comprise entre 1 et 2 ans. Pour cela, on utilise une fonction f définie sur I et de courbe représentative $\mathscr{C}_f$ dans un repère orthogonal : la probabilité $P(1 \leqslant X \leqslant 2)$ est définie comme étant l'aire (exprimée en unités d'aire) du domaine compris entre l'axe des abscisses, la courbe $\mathscr{C}_f$ et les droites d'équations $x = 1$ et $x = 2$. Autrement dit, $P(1 \leqslant X \leqslant 2) = \int_1^2 f(t)\mathrm{d}t$.

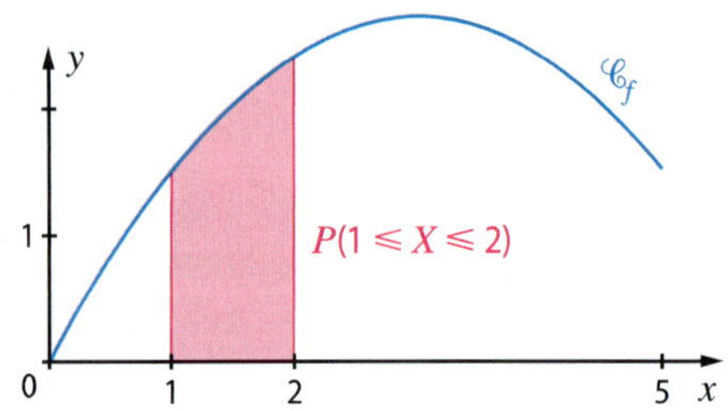

Ici, la fonction de densité de probabilité est la fonction f définie sur $\mathrm{I} = [0\,;5]$ par :

$$f(t) = -0{,}03t^2 + 0{,}18t.$$

Cette fonction est bien continue et positive sur I et $\int_0^5 f(t)\mathrm{d}t = \left[-0{,}01t^3 + 0{,}09t^2\right]_0^5 = 1$.

De plus, $P(1 \leqslant X \leqslant 2) = \int_1^2 f(t)\mathrm{d}t = 0{,}2$. Donc la probabilité qu'un smartphone pris au hasard ait une durée de vie comprise entre 1 et 2 ans est 0,2.

À noter
Une fonction de densité de probabilité est aussi appellée **fonction densité** ou **densité de probabilité**.

À noter
L'aire sous la courbe de f est égale à 1 unité d'aire.

À noter
$P(X = a) = \int_a^a f(t)\mathrm{d}t = 0$.

Fonction de répartition

DÉFINITION Soit X une variable aléatoire à densité. On appelle **fonction de répartition** de X la fonction F définie sur $\mathbb{R}$ par $F(x) = P(X \leqslant x)$.

EXEMPLE : Soit X la variable aléatoire de l'exemple précédent.
Si $x < 0$, alors $P(X \leqslant x) = 0$, donc $F(x) = 0$. Si $x \in [0\,;5]$, alors $F(x) = \int_0^x f(t)\mathrm{d}t = -0{,}01x^3 + 0{,}09x^2$. Si $x > 5$, alors l'événement « $X \leqslant x$ » est l'événement certain car X prend ses valeurs dans $[0\,;\,5]$. Donc $F(x) = 1$ si $x > 5$.

À noter
La fonction de répartition de X est une primitive de la fonction de densité f. Cela justifie la notation F.

Espérance et variance d'une loi à densité

DÉFINITIONS Soit X une variable aléatoire à densité, de fonction de densité f sur l'intervalle $[a\,;b]$.
• L'**espérance** de X est le réel défini par $E(X) = \int_a^b tf(t)\mathrm{d}t$.
• La **variance** de X est le réel défini par $V(X) = \int_a^b (t - E(X))^2 f(t)\mathrm{d}t$.

EXEMPLE : Dans l'exemple précédent, $E(X) = \int_0^5 t(-0{,}03t^2 + 0{,}18t)\mathrm{d}t$, soit $E(X) = \int_0^5 -0{,}03t^3 + 0{,}18t^2\mathrm{d}t = \left[-\frac{0{,}03}{4}t^4 + 0{,}06t^3\right]_0^5 = 2{,}8125$. La durée de vie moyenne d'un smartphone est de 2,8125 ans, soit environ 2 ans et 297 jours.

CAPACITÉ 1

Déterminer si une fonction est une densité de probabilité

Soit f et g les fonctions définies sur [0 ; 10] par :

$$f(x) = -0{,}006x^2 + 0{,}06x \quad \text{et} \quad g(x) = x^2.$$

1 Expliquer pourquoi g n'est pas une fonction de densité de probabilité sur [0 ; 10].

2 Montrer que f est une fonction de densité de probabilité sur [0 ; 10].

Méthode

Pour vérifier qu'une fonction est à densité sur un intervalle $[a\,;b]$, il faut montrer qu'elle est continue, positive et que $\int_a^b f(t)\mathrm{d}t = 1$.

Solution commentée

1 La fonction g est la fonction carré : elle est bien continue et positive sur [0 ; 10]. De plus, la fonction G définie sur [0 ; 10] par $G(x) = \frac{x^3}{3}$ est une primitive de g,

donc $\int_0^{10} g(t)\mathrm{d}t = G(10) - G(0) = \frac{1\,000}{3}$, donc $\int_0^{10} g(t)\mathrm{d}t \neq 1$.

Donc g n'est pas une fonction de densité sur [0 ; 10].

2 La fonction f est une fonction polynôme du second degré, donc f est continue sur [0 ; 10]. De plus, pour tout réel x de [0 ; 10], $f(x) = x(-0{,}006x + 0{,}06)$. Sur [0 ; 10], $x \geqslant 0$ et $-0{,}006x + 0{,}06 \geqslant 0$, donc par produit, $f(x) \geqslant 0$. Enfin, la fonction F définie sur [0 ; 10] par $F(x) = -0{,}002x^3 + 0{,}03x^2$ est une primitive de f.

Donc $\int_0^{10} f(t)\mathrm{d}t = F(10) - F(0) = 1$. Donc f est continue et positive sur [0 ; 10]

et $\int_0^{10} f(t)\mathrm{d}t = 1$: f est bien une fonction de densité sur [0 ; 10].

Voir exercices
53 Pour s'entraîner
108 et **109** Pour travailler en autonomie

CAPACITÉ 2

Calculer des probabilités pour une loi à densité

Soit X la variable aléatoire qui, à chaque jour, associe la production en tonnes d'un article. Elle prend ses valeurs dans l'intervalle [0 ; 10] et a pour densité la fonction f définie dans la **Capacité 1**. Soit A l'événement : « $X \leqslant 4$ » et B l'événement : « la production quotidienne dépasse 3 tonnes ». Calculer $P(\mathrm{A})$ et $P(\mathrm{B})$.

Vidéo 07:40 Utiliser une loi de probabilité à densité — bordas Flash PAGE vidéo

Méthode

Calculer $P(a \leqslant X \leqslant b)$ revient à calculer $\int_a^b f(t)\mathrm{d}t$, où f est la fonction de densité de X.

Solution commentée

Soit F la fonction définie sur [0 ; 10] par $F(x) = -0{,}002x^3 + 0{,}03x^2$.

F est une primitive de f. Ainsi, :

$$P(\mathrm{A}) = P(X \leqslant 4) = P(0 \leqslant X \leqslant 4) = \int_0^4 f(t)\mathrm{d}t = F(4) - F(0) = 0{,}352\,;$$

$$P(\mathrm{B}) = P(X > 3) = P(3 < X \leqslant 10) = \int_3^{10} f(t)\mathrm{d}t = F(10) - F(3) = 0{,}784.$$

Voir exercices
58 Pour s'entraîner
110 Pour travailler en autonomie

CAPACITÉ 3

Calculer l'espérance ou la variance d'une loi à densité

On reprend l'énoncé de la **Capacité 2**.

1 Calculer $E(X)$, puis interpréter le résultat.

2 Calculer $V(X)$.

Vidéo 04:50 Calculer l'espérance d'une loi à densité — bordas Flash PAGE vidéo

Méthode

Pour calculer $V(X)$, on utilise la valeur de $E(X)$.

Solution commentée

$E(X) = \int_0^{10} tf(t)\mathrm{d}t = \int_0^{10} g(t)\mathrm{d}t$ avec $g(t) = -0{,}006t^3 + 0{,}06t^2$. La fonction G définie sur [0 ; 10] par $G(t) = -\frac{0{,}006}{4}t^4 + 0{,}02t^3$ est une primitive de g.

Donc $E(X) = G(10) - G(0) = -\frac{0{,}006}{4} \times 10^4 + 0{,}02 \times 10^3 = 5$.

Ainsi, en moyenne, on produit 5 tonnes de l'article par jour. De plus :

$V(X) = \int_0^{10} (t - E(X))^2 f(t)\mathrm{d}t = \int_0^{10} (t-5)^2 f(t)\mathrm{d}t$. Or, pour tout réel t de [0 ; 10] :

$$(t-5)^2 f(t) = -0{,}006t^4 + 0{,}12t^3 - 0{,}75t^2 + 1{,}5t.$$

Donc $V(X) = \left[-\frac{0{,}006}{5}t^5 + 0{,}03t^4 - 0{,}25t^3 + 0{,}75t^2\right]_0^{10} = 5 - 0 = 5$.

Voir exercices
61 Pour s'entraîner
110 Pour travailler en autonomie

2. Loi uniforme – Loi exponentielle

Loi uniforme continue

À noter
La courbe de la fonction de répartition de la loi uniforme sur [0 ; 1] est la courbe tracée ci-dessous.

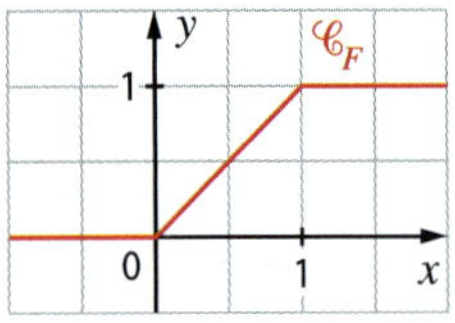

DÉFINITION La **loi uniforme sur [0 ; 1]** est la loi ayant pour densité de probabilité la fonction constante f définie sur [0 ; 1] par $f(x) = 1$.

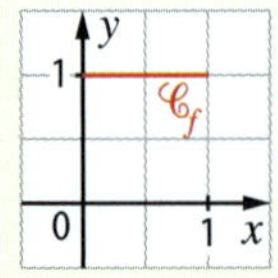

PROPRIÉTÉS Soit X une variable aléatoire qui suit la loi uniforme sur [0 ; 1].

- La fonction de répartition de la loi uniforme sur [0 ; 1] est la fonction F définie sur $\mathbb{R}$ par :
$$F(x) = 0 \text{ si } x < 0, \qquad F(x) = x \text{ si } x \in [0\,;1], \qquad F(x) = 1 \text{ si } x > 1.$$
- $E(X) = \frac{1}{2}$ et $V(X) = \frac{1}{12}$.

Dans toute la suite, on considère deux réels a et b tels que $a < b$.

DÉFINITION La **loi uniforme sur $[a\,;b]$** est la loi ayant pour densité de probabilité la fonction constante f définie sur $[a\,;b]$ par $f(x) = \frac{1}{b-a}$.

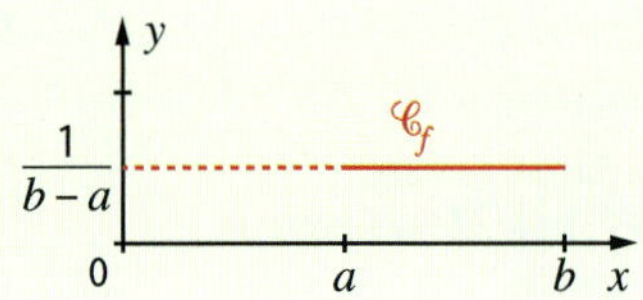

À noter
Avec $a = 0$ et $b = 1$, on retrouve les résultats portant sur la loi uniforme [0 ; 1].

PROPRIÉTÉS Soit X une variable aléatoire qui suit la loi uniforme sur $[a\,;b]$.

- La fonction de répartition de la loi uniforme sur $[a\,;b]$ est la fonction F définie sur $\mathbb{R}$ par :
$$F(x) = 0 \text{ si } x < a, \qquad F(x) = \frac{x-a}{b-a} \text{ si } x \in [a\,;b], \qquad F(x) = 1 \text{ si } x > b.$$
- $E(X) = \frac{b+a}{2}$ et $V(X) = \frac{(b-a)^2}{12}$.

DÉMONSTRATION DE LA FORMULE DE L'ESPÉRANCE

Si X suit la loi uniforme sur $[a\,;b]$, alors $E(X) = \int_a^b t \times \frac{1}{b-a}\,\mathrm{d}t = \left[\frac{1}{b-a} \times \frac{t^2}{2}\right]_a^b$.

Ainsi, $E(X) = \frac{1}{b-a} \times \left(\frac{b^2}{2} - \frac{a^2}{2}\right) = \frac{1}{b-a} \times \frac{(b-a)(b+a)}{2}$, soit $E(X) = \frac{b+a}{2}$.

Loi exponentielle

Soit λ un réel strictement positif.

À noter
$f(0) = \lambda$.

DÉFINITION La **loi exponentielle de paramètre λ** est la loi ayant pour densité de probabilité la fonction f définie sur $[0\,;+\infty[$ par $f(x) = \lambda \mathrm{e}^{-\lambda x}$.

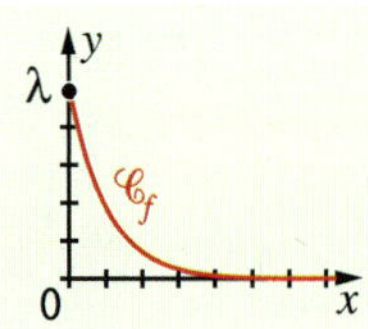

À noter
La loi exponentielle est une loi sans mémoire, comme la loi géométrique.

PROPRIÉTÉS Soit X une variable aléatoire qui suit la loi exponentielle de paramètre λ.

- La fonction de répartition de la loi exponentielle de paramètre λ est la fonction F définie sur $\mathbb{R}$ par $F(x) = 0$ si $x < 0$ et $F(x) = 1 - \mathrm{e}^{-\lambda x}$ si $x \geqslant 0$.
- Pour tous réels a et b positifs, $P(a \leqslant X \leqslant b) = \mathrm{e}^{-\lambda a} - \mathrm{e}^{-\lambda b}$.

REMARQUE : Pour tout réel a, $P(X > a) = 1 - P(X \leqslant a) = 1 - \left(1 - \mathrm{e}^{-\lambda a}\right)$, soit $P(X > a) = \mathrm{e}^{-\lambda a}$.

À noter
La propriété d'absence de mémoire est également appelée propriété de *durée de vie sans vieillissement*.

PROPRIÉTÉS Soit X une variable aléatoire qui suit la loi exponentielle de paramètre λ.

- $E(X) = \frac{1}{\lambda}$.
- **Absence de mémoire.** Pour tous réels positifs t et h : $P_{X \geqslant t}(X \geqslant t+h) = P(X \geqslant h)$.

Vidéo 05:31
Utiliser la loi uniforme
bordas Flash PAGE vidéo

CAPACITÉ 4

Utiliser la loi uniforme continue

Le temps d'attente, en minutes, à un arrêt de bus, est une variable aléatoire X qui suit la loi uniforme continue sur l'intervalle $[0\,;10]$.

1. Définir la fonction de densité de probabilité f de la loi de X.
2. Calculer la probabilité que le temps d'attente :
   a. soit inférieur à deux minutes ; b. soit supérieur à quatre minutes.
3. Quel est le temps d'attente moyen avant que le bus n'arrive ?
4. Calculer la variance de X. Arrondir au centième.

Conseil

Faire attention aux unités données dans l'exercice.

Solution commentée

1. X suit la loi uniforme continue sur $[0\,;10]$, donc f est définie sur $[0\,;10]$ par :
$$f(x)=\frac{1}{10-0},\text{ soit } f(x)=0{,}1.$$

2. a. La probabilité que le temps d'attente soit inférieur à deux minutes est $P(X<2)$.
Or, $P(X<2)=\frac{2-0}{10-0}=\frac{2}{10}=0{,}2$.
Donc la probabilité d'attendre moins de deux minutes est 0,2.
b. La probabilité que le temps d'attente soit supérieur à quatre minutes est $P(X>4)$. Or, $P(X>4)=1-P(X\leqslant 4)=1-\frac{4-0}{10-0}=1-0{,}4=0{,}6$.
Donc la probabilité d'attendre plus de quatre minutes est 0,6.

3. Le temps d'attente moyen à l'arrêt de bus est l'espérance de X.
Or, $E(X)=\frac{10+0}{2}=5$. Donc le temps d'attente moyen est de cinq minutes.

4. $V(X)=\frac{(10-0)^2}{12}=\frac{100}{12}=\frac{25}{3}$, soit $V(X)\approx 8{,}33$.

Voir exercices
68 Pour s'entraîner
111 112 et 113
Pour travailler en autonomie

Vidéo 05:52
Utiliser la loi exponentielle
bordas Flash PAGE vidéo

CAPACITÉ 5

Calculer des probabilités avec la loi exponentielle

Soit T la variable aléatoire qui, à chaque personne, associe la durée d'attente en minutes au départ d'une télécabine dans une station de ski.
T suit la loi exponentielle de paramètre $\lambda=0{,}2$.

1. Calculer, à 10^{-2} près, la probabilité d'attendre au départ de cette télécabine :
   a. moins de 20 minutes ; b. entre 5 et 10 minutes ; c. plus de 4 minutes.
2. a. Un skieur attend depuis 5 minutes pour utiliser la télécabine. Quelle est la probabilité que son temps d'attente total soit inférieur à 15 minutes ?
   b. Calculer $P_{T\geqslant 4}(T\geqslant 6)$, puis interpréter le résultat.
3. Calculer, en minutes, le temps d'attente moyen au départ de cette télécabine.

Conseil

Pour calculer une probabilité conditionnelle de la forme $P_{T\geqslant a}(T\geqslant b)$, on peut utiliser la propriété d'absence de mémoire.

Solution commentée

1. a. $P(T<20)=1-\mathrm{e}^{-20\lambda}=1-\mathrm{e}^{-4}\approx 0{,}98$.
La probabilité d'attendre moins de 20 minutes est environ 0,98.
b. $P(5\leqslant T\leqslant 10)=\mathrm{e}^{-5\lambda}-\mathrm{e}^{-10\lambda}=\mathrm{e}^{-1}-\mathrm{e}^{-2}\approx 0{,}23$.
La probabilité d'attendre entre 5 et 10 minutes est environ 0,23.
c. $P(T>4)=1-P(T\leqslant 4)=1-\left(1-\mathrm{e}^{-4\lambda}\right)=\mathrm{e}^{-0{,}8}$, donc $P(T>4)\approx 0{,}45$.
La probabilité d'attendre plus de 4 minutes est environ 0,45.

2. a. $P_{T\geqslant 5}(T<15)=\frac{P(5\leqslant T<15)}{P(T\geqslant 5)}=\frac{\mathrm{e}^{-5\lambda}-\mathrm{e}^{-15\lambda}}{\mathrm{e}^{-5\lambda}}=1-\frac{\mathrm{e}^{-15\lambda}}{\mathrm{e}^{-5\lambda}}=1-\mathrm{e}^{-10\lambda}\approx 0{,}86$.
Donc la probabilité que le skieur attende moins de 15 minutes sachant qu'il attend depuis 5 minutes est environ 0,86.
b. $P_{T\geqslant 4}(T\geqslant 6)=P_{T\geqslant 4}(T\geqslant 4+2)=P(T\geqslant 2)$ d'après la propriété d'absence de mémoire. Ainsi, $P_{T\geqslant 4}(T\geqslant 6)=\mathrm{e}^{-2\lambda}=\mathrm{e}^{-0{,}4}\approx 0{,}67$. Donc si un skieur attend depuis 4 minutes, la probabilité qu'il attende au moins 6 minutes au total est environ 0,67.

3. $E(T)=\frac{1}{\lambda}=\frac{1}{0{,}2}=5$: le temps moyen d'attente est de 5 minutes.

Voir exercices
88 Pour s'entraîner
114 115 116 et 117
Pour travailler en autonomie

EXERCICES Automatismes et rituels

Calcul mental

1 Calculer et simplifier.

a. $\dfrac{9 \times 10^7}{10^5 \times 3}$ **b.** $\dfrac{25 \times 8}{16 \times 5}$ **c.** $\dfrac{32}{4} \times 0{,}2$ **d.** $4 - 7 + 58$

2 Calculer l'image de 1 par chacune des fonctions suivantes.

a. $f(x) = -x^2 + 3x$ **b.** $g(t) = (2t - 3)(4t - 4)$

3 Résoudre dans $\mathbb{R}$ les équations suivantes.

a. $4x - 5 = 2x + 13$ **b.** $x^2 + 4 = 8 - 3x^2$

4 Résoudre dans $\mathbb{R}$ les inéquations suivantes.

a. $7x + 12 > 20 + 9x$ **b.** $2x^2 - 1 \leqslant 7$

5 Calculer la dérivée des fonctions f et g suivantes.

a. $f(x) = -5x^3 + 2x^2 - 4x + 3$ sur $\mathbb{R}$

b. $g(t) = 5e^t - 4t^5$ sur $\mathbb{R}$

6 Lors d'un concert ayant attiré 20 000 personnes, 60 % des spectateurs étaient des femmes.
Combien d'hommes ont alors assisté à ce concert ?

Automatismes

Évolutions et pourcentages

7 Pendant les soldes, un jean initialement à 40 € est soldé à – 40 %. Quel est le prix soldé de ce jean ?

8 QCM *Choisir la ou les bonnes réponses.*
Entre novembre et décembre, le prix d'un jeu vidéo est passé de 50 € à 56 €. Le prix a donc augmenté de :

1. 10,7 % environ **2.** 12 % **3.** 6 % **4.** 1,12 %

9 **Question de méthode**

1. Lorsque le prix d'un article subit deux baisses successives de t_1 % et t_2 %, comment peut-on calculer le taux global de baisse ?

2. Lors de la première semaine des soldes, un magasin propose 50 % de réduction sur tous les articles. Au cours de la deuxième démarque, ce magasin accorde 20 % de remise supplémentaire. Calculer le taux de réduction global du prix des articles.

10 **1.** Soit (u_n) la suite arithmétique de premier terme $u_0 = 4$ et de raison 3. Calculer u_{20}.

2. Soit (v_n) la suite géométrique de premier terme $v_0 = 3$ et de raison 2. Calculer v_8.

11 Soit (u_n) la suite géométrique de premier terme $u_0 = 2$ et de raison 3. Calculer $\sum_{k=0}^{10} u_k$, c'est-à-dire $u_0 + u_1 + \ldots + u_{10}$.

Lectures graphiques

12 On considère la fonction f définie sur l'intervalle [–1 ; 5] et dont la courbe représentative est tracée ci-contre.

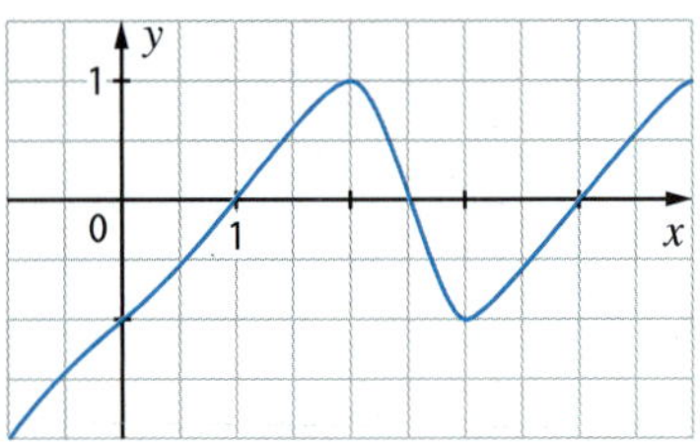

Répondre aux questions suivantes par lecture graphique.

1. Dresser le tableau de variation de f sur [–1 ; 5].

2. Dresser le tableau de signes de f sur [–1 ; 5].

3. Résoudre sur [–1 ; 5] l'inéquation $f(x) \geqslant -1$.

13 On considère la droite d tracée dans le repère ci-contre.
Par lecture graphique, déterminer l'équation réduite de d.

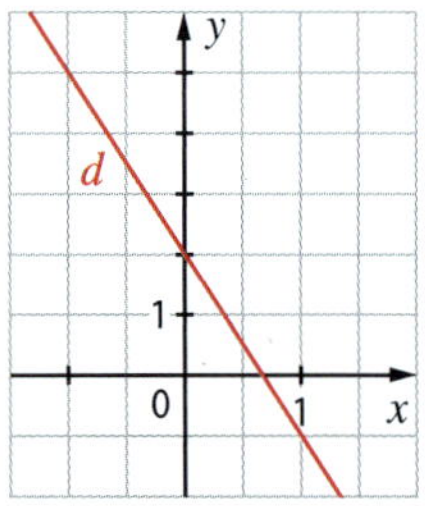

14 Dans un repère, tracer :

1. la droite d_1 passant par le point A(1 ; –1) et de coefficient directeur 2 ;

2. la droite d_2 d'équation réduite $y = -\dfrac{1}{2}x + 3$.

Géométrie

15 Dans un repère orthonormé, on considère les points A(1 ; 3) et B(3 ; 7).

1. Calculer la distance AB. On donnera la valeur exacte, puis une valeur approchée, arrondie au dixième.

2. a. Montrer que le coefficient directeur de la droite (AB) est 2.

b. Déterminer par un calcul l'équation réduite de (AB).

16 Le plan est muni d'un repère. Soit d et d' les droites d'équations respectives $y = 2x - 5$ et $y = x + 3$.

1. Ces deux droites sont-elles parallèles ? Justifier.

2. Déterminer par un calcul les coordonnées du point d'intersection de d et d'.

17 VRAI/FAUX
Indiquer si les affirmations sont vraies ou fausses, puis justifier.
Dans un repère, on considère les points A(–1 ; 2), B(3 ; 1) et C(11 ; –1).

1. Le milieu de [AB] a pour coordonnées (1 ; 1,5).

2. Les points A, B et C sont alignés.

Sauf indication contraire, les résultats seront arrondis au millième le plus proche.

Loi à densité sur un intervalle

Questions flash

18 ORAL QCM *Choisir la ou les bonnes réponses.*

Soit X une variable aléatoire continue de fonction de densité de probabilité f sur [4 ; 10].

1. La formule qui permet de calculer $P(7 \leqslant X \leqslant 8)$ est :

a. $f(8) - f(7)$ **b.** $\int_7^8 xf(x)\mathrm{d}x$ **c.** $\int_7^8 f(x)\mathrm{d}x$

2. La fonction de répartition de la loi de X est définie par :

a. $x \mapsto \int_4^x f(t)\mathrm{d}t$ **b.** $x \mapsto \int_x^{10} f(t)\mathrm{d}t$ **c.** $x \mapsto \int_4^x tf(t)\mathrm{d}t$

3. La formule qui permet de calculer l'espérance de X est :

a. $\int_4^{10} f(t)\mathrm{d}t$ **b.** $\int_4^{10} t\mathrm{d}t$ **c.** $\int_4^{10} tf(t)\mathrm{d}t$

19 Le graphique ci-contre représente la fonction de densité de probabilité f d'une variable aléatoire X continue sur [0 ; 3].

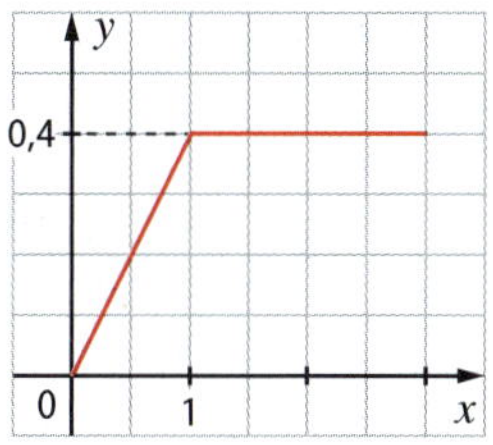

Ainsi, $\int_0^3 f(t)\mathrm{d}t = 1$.

1. Déterminer $P(0 \leqslant X \leqslant 3)$.

2. a. Déterminer graphiquement $\int_1^3 f(t)\mathrm{d}t$.

b. Interpréter le résultat en termes de probabilités.

3. Déterminer $P(0 \leqslant X \leqslant 1)$.

20 Le graphique ci-contre représente la fonction de densité de probabilité f d'une variable aléatoire X continue sur [0 ; 2,5].

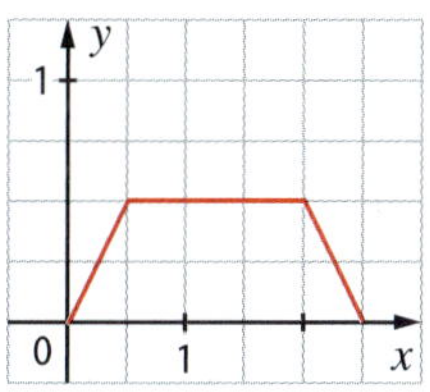

1. a. Par lecture graphique, déterminer $\int_1^2 f(x)\mathrm{d}x$ et $\int_2^{2,5} f(x)\mathrm{d}x$.

b. Interpréter les deux résultats précédents en termes de probabilités.

2. Par lecture graphique, déterminer $P(0,5 \leqslant X \leqslant 1)$.

21 Le graphique ci-contre représente la fonction de densité de probabilité f d'une variable aléatoire X continue sur [0 ; 3].

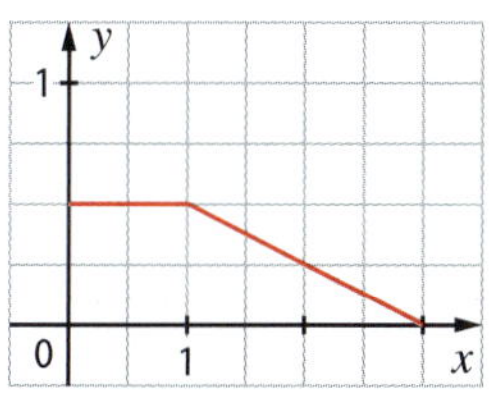

Calculer les probabilités suivantes.

1. $P(X > 0)$ **2.** $P(0 < X < 1)$

3. $P(1 < X < 3)$ **4.** $P(X < 0,6)$

22 Le graphique ci-contre représente la fonction de densité de probabilité g d'une variable aléatoire Y continue sur [–1 ; 1]. Calculer les probabilités suivantes.

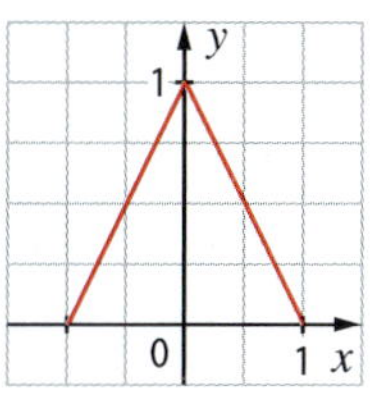

1. $P(Y \geqslant 0)$ **2.** $P(Y > 0,5)$

3. $P(Y \leqslant -0,5)$ **4.** $P(Y \geqslant -1)$

23 Soit f la fonction définie sur [0 ; 2] dont la courbe $\mathscr{C}_f$ est tracée ci-contre. On remarque que f est continue et positive sur [0 ; 2]. On note A, B, C, D et E les cinq points du plan placés dans le repère ci-contre.

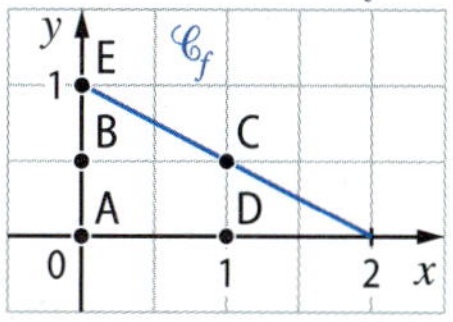

1. Justifier que $\int_0^2 f(t)\mathrm{d}t = 1$.

On en déduit alors que f est une fonction de densité sur [0 ; 2].

2. Soit X une variable aléatoire dont la densité de probabilité est la fonction f.

a. Calculer $P(X \geqslant 1)$. **b.** En déduire $P(X < 1)$.

3. a. Déterminer graphiquement l'aire, exprimée en unités d'aire, du rectangle ABCD et du triangle rectangle BCE.

b. En déduire l'aire du polygone AECD.

c. Traduire le résultat précédent en termes de probabilités et vérifier la cohérence avec la question **2. b.**

24 Soit X une variable aléatoire à densité sur [3 ; 9], telle que $P(3 \leqslant X < 5) = 0,4$.

1. Déterminer les probabilités suivantes.

a. $P(X = 5)$ **b.** $P(X < 5)$ **c.** $P(X \leqslant 5)$

2. a. Expliquer pourquoi les événements « $3 \leqslant X < 5$ » et « $X \geqslant 5$ » sont contraires l'un de l'autre.

b. En déduire $P(X \geqslant 5)$.

25 Soit f la fonction de densité de probabilité de la loi d'une variable aléatoire continue X sur [1 ; 5], telle que :

$$\int_1^2 f(t)\mathrm{d}t = 0,3 \quad \text{et} \quad \int_4^5 f(t)\mathrm{d}t = 0,5.$$

1. Déterminer les probabilités suivantes.

a. $P(1 \leqslant X \leqslant 2)$ **b.** $P(4 < X < 5)$

c. $P(X \geqslant 1)$ **d.** $P(X \leqslant 5)$

2. Écrire l'événement contraire de l'événement $\{X > 2\}$ sous la forme $\{a \leqslant X \leqslant b\}$, où a et b sont deux entiers de l'intervalle [1 ; 5]. En déduire $P(X > 2)$.

3. Justifier de la même manière que $P(X \leqslant 4) = 0,5$.

26 Soit g la fonction de densité de probabilité de la loi d'une variable aléatoire continue Y sur [–3 ; 2], telle que :

$$\int_{-1}^0 g(t)\mathrm{d}t = 0,1 \quad \text{et} \quad \int_0^2 g(t)\mathrm{d}t = 0,6.$$

1. Déterminer les probabilités suivantes.

a. $P(-3 \leqslant Y \leqslant 2)$ **b.** $P(-1 \leqslant Y \leqslant 0)$ **c.** $P(0 \leqslant Y \leqslant 2)$

2. a. À l'aide de la relation de Chasles, déterminer $\int_{-1}^2 g(t)\mathrm{d}t$.

b. Interpréter ce résultat en termes de probabilités.

27 Soit f la fonction définie sur [0 ; 1] par $f(x) = 2x$.

1. Justifier que f continue et positive sur [0 ; 1].

2. Vérifier que $\int_0^1 2x\mathrm{d}x = 1$.

3. Justifier alors que f est une fonction de densité de probabilité.

28 Soit f la fonction définie sur [1 ; 2] par $f(x) = 4x^3$.

1. Justifier que f est positive et continue sur [1 ; 2].

2. Vérifier que $\int_1^2 f(x)\mathrm{d}x = 15$.

3. Justifier que f n'est pas une fonction de densité de probabilité.

Loi uniforme

Questions flash

29 VRAI/FAUX

Indiquer si les affirmations sont vraies ou fausses, puis justifier.

Soit X une variable aléatoire suivant la loi uniforme sur [1 ; 5].

1. La densité de probabilité de X est la fonction f définie sur [1 ; 5] par $f(x) = 1$.

2. $P(1 \leqslant X \leqslant 3) = 0{,}5$.

3. $E(X) = 2$.

30 ORAL Soit f la fonction définie sur [1 ; 3] dont la représentation graphique est donnée ci-dessous.

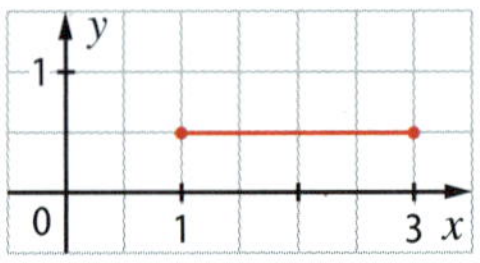

Cette fonction est-elle la densité de probabilité de la loi uniforme sur [1 ; 3] ? Justifier.

31 La variable aléatoire X suit la loi uniforme sur [0 ; 4]. On note f sa fonction de densité dont la courbe représentative est donnée ci-dessous.

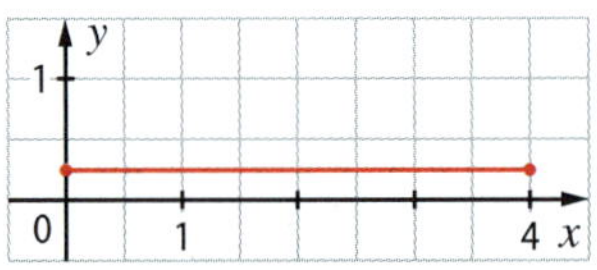

1. Par lecture graphique, déterminer :

$$P(X \leqslant 1) \text{ et } P(1 < X \leqslant 3).$$

2. a. Soit x un réel de l'intervalle [0 ; 4]. Exprimer $P(X \leqslant x)$ en fonction de x.

b. Retrouver les résultats de la question **1.** par un calcul.

32 La variable aléatoire X suit la loi uniforme sur [0 ; 1].

1. a. Soit f la fonction de densité de probabilité de X. Sur quel ensemble la fonction f est-elle définie et quelle est son expression ?

b. Tracer la courbe représentative de f dans un repère.

2. Déterminer $P(X \leqslant 0{,}2)$, $P(X > 0{,}6)$ et $P(0{,}3 < X \leqslant 0{,}4)$.

33 Soit f la fonction définie sur l'intervalle [2 ; 3] et dont la courbe est représentée dans le repère ci-dessous.

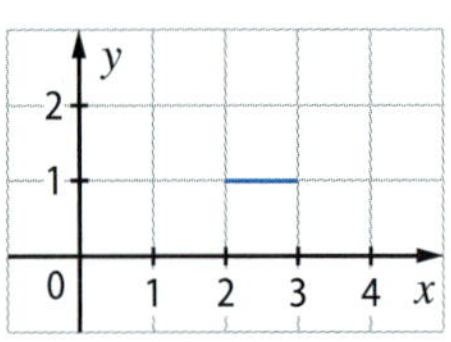

1. a. Déterminer graphiquement $\int_2^3 f(t)\,\mathrm{d}t$.

b. Justifier graphiquement que f est continue et positive.

c. Que peut-on déduire concernant la fonction f ?

2. Soit X une variable aléatoire continue sur l'intervalle [2 ; 3] dont la densité de probabilité est la fonction f.

a. Quelle est la loi suivie par X ?

b. Calculer $P(X < 2{,}5)$ et $P(2{,}3 < X < 2{,}6)$.

c. Calculer l'espérance de X.

34 QCM *Choisir la ou les bonnes réponses.*

Soit X une variable aléatoire qui suit la loi uniforme sur [2 ; 12].

1. La fonction de densité de probabilité est la fonction f définie sur [2 ; 12] par :

a. $f(x) = 2$ **b.** $f(x) = 12$

c. $f(x) = \frac{x-2}{10}$ **d.** $f(x) = 0{,}1$

2. $P(X \leqslant 4)$ est égale à :

a. 0,2 **b.** 0,8 **c.** 0,4 **d.** $\frac{1}{6}$

3. L'espérance de X est égale à :

a. 5 **b.** 6 **c.** 7 **d.** 10

35 La variable aléatoire X suit la loi uniforme sur [3 ; 9].

1. Définir la fonction de densité de probabilité de la loi de X.

2. Calculer $P(X < 6)$ et $P(X \leqslant 8)$.

3. Calculer $P(6 \leqslant X \leqslant 8)$.

4. Calculer l'espérance de X.

5. Vérifier que la variance de X est égale à 3.

36 ORAL LOGIQUE Soit a et b deux réels, tels que $a < b$. Soit X une variable aléatoire qui suit la loi uniforme sur $[a ; b]$.

On considère la proposition :

« Si $a = 2$ et $b = 4$, alors l'espérance de X est 3 ».

1. Cette proposition est-elle vraie ? Justifier.

2. Énoncer la réciproque de cette proposition. Dire si elle est vraie ou fausse, puis justifier.

37 PYTHON **Comprendre un programme**

On considère le programme ci-dessous écrit en langage Python.

```
def ev(a,b):
    E=(b+a)/2
    V=(b-a)**2/12
    return(E,V)
```

1. Que retourne l'appel ev(3,6) ?

2. Quel est le rôle de ce programme ?

38 La variable aléatoire X suit la loi uniforme sur [1 ; 9]. On note A l'événement « $X > 5$ » et B l'événement « $X < 7$ ».

1. Déterminer $P(\mathrm{A})$ et $P(\mathrm{A} \cap \mathrm{B})$.

2. En déduire que $P_{\mathrm{A}}(\mathrm{B}) = 0{,}5$.

39 ORAL Le temps d'attente, exprimé en heures, dans la salle d'attente d'un médecin est une variable aléatoire T qui suit la loi uniforme sur [0 ; 1].

L'affirmation suivante est-elle correcte ? Justifier.

« La probabilité d'attendre moins de 30 minutes est $P(T < 30)$. »

Loi exponentielle

Questions flash

40 ORAL QCM *Choisir la ou les bonnes réponses.*

Soit X une variable aléatoire qui suit la loi exponentielle de paramètre 3.

1. La densité de probabilité de X est la fonction g définie sur $[0\,;+\infty[$ par :

a. $g(x) = \mathrm{e}^{-3x}$ **b.** $g(x) = 3\mathrm{e}^{-3x}$ **c.** $g(x) = 3\mathrm{e}^{3x}$

2. $P(X \leqslant 5)$ est égale à :

a. e^{-5} **b.** e^{-15} **c.** $1-\mathrm{e}^{-15}$

3. L'espérance de X est :

a. 3 **b.** -3 **c.** $\frac{1}{3}$

41 La variable aléatoire X suit la loi exponentielle de paramètre $\lambda = 1$.

1. Soit x un réel positif. Exprimer $P(X \leqslant x)$ en fonction de x.

2. Calculer $P\ (X \leqslant 2)$.

3. Calculer $P(X \leqslant 3)$, puis en déduire $P(X > 3)$.

42 La variable aléatoire X suit la loi exponentielle de paramètre $\lambda = 4$.

1. Calculer $P(X \leqslant 1)$ et $P(X < 2)$.

2. En déduire $P(X > 1)$ et $P(1 \leqslant X < 2)$.

43 La variable aléatoire X suit une loi exponentielle de paramètre 2.

1. Calculer $P(X \leqslant 3)$ et $P(X < 1)$.

2. En déduire $P(1 \leqslant X \leqslant 3)$.

44 PYTHON **Exécuter, comprendre et modifier un programme**

On considère le programme ci-contre écrit en langage Python.

```
from math import exp
def loi_expo(l,x):
    if x<0:
        return(0)
    else:
        return(1-exp(-l*x))
```

1. Que retourne l'appel loi_expo(1,2) ? et l'appel loi_expo(1,-3) ?

2. Quel est le rôle de ce programme ?

3. Modifier ce programme afin qu'il retourne $P(X > x)$, où X suit la loi exponentielle de paramètre l.

45 LOGIQUE Soit λ un réel strictement positif.

Soit Y une variable aléatoire qui suit la loi exponentielle de paramètre λ.

On considère la proposition suivante :

« Si $\lambda = 4$, alors $E(Y) = 0{,}25$ ».

1. Cette proposition est-elle vraie ? Justifier.

2. Énoncer la réciproque de cette proposition et indiquer si elle est vraie ou fausse. Justifier.

46 La variable aléatoire X suit la loi exponentielle de paramètre $\lambda = 0{,}5$.

On note A l'événement $\{X \geqslant 4\}$ et B l'événement $\{X \geqslant 1\}$.

1. Déterminer la valeur de h tel que l'événement $\{X \geqslant 4\}$ soit égal à l'événement $\{X \geqslant 1+h\}$.

2. En utilisant la propriété d'absence de mémoire, recopier et compléter l'égalité suivante :

$$P_{X \geqslant 1}(X \geqslant 1+h) = P(X \geqslant \ldots).$$

3. Calculer $P(X < 3)$ et en déduire $P(X \geqslant 3)$.

4. À partir des réponses aux questions précédentes, calculer $P_{X \geqslant 1}(X \geqslant 4)$.

47 PYTHON **Compléter un programme**

Soit X une variable aléatoire qui suit la loi exponentielle de paramètre l, avec $l > 0$. Soit a et b deux réels positifs, tels que $a < b$.

1. En utilisant la propriété d'absence de mémoire, montrer que $P_{X \geqslant a}(X \geqslant b) = P(X \geqslant b-a)$.

2. a. Exprimer $P(X < b-a)$ en fonction de a, b et l.

b. En déduire $P(X \geqslant b-a)$ en fonction de a, b et l.

3. Recopier et compléter le programme Python ci-contre afin qu'il retourne $P_{X \geqslant a}(X \geqslant b)$.

```
from math import exp
def pc(l,a,b):
    return(...)
```

48 La variable aléatoire T suit la loi exponentielle de paramètre λ. Son espérance mathématique est 10.

1. Rappeler la formule de $E(T)$ en fonction de λ et en déduire que $\lambda = 0{,}1$.

2. Calculer $P\ (T < 4)$.

3. Calculer $P(T < 1)$, puis $P(T \geqslant 1)$.

49 Soit X une variable aléatoire suivant la loi exponentielle de paramètre λ. On note f la fonction de densité de probabilité de X.

1. Rappeler l'expression de f sur l'intervalle $[0\ ;\ +\infty[$.

2. Exprimer $f(0)$ en fonction de λ.

3. Sachant que $f(0) = 8$, déterminer λ.

4. En déduire l'espérance de X.

50 Pour une variable aléatoire T qui suit la loi exponentielle de paramètre λ, on a $P(T < 5) = 0{,}9$.

1. Exprimer $P(T < 5)$ en fonction de λ.

2. En déduire la valeur de λ.

51 Pour une variable aléatoire T qui suit la loi exponentielle de paramètre λ, on a $P(T > 2) = 0{,}3$.

1. a. Calculer $P(T \leqslant 2)$.

b. Exprimer $P\ (T \leqslant 2)$ en fonction de λ.

2. En déduire la valeur de λ.

52 La variable aléatoire X suit la loi exponentielle de paramètre λ.

La courbe ci-contre représente la fonction de densité de probabilité de la loi de X.

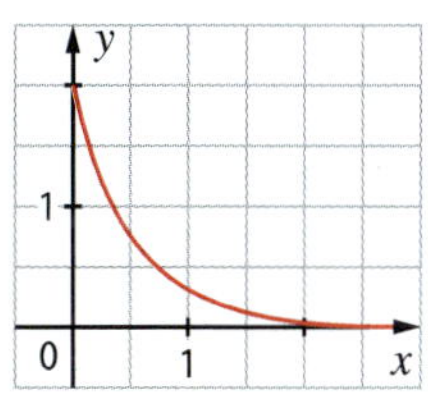

1. a. Déterminer $f(x)$ en fonction de x et λ.

b. En déduire $f(0)$ en fonction de λ.

2. Déterminer alors graphiquement une valeur approchée de λ.

3. Calculer $P(X < 1)$ en utilisant la valeur de λ de la question **2.**

Sauf indication contraire, les résultats seront arrondis au millième le plus proche.

Lois à densité

53 Capacité 1, p. 221

Soit f et g les fonctions définies sur l'intervalle [0 ; 2] par :

$$f(x) = 0{,}5x \qquad \text{et} \qquad g(x) = x.$$

1. Expliquer pourquoi g n'est pas une fonction de densité.

2. Montrer que f est une fonction de densité sur [0 ; 2].

54 Soit f la fonction définie sur l'intervalle [1 ; 2] par :

$$f(x) = -x + 2{,}5.$$

Montrer que f est une fonction de densité sur [1 ; 2].

55 Soit f la fonction définie sur l'intervalle [0 ; 1] par :

$$f(x) = x^3 + 1{,}5x.$$

Montrer que f est une fonction de densité sur [0 ; 1].

56 Soit a un réel strictement positif.

Soit f la fonction définie sur l'intervalle [0 ; a] par $f(x) = 2\mathrm{e}^{-x}$.

1. Exprimer $\int_0^a f(x)\mathrm{d}x$ en fonction de a.

2. Déterminer a pour que f soit une fonction de densité de probabilité sur l'intervalle [0 ; a].

57 Soit λ un réel et soit f la fonction définie sur [–1 ; 1] par $f(x) = \lambda x^2$. Déterminer λ pour que f soit une fonction de densité de probabilité sur [–1 ; 1].

58 Capacité 2, p. 221

Soit T la variable aléatoire qui, à chaque instant, associe la température en degrés Celsius d'un réfrigérateur.

Sa fonction de densité de probabilité est la fonction f définie sur l'intervalle [2 ; 6] par :

$$f(x) = -0{,}09375x^2 + 0{,}75x - 1{,}125.$$

Calculer la probabilité des événements A : $\{T \leqslant 3\}$ et B : « la température du réfrigérateur est supérieure à 4 degrés Celsius ».

59 Soit f la fonction définie sur l'intervalle [0 ; 5] par :

$$f(x) = -0{,}08x + 0{,}4.$$

Soit D la variable aléatoire qui, à chaque tir d'un archer professionnel, associe la distance entre la pointe de la flèche et le centre de la cible, en cm.

On admet que D a pour densité de probabilité la fonction f.

1. Calculer $P(D \leqslant 1)$, puis interpréter le résultat.

2. Calculer la probabilité que la pointe de la flèche se situe entre 1 cm et 2 cm du centre de la cible.

3. Quelle est la probabilité que la pointe de la flèche soit à plus de 4 cm du centre de la cible ?

4. La pointe de la flèche est à moins de 1 cm du centre de la cible. Quelle est la probabilité qu'elle en soit à plus de 5 mm ?

60 Soit f la fonction définie sur [1 ; 3] dont la courbe représentative $\mathscr{C}_f$ est donnée ci-contre. On remarque que f est continue et positive sur l'intervalle [1 ; 3].

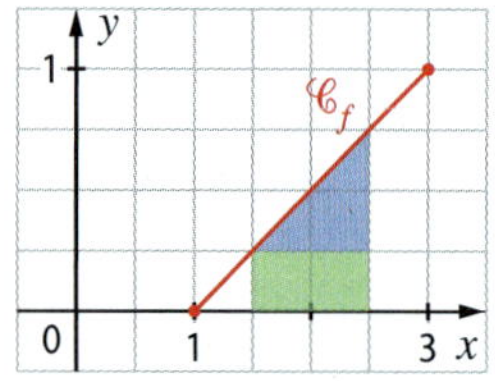

1. Justifier que $\int_1^3 f(t)\mathrm{d}t = 1$.

On en déduit alors que f est une fonction de densité sur [1 ; 3].

2. Soit X une variable aléatoire dont la densité de probabilité est la fonction f. Calculer $P(X \leqslant 2)$.

3. La zone délimitée par $\mathscr{C}_f$, l'axe des abscisses et les droites d'équations respectives $x = 1{,}5$ et $x = 2{,}5$ est composée d'un rectangle coloré en vert et d'un triangle rectangle coloré en bleu (voir graphique).

a. Calculer l'aire de ce rectangle et de ce triangle.

b. En déduire $P(1{,}5 \leqslant X \leqslant 2{,}5)$.

4. a. Déterminer l'expression de f.

b. Par un calcul intégral, retrouver alors le résultat de la question **3. b.**

61 Capacité 3, p. 221

Dans une région du monde, la masse d'un bébé à la naissance, exprimée en kilogrammes, est une variable aléatoire M qui suit la loi continue de fonction de densité f définie sur l'intervalle [2 ; 4] par :

$$f(x) = -0{,}15x + 0{,}95.$$

1. Calculer l'espérance de M, puis interpréter le résultat.

2. Calculer la variance de M.

62 On reprend l'énoncé de l'exercice **58**.

Calculer l'espérance de T, puis interpréter le résultat.

63 On reprend l'énoncé de l'exercice **59**.

Calculer l'espérance de D, puis interpréter le résultat.

64 **1.** Soit f la fonction définie sur l'intervalle [0 ; 0,5] par :

$$f(x) = 0{,}99x^2 - 8{,}21x + 3{,}97.$$

Montrer que f est une fonction de densité de probabilité sur l'intervalle [0 ; 0,5].

2. Soit T la variable aléatoire qui, à chaque calcul, associe le temps nécessaire, exprimé en secondes, à une calculatrice pour effectuer ce calcul. On admet que T suit sur [0 ; 0,5] la loi continue dont la densité de probabilité est la fonction f définie à la question **1**. Calculer :

a. $P(T < 0{,}25)$ **b.** $P(0{,}1 < T < 0{,}4)$

c. la probabilité qu'un calcul soit réalisé en plus d'un dixième de seconde.

3. a. Calculer $E(T)$ et arrondir le résultat au centième. Interpréter le résultat.

b. On prend $E(T) = 0{,}2$. Calculer $V(T)$.

65 1. Soit f la fonction définie sur l'intervalle [1 ; 7] par :

$$f(x) = \frac{1}{18}x - \frac{1}{18}.$$

Montrer que f est une fonction de densité de probabilité sur [1 ; 7].

2. Soit X la variable aléatoire qui, à chaque serpent d'un zoo, associe sa taille, en mètres. On admet que X suit sur [1 ; 7] la loi continue dont la fonction de densité est la fonction f définie dans la question 1.

a. On choisit un serpent au hasard.

Calculer la probabilité qu'il mesure entre 2 et 3 mètres.

b. Calculer la taille moyenne des serpents du zoo.

66 ORAL **Question de méthode**

Soit f la fonction définie sur I = [0 ; 1] par $f(x) = 12(x^3 - x^5)$. On note $\mathscr{C}$ sa courbe dans un repère.

1. a. Expliquer la démarche à effectuer pour montrer que f est une fonction de densité de probabilité sur I.

b. Le faire.

2. Soit X une variable aléatoire dont la loi admet f pour densité.

a. Expliquer ce que représente $P(X < 0,5)$ graphiquement, puis calculer cette probabilité.

b. Expliquer comment calculer l'espérance de X. Le faire.

67 LOGIQUE 1. La proposition : « Si f est une fonction de densité de probabilité sur [0 ; 3], alors $\int_0^3 f(x)\mathrm{d}x = 1$ » est-elle vraie ? Justifier.

2. Énoncer la réciproque de cette proposition. Est-elle vraie ? Justifier.

Loi uniforme

68 Capacité 4, p. 223

Un étang de pêche est très régulièrement empoissonné. Lorsqu'un pêcheur met sa ligne à l'eau, le temps d'attente T en minutes avant la première touche suit la loi uniforme sur l'intervalle [0 ; 60].

1. Définir la fonction de densité de probabilité f de T.

2. Quelle est la probabilité pour que ce temps d'attente soit inférieur à 40 minutes ?

3. Quelle est la probabilité pour que ce temps d'attente soit supérieur à 15 minutes ?

4. Quel est le temps d'attente moyen ?

5. Calculer la variance de T.

69 À Lyon, la ligne de métro A relie les stations Gratte-Ciel et Flachet. Chaque rame met entre une et deux minutes pour relier ces deux stations. On note D la variable aléatoire qui, à chaque trajet en métro, associe la durée du trajet entre les deux stations, en secondes. On admet que D suit une loi uniforme.

1. a. Quel est l'intervalle sur lequel la loi uniforme suivie par D est définie ?

b. Quelle est la durée moyenne d'un voyage en métro entre ces deux stations ?

2. Laurent prend le métro à Gratte-Ciel, en direction de Flachet.

a. Quelle est la probabilité pour que le voyage de Laurent dure moins de une minute et trente secondes ?

b. Quelle est la probabilité pour que le voyage de Laurent dure plus d'une minute et quinze secondes ?

c. Quelle est la probabilité pour que le voyage de Laurent dure entre une minute dix secondes et une minute trente secondes ?

d. Laurent est parti de la station Gratte-Ciel depuis une minute et vingt secondes, et la rame n'est pas encore arrivée à la station Flachet. Quelle est la probabilité que cette rame arrive dans les dix secondes suivantes ?

RETOUR SUR L'OUVERTURE DU CHAPITRE

70 À chaque livraison, une société de distribution donne une plage de trois heures aux clients pour l'arrivée du colis au domicile.

On note T la variable aléatoire qui, à chaque livraison, associe le temps d'attente du client, en heures, à partir du début de la plage horaire. On admet que T suit une loi uniforme.

Un livreur doit passer au domicile de Marie entre 9 h et midi.

1. Déterminer la fonction de densité de probabilité de la loi uniforme suivie par T.

2. Quelle est la probabilité que le livreur arrive :

a. avant 10 h ?

b. entre 11 h et 11 h 30 ?

c. après 10 h 30 ?

3. Il est 10 h et le livreur n'est toujours pas arrivé. Quelle est la probabilité que le livreur arrive avant 11 h ?

4. Quel est le temps d'attente moyen pour une livraison dont la plage horaire est étendue sur trois heures ?

71 Pendant les heures de grande affluence à un péage d'autoroute, le temps d'attente, en minutes, avant de pouvoir payer, est une variable aléatoire T qui suit une loi uniforme. Ce temps est compris entre 10 et 15 minutes.

1. Quel est l'intervalle sur lequel la loi uniforme suivie par T est définie ?

2. Définir la fonction de densité de probabilité f de T.

3. Pauline doit passer par ce péage pendant un grand « chassé-croisé ».

a. Quelle est la probabilité qu'elle attende au moins 12 minutes ?

b. Quelle est la probabilité qu'elle attende entre 12 et 13 minutes ?

c. Quelle est la probabilité qu'elle attende au plus 13 minutes ?

d. Pauline attend depuis 11 minutes et n'a toujours pas pu payer. Quelle est la probabilité qu'elle attende au total moins de 14 minutes ?

4. Quel est le temps moyen d'attente à ce péage ?

5. Calculer la variance de T.

72 Les deux rives d'un estuaire sont reliées par un service régulier de bateaux ; ces derniers quittent la rive nord exactement toutes les 10 minutes. Monsieur Dulac séjourne sur la rive nord et traverse l'estuaire une fois par jour pour se rendre dans la partie sud. Son arrivée au point d'embarquement sur la rive nord se fait au hasard.

1. Le temps en minutes séparant l'arrivée de Monsieur Dulac à l'embarcadère du prochain départ du bateau définit une variable aléatoire T qui suit une loi uniforme.

a. Quel est le temps d'attente moyen de Monsieur Dulac à l'embarcadère ?

b. Montrer que la probabilité qu'un jour donné Monsieur Dulac attende plus de 7 minutes à l'embarcadère est $p = 0{,}3$.

2. Monsieur Dulac séjourne 10 jours sur la rive nord. Le nombre de jours où son attente est supérieure à 7 minutes définit une variable aléatoire X. On suppose que l'arrivée de Monsieur Dulac à l'embarcadère se fait de façon indépendante d'un jour à l'autre.

a. Quelle est la loi suivie par X ? Déterminer $E(X)$.

b. Calculer, à 10^{-3} près, la probabilité que Monsieur Dulac n'attende jamais plus de 7 minutes à l'embarcadère.

c. À l'aide de la calculatrice, calculer $P(X \leqslant 5)$, puis interpréter le résultat.

73 Lors d'une nuit au cours de laquelle on peut observer de nombreuses étoiles filantes, le temps d'attente, en minutes, entre deux étoiles filantes est modélisé par une variable aléatoire X qui suit la loi uniforme sur l'intervalle [1 ; 5].

1. Calculer la probabilité qu'une personne attende :

a. au plus deux minutes entre deux étoiles filantes ;

b. au moins trois minutes entre deux étoiles filantes ;

c. entre deux et trois minutes entre deux étoiles filantes.

2. Calculer le temps moyen d'attente entre deux étoiles filantes.

LE SAVIEZ-VOUS

La lumière produite par une « étoile filante » est due à l'entrée dans l'atmosphère d'un corps qu'on appelle météroïde.

74 Tonio part en voiture depuis Reims pour atteindre Marne la Vallée, afin de pouvoir profiter d'un célèbre parc d'attractions. On note D la durée du trajet, en minutes. On suppose que D suit la loi uniforme sur l'intervalle [75 ; 105].

1. Donner l'expression de la fonction de densité de D.

2. Calculer la probabilité que le trajet dure moins d'une heure et vingt minutes.

3. Après une heure et trente minutes de trajet, Tonio n'est toujours pas arrivé. Quelle est la probabilité qu'il arrive dans les cinq minutes suivantes ?

4. Quelle est la durée moyenne d'un trajet ?

75 La variable aléatoire X suit la loi uniforme sur [4 ; 8].

1. Définir la fonction de densité de probabilité de la loi de X.

2. Déterminer la probabilité de chacun des événements suivants.

A : « $X < 5$ » B : « $X > 6$

C : « $4{,}2 < X \leqslant 5{,}7$ » D : « $X \leqslant 3$ ».

3. Calculer $P_A(C)$.

4. a. Déterminer le réel k tel que $P(X < k) = 0{,}2$.

b. Déterminer le réel t tel que $P(X > t) = 0{,}7$.

5. Calculer l'espérance de X.

76 PYTHON **Compléter un programme**

Soit X une variable aléatoire qui suit la loi uniforme sur [7 ; 11].

1. Déterminer : $P(X \leqslant 5)$, $P(X \leqslant 8)$ et $P(X \leqslant 12)$.

2. On considère le programme incomplet ci-contre écrit en langage Python.

```
def unif(x):
    if x<=7:
        return(...)
    elif x>=11:
        return(...)
    else:
        return(...)
```

a. Recopier et compléter ce programme afin que l'appel unif(x) retourne la probabilité $P(X \leqslant x)$.

b. À l'aide de ce programme, vérifier les réponses de la question **1**.

77 ALGO PYTHON **Comprendre un algorithme**

La variable aléatoire X suit la loi uniforme sur l'intervalle [5 ; 9].

On considère l'algorithme ci-contre, où c et d sont des réels de l'intervalle [5 ; 9], avec $c \leqslant d$.

$$r \leftarrow \frac{d-5}{4}$$
$$s \leftarrow \frac{c-5}{4}$$
$$p \leftarrow r - s$$

1. Quelle valeur contient la variable p si on affecte la valeur 6 à c et la valeur 7 à d ?

2. a. Justifier que r contient la probabilité de l'événement « $X \leqslant d$ ».

b. En s'inspirant de la réponse à la question précédente, déterminer l'événement dont la probabilité est le nombre s.

c. Quel événement a alors pour probabilité le nombre p ?

3. a. Programmer cet algorithme avec une fonction prob de paramètres c et d en Python, puis vérifier le résultat apporté à la question **1**.

b. Modifier cette fonction afin qu'elle retourne le résultat même si c et/ou d n'est (ne sont) pas dans l'intervalle [5 ; 9].

78 Soit b un nombre réel strictement supérieur à 6.

La variable aléatoire X suit la loi uniforme sur [6 ; b].

On sait que $P(X < 9) = 0{,}7$. Déterminer b, puis l'espérance de X.

79 Le temps d'attente, en minutes, sur le quai d'un train est modélisé par une variable aléatoire X qui suit la loi uniforme sur l'intervalle [5 ; b], où b est un entier supérieur à 5.

Une étude statistique permet d'établir que $P(X < 7) = 0{,}25$.

1. Déterminer b.

2. Calculer l'espérance de X et interpréter le résultat.

80 Soit a un nombre réel strictement inférieur à 4.
La variable aléatoire X suit la loi uniforme sur $[a\,;4]$.
On sait que $P(X < 3) = 0{,}4$.
Déterminer a, puis l'espérance de X.

81 Le temps d'attente, en minutes, avant de pouvoir monter dans un manège d'un parc d'attraction est modélisé par une variable aléatoire X qui suit la loi uniforme sur l'intervalle $[a\,;40]$, où a est un entier inférieur à 40.

Une étude statistique permet d'établir que 75 % des personnes attendent moins de 33 minutes avant de pouvoir monter dans le manège.

1. a. Traduire la dernière donnée de l'énoncé en termes de probabilité.
b. En déduire la valeur de l'entier a.
2. Déterminer le temps d'attente moyen avant de pouvoir monter dans le manège.

82 Soit a et b deux nombres réels tels que $a < b$.
La variable aléatoire X suit la loi uniforme sur $[a\,;b]$.
On sait que $P(X < 2) = 0{,}3$ et $P(X < 5) = 0{,}7$.
Déterminer les réels a et b.

83 Une question ouverte
Soit T la variable aléatoire qui, avant chaque projection d'un film au cinéma, associe la durée des publicités, en minutes. On admet que T suit une loi uniforme sur un intervalle I.
Une étude statistique permet d'établir que 12,5 % des projections de publicité durent moins de 5 minutes et qu'un quart des projections de publicité durent au moins 10 minutes.
Déterminer la durée moyenne de projections de publicité avant la diffusion d'un film.

Piste → Voir p. 285

84 QCM *Choisir la ou les bonnes réponses.*
Partie A. La variable aléatoire X suit la loi uniforme sur l'intervalle $[-5\,;5]$.
1. $P(X > 3)$ est égal à :
a. 0,2 **b.** 0,8 **c.** $1 - P(X \leqslant 3)$ **d.** $1 - P(X < 3)$
2. L'espérance de X est égale à :
a. 0 **b.** 5 **c.** $\int_{-5}^{5} 0{,}1x\,\mathrm{d}x$ **d.** $\int_{-5}^{5} 0{,}1\,\mathrm{d}x$
Partie B. Anne prévoit d'appeler Benoît par téléphone à un moment choisi au hasard entre 8 h 30 et 10 h. Benoît sera dans un train à partir de 9 h pour un trajet de plusieurs heures. Quelle est la probabilité qu'Anne appelle Benoît alors qu'il est dans le train ?
a. $\frac{60}{150}$ **b.** $\frac{2}{3}$ **c.** $\frac{6}{13}$ **d.** $\frac{1}{3}$

85 ALGO PYTHON **Comprendre et modifier un algorithme**
On considère l'algorithme ci-contre.

```
S ← 0
Pour i allant de 1 à n faire
    X ← réel aléatoire entre 1 et 3
    S ← S+X
Fin Pour
```

1. On suppose dans cette question que $n = 5$.
a. Quelle est la plus petite valeur possible de S à la fin de l'algorithme ?
b. Quelle est sa plus grande valeur possible ?
2. À chaque itération de i, on affecte à la variable X un réel aléatoire de l'intervalle $[1\,;3]$.
a. Quelle est la loi suivie par la variable aléatoire X ?
b. Quelle est la probabilité que X prenne une valeur entre 1,2 et 2,7 ?
3. a. Programmer cet algorithme avec une fonction somme d'argument n, puis la tester avec différentes valeurs de n.
b. Modifier ce programme afin qu'il retourne la somme de n réels aléatoires de l'intervalle $[a\,;b]$ où a et b sont des réels tels que $a < b$.

86 Soit a et b deux nombres réels tels que $a < b$.
La variable aléatoire X suit la loi uniforme sur $[a\,;b]$.
Soit F la fonction de répartition de X, c'est-à-dire la fonction définie sur $\mathbb{R}$ par $F(x) = P(X \leqslant x)$.
1. a. Justifier que si $x < a$, alors $F(x) = 0$.
b. Justifier que si $x > b$, alors $F(x) = 1$.
2. Soit x un réel de l'intervalle $[a\,;b]$. L'objectif de cette question est de démontrer que $F(x) = \frac{x-a}{b-a}$.
a. Exprimer $P(X \leqslant x)$ à l'aide d'une intégrale.
b. En déduire l'égalité $F(x) = \frac{x-a}{b-a}$.

87 Soit a et b deux nombres réels tels que $a < b$. La variable aléatoire X suit la loi uniforme sur $[a\,;b]$. L'objectif de l'exercice est de démontrer que la variance de X est égale à $\frac{(b-a)^2}{12}$.
1. a. Rappeler l'expression de la fonction de densité de X.
b. Rappeler la formule de $E(X)$ en fonction de a et b.
2. En utilisant la définition de la variance, montrer que :
$$V(X) = \frac{1}{b-a} \times \frac{b^3 - a^3}{3} - \frac{b+a}{b-a} \times \frac{b^2 - a^2}{2} + \frac{(b+a)^2}{4}.$$
3. a. En utilisant une identité remarquable, factoriser $b^2 - a^2$.
b. Vérifier que $(b-a)(b^2 + ab + a^2) = b^3 - a^3$.
c. En déduire que $V(X) = \frac{b^2 + ab + a^2}{3} - \frac{(b+a)^2}{4}$.
4. En déduire que $V(X) = \frac{(b-a)^2}{12}$.

Loi exponentielle

88 *Capacité 5, p. 223*

La durée de vie exprimée en années d'un modèle de smartphone est une variable aléatoire X qui suit la loi exponentielle de paramètre $\lambda = 0{,}25$.
1. Quelle est la probabilité que la durée de vie de ce modèle soit :
a. inférieure à cinq ans ?
b. supérieure à trois ans ? **c.** comprise entre un et quatre ans ?
2. Maryam possède ce modèle de smartphone depuis deux ans. Quelle est la probabilité qu'il fonctionne encore au maximum trois ans ?

3. Quelle est la durée de vie moyenne d'un appareil ?

4. En utilisant la propriété d'absence de mémoire, calculer $P_{X\geqslant 1}(X \geqslant 3)$. Interpréter.

89 La durée d'attente D, exprimée en minutes, à une caisse automatique de supermarché est assimilée à une loi exponentielle de paramètre 0,8. Nicolas arrive au niveau d'une caisse automatique.

1. Quelle est la probabilité qu'il attende :

a. moins de cinq minutes ?

b. entre une et deux minutes ?

c. au moins trois minutes ?

2. Nicolas attend depuis une minute.

a. Quelle est la probabilité qu'il attende moins de trois minutes ?

b. Quelle est la probabilité qu'il attende plus de deux minutes ?

3. Calculer $E(D)$, puis interpréter le résultat.

90 On considère des circuits intégrés issus d'une certaine production. On choisit au hasard un de ces circuits. On admet que la variable aléatoire T qui à tout circuit intégré associe sa durée de vie exprimée en heures, suit la loi exponentielle de paramètre λ.

1. Sachant que la durée de vie moyenne d'un circuit intégré est de 100 000 heures, calculer λ.

2. Calculer la probabilité pour qu'un circuit n'ait pas de défaillance au cours des 90 000 premières heures.

3. Calculer la probabilité qu'un circuit soit encore en fonctionnement au bout de 110 000 heures, sachant qu'il était en fonctionnement au bout de 90 000 heures.

91 Le laboratoire de Physique d'un lycée dispose d'un parc d'oscilloscopes identiques. La durée de vie en années d'un oscilloscope est une variable aléatoire notée D qui suit la loi exponentielle de paramètre λ.

1. Sachant que $P(D > 10) = 0{,}286$, déterminer λ, en arrondissant à 10^{-4}.

On prendra 0,125 pour valeur de λ dans la suite de l'exercice.

2. Calculer la probabilité qu'un oscilloscope du modèle étudié ait une durée de vie inférieure à six mois.

3. Sachant qu'un appareil a déjà fonctionné huit années, quelle est la probabilité qu'il ait une durée de vie supérieure à dix ans ?

92 Le temps d'attente, exprimé en minutes, pour obtenir une table dans un restaurant est modélisé par une variable aléatoire T qui suit une loi exponentielle. Une étude statistique a permis d'observer que le temps moyen d'attente est de huit minutes.

1. Déterminer la valeur du paramètre de cette loi.

2. Quelle est la probabilité qu'un client attende :

a. entre cinq et dix minutes pour obtenir une table ?

b. moins de trois minutes pour obtenir une table ?

c. plus de quatre minutes pour obtenir une table ?

3. Un client attend depuis cinq minutes. Quelle est la probabilité qu'il doive attendre au moins cinq minutes de plus pour obtenir une table ?

93 QCM *Choisir la ou les bonnes réponses.*

La variable aléatoire T suit la loi exponentielle de paramètre λ.

1. Si $\lambda = 0{,}04$, alors $P(T < 10)$ est égal, à 10^{-3} près :

a. 0,330 b. 0,670 c. 0,039 d. 0,960

2. Si $P(T > 4) = 0{,}6$, alors λ est égal à :

a. 0,229 à 10^{-3} près b. 0,128 à 10^{-3} près

c. $-\dfrac{\ln(0{,}6)}{4}$ d. $-\dfrac{\ln(0{,}4)}{4}$

3. Si $\lambda = 5$, alors $P_{T\geqslant 2}(T \geqslant 3)$ est égal à :

a. $1 - e^{-5}$ b. e^{5} c. e^{-5} d. $P(T \geqslant 1)$

94 On suppose que la durée de vie exprimée en mois d'un ordinateur portable définit une variable aléatoire Y qui suit la loi exponentielle de paramètre 0,01.

1. Calculer $P(Y < 24)$, puis interpréter.

2. Calculer $P(Y \geqslant 48)$, puis interpréter.

3. Calculer $P_{Y>36}(Y < 72)$, puis interpréter.

4. Calculer $P_{Y>24}(Y > 40)$, puis interpréter.

5. Calculer $E(Y)$, puis interpréter.

95 Soit X une variable aléatoire qui suit une loi exponentielle. On sait que $P(X \geqslant 2) \leqslant 0{,}4$.

1. Justifier que $P(X < 2) \geqslant 0{,}6$.

2. En déduire la valeur minimale du paramètre de cette loi exponentielle. On arrondira au centième.

MATHS & SES

96 Un commerçant vend des moteurs électriques. On note T la variable aléatoire qui, à chaque moteur, associe sa durée de vie en années. On admet que T suit la loi exponentielle de paramètre 0,2. Un client achète un moteur.

1. Si le moteur est garanti un an, quelle est la probabilité que ce moteur tombe en panne pendant sa garantie ?

2. Quelle durée de garantie maximale (en mois) doit être choisie pour que le commerçant ait moins de 5 % de chance de dépanner le client ?

MATH & INFORMATIQUE

97 On suppose que la durée de vie d'un disque dur, exprimée en années, est donnée par une variable T qui suit une loi exponentielle. Une étude statistique permet de montrer que moins de 1 % de ces disques durs tombent en panne au cours de la première année.

1. Traduire la dernière phrase en termes de probabilité.

2. Déterminer la durée de vie moyenne d'un disque dur. On arrondira à l'année.

MATHS & SVT

98 Le carbone 14 présent dans un être vivant se désintègre à la mort de ce dernier. La durée de vie X, en années, d'un atome de carbone 14 suit une loi exponentielle de paramètre λ.

On appelle *demi-vie* d'un atome de carbone 14 le réel t tel que $P(X \leqslant t) = P(X \geqslant t)$.

1. Démontrer que $P(X \leqslant t) = \frac{1}{2}$.
2. Démontrer que $t = \frac{\ln(2)}{\lambda}$.
3. On observe que la demi-vie d'un atome de carbone 14 est de 5 734 ans.
a. Déterminer la valeur exacte de λ.
b. Quelle est la probabilité qu'un atome de carbone 14 se désintègre au plus tard 1 000 ans après la mort de l'être vivant qui le contient ?
c. Quelle est la durée de vie moyenne d'un atome de carbone 14 après la mort de l'être vivant qui le contient ? On arrondira à l'année.

LE SAVIEZ-VOUS
On peut utiliser la datation au carbone 14 pour dater le temps écoulé depuis la mort d'un être vivant, allant de quelques centaines d'années jusqu'à 50 000 ans !

99 PYTHON **Écrire un programme**
Soit b un réel strictement positif. Soit X une variable aléatoire suivant la loi exponentielle de paramètre b.
1. Dans cette question uniquement, on suppose que $P(X \leqslant 2) = 0{,}3$. Déterminer b.
2. Soit a un réel strictement positif. On note $p = P(X \leqslant a)$.
a. Exprimer b en fonction de a et p.
b. Écrire une fonction `parametre` d'arguments a et p, en Python, qui permet de déterminer la valeur de b.
c. Tester ce programme afin de vérifier la réponse apportée à la question **1.**
d. Utiliser ce programme pour déterminer le paramètre b tel que $P(X < 5) = 0{,}9$.

100 Soit λ un réel strictement positif. Soit X une variable aléatoire qui suit la loi exponentielle de paramètre λ. On note f sa fonction de densité. L'objectif de cet exercice est de démontrer le résultat suivant pour tout réel x positif :
$$P(X \leqslant x) = 1 - e^{-\lambda x}.$$
1. Rappeler l'expression de f, puis en déterminer une primitive.
2. Soit x un réel positif.
Rappeler l'expression de $P(X \leqslant x)$ à l'aide d'une intégrale, puis en déduire l'égalité $P(X \leqslant x) = 1 - e^{-\lambda x}$.

101 Soit X une variable aléatoire qui suit la loi exponentielle de paramètre 2.
1. En utilisant la formule des probabilités conditionnelles, calculer $P_{X \geqslant 1}(X \geqslant 3)$.
2. En utilisant la propriété d'absence de mémoire, calculer $P_{X \geqslant 1}(X \geqslant 3)$. Vérifier la cohérence de ce résultat avec celui de la question 1.

102 Soit λ un réel strictement positif. Soit X une variable aléatoire qui suit la loi exponentielle de paramètre λ. L'objectif de cet exercice est de démontrer la propriété d'absence de mémoire : pour tout réel t positif et pour tout réel h positif :
$$P_{X \geqslant t}(X \geqslant t + h) = P(X \geqslant h).$$
Soit alors t et h deux réels positifs.
1. Exprimer $P(X \geqslant h)$ en fonction de h.
2. a. Justifier que l'intersection des événements $\{X \geqslant t\}$ et $\{X \geqslant t + h\}$ est l'événement $\{X \geqslant t + h\}$.
b. Exprimer alors $P_{X \geqslant t}(X \geqslant t + h)$ en fonction de $P(X \leqslant t + h)$ et de $P(X \leqslant t)$.
3. Établir alors l'égalité $P_{X \geqslant t}(X \geqslant t + h) = P(X \geqslant h)$.

103 Une question ouverte
Soit λ un réel strictement positif. Soit X une variable aléatoire qui suit la loi exponentielle de paramètre λ.
La courbe $\mathscr{C}$ de la fonction de densité de probabilité de X est tracée ci-contre.
Calculer $P(X \geqslant 1)$.

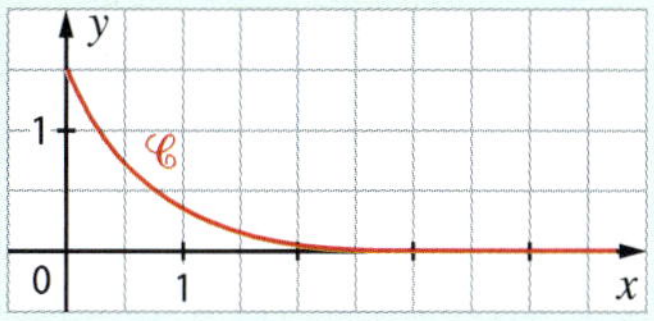

Piste → Voir p. 285

MATH & PHYSIQUE

104 Une question ouverte
La durée de vie d'un atome de Césium 137, exprimée en années, est une variable aléatoire T qui suit une loi exponentielle. 26 % des atomes ont une durée de vie inférieure à 15 ans. Déterminer la durée de vie moyenne d'un atome de Césium 137. On arrondira le résultat à l'année près.

Piste → Voir p. 285

Problème de synthèse

105 CALCULER RAISONNER

Lors d'une exposition pour jeux de société, Jade présente deux jeux notés A et B.
1. Soit X la variable aléatoire qui, à chaque partie du jeu A initiée par Jade, associe son temps d'attente, en secondes, avant qu'une personne accepte de découvrir le jeu avec elle. On admet que X suit la loi uniforme sur [5 ; 55].
a. Combien de temps en moyenne Jade attend-t-elle avant qu'un autre joueur accepte de jouer avec elle ?
b. Calculer la probabilité qu'elle attende moins de 10 secondes.
c. Calculer la probabilité qu'elle attende entre 10 et 20 secondes.
d. Jade attend depuis 40 secondes. Quelle est la probabilité qu'une personne accepte de jouer avec elle dans les 5 secondes suivantes ?
2. Lorsque Jade crée une partie du jeu B, son temps d'attente, en secondes, avant qu'une personne se présente pour jouer est une variable aléatoire Y qui suit une loi exponentielle de paramètre λ.
a. En moyenne, Jade attend 20 secondes avant que quelqu'un vienne jouer avec elle. Expliquer alors pourquoi $\lambda = 0{,}05$.
b. Calculer la probabilité que Jade attende moins de 20 secondes.
c. Calculer la probabilité qu'elle attende au moins 10 secondes.
d. Jade attend depuis 7 secondes. Quelle est la probabilité qu'elle attende encore au moins 4 secondes ?
e. Antoine lance un défi à son amie Jade : elle doit trouver le temps t pour lequel elle a une chance sur deux d'attendre moins de t secondes. Quelle réponse va-t-elle apporter ? On donnera la valeur exacte, puis une valeur approchée à l'entier.

BESOIN D'AIDE ?
Voir fiche Python, p. 248

TP1 ALGO PYTHON Simulation d'une loi de Bernoulli et somme de variables de Bernoulli

MODÉLISER REPRÉSENTER

A Simulation d'une loi de Bernoulli

Soit X une variable aléatoire qui suit la loi de Bernoulli de paramètre 0,7.

1. Rappeler la valeur de $P(X=0)$ et de $P(X=1)$.

2. On considère l'algorithme incomplet ci-contre qui permet de simuler une fois la variable aléatoire X.

```
a ← nombre réel aléatoire entre 0 et 1
Si … alors
  x ← 1
Sinon
  …
Fin Si
```

a. Recopier et compléter cet algorithme.

b. Programmer cet algorithme avec une fonction bernoulli écrite en langage Python. On n'oubliera pas de commencer le programme par « from random import* » afin de pouvoir utiliser la fonction random.

3. Modifier la fonction bernoulli en une fonction bernoulli2 qui simule une variable aléatoire qui suit la loi de Bernoulli de paramètre p, où p est un réel de l'intervalle [0 ; 1].

B Somme de variables aléatoires qui suivent une loi de Bernoulli

1. a. Recopier et compléter le programme Python ci-contre, en utilisant la fonction bernoulli2 programmée dans la partie **A**, afin que l'appel somme(p) simule 5 fois une variable aléatoire suivant la loi de Bernoulli de paramètre p et retourne la somme des 5 résultats.

```python
def somme(p):
    S=0
    for i in range(...):
        S=...
    return(...)
```

b. Quel est l'ensemble des valeurs que peut retourner la fonction somme ? Vérifier que cette conjecture est cohérente avec les résultats obtenus après plusieurs appels de la fonction somme(0.5).

2. Modifier ce programme afin que la fonction retourne la somme de n variables aléatoires qui suivent la loi de Bernoulli de paramètre p, où n, entier naturel non nul, est un second paramètre de ce nouveau programme.

TP2 PYTHON Lancers de dés

CALCULER MODÉLISER

A Simulation d'un lancer de dé à quatre faces

Soit X une variable aléatoire qui suit la loi uniforme continue sur l'intervalle [0 ; 1].

1. Calculer les probabilités suivantes : $P(X < 0{,}25)$, $P(0{,}25 \leqslant X < 0{,}5)$, $P(0{,}5 \leqslant X < 0{,}75)$ et $P(X \geqslant 0{,}75)$.

2. On considère le programme ci-contre qui permet de simuler le lancer d'un dé bien équilibré à quatre faces, numérotées de 1 à 4.

```python
from random import*
def de4():
    a=random()
    for i in range(4):
        if i/4<=a and a<(i+1)/4:
            f=i+1
    return(f)
```

a. On suppose que lors d'un appel de4(), la fonction random affecte le réel 0,1 à la variable a. Que retourne dans ce cas ce programme ?

b. Reprendre la question précédente si le réel 0,6 est affecté à la variable a.

c. Quelle est la probabilité que l'appel de4() retourne la valeur 2 ? Justifier.

B Simulation d'un lancer de dé à six faces

1. En s'inspirant de la partie **A**, créer une fonction de6 pour qu'elle simule un lancer d'un dé bien équilibré à six faces, numérotées de 1 à 6.

2. Tester plusieurs fois ce programme pour vérifier la cohérence des résultats.

C Somme des numéros obtenus sur deux dés à six faces

1. Lorsqu'on fait la somme des numéros obtenus avec deux dés à six faces, quels sont les résultats possibles ?

2. a. À l'aide de la fonction de6, créer une fonction somme qui simule le lancer de deux dés à six faces et qui retourne la somme des deux faces obtenues.

b. Écrire le programme d'une fonction Rejoue de paramètre un entier naturel n qui simule n fois le lancer de deux dés à six faces, et qui retourne la liste des fréquences de chacune des sommes obtenues.

Revoir des points essentiels

PARCOURS 1 Déterminer si une fonction est une densité de probabilité

Un exemple : Soit f la fonction définie sur l'intervalle [0 ; 2] par $f(x) = -0,3x^2 + 0,9x$.
Montrer que f est une fonction de densité de probabilité sur [0 ; 2].

Ma réflexion	→ Ma démarche
Comment commencer ?	Je dois rappeler la définition d'une fonction de densité de probabilité sur un intervalle. ▶ *Énoncer les trois critères que doit vérifier la fonction f pour montrer que c'est une fonction de densité sur l'intervalle [0 ; 2].*
Comment justifier que la fonction f est continue sur [0 ; 2] ?	Je reconnais une fonction d'un type connu. ▶ *Préciser ce type de fonctions et conclure quant à la continuité de f sur [0 ; 2].*
Comment justifier que f est positive sur [0 ; 2] ?	J'étudie le signe de f sur l'intervalle [0 ; 2]. ▶ *Factoriser $f(x)$ par x, puis étudier le signe de chaque facteur sur [0 ; 2].*
Comment justifier que $\int_0^2 f(t)\,\mathrm{d}t = 1$?	Je détermine une primitive F de la fonction f, puis je calcule $F(2) - F(0)$. ▶ *Choisir la primitive de f dont l'expression est de la forme $F(x) = ax^3 + bx^2$ avec a et b deux réels à déterminer. Terminer en effectuant le calcul mentionné.*
Comment terminer ?	Je rappelle les trois critères vérifiés par f et je conclus. ▶ *Le faire.*

106 Soit g la fonction définie sur l'intervalle [0 ; 1] par $g(x) = 2x^3 + 1,5x^2$.
Montrer que g est une fonction de densité de probabilité sur [0 ; 1].

PARCOURS 2 Calculer des probabilités avec la loi exponentielle

Un exemple : Le temps T, en jours, durant lequel un atome d'iode reste radioactif est une variable aléatoire qui suit une loi exponentielle dont le paramètre est noté λ. La période radioactive de l'iode est de 8 jours, c'est-à-dire que $P(T < 8) = 0,5$.
Les résultats seront arrondis au millième le plus proche.

1. Déterminer la valeur exacte de λ, puis une valeur approchée à 10^{-4}.
2. On pose $\lambda = 0,087$. Calculer $P(T > 10)$, puis la probabilité qu'un atome soit radioactif entre six et neuf jours.

Ma réflexion	→ Ma démarche
Comment commencer ?	J'écris la formule donnant $P(T < 8)$ en fonction du paramètre λ. ▶ *Traduire l'égalité de l'énoncé en une équation d'inconnue λ. Résoudre cette équation.*
Comment calculer $P(T > 10)$?	J'utilise la formule de la probabilité de l'événement contraire. ▶ *Écrire la formule reliant $P(T > 10)$ à $P(T \leqslant 10)$, puis calculer cette dernière probabilité à l'aide d'une formule du cours.*
Comment répondre à la dernière question ?	Je traduis l'énoncé de la question en écriture mathématique. ▶ *Écrire la probabilité demandée sous la forme $P(a \leqslant T \leqslant b)$, avec a et b qui sont deux nombres réels à déterminer.*
Comment terminer ?	J'utilise la formule du cours qui permet de calculer $P(a \leqslant T \leqslant b)$. ▶ *Remplacer a, b et λ par leurs valeurs respectives. Conclure.*

107 Le temps de téléchargement, en secondes, d'une vidéo peut être assimilé à une variable aléatoire X suivant une loi exponentielle de paramètre λ. On a $P(X \leqslant 9) = 0,8$.

1. Déterminer à 10^{-3} près la valeur de λ.
2. Calculer $P(X > 7)$, puis la probabilité que le temps de téléchargement soit compris entre 4 et 5 secondes.

EXERCICES Pour travailler en autonomie

Tous ces exercices sont corrigés, leurs solutions succinctes sont disponibles à la fin du manuel (p. 285).
En flashant la page, vous accéderez aux corrigés rédigés et détaillés sur votre smartphone ou votre tablette.

bordas Flash PAGE corrigés détaillés

L'essentiel

Lois à densité

Une fonction f est une densité de probabilité sur $[a\,;b]$ si :
- f est continue sur $[a\,;b]$;
- pour tout réel x de $[a\,;b]$, $f(x) \geqslant 0$;
- $\int_a^b f(t)\mathrm{d}t = 1$.

Loi uniforme continue sur $[a\,;b]$

- Densité de probabilité :
pour tout réel x de $[a\,;b]$, $f(x) = \dfrac{1}{b-a}$
- Pour tout réel x de $[a\,;b]$:
$P(X \leqslant x) = \dfrac{x-a}{b-a}$
- $E(X) = \dfrac{b+a}{2}$
- $V(X) = \dfrac{(b-a)^2}{12}$

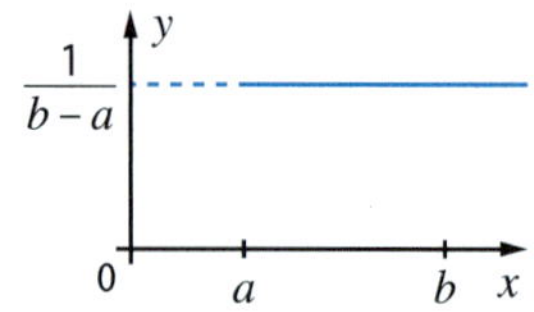

Soit X une variable aléatoire de densité de probabilité f définie sur l'intervalle $[a\,;b]$.

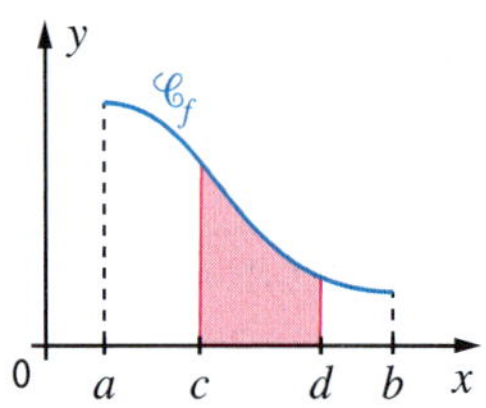

- Fonction de répartition
Pour tout réel x, $F(x) = P(X \leqslant x)$.
Si $x \in [a\,;b]$, alors $P(X \leqslant x) = \int_a^x f(t)\mathrm{d}t$.
- Espérance de X : $E(X) = \int_a^b tf(t)\mathrm{d}t$.
- Variance de X : $V(X) = \int_a^b \left(t - E(X)\right)^2 f(t)\mathrm{d}t$.

Loi exponentielle de paramètre λ

- λ strictement positif
- Densité de probabilité :
fonction f définie sur $[0\,;+\infty[$ par $f(x) = \lambda \mathrm{e}^{-\lambda x}$

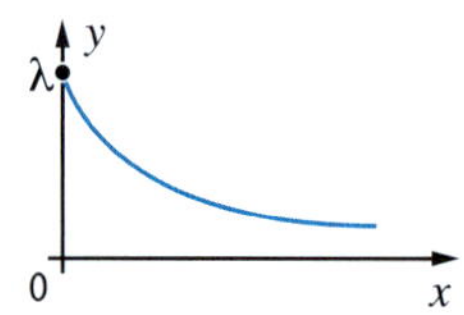

- Pour tous réels a et b de $[0\,;+\infty[$ tels que $a \leqslant b$:
$P(X \leqslant a) = 1 - \mathrm{e}^{-\lambda a}$
$P(a \leqslant X \leqslant b) = \mathrm{e}^{-\lambda a} - \mathrm{e}^{-\lambda b}$
- $E(X) = \dfrac{1}{\lambda}$
- Absence de mémoire : pour tous réels positifs t et h :
$P_{X \geqslant t}(X \geqslant t+h) = P(X \geqslant h)$

Faire le point avec des exercices corrigés

Sauf indication contraire, les probabilités seront arrondies au millième.

Utiliser une fonction de densité de probabilité

108 * 10 min Capacité 1, p. 221
Soit f la fonction définie sur $[0\,;6]$ par $f(x) = \dfrac{1}{18}x$. Montrer que f est une fonction de densité de probabilité sur $[0\,;6]$.

109 ** 15 min Capacité 1, p. 221
Soit g la fonction définie sur $[1\,;2]$ par $g(x) = 0{,}75x^2 - 0{,}5x$. Montrer que g est une fonction de densité de probabilité sur $[1\,;2]$.

110 ** 20 min Capacités 2 et 3, p. 221
Soit f la fonction définie sur $[0\,;4]$ par $f(x) = \dfrac{1}{8}x$. On admet que f est une fonction de densité de probabilité sur $[0\,;4]$.

Soit X une variable aléatoire de densité de probabilité f.
1. Calculer les probabilités suivantes.
a. $P(1 \leqslant X \leqslant 2)$ b. $P(X < 3)$ c. $P(X > 2)$
2. Calculer l'espérance de X.
3. Calculer la variance de X.

Utiliser la loi uniforme continue

111 * 10 min Capacité 4, p. 223
Lors d'un safari photo en Afrique, un groupe de touristes souhaite observer des familles d'éléphants. Le temps d'attente, en minutes, nécessaire pour observer ces animaux suit la loi uniforme sur l'intervalle $[0\,;90]$.
1. Quelle est la probabilité que le groupe attende plus d'une heure avant d'apercevoir les éléphants ?
2. Le groupe de touristes commence à attendre à 20 heures. Calculer l'heure moyenne d'arrivée des éléphants.

112 15 min Capacité 4, p. 223

VRAI/FAUX

Indiquer si les affirmations sont vraies ou fausses, puis justifier.

1. Soit X une variable aléatoire qui suit la loi uniforme sur [0 ; 100].

Affirmation : $P(X < 75) = P(X > 25)$.

2. Dans un hôtel, le petit déjeuner n'est servi que jusqu'à 10 h 15. Pierre dort une nuit dans cet hôtel et se lève entre 9 heures et 11 heures. On admet que son heure de lever est modélisée par une variable aléatoire qui suit la loi uniforme sur l'intervalle [9 ; 11].

Affirmation : La probabilité que Pierre ne puisse pas prendre son petit déjeuner est 0,425.

113 30 min Capacité 4, p. 223

QCM *Choisir la ou les bonnes réponses.*

1. Une variable aléatoire X suit la loi uniforme sur l'intervalle [1 ; 9]. Alors :

a. $P(1 < X < 9) = \frac{1}{8}$ **b.** $P(5 < X < 9) = \frac{1}{2}$

c. $P(1 < X < 3) = \frac{3}{8}$ **d.** $E(X) = 5$

2. Une variable aléatoire X suit la loi uniforme sur l'intervalle [2 ; 7]. La fonction de densité de probabilité de X est représentée ci-dessous.

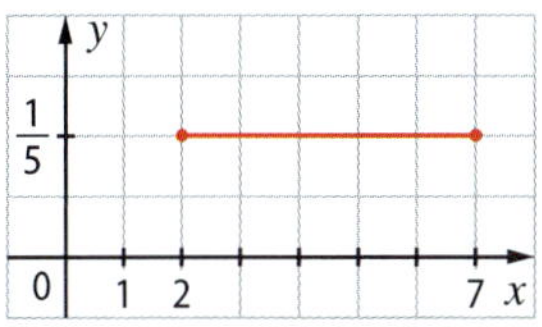

Alors :

a. $P(3 \leqslant X \leqslant 7) = \frac{1}{4}$ **b.** $P(X \geqslant 4) = P(2 \leqslant X \leqslant 5)$

c. $E(X) = \frac{9}{5}$ **d.** $E(X) = 4{,}5$

3. Dans une station de ski, le temps d'attente à un télésiège donné, exprimé en minutes, peut être modélisé par une variable aléatoire X qui suit la loi uniforme sur l'intervalle [0 ; 5].

a. L'espérance de X est 0,4. **b.** $P(X > 2) = 0{,}6$.

c. $P(X \leqslant 2) = 0{,}6$. **d.** $P(X \leqslant 5) = 0$.

4. Deux collègues communiquent régulièrement par vidéoconférence. On suppose que la durée d'une communication, exprimée en minutes, suit la loi uniforme sur l'intervalle [0 ; 120]. Sachant que la communication dure depuis 30 minutes, la probabilité que la communication ne dépasse pas 90 minutes est égale à :

a. $\frac{1}{3}$ **b.** $\frac{1}{2}$ **c.** $\frac{2}{3}$ **d.** $\frac{3}{4}$

Calculer avec la loi exponentielle

114 10 min Capacité 5, p. 223

Soit X une variable aléatoire qui suit la loi exponentielle de paramètre 0,25.

1. Calculer les probabilités suivantes.

a. $P(X \leqslant 1)$ **b.** $P(X > 2)$ **c.** $P(3 < X < 5)$

2. Calculer l'espérance mathématique de X.

115 15 min Capacité 5, p. 223

On note T la variable aléatoire égale à la durée de vie, en mois, d'un chronomètre et on admet qu'elle suit la loi exponentielle de paramètre $\lambda = 0{,}0555$.

1. Calculer la durée de vie moyenne d'un chronomètre (arrondir à l'unité).

2. Calculer la probabilité qu'un chronomètre ait une durée de vie comprise entre un et deux ans.

3. Un entraîneur n'a pas changé son chronomètre depuis deux ans. Quelle est la probabilité qu'il soit encore en état de fonctionner au moins un an de plus ?

116 25 min Capacité 5, p. 223

Un commerçant vient de s'équiper d'un distributeur de glaces à l'italienne. La durée, en mois, de fonctionnement sans panne de son distributeur est modélisée par une variable aléatoire X qui suit la loi exponentielle de paramètre λ, où λ est un réel strictement positif. Le vendeur assure que la durée moyenne de fonctionnement sans panne de ce type de distributeur est de 10 mois.

1. Justifier que $\lambda = 0{,}1$.

2. Calculer la probabilité que ce distributeur n'ait connu aucune panne pendant les six premiers mois.

3. Sachant que le distributeur n'a connu aucune panne pendant les six premiers mois, quelle est la probabilité qu'il n'en connaisse aucune jusqu'à la fin de la première année ? Justifier.

4. Le commerçant remplacera son distributeur au bout d'un temps t, exprimé en mois, tel que $P(X > t) = 0{,}05$.
Déterminer la valeur de t arrondie à l'entier.

117 30 min Capacité 5, p. 223

1. Dans cette question, on s'intéresse à la durée d'attente d'un client Internet lorsqu'il contacte l'assistance téléphonique avant de joindre un opérateur. On modélise cette durée d'attente, en minutes, par la variable aléatoire D_1 qui suit la loi exponentielle de paramètre 0,6.

a. Quelle est la durée d'attente moyenne que peut espérer un client Internet qui appelle cette ligne d'assistance ?

b. Calculer la probabilité que la durée d'attente d'un client Internet choisi au hasard soit inférieure à cinq minutes.

2. Dans cette question, on s'intéresse à la durée d'attente d'un client mobile lorsqu'il contacte l'assistance téléphonique avant de joindre un opérateur. On modélise cette durée d'attente en minutes par la variable aléatoire D_2 qui suit la loi exponentielle de paramètre λ.

a. Sachant que $P(D_2 \leqslant 4) = 0{,}798$, déterminer la valeur de λ. Arrondir à 10^{-3}.

b. En prenant $\lambda = 0{,}4$, peut-on considérer que moins de 10 % des clients mobile choisis au hasard attendent plus de cinq minutes avant de joindre un opérateur ?

Dans les problèmes qui suivent, on va illustrer :
– le modèle probabiliste de la répétition d'une épreuve de Bernoulli de façon identique et indépendante ;
– la notion d'échantillonnage et ses applications à l'inférence statistique.

PROBLÈMES DU THÈME

1. Tirages aléatoires avec remise d'une boule dans une urne
2. Test d'une pièce
3. Surréservation
4. Sondages
5. Hypothèses et estimation

PROBLÈME 1

TABLEUR PYTHON

Tirages aléatoires avec remise d'une boule dans une urne

CALCULER MODÉLISER

Une urne contient des boules blanches et des boules noires. On tire, au hasard et avec remise un certain nombre de boules, dont on note la couleur. Le modèle probabiliste est celui de la répétition d'une épreuve de Bernoulli, et ce de façon identique et indépendante.
À l'occasion de ce problème, on va réaliser des simulations.

NOTIONS UTILISÉES

CHAPITRE 8 ▪ Lois discrètes
CHAPITRE 9 ▪ Lois à densité
LOGICIELS ▪ Tableur
▪ Python

Point Histoire

Jacques Bernoulli (1654-1705) est célèbre pour ses travaux en probabilité.

Partie A ▪ Calculs de probabilités

Soit X la variable aléatoire égale au nombre de boules blanches tirées de l'urne.

1. Dans cette question, l'urne contient trois boules blanches et sept boules noires. On tire au hasard et avec remise, dix boules de l'urne dont on note la couleur.

a. Expliquer pourquoi X suit une loi binomiale. En préciser les paramètres.

b. Déterminer $P(X = 4)$. **c.** Déterminer $P(4 \leqslant X \leqslant 6)$.

2. Dans cette question, l'urne contient 50% de boules blanches. On tire au hasard et avec remise, n boules de l'urne dont on note la couleur.

a. Préciser les paramètres de la loi binomiale suivie par X dans ce cas.

b. Déterminer $P(X = 0)$, puis $P(X = 1)$ en fonction de n.

c. Déterminer la plus petite valeur de n pour laquelle la probabilité d'obtenir au moins deux boules blanches est supérieure à 0,99.

Partie B ▪ Simulation avec un tableur

On considère une urne contenant 35 % de boules blanches. On tire au hasard et avec remise, n boules de l'urne dont on note la couleur. On note p la probabilité de tirer une boule blanche lors d'un tirage. On a donc $p = 0{,}35$.

1. a. Dans la cellule **A1**, saisir une formule simulant le tirage d'une boule de l'urne. On retournera 0 si la boule tirée est noire et 1 si cette boule est blanche. On pourra utiliser la fonction SI et la fonction ALEA.

b. Recopier vers le bas la formule saisie en **A1** jusqu'à la cellule **A100** afin de simuler un échantillon de 100 tirages.

c. En utilisant les colonnes **A** à **SF**, simuler 500 échantillons composés de 100 tirages de l'urne.

	A	B	C	D	E
94	1	0	0	0	1
95	0	1	0	1	1
96	0	0	0	1	0
97	1	1	0	0	0
98	0	0	1	0	0
99	0	1	1	0	0
100	1	0	0	1	0
101					
102	0,3	0,4	0,3	0,35	0,28
103					
104	Ecart-type s de la fréquence des 1	0,0478864			
105	k=	p-ks	p+ks	nf	
106	1	0,3021136	0,3978864	322	
107	2	0,2542272	0,4457728	475	
108	3	0,2063408	0,4936592	499	
109					

2. a. Dans la cellule **A102**, saisir la formule « =SOMME(A1:A100)/100 ». Que représente le résultat affiché ?

b. Recopier cette formule vers la droite jusqu'à la celulle **SF102**.

3. a. Saisir une formule en **B104** permettant de calculer l'écart-type s de la série des fréquences de la plage de cellules **A102:SF102**.

b. Dans chacune des cellules **B106** et **C106**, saisir une formule destinée à être copiée vers le bas afin d'obtenir pour chaque valeur de k les bornes de l'intervalle $[p - ks\ ;\ p + ks]$.

À noter

Pour calculer l'écart-type d'une série, on peut utiliser la fonction **ECARTYPEP** sous Excel ou **ECARTYPE** sous OpenOffice.

À noter
Pour actualiser une feuille de calcul, on utilise **F9** sous Excel et **Ctrl+Maj+F9** sous OpenOffice.

4. Dans la cellule **D106**, saisir la formule :
« =NB.SI(B$102:SF$102;">"&B106)-NB.SI(B$102:SF$102;">"&C106) ».
Que permet d'obtenir cette formule ? La recopier vers le bas jusqu'en **D108**.

5. Dans la cellule **E106**, saisir une formule destinée à être recopiée vers le bas, pour déterminer le pourcentage des fréquences de nombres « 1 » appartenant à l'intervalle $[p - ks \,;\, p + ks]$ dans le cas où $k = 1$. Actualiser la feuille de calcul.

6. Quelle proportion de fréquences de nombres « 1 » entre $p - s$ et $p + s$ observe-t-on ? entre $p - 2s$ et $p + 2s$? entre $p - 3s$ et $p + 3s$?

Fichier Python
Disponible sur lycee.editions-bordas.fr

Partie C ▪ Simulation avec Python

On considère une urne contenant 55 % de boules blanches. On tire au hasard et avec remise, n boules de l'urne dont on note la couleur. On note p la probabilité de tirer une boule blanche lors d'un tirage. On a donc $p = 0{,}55$.

1. Écrire une fonction simu en langage Python qui permet de simuler l'épreuve de Bernoulli consistant à tirer une boule de l'urne en retournant 1 si la boule tirée est blanche, et 0 sinon.

2. On considère la fonction n_simu dont on donne ci-contre le script incomplet en Python. Recopier et compléter ce script de façon à ce que la fonction retourne le nombre moyen de succès obtenus lors de la répétition de n fois l'épreuve de Bernoulli de l'énoncé, et ce de façon identique et indépendante.

```
def n_simu(n):
    T=...
    for i in range(...):
        T=...+simu()
    return(.../n)
```

À noter
Pour programmer une loi uniforme sur l'intervalle $[a\,;b]$ en Python, on peut utiliser *uniform(a,b)*.

3. On considère la fonction Freq ci-contre. Compléter la ligne **21** pour qu'à chaque itération de la boucle for, on ajoute le résultat de l'exécution de n_simu(n) à la fin de la liste **F**. Cette fonction retourne alors la liste des fréquences observées sur N échantillons de taille n de l'expérience.

```
18 def Freq(N,n):
19     F=[]
20     for k in range(N):
21         ...
22     return(F)
```

4. La fonction ecart_type retourne l'écart-type de la série des éléments de la liste **L** saisie en paramètre. On considère alors la fonction intervalle_k ci-contre. Lors de l'appel intervalle_k(200,80,2), on obtient 190. Interpréter le résultat dans le contexte de l'exercice. Plus généralement, quel est le rôle de la fonction intervalle_k ?

```
def intervalle_k(N,n,k):
    F=Freq(N,n)
    s=ecart_type(F)
    c=0
    for x in F:
        if x>0.55-k*s and x<0.55+k*s:
            c=c+1
    return(c)
```

2 PROBLÈME

Test d'une pièce

TABLEUR · REPRÉSENTER · RAISONNER

Lorsque l'on observe un phénomène aléatoire, on peut être confronté à devoir valider ou invalider un modèle mathématique. Ici, on se propose, avec un certain seuil d'erreur, de déterminer si une pièce de monnaie est équilibrée ou non.

Notions utilisées
Chapitre 8 ▪ Lois discrètes
Logiciels ▪ Tableur

LE SAVIEZ-VOUS ?
Des statisticiens polonais auraient établi que la pièce belge de 1 € tombe un peu plus souvent sur « Face » lors d'un lancer.

On considère une série de n lancers identiques et indépendants d'une pièce de monnaie supposée équilibrée. Soit X la variable aléatoire qui, à chaque série de n lancers, associe le nombre de côtés « Face » obtenus.

Partie A ▪ Une première étude

On suppose dans cette partie que $n = 4$.

1. Représenter la situation par un arbre pondéré.

2. Quelle est la loi de probabilité suivie par X ?

3. Recopier et compléter le tableau ci-contre.

x_i	0	1	2	3	4
$P(X = x_i)$	...	...	...	...	...

4. Représenter graphiquement la loi de probabilité de X.

5. Calculer la probabilité $P(1 \leqslant X \leqslant 3)$.

6. Si l'on répète un grand nombre de fois l'expérience consistant à lancer quatre fois une pièce, la grande majorité des valeurs de X se situe entre 1 et 3.
Quelle est la probabilité que X prenne une valeur en dehors de l'intervalle [1 ; 3] ?
Cette probabilité est appelée *seuil de risque*.

Partie B ▪ Avec le tableur

On suppose dans cette partie que $n = 100$.

	A	B
1	k	P(X=k)
2	0	6,22302E-61
3	1	1,2446E-58
4	2	1,23838E-56
5	3	8,17331E-55
6	4	4,02535E-53
7	5	1,57794E-51
8	6	5,1283E-50

1. Quelle est la loi de probabilité suivie par X ?

2. À l'aide d'une feuille de calcul d'un tableur comme ci-contre, générer la loi de probabilité de X, puis la représenter graphiquement.

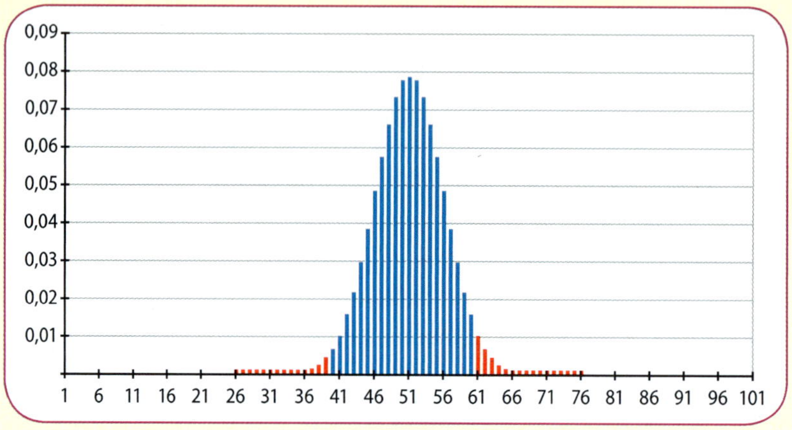

3. Déterminer $P(X \leqslant 39)$. À quelle zone du graphique ci-contre cela correspond ?

4. Expliquer pourquoi $P(X \geqslant 61) = 1 - P(X \leqslant 60)$, puis déterminer cette probabilité. À quelle zone du graphique ci-contre cela correspond ?

5. Expliquer pourquoi le nombre de côtés « Face » obtenu lors de 100 lancers est théoriquement compris entre 40 et 60 dans plus de 95% des cas. Plus généralement, soit f la fréquence d'apparition du côté « Face » lors de la répétition identique et indépendante de l'épreuve « lancer une pièce ». Cette fréquence f se trouve dans l'intervalle $\left[\frac{40}{100} ; \frac{60}{100}\right]$ dans plus de 95% des cas.

6. Après un grand nombre de lancers d'une pièce de monnaie, la fréquence d'apparition du côté « Face » vaut 0,46. Que peut-on conclure quant à l'équilibrage de la pièce ?

7. Lors d'une série de 500 lancers, la pièce est tombée 192 fois sur le côté « Face ». Peut-on émettre l'hypothèse que la pièce est équilibrée au seuil de risque de 5% ?

Partie C ▪ Un autre intervalle

On suppose dans cette partie que $n = 200$.

1. Quelle est alors la loi suivie par X ?

2. À l'aide d'un tableur, on obtient la loi de probabilité de X, dont quelques valeurs sont présentées dans les captures d'écran ci-dessous.

	A	B	C
1	k	P(X=k)	P(X<=k)
2	0	6,223E-61	6,223E-61
3	1	1,2446E-58	1,2508E-58
4	2	1,2384E-56	1,2509E-56
5	3	8,1733E-55	8,2984E-55
6	4	4,0254E-53	4,1083E-53

80	78	0,00043887	0,00113972
81	79	0,00067775	0,00181747
82	80	0,0010251	0,00284258
83	81	0,00151867	0,00436125
84	82	0,00220393	0,00656518
85	83	0,00313329	0,00969847
86	84	0,00436423	0,0140627

117	115	0,00595589	0,9859373
118	116	0,00436423	0,99030153
119	117	0,00313329	0,99343482
120	118	0,00220393	0,99563875
121	119	0,00151867	0,99715742
122	120	0,0010251	0,99818253
123	121	0,00067775	0,99886028

a. Déterminer le plus petit entier a tel que $P(X \leqslant a) > 0{,}005$, ainsi que le plus petit entier b tel que $P(X \leqslant b) \geqslant 0{,}995$.

b. En déduire un intervalle dans lequel la fréquence f d'apparition du côté « Face » lors de 200 lancers de pièce se trouve au seuil de risque 1%.

3. Une pièce est lancée 200 fois de suite. Le côté « Face » apparaît exactement 119 fois. Que peut-on conclure, au seuil de risque 1%, quant à l'équilibrage de la pièce ?

3 PROBLÈME

MATHS & SES

TABLEUR Surréservation CALCULER RAISONNER

Il est important pour une compagnie aérienne d'optimiser les recettes liées aux vols qu'elle assure. Certaines compagnies ont recours à la pratique de la surréservation (ou « surbooking ») et vendent plus de billets que de places dans l'avion. Le problème pour la compagnie est de ne pas non plus vendre trop de billets : cela l'amènerait à rembourser les personnes ne pouvant embarquer et nuirait à leur image.

NOTIONS UTILISÉES

CHAPITRE 8 ▪ Lois discrètes
LOGICIELS ▪ Tableur

On va chercher à optimiser le taux de surréservation sans dépasser un niveau de risque raisonnable pour la compagnie « in the air ».

LE SAVIEZ-VOUS ?
Il est fréquent que les compagnies aériennes aient des taux de surréservation d'au moins 5%.

Partie A ▪ Modélisation du problème

La compagnie « in the air » dispose d'un avion de 240 places pour un vol intérieur. On considère que les comportements des passagers sont indépendants les uns des autres et on évalue à 0,9 la probabilité qu'un passager soit présent à l'embarquement. On suppose dans cette partie que la compagnie a vendu exactement 240 places et on nomme X la variable aléatoire égale au nombre de passagers embarquant parmi les 240 possibles.

1. Justifier que X suit la loi binomiale de paramètres $n = 240$ et $p = 0,9$.
2. Quelle est l'espérance de X ? Interpréter ce nombre dans le contexte.
3. Calculer $P(X \leqslant 219)$. Donner une interprétation de ce nombre expliquant la nécessité pour la compagnie d'avoir recours à la surréservation.
4. À l'aide d'un tableur, reproduire la feuille de calcul ci-contre. Déterminer alors le plus petit entier k tel que $P(X \leqslant k) \geqslant 0,95$, puis interpréter le résultat.

	A	B
1	Nombre k de passagers à l'embarquement	Probabilité qu'il n'y ait pas plus de k passagers à l'embarquement
2	k	P(X≤k)
3	0	1E-240
4	1	2,161E-237
5	2	2,3252E-234
6	3	1,661E-231
7	4	8,8615E-229

Partie B ▪ Étude du risque de surréservation

Un Airbus A380

La compagnie a vendu 257 places alors qu'elle n'en dispose que de 240.

1. Quel est le taux de surréservation, c'est-à-dire le rapport entre le nombre de places vendues au-delà de la capacité de l'appareil et cette même capacité ? On exprimera le résultat en pourcentage, arrondi à 0,1%.
2. On note Y la variable aléatoire égale au nombre de passagers se présentant effectivement à l'embarquement. Déterminer la loi suivie par la variable aléatoire Y et en préciser les paramètres.
3. **a.** Pour quelles valeurs de Y la compagnie devra-t-elle refuser des passagers à l'embarquement ?
b. Déterminer la probabilité que la compagnie doive refuser au moins 1 client.
4. On complète la feuille de calcul de la **partie A** de la façon suivante.

LE SAVIEZ-VOUS ?
L'A380-800 a un rayon d'action de 15 400 kilomètres, ce qui lui permet de voler de New York jusqu'à Hong Kong sans escale, et ce à la vitesse de 910 km/h !

	A	B	C	D	E
1	Nombre k de passagers à l'embarquement	Probabilité qu'il n'y ait pas plus de k passagers à l'embarquement	Capacité de l'avion	Nombre de places vendues	Probabilité qu'il y ait trop de passagers
2	k	P(X≤k)	240		
3	0	1E-240			

a. Dans la cellule **D2**, saisir « =C2+1 », puis saisir « =D2+1 » dans la cellule **D3**. Recopier cette dernière cellule vers le bas jusqu'à la ligne **52**.
b. Dans la cellule **E2**, saisir la formule « =1–LOI.BINOMIALE(C$2;D2;0,9;1) ». Interpréter le résultat. Recopier cette formule vers le bas jusqu'à la ligne **52**.
c. La compagnie souhaite ne pas prendre un risque supérieur à 1%. La situation envisagée est-elle acceptable pour la compagnie ?

4 PROBLÈME

MATHS & SES

Sondages

COMMUNIQUER REPRÉSENTER

Un sondage est une méthode statistique destinée à évaluer la proportion d'un caractère dans une population à partir de l'étude d'une partie de cette population appelée échantillon. Les sondages les plus connus sont les sondages d'opinion, réalisés par des entreprises spécialisées, lors des élections par exemple. Mais ces sondages sont réalisés avec un certain niveau de confiance, et il n'est pas prudent d'en tirer des conclusions trop hâtives.

NOTIONS UTILISÉES

SECONDE ▪ Échantillonnage

LE SAVIEZ-VOUS ?
Le premier sondage a été réalisé par l'entreprise IFOP en 1938.

On considère le tableau ci-dessous, qui regroupe les intentions de vote pour l'élection présidentielle d'avril 2017. Ce sondage a été réalisé par l'entreprise Odoxa le 21 avril et portait sur un panel de 953 personnes. On dispose également des résultats finaux du 23 avril. Toutes ces informations sont disponibles pour les quatre principaux candidats à l'élection.

	Sondage Odoxa 21 avril	Résultat final 23 avril
François Fillon	18,50 %	20,01 %
Marine Le Pen	23 %	21,30 %
Emmanuel Macron	24,50 %	24,01 %
Jean-Luc Mélenchon	19 %	19,58 %

Les sondages sont réalisés avec un certain seuil de confiance. Soit f la fréquence d'apparition d'un caractère sur un échantillon sondé de taille n. On admet dans la suite de l'exercice que si l'on appelle p la proportion inconnue que l'on cherche à estimer par sondage, alors p se trouve dans l'intervalle $\left[f-\frac{1}{\sqrt{n}}\ ;f+\frac{1}{\sqrt{n}}\right]$ avec une probabilité d'au moins 95 %. Cet intervalle est appelé intervalle de confiance de la proportion p avec un niveau de confiance égal à 0,95.

1. On souhaite déterminer l'intervalle de confiance pour chacune des quatre proportions données par l'extrait du sondage Odoxa du 21 avril. On arrondira les résultats à 10^{-4} près par défaut pour la borne gauche de l'intervalle, et par excès pour la borne droite.

a. Vérifier que l'intervalle de confiance de la proportion d'électeurs qui votent Fillon est [0,1526 ; 0,2174].

b. Déterminer les trois autres intervalles de confiance.

2. On appelle également ces intervalles de confiance fourchettes de sondage. Les résultats finaux sont-ils dans ces fourchettes de sondage ?

3. a. Recopier et compléter le schéma ci-contre représentant les fourchettes de sondage de chacun des candidats du sondage Odoxa du 21 avril.

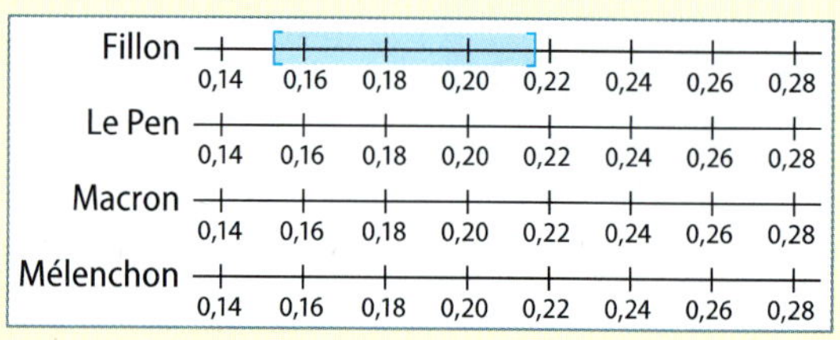

b. Expliquer pourquoi il n'est pas possible, avec un seuil de confiance de 95 %, d'affirmer que Macron et Le Pen allaient s'affronter au second tour.

4. a. Calculer l'intervalle de confiance du candidat Fillon lorsque le panel est composé de 1 200 personnes.

b. Plus généralement, que peut-on faire pour améliorer les fourchettes de sondage ?

5. Dans cette question, on ne connaît pas la taille n du panel de sondage mais on considère que les résultats sont les mêmes que ceux du sondage précédent.

a. Quelle est la plus petite des deux bornes inférieures des deux intervalles de confiance des candidats Macron et Le Pen ?

b. Quelle est la plus grande des deux bornes supérieures des deux intervalles de confiance des candidats Fillon et Mélenchon ?

c. En déduire que la taille de l'échantillon n permettant de prédire au seuil de confiance de 95 % la présence de Macron et Le Pen au second tour est solution de l'inéquation $\frac{1}{\sqrt{n}}<0{,}02$.

d. Quelle est alors la taille minimum de l'échantillon ?

LE SAVIEZ-VOUS ?
George Gallup fut le fondateur de l'American Institute of Public Opinion. Il fut l'un des premiers à s'intéresser à la représentativité de l'échantillon lors d'un sondage.

George Gallup (1901-1984)

5 PROBLÈME

Hypothèses et estimation

TABLEUR CHERCHER RAISONNER

Lorsque l'on utilise des modèles probabilistes, on peut être amené à tester ces modèles, c'est-à-dire à les valider ou à les invalider. On émet alors une hypothèse, que l'on teste ensuite : on doit donc réaliser une prise de décision quant à la validité du modèle.

Notions utilisées

Chapitre 8 ▪ Lois discrètes

Partie A ▪ Validation d'un modèle

On estime que dans une population donnée, 72% utilisent au moins un réseau social. On suppose que l'utilisation d'un réseau social par une personne donnée n'influe pas sur les autres personnes de la population étudiée. On interroge au hasard 100 personnes de cette population, et on note X le nombre de personnes utilisant au moins un réseau social parmi ce groupe de 100 personnes.

1. Donner la loi suivie par X ainsi que ses paramètres.

2. Quelle est l'espérance de X ? Interpréter ce nombre.

3. **a.** Reproduire la feuille de calcul ci-contre, k étant un entier entre 0 et 100.

	A	B
1	k	P(X≤k)
2	0	
3	1	
4	2	
5	3	

b. Quelle formule, destinée à être recopiée vers le bas, peut-on saisir en **B2** ?

c. Déterminer alors le plus petit entier k tel que $P(X \leqslant k) \geqslant 0{,}95$. Interpréter le résultat.

4. Justifier le résultat $P(65 \leqslant X \leqslant 79) \approx 0{,}906$. Qu'est-ce que cela signifie pour les valeurs prises par la variable aléatoire X ?

5. Sur les 100 personnes interrogées, 77 utilisent un réseau social.
Au vu des questions **3.** et **4.**, l'échantillon semble-t-il conforme aux attentes ? Avec quelle probabilité peut-on accepter ce modèle ?

Partie B ▪ Rejet d'un modèle

On estime que 63% d'une population donnée possède un smartphone. On suppose que le fait pour une personne de posséder un smartphone n'influe pas sur le choix d'une autre personne de la dite population.

Soit Y la variable aléatoire qui, à chaque échantillon de n personnes, associe le nombre de personnes possédant un smartphone.

1. Quelle est la loi suivie par la variable aléatoire Y ?

2. On considère des échantillons de 253 personnes interrogées.

a. Déterminer les entiers a et b tels que a est le plus petit entier tel que $P(Y \leqslant a) > 0{,}025$ et b est le plus petit entier tel que $P(Y \leqslant b) \geqslant 0{,}975$.

b. En déduire un intervalle I tel que $P(Y \in \mathrm{I}) \geqslant 0{,}95$.

c. Sur un échantillon donné, 175 ont déclaré posséder un smartphone. Interpréter ce résultat à l'aide de la question **2.b.**

d. Avec quel risque d'erreur peut-on rejeter ce modèle ?

Point Histoire

Ce sont les statisticiens **Jerzy Neyman** (1894-1981) et **Egon Pearson** (1895-1980) qui ont proposé vers 1930 une démarche de décision universellement admise, à la base de la théorie des tests statistiques.

Partie C ▪ Prise de décision

Une chocolaterie industrielle fabrique des tablettes de chocolat de 200 grammes à l'aide d'une machine préréglée. Lors de la fabrication, toutes les tablettes sont pesées et celles dont la masse est inférieure à 195 grammes sont rejetées : l'entreprise ne les commercialisera pas sous cette forme. Une étude statistique a établi que, si la machine fonctionne bien, la proportion de tablettes rejetées est 4 %.

1. Soit Z la variable aléatoire qui à chaque échantillon de 150 tablettes de chocolat, issues de la production, associe le nombre de tablettes rejetées. Quelle loi suit Z ?

2. Déterminer les entiers a et b tels que a est le plus petit entier tel que $P(Z \leqslant a) > 0{,}025$ et b est le plus petit entier tel que $P(Z \leqslant b) \geqslant 0{,}975$, et en déduire un intervalle I tel que $P(Z \in \mathrm{I}) \geqslant 0{,}95$.

3. Pour vérifier le réglage de la machine, le responsable qualité prélève de façon aléatoire un échantillon de 150 tablettes et observe que 10 tablettes sont rejetées.
Cette observation remet-elle en cause le réglage de la machine ?

LE SAVIEZ-VOUS ?

La règle de décision peut être énoncée au seuil de risque de 5 %, 1 %, ou bien pour tout autre seuil de risque.

Dans les problèmes qui suivent, on va modéliser des phénomènes physiques et des temps d'attente.

PROBLÈMES DU THÈME

1. Désintégration d'un atome d'iode radioactif
2. Temps d'attente à un arrêt de bus et paradoxe de l'inspection
3. Période de crue

1 PROBLÈME

PYTHON Désintégration d'un atome d'iode radioactif

REPRÉSENTER RAISONNER

L'iode-131, qu'on appellera iode, est un élément radioactif qui est utilisé à petites doses, par exemple dans le traitement des hyperthyroïdies et des cancers de la thyroïde (glande située à l'avant du cou qui produit des hormones régulant la température du corps, l'humeur, le poids, etc.).

Notions utilisées
- **Chapitre 8** ▪ Lois discrètes
- **Chapitre 9** ▪ Lois à densité
- **Logiciels** ▪ Python

Point Histoire

L'iode a été découvert par hasard, en novembre 1811, par le chimiste français **Bernard Courtois** (1777-1838), dans des cendres d'algues marines.

Partie A ▪ Durée de vie d'un atome d'iode radioactif

Soit X la variable aléatoire qui, à chaque atome d'iode radioactif, associe sa durée de vie, exprimée en jours. On admet que X suit une loi exponentielle dont le paramètre λ est inconnu.

1. La courbe représentative de la fonction de densité de probabilité de X, notée f, est tracée dans le repère ci-contre.

Par lecture graphique, déterminer une valeur approchée de λ, arrondie à 0,01.

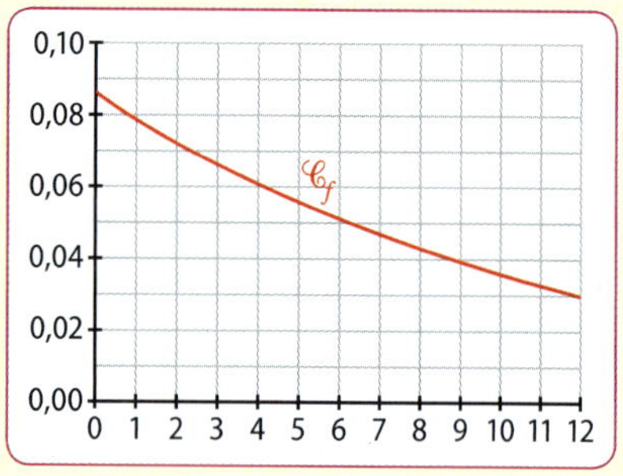

2. La période radioactive de l'iode est le temps noté $t_{\frac{1}{2}}$ tel que $P\left(X \leqslant t_{\frac{1}{2}}\right) = \frac{1}{2}$.

a. Exprimer $P\left(X \leqslant t_{\frac{1}{2}}\right)$ en fonction de λ et de $t_{\frac{1}{2}}$, puis montrer que $\lambda = \dfrac{\ln(2)}{t_{\frac{1}{2}}}$.

b. Soit R la fonction de répartition de X, c'est-à-dire la fonction définie sur $[0\ ;\ +\infty[$ par $R(x) = P(X \leqslant x)$. La courbe représentative $\mathscr{C}_R$ de R est tracée dans le repère ci-contre. Par lecture graphique, déterminer une valeur approchée de $t_{\frac{1}{2}}$, arrondie à l'entier.

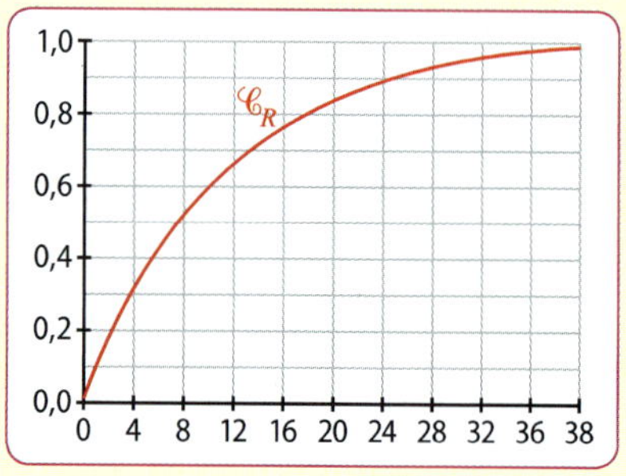

c. En utilisant la valeur approchée de $t_{\frac{1}{2}}$ déterminée à la question précédente, calculer une valeur approchée de λ, arrondie à 0,001.

3. Quelle est la durée de vie moyenne d'un atome d'iode radioactif ? On donnera la valeur exacte, puis une valeur approchée arrondie à l'entier.

Partie B ▪ Discrétisation d'une loi exponentielle

Soit λ un nombre réel strictement positif. Soit X une variable aléatoire qui suit la loi exponentielle de paramètre λ. Soit Y une variable aléatoire dont les valeurs sont les entiers naturels non nuls, et telle que, pour tout entier naturel non nul k, $P(Y = k) = P(k - 1 < X \leqslant k)$.

1. Dans cette question on pose $\lambda = 1$.

a. Calculer $P(Y = 3)$. On arrondira au millième.

b. Montrer que, pour tout entier naturel non nul k, $P(Y = k) = e^{-(k-1)}(1 - e^{-1})$.

c. Soit $p = 1 - e^{-1}$. Vérifier alors que Y suit la loi géométrique de paramètre p.

2. Dans cette question le paramètre λ est quelconque.

En s'inspirant de la question **1.**, montrer que Y suit la loi géométrique de paramètre $1 - e^{-\lambda}$.

Partie C ▪ Durée de vie discrétisée

Dans cette partie, on prendra $\lambda = 0{,}09$.

On suppose que tous les jours, à la même heure, on observe un même atome d'iode.

Le début de l'expérience est le jour de rang 0 (on repère l'atome) et l'observation débute à partir du jour de rang 1. On note Y le rang du jour à partir duquel on n'observe plus cet atome, car il a été désintégré.

Ainsi, l'événement « $Y = 2$ » signifie que l'atome s'est désintégré entre le 1er et le 2e jour d'observation.

1. a. Justifier que l'événement $\{Y = 5\}$ est l'événement $\{4 < X \leqslant 5\}$.

b. Soit k un entier naturel non nul.
Sans justifier, décrire l'événement $\{Y = k\}$ à l'aide de la variable aléatoire X.

2. Quelle est la loi suivie par Y ? On pourra s'aider de la **Partie B** et on précisera le ou les paramètre(s) de la loi de la variable aléatoire Y.

3. Quelle est, en jours, la durée d'observation moyenne d'un atome d'iode radioactif ? On arrondira à l'entier.

4. Au 4e jour d'observation, l'atome n'est toujours pas désintégré. Arrondir les probabilités au millième.

a. En utilisant la variable aléatoire X définie dans la **Partie A**, calculer la probabilité que l'atome ne soit toujours pas désintégré au 6e jour d'observation.
Quelle propriété peut-on utiliser ?

b. Retrouver le résultat de la question précédente en utilisant la variable aléatoire Y.
Peut-on utiliser la même propriété que dans la question précédente ?

Partie D ▪ Simulation avec Python

```
1  from random import*
2  from math import*
3  def desint():
4      l=log(2)/8
5      p=1-exp(-l)
6      a=random()
7      j=1
8      while a>p:
9          a=random()
10         j=j+1
11     return(j)
```

On considère le programme ci-contre écrit en Python.
Pour obtenir le nombre ln(2), on saisit log(2).

1. a. Que représente le nombre l défini à la ligne **4** ?

b. Que représente le nombre p défini à la ligne **5** ?

c. Supposons qu'après l'instruction de la ligne **6** la variable a contient la valeur 0,05. Que retourne alors ce programme ?

d. Quel est le rôle de ce programme ? On pourra faire le lien avec la variable aléatoire Y (définie dans la **Partie C**) qui suit la loi géométrique de paramètre $1 - e^{-\lambda}$, où λ est le paramètre de la variable aléatoire X.

2. Soit n un entier naturel non nul. On observe n atomes radioactifs pour lesquels on suppose qu'ils se désintègrent de manière indépendante.
Écrire une fonction `atomes` de paramètre n qui retourne une liste contenant le nombre de jours d'observation de ces n atomes. On pourra faire appel à la fonction `desint`.

3. a. Écrire une fonction `moyenne` de paramètre n qui retourne la moyenne des valeurs de la liste retournée par la fonction `atomes`.

b. Exécuter ce programme plusieurs fois avec $n = 1\,000$, puis comparer la valeur retournée avec la réponse apportée à la question **3.** de la **Partie C**.

2 PROBLÈME

PYTHON Temps d'attente à un arrêt de bus et paradoxe de l'inspection

MODÉLISER CHERCHER

Le temps d'attente à un arrêt de bus peut être modélisé par une variable aléatoire qui suit une loi uniforme. À l'aide d'un programme Python, on va estimer le temps moyen d'attente à un arrêt de bus, pour lequel la durée entre deux passages d'un bus n'est pas constante.

NOTIONS UTILISÉES

CHAPITRE 9 ▪ Lois à densité
LOGICIELS ▪ Programmation avec Python

À un arrêt de bus donné, un bus passe toutes les 5 minutes entre 12 h et 12 h 15 (12 h 05, 12 h 10 et 12 h 15), puis tous les quarts d'heure jusqu'à 13 h (12 h 30, 12 h 45 et 13 h). On note T_5 (respectivement T_{15}) la variable aléatoire qui, à chaque usager se présentant à l'arrêt de bus aléatoirement entre 12 h et 12 h 15 (respectivement entre 12 h 15 et 13 h), associe son temps d'attente, en minutes, avant de pouvoir monter dans le bus.

Si nécessaire, les probabilités demandées seront arrondies à 0,01.

Point Histoire

C'est un Français, **Étienne Bureau** qui est le premier à imaginer un véhicule pour transporter plusieurs personnes en même temps en 1826. C'est le début de l'omnibus.

Arrêt de bus

Fichiers Python
Disponible sur lycee.editions-bordas.fr

Soit T la variable aléatoire qui, à chaque usager qui se présente aléatoirement à l'arrêt de bus entre 12 h et 13 h, associe son temps d'attente, en minutes, avant de pouvoir monter dans le bus.

Partie A ▪ Lois de probabilité et moyenne des temps d'attente

1. a. La variable aléatoire T_5 suit une loi uniforme sur un intervalle I. Préciser cet intervalle.

b. Calculer la probabilité qu'une personne qui arrive aléatoirement à l'arrêt de bus entre 12 h et 12 h 15 attende moins de 3 minutes avant de monter dans le bus.

c. Quel est le temps moyen d'attente d'une personne qui arrive à l'arrêt de bus entre 12 h et 12 h 15 ?

2. a. La variable aléatoire T_{15} suit une loi uniforme sur un intervalle J. Préciser cet intervalle.

b. Calculer la probabilité qu'une personne qui arrive aléatoirement à l'arrêt de bus entre 12 h 15 et 13 h attende plus de 10 minutes avant de monter dans le bus.

c. Quel est le temps moyen d'attente d'une personne qui arrive à l'arrêt de bus entre 12 h 15 et 13 h ?

Partie B ▪ Simulation de temps d'attente et calcul de temps d'attente moyen

1. On donne ci-contre le programme incomplet de la fonction attente qui permet de simuler la variable aléatoire T.

```
1  from random import*
2  def attente():
3      a=60*random()
4      if a<=5:
5          t=5-a
6      if 5<a and a<=10:
7          t=10-a
8      if 10<a and a<=15:
9          t=15-a
10     ...
11     ...
12     ...
13     ...
14     ...
15     ...
16     return(...)
```

a. Expliquer le rôle de la variable a définie à la ligne **3**.

b. Expliquer ce que représente la variable t définie à la ligne **5**.

c. Recopier et compléter le programme de la ligne **10** à la ligne **15**.

2. On donne ci-contre le programme incomplet d'une fonction temps_moyen dont le paramètre est un entier naturel n non nul. Cette fonction doit retourner la moyenne des valeurs obtenues par la simulation de n temps d'attente de personnes se présentant aléatoirement à l'arrêt de bus entre 12 h et 13 h.

Recopier et compléter ce programme.

```
def temps_moyen(n):
    s=0
    for i in range(...):
        t=attente()
        s=s+t
    tm=...
    return(...)
```

3. Trois appels temps_moyen(10000) donnent les résultats ci-contre.

```
>>> temps_moyen(10000)
6.212931136639714
>>> temps_moyen(10000)
6.219826131368101
>>> temps_moyen(10000)
6.3233111309251155
```

On peut donc conjecturer que le temps moyen d'attente d'un usager qui se présente aléatoirement à l'arrêt de bus entre 12 h et 13 h est supérieur à 6 minutes. Or, le temps moyen d'attente avant de monter dans le premier, le deuxième ou le troisième bus est de 2,5 minutes et le temps moyen d'attente avant de monter dans le quatrième, le cinquième ou le sixième bus est de 7,5 minutes.

a. Si une personne se présente aléatoirement entre 12 h et 13 h à l'arrêt de bus, la probabilité qu'elle arrive entre 12 h et 12 h 15 est-elle égale à la probabilité qu'elle arrive entre 12 h 15 et 13 h ?

b. Expliquer alors le paradoxe de l'inspection : le temps moyen d'attente est supérieur à 5 minutes (moyenne de 2,5 et 7,5).

Partie C ▪ Densité

Soit F la fonction définie sur l'intervalle $[0\,;\,15]$ par $F(x) = P(T \leqslant x)$.

On admet que, pour tout réel x de l'intervalle $[0\,;15]$, $F(x) = \frac{1}{4}P(T_5 \leqslant x) + \frac{3}{4}P(T_{15} \leqslant x)$.

1. a. Soit x un réel de l'intervalle $[0\,;5]$. Déterminer l'expression de F.

b. Même question pour un réel x de l'intervalle $[5\,;15]$.

2. On suppose que T est une variable aléatoire dont la densité de probabilité est notée f.

a. Rappeler l'expression de F sous forme d'intégrale.

b. De cette expression, on en déduit que F est une primitive de f.

Déterminer alors l'expression de f sur l'intervalle $[0\,;5]$, puis sur l'intervalle $]5\,;15]$.

c. La fonction ainsi obtenue est-elle une fonction de densité de probabilité sur $[0\,;15]$? Que peut-on conclure quant à la variable aléatoire T ?

3 PROBLÈME

Période de crue

REPRÉSENTER · CALCULER

Une crue est une forte augmentation de débit et/ou de la hauteur d'eau qui s'écoule d'un fleuve ou d'une rivière, ou d'un cours d'eau. Un même endroit peut donc être touché par plusieurs crues au cours du temps. On s'intéresse ici aux crues dites « centennales », c'est-à-dire qui se produisent en moyenne une fois tous les 100 ans.

NOTIONS UTILISÉES

CHAPITRE 8 ▪ Lois discrètes
LOGICIELS ▪ Tableur

LE SAVIEZ-VOUS ?

Le fleuve Argens était nommé Argenteus *par les Romains, faisant ainsi référence à la couleur « blanche comme l'argent » de ses eaux.*

Argens

En novembre 2019, dans le Var, le fleuve Argens a subi une crue. On suppose que les crues de ce fleuve sont indépendantes entre elles. On suppose qu'il y a au plus une crue par an et qu'une crue se réalise avec une probabilité égale à 0,01.

Partie A ▪ Période de crue et loi géométrique

Soit T la variable aléatoire égale au nombre d'années qui s'écoulent entre deux crues d'un fleuve. *Si nécessaire, les probabilités demandées seront arrondies à 10^{-4}.*

1. a. Calculer $P(T = 1)$ et interpréter le résultat.

b. Calculer la probabilité d'attendre 10 ans avant qu'une nouvelle crue n'ait lieu.

c. Quelle est la loi suivie par T ? Préciser son paramètre.

2. Justifier alors le fait qu'une telle crue se produit en moyenne tous les 100 ans.

Partie B ▪ Avec et sans tableur

D'après la **Partie A**, le temps d'attente T, en années, avant que l'Argens soit de nouveau en crue suit la loi géométrique de paramètre 0,01.

L'objectif de cette partie est de déterminer la probabilité que la prochaine crue de ce fleuve ait lieu au plus tard en novembre 2033, c'est-à-dire que la prochaine crue ait lieu dans les 14 années qui suivent.

1. Dans cette question, on décide de répondre à l'objectif en utilisant un tableur. On considère la copie d'écran ci-dessous.

	A	B	C	D	E	F	G	H	I	J	K	L	M	N	O
1	k	1	2	3	4	5	6	7	8	9	10	11	12	13	14
2	P(T=k)	0,0100	0,0099	0,0098	0,0097	0,0096	0,0095	0,0094	0,0093	0,0092	0,0091	0,0090	0,0090	0,0089	0,0088
3															
4	P(T<=14)=	0,1313													
5															

a. Quelle formule a-t-on saisi dans la cellule **C1** afin d'obtenir, par recopie vers la droite, la plage de cellules **C1 : O1** ?

b. Quelle formule a-t-on saisi dans la cellule **B2** afin d'obtenir, par recopie vers la droite, la plage de cellules **B2 : O2** ?

c. Quelle formule a-t-on saisi dans la cellule **B4** afin d'obtenir $P(T \leqslant 14)$? Interpréter le résultat.

2. Dans cette question, on décide de répondre à la question posée par un calcul.

a. Donner la valeur exacte de $\sum_{k=0}^{13} 0{,}99^k$, c'est-à-dire de $1 + 0{,}99 + 0{,}99^2 + \ldots + 0{,}99^{13}$.

b. En déduire la valeur exacte de $P(T \leqslant 14)$, puis retrouver le résultat affiché dans la cellule **B4**.

Partie C ▪ Nombre de crues en cent ans

Soit N la variable aléatoire égale au nombre de crues de l'Argens sur une période d'un siècle.

1. Justifier que N suit la loi binomiale de paramètres $n = 100$ et $p = 0{,}01$.

2. a. Calculer la probabilité qu'il n'y ait pas de crue pendant un siècle.

b. En déduire la probabilité qu'il y ait au moins une crue.

3. À l'aide de la calculatrice ou d'un logiciel, déterminer la probabilité qu'il y ait moins de 5 crues en 100 ans.

Algorithmes et langage Python

1. Variables et affectation

Pour conserver une valeur en mémoire, on utilise une **variable**. On peut se représenter une variable comme une « boîte », un emplacement de la mémoire de l'ordinateur…

Une variable est désignée par un **nom**. Elle contient une valeur.
Pour **affecter** (donner) une valeur à la variable nommée X, on utilise les instructions :
- « **X** ← **…** » en écritude algorithmique
- « **X** = **…** » en langage Python

La nouvelle valeur remplace la valeur précédente.

EXEMPLE 1 **Échange de valeurs**

A et B sont deux variables qui ont déjà été **initialisées** (qui ont déjà une valeur). L'enchaînement des trois instructions ci-contre permet d'échanger le contenu des variables A et B à l'aide de la **variable intermédiaire** C.

Algorithme	Python
C ← A A ← B B ← C	C = A A = B B = C

2. Types de valeurs

Valeurs numériques

On peut effectuer les calculs opératoires usuels sur les **entiers** (nombres entiers relatifs) et les **flottants** (nombres à virgule – attention, le séparateur décimal est le point « **.** », et non la virgule).

Chaînes de caractères

Une **chaîne de caractères** est une suite ordonnée de caractères entourée de guillemets doubles ou simples.

EXEMPLE 2 **Manipuler une chaîne**

La variable **C** prend pour valeur la chaîne "Année".
Cette chaîne contient cinq caractères.
Le premier caractère (celui d'indice 0) est "A".

```
>>> C = "Année"
>>> len(C)
5
>>> C[0]
'A'
```

```
>>> C[3]
'é'
>>> C+"2020"
'Année2020'
```

Le caractère d'indice 3 est "é".
La concaténation de **C** et "2020" donne la chaîne "Année2020".

Booléens

Un **booléen** est une variable dont la valeur est soit vrai (*True* en Python), soit faux (*False* en Python).

REMARQUE Un test renvoie une valeur booléenne. Ainsi le test d'inégalité ($6 > 4$) est un booléen de valeur *True* tandis que le test d'égalité ($3 == 5$) est un booléen de valeur *False*.

3. Importer un module Python

Un module est une bibliothèque de fonctions et valeurs supplémentaires. L'instruction from nom_module import * permet d'importer (incorporer) au programme **la totalité** des fonctions et valeurs contenues dans le module nommé nom_module.
Pour importer une seule fonction ou constante, on utilise : from nom_module import nom_fonction.

EXEMPLE 3 **Deux modules utiles**

- Le module **math** contient les fonctions et constantes mathématiques usuelles approchées comme π.
- Le module **random** contient les fonctions permettant de générer des valeurs entières aléatoires entre deux **entiers** ou des **valeurs décimales** entre 0 et 1.

```
>>> from math import*
>>> A = pi
>>> A
3.141592653589793
```

```
>>> from random import*
>>> randint(3,10)
9
>>> random()
0.0716415661175348
```

Les fonctions

On peut simplifier l'écriture des programmes en utilisant des fonctions.

1. Exemples de fonctions

EXEMPLE 1 **Conversion d'une durée exprimée en heures et minutes**

Pour convertir une durée exprimée en heures et minutes en une durée d exprimée en heures, on effectue le calcul suivant : $d = h + \frac{m}{60}$ où h est le nombre d'heures et m le nombre de minutes.

Pour programmer ce calcul, on définit une fonction : on lui donne un nom, convert ,et on dit qu'elle a pour **arguments** h et m. En langage Python, on définit cette fonction par la commande def suivi du nom de la fonction, puis de ses arguments h et m, suivi de deux points. Les autres instructions sont **indentées** par rapport à la première ligne.
Après le calcul de d, on renvoie le résultat par la commande return.
Pour convertir 2 heures et 18 minutes en heures, on saisit convert (2,18) dans la console. On trouve 2,3.

```
def convert(h,m):
    d=h+m/60
    return(d)
```

L'indentation.

EXEMPLE 2 **Calcul de la surface latérale et du volume d'un cube**

La surface latérale d'un cube de côté c est : $s = 6c^2$. Le volume de ce cube est $v = c^3$.
Pour programmer le calcul de la surface latérale d'un cube et celui de son volume, on définit une fonction appelée cube qui a ici un argument c, et qui retourne la liste des valeurs des variables s et v, qui contiennent respectivement la surface latérale et le volume du cube.
Pour calculer la surface latérale d'un cube de côté 2 cm et son volume, on saisit cube(2) dans la console.
On trouve (24,8). La surface latérale de ce cube est de 24 cm^2 et son volume est de 8 cm^3.

```
def cube(c):
    s=6*c**2
    v=c**3
    return(s,v)
```

2. Définition – Programmation

Une **fonction** est un bloc d'instructions qui a reçu un nom et dont le fonctionnement dépend d'un certain nombre de paramètres (les **arguments** de la fonction).
La fonction renvoie un résultat (au moyen de la commande **return**) ; le programme s'arrête après **return**.

Programmation d'une fonction en langage Python

```
def nom_fonction(liste des arguments):
    bloc d'instructions
    return(résultat)
```

• La programmation d'une fonction commence toujours par def, suivi du nom que l'on donne à la fonction, suivi des arguments de la fonction.
Cette ligne se termine par deux points (:).
Les deux points marquent le démarrage du bloc d'instructions définissant la fonction : toutes ces instructions sont **indentées**, c'est-à-dire décalées vers la droite par rapport à la première ligne.
• Pour renvoyer la valeur de la variable d, on peut écrire return(d) ou return d.
• On peut utiliser une fonction dans la console en donnant des valeurs aux arguments (dans le bon ordre).

Propriétés

• Une fonction ne renvoie qu'un seul résultat (cela peut être une liste de résultats).
• Une fonction peut n'avoir aucun argument.
• Une fonction peut être appelée dans un autre programme : il suffit pour cela de l'insérer dans une instruction en saisissant son nom et les valeurs des arguments.

EXEMPLE 3 **Conversion de la vitesse**

La fonction vitesse ci-contre dont les arguments sont le nombre d'heures et le nombre de minutes que l'on a mis pour parcourir une certaine distance exprimée en heures, retourne la vitesse moyenne (en km · h^{-1}) sur ce trajet.
La fonction convert appelée dans ce programme est celle de l'exemple 1.

```
def vitesse(heure,minute,distance):
    t=convert(heure,minute)
    v=distance/t
    return (v)
```

Instruction conditionnelle (If)

1. Structure d'une instruction conditionnelle

EXEMPLE **Location d'un véhicule électrique**

Une agence de location de véhicule propose différentes gammes dont des voitures électriques.
Parmi elles, le modèle Zéo proposé au tarif de 65,60 € la journée, plus un forfait kilométrique lié à l'usure de la batterie : 0,0175 € par kilomètre pour une distance effectuée de moins de 150 km, ou 0,015 € par kilomètre pour une distance supérieure à 150 km.
On veut créer un algorithme donnant le montant de la facture à payer pour la location d'une Zéo, en fonction du nombre x de kilomètres parcourus.
Pour cela, on doit introduire une **instruction conditionnelle** dans l'algorithme :

- **Si** le nombre de kilomètres parcourus x est strictement inférieur à 150, le montant dépensé est : $x \times 0{,}0175 + 65{,}60$, puisque le prix par kilomètre est alors 0,0175 €.
- **Si** le nombre de kilomètres parcourus x est supérieur ou égal à 150, le montant dépensé est : $x \times 0{,}015 + 65{,}60$, puisque le prix par kilomètre est alors 0,015 €.

On définit deux variables : l'une x représente le nombre kilomètres effectués, l'autre D le montant de la facture.

Si $x < 150$	Début de l'instruction conditionnelle : **si** x est strictement inférieur à 150.
Alors $D \leftarrow 0{,}0175 \times x + 65{,}60$	**alors** le montant dépensé D est $0{,}0175 \times x + 65{,}60$.
Sinon $D \leftarrow 0{,}015 \times x + 65{,}60$	**sinon** le montant dépensé D est : $0{,}015 \times x + 65{,}60$.
Fin Si	Fin de l'instruction conditionnelle

Si {condition C}
  Alors {instructions A}
  Sinon {instructions B}
Fin Si

C'est la structure alternative « **Si … Alors … Sinon …** » qui permet d'écrire **l'instruction conditionnelle** dans l'algorithme : un test est effectué sur une condition C, et le résultat du test décide de l'exécution de la phase de traitement.
Si la condition C est vérifiée, seules les instructions A sont exécutées.
Si la condition C n'est pas vérifiée, seules les instructions B sont exécutées.

REMARQUE

On peut aussi utiliser la structure incomplète : « **Si … Alors …** » : dans ce cas, lorsque la condition C n'est pas vérifiée, l'exécution de l'algorithme continue après le **Fin Si**.

2. Programmation

Programmation d'une instruction conditionnelle

Si {condition C}
  Alors {instructions A}
  Sinon {instructions B}
Fin Si

Python	Remarques

if {condition C}:
    {instructions A}
else :
    {instructions B}
	En langage Python, il n'y a pas d'instruction pour indiquer la fin de l'instruction conditionnelle : c'est l'indentation qui décale vers la droite les blocs d'instructions A et B.

Programme relatif à l'algorithme vu en exemple

```
def facture(x):
    if x<150:
        D=0.0175*x+65.6
    else:
        D=0.015*x+65.6
    return D
```

- Dans le programme ci-contre, une première indentation indique les instructions faisant partie de la fonction facture.
- Dans le programme de cette fonction, une seconde indentation indique les instructions A et B de l'instruction conditionnelle.
- L'instruction return D permet de renvoyer le contenu de la variable D.
- Le « **else** » est aligné verticalement avec le « **if** » qui lui correspond.
- Le fait de taper les deux points « **:** » puis la touche « entrée » pour passer à la ligne provoque l'indentation automatique dans l'éditeur.

Boucle bornée (For)

1. Structure de la boucle « Pour »

*On peut répéter un bloc d'instructions un certain nombre de fois fixé au départ : on utilise alors la boucle « **Pour** ».*

EXEMPLE Nombre de visiteurs d'un site Web

Salomé est administratrice d'un site Web dont la popularité est grandissante. Cette semaine, elle a dénombré 4 200 visiteurs sur ce site et le nombre de visiteurs augmente de 250 chaque semaine.

On souhaite élaborer un algorithme qui calcule le nombre de visiteurs de ce site dans un certain nombre de semaines.

On suppose que ce nombre de semaines est contenu dans une variable n.

Pour cela, on utilise une variable V que l'on initialise à 4 200, puis on répète n fois l'opération qui consiste à ajouter 250 à V : le nombre de répétitions (ou « itérations ») est connu au départ puisque c'est le nombre n de semaines.

On parle de « calcul itératif ».

Algorithme	Commentaire
$V \leftarrow 4200$	La variable V est initialisée à 4200.
Pour k variant de 1 à n	Début de la boucle : k prend la valeur 1…
	$V \leftarrow V + 250$	On ajoute 250 à V pour avoir la nouvelle valeur de V.
Fin Pour	Fin de la boucle : Si k est inférieur à n, k augmente de 1, sinon on sort de la boucle.

Cas où $n = 3$.

	k	V	
Avant le début de la boucle		4 200	Au début, la variable V est initialisée à 4 200.
Fin de la 1re itération	1	4 450	$k = 1$ et on ajoute 250 à V donc $V = 4\,200 + 250 = 4\,450$.
Fin de la 2e itération	2	4 700	$k = 2$ et on ajoute 250 à V donc $V = 4\,450 + 250 = 4\,700$.
Fin de la 3e itération	3	4 950	$k = 3$ et on ajoute 250 à V donc $V = 4\,700 + 250 = 4\,950$. On sort de la boucle.

La variable k contrôle le nombre de répétitions.

Dans l'exemple ci-dessus, k prend pour valeur initiale 1 et pour valeur finale $n = 3$ en augmentant de 1 à chaque fois (cette augmentation constante est appelée « pas »).

2. Programmation

Programmation de la boucle bornée

Pour k variant de d à n
| {instructions}
Fin Pour

Python	Remarques
for k in range (d, n+1) : {instructions}	L'instruction for k in range(d, n+1) fait parcourir à la variable k tous les entiers de d à n. Lorsque **d** = 0, on peut remplacer **range(d, n+1)** par **range**(n +1).

En langage Python, les deux points « : » marquent le début d'un bloc d'instructions, ici de la boucle « **for** ».

Il n'y a pas d'instruction de fin de boucle « **for** » : c'est l'indentation (le décalage vers la droite) qui indique les instructions faisant partie de la boucle.

Programme relatif à l'algorithme vu en exemple

On peut programmer cet algorithme en langage Python à l'aide d'une fonction :

```
def visiteurs(n):
    V=4200
    for k in range(1,n+1):
        V=V+250
    return(V)
```

- Dans ce programme, une première indentation indique les instructions faisant partie de la fonction visiteurs.
- Dans le programme de cette fonction, l'instruction for k in range(1,n+1) fait parcourir à la variable k tous les entiers de 1 à n .
- Une seconde indentation indique l'unique instruction faisant partie de la boucle « **for** ».

L'instruction return(V) permet de renvoyer le contenu de la variable V : ainsi lorsque l'on saisit visiteurs(3) dans la console la valeur 4 950 est renvoyée.

Boucle non bornée (While)

1. Structure de la boucle « Tant que »

*On peut répéter un bloc d'instructions tant qu'une condition reste vérifiée : on utilise la boucle « **Tant que** ».*

EXEMPLE **Rejets polluants d'un groupe industriel**

En 2018, les rejets polluants d'un groupe industriel sont évalués à 5 000 tonnes. Le groupe est contraint de réduire ses rejets polluants de 8 % chaque année jusqu'à ce que ceux-ci ne dépassent plus 2 500 tonnes annuelles.
On suppose que le groupe respecte ce plan de réduction.
On souhaite élaborer un algorithme donnant le nombre d'années nécessaires à la réalisation de cet objectif.
On définit la variable R égale à la quantité de rejets polluants.
On doit répéter plusieurs fois l'instruction « R prend la valeur $0{,}92 \times R$ » sans savoir à l'avance le nombre de répétitions. Pour cela, on teste si la variable R est supérieure à 2 500 en début de boucle et le traitement dans la boucle est réalisé tant que cette condition est vérifiée.
Pour compter le nombre d'années nécessaires, on introduit un « compteur » N initialisé à 0 et augmentant de 1 à chaque passage dans la boucle.

Algorithme	Commentaire
$R \leftarrow 5000$	La variable R est initialisée à 5 000 (rejets polluants en 2018).
$N \leftarrow 0$	Le nombre N d'années est initialisé à 0 (le plan de réduction n'a pas débuté).
Tant que $R > 2500$	On entre dans la boucle si la quantité R est supérieure à 2 500.
$R \leftarrow 0{,}92 \times R$	Chaque année, la quantité est diminuée de 8 % donc multipliée par 0,92.
$N \leftarrow N+1$	Il y a une année de plus donc N augmente de 1.
Fin Tant que	On revient en début de boucle pour tester si R est supérieure à 2 500.

Exécution pas à pas de l'algorithme

C'est la boucle « **Tant que …** » qui permet de répéter ce calcul. En effet, elle est utilisée pour répéter un même bloc d'instructions jusqu'à valider une condition de sortie.
Le nombre d'itérations n'est en général pas connu à l'avance, on parle de **boucle non bornée.**
L'exécution pas à pas de cet algorithme est donnée ci-contre.
C'est la structure itérative avec fin de boucle conditionnelle qui permet de résoudre le problème.

Étapes	R	N	Condition $R > 2500$
Initialisation	5 000	0	Vraie
1re itération	4 600	1	Vraie
2e itération	4 232	2	Vraie
…	…	…	…
9e itération	2 361	9	Fausse

2. Programmation

Programmation de la boucle non bornée

Algorithme	Python	Remarques
Tant que {condition C} | {instructions} **Fin Tant que**	**while** {condition C} : {instructions}	En langage Python, il n'y a pas d'instruction de fin de boucle « **while** » : c'est l'indentation (décalage à droite) qui indique les instructions à exécuter dans la boucle.

Programme relatif à l'exemple précédent

```
def objectif():
    R=5000
    N=0
    while R>2500:
        R=0.92*R
        N=N+1
    return(N)
```

On peut programmer cet algorithme en langage Python à l'aide d'une fonction.
Dans le programme ci-contre, une première indentation indique les instructions faisant partie de la fonction objectif. Une seconde indentation indique les instructions faisant partie de la boucle « **while** ».
L'instruction return(N) permet de renvoyer le contenu de la variable N.
En saisissant objectif() dans la console, la valeur 9 est renvoyée. Ainsi, l'objectif du groupe industriel sera atteint dans 9 ans.

Listes

En Mathématiques, les listes peuvent permettre de stocker les termes consécutifs d'une suite, les valeurs d'une variable aléatoire, les probabilités associées à ces valeurs, des coordonnées de points....

1. Exemples de listes

EXEMPLE 1 **Nombre de bactéries**

Un scientifique souhaite étudier l'évolution du nombre de bactéries présentes dans une boite de Pétri.
On suppose qu'au début de l'expérience, il y a 100 bactéries et que chaque jour, ce nombre augmente d'abord de 5 %, puis augmente de 10 bactéries.
Pour tout entier naturel n, on note u_n le nombre de bactéries n jours après le début de l'expérience. Ainsi, $u_0 = 100$ et pour tout entier naturel n, $u_{n+1} = 1{,}05u_n + 10$.
On souhaite élaborer un algorithme qui calcule le nombre de bactéries présentes chaque jour, depuis le début de l'expérience et les n jours suivants, où le nombre n est un entier naturel non nul. Pour cela, on utilise une liste L qui va contenir les termes $u_0, u_1, \ldots, u_n$.
On suppose que $n = 2$. Ainsi, $u_0 = 100$, $u_1 = 115$ et $u_2 = 130{,}75$.
Donc à la fin de l'algorithme, L contient [100, 115, 130.75].

$u \leftarrow 100$
$L \leftarrow [u]$
Pour k variant de 1 à n
  $u \leftarrow 1{,}05u + 10$
  $L \leftarrow L + [u]$
Fin Pour

EXEMPLE 2 **Tableau de valeurs d'une fonction**

Soit f la fonction définie sur [1 ; 10] par $f(x) = x^2 - 3x + 1$.
On souhaite obtenir son tableau de valeurs avec x qui prend toutes les valeurs entières entre 1 et 10. On peut stocker les images dans une liste L. On élabore ainsi un algorithme qui calcule les images successives et qui les stocke dans la liste.
À la fin de l'algorithme, L contient [–1, –1, 1, 5, 11, 19, 29, 41, 55, 71].

$L \leftarrow [\,]$
Pour x variant de 1 à 10
  $f \leftarrow x^2 - 3x + 1$
  $L \leftarrow L + [f]$
Fin Pour

2. Programmation

Pour ajouter un élément à une liste

$L \leftarrow L + [u]$

Python	Remarques
L.append(*u*)	L'instruction L.append(u) permet de rajouter l'élément u à la fin de la liste L.

Pour définir les éléments d'une liste à l'aide d'une fonction :

Pour x variant de 1 à 10
  $f \leftarrow x^2 - 3x + 1$
  $L \leftarrow L + [f]$
Fin Pour

Python	Remarques
[x2-3*x+1 for x in range(1,11)]**	L'instruction L=[x**2-3*x+1 for x in range(1,11)] permet de générer la liste des images par la fonction f pour x parcourant les entiers entre 1 et 10.

Programme relatif à l'algorithme de l'exemple 1

On peut programmer cet algorithme en langage Python à l'aide d'une fonction.

```
def bacteries(n):
    u=100
    L=[u]
    for k in range(1,n+1):
        u=1.05*u+10
        L.append(u)
    return(L)
```

Dans ce programme, on stocke u_0 dans la liste L. Ensuite, dans la boucle « **for** », on calcule les termes successifs de la suite qu'on stocke au fur et à mesure dans la liste, à l'aide de l'instruction L.append(u).
L'instruction return(L) permet de renvoyer le contenu de la liste L : ainsi, lorsque l'on saisit bacteries(2) dans la console, la liste [100, 115, 130.75] est renvoyée.

Programme relatif à l'algorithme de l'exemple 2

On peut programmer cet algorithme en langage Python à l'aide d'une fonction.

```
def tableau():
    L=[x**2-3*x+1 for x in range(1,11)]
    return(L)
```

Dans ce programme, on génère les images des entiers entre 1 et 10 par la fonction f définie par $f(x) = x^2 - 3x + 1$.
Elles sont stockées dans la liste L.
L'instruction return(L) permet de renvoyer le contenu de la liste L : ainsi, lorsque l'on saisit tableau() dans la console, la liste [–1,–1,1,5,11,19,29,41,55,71] est renvoyée.

Programmation avec le langage Python

Présentation

L'interface est composée de deux parties : l'**éditeur** et la **console**.

Éditeur de programme	Console d'exécution

`L=[3]`
`for i in range(6):`
`    L.append(2*L[i]+1)`
• On saisit le programme dans l'éditeur.
• On va à la ligne après chaque instruction.
• Un commentaire doit être précédé d'un dièse : #.
• Le programme exécuté est mis en mémoire dans la console.
	`>>> L`
	`[3, 7, 15, 31, 63, 127, 255]`
	• Une instruction saisie dans la console est exécutée automatiquement.
	• La console affiche le résultat du programme exécuté et/ou permet d'utiliser les fonctions définies dans ce programme.

Affectation et affichage

Affecter la valeur 3 à la variable **A**	**A = 3**
Affecter la valeur de **B** à la variable **A**	**A = B**
Afficher la valeur de la variable **A**	**print(A)**

Tests et conditions

A est-il égal à **B** ?	**A == B**	**A** est-il différent de **B** ?	**A != B**
A est-il strictement supérieur à **B** ?	**A > B**	**A** est-il strictement inférieur à **B** ?	**A < B**
A est-il supérieur ou égal à **B** ?	**A >= B**	**A** est-il inférieur ou égal à **B** ?	**A <= B**

Ces tests renvoient un booléen, c'est-à-dire soit la valeur **True** (vrai), soit la valeur **False** (faux).

Ils peuvent être combinés à l'aide des opérateurs logiques « et » et « ou ».

A et **B**	**A and B**
A ou **B**	**A or B**

Instructions conditionnelles

L'indentation (le décalage vers la droite) générée par les deux points après le **if** et le **else** indique les instructions qui font partie de la structure conditionnelle. *Les accolades ne sont pas nécessaires.*

Algorithme	Python

Si {condition C}
  | **Alors** {instructions A}
  | **Sinon** {instructions B}
Fin Si
	if {condition C} **:**
	  {instructions A}
	else :
	  {instructions B}

Boucle de répétition

L'indentation générée par les deux points après le **for** indique les instructions qui font partie de la boucle.
*Le retour à la ligne en s'alignant sous **for** permet de sortir de la boucle.*

Algorithme	Python

Pour i variant de 1 à n
  | {instructions}
Fin Pour
	for i in range(1, n+1) **:**
	  {instructions}

La variable **i** parcourt tous les entiers de 0 à **n – 1**	**for i in range(n) :**
La variable **i** parcourt tous les entiers de **d** à **n – 1**	**for i in range(d, n) :**
La variable **i** parcourt tous les entiers de **d** jusqu'à l'entier immédiatement inférieur ou égal à **n – 1** avec un pas égal à **p**	**for i in range(d, n, p) :**

Boucle conditionnelle

Comme pour **if** et **for**, on utilise l'indentation générée par les deux points après le **while** pour indiquer les instructions qui font partie de la boucle. *Les accolades ne sont pas nécessaires.*

Algorithme	Python

Tant que {condition C}
  | {instructions}
Fin Tant que
	while {condition C} **:**
	  {instructions}

Définir une fonction

```
def f(a, b, c, ...) :
    y = ...
    return y
```

```
>>> f(12, 5, 3, ...)
```

Une fonction peut avoir un ou plusieurs paramètres, voire aucun paramètre.
Pour que cette fonction renvoie une valeur, on utilise l'instruction **return**.
Ci-contre, on peut aussi écrire **return(y)** *au lieu de* **return y**.
Une fois le code de la fonction exécuté, on peut appeler celle-ci dans la console.

Opérations et fonctions prédéfinies

x à la puissance **n**	x**n	Valeur absolue de **x**	abs(x)
Reste de la division de **a** par **b**	a%b	Arrondi de **x** avec **n** chiffres après la virgule	round(x, n)
Quotient entier de la division de **a** par **b**	a//b		

Le module math

Importer toutes les fonctions du module math		from math import *	
La constante π	pi	La constante **e**	e
Racine carrée de **x**	sqrt(x)	Exponentielle de **x**	exp(x)
Sinus de **x**	sin(x)	Logarithme neperien de **x**	log(x)
Cosinus de **x**	cos(x)	Partie entière de **x**	int(x)

Le module random

Importer toutes les fonctions du module random	from random import *
Nombre décimal aléatoire compris entre 0 et 1	random()
Entier aléatoire compris entre **a** (inclus) et **b** (inclus)	randint(a, b)
Nombre décimal aléatoire compris entre **a** et **b**	uniform(a, b)

Les listes

Définir une liste **L** en extension	L = [a, b, c, d, e, ...]
Liste des entiers compris entre **a** et **b** (**a** et **b** entiers)	L = list(range(a, b+1))
Définir en compréhension la liste formée des éléments **f(x)** pour **x** parcourant la liste **L**	L = [f(x) for x in L]
Définir la liste formée des éléments **f(x)** pour **x** parcourant la liste **L** et vérifiant le test **T**	L = [f(x) for x in L if ***test*** T]
Définir la liste formée des éléments **f(k)** pour **k** entier variant de **a** à **b**	L = [f(x) for k in range(a, b+1)]
Définir la liste formée des éléments **f(k)** pour **k** entier variant de 0 à **n** – 1	L = [f(x) for k in range(n)]

Opérations sur les listes

Valeur du **k**^e^ élément de la liste **L**	L[k-1]	Concaténation de deux listes **L** et **L'**	L + L'
Longueur d'une liste **L**	len(L)	Ajout de l'élément **a** en fin de la liste **L**	L.append(a)
Suppression de l'élément d'indice **i** de la liste **L**	L.pop(i)	Suppression de la première occurrence de l'élément **c** dans la liste **L**	L.remove(c)

Chaînes de caractères

Une chaîne de caractères est définie entre guillemets simples « " » ou bien entre apostrophes « ' ».

Valeur du **k**^e^ caractère de la chaîne **C**	C[k-1]	Concaténation de deux chaînes de caractères **"abcd"** et **"efg"**	"abcd" + "efg" donne "abcdefg"
Longueur d'une chaîne de caractères **C**	len(C)		

Programmation en Python sur les calculatrices

Pour créer un programme

CASIO

1. Sélectionner le menu Python à l'aide des flèches du curseur, puis valider avec EXE. Sélectionner **NEW** (F3).

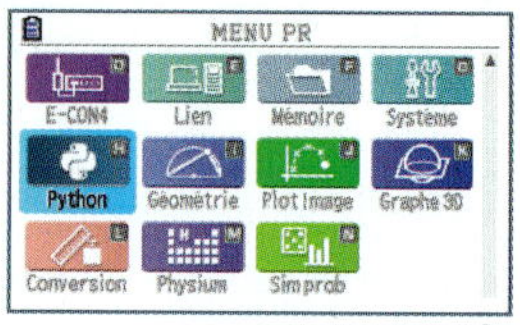

2. On complète au-dessous de « Nom du script » en donnant un nom au programme, puis on valide avec EXE. On se trouve dans l'éditeur, prêt à saisir les instructions.

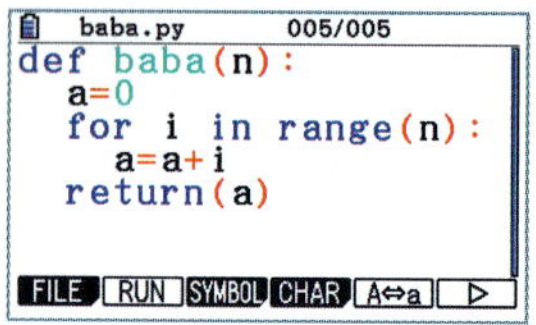

NUMWORKS

1. Sélectionner l'icône Python à l'aide des flèches du curseur, puis valider avec OK.

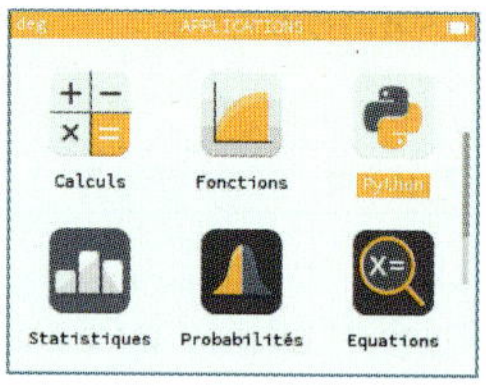

2. Sélectionner **Ajouter un script** avec les flèches, puis OK.

3. Donner un nom au programme (suivi de .py déjà noté), puis OK. On se trouve alors dans l'éditeur :

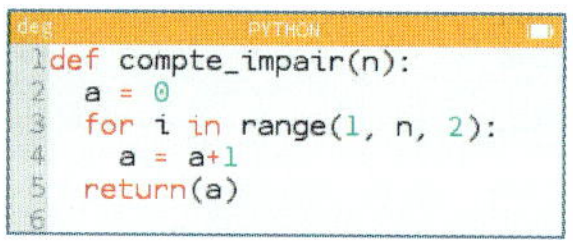

TEXAS

1. Appuyer sur la touche prgm, puis sélectionner le sous-menu **2:Python App**.

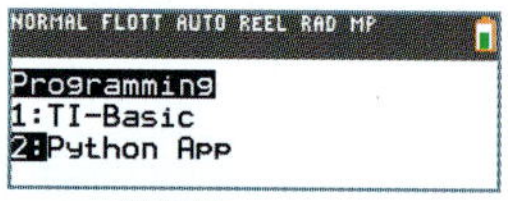

Valider avec entrer.

2. Sélectionner **Nouv** (touche zoom).

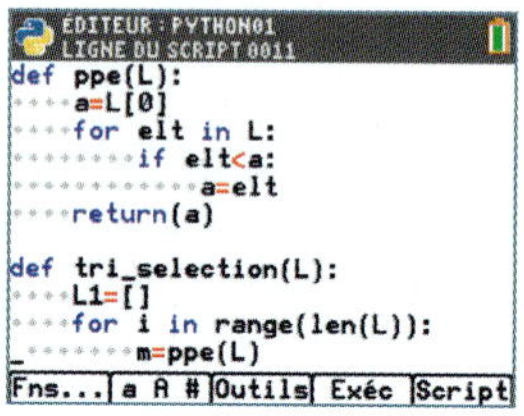

3. Donner un nom au programme, suivi de **OK** (touche graph). On se trouve alors dans l'éditeur.

Pour saisir un programme

CASIO

On peut écrire les instructions lettre à lettre ou les chercher dans CATALOG (SHIFT 4).
Dans le catalogue, on trouve les instructions en tapant la première lettre de leur nom.
On accède aux catégories par **CAT :**
2:Built-in : on trouve def:, return, for, if, while, and…;
3:math : bibliothèque math ;
4:random : bibliothèque random.
On sélectionne l'instruction, suivi de EXE, afin de l'insérer dans l'éditeur.
On a accès à la barre d'outils suivante :

FILE | RUN | SYMBOL | CHAR | A⇔a | ▷

1. En sélectionnant **SYMBOL** (F3), on a accès aux symboles suivants.

: | ; | # | ' | " | ▷

2. Le menu **CHAR** (F4) donne accès aux lettres, aux chiffres ...

3. Par appui sur F6 ▷, on accède aux onglets suivants :

COMMAND | OPERAT | JUMP | SEARCH | ▷

4. En sélectionnant **COMMAND** (F1), on a accès aux instructions if, for et while.

5. En sélectionnant **OPERAT** (F2), on a accès aux fonctionnalités :

= | ! | > | < | %

NUMWORKS

Utiliser les menus déroulants accessibles avec la touche Toolbox.

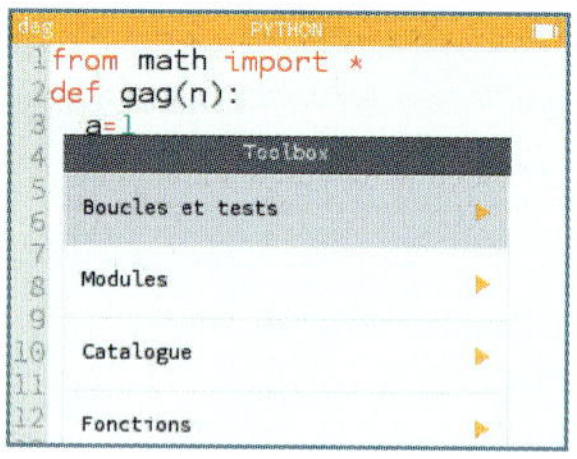

On passe d'un menu à l'autre avec les flèches du curseur.
Pour ouvrir le menu, on le sélectionne et on valide par OK.

1. Le menu Boucles et tests

Il comprend quatre sous-menus : **For**, **If**, **While** et **Conditions** (comme x<y, x==y …)

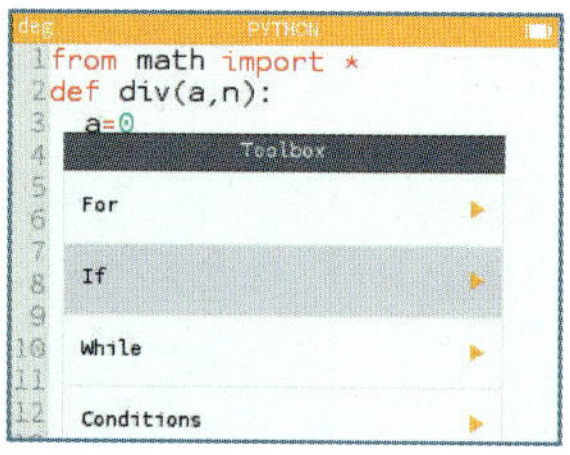

2. Le menu Modules

Par défaut, l'éditeur de programmes s'ouvre en appelant la bibliothèque **math** qui contient toutes les fonctions utiles au lycée. Il contient plusieurs modules (bibliothèques de fonctions) que l'on peut importer. Par exemple : **math, cmath** ou **random.**

TEXAS

Dans l'éditeur, on a accès à différents menus en bas de l'écran :

1. Menu Fns (touche f(x))

On a ensuite accès à plusieurs onglets :
- l'onglet **Fonc** donne accès à def fonction() et return ;
- l'onglet **Ctl** permet de sélectionner toutes les instructions if, for, while ;
- l'onglet **Ops** comprend les tests (x==y, x>y …) ainsi que les connecteurs or, and.
- l'onglet **List** permet d'accéder aux outils de gestion des listes : append(), min(), max(), len()…
- l'onglet **modul** permet d'accéder aux modules math et random (par exemple pour importer ces modules).

2. Menu aA# (touche fenêtre)

On dispose des lettres de l'alphabet en minuscule (passage en majuscule avec le menu **a<>A**), de certains symboles (#, «,…), des connecteurs and, or) et des booléens (True, False).
On appuie sur **Sélect** (touche trace) pour insérer le caractère voulu.

CASIO	NUMWORKS	TEXAS
Pour saisir un programme		
6. Les instructions relatives aux fonctions (def et return), et celles relatives aux importations de modules sont dans CATALOG. Pour importer le module **math**, choisir **CAT**, puis **3:math** suivi de EXE et "from math import *" Pour le module **random**, choisir **CAT**, puis **4:random** suivi de EXE et "from random import *". 7. Pour enregistrer le programme Sélectionner **FILE** (F1), puis **SAVE**. La touche EXIT permet de sortir d'un menu.	La liste des fonctions d'un module s'obtient en sélectionnant le module. **3. Le menu Catalogue** Il comprend des fonctions comme **min, max, sin**… **4. Le menu Fonctions** Il comprend les instructions **def function**(x): et **return**. La touche ⮌ permet de revenir au menu précédent.	**3. Menu Outils** (touche zoom) Il permet d'insérer une indentation, une ligne, de couper, copier ou coller une ligne. **4. Menu Exéc** (touche trace) Il permet l'exécution du programme. **5. Menu Script** (touche graphe) Il permet d'accéder à tous les programmes de la calculatrice. On sort d'un menu avec la commande **Echap** (touche f(x)).
Pour exécuter un programme		

• Une fois le programme saisi, on sélectionne **RUN** (F1), puis on tape le nom de la fonction pour exécuter le programme dans la console.
On peut aussi accéder directement à la console en sélectionnant le menu Python, puis l'onglet **SHELL** (F4).
Il faut alors importer les programmes souhaités, puis utiliser la fonction voulue.
`>>>from baba import *`
`>>>baba(5)`
	On se place dans la console.
	Pour cela :
	– soit on revient à l'écran d'accueil de l'application Python accessible avec la touche ⮌, puis on sélectionne Console d'execution, puis OK.
	– soit on se place sur l'icône de réglages ··· à côté du nom du script, on valide avec OK, et on choisit Executer le script, suivi de OK. On peut appeler une fonction après >>> (tous les scripts sont importés par défaut).
		Dans le gestionnaire de scripts, sélectionner à l'aide des touches de défilement le programme voulu, puis sélectionner le menu **Exéc** (touche f(x)).
		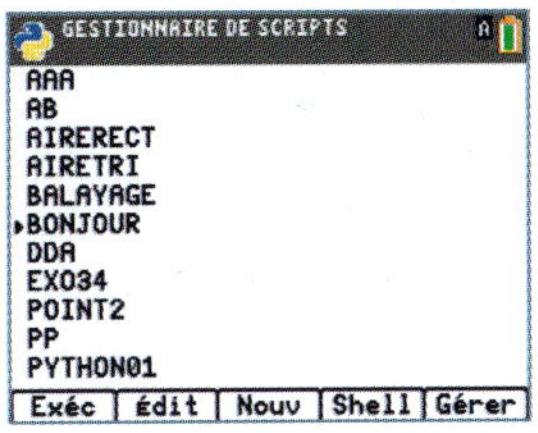

Pour supprimer ou renommer un programme		
1. Supprimer un programme Sélectionner le programme, puis utiliser **DELETE** (F5).  **2. Renommer un programme** Ouvrir le programe avec **OPEN** (F2). Choisir **FILE** (F1), puis **SAVE-AS** (F2). Entrer le nouveau nom dans « nom du script », puis supprimer l'ancien programme.	**1. Supprimer un script** Dans la liste des scripts, se positionner sur l'icône ··· à côté du nom du script, puis OK, puis **Supprimer le script** et valider. 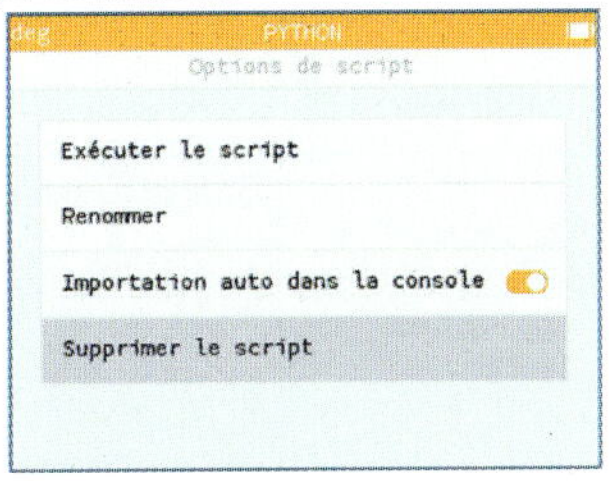 **2. Renommer un script** Dans la liste des scripts, se positionner sur l'icône de réglages ··· , puis OK, puis **Renommer** et valider.	**1. Supprimer un script** Dans le gestionnaire de scripts, sélectionner le menu **Gérer** (touche graphe), puis choisir **2:Supprimer le script**, suivi de entrer, puis **OK** (touche graph). **2. Renommer un script** Dans le gestionnaire de scripts, sélectionner le menu **Gérer** (touche graphe), puis choisir **3:Renommer le script**, suivi de entrer,. Saisir le nouveau nom, et **OK** (touche graph).

Fractions

- La fraction $\frac{a}{b}$ existe à condition que a et b existent et que b soit différent de 0.
- On peut **simplifier** une fraction lorsqu'un même nombre est en facteur au numérateur et au dénominateur : $\frac{a \times c}{b \times c} = \frac{a}{b}$.
- Pour **additionner ou soustraire** des fractions, on commence par les réduire au même dénominateur.
- **Multiplication et division :**

$$\frac{a}{b} \times \frac{c}{d} = \frac{a \times c}{b \times d} \; ; \; a \times \frac{c}{d} = \frac{a \times c}{d}$$

$$\frac{1}{\frac{c}{d}} = \frac{d}{c} \; ; \; \frac{\frac{a}{b}}{\frac{c}{d}} = \frac{a}{b} \times \frac{d}{c}$$

Exemple 1. Dans la fraction $\frac{11}{x+2}$, le dénominateur est égal à $x+2$. Cette fraction existe pour tous les réels x tels que $x+2$ est différent de 0. Or, $x+2=0$ équivaut à $x=-2$, donc la fraction existe pour tous les réels x différents de -2.

Exemple 2. La fraction $\frac{5 \times 5 + 2}{5 \times 3}$ ne peut pas se simplifier par 5 car 5 n'est pas en facteur au numérateur.
En effet $5 \times 5 + 2$ n'est pas un produit. Cette fraction est égale à $\frac{27}{15}$. On peut maintenant simplifier cette fraction, puisque : $\frac{27}{15} = \frac{3 \times 9}{3 \times 5} = \frac{9}{5}$.

Exemple 3. $3 + \frac{1}{x} = \frac{3x}{x} + \frac{1}{x} = \frac{3x+1}{x}$ pour tout x non nul.

Puissances

- Pour tout entier naturel n strictement supérieur à 1 et tout réel a, a^n est le produit de n facteurs égaux à a :

$$a^n = \underbrace{a \times a \times \ldots \times a}_{(n \text{ facteurs})}$$

se lit « a exposant n »

- $a^1 = a$.
- Pour $a \neq 0$, $a^0 = 1$.
- Pour $a \neq 0$, a^{-n} est l'inverse de a^n : $a^{-n} = \frac{1}{a^n}$.
- Pour tous réels a et b non nuls, et tous entiers relatifs n et p :

(1) $a^n \times a^p = a^{n+p}$ (2) $\frac{a^n}{a^p} = a^{n-p}$

(3) $(a \times b)^n = a^n \times b^n$

(4) $\left(\frac{a}{b}\right)^n = \frac{a^n}{b^n}$ (5) $(a^n)^p = a^{n \times p}$

Exemple 1. Puissances de 10
$10^3 = 10 \times 10 \times 10 = 1000$;
$10^{-3} = \frac{1}{10^3} = 0{,}001$.

Exemple 2. Puissances de 1
Quel que soit l'entier naturel n, $1^n = 1^{-n} = 1$.

Exemple 3. Calculs et simplifications
$x^2 \times x^3 = x^5$; $(x^2)^3 = x^6$;
$(3x)^2 = 3^2 x^2 = 9x^2$.

Exemple 4. Importance des parenthèses
$-3^2 = -9$ et $(-3)^2 = 3^2 = 9$.
Il ne faut pas confondre -3^2 et $(-3)^2$.

Racines carrées

- Si $a \geqslant 0$, $\sqrt{a}$ est le nombre positif dont le carré est égal à a : $(\sqrt{a})^2 = a$.
- Pour $a \geqslant 0$ et $b \geqslant 0$: $\sqrt{a} \times \sqrt{b} = \sqrt{a \times b}$.
- Pour $a \geqslant 0$ et $b > 0$, $\sqrt{\frac{a}{b}} = \frac{\sqrt{a}}{\sqrt{b}}$.
- $\sqrt{a^2} = |a|$.
- Pour a et b strictement positifs : $\sqrt{a+b} \leqslant \sqrt{a} + \sqrt{b}$.
- $\sqrt{2} \approx 1{,}414$; $\sqrt{3} \approx 1{,}732$; $\sqrt{5} \approx 2{,}236$.

Calculs et simplifications d'écriture

Exemple 1. $\sqrt{(-3)^2} = \sqrt{9} = 3$; $\sqrt{100} = 10$.

Exemple 2. $\sqrt{18} = \sqrt{9 \times 2} = \sqrt{9} \times \sqrt{2} = 3\sqrt{2}$.

Exemple 3. $\sqrt{9+16} = \sqrt{25} = 5$; $\sqrt{9} + \sqrt{16} = 3 + 4 = 7$.
Il ne faut pas confondre $\sqrt{9+16}$ et $\sqrt{9} + \sqrt{16}$.

Exemple 4. $\frac{3+\sqrt{18}}{3} = \frac{3+3\sqrt{2}}{3} = \frac{3(1+\sqrt{2})}{3} = 1 + \sqrt{2}$.

Exemple 5. $\frac{7}{\sqrt{7}} = \frac{\sqrt{7} \times \sqrt{7}}{\sqrt{7}} = \frac{\sqrt{7}}{1} = \sqrt{7}$.

Calcul littéral

• Une expression algébrique peut être écrite sous la forme d'une **somme** : $a+b$, d'un **produit** : $a \times b$, d'un **carré** : a^2 ou d'un **quotient** : $\frac{a}{b}$.

• Certaines expressions algébriques peuvent être transformées en développant, en factorisant, ou en réduisant au même dénominateur.

• Pour développer et factoriser, on peut utiliser l'une des égalités suivantes où k, a et b sont des réels quelconques :

On développe → ; ← on factorise

$k(a+b) = ka + kb$

$(a+b)^2 = a^2 + 2ab + b^2$

$(a-b)^2 = a^2 - 2ab + b^2$

$(a-b)(a+b) = a^2 - b^2$

Exemple 1. L'expression $5x^2 + 3$ est une somme de deux termes.

Exemple 2. L'expression $7x^2 - 5x$ est une différence de deux termes. Dans chacun de ces deux termes, le facteur x apparaît ; c'est un facteur commun et on peut factoriser par x :

$$7x^2 - 5x = 7x \times \boldsymbol{x} - 5 \times \boldsymbol{x} = (7x-5) \times \boldsymbol{x}$$

Exemple 3. L'expression $4x^2 - 9$ peut s'écrire $(2x)^2 - 3^2$, qui est de la **forme $a^2 - b^2$** avec $a = 2x$ et $b = 3$; on peut alors factoriser et on obtient $(2x-3)(2x+3)$.

Exemple 4. L'expression $7 + \frac{1}{x+2}$ est une somme de deux termes dont l'un des termes est un quotient. Cette expression peut s'écrire sous la forme d'un quotient en réduisant au même dénominateur : $x+2$; on obtient, pour tout réel x différent de -2 :

$$\frac{7(\boldsymbol{x+2})}{\boldsymbol{x+2}} + \frac{1}{x+2} = \frac{7x+14+1}{x+2} = \frac{7x+15}{x+2}$$

Résolution d'une équation

• L'équation $ax + b = 0$, avec a un réel non nul, admet une unique solution : le réel $-\frac{b}{a}$.

• L'équation $A(x) \times B(x) = 0$, appelée **équation produit**, est équivalente à $A(x) = 0$ ou $B(x) = 0$.

• L'équation $\frac{A(x)}{B(x)} = 0$ équivaut à $A(x) = 0$ et $B(x) \neq 0$.

• L'équation $x^2 = a$, avec a réel strictement positif, admet deux solutions : $-\sqrt{a}$ et $\sqrt{a}$.

• L'équation $x^2 = a$, avec a réel strictement négatif, n'admet pas de solution dans $\mathbb{R}$.

Exemple 1. L'équation $(3x-4)(x^2+5) = 0$ est équivalente à $3x - 4 = 0$ ou $x^2 + 5 = 0$. Or, il n'existe aucun réel x tel que $x^2 + 5$ soit égal à 0, donc l'équation donnée admet une unique solution : $\frac{4}{3}$.

Exemple 2. L'équation $x^2 - 3x = 0$ est équivalente à $x(x-3) = 0$, soit à $x = 0$ ou $x = 3$. L'équation donnée admet deux solutions : 0 et 3.

Exemple 3. L'équation $x^2 - 7 = 0$ équivaut à $x^2 = 7$, elle admet deux solutions $-\sqrt{7}$ et $\sqrt{7}$.

Inégalités et intervalles

Règles sur les inégalités

• Pour tout réel c, $a < b$ équivaut à $a + c < b + c$.

• Pour tout réel c strictement positif, $a < b$ équivaut à $ac < bc$.

• Pour tout réel c strictement négatif, $a < b$ équivaut à $ac > bc$.

Les différents intervalles

• L'intervalle $[a\,;b]$ est l'ensemble des réels x tels que :
$$a \leqslant x \leqslant b.$$

• L'intervalle $]a\,;b[$ est l'ensemble des réels x tels que :
$$a < x < b.$$

• L'intervalle $[a\,;+\infty[$ est l'ensemble des réels x tels que :
$$x \geqslant a.$$

• L'intervalle $]-\infty\,;a[$ est l'ensemble des réels x tels que :
$$x < a.$$

Exemple 1. $a < b$ équivaut à $a - 2 < b - 2$ car on a ajouté le même nombre -2 aux deux membres de l'inégalité.

Exemple 2. $a < b$ équivaut à $-6a > -6b$ car lorsqu'on multiplie les deux membres de l'inégalité par le nombre négatif -6, on change le sens de l'inégalité.

Exemple 3. $4x < 8$ équivaut à $x < 2$, car on a divisé les deux membres de l'inégalité par un nombre positif, 4. L'ensemble des réels x tels que $4x < 8$ est donc l'intervalle $]-\infty\,;2[$.

Exemple 4. $-8x \leqslant 16$ équivaut à $x \geqslant -2$ car lorsqu'on divise les deux membres de l'inégalité par le nombre négatif -8, on change le sens de l'inégalité. L'ensemble des réels x tels que $-8x \leqslant 16$ est donc l'intervalle $[-2\,;+\infty[$.

RAPPELS

Signe d'une expression

Pour trouver le **signe** d'une expression, on commence par **reconnaître la forme de cette expression**, puis on applique la règle adaptée après transformation de la forme initiale si besoin.

1. Si une expression se présente sous la forme d'une **somme de termes tous positifs (respectivement tous négatifs)**, alors cette somme est positive (respectivement négative).

2. Si une expression est de la forme $\boldsymbol{ax+b}$, on recherche la valeur x_0 qui annule $ax+b$, puis on observe le signe du coefficient a.

Si $a < 0$

x	$-\infty$		x_0		$+\infty$
$ax+b$		+	0	−	

Si $a > 0$

x	$-\infty$		x_0		$+\infty$
$ax+b$		−	0	+	

3. Si une expression est un **produit**, on recherche le signe de chacun des facteurs de ce produit et on applique la règle des signes d'un produit.

4. Si une expression est un **quotient**, on commence par rechercher les valeurs interdites, c'est-à-dire les valeurs qui annulent le dénominateur, puis on détermine le signe du numérateur et celui du dénominateur. Dans le tableau, on place une double barre verticale pour indiquer que l'expression n'existe pas.

Exemple 1. x^2+13 est une somme de deux termes positifs, donc x^2+13 est positif pour tout réel x.

Exemple 2. $-4x+8$ est de la forme $ax+b$ avec $a=-4$ et $b=8$; $-4x+8$ s'annule pour $x=2$.
Puisque $a<0$, on obtient le tableau de signes :

x	$-\infty$		2		$+\infty$
$-4x+8$		+	0	−	

Exemple 3. $-4x^2+8x$ se factorise sous la forme $x(-4x+8)$; on construit le tableau de signes donnant à la fois le signe de x et le signe de $-4x+8$. On en déduit le signe du produit $x(-4x+8)$.

x	$-\infty$		0		2		$+\infty$
x		−	0	+		+	
$-4x+8$		+		+	0	−	
$x(-4x+8)$		−	0	+	0	−	

Exemple 4. $\dfrac{x}{-4x+8}$ a le même tableau de signes que $x(-4x+8)$ mais on indique par une double barre verticale que l'expression n'existe pas pour $x=2$.

x	$-\infty$		0		2		$+\infty$
$\dfrac{x}{-4x+8}$		−	0	+	‖	−	

Fonctions : généralités

Soit f une fonction définie sur un ensemble D et $(O\,;\vec{i},\vec{j})$ un repère du plan.

• La **représentation graphique** $\mathscr{C}_f$ de f dans le repère $(O\,;\vec{i},\vec{j})$ est l'ensemble des points M de coordonnées $(x\,;f(x))$, où x appartient à D. L'équation de $\mathscr{C}_f$ est $\boldsymbol{y=f(x)}$.

Résolutions graphiques

• Les solutions de **l'équation $f(x)=k$** sont les abscisses des points d'intersection de $\mathscr{C}_f$ avec la droite d'équation $y=k$.
• Les solutions de **l'inéquation $f(x)<k$** sont les abscisses des points de $\mathscr{C}_f$ situés en-dessous de la droite d'équation $y=k$.

Sens de variation

• f est **croissante** sur l'intervalle I lorsque, pour tous réels a et b de I, si $a \leqslant b$, alors $f(a) \leqslant f(b)$.
• f est **décroissante** sur l'intervalle I lorsque, pour tous réels a et b de I, si $a \leqslant b$, alors $f(a) \geqslant f(b)$.

Fonction affine

• Une fonction affine est définie sur $\mathbb{R}$ par une expression de la forme $f(x)=ax+b$.
• Sa représentation graphique est une droite.
• Si $a>0$, alors la fonction f est croissante sur $\mathbb{R}$.
• Si $a<0$, alors la fonction f est décroissante sur $\mathbb{R}$.
• Si $a=0$, alors la fonction f est constante sur $\mathbb{R}$.

Exemple 1. Soit f définie sur $\mathbb{R}$ par $f(x)=-4x+8$.
• L'**image** de -3 par f est $f(-3)$; en remplaçant x par -3 dans l'expression $f(x)$, on obtient $f(-3)=20$.
• Puisque $f(-3)=20$, le point de coordonnées $(-3\,;20)$ appartient à la représentation graphique de f.
• Il existe un seul réel x tel que $f(x)=-12$ puisque l'équation $-4x+8=-12$ admet une seule solution 5 ; 5 est **l'antécédent** de -12 par la fonction f.
• Le point de coordonnées $(x\,;8)$ appartient à la représentation graphique de f si, et seulement si, ses coordonnées vérifient $f(x)=8$; ceci équivaut à : $8=-4x+8$ soit à $0=-4x$ et donc à $x=0$.
• Cette fonction f est une fonction affine ; sa représentation graphique est la droite d'équation $y=-4x+8$.
• Cette fonction est décroissante sur $\mathbb{R}$ puisque -4 est négatif.

Exemple 2. L'équation $f(x)=k$ admet deux solutions a et b ; ces solutions sont $a \approx 0{,}6$ et $b \approx 1{,}4$.
Par lecture graphique, cette fonction f est croissante sur $[-1\,;1]$ et décroissante sur $[1\,;1{,}8]$.

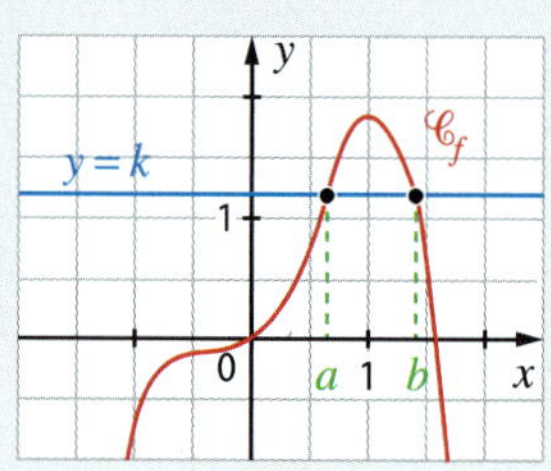

Fonctions de référence

Les fonctions de référence connues en classe de seconde et de première sont les fonctions affines, les fonctions rappelées ci-dessous et la fonction exponentielle (voir rabat B).

Fonction carré

- La fonction carré est la fonction définie sur $\mathbb{R}$ par $f(x) = x^2$.
- **Sens de variation** : la fonction carré est décroissante sur $]-\infty\,;0]$ et croissante sur $[0\,;+\infty[$.
- **Tableau de variation**

x	$-\infty$		0		$+\infty$
x^2		↘	0	↗	

- Sa **représentation graphique** est une parabole symétrique par rapport à l'axe des ordonnées et admettant comme sommet l'origine du repère. La fonction carré est une fonction paire.

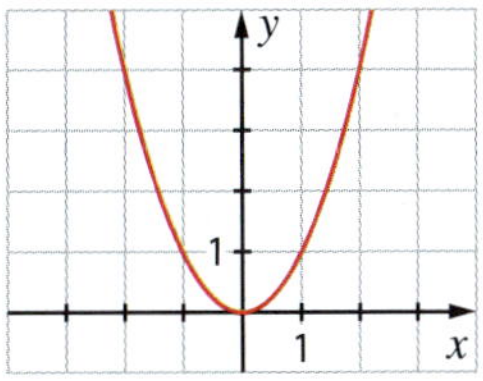

Fonctions polynômes du second degré

- Les fonctions polynômes du second degré sont les fonctions définies sur $\mathbb{R}$ par $f(x) = ax^2 + bx + c$ avec a non nul.
- **Discriminant :** $\Delta = b^2 - 4ac$.
- **Sens de variation**
  - Si $a > 0$, la fonction f est décroissante sur $\left]-\infty\,;-\frac{b}{2a}\right]$, puis croissante sur $\left[-\frac{b}{2a}\,;+\infty\right[$.
  - Si $a < 0$, la fonction f est croissante sur $\left]-\infty\,;-\frac{b}{2a}\right]$, puis décroissante sur $\left[-\frac{b}{2a}\,;+\infty\right[$.
- La **représentation graphique** est une parabole « tournée vers le haut » si $a > 0$ et « tournée vers le bas » si $a < 0$.

Le sommet de cette parabole est le point d'abscisse $-\frac{b}{2a}$.

Fonction cube

- La fonction cube est la fonction définie sur $\mathbb{R}$ par $f(x) = x^3$.
- **Sens de variation** : la fonction cube est croissante sur $\mathbb{R}$.
- **Tableau de variation**

x	$-\infty$		$+\infty$
x^3		↗	

- Sa **représentation graphique** est symétrique par rapport à l'origine du repère.

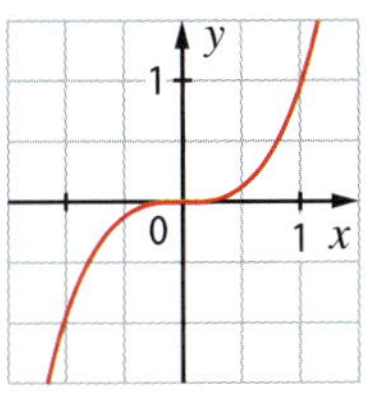

- La fonction cube est une fonction impaire.

Fonction inverse

- La fonction inverse est la fonction définie sur $]-\infty\,;0[\cup]0\,;+\infty[$ par $f(x) = \frac{1}{x}$.
- **Sens de variation** : la fonction inverse est décroissante sur $]-\infty\,;0[$ et décroissante sur $]0\,;+\infty[$.
- **Tableau de variation**

x	$-\infty$		0		$+\infty$
$\frac{1}{x}$		↘	‖	↘	

- **Sa représentation graphique** est une hyperbole symétrique par rapport à l'origine du repère. La fonction inverse est une fonction impaire.

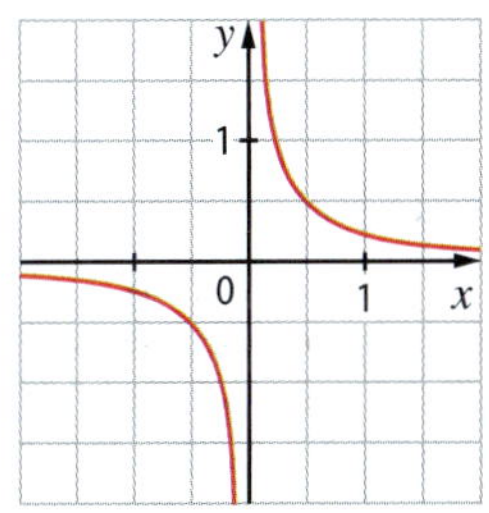

Fonction racine carrée

- La fonction racine carrée est la fonction définie sur l'intervalle $[0\,;+\infty[$ par $f(x) = \sqrt{x}$.
- **Sens de variation** : cette fonction est croissante sur $[0\,;+\infty[$.
- **Tableau de variation**

x	0		$+\infty$
$\sqrt{x}$	0	↗	

- **Représentation graphique**

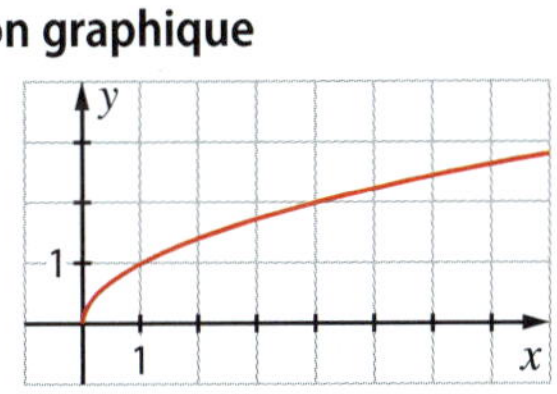

Fonction valeur absolue

- La fonction valeur absolue est la fonction définie sur $\mathbb{R}$ par
  - $|x| = x$ si x est positif ;
  - $|x| = -x$ si x est négatif.
- **Sens de variation** : cette fonction est décroissante sur $]-\infty\,;0]$ et croissante sur $[0\,;+\infty[$.
- **Tableau de variation**

x	$-\infty$		0		$+\infty$
$\lvert x\rvert$		↘	0	↗	

- **Représentation graphique**

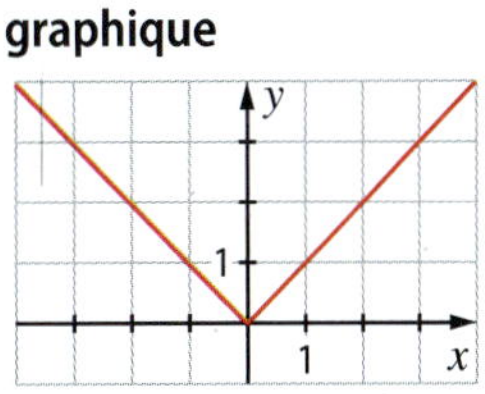

- Pour tout réel a et tout réel r strictement positif : $|x - a| \leqslant r$ est équivalent à $a - r \leqslant x \leqslant a + r$.

RAPPELS

Information chiffrée

• **Écrire un nombre sous la forme d'un pourcentage**, c'est l'écrire sous la forme d'une fraction de dénominateur 100.

• **Calculer** p **%** d'un nombre N, c'est multiplier ce nombre N par $\frac{p}{100}$.

• Une quantité évolue d'une valeur initiale Q_1 à une valeur finale Q_2.

Le **taux d'évolution** de Q_1 à Q_2 est $t = \frac{Q_2 - Q_1}{Q_1}$.

Le **coefficient multiplicateur** de cette évolution est le nombre $c = \frac{Q_2}{Q_1}$. On a $c = 1 + t$ et $t = c - 1$.

• **Augmenter de** p **%** une quantité, c'est multiplier cette quantité par le nombre $1 + \frac{p}{100}$.

• **Diminuer de** p **%** une quantité, c'est multiplier cette quantité par le nombre $1 - \frac{p}{100}$.

• Une quantité Q subit deux évolutions successives.

Le **coefficient multiplicateur global** est $c = c_1 \times c_2$.

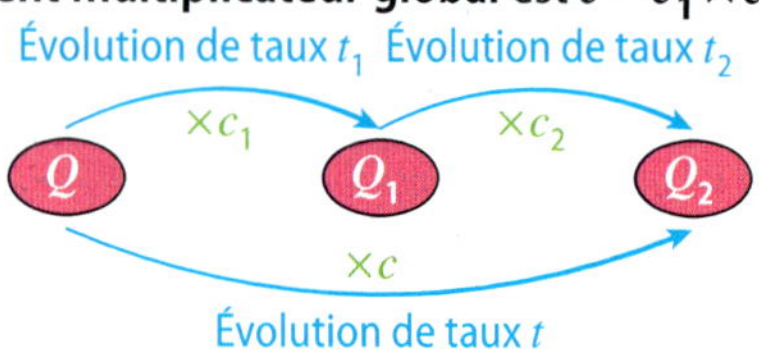

• Une quantité Q_1 a subi une évolution de taux t.

Le taux d'évolution t' de **l'évolution réciproque** est tel que $(1 + t) \times (1 + t') = 1$.

Le **coefficient multiplicateur** de l'évolution réciproque est $c' = \frac{1}{c}$.

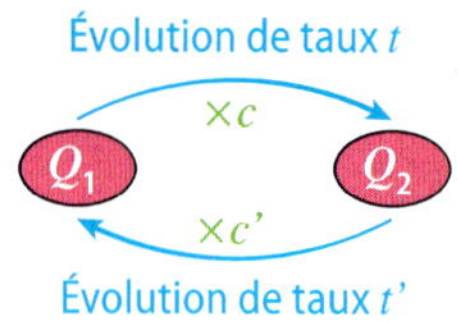

Exemple 1. Dans un club sportif de 240 adhérents, 30 sont gauchers. La proportion de gauchers est égale à $\frac{30}{240}$.

Or, $\frac{30}{240} = 0{,}125 = \frac{12{,}5}{100}$.

Il y a donc 12,5 % de gauchers dans ce club de sports.

Exemple 2. Dans ce même club, 62,5 % des adhérents sont des hommes.

Puisque $62{,}5\ \% \times 240 = \frac{62{,}5}{100} \times 240 = 150$, ce club est formé de 150 hommes et de 90 femmes.

Exemple 3. Un vélo est normalement vendu 112 €. Durant les soldes, son prix de vente est 84 €.

Le taux d'évolution est donné par :

$$\frac{Q_2 - Q_1}{Q_1} = \frac{84 - 112}{112} = -0{,}25 = -25\ \%.$$

Le prix de ce vélo a ainsi été diminué de 25 %.

Exemple 4. 150 clients entrent dans un cinéma un vendredi. La fréquentation augmente de 20 % le samedi puis diminue de 15 % le dimanche. Les coefficients multiplicateurs associés à ces évolutions sont 1,2 et 0,85 ; donc le coefficient multiplicateur global est $1{,}2 \times 0{,}85 = 1{,}02$. Or, $1{,}02 - 1 = 0{,}02 = 2\ \%$, donc le nombre de clients a augmenté de 2 % entre le vendredi et le dimanche.

Exemple 5. Le nombre d'éléphants d'une réserve a augmenté de 12 % pour arriver à 420 individus. Augmenter une quantité de 12 % signifie la multiplier par 1,12. Le coefficient multiplicateur de l'évolution réciproque est $\frac{1}{1{,}12}$ donc le nombre initial d'éléphants est égal à $420 \times \frac{1}{1{,}12} = 375$.

Statistiques

On considère la série statistique donnée par le tableau ci-contre.

Valeurs	x_1	x_2	…	x_p
Effectif	n_1	n_2	…	n_p

• On note N l'effectif total : $N = n_1 + n_2 + \ldots + n_p$.

• La **moyenne** pondérée de cette série est le nombre, noté $\overline{x}$, défini par :

$$\overline{x} = \frac{n_1 \times x_1 + n_2 \times x_2 + \ldots + n_p \times x_p}{N} = \frac{1}{N}\sum_{i=1}^{i=p} n_i \times x_i.$$

• La **variance** de cette série statistique est le nombre positif, noté V, défini par :

$$V = \frac{1}{N}\left(n_1 \times \left(x_1 - \overline{x}\right)^2 + n_2 \times \left(x_2 - \overline{x}\right)^2 + \ldots + n_p \times \left(x_p - \overline{x}\right)^2\right) = \frac{1}{N}\sum_{i=1}^{i=p} n_i \times \left(x_i - \overline{x}\right)^2$$

• **L'écart-type** de cette série statistique est le réel positif, noté σ, défini par $\sigma = \sqrt{V}$.

• La variance et l'écart-type permettent de mesurer la **dispersion** des valeurs autour de la moyenne.

• On considère une série statistique dont les valeurs sont **ordonnées par ordre croissant.**

La **médiane** partage la série en deux parties de même effectif.

Le **premier quartile**, noté Q_1, est la plus petite valeur de la série telle qu'au moins 25 % des valeurs soient inférieures ou égales à ce nombre Q_1.

Le **troisième quartile**, noté Q_3, est la plus petite valeur de la série telle qu'au moins 75 % des valeurs soient inférieures ou égales à ce nombre Q_3.

Calculs dans un repère

• Dans un repère $(O; \vec{i}, \vec{j})$, soit $A(x_A ; y_A)$ et $B(x_B ; y_B)$ deux points du plan. Le **milieu** de [AB] a pour coordonnées : $\left(\dfrac{x_A + x_B}{2} ; \dfrac{y_A + y_B}{2}\right)$.	**Exemple 1.** Soit les points A(3 ; 2) et B(7 ; 4). $\dfrac{x_A + x_B}{2} = \dfrac{3+7}{2} = 5$ et $\dfrac{y_A + y_B}{2} = \dfrac{2+4}{2} = 3$. Donc le milieu de [AB] a pour coordonnées (5 ; 3).
• Si le repère est orthonormé, alors la **distance** AB est égale à : $\sqrt{(x_B - x_A)^2 + (y_B - y_A)^2}$.	**Exemple 2.** Si le repère est orthonormé : $AB = \sqrt{(7-3)^2 + (4-2)^2} = \sqrt{4^2 + 2^2} = \sqrt{20}$.

Vecteurs du plan

• $\overrightarrow{AB} = \overrightarrow{DC}$ si, et seulement si, ABCD est un parallélogramme (éventuellement aplati).	**Exemple 1.** Soit les points A(3 ; 2), B(7 ; 4), C(8 ; 3) et D(4 ; 1). Le vecteur $\overrightarrow{AB}$ a pour coordonnées (7 – 3 ; 4 – 2) soit $\overrightarrow{AB}(4 ; 2)$. De même $\overrightarrow{DC}(8-4 ; 3-1)$ d'où $\overrightarrow{DC}(4 ;2)$. Puisque leurs coordonnées sont égales, les vecteurs $\overrightarrow{AB}$ et $\overrightarrow{DC}$ sont égaux. Comme $\overrightarrow{AB} = \overrightarrow{DC}$ alors ABCD est un parallélogramme.
• **Relation de Chasles** Soit A, B et C trois points, on a : $\overrightarrow{AB} + \overrightarrow{BC} = \overrightarrow{AC}$. • Deux vecteurs non nuls $\vec{u}$ et $\vec{v}$ sont **colinéaires** si, et seulement si, il existe un réel k tel que $\vec{v} = k\vec{u}$. • (AB) et (CD) sont parallèles si, et seulement si, $\overrightarrow{AB}$ et $\overrightarrow{CD}$ sont colinéaires. • A, B et C sont alignés si, et seulement si, $\overrightarrow{AB}$ et $\overrightarrow{AC}$ sont colinéaires.	**Exemple 2** Soit $\vec{u}(2 ; -3)$; alors le vecteur $5\vec{u}$ a pour coordonnées $(5 \times 2 ; 5 \times (-3))$, soit $5\vec{u}(10 ; -15)$. **Exemple 3** Les vecteurs $\vec{u}(2 ; -3)$ et $\vec{v}(-1 ; 1{,}5)$ sont colinéaires car $\vec{v} = -\dfrac{1}{2}\vec{u}$.
Dans un repère Le vecteur $\overrightarrow{AB}$ a pour coordonnées $(x_B - x_A ; y_B - y_A)$. Soit $\vec{u}(a ; b)$, $\vec{v}(c ; d)$ et k un nombre réel. • $\vec{u} + \vec{v}$ a pour coordonnées $(a + c ; b + d)$. • $k\vec{u}$ a pour coordonnées $(ka ; kb)$. • $\vec{u} = \vec{v}$ si, et seulement si, $(a ; b) = (c ; d)$. • $\vec{u}$ et $\vec{v}$ sont colinéaires si, et seulement si, $\det(\vec{u}, \vec{v}) = 0$ avec $\det(\vec{u}, \vec{v}) = ad - bc$.	**Exemple 4** Soit A(3 ;2), B(7 ;4) et E(1 ;7). $\left.\begin{array}{l}\overrightarrow{AB}(4 ; 2)\\ \overrightarrow{AE}(-2 ; 5)\end{array}\right\}$ donc $\det(\overrightarrow{AB}, \overrightarrow{AE}) = 4 \times 5 - 2 \times (-2) = 20 + 4 = 24$. Comme $24 \neq 0$, les vecteurs $\overrightarrow{AB}$ et $\overrightarrow{AE}$ ne sont pas colinéaires donc les points A, B et E ne sont pas alignés.

Équations de droites

• Dans le plan muni d'un repère, toute droite non parallèle à l'axe des ordonnées admet une équation de la forme $y = mx + p$, **appelée équation réduite.** m est le **coefficient directeur** ou **pente** de la droite, p est **l'ordonnée à l'origine.** • Les droites parallèles à l'axe des ordonnées ont une équation de la forme $x = c$. • Soit $A(x_A ; y_A)$ et $B(x_B ; y_B)$ deux points du plan avec $x_A \neq x_B$. Le coefficient directeur **de la droite (AB)** est : $\dfrac{y_B - y_A}{x_B - x_A}$.	**Exemple 1.** Soit les points A(2 ; –1) et B(3 ; 4) La pente de la droite (AB) est $m = \dfrac{4-(-1)}{3-2} = 5$, donc une équation de (AB) est de la forme $y = 5x + p$. Le point A(2 ; –1) appartient à la droite (AB), donc ses coordonnées vérifient l'équation de cette droite : $-1 = 5 \times 2 + p$, soit $p = -1 - 10$, soit $p = -11$. La droite (AB) a pour équation : $y = 5x - 11$.
• Deux droites non parallèles à l'axe des ordonnées sont **parallèles** entre elles si, et seulement si, elles ont le même coefficient directeur.	**Exemple 2.** Toute droite parallèle à la droite (AB) précédente a un coefficient directeur égal à 5.
• Toute droite admet une équation de la forme $ax + by + c = 0$, appelée **équation cartésienne.** Un **vecteur directeur** est le vecteur de coordonnées $(-b ; a)$.	**Exemple 3.** $3x + 2y - 1 = 0$ est une équation cartésienne d'une droite ; un vecteur directeur est le vecteur $\vec{u}$ de coordonnées (–2 ; 3).
• Soit d la droite passant par un point A et de vecteur directeur $\vec{u}$. Un point M appartient à d si, et seulement si, les vecteurs $\overrightarrow{AM}$ et $\vec{u}$ sont colinéaires. Ceci qui équivaut à $\det(\overrightarrow{AM}, \vec{u}) = 0$.	**Exemple 4.** $M(x ; y)$ appartient à la droite (AB) si, et seulement si, les vecteurs $\overrightarrow{AM}$ et $\overrightarrow{AB}$ sont colinéaires, ce qui équivaut à $\det(\overrightarrow{AM}, \overrightarrow{AB}) = 0$. Or, $\overrightarrow{AM}(x - 2 ; y + 1)$ et $\overrightarrow{AB}(1 ; 5)$ donc une équation de la droite (AB) est $5(x-2) - 1(y+1) = 0$ soit $5x - y - 11 = 0$.

Vocabulaire ensembliste et logique

Ensembles

Un **ensemble** est une collection d'objets, appelés **éléments.**
Lorsque a est un élément de A, on dit que a **appartient** à A et on note $\boldsymbol{a \in A}$.
Un **couple** de deux éléments a et b de A est la donnée de ces deux éléments dans un ordre particulier. On le note $(a\,;b)$.

On peut définir un ensemble de deux façons différentes :
– en énumérant tous les éléments de cet ensemble ; on dit qu'on écrit cet ensemble **en extension** ;
– en donnant une propriété caractérisant les éléments de cet ensemble ; on dit qu'on écrit cet ensemble **en compréhension.**

- On dit que A est un **sous-ensemble** (ou une partie) de E lorsque tous les éléments de A appartiennent à E. On dit aussi que A est **inclus** dans E et on note $\mathbf{A \subset E}$.
- L'ensemble vide ne contient aucun élément. Il est noté $\varnothing$.
- Soit a et b des réels tels que $a < b$; l'**intervalle** $\boldsymbol{[a\,;b]}$ est l'ensemble des réels x tels que $a \leqslant x \leqslant b$.
- L'intervalle $]a\,;+\infty[$ est l'ensemble de tous les réels strictement supérieurs au réel a.

EXEMPLES • L'ensemble des entiers compris entre –1 et 3 est l'ensemble $E = \{-1\,;0\,;1\,;2\,;3\}$; $3 \in E$; $5 \notin E$.
• L'ensemble $A = \{0\,;2\,;3\}$ est inclus dans E. On note $A \subset E$.
• L'ensemble $B = \{x \in \mathbb{N}\,;x \leqslant 2\}$ est défini en compréhension : c'est l'ensemble $\{0\,;1\,;2\}$.

Soit A et B deux ensembles.
- L'**intersection** de A et B est l'ensemble $\mathbf{A \cap B}$ des éléments communs à A et B.

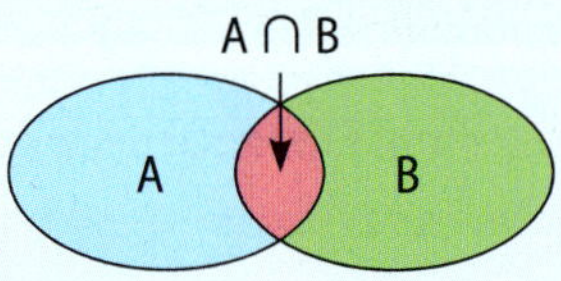

- La **réunion** de A et B est l'ensemble $\mathbf{A \cup B}$ des éléments qui appartiennent à A, à B ou aux deux à la fois.

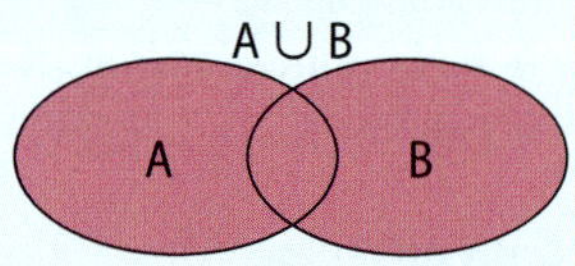

- Lorsque A est inclus dans B, le **complémentaire** de A dans B est l'ensemble, noté $\overline{\mathbf{A}}$ ou $B \setminus A$, des éléments de B qui n'appartiennent pas à A.

EXEMPLES • Tous les entiers naturels sont des nombres réels : $\mathbb{N} \subset \mathbb{R}$.
• On note E l'ensemble des élèves d'un lycée, A l'ensemble des élèves bruns et B l'ensemble des élèves qui ont les yeux verts.
– L'ensemble $A \cap B$ est l'ensemble des élèves bruns aux yeux verts.
– L'ensemble $A \cup B$ contient les élèves bruns, les élèves qui ont les yeux verts et les élèves bruns aux yeux verts.
– Dans E, l'ensemble $\overline{A}$ est l'ensemble des élèves qui ne sont pas bruns.

Proposition – Négation – Connecteurs logiques « et », « ou »

- Une **proposition** est une phrase qui est, soit vraie, soit fausse.
- La **négation d'une proposition** P est une proposition, notée **non(P)**, qui est fausse lorsque P est vraie, et vraie lorsque P est fausse.

EXEMPLE La phrase « 12 est un multiple de 3 » est une proposition P ; elle est vraie.
Sa négation est la proposition non(P) : « 12 n'est pas un multiple de 3 » ; elle est fausse.
La phrase « $12 = 8 + 3$ » est une proposition Q ; elle est fausse.
Sa négation est la proposition non(Q) : « $12 \neq 8 + 3$ » ; elle est vraie.

Soit P et Q deux propositions.
- La proposition « P **et** Q » est vraie lorsque P et Q sont vraies simultanément.
- La proposition « P **ou** Q » est vraie lorsqu'au moins une des deux propositions est vraie.

EXEMPLE Soit x un réel, P la proposition « $x > 3$ » et Q la proposition « $x \leqslant 5$ ».
La proposition « P **et** Q » signifie que « x est à la fois strictement supérieur à 3 **et** inférieur ou égal à 5 ».
Ce réel x appartient donc à l'intervalle $]3\,;5]$.
La proposition « P **ou** Q » signifie que « x est un réel strictement supérieur à 3 **ou** inférieur ou égal à 5 ».
Ce réel appartient donc à $]-\infty\,;5] \cup]3\,;+\infty[$, c'est-à-dire $\mathbb{R}$.

• *Dans le langage Python :* ***et*** *s'écrit* ***and*** *;* ***ou*** *s'obtient en écrivant* ***or.***

Quantificateurs : Quel que soit – Il existe

Les expressions « **Quel que soit** » ou « **Il existe** » permettent de préciser quels sont les objets que l'on considère dans un énoncé.
« **Quel que soit** » signifie « **Pour tout** », « **Pour n'importe quel** ».
« **Il existe** » signifie « **il existe au moins** ».

EXEMPLES • « **Quel que soit** le réel x, $x^2 \geqslant 0$ » signifie que **tous** les réels ont un carré positif.
On écrit aussi « **Pour tout** réel x, $x^2 \geqslant 0$ ». « Quel que soit le réel x, $x^2 \geqslant 0$ » est une proposition **universelle**.
• « **Il existe** un nombre entier inférieur à 10 » signifie qu'**il existe au moins** un nombre entier inférieur à 10.
« Il existe un nombre entier inférieur à 10 » est une proposition **existentielle**.

Implication – Réciproque - Équivalence

Une **implication** est une proposition de la forme « Si **P**, alors **Q** ».
Une implication « Si **P**, alors **Q** » est vraie, lorsque l'hypothèse « **P est vraie** » entraîne la conclusion « **Q est vraie** ».

EXEMPLES • « Si une personne est française (P), alors cette personne est européenne (Q) » est une implication.
Cette implication est *vraie* : si l'on sait qu'une personne est française, alors nécessairement cette personne est européenne.
• L'implication : « **Si une personne est européenne, alors cette personne est française** » est fausse.
En effet, le fait qu'une personne soit européenne n'entraîne pas obligatoirement qu'elle soit française.
Prenons le cas d'une personne italienne. Cette personne est européenne mais n'est pas française.
• Soit x un réel. La proposition « Si $x = 2$, alors $x^2 = 4$ » est une implication. Elle est vraie car, si **x est un nombre égal à 2**, alors **le carré de x est égal à 4**.

La **réciproque** de l'implication « Si **P**, alors **Q** » est l'implication « Si **Q**, alors **P** ».

La réciproque d'une implication vraie peut être vraie ou fausse.

EXEMPLE La réciproque de l'implication « Si $x = 1$, alors $x^2 = 1$ » est l'implication « Si $x^2 = 1$, alors $x = 1$ ». Cette implication est fausse ; en effet, si $x^2 = 1$, on peut avoir $x = -1$.

On dit que les propositions **P** et **Q** sont **équivalentes** lorsque les implications « Si **P**, alors **Q** » et « Si **Q**, alors **P** » sont toutes les deux vraies.

EXEMPLES • Soit x un réel. L'implication « Si $x = 2$, alors $3x = 6$ » et sa réciproque « Si $3x = 6$, alors $x = 2$ » sont toutes les deux vraies. Les propositions « $x = 2$ » et « $3x = 6$ » sont équivalentes.
On écrit « $x = 2$ équivaut à $3x = 6$ » ou bien « $x = 2$ si, et seulement si, $3x = 6$ ».
• Soit x un réel. L'implication « Si $x \geqslant 3$, alors $x > 2$ » est vraie. Sa réciproque est « Si $x > 2$, alors $x \geqslant 3$ » : elle est fausse, car $2{,}5 > 2$ mais on n'a pas $2{,}5 \geqslant 3$. Ainsi, les propositions « $x \geqslant 3$ » et « $x > 2$ » ne sont pas équivalentes.

Raisonnement à l'aide d'un exemple ou d'un contre-exemple

Utilisation d'un exemple
Un **exemple** permet de montrer qu'une proposition existentielle est *vraie*.

EXEMPLE On considère la proposition P : « Il **existe** un nombre réel positif plus grand que son carré. »
Pour montrer que P est *vraie*, il suffit de trouver un **exemple**.
$0{,}5^2 = 0{,}25$: ainsi, le réel 0,5 est plus grand que son carré 0,25.
Il existe bien (au moins) un nombre réel positif plus grand que son carré : la proposition P est *vraie*.

Utilisation d'un contre-exemple
Un **contre-exemple** est un exemple qui met en défaut une proposition universelle : il permet de montrer qu'une proposition n'est pas toujours vraie.

EXEMPLE On considère la proposition P : « **Quel que soit** l'entier naturel n, $n^2 + 4$ est pair. »
Pour montrer que P est *fausse*, il suffit de trouver un **contre-exemple**, c'est-à-dire un entier naturel n tel que $n^2 + 4$ n'est pas pair.
Pour $n = 1$, on a $n^2 + 4 = 5$, et 5 est impair.
Il existe bien un entier naturel n tel que $n^2 + 4$ n'est pas pair : la proposition P est *fausse*.

Casio

Cette fiche décrit plus précisément la calculatrice Casio GRAPH 90+E.
Pour les autres calculatrices Casio, les commandes varient peu.
La touche MENU permet d'accéder au menu principal donnant les différents modes de la calculatrice. Pour entrer dans un mode, le mettre en surbrillance puis taper sur EXE.

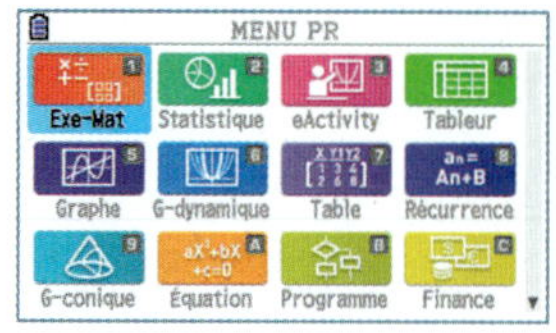

Étudier une fonction

▶ Définir une fonction

Choisir le mode **Graphe**.
Saisir l'expression de la fonction étudiée, en **Y1**, par exemple f définie par $f(x) = x^2 + x - 3$.
Pour supprimer une fonction, utiliser l'instruction **DELETE** (touche F2).

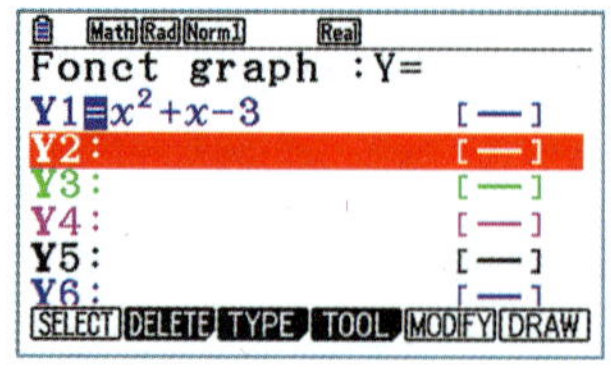

▶ Tracer la représentation graphique d'une fonction

Appuyer sur les touches SHIFT F3 pour accéder au menu V-Window et choisir **STANDRD** (touche F3).
Appuyer sur EXIT, puis sélectionner **DRAW** (touche F6).
La courbe s'affiche à l'écran. La fenêtre d'affichage est alors :
Xmin = –10 ; Xmax = 10 ; Ymin = –10 ; Ymax = 10.
C'est la **fenêtre standard**.

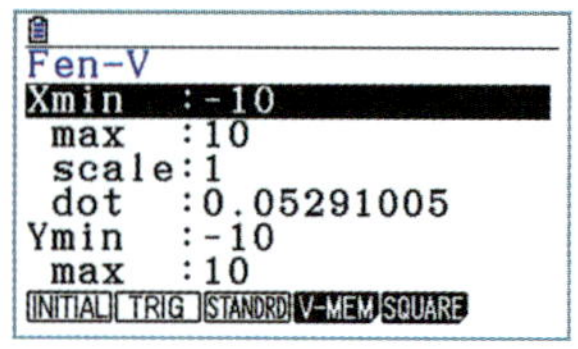

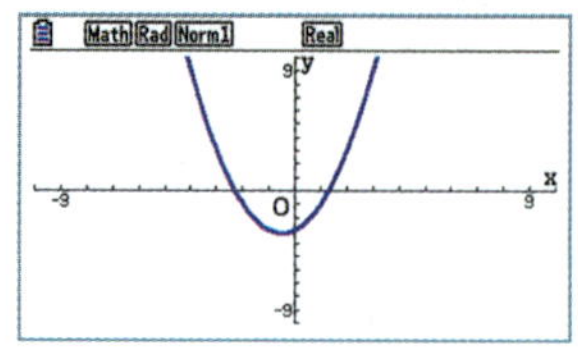

Pour régler différemment la fenêtre d'affichage, sélectionner V-Window et saisir les paramètres souhaités.
Le tracé de la courbe est alors obtenu par les touches EXIT, puis **DRAW**.

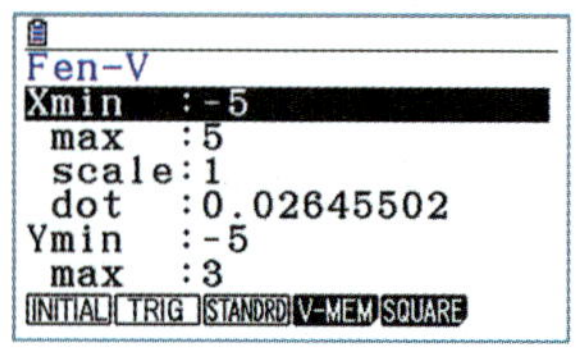

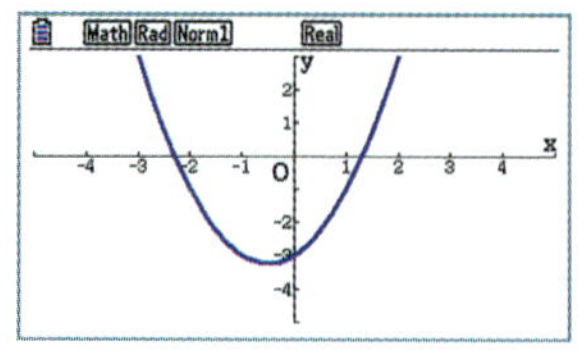

Pour parcourir la courbe, on utilise la commande Trace (touches SHIFT F1).
La calculatrice affiche les coordonnées du pointeur ✣.
On déplace le pointeur sur la courbe à l'aide des touches ◀ et ▶ du pavé directionnel.

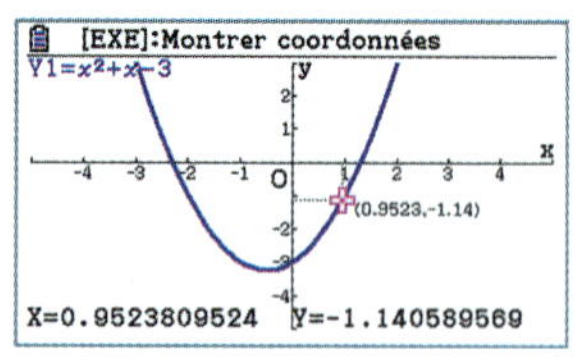

La commande Zoom (touches SHIFT F2) suivie de **BOX** (touche F1) permet d'agrandir la portion de courbe sélectionnée, à l'intérieur d'un rectangle, tracé à l'aide des touches du pavé directionnel.

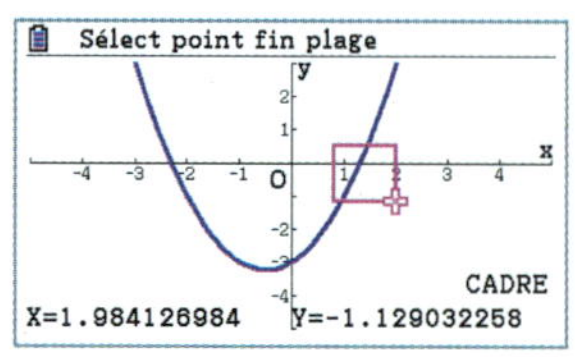

▶ Construire un tableau de valeurs

Choisir le mode **Table**.
Choisir **SET** (touche F5) et régler les paramètres de la table (valeur initiale, valeur finale et pas : step). Valider par EXE.
La table est obtenue par l'instruction **TABLE** (touche F6).
On se déplace dans les colonnes de la table en utilisant les touches du pavé directionnel.

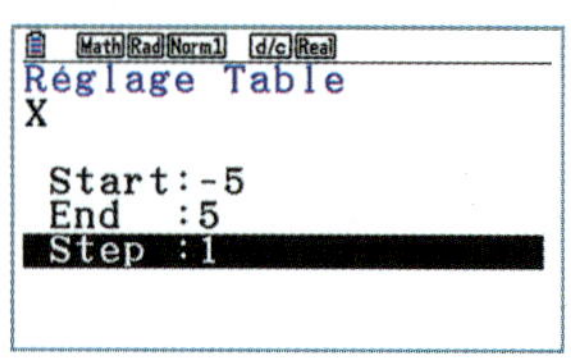

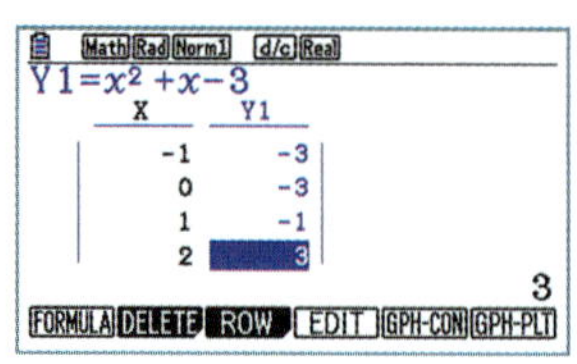

▶ Calculer un nombre dérivé

Dans le mode **Exe–Mat**, sélectionner **MATH** (touche F4) puis **d/dx** (touche F4).

Calcul du nombre dérivé de la fonction f en 1 :

$$\frac{d}{dx}(x^2+x-3)\Big|_{x=1} \qquad 3$$

Calcul direct si l'expression de f a été saisie en **Y1** :

$$\frac{d}{dx}(Y1)\Big|_{x=1} \qquad 3$$

On peut saisir **Y1** en appuyant sur la touche VARS, puis **GRAPH** (touche F4), puis Y (touche F1) et touche 1.

Instruction pour la calculatrice en mode « affichage en ligne » :

```
d/dx(x²+x-3,1)
                3
```

Casio

▶ Calculer une intégrale

Dans le mode **Exe-Mat**, appuyer sur la touche **OPTN**, choisir **CALC** (touche F4) puis $\int dx$ (touche F4).

Calcul de l'intégrale de la fonction f entre 1 et 3 :

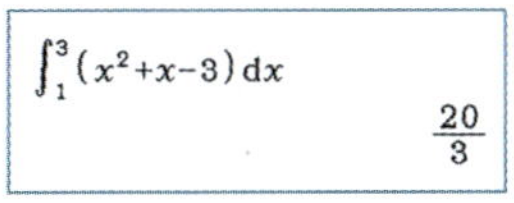

Calcul direct si l'expression de f a été saisie en Y1 :

Instruction pour la calculatrice en mode « affichage en ligne » :

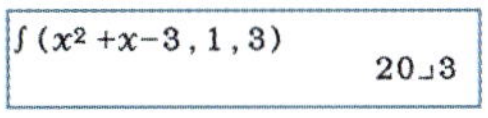

▶ Tracer une tangente

Exemple : Soit f la fonction définie sur $\mathbb{R}$ par $f(x) = x^2 + x - 3$ et $\mathscr{C}$ sa représentation graphique dans un repère orthonormé. On veut tracer la tangente à la courbe $\mathscr{C}$ au point d'abscisse 1.

❶ Choisir l'instruction SET UP (touches SHIFT MENU).
Activer le mode **Derivative** : choisir **On** (touche F1), suivi de EXE.

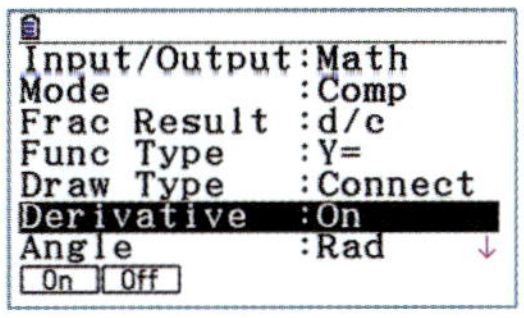

❷ Saisir la fonction en **Y1** et tracer la courbe comme indiqué précédemment.

❸ Choisir l'instruction Sketch (touches SHIFT F4).
Sélectionner **Tangent** (touche F2)

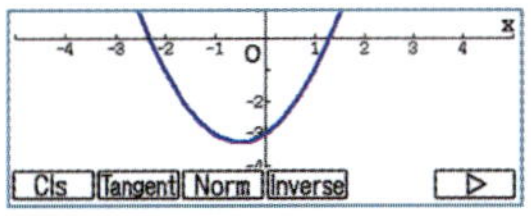

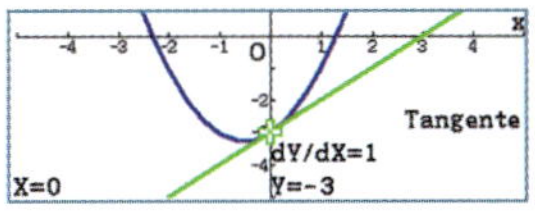

❹ Appuyer sur la touche 1, puis taper deux fois sur la touche EXE.
La tangente s'affiche ainsi qu'une équation (éventuellement approchée).

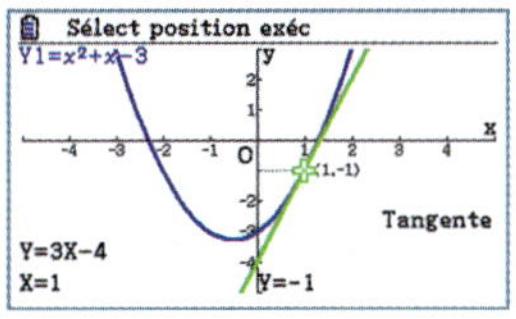

Pour supprimer l'affichage des tangentes, choisir l'instruction Sketch (touches SHIFT F4) et sélectionner **Cls** (touche F1).

Résoudre une équation

Exemple : Résoudre l'équation $x^3 - x - 2 = 0$ dans l'intervalle [1 ; 2].

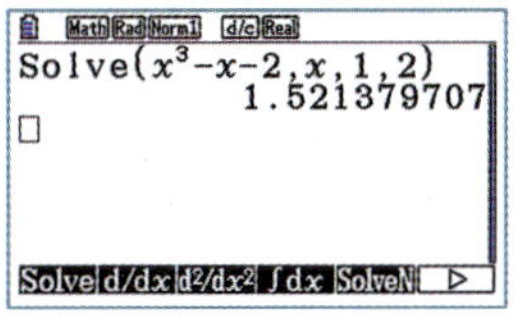

▶ Choisir le mode Exe-Mat.

La calculatrice fournit des valeurs approchées des solutions d'une équation dont le second membre est 0.

Pour obtenir une approximation d'une solution de l'équation : appuyer sur la touche **OPTN** ; choisir les instructions **CALC** (touche F4) puis **Solve** (touche F1).

La syntaxe de cette instruction est **Solve (expression, variable, borne inférieure, borne supérieure)**.

Suites

On considère la suite (u_n) définie par $\begin{cases} u_0 = 2 \\ u_{n+1} = -3u_n + 7 \end{cases}$ dont on veut déterminer les termes u_1 à u_{15}.

▶ Calcul des termes d'une suite

❶ Choisir le mode **Récurrence**. Si l'écran obtenu ne permet pas d'exprimer a_{n+1} en fonction de a_n, appuyer sur F3 pour sélectionner le « *Type* » de suite, puis sur F2 pour sélectionner a_{n+1}.

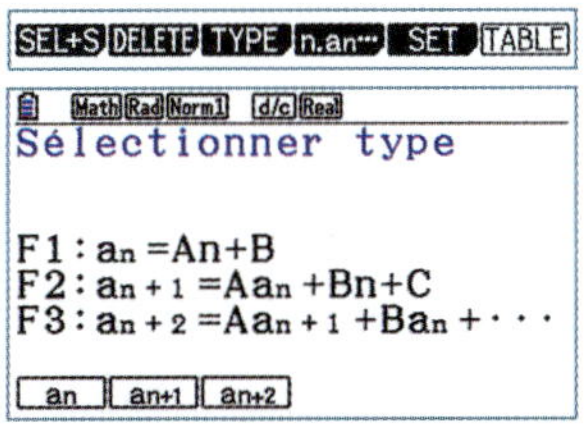

❷ Renseigner l'écran comme ci-contre. a_n est obtenu en sélectionnant l'instruction na_n *(touche* F4), puis a_n (touche F2), ou directement a_n (touche F2) si elle est disponible.

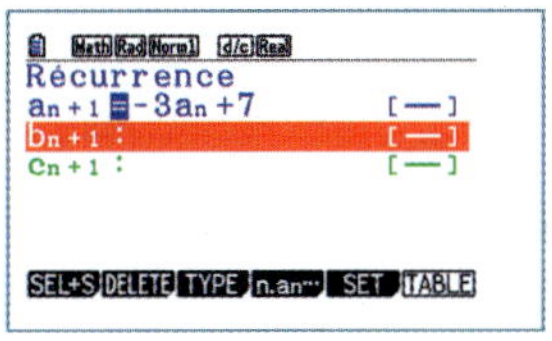

❸ Appuyer sur la touche F5 pour accéder au menu **SET** et renseigner les indices des premier et dernier termes calculés ainsi que la valeur du premier terme. Appuyer sur EXE.

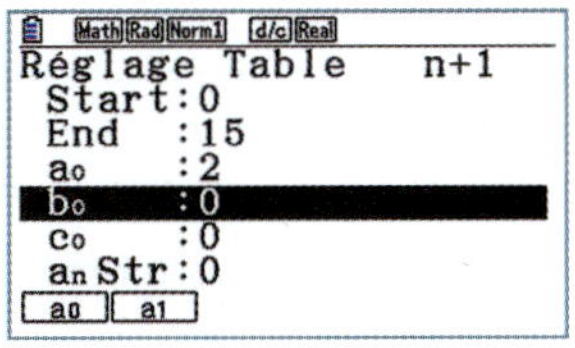

❹ Appuyer sur la touche F6 pour obtenir le tableau des valeurs des termes de (u_n).

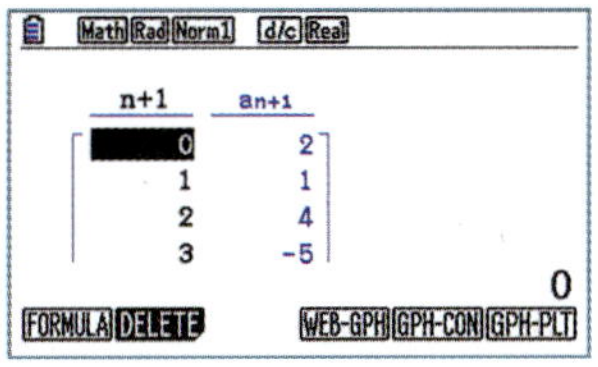

Numworks

Cette fiche décrit la calculatrice Numworks. La touche [maison] permet d'accèder au menu principal donnant les différents modes de la calculatrice. Pour entrer dans un mode, le mettre en surbrillance avec le pavé directionnel puis taper sur [OK].

Étudier une fonction

Dans cette partie, on considère la fonction f définie sur $\mathbb{R}$ par $f(x) = x^2 + x - 3$.

▶ Définir une fonction

Appuyer sur la touche [maison] et choisir le mode **Fonctions.** Saisir l'expression de la fonction étudiée, par exemple sur la ligne **f (x)**. Valider en appuyant sur [EXE].
Utiliser la touche [x,n,t] pour obtenir la variable x.
Pour supprimer une fonction sélectionnée, utiliser la touche [⌫].

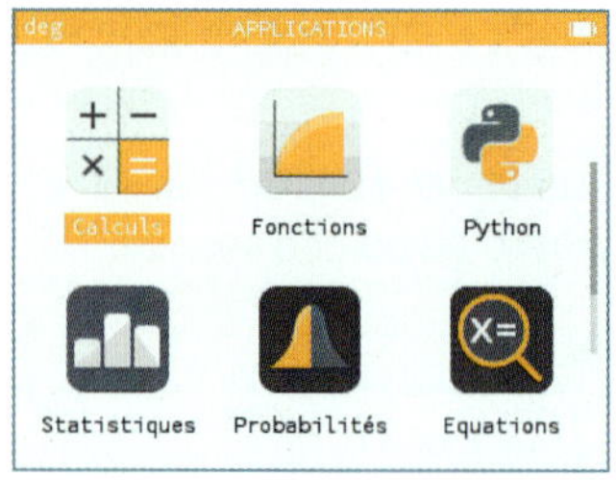

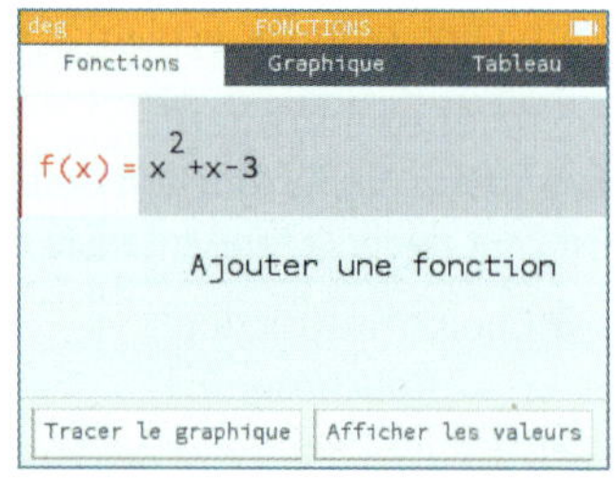

▶ Tracer la représentation graphique d'une fonction

• Choisir la fenêtre standard
Sélectionner l'onglet **Graphique** avec le pavé directionnel puis appuyer sur [EXE], puis **Initialisation** et enfin **Réglage de base**. La fenêtre s'adapte à la courbe.

• Choisir une autre fenêtre d'affichage
Sélectionner **Axes** et saisir les paramètres souhaités.

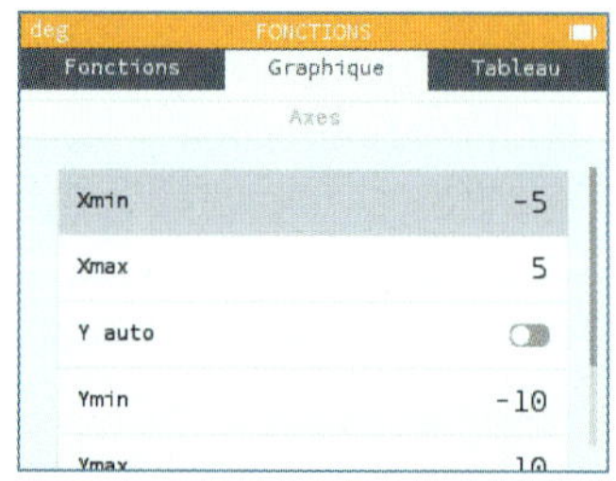

• Tracer la courbe représentative d'une fonction
Sélectionner l'onglet **Graphique** en appuyant sur [EXE].

• Zoomer
L'onglet **Zoom** dans **Graphique** permet de déplacer la partie affichée de la courbe à l'aide du pavé directionnel et de l'agrandir ou de la rétrécir avec les touches [+] [−].

• Parcourir une courbe
La courbe étant affichée à l'écran, déplacer le point situé sur la courbe représentative à l'aide du pavé directionnel. Ce point parcourt la courbe. Les coordonnées du pointeur sont affichées en bas de l'écran.

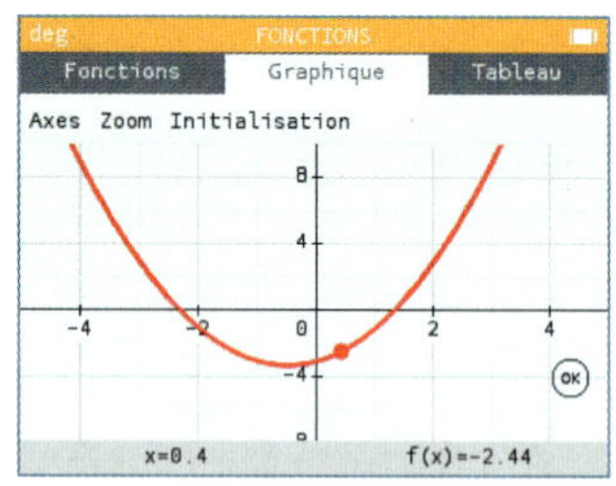

▶ Construire un tableau de valeurs

Sélectionner l'onglet **Tableau**, puis sélectionner **Régler l'intervalle** avec le pavé directionnel et appuyer sur [EXE].
Régler les paramètres de la table : « valeur initiale » (X début), « valeur finale » (X fin) et « pas » (Pas). Valider par [EXE].
On se déplace dans les colonnes de la table en utilisant les flèches du pavé directionnel.

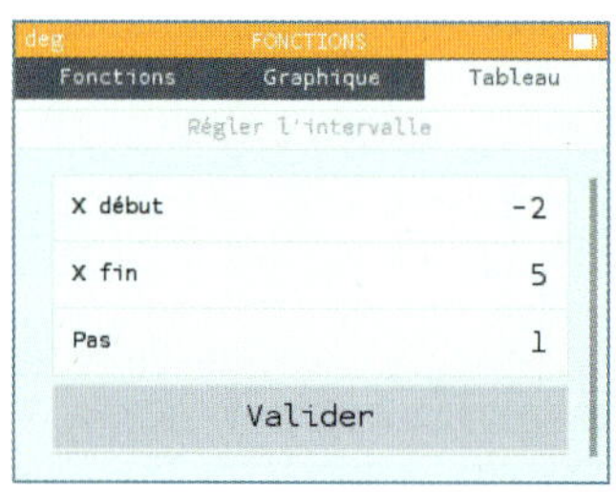

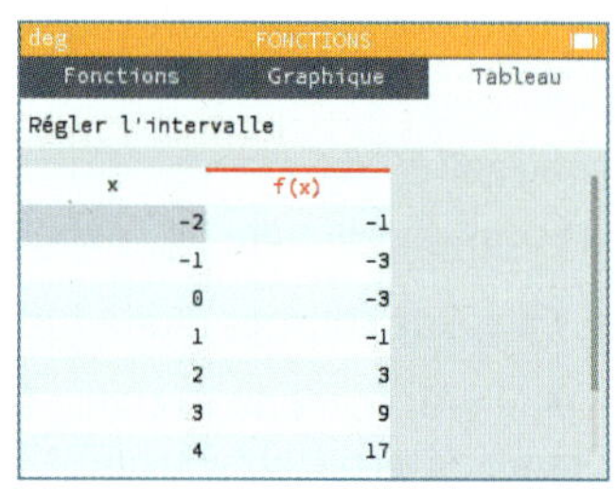

▶ Calculer un nombre dérivé

Dans l'**écran de calcul**, appuyer sur la touche [boîte à outils], sélectionner le menu **Calculs** puis ***diff (f (x),x,a).***

Calcul du nombre dérivé de la fonction f en 1 :

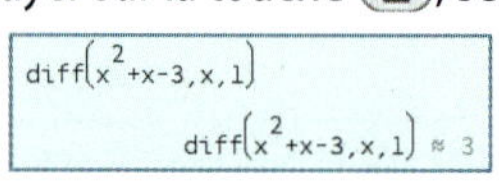

Calcul direct si l'expression de f a été saisie dans f (x) =

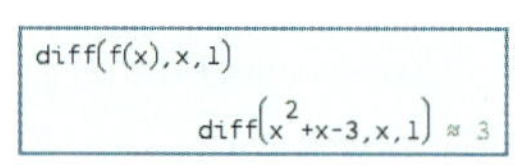

On obtient « f » en appuyant sur [alpha] puis [x^y]. Utiliser la touche [x,n,t] pour obtenir la variable x.

▶ Calculer une intégrale

Dans l'**écran de calcul**, appuyer sur la touche [boîte à outils], sélectionner le menu **Calculs** puis ***int(f (x),x,a,b).***

Calcul de l'intégrale de la fonction f entre 1 et 3 :

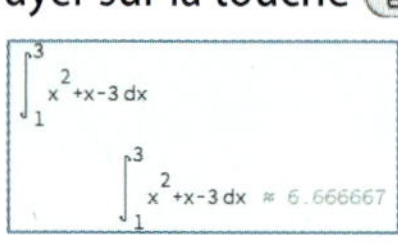

Calcul direct si l'expression de f a été saisie dans f (x) =

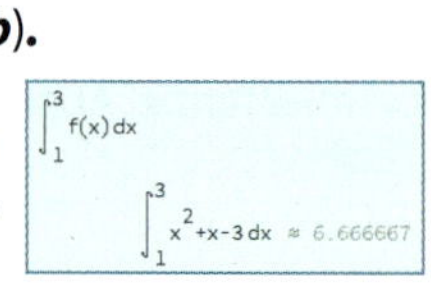

Numworks

On saisit d'abord la borne inférieure, puis la borne inférieure et enfin l'expression de la fonction en se déplaçant avec le pavé directionnel **sans** appuyer sur EXE. On obtient « f » en appuyant sur alpha puis x^y. Utiliser la touche x,n,t pour obtenir la variable x.

Pour obtenir une écriture fractionnaire sélectionner **Paramètres** sur l'écran d'accueil puis **Format résultat** puis **Auto.**

▶ Tracer une tangente

La courbe étant affichée à l'écran avec le pointeur, appuyer sur EXE. Sélectionner **Aller à**, puis saisir l'abscisse du point de la courbe où l'on souhaite obtenir la tangente. Appuyer sur EXE puis valider.
De retour sur l'écran avec la courbe, appuyer de nouveau sur EXE, puis sélectionner **Calculer**. Descendre pour sélectionner **Tangente**. La tangente apparaît, ainsi qu'une équation et le nombre dérivé correspondants.

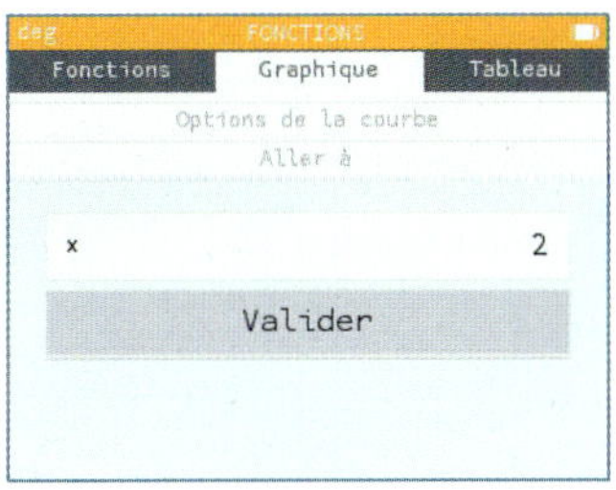

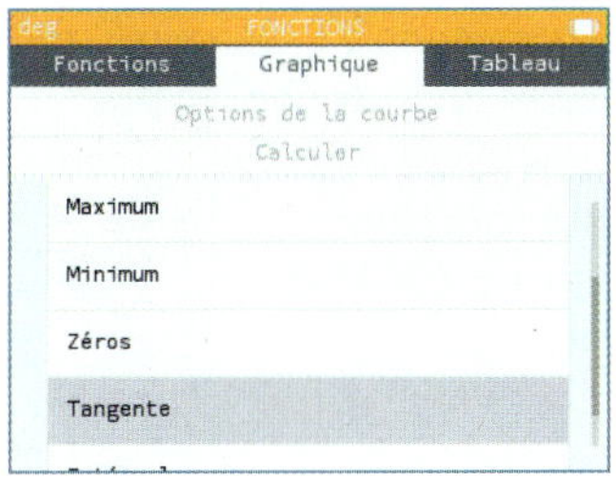

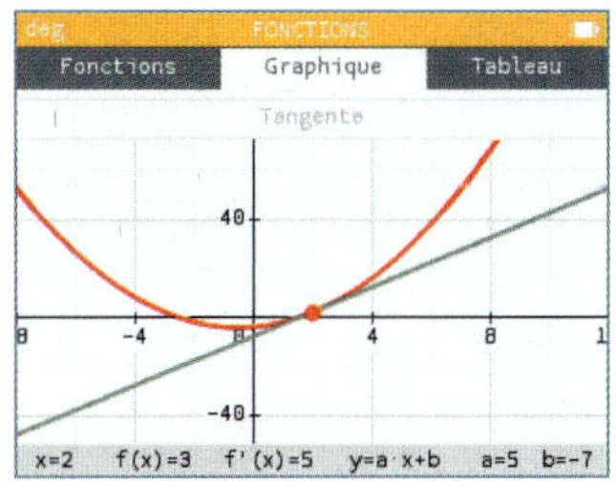

Résoudre une équation

Exemple : Résoudre l'équation $x^3 - x - 2 = 0$ dans l'intervalle [1 ; 2].
La calculatrice fournit des valeurs approchées des solutions d'une équation dont le second membre est 0.

Pour obtenir une approximation d'une solution :

- Sélectionner l'application Équations sur l'écran d'accueil.
- Sélectionner **Ajouter une équation** avec le pavé directionnel et appuyer sur EXE.
- Sélectionner le modèle d'équation ou ici **Vide** puis appuyer sur EXE
- Saisir l'équation puis sélectionner **Résoudre l'équation** en appuyant sur EXE.
- Paramètrer l'intervalle de recherche entre 1 et 2 puis sélectionner **Résoudre l'équation** en appuyant sur EXE.

On obtient une valeur approchée de la solution.

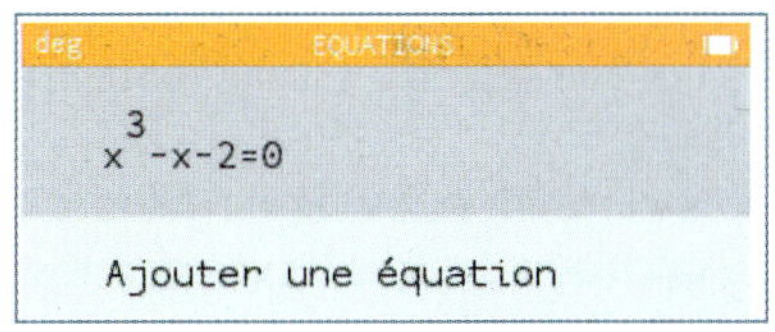

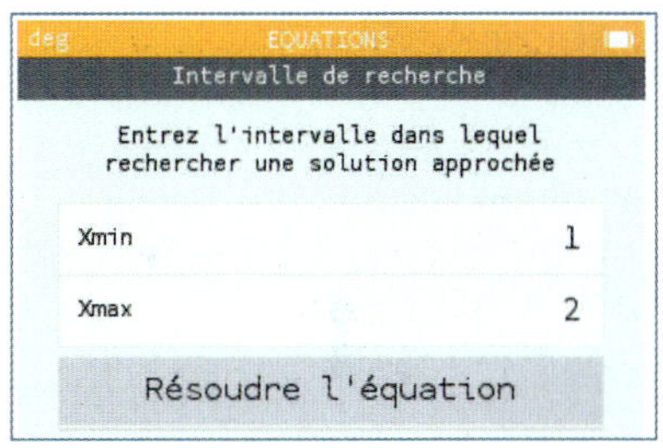

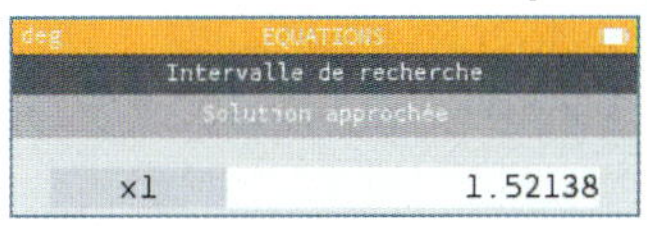

Suites

▶ Calculer les termes d'une suite

On considère la suite (u_n) définie par $\begin{cases} u_0 = 2 \\ u_{n+1} = -3u_n + 7 \end{cases}$. On veut afficher, à l'aide de la calculatrice, les termes u_0 à u_6.

❶ Sélectionner l'application Suites dans l'écran d'accueil. Appuyer sur OK.

❷ Sélectionner **Ajouter une suite**. Appuyer sur OK et sélectionner u_{n+1} (Récurrente d'ordre 1). Renseigner l'écran comme ci-dessous en validant avec EXE à chaque étape et en se déplaçant avec le pavé directionnel.

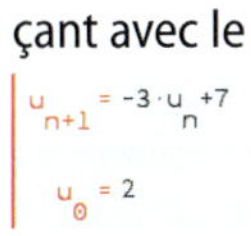

u_n, u_{n+1},… sont déjà pré-saisis selon le type de suite qui a été sélectionné. Si on a quand même besoin de saisir u_n, on utilise les touches : alpha, x, (, x,n,t,).

❸ Sélectionner **Afficher les valeurs** ou **Tableau** pour obtenir le tableau des valeurs des termes de (u_n).

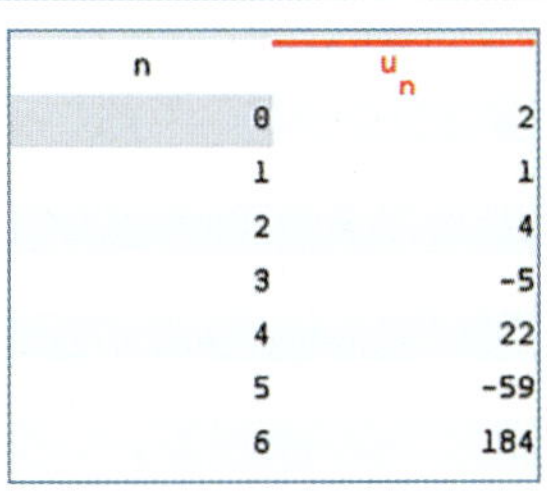

❹ Choisir **Régler l'intervalle** pour modifier le réglage par défaut sans oublier de valider avec EXE à chaque ligne

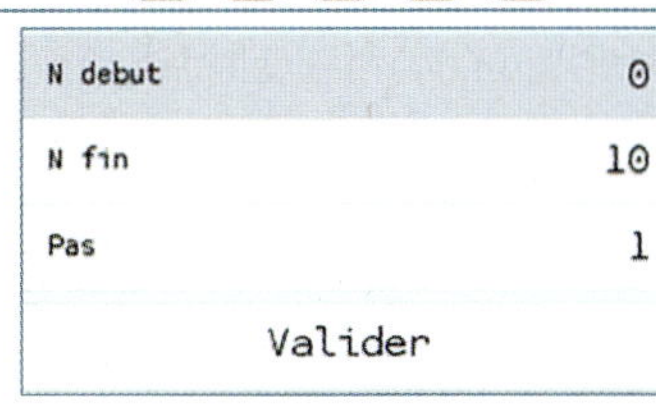

Texas

Cette fiche décrit plus précisément la calculatrice TI-83 Premium. Pour les autres calculatrices Texas, les commandes varient peu. Les différents menus sont accessibles par les touches du clavier de la calculatrice comme : f(x), fenêtre, zoom, trace, graphe, math, mode.

Étudier une fonction

Choisir l'écran de calcul.

▶ Définir une fonction

Accéder à l'**éditeur de fonctions** en appuyant sur la touche f(x).
Saisir l'expression de la fonction étudiée, en Y1, par exemple f définie par $f(x) = x^2 + x - 3$.
Pour supprimer une fonction sélectionnée, appuyer sur la touche annul.

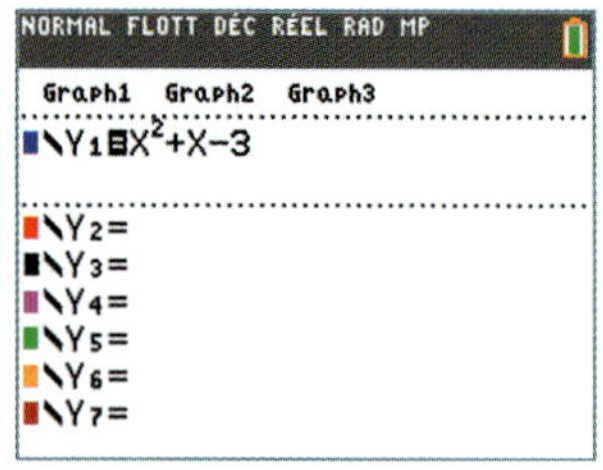

▶ Tracer la représentation graphique d'une fonction

Appuyer sur la touche zoom pour accéder au menu **ZOOM** et choisir **6:ZStandard**. La courbe s'affiche à l'écran.
La fenêtre d'affichage est alors :
Xmin = −10 ; Xmax = 10 ; Ymin = −10 ; Ymax = 10.
C'est la **fenêtre standard**.
Pour régler différemment la fenêtre d'affichage, appuyer sur la touche fenêtre et saisir les paramètres souhaités.
Le tracé de la courbe est alors obtenu en appuyant sur la touche graphe.
Pour parcourir la courbe, on utilise la touche trace.
La calculatrice affiche les coordonnées du pointeur ✣.
On déplace le pointeur à l'aide des touches ◀ et ▶ du pavé directionnel.
La touche zoom suivie de **1:ZCadre** permet d'agrandir la portion de courbe sélectionnée, à l'intérieur d'un rectangle, tracé à l'aide des touches du pavé directionnel.

Remarque : Il peut être nécessaire de désactiver les graphiques statistiques. Pour cela, accéder au menu graph stats (touches 2nde f(x)) et sélectionner **4:GraphNaff**.

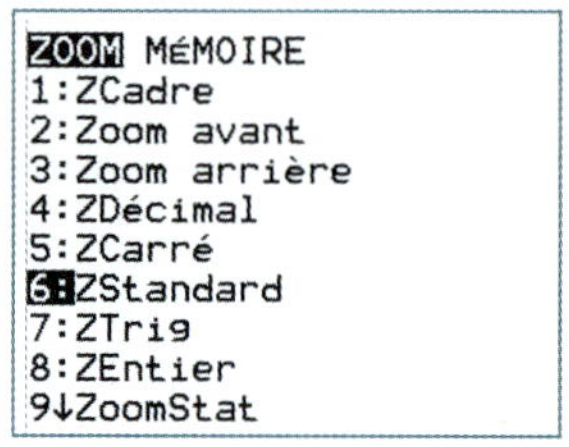

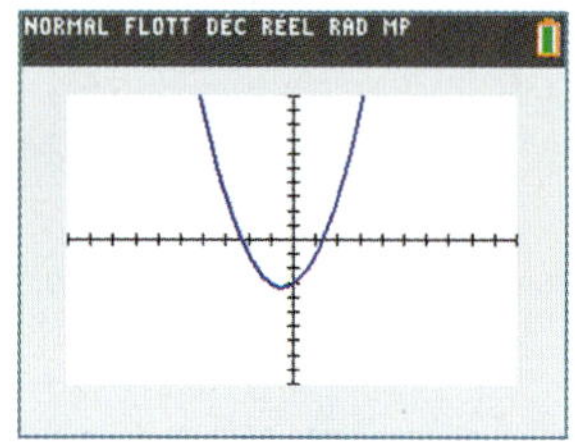

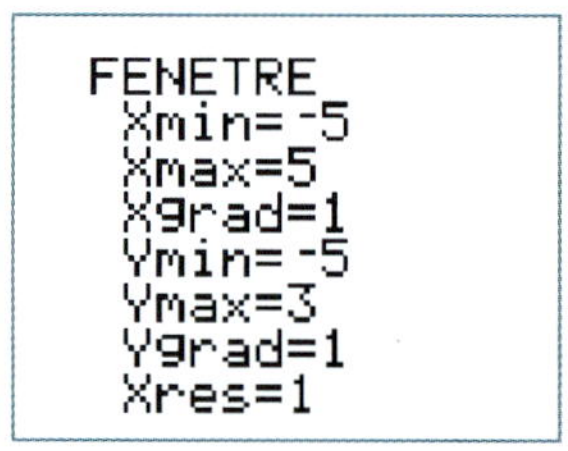

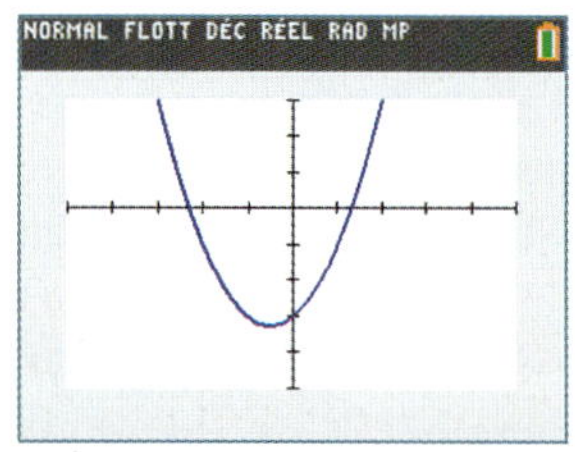

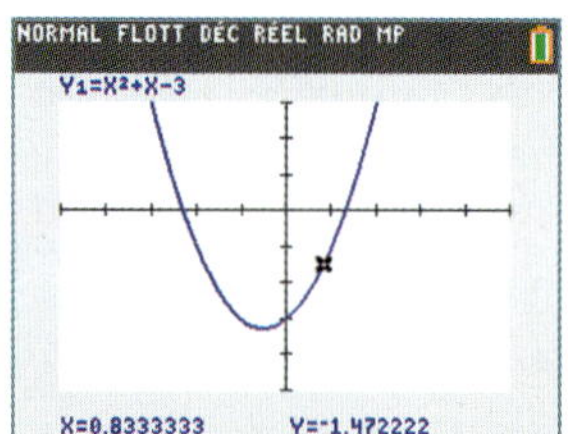

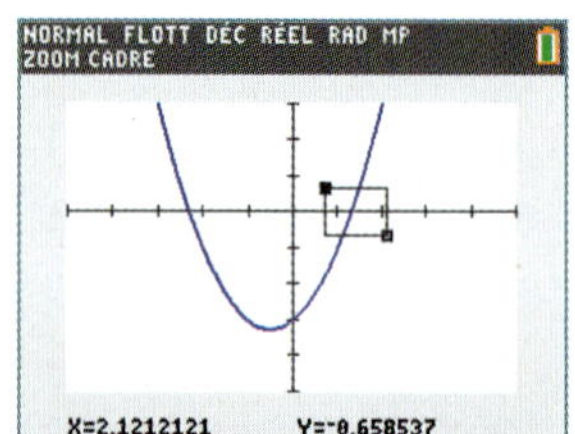

▶ Construire un tableau de valeurs

Choisir l'instruction déf table (touches 2nde fenêtre) et régler les paramètres de la table (valeur initiale et pas).
La table est obtenue par l'instruction table (touches 2nde graphe).
On se déplace dans les colonnes de la table en utilisant les touches ◀, ▶, ▲ et ▼ du pavé directionnel.

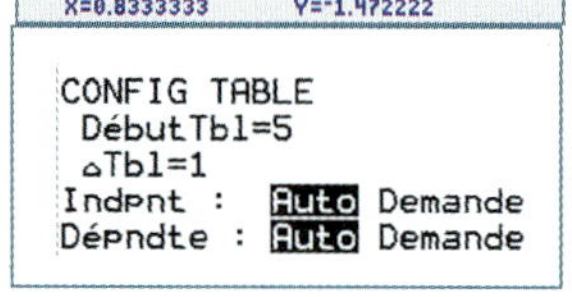

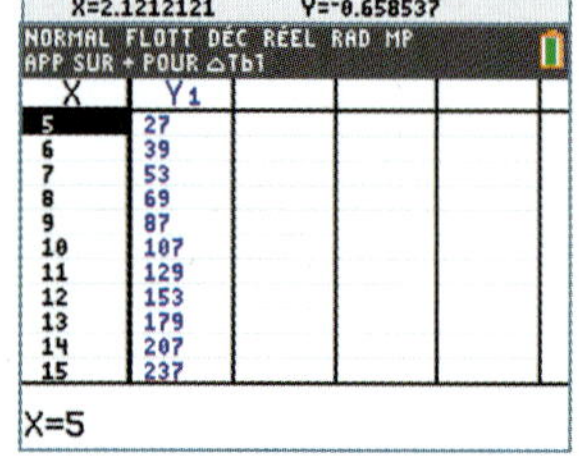

▶ Calculer un nombre dérivé

Dans l'**écran de calcul**, appuyer sur la touche math, sélectionner le menu **MATH** puis **8:nbreDérivé(**.

Calcul du nombre dérivé de la fonction f en 1 :

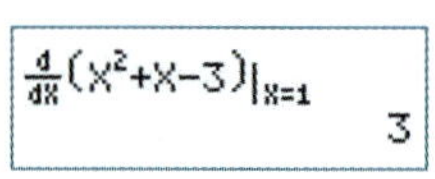

Calcul direct si l'expression de f a été saisie en **Y1** :

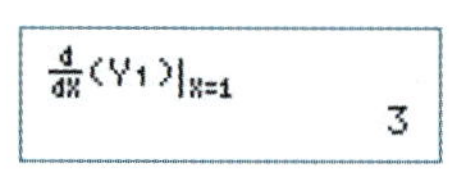

Pour obtenir la notation **Y1** : touche var, sélectionner **VAR Y, 1:Fonction** puis **1:Y1** et valider par entrer.

Instruction pour les calculatrices disposant seulement de l'affichage en ligne :

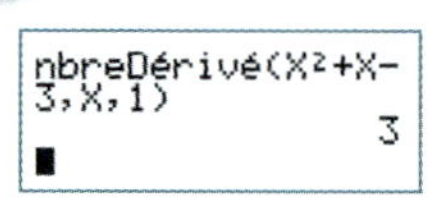

▶ Calculer une intégrale

Dans l'écran de calcul, appuyer sur la touche **math**, sélectionner le menu **MATH** puis choisir **9:intégrFonct(**.

Calcul de l'intégrale de la fonction f entre 1 et 3 :

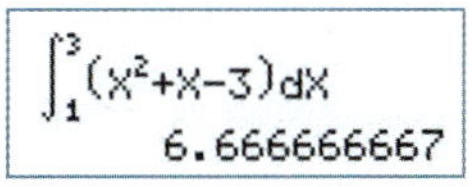

Calcul direct si l'expression de f a été saisie en **Y1** :

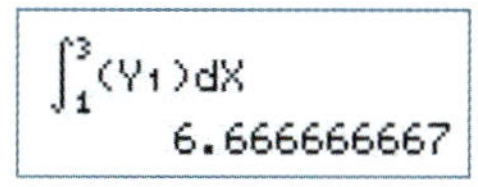

Instruction pour les calculatrices disposant seulement de l'affichage en ligne :

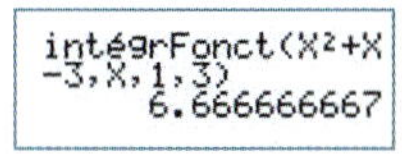

Pour obtenir une écriture fractionnaire, utiliser la touche ◂▸.

▶ Tracer une tangente

Exemple : Soit f la fonction définie sur $\mathbb{R}$ par $f(x) = x^2 + x - 3$ et $\mathscr{C}$ sa représentation graphique dans un repère orthonormé. On veut tracer la tangente à la courbe $\mathscr{C}$ au point d'abscisse 1.

❶ Saisir l'expression de $f(x)$ en **Y1**.

❷ Régler la fenêtre d'affichage.

❸ Appuyer sur la touche **graphe** et choisir l'instruction dessin (**2nde** **prgm**), puis le menu **DESSIN** puis **5:Tangente(**.

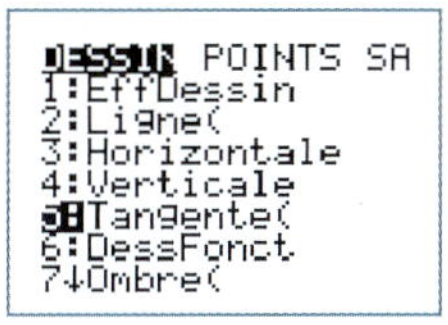

❹ Préciser la valeur de x, en appuyant sur **1**. Valider par **entrer**.
La tangente s'affiche ainsi qu'une équation (éventuellement approchée).

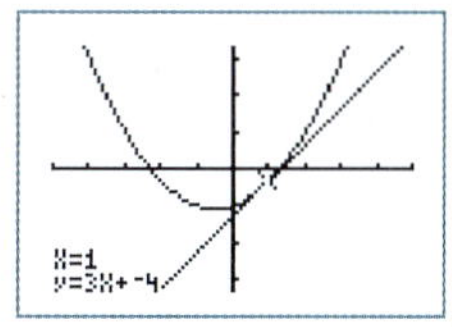

Pour supprimer l'affichage des tangentes, choisir l'instruction dessin puis **1:EffDessin**.

Résoudre une équation

Exemple : Résoudre l'équation $x^3 - x - 2 = 0$ dans l'intervalle [1 ; 2].
La calculatrice fournit des valeurs approchées des solutions d'une équation dont le second membre est 0.
Pour obtenir une approximation d'une solution de l'équation dans l'écran de calcul :
– choisir l'instruction catalog (touches **2nde** **0**) puis résoudre(et valider par **entrer** ;
– saisir le premier membre de l'équation, la variable X et une valeur approchée de la solution, ici 1 (valider par **entrer**).
La syntaxe de cette instruction est **résoudre (expression, variable, approximation de la solution).**

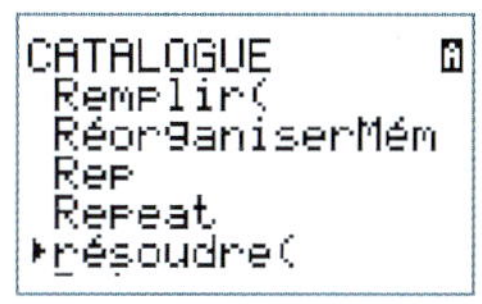

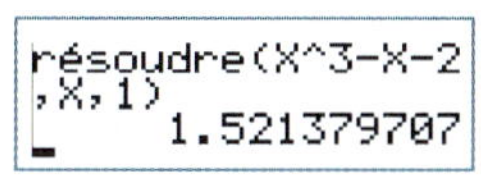

Suites

▶ Calcul des termes d'une suite

On considère la suite (u_n) définie par $\begin{cases} u_0 = 2 \\ u_{n+1} = -3u_n + 7 \end{cases}$ dont on veut déterminer les termes u_1 à u_{15}.

❶ Appuyer sur la touche **mode** pour accéder à l'écran ci-contre.
À la quatrième ligne, sélectionner le mode **SUITE**.
Taper **entrer**.
Appuyer sur la touche **f(x)**.

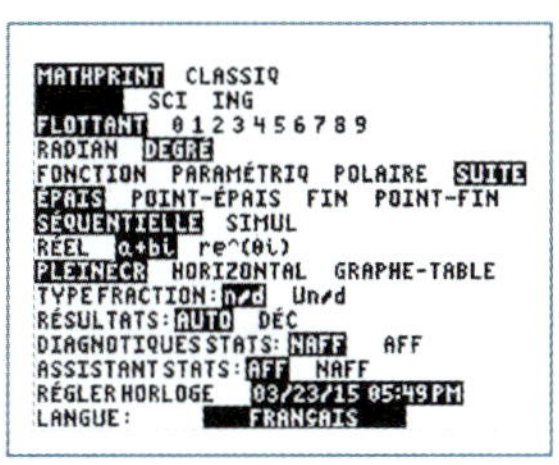

❷ Choisir le type **SUITE(n+1)**, en haut de l'écran, puis compléter l'écran.
$u(n)$ est obtenu en utilisant les touches **2nde** **7** **(** **X,T,θ,n** **)**.
nMin est l'indice de départ.
$u(n$Min) est la première valeur.

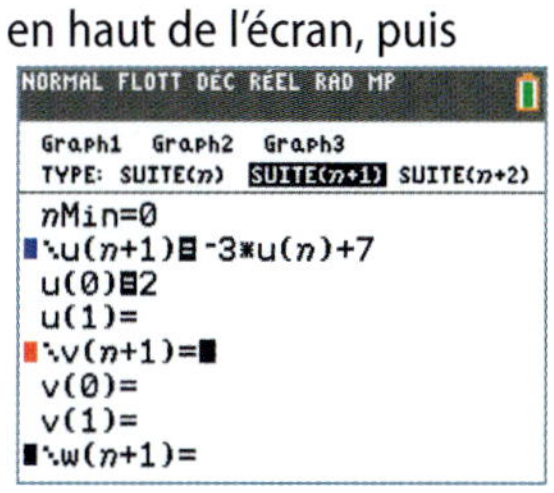

❸ Appuyer sur la touche **fenêtre**, puis renseigner l'indice du premier terme et celui du dernier terme à calculer, ici 15.
Appuyer sur les touches **2nde** **fenêtre** pour accéder à l'écran **CONFIG TABLE**, puis le compléter.

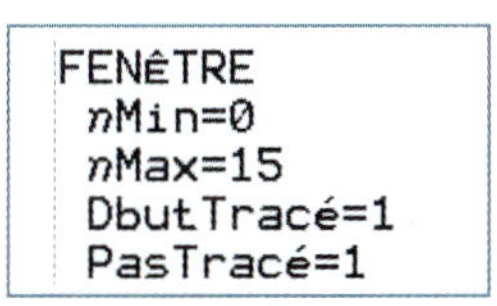

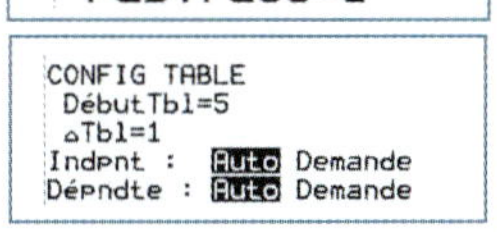

❹ Appuyer sur les touches **2nde** **graphe** pour obtenir le tableau des valeurs des termes de (u_n).

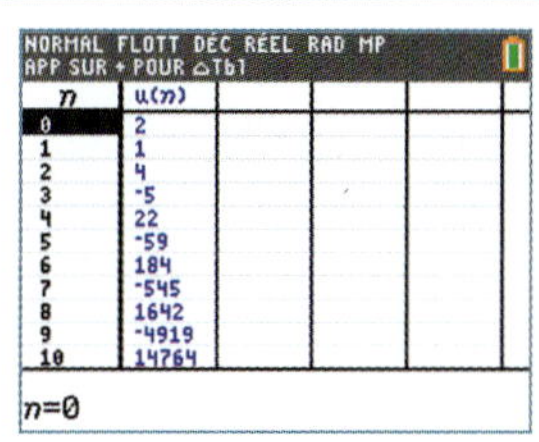

Tableur

Cet aide-mémoire pour l'utilisation d'un tableur fait référence à deux tableurs d'usage courant : le tableur **Excel de Microsoft** et **le tableur de la suite OpenOffice**.

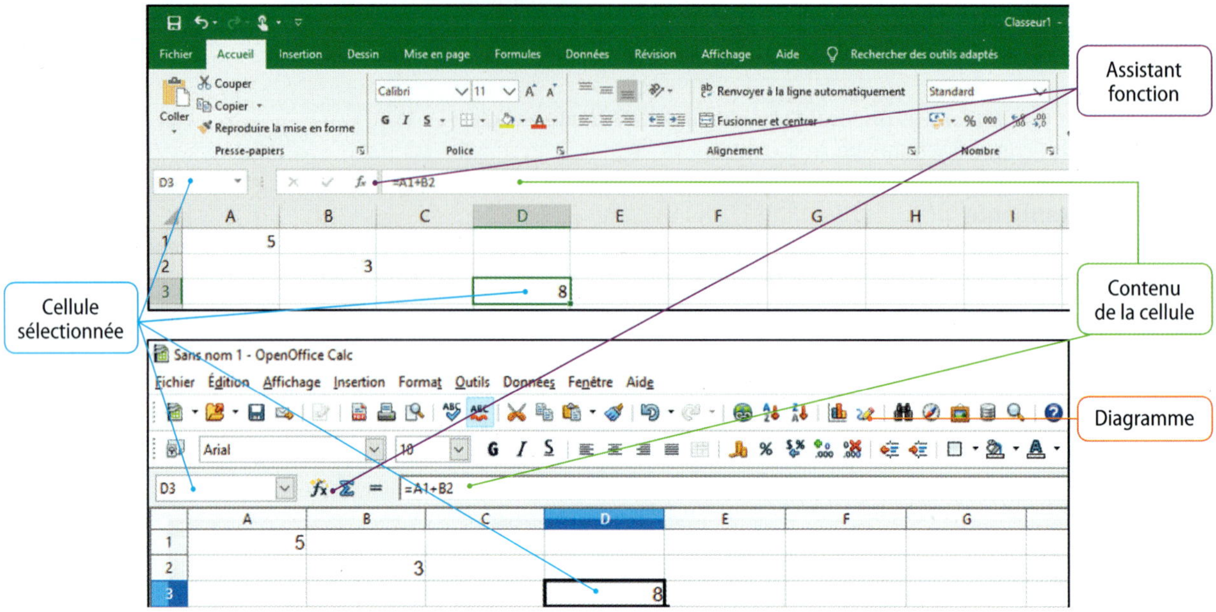

Outils et menus les plus utilisés

Pointeur	Actionné par la souris, il peut prendre plusieurs aspects : – flèche [↖] (permet de déplacer le contenu d'une cellule vers une autre cellule) ; – croix noire [+] (permet de faire glisser une formule).
	Pour sélectionner : Croix blanche [✚] sur Excel, Flèche [↖] sur OpenOffice.
Repérage d'une cellule	**D3** : lettre de la colonne et numéro de la ligne
Écrire dans une cellule	• Placer le pointeur dans la cellule. On peut écrire : – un texte, des mots, un calcul ; – un calcul, précédé du signe = ; – une formule de calcul, sans oublier le signe =. (Indice / =56+43 / =4*A1+B3^2) • Valider avec la touche **Entrée** du clavier ou passer à une autre cellule avec les flèches du clavier. • Après validation, le résultat du calcul apparaît dans la cellule que l'on quitte.
Sélectionner	• Pour sélectionner une cellule, cliquer sur la cellule. • Pour sélectionner plusieurs cellules, les mettre en surbrillance en déplaçant la souris, bouton gauche appuyé, de la première à la dernière cellule. • Pour sélectionner des cellules non contigües, sélectionner la première zone, appuyer sur la touche **Ctrl**, puis se déplacer avec la souris jusqu'aux cellules suivantes et les sélectionner.
Effacer une cellule ou une zone	Sélectionner la cellule ou la zone de cellules (celle-ci se met en surbrillance), et cliquer sur la touche **Suppr** du clavier.
Modifier le contenu d'une cellule	Pour changer tout le contenu de la cellule, cliquer dessus, puis taper le nouveau contenu. Pour modifier le contenu, cliquer deux fois sur la cellule, puis faire les corrections nécessaires.
Trier des données	Pour classer des données d'une zone, on la sélectionne. Dans le menu Données Trier (ou Trier et filtrer pour Excel 2007), on choisit la colonne dont on veut ranger les éléments, puis on sélectionne l'ordre croissant ou décroissant.

Calculer avec un tableur

Opérations élémentaires	Les signes sont tapés au clavier : + , − , * (multiplié), / (divisé), ^ (exposant).
Choisir des cellules pour un calcul	Pour choisir les cellules sur lesquelles porte une fonction, on peut désigner : – une zone de cellules consécutives, par exemple B1:B12 ; – des cellules non consécutives, par exemple B4;B6;B9.
Choisir un nombre de décimales	Pour choisir un nombre donné de décimales pour le résultat : – *Excel* : Cliquer sur [icône] ou [icône] – ***OpenOffice*** : Cliquer sur l'une des icônes [icône] ou [icône]
Fonctions	On a accès aux fonctions en cliquant sur l'assistant fonction (icône fx ou [icône]). En particulier, **SOMME**(), **MAX**() **et MIN**() donnent respectivement la somme, le plus grand élément et le plus petit élément des nombres figurant dans la zone de cellules indiquée entre parenthèses.
Fonctions logiques	**SI(C;*a*;*b*)** : C étant une condition portant sur la comparaison de deux nombres, si C est vraie, alors *a* s'affiche, sinon *b* s'affiche. **NB.SI(zone;critère)** : nombre de cellules d'une zone vérifiant un critère donné.
Fonctions liées aux statistiques	**MOYENNE(Zone)** : calcule la moyenne des valeurs d'une zone de cellules. **MEDIANE(Zone)** : calcule la médiane des valeurs d'une zone de cellules. **QUARTILE(Zone;1)** : calcule le premier quartile des valeurs d'une zone. **QUARTILE(Zone;3)** : calcule le troisième quartile des valeurs d'une zone. **ALEA()** : nombre aléatoire de l'intervalle [0 ; 1[. **ALEA.ENTRE.BORNES(*a*;*b*)** : nombre aléatoire entier compris entre *a* et *b*.
Recopier	• **La poignée de recopie** : pour recopier une formule de façon incrémentée, on place le pointeur sur le coin inférieur droit de la cellule (une croix noire apparaît), puis on tire vers le bas (ou à droite) jusqu'à la fin de la zone de recopie en maintenant le bouton gauche de la souris enfoncé. • Créer une suite de nombres, à partir d'un nombre d'une cellule sélectionnée : – ***Excel*** **:** [icône] ou Edition Remplir ou Edition Remplissage , puis Série . On complète selon la suite voulue. – ***OpenOffice*** **:** sélectionner la zone où on crée la suite de nombres, choisir Edition Remplir Série et compléter.

Autres outils du tableur

Assistant graphique	On sélectionne la (ou les) séries de données que l'on veut représenter. – ***Excel*** **:** dans le menu Insertion Graphiques , on choisit le type de graphique pour construire des diagrammes statistiques. Pour représenter une fonction, choisir le type Nuage de points , puis reliés par une courbe lissée . – ***OpenOffice*** **:** on clique sur Diagramme [icône] ou Insertion Diagramme pour construire des diagrammes statistiques. Pour représenter une fonction, choisir XY Points et lignes , avec ligne lisse .
Référence absolue	Une référence de cellule de la forme **A1**, **B6**, **C3**, **D12**, … est une **référence relative** : lorsqu'on la recopie, cette référence change. • Quand on recopie vers le bas une formule contenant la référence **A1**, celle-ci se recopie en **A2**, **A3**, … Pour fixer le numéro de ligne **1** de la référence **A1**, on écrit A$1 : **A$1 est une référence absolue pour le numéro de ligne**. • Quand on recopie vers la droite une formule contenant la référence **A1**, celle-ci se recopie en **B1**, **C1**, … Pour fixer le numéro de colonne **A** de la référence **A1**, on écrit $A1 : **$A1 est une référence absolue pour le numéro de colonne**. Quand on veut fixer le numéro de ligne et le numéro de colonne de la référence **A1**, on écrit $A$1 : c'est une **référence absolue**.

GeoGebra

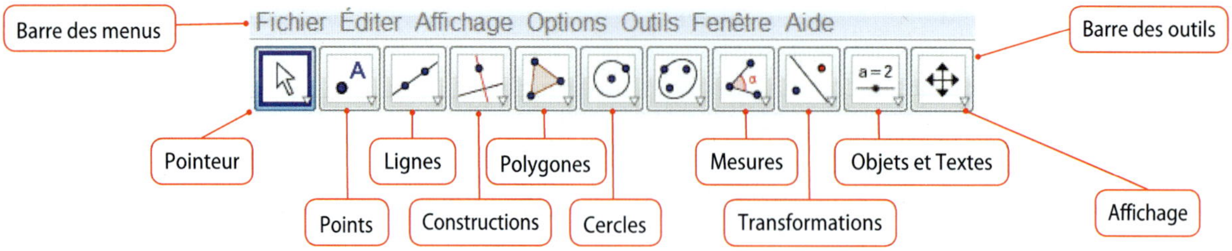

Présentation

En plus de la barre des menus et de la barre des outils, l'écran est partagé en plusieurs parties :

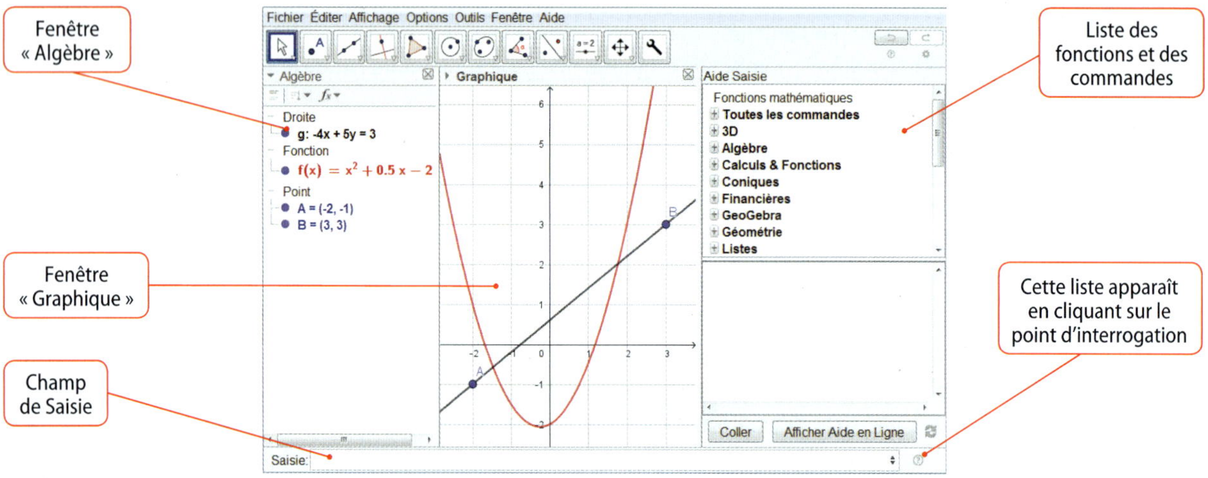

Menu déroulant de chaque icône

En cliquant sur le petit triangle blanc situé en bas à droite d'une icône, on obtient le menu déroulant de cette icône.
Les différents outils contenus dans cette icône apparaissent.

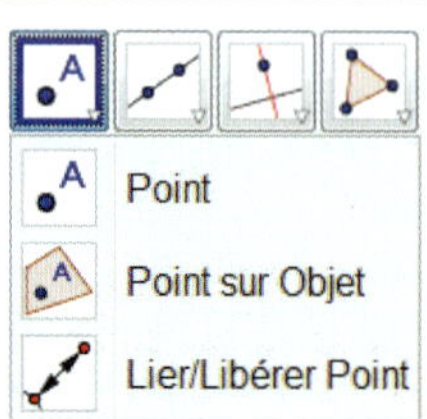

Utiliser les aides du logiciel

En approchant la souris de l'icône d'un outil, une bulle d'aide indique comment utiliser l'outil.
L'aide de l'outil « **Parallèle** » indique qu'à partir d'un **clic gauche** sur un point (ou sur l'écran) suivi d'un clic sur une droite, la droite parallèle à la droite cliquée et passant par le point cliqué se construit.

Activer ou désactiver un outil

• Pour *activer* un outil, on fait afficher le menu déroulant puis, en maintenant le bouton de la souris enfoncé, on sélectionne l'outil souhaité.
• Pour *désactiver* un outil, il suffit d'activer l'outil . Dans la figure ci-dessus, l'outil Point est sélectionné. En cliquant n'importe où dans la page blanche, on construit un point auquel le logiciel donne immédiatement un nom ; en faisant un clic droit sur ce point, on fait afficher **le menu contextuel** et on peut alors renommer le point, modifier ses propriétés…

Le menu contextuel

Tous les objets créés possèdent un menu contextuel : on l'ouvre par un **clic droit** sur l'objet, soit dans la fenêtre graphique, soit dans la fenêtre algèbre.
- On peut **afficher ou masquer** l'objet.
- On peut **afficher ou masquer** son nom.
- On peut activer **la trace** de l'objet : il laisse une trace en se déplaçant.
- On peut **supprimer** l'objet avec Effacer.
- On peut modifier la taille, la couleur, etc. de l'objet avec Propriétés.

Construire un curseur

- Le curseur permet de faire varier un nombre décimal, un angle ou un entier.
- Pour créer un curseur, sélectionner l'outil curseur de la barre des outils, puis cliquer sur le graphique.
- Dans la fenêtre qui s'ouvre, on peut définir les paramètres de ce curseur. L'incrément est le pas selon lequel augmente la variable de min à max.

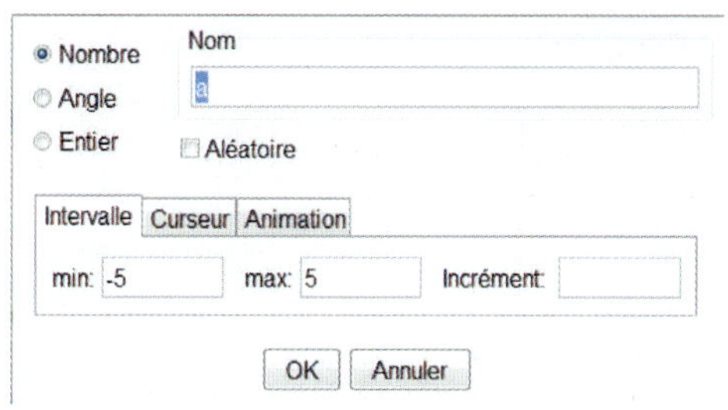

Utilisation du tableur de GeoGebra

- Le menu Affichage permet d'ajouter des fenêtres à la page principale.
Sélectionner Tableur dans ce menu pour afficher le tableur.

- Quand le tableur est affiché, le menu contextuel des points propose Enregistrer dans Tableur. Si le point A est mobile et « enregistré dans le tableur », ses abscisses x(A) et ses ordonnées y(A) successives sont enregistrées et elles apparaissent dans les colonnes A et B du tableau.

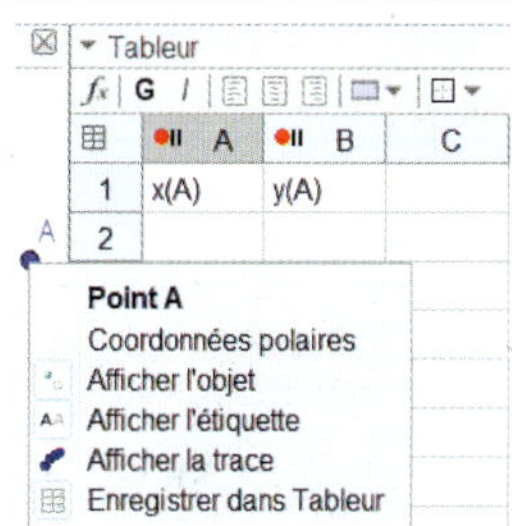

- Comme dans un tableur « classique », on peut effectuer des calculs faisant appel aux résultats reportés dans d'autres cellules et recopier la formule vers le bas ou vers la droite.

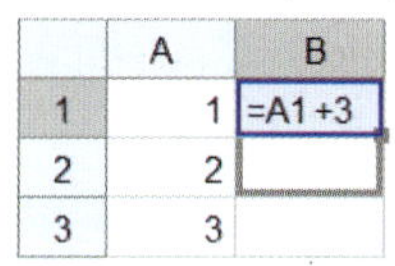

Utiliser la fenêtre Calculs de probabilités

- Pour calculer une probabilité liée à la loi binomiale, on ouvre le menu Affichage, puis la fenêtre Calculs de probabilités.

- Pour calculer la probabilité $P(3 \leqslant X \leqslant 9)$, où X suit la loi binomiale de paramètres $n = 20$ et $p = 0{,}4$, on choisit l'onglet Distribution, puis Binomiale dans le menu déroulant et on saisit les valeurs de n et p, puis les bornes de l'intervalle [3 ; 9].
- Pour calculer la probabilité $P(3 \leqslant X)$, on peut utiliser l'égalité :
$P(3 \leqslant X) = P(3 \leqslant X \leqslant 20)$ ou utiliser le bouton puis compléter la borne inférieure de l'intervalle [3 ; 20].
- De même pour le calcul de $P(X \leqslant 9)$, on peut utiliser l'égalité $P(X \leqslant 9) = P(0 \leqslant X \leqslant 9)$ ou utiliser le bouton puis compléter la fenêtre par la borne supérieure de l'intervalle [0 ; 9].

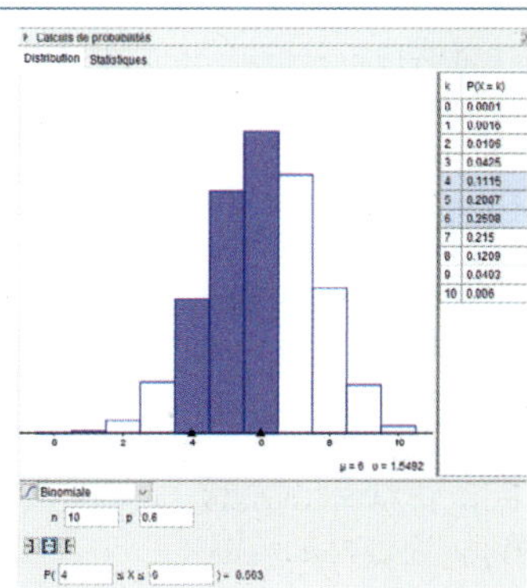

GeoGebra

Calcul formel avec GeoGebra

• On ajoute une fenêtre de calcul formel en sélectionnant x= Calcul formel dans le menu Affichage.

De nouvelles icônes apparaissent = ≈ ✓ $\frac{15}{3\cdot5}$ (( )) x= x≈ f'.

• Soit on écrit la commande désirée (capture d'écran ci-contre) dans la ligne de saisie numérotée, soit on saisit une expression puis on clique sur l'icône de la commande à réaliser sur cette expression.

– Entrer (x-1)(x+2) puis cliquer sur (( )) pour **développer** l'expression.

– Entrer x^2-3x+2 puis cliquer sur $\frac{15}{3\cdot5}$ pour **factoriser** l'expression.

– Entrer x^2-5x-3=0 puis cliquer sur = pour **résoudre** l'équation.

– Entrer 3x^2+2x <= 0 puis cliquer sur = pour **résoudre** l'inéquation.

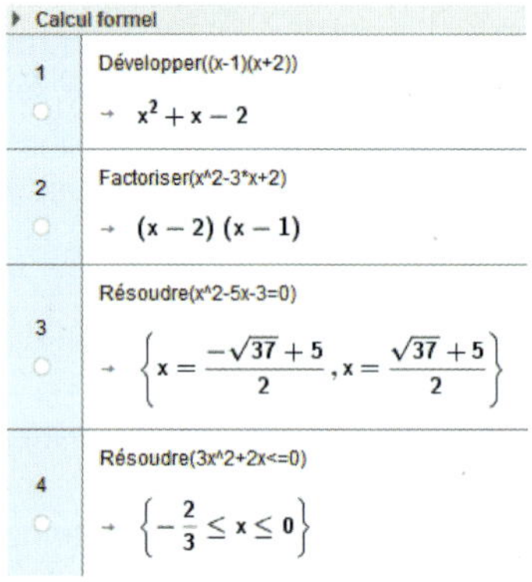

Commandes utiles en classe de Première

Arrondi	Cette commande, présente dans le menu Options, permet de préciser le nombre de décimales ou de chiffres significatifs affichés à l'écran.
Résoudre un système d'équations	Pour résoudre le système $\begin{cases} 2x - y = 1 \\ x + 3y = 4 \end{cases}$, entrerr Résoudre({2x-y=1,x+3y=4},{x,y})
Saisir l'expression d'une fonction	Pour la fonction f telle que $f(x) = x^2$, entrer f(x) = x^2 dans le **champ de saisie**. Pour la fonction g définie sur [1 ; 5] par $g(x) = x^4$, entrer g(x) = Fonction[x^4, 1, 5].
Calculer une dérivée f'	Pour dériver la fonction $f : x \mapsto 3x^5$: Dérivée[3x^5].
Calculer une primitive ∫	Pour obtenir l'ensemble des primitives de $f : x \mapsto x^3$: Intégrale[x^3,x].
Calculer une intégrale ∫	Pour calculer $\int_0^2 t^3 \, dt$: Intégrale[t^3,t,0,2].
Résoudre une équation différentielle	Pour résoudre l'équation différentielle $y' = 2y + 3$, entrer RésolEquaDiff[2*y+3].
Calculer la somme des termes d'une liste de nombres	La commande Somme[Séquence[g(k),k,a,b]] où g est une fonction et a et b des entiers, calcule la somme $g(a) + g(a+1) + \ldots + g(b)$.
Construire la tangente à une courbe	La commande Tangente[A,f] permet de tracer la tangente en A à la courbe représentative de la fonction f.
Faire afficher le coefficient directeur d'une droite	Pour faire afficher le coefficient directeur d'une droite d, on saisit Pente[d]
Créer un polygone régulier	Dans le menu de l'icône ▷, sélectionner Polygone régulier. Par un **clic gauche**, choisir ou créer deux points comme sommets, puis indiquer le nombre de côtés.

Cabri Express

Présentation

La barre d'outils sur la gauche contient dix rubriques.

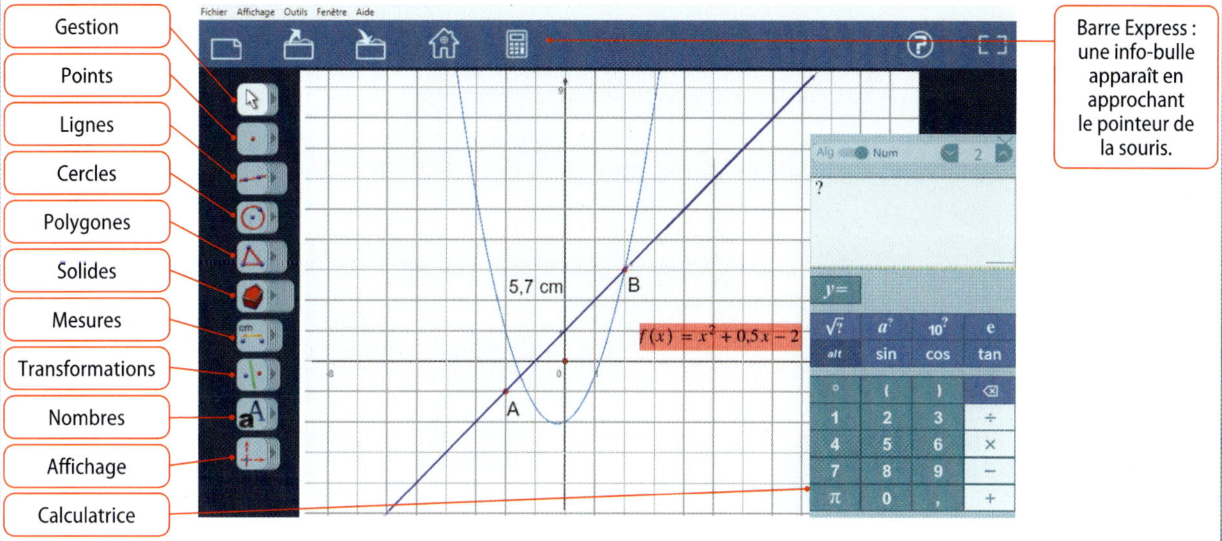

Menu déroulant contenu dans chacune des icônes d'outils

• Lorsque l'on clique sur la flèche grise à côté d'une icône, on obtient son menu déroulant. Les différents outils contenus dans cette icône apparaissent.

• **Pour activer un outil**, on fait afficher le menu déroulant, puis on sélectionne l'outil souhaité en cliquant dessus comme ci-dessous avec l'icône Lignes .

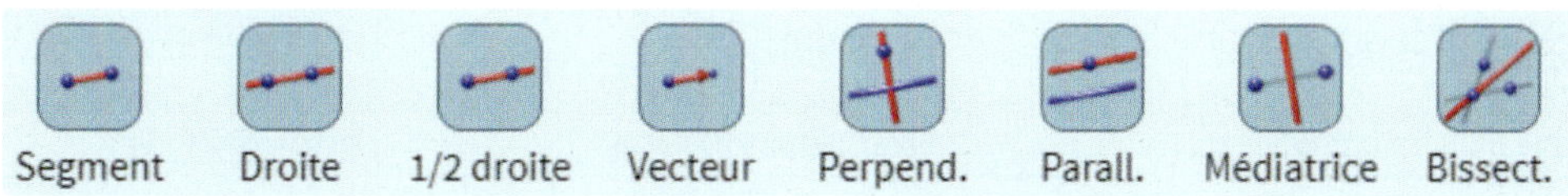

• Pour désactiver un outil, il suffit d'activer l'outil Pointeur ou d'appuyer sur la touche Echap ou ESC du clavier.

Les outils de Cabri Express

Pour la géométrie	Pour les fonctions et les calculs
• Cabri permet de construire des droites, des cercles, des arcs de cercle, des polygones, des vecteurs ( )… • Cabri permet de construire des solides en 3D à l'aide du menu . • Cabri permet de mesurer des longueurs, des aires, des volumes, des angles à l'aide du menu . • Cabri permet d'afficher les coordonnées d'un point, l'équation d'une droite, d'un cercle, dans un repère à l'aide du menu • Cabri permet de faire apparaître la trace d'un objet à l'aide du menu .	• Cabri dispose d'une calculatrice déplaçable qu'on peut afficher/masquer avec l'icône . • Cette calculatrice fonctionne comme une calculatrice classique et communique avec les éléments construits. En cliquant sur une mesure, celle-ci apparaît dans la calculatrice et le curseur Alg Num permet de passer de la valeur numérique au nom qui lui est attribué. On peut alors utiliser ce nom dans un calcul dont le résultat sera affiché avec l'unité correspondante. • Elle permet d'afficher la représentation graphique de fonctions en utilisant y= dans un repère construit automatiquement et modifiable.

XCAS

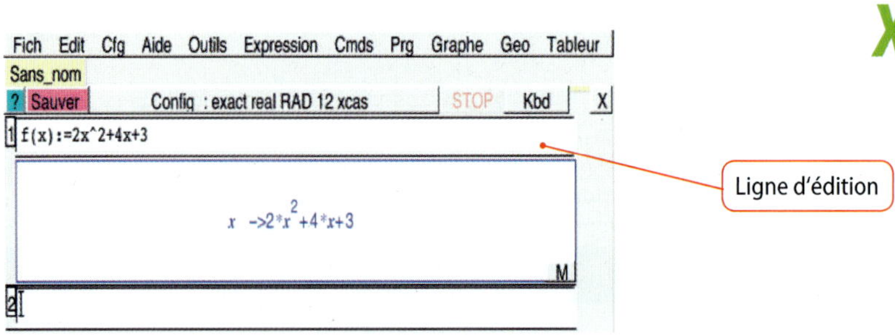

On peut trouver les commandes décrites ci-dessous dans le menu Scolaire ou dans l'index du menu Aide .

Calculs

Pour régler les modes de calcul, choisir le menu Cfg , puis Configuration du CAS : décocher la case approx si l'on veut faire du calcul formel et éviter les écritures décimales des nombres.

Racine carrée d'un réel x Partie entière d'un réel x	sqrt (x) floor (n)
Nombre aléatoire de l'intervalle [0 ; 1[Nombre aléatoire entier compris entre 0 et $n-1$	rand (0, 1) hasard (n)

Calcul formel

Développer une expression	Développer $(x+3)(x-1)$	developper((x+3)*(x-1))
Factoriser une expression	Factoriser (x^2-4)	factoriser(x^2-4)
Simplifier une expression	$\frac{1}{x}+\frac{1}{x-1}$	simplifier(1/x+1/(x-1))
Résoudre une équation	Résoudre $x^2-5x+4=0$	resoudre(x^2-5*x+4=0)
Résoudre une inéquation	Résoudre $x^2-4 , 0$	resoudre(x^2-4<0)
Résoudre un système d'équations	Résoudre $\begin{cases} x+3y=-1 \\ 3x+2y=4 \end{cases}$	resoudre ([x+3y=1,3x+2y=4],[x,y])
Fixer une variable dans un intervalle	Fixer x dans $[0\,;+\infty[$	supposons(x > 0)

Calcul formel - Analyse

Définir une fonction	f telle que $f(x)=x^2+x+1$	f(x) := x^2+x+1
Dériver une fonction	Dériver $f : f(x)=x^2-5x$	deriver (x^2 – 5x)
Calculer la limite d'une fonction en un point	Limite de $\ln(x)$ en 0	limite(ln(x),x,0)
Déterminer une primitive d'une fonction	Primitive de $f : f(x)=x^4$	int(x^4)
Calculer l'intégrale d'une fonction	Intégrale de f entre 1 et 2, où $f(x)=x\,e^x$	int(x*exp(x),x,1,2)
Résoudre une équation différentielle	Résoudre l'équation $2y'+xy=1$	desolve(2*y'+x*y=1)

Commandes de géométrie

Pour ouvrir l'écran graphique, sélectionner Nouvelle figure 2d dans le menu Geo .

Définir un point A de coordonnées (2 ; 5)	A := point ([2, 5])
Distance de deux points A et B	distance(A, B)
Tracer la droite d'équation $x+3y-1=0$	droite(x+3y-1=0)
Tracer la représentation graphique d'une fonction f sur $[a\,;b]$	graphe (f(x), x=a..b)

CORRIGÉS

Accédez **aux corrigés rédigés et détaillés des exercices** *Pour travailler en autonomie* avec l'**application Bordas Flashpage** (voir Rabat F) ou sur le site élève **lycee.editions-bordas.fr**

1 SUITES

Se tester pour un bon départ

1 1. Réponses a, b et d.
2. Réponses a, c et d.

4 a. $u_1 = 6$; $u_2 = 33$; $u_3 = 1\,086$; $u_4 = 1\,179\,393$; $u_5 \approx 1{,}4\,10^{12}$.
b. Conjecture : sa limite est $+\infty$.

5 a. $u_{n+1} = 0{,}98u_n$: (u_n) est une suite géométrique de raison 0,98.
b. $u_n = 8\,000 \times 0{,}98^n$.
c. $u_{22} \approx 5\,129$. Il y aura 5 129 habitants au 1er janvier 2040.

Pour maîtriser les bases

23 $\lim\limits_{n\to+\infty} v_n = 5 \times 2 = 10$.
$\lim\limits_{n\to+\infty} w_n = 2 + 1 = 3$.
$\lim\limits_{n\to+\infty} t_n = \dfrac{2}{4} = \dfrac{1}{2}$.

38 1. $+\infty$; 2. 0 ; 3. 0 ; 4. $+\infty$; 5. $+\infty$; 6. $+\infty$.

45 1. On résout $c = 3c + 8$, soit $c = -4$. La suite est constante telle que $c_n = -4$ est solution.
2. $v_{n+1} = u_{n+1} + 4 = 3u_n + 12 = 3(u_n + 3) = 3v_n$. Puisque $v_{n+1} = 3v_n$, (v_n) est une suite géométrique de raison 3.

Pour s'entraîner (pistes)

79 Factoriser le numérateur par 5^n.

88 Remplacer u_{n+1} par $\dfrac{1}{v_{n+1}}$ et u_n par $\dfrac{1}{v_n}$.

Revoir des points essentiels

90 1. $+\infty$; 2. $-\infty$; 3. $-\infty$; 4. 0.

91 1. La solution particulière constante (c_n) est telle que $c_n = -3$. La suite (v_n) telle que : $v_n = u_n + 3$ vérifie $v_{n+1} = u_{n+1} + 3 = 3u_n + 9 = 3v_n$, donc (v_n) est géométrique de raison 3.
D'où $v_n = 3^n\, v_0 = 8 \times 3^n$ et $u_n = 8 \times 3^n - 3$.
2. La solution particulière constante (c_n) est telle que $c_n = -2$. La suite (v_n) telle que : $v_n = u_n + 2$ vérifie $v_{n+1} = u_{n+1} + 2 = \dfrac{1}{2}u_n + 1 = \dfrac{1}{2}v_n$, donc (v_n) est géométrique de raison $\dfrac{1}{2}$.
D'où $v_n = \left(\dfrac{1}{2}\right)^n v_0 = \left(\dfrac{1}{2}\right)^n \times 0$, soit $v_n = 0$ et $u_n = -2$ pour tout entier naturel n.
3. La solution particulière constante (c_n) vérifie $c_n = 5c_n + 4$, soit $c_n = -1$. La suite (v_n) telle que, $v_n = u_n + 1$ vérifie $v_{n+1} = u_{n+1} + 1 = 5u_n + 5 = 5v_n$ donc (v_n) est géométrique de raison 5.
D'où $v_n = 5^n\, v_0 = 4 \times 5^n$ et $u_n = 4 \times 5^n - 1$.

Faire le point

92 Soit u_n le prix payé pour n heures de garde : $u_n = 20n + 150$.
$u_n = 930$ équivaut à $n = 39$.
Il a bénéficié de 39 heures.

93 Pour $n \geqslant 1$, soit u_n la distance entre le $n^{\text{ième}}$ ricochet et le suivant.
On a $u_{n+1} = \dfrac{1}{2}u_n$ et $u_0 = 7$.
(u_n) est une suite géométrique de raison $\dfrac{1}{2}$.

$$\text{On calcule } u_0 + u_1 + \ldots + u_n = 7 \times \frac{1 - \left(\frac{1}{2}\right)^{n+1}}{1 - \frac{1}{2}} = 14 - 14\left(\frac{1}{2}\right)^{n+1}.$$

Ce nombre est inférieur à 14, donc à 15, donc le caillou n'atteindra pas l'autre rive.

94 Soit u_n la puissance électrique du courant après n centaines de kilomètres. On a $u_{n+1} = 0{,}997u_n$ et $u_0 = 6\,400$: (u_n) est une suite géométrique de raison 0,997, d'où :

$$u_n = 6\,400 \times 0{,}997^n.$$

Au bout de la ligne, $u_{19} \approx 6\,045$. La puissance est d'environ 6 045 MW.

95 1.

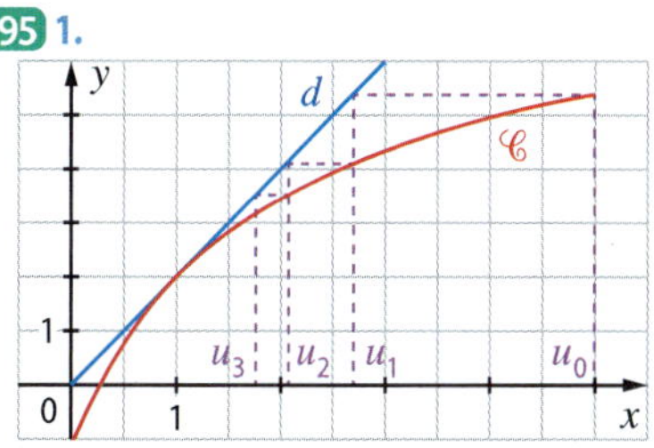

2. Conjectures : (u_n) est décroissante et a pour limite 1.

96 1.

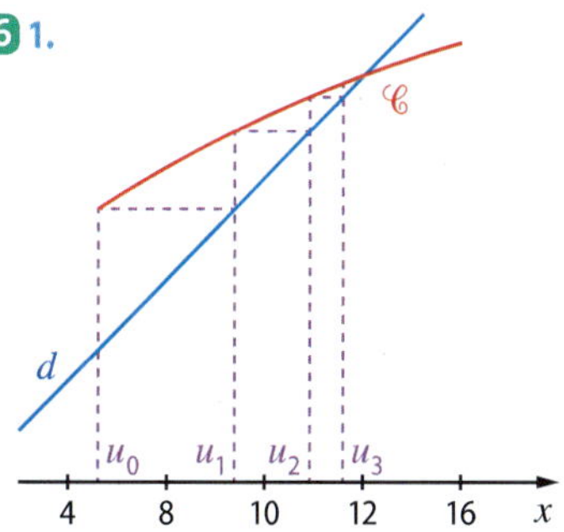

2. Conjectures : (u_n) est croissante et converge vers 16.

97 1. $+\infty$; 2. 3 ; 3. $+\infty$; 4. $-\infty$.

98 1. $+\infty$; 2. $+\infty$;
3. 1 car $w_n = 1 - \dfrac{5}{n^2}$ et $\lim\limits_{n\to+\infty} \dfrac{5}{n^2} = 0$;
4. $-\infty$ car $\lim\limits_{n\to+\infty} 0{,}9^n = 0$.

99 1. $-1 \leqslant (-1)^n \leqslant 1$.
2. $n > 0$, donc $\dfrac{-2}{n} \leqslant \dfrac{2\,(-1)^n}{n} \leqslant \dfrac{2}{n}$.
$\lim\limits_{n\to+\infty} \dfrac{2}{n} = 0$, donc $\lim\limits_{n\to+\infty} \dfrac{2\,(-1)^n}{n} = 0$ par le théorème des gendarmes.
D'où $\lim\limits_{n\to+\infty} u_n = 3$.

100 1. $u_n = 7 \times 0{,}6^n$.
2. $0 < 0{,}6 < 1$, donc $\lim\limits_{n\to+\infty} u_n = 0$.
3. $\lim\limits_{n\to+\infty} v_n = \dfrac{7}{1 - 0{,}6} = \dfrac{7}{0{,}4} = 17{,}5$.

101 Réponse a.

102 1. Vrai. 2. Faux.

103 1. $c_n = 5c_n - 12$, soit $c_n = 3$.
2. La suite (v_n) telle que $v_n = u_n - 3$ vérifie :

$$v_{n+1} = u_{n+1} - 3 = 5u_n - 15 = 5v_n,$$

donc (v_n) est une suite géométrique de raison 5.
D'où $v_n = v_0 \times 5^n = -5 \times 5^n = -5^{n+1}$ et $u_n = -5^{n+1} + 3$.

104 1. On cherche la solution particulière constante (c_n). Elle vérifie $c_n = 0{,}1c_n + 9$, soit $c_n = 10$.
La suite (v_n) telle que $v_n = u_n - 10$ vérifie :
$v_{n+1} = u_{n+1} - 10 = 0{,}1u_n - 1 = 0{,}1(u_n - 10) = 0{,}1v_n$, donc (v_n) est géométrique de raison 0,1.
D'où $v_n = v_0 \times 0{,}1^n = -2 \times 0{,}1^n$ et $u_n = -2 \times 0{,}1^n + 10$.
2. $\lim\limits_{n\to+\infty} 0{,}1^n = 0$ car $0 \leqslant 0{,}1 < 1$.
D'où $\lim\limits_{n\to+\infty} u_n = 10$.

105 1. Réponse c.
2. La solution particulière constante (c_n) est telle que $c_n = 5$. La suite (v_n) telle que $v_n = u_n - 5$ vérifie $v_{n+1} = u_{n+1} - 5 = 0{,}4u_n - 2 = 0{,}4(u_n - 5) = 0{,}4v_n$, donc (v_n) est géométrique de raison 0,4.
D'où $v_n = v_0 \times 0{,}4^n = -6 \times 0{,}4^n$ et $u_n = -6 \times 0{,}4^n + 5$.

106 1. Il reste 80 % $\times\, u_n$ abeilles au bout de $n + 1$ jours, auxquelles on doit ajouter l'excédent des naissances sur les décès : 500.
2. La solution particulière constante (c_n) vérifie $c_n = 2\,500$. Soit (v_n) telle que $v_n = u_n - 2\,500$.
Alors $v_{n+1} = u_{n+1} - 2\,500 = 0{,}8u_n - 2\,000 = 0{,}8(u_n - 2\,500) = 0{,}8v_n$, donc (v_n) est géométrique de raison 0,8.
D'où $v_n = v_0 \times 0{,}8^n = 47\,500 \times 0{,}8^n$ et $u_n = 47\,500 \times 0{,}8^n + 2\,500$.
3. Un tableau de valeurs avec une calculatrice montre que $u_{14} < 5\,000$.
La colonie ne va pas survivre.

2 FONCTIONS : LIMITES ET DÉRIVATION

Se tester pour un bon départ

1 a. $\lim\limits_{n\to+\infty} (n^2 + 3n + 1) = +\infty$.
b. $\lim\limits_{n\to+\infty} (2 - n^3) = -\infty$.
c. $\lim\limits_{n\to+\infty} (1 - n)(2 + n) = -\infty$.
d. $\lim\limits_{n\to+\infty} \left(2 + \dfrac{1}{n+1}\right) = 2$.

5 a. Vrai. b. Faux.

6 a. $f'(x) = 3x^2 - 6x + 2$.
b. $f'(x) = -\dfrac{2}{x^2}$.
c. $f'(x) = \dfrac{3}{2\sqrt{x}}$.
d. $f'(x) = -5e^x$.

Pour maîtriser les bases

16 1. Réponse d.
2. Réponse c.

37 **1.** $\lim\limits_{x \to +\infty} (7-x) = -\infty$,

donc $\lim\limits_{x \to +\infty} f(x) = 0$.

2. a. $\lim\limits_{x \to 7} (7-x) = 0$.

b. Sur $]7 ; +\infty[$, $7 - x < 0$.

c. $\lim\limits_{\substack{x \to 7 \\ x>7}} f(x) = -\infty$.

47 **1.** $a = 0{,}5$ et $b = 3$.

2. $u'(X) = 4X^3$ et $u'(0{,}5x+3) = 4(0{,}5x+3)^3$.

3. $f'(x) = 2(0{,}5x+3)^3$.

Pour s'entraîner (pistes)

73 Pour les limites en 1, déterminer le signe de $f(x)$.

97 Étudier les variations de la fonction dérivée f'.

Revoir des points essentiels

99 **1.** $\lim\limits_{\substack{x \to 3 \\ x>3}} \dfrac{2}{3-x} = -\infty$.

2. $\lim\limits_{\substack{x \to 2 \\ x<2}} \dfrac{x-3}{2-x} = -\infty$.

3. $\lim\limits_{x \to +\infty} \dfrac{1}{2+e^x} = 0$.

4. $\lim\limits_{x \to -\infty} \dfrac{1}{2+e^x} = \dfrac{1}{2}$.

5. $\lim\limits_{x \to +\infty} (2-x^2)(\sqrt{x}-5) = -\infty$.

6. $\lim\limits_{x \to +\infty} (3x^2 + \dfrac{2}{x}) = +\infty$.

7. $\lim\limits_{x \to -\infty} (x^3 - 4x^2 + 9) = -\infty$.

8. $\lim\limits_{x \to -\infty} (x + e^x + 1) = -\infty$.

9. $\lim\limits_{x \to +\infty} e^x(1-2e^x) = -\infty$.

10. $\lim\limits_{x \to -\infty} e^x(3+e^x) = 0$.

100 **1.** $f'(x) = 3e^{3x}$.

2. $f'(x) = 6e^{3x+1}$.

3. $f'(x) = -0{,}5e^{-x}$.

4. $f'(x) = -3x^2\, e^{-x^3+1}$.

5. $f'(x) = -2xe^{1-0{,}1x^2}$.

6. $f'(x) = 16x(4x^2-1)$.

7. $f'(x) = 2(1-3x^2)(x-x^3)$.

8. $f'(x) = 2e^x(e^x-8)$.

9. $f'(x) = -15x^2(1-0{,}5x^3)$.

10. $f'(x) = -2e^{-x+1}(e^{-x+1}-0{,}1)$.

Faire le point

101 **1.** Réponses **b** et **d**.

2. Réponse **c**.

102 **1.** $\lim\limits_{x \to -\infty} (5x^3 + x - 4) = -\infty$.

2. $\lim\limits_{x \to +\infty} (x + 3\sqrt{x} - 1) = +\infty$.

3. $\lim\limits_{x \to -\infty} (-3x^3 + 2e^x + 7) = +\infty$.

4. $\lim\limits_{\substack{x \to 0 \\ x>0}} (3x - 1 - \dfrac{6}{x}) = -\infty$.

103 $\lim\limits_{x \to -\infty} f(x) = \lim\limits_{x \to -\infty} \left(\dfrac{2}{3}x - \dfrac{1}{3}e^x\right) = -\infty$.

$\lim\limits_{x \to -\infty} g(x) = \lim\limits_{x \to -\infty} (7x^2 - 1 + \dfrac{1}{x}) = +\infty$.

104 **1.** $\lim\limits_{x \to -\infty} f(x) = +\infty$.

2. a. Pour tout réel x :

$x^2(-2x+1) - 3x + 5 = -2x^3 + x^2 - 3x + 5 = f(x)$.

b. $\lim\limits_{x \to +\infty} f(x) = -\infty$.

105 **1.** $\lim\limits_{x \to -\infty} f(x) = 81$ et $\lim\limits_{x \to +\infty} f(x) = -\infty$.

2. La droite d'équation $y = 81$ est une asymptote à $\mathscr{C}_f$ en $-\infty$.

106 **1.** $\lim\limits_{\substack{x \to 1 \\ x>1}} f(x) = +\infty$.

2. a. Pour tout réel x de $]1 ; +\infty[$:

$$f(x) = \frac{7x+2}{x-1} = \frac{x\left(\frac{7x}{x} + \frac{2}{x}\right)}{x\left(\frac{x}{x} - \frac{1}{x}\right)} = \frac{7 + \frac{2}{x}}{1 - \frac{1}{x}}.$$

b. $\lim\limits_{x \to +\infty} f(x) = 7$.

3. Une asymptote d'équation $x = 1$ et une asymptote d'équation $y = 7$ (en $+\infty$).

107 $\lim\limits_{\substack{x \to 1 \\ x>1}} f(x) = +\infty$ et $\lim\limits_{x \to +\infty} f(x) = 1$.

108 $\lim\limits_{x \to +\infty} \left(1 - \sqrt{\dfrac{1}{5}x + 1}\right) = -\infty$.

$\lim\limits_{x \to +\infty} (5 - \dfrac{1}{x})^2 = 25$.

109 Réponses **1.** et **4.**

110 Pour tout réel $x > 1$:

• $2 + \dfrac{1}{x^2-1} \leqslant f(x)$ et $\lim\limits_{\substack{x \to 1 \\ x>1}} \left(2 + \dfrac{1}{x^2-1}\right) = +\infty$,

donc $\lim\limits_{\substack{x \to 1 \\ x>1}} f(x) = +\infty$.

• $2 + \dfrac{1}{x^2-1} \leqslant f(x) \leqslant 2 + \dfrac{1}{x-1}$

et $\lim\limits_{x \to +\infty} \left(2 + \dfrac{1}{x^2-1}\right) = \lim\limits_{x \to +\infty} \left(2 + \dfrac{1}{x-1}\right) = 2$,

donc $\lim\limits_{x \to +\infty} f(x) = 2$.

111 **1.** Faux. **2.** Vrai. **3.** Faux.

112 $f'(x) = -2\,e^{-x+3}$.

$g'(x) = 2(2x+4)(x^2+4x-1)$.

113 **1.** $\lim\limits_{x \to -\infty} f(x) = +\infty$.

2. a. Pour tout réel x non nul :

$$f(x) = x^3\left(\frac{-x^3}{x^3} + \frac{15x^2}{x^3} - \frac{63x}{x^3} + \frac{7}{x^3}\right),$$

soit $f(x) = x^3\left(-1 + \dfrac{15}{x} - \dfrac{63}{x^2} + \dfrac{7}{x^3}\right)$.

b. $\lim\limits_{x \to +\infty} f(x) = -\infty$.

3. a. $f'(x) = -3x^2 + 30x - 63$.

b. $f'(x) = 3(-x^2 + 10x - 21)$.

Le polynôme $-x^2 + 10x - 21$ a pour discriminant 16 et pour racines 3 et 7.

x	$-\infty$		3		7		$+\infty$
$f'(x)$		−	0	+	0	−	
$f(x)$	$+\infty$	↘	−74	↗	−42	↘	$-\infty$

114 **1. a.** $\lim\limits_{\substack{x \to -1 \\ x>-1}} f(x) = -\infty$.

La droite d'équation $x = -1$ est une asymptote à la courbe.

b. $\lim\limits_{x \to +\infty} f(x) = +\infty$.

2. a. $f'(x) = 0{,}5e^{0{,}5x} + \dfrac{100}{(x+1)^2}$.

b. Pour tout réel x de $]-1 ; +\infty[$, $f'(x) > 0$, donc f est croissante sur $]-1 ; +\infty[$.

3. Équation de la tangente : $y = 100{,}5x - 99$.

115 **1.** $\lim\limits_{\substack{x \to 0 \\ x>0}} f(x) = +\infty$.

2. a. Pour tout réel x de $]0 ; +\infty[$:

$$f(x) = \frac{2e^x + 1}{e^x - 1} = \frac{e^{-x}(2e^x+1)}{e^{-x}(e^x-1)} = \frac{2 + e^{-x}}{1 - e^{-x}}.$$

b. $\lim\limits_{x \to +\infty} f(x) = 2$.

3. $\lim\limits_{\substack{x \to 0 \\ x>0}} f(x) = +\infty$, donc la droite d'équation $x = 0$ (axe des ordonnées) est une asymptote à $\mathscr{C}_f$.

$\lim\limits_{x \to +\infty} f(x) = 2$, donc la droite d'équation $y = 2$ est une asymptote à $\mathscr{C}_f$ en $+\infty$.

4. a. $f'(x) = \dfrac{-3e^x}{(e^x-1)^2}$.

b. Pour tout réel x de $]0 ; +\infty[$, $f'(x) < 0$, donc f est décroissante sur $]0 ; +\infty[$.

c.

x	0		$+\infty$
$f'(x)$	‖	−	
$f(x)$	‖ $+\infty$	↘	2

116 **1.** $f'(t) = (-0{,}28t + 9{,}8)e^{0{,}2t-4{,}75}$.

2. f est croissante sur $[-5 ; 35]$ et décroissante sur $[35 ; 43]$, donc f admet un maximum en 35. Le taux d'évolution de ce type de bactéries est maximal lorsque la température est de 35 °C.

3 CONTINUITÉ ET CONVEXITÉ

Se tester pour un bon départ

1 **a.** Faux. **b.** Faux. **c.** Faux. **d.** Vrai.

4 **a.** $f'(3) = 0$ et $f'(0) = 1{,}5$.

b. et **c.**

x	−2		−1,5		0,5		3		4
$f'(x)$		−	0	+	0	−	0	+	
$f(x)$		↘		↗		↘		↗	

5 Réponses **b.**, **c.** et **d.**

Pour maîtriser les bases

22 f est continue et strictement croissante sur $[-10 ; 10]$. De plus, $f(-10) = -8$ et $f(10) = 8$. Puisque 1 appartient à $[-8 ; 8]$, l'équation $f(x) = 1$ admet une unique solution dans $[-10 ; 10]$ d'après le corollaire du théorème des valeurs intermédiaires.

28 **1. a.** $f'(x) = 3x^2 + 3$.
b. $f'(x) > 0$ sur $[-1 ; 1]$, donc f est strictement croissante sur $[-1 ; 1]$.
2. On utilise le corollaire du théorème des valeurs intermédiaires sur $[-1 ; 1]$.
3. a. $f(0) = -1$.
b. $0 < \alpha < 1$.

31 **1.** f est continue et strictement croissante sur $[5 ; 9]$, donc f admet une fonction réciproque nommée g sur $[2 ; 3]$.
2. Puisque $f(9) = 3$, alors $g(3) = 9$.
3. Puisque $f(5) = 2$, alors $g(2) = 5$.

36 **1.** Il faut connaître les variations de f'.
2.

x	$-\infty$	2	$+\infty$
$f'(x)$	↗		↘
f	convexe		concave

44 **1.** Il faut connaître le signe de f''.
2.

x	$-\infty$		-1		2		$+\infty$
$f''(x)$		+	0	−	0	+	
f		convexe		concave		convexe	

Revoir des points essentiels

77 f est continue et strictement croissante sur $[2 ; 5]$. De plus, $f(2) = -13$ et $f(5) = 68$. D'après le corollaire du théorème des valeurs intermédiaires, l'équation $f(x) = 0$ admet une unique solution α dans $[2 ; 5]$.
De plus, $3,33 < \alpha < 3,34$.

78 f est continue et strictement décroissante sur $[-2 ; 0]$. De plus, $f(-2) = 22$ et $f(0) = -30$. D'après le corollaire du théorème des valeurs intermédiaires, l'équation $f(x) = 0$ admet une unique solution α dans $[-2 ; 0]$.
De plus, $-1,6 < \alpha < -1,5$.

79 $f'(x) = 3x^2 - 5$ et $f''(x) = 6x$.

x	$-\infty$		0		$+\infty$
$f''(x)$		−	0	+	
f		concave		convexe	

80 $f'(x) = 12x^3 - 18x^2$ et
$f''(x) = 36x^2 - 36x$.

x	$-\infty$		0		1		$+\infty$
$f''(x)$		+	0	−	0	+	
f		convexe		concave		convexe	

Faire le point

81 **1.** 15 est le minimum de f sur $[-2 ; 10]$, donc $f(x) = 0$ n'a pas de solution sur $[-2 ; 10]$.
On applique le corollaire du théorème des valeurs intermédiaires sur $[-10 ; -2]$.
2. L'ensemble solution est $[-10 ; \alpha]$.

82 **1. a.** $f'(x) = 6x^2 - 6x$.

x	-2		0		1		2
$f'(x)$		+	0	−	0	+	
$f(x)$	-24	↗	4	↘	3	↗	8

2. 3 est le minimum de f sur $[0 ; 2]$, donc $f(x) = 0$ n'a pas de solution sur $[0 ; 2]$.
D'après le corollaire du théorème des valeurs intermédiaires, l'équation $f(x) = 0$ admet une unique solution α sur $[-2 ; 0]$, donc sur $[-2 ; 2]$.
3. f est négative sur $[-2 ; \alpha]$ et positive sur $[\alpha ; 2]$.

83 $\alpha \approx 0,40$ à 10^{-2} près.

84 **1. a.** $f'(x) = -3x^2 + 18x - 27$.
b. $f'(x) \leqslant 0$ sur $[2 ; 5]$, donc f est décroissante sur $[2 ; 5]$.
2. D'après le corollaire du théorème des valeurs intermédiaires, l'équation $f(x) = 0$ admet une unique solution α sur $[2 ; 5]$.
3. $\alpha \approx 4,26$ à 10^{-2} près.
4. f est positive sur $[2 ; \alpha]$ et négative sur $[\alpha ; 5]$.

85 **1.** $\lim\limits_{x \to 0} f(x) = +\infty$ et $\lim\limits_{x \to +\infty} f(x) = -\infty$.
2. $f'(x) = \dfrac{-1}{x} - 2x$ et $f'(x) < 0$ sur $]0 ; +\infty[$, donc f est strictement décroissante sur $]0 ; +\infty[$.
3. a. On applique le corollaire du théorème des valeurs intermédiaires sur $]0 ; +\infty[$.
b. $f(\alpha) = 0$ et f est strictement décroissante.
4. $1,3 < \alpha < 1,4$.

86 **1.** f est continue et strictement croissante sur $\mathbb{R}$, donc f admet une fonction réciproque nommée g sur $\mathbb{R}$.
2. g est strictement croissante sur $\mathbb{R}$.

87 **1.** $f'(x) = 2x$ et $f'(x) \geqslant 0$ sur $[0 ; +\infty[$, donc f est croissante sur $[0 ; +\infty[$.
2. a. g est définie sur $[-4 ; +\infty[$.
b. g est strictement croissante sur $[-4 ; +\infty[$.
c. $g(x) = \sqrt{x + 4}$.

88 **1.** La fonction est concave sur $]-\infty ; 1]$ et convexe sur $[1 ; +\infty[$. A est un point d'inflexion.
2. La fonction est concave sur $]-\infty ; -1]$ et sur $[1 ; +\infty[$, elle est convexe sur $[-1 ; 1]$.
A et B sont des points d'inflexion.

89 **1.** $f'(x) = 4x^3 - 12x^2 + 12x - 3$ et
$f''(x) = 12x^2 - 24x + 12$.
2.

x	$-\infty$		0		$+\infty$
$f''(x)$		+	0	+	
f		convexe		convexe	

f ne change pas de convexité, donc la courbe $\mathscr{C}_f$ n'admet pas de point d'inflexion.

90 **1.** Faux. **2.** Faux. **3.** Faux.

91 **1.** $f'(x) = \dfrac{-e^{-x}}{\left(1 + e^{-x}\right)^2}$.
2. a. $f''(x) = \dfrac{e^{-x}\left(e^{-x} - 1\right)}{\left(1 + e^{-x}\right)^3}$. f'' est positive sur $]-\infty ; 0]$ et négative sur $[0 ; +\infty[$.
b. L'abscisse du point d'inflexion de $\mathscr{C}_f$ est 0.

92 **1. a.** $f'(x) = 6x^2 - 6x - 36$.
b.

x	-5		-2		3		5
$f'(x)$		+	0	−	0	+	
$f(x)$	-61	↗	128	↘	3	↗	79

c. 3 est le minimum de f sur $[-2 ; 5]$, donc $f(x) = 0$ n'a pas de solution sur $[-2 ; 5]$.
D'après le corollaire du théorème des valeurs intermédiaires, l'équation $f(x) = 0$ admet une unique solution α sur $[-5 ; -2]$ donc sur $[-5 ; 5]$.
d. $-4,527 < \alpha < -4,526$.
2. a. $f''(x) = 12x - 6$.
b. f change de convexité en $\dfrac{1}{2}$, donc le point d'inflexion de $\mathscr{C}_f$ a pour coordonnées $\left(\dfrac{1}{2} ; \dfrac{131}{2}\right)$.

93 **1.** $f'(x) = \dfrac{1}{(1 - x)^2}$ et $f''(x) = \dfrac{2}{(1 - x)^3}$.
2. f'' est positive sur $]-\infty ; 1[$, donc f est convexe sur $]-\infty ; 1[$.
3. $T : y = x + 1$.
4. Puisque f est convexe sur $]-\infty ; 1[$, $\mathscr{C}$ est au-dessus de ses tangentes sur cet intervalle. En particulier, $\mathscr{C}$ est au-dessus de T.
Ainsi, $\dfrac{1}{1 - x} \geqslant x + 1$.

4 FONCTION LOGARITHME NÉPÉRIEN

Se tester pour un bon départ

1 **a.** Pas de solution.
b. Une unique solution.

10 $\left]-\infty ; \dfrac{1}{3}\right]$.

13 Vrai.

Pour maîtriser les bases

25 **1.** $]-3 ; +\infty[$. **2.** $]4 ; +\infty[$.

34 **1.** $S = \{\ln(10)\}$. **2.** $S = \{\ln(3)\}$.
3. $S = \left\{\dfrac{e^{-1}}{2}\right\}$. **4.** Aucune solution.

59 **1.** $A = 1 + \ln(3) + \ln(7)$.
2. $B = 2 + 2\ln(3) + \ln(7)$.
3. $C = \ln(3) + 2\ln(7) - 5$.

70 $\lim\limits_{x \to 0} g(x) = -\infty$ et $\lim\limits_{x \to +\infty} g(x) = +\infty$.

77 **1.** $f'(x) = 2 + \dfrac{1}{x}$.
2. f est croissante sur $]0 ; +\infty[$.

Pour s'entraîner (pistes)

138 Déterminer une équation de la tangente à $\mathscr{C}_f$ au point d'abscisse 3.

140 Commencer par tracer $\mathscr{C}_f$ sur la calculatrice.

Revoir des points essentiels

147 $D_f =]2 ; +\infty[$; $S = \{6\}$.

148 $D_f =]-3 ; +\infty[$; $S = \{2\}$.

149 $D_f =]7\,;+\infty[\,;\, S =]7\,;\,9[$.

150 $f'(x) = \dfrac{2x}{x^2-1} + \dfrac{3}{x} = \dfrac{5x^2-3}{x(x^2-1)}$.

151 $f'(x) = \ln(x) + 2$.

152 $f'(x) = \dfrac{1 - 2x^2\ln(x) - 5x^2}{x(x^2+1)^2}$.

Faire le point

153 $A = 2\ln(3) - \ln(2) - \ln(5) + 2$.

$B = \dfrac{2\ln(2) + \ln(5) + 3}{3\ln(2)}$.

$C = \ln(5) + \dfrac{3}{2}\ln(3) - \dfrac{1}{2}\ln(2)$.

$D = \ln(5) - 2\ln(3) + 3\ln(2) + \sqrt{5}$.

$E = 2\ln(5) + \ln(3) - 7$.

154 1. Pour tout réel x, $f(x) = \ln(e^x) + \ln(e^{-x} + 1)$, donc $f(x) = \ln(e^x(e^{-x} + 1)) = \ln(1 + e^x)$.
2. Comme $1 + e^x > 1$ pour tout réel x, $f(x) > 0$ pour tout réel x.

155 Pour $x > 0$, $2\ln(x) + \ln\left(1 + \dfrac{1}{x^2}\right)$

$= \ln(x^2) + \ln\left(1 + \dfrac{1}{x^2}\right) = \ln\left(x^2\left(1 + \dfrac{1}{x^2}\right)\right)$

$= \ln(x^2 + 1)$.

156 1. $S = \{\ln(5)\}$. 2. $S = \{e^5\}$.

157 $D_f = \varnothing$. Pas de solution.

158 1. $S = \{-1\,;\,5\}$.
2. a. $S = \{e^{-1}\,;\,e^5\}$. b. $S = \{5\}$.
c. $S = \{-1\,;\,5\}$. d. $S = \{\ln(5)\}$.

159 1. $S =]-9\,;\,3[$. 2. $S = \{-8\,;\,2\}$.

160 1. $S = \left\{\dfrac{1}{6}\,;\,1\right\}$. 2. $S = \{1\}$.

161 $S = \left]-\dfrac{1}{2}\,;\,\dfrac{1}{2}\right[\cup]3\,;\,4[$.

162 $S = \left]0\,;\,\sqrt{e}\right] \cup \left[e^4\,;\,+\infty\right[$.

163 1. $p_n = 15\,000 \times 1{,}01^n$. 2. En 2049.

164 1. $\lim\limits_{x \to 0} f(x) = 0$.
2. $\lim\limits_{x \to e} f(x) = +\infty$. La droite d'équation $x = e$ est asymptote verticale à $\mathscr{C}_f$.

165 1. $\lim\limits_{x \to 0} f(x) = +\infty$ et $\lim\limits_{x \to +\infty} f(x) = 2$.
2. La droite d'équation $x = 0$ est asymptote verticale à $\mathscr{C}_f$ et la droite d'équation $y = 2$ est asymptote horizontale à $\mathscr{C}_f$ en $+\infty$.

166 1. $\lim\limits_{x \to e^3} f(x) = -\infty$. La droite d'équation $x = e^3$ est asymptote verticale à $\mathscr{C}_f$.

2. a. $f(x) = \dfrac{\ln(x)\left(2 - \dfrac{7}{\ln(x)}\right)}{\ln(x)\left(1 - \dfrac{3}{\ln(x)}\right)} = \dfrac{2 - \dfrac{7}{\ln(x)}}{1 - \dfrac{3}{\ln(x)}}$.

b. $\lim\limits_{x \to +\infty} f(x) = 2$. La droite d'équation $y = 2$ est asymptote horizontale à $\mathscr{C}_f$ en $+\infty$.

167 1. $\lim\limits_{x \to +\infty} \ln\left(e - \dfrac{4}{x}\right) = 1$.

2. $\lim\limits_{\substack{x \to 0 \\ x > 0}} \sqrt{1 + x}\,\ln(x) = -\infty$.

168 1. $g'(x) = 2x - 2 \times \dfrac{1}{x} = \dfrac{2x^2 - 2}{x}$, donc :

$$g'(x) = \frac{2(x^2 - 1)}{x}.$$

2.

x	0		1		$+\infty$
x	‖	+		+	
$x^2 - 1$	‖	−	0	+	
$g'(x)$	‖	−	0	+	
$g(x)$	‖	↘	5	↗	

3. $g(x) > 0$ pour tout x de $]0\,;+\infty[$.

169 1. a. $\lim\limits_{x \to -\frac{1}{2}} f(x) = -\infty$. La droite d'équation $x = -\dfrac{1}{2}$ est asymptote verticale à $\mathscr{C}_f$.

b. $\lim\limits_{x \to +\infty} f(x) = +\infty$.

2. a. $f'(x) = \dfrac{2}{2x + 1}$.

b. $f'(x) > 0$ pour tout x de $\left]-\dfrac{1}{2}\,;+\infty\right[$, donc f est croissante sur cet intervalle.

x	$-\dfrac{1}{2}$		$+\infty$
$f'(x)$		+	
$f(x)$	$-\infty$	↗	$+\infty$

3. a. Solution : $\dfrac{e^{-1} - 1}{2}$.

b. Intersection de $\mathscr{C}$ avec l'axe des ordonnées : A(0 ; 1).
Intersection de $\mathscr{C}$ avec l'axe des abscisses : B$\left(\dfrac{e^{-1} - 1}{2}\,;\,0\right)$.

170 **Partie A**

1. $f(1) = -1$ et $f'(1) = -2$.

2. $f'(x) = \dfrac{2}{x} - \dfrac{a}{x^2}$. $f'(1) = -2$, donc $\dfrac{2}{1} - \dfrac{a}{1^2} = -2$, d'où $a = 4$.
$f(1) = -1$, donc $2\ln(1) + \dfrac{4}{1} + b = -1$, soit $b = -5$.

Partie B

1. a. $\lim\limits_{x \to +\infty} f(x) = +\infty$

b. La droite d'équation $x = 0$ est asymptote verticale à $\mathscr{C}$.

2. f est donc strictement décroissante sur $]0\,;2]$ et strictement croissante sur $[2\,;+\infty[$.

3. Sur $]0\,;2]$, f est continue et strictement décroissante, $0 \in [f(2)\,;\,\lim\limits_{x \to 0} f(x)[$.

D'après le corollaire du théorème des valeurs intermédiaires, l'équation $f(x) = 0$ admet une unique solution.
Sur $[2\,;+\infty[$, f est continue et strictement croissante, $0 \in [f(2)\,;\,\lim\limits_{x \to +\infty} f(x)[$.
D'après le corollaire du théorème des valeurs intermédiaires, l'équation $f(x) = 0$ admet une unique solution.

L'équation $f(x) = 0$ admet donc deux solutions dans $]0\,;+\infty[$.

5 STATISTIQUES À DEUX VARIABLES

Se tester pour un bon départ

2 Pour 25 km, le coût est de 25 €.

5 $y = 22x + 2\,180$.

6 1. Réponse c. 2. Réponse b. 3. Réponse a.

Pour maîtriser les bases

22

```
def PointM(X,Y):
    n = len(X)
    xG = 0 ; yG = 0
    for i in range(n):
        xG = xG+X[i]
        yG = yG+Y[i]
    xG = xG/n
    yG = yG/n
    return xG,yG
```

24 1. Réponse c.
2. On a $M_1(1\,;\,2)$ et $M_6(9\,;\,10)$, d'où l'équation $y = x + 1$.

34 Réponse 4.

Pour s'entraîner (pistes)

51 Déterminer une équation de la droite d'ajustement affine de y en x.

Revoir des points essentiels

54 $y = 4{,}9x + 246{,}8$.

55 1. Estimation pour 2024 : 305,6.
2. En 2023.

Faire le point

56

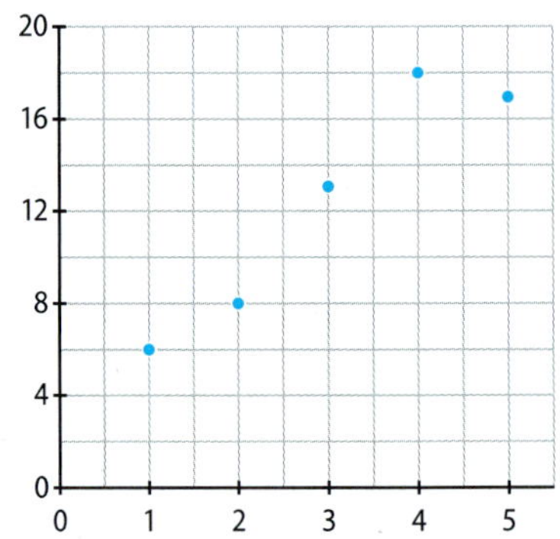

57

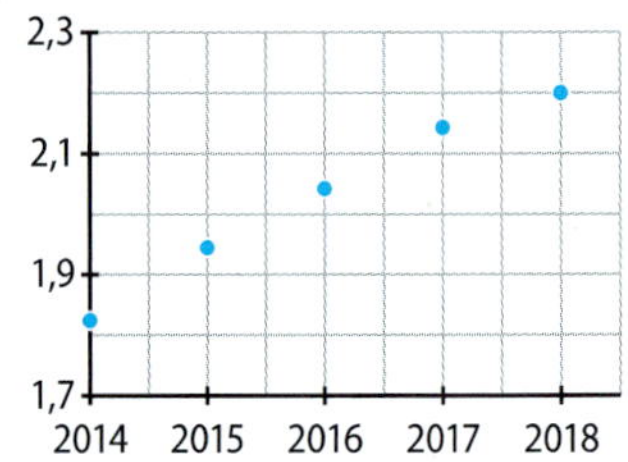

58 1. Faux. 2. Faux.

59 Réponse 3.

60 1.

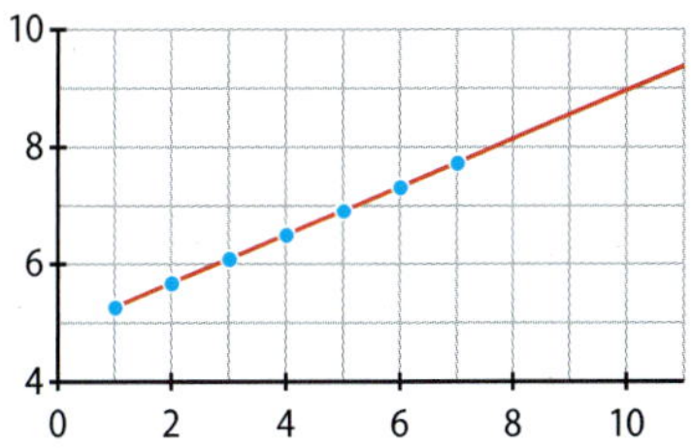

2. Le nuage de points est presque aligné.
3. a. Voir figure.
b. 8,5 milliards.

61 1. $y = 402,86x + 544,67$.
2. $r = 0,99$.
3. L'ajustement affine est de très bonne qualité (r est proche de 1).

62 1. Faux.
2. a. Faux. b. Vrai.

63 1. a. $r = 0,77$.
b. Non, la valeur de r est trop éloignée de 1.
2. a.

Heure (t_i)	0	1	2	3
$z_i = \ln(N_i)$	2,30	3,30	4,36	5,45

Heure (t_i)	4	5	6	7
$z_i = \ln(N_i)$	6,48	7,50	8,54	9,55

b. $z = 1,04t + 2,29$.
3. Il faut $e^{1,04t+2,29} > 100\,000$, soit $t = 9$ heures.

6 PRIMITIVES ET ÉQUATIONS DIFFÉRENTIELLES

Se tester pour un bon départ

3 a. Faux.

Contre-exemple : les fonctions f et g définies sur $\mathbb{R}$ par $f(x) = x^2$ et $g(x) = x^2 + 7$ ont la même dérivée et pourtant ces deux fonctions ne sont pas égales.

b. Faux car $(u^2)' = 2uu'$.

c. Vrai car $f'(x) = 2\,e^{2x} = 2f(x)$.

6 $\frac{3}{2x-1} = 3 \times \frac{1}{2x-1} = \frac{3}{2} \times \frac{2}{2x-1}$, donc le réel k cherché est égal à $\frac{3}{2}$.

9 $f_k(2) = ke^2$. On cherche k tel que $f_k(2) = 1$, donc $k = e^{-2}$, puis $f_k(x) = e^{x-2}$.

Pour maîtriser les bases

16 1. $(e^u)' = u'e^u$, donc $f'(x) = -4\,e^{-4x}$.

2. $f'(x) + 4f(x) = 0$, donc f est une solution de l'équation différentielle $y' + 4y = 0$.

24 1. $F(x) = \frac{1}{3}x^3$.

2. $U(x) = 5 \times \frac{1}{3}x^3 = \frac{5}{3}x^3$;

$V(x) = \frac{1}{3} \times \frac{1}{3}x^3 = \frac{1}{9}x^3$.

36 1. $y' = -4y$, soit $a = -4$.

2. Solution : $y = Ce^{-4x}$ avec C réel.

44 1. L'équation $y' = -y$ a pour solution générale $y = Ce^{-x}$ avec C réel.

2. La solution particulière de **(E)** est p telle que $p(x) = 1$, donc les solutions de **(E)** sont les fonctions f telles que $f(x) = Ce^{-x} + 1$ avec C réel.

3. La courbe représente la fonction :
$x \mapsto -2e^{-x} + 1$.

Pour s'entraîner (pistes)

81 Remarquer que $e^{-2x} + 3$ est égal à $e^{-2x} + 1 + 2$, puis écrire $f(x)$ sous la forme d'une somme d'une constante et d'une fraction. Il sera ensuite intéressant de multiplier le numérateur et le dénominateur de cette fraction par e^{2x}.

88 On rappelle que le coefficient directeur de la tangente à la courbe $\mathscr{C}_f$ au point d'abscisse x est égal à $f'(x)$. On peut alors traduire l'énoncé à l'aide d'une équation différentielle.

Revoir des points essentiels

97 1. $F(x) = -x^3 + 2x^2 + x$.
2. $G(x) = 2x^4 - 1,5x^2 + 5x$.
3. $H(x) = 2x^2 - 7\ln(x)$.
4. $J(x) = \frac{1}{x} + \sqrt{x}$.
5. $P(x) = \ln(2x - 3)$.
6. $Q(x) = \ln(x^2 + 5)$.

98 1. $y = Ce^{-4x} + 2$, où $C \in \mathbb{R}$.
2. $y = Ce^{-3x} + \frac{2}{3}$, où $C \in \mathbb{R}$.
3. $y = Ce^{-7x} + 2$, où $C \in \mathbb{R}$.
4. $y = Ce^{-2x} + 3$, où $C \in \mathbb{R}$.
5. $y = Ce^{9x}$, où $C \in \mathbb{R}$.
6. $y = C\,e^{\frac{1}{4}x} - 4$, où $C \in \mathbb{R}$.
7. $y = Ce^{-11x}$, où $C \in \mathbb{R}$.
8. $y = C\,e^{\frac{1}{2}x} + 8$, où $C \in \mathbb{R}$.

Faire le point

99 $g'(x) = 0,25 \times 4\,x^3 - 3x^2$, donc :
$g'(x) = x^3 - 3x^2$. Ainsi, cette fonction g est une solution de l'équation différentielle $y' = x^3 - 3x^2$.

100 Réponses a et d.

101 1. $F'(x) = f(x)$, donc F est une primitive de f.

2. La primitive de f qui s'annule pour $x = 1$ est la fonction G définie sur $\mathbb{R}$ par $G(x) = x^2e^x - e$.

102 Vrai car $F'(x) = f(x)$.

103 1. $F(x) = \frac{7}{3}x^3 - 2x^2$.

2. $g(x) = \frac{1}{2} \times \frac{1}{x} + 3 \times \frac{1}{x^2}$, donc

$G(x) = \frac{1}{2}\ln(x) - 3 \times \frac{1}{x}$.

3. $H(x) = \frac{1}{2}x^2 - e^x$.

4. $I(x) = \frac{1}{2}x^2 + \sqrt{x}$.

104 1. Solution f définie sur $\mathbb{R}$ par :

$$f(x) = \frac{1}{4}x^4 - 3x^2 + k\text{, avec } k \text{ réel.}$$

2. Solutions f définies sur $]0\,;+\infty[$ par :

$$f(x) = 2\ln(x) + k\text{, avec } k \text{ réel.}$$

105 1. $F(x) = \frac{3}{2}\ln(2x - 1)$.

2. $g(x) = 2\left(\frac{1}{x} + 3\right)(\ln(x) + 3x)$,

donc $G(x) = (\ln(x) + 3x)^2$.

3. $H(x) = \frac{1}{2}e^{x^2-2x+3}$.

106 1. Solutions : $y = C\,e^{8x}$, avec C réel.
2. $f(2) = 10$ donc $10 = C\,e^{16}$.
On obtient $f(x) = 10e^{8x-16}$.

107 Réponses 2 et 4.

108 1. Solutions : $y = C\,e^{-0,12x}$, avec C réel.
2. $f(x) = 1\,013,25\,e^{-0,12x}$.
$f(0,15) = 1\,013,25\,e^{-0,018} \approx 995,17$.
La pression atmosphérique à 150 mètres d'altitude est environ égale à 995,17 hectopascals.

109 Les solutions sont $y = C\,e^{3x}$, avec C réel.
On cherche f telle que $f'(1) = 2$.
Or, $f'(x) = 3C\,e^{3x}$ donc :
$$f'(1) = 3C\,e^3.$$
On obtient $C = \frac{2}{3}e^{-3}$ puis $f(x) = \frac{2}{3}e^{3x-3}$.

110 1. Solution constante : $p(x) = 4$.
2. Solutions : $y = C\,e^{-5x} + 4$, avec C réel.
3. $f(x) = -10\,e^{-5x} + 4$.

111 Les fonctions sont de la forme
$x \mapsto Ce^{2x} - 1$, avec C réel.
$\mathscr{C}_1 : y = e^{2x} - 1$.
$\mathscr{C}_3 : y = 2e^{2x} - 1$.

112 a et d.

113 1. Les solutions sont :
$$y = C\,e^{-0,01t} + 39\text{, avec } C \text{ réel.}$$
2. $s(t) = -38,88\,e^{-0,01t} + 39$.
3. On cherche t tel que $s(t) < 3,9$.
On peut dresser un tableau de valeurs avec la calculatrice ; on trouve que le service a 10 minutes pour limiter l'impact de cet incident.
En effet, $s(10) \approx 3,82 < 3,9$ et $s(11) \approx 4,17 > 3,9$.

114 1. Les solutions sont :
$$y = C\,e^{-2x} + \frac{3}{2}\text{, avec } C \text{ réel.}$$
2. On cherche f telle que $f'(0) = 2$.
Or $f'(x) = -2Ce^{-2x}$ donc $f'(0) = -2C$.
Donc $C = -1$ et $f(x) = -e^{-2x} + \frac{3}{2}$.

115 1. L'équation devient $z' - 4z = 1$. Elle a pour solutions $z = Ce^{4x} - \frac{1}{4}$, avec C réel.
2. On cherche les solutions de $y' = Ce^{4x} - \frac{1}{4}$.
Les solutions sont $y = \frac{C}{4}e^{4x} - \frac{1}{4}x + D$, avec C et D réels.

7 CALCUL INTÉGRAL

Se tester pour un bon départ

1 a. 12 cm². b. 8 cm².

2 a. Soit $a \in I$ et $a + h \in I$ avec $h \neq 0$. On note $r(h)$ le taux de variation de la fonction f entre a et $a + h$.

On a $r(h) = \dfrac{f(a+h) - f(a)}{h}$.

f est dérivable en a si $r(h)$ admet une limite finie lorsque h tend vers 0. Cette limite est alors notée $f'(a)$.

b. $r(h) = \dfrac{f(3+h) - f(3)}{h} = 6 + h$.

Lorsque h tend vers 0, alors $r(h)$ tend vers 6. Donc f est dérivable en 3 et $f'(3) = 6$.

6 **a.** Pour $x \in \mathbb{R}$, $F(x) = \frac{1}{2}e^{x^2} - \frac{1}{2}e$.

b. Pour $x \in \mathbb{R}$, $F(x) = -e^{x^2-x} + 1$.

Pour maîtriser les bases

22 **1.** Pour x de $[-2 ; 4]$, $f(x) = \frac{1}{2}x + 2$.

2. $\int_{-2}^{2} f(x)dx$ représente l'aire, en u.a., du trapèze coloré.

Donc $\int_{-2}^{2} f(x)dx = \dfrac{(1+3)\times 4}{2} = 8$.

40 **1.** $I = 1 - \ln(2)$.

2. $J = \frac{9}{4}$. **3.** $K = 0$.

48 **1.** et **2.**

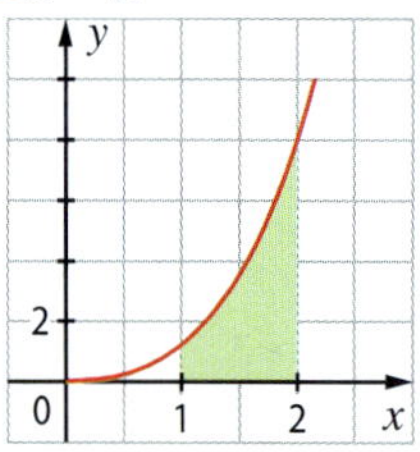

3. f est continue et positive sur $[1 ; 2]$, donc l'aire de S, en u.a., est égale à $\int_1^2 f(x)dx$.

Or, $\int_1^2 f(x)dx = \frac{15}{4}$.

Donc aire(S) $= \frac{15}{4}$ u.a.

Pour s'entraîner (Pistes)

75 Déterminer la position relative des courbes $\mathscr{C}_f$ et $\mathscr{C}_g$ puis calculer une intégrale.

77 Déterminer l'équation de T, utiliser un argument de convexité pour déterminer la position relative de $\mathscr{C}$ par rapport à T, puis calculer une intégrale.

Revoir des points essentiels

86 **a.** $J = 258$. **b.** $K = -303{,}75$.

c. $L = e - 1$. **d.** $M = \frac{5}{2}\ln\left(\frac{5}{2}\right)$.

87 **a.** $J = 4{,}25$. **b.** $K = 21$.

c. $L = \frac{1}{3}\ln\left(\frac{17}{14}\right)$. **d.** $M = \ln(e + 1)$.

88 Sur $[1 ; 2]$, $x^2 - 1 \geqslant 0$.

On note A l'aire, en u.a., de la surface délimitée par $\mathscr{C}$, l'axe des abscisses et les droites d'équations $x = 1$ et $x = 2$.

$\int_1^2 f(x)dx = \frac{4}{3}$. Donc $A = \frac{4}{3}$ u.a.

89 Sur $[-2 ; 0]$, $x \leqslant 0$ et $x^2 - 4 \leqslant 0$.

Donc $g(x) \geqslant 0$.

On note A l'aire, en u.a., de la surface délimitée par $\mathscr{C}$, l'axe des abscisses et les droites d'équations $x = -2$ et $x = 0$.

$\int_{-2}^{0} g(x)dx = 4$. Donc $A = 4$ u.a.

Faire le point

90 **1.** Réponse **a.** **2.** Réponse **b.**
3. Réponse **c.** **4.** Réponse **b.**

91 **1.** On trouve environ 0,697.

2. ligne **5** : h = 0.2
ligne **6** : for i in range (1,6)
ligne **7** : x = x + h
ligne **8** : S = S+h*exp(x)

3. On remplace la ligne **1** par def somme (n), la ligne **5** par h = $\frac{1}{n}$ et la ligne **6** par for i in range (1,n+1).

92 **1.** $I = 13$. **2.** $J = \frac{1}{3}$. **3.** $K = 0$.

4. $L = \ln(e + 1)$. **5.** $M = \frac{3}{2}\ln\left(\frac{11}{5}\right)$.

93 **1.** Vrai. Une primitive de $x \mapsto e^{\frac{1}{2}x+1}$ est la fonction $x \mapsto 2e^{\frac{1}{2}x+1}$, puis on calcule l'intégrale.

2. Faux, c'est $\ln\left(\frac{3}{2}\right)$.

3. Vrai. Le calcul donne $\frac{3}{2}\ln(5)$

et $\frac{3}{2}\ln(5) = 3 \times \frac{1}{2}\ln(5) = 3\ln(\sqrt{5})$.

94 **1.** F est dérivable sur $\mathbb{R}$.

$F'(x) = (-2x - 6)e^{-x} - (-x^2 - 6x - 9)e^{-x}$
$= e^{-x}(-2x - 6 + x^2 + 6x + 9) = f(x)$.

Donc F est une primitive de f sur $\mathbb{R}$.

2. $\int_{-3}^{0} f(x)dx = -9$.

95 **1.** Réponse **a.** **2.** Réponse **c.**

96 **1.** Pour $x > 0$:

$$f(x) = x - \frac{1}{x} = \frac{x^2}{x} - \frac{1}{x} = \frac{x^2 - 1}{x}.$$

2. $x > 0$, donc $f(x)$ est du signe de $x^2 - 1$.

On a alors $f(x) < 0$ sur $]0 ; 1[$, $f(x) > 0$ sur $]1 ; +\infty[$, et $f(x) = 0$ si $x = 1$.

3. Sur $[1 ; 2]$, la droite est au-dessus de l'hyperbole puisque $f(x) > 0$. On note A l'aire, en u.a., de la surface délimitée par la droite, l'hyperbole et les droites d'équations $x = 1$ et $x = 2$.

$\int_1^2 f(x)dx = \left[\frac{x^2}{2} - \ln(x)\right]_1^2 = \frac{3}{2} - \ln(2)$.

Donc $A = \frac{3}{2} - \ln(2)$ u.a.

97 **1.** $T : y = x - 1$.

2. La fonction ln est concave sur $]0 ; +\infty[$, donc T est au-dessus de $\mathscr{C}$ sur cet intervalle.

3. a. $H'(x) = x - (\ln(x) + x \times \frac{1}{x}) = x - \ln(x) - 1 = h(x)$.

b. L'aire A, en u.a., du domaine délimité par $\mathscr{C}$, T et les droites d'équations $x = 1$ et $x = e$ est égale à $\int_1^e (x - 1 - \ln(x))dx$.

$\int_1^e (x - 1 - \ln(x))dx = \int_1^e h(x)dx$
$= 0{,}5e^2 - e + 0{,}5$.

Donc $A = 0{,}5e^2 - e + 0{,}5$ u.a.

98 **1.** $f'(x) = e^{-x}(1 - x)$.

L'équation de T est $y = f'(0)(x - 0) + f(0)$.

$f'(0) = 1$ et $f(0) = 1$.

Donc T a pour équation $y = x + 1$.

2. $f''(x) = (-e^{-x})(1 - x) + e^{-x}(-1) = e^{-x}(x - 2)$.

3. f est convexe sur l'intervalle $[2 ; +\infty[$.

Sur $]-\infty ; 2]$, $\mathscr{C}$ est en dessous de T et sur $[2 ; +\infty[$, $\mathscr{C}$ est au-dessus de T.

4. $F'(x) = -e^{-x}(-1 - x) + e^{-x}(-1) + 1 = f(x)$.

5. L'aire A, en u.a., du domaine délimité par $\mathscr{C}$, T et les droites d'équations $x = 0$ et $x = 1$ est égale à $\int_0^1 (x + 1 - f(x))dx$.

$\int_0^1 (x + 1 - f(x))dx = \left[\frac{x^2}{2} + x - F(x)\right]_0^1$
$= 0{,}5 + 2e^{-1}$.

Donc $A = 0{,}5 + 2e^{-1}$ u.a.

99 **1.** $\mu = \frac{1}{9}(e^{12} - e^3)$.

2. $\mu \approx 18\,082$.

Sur 3 ans, la population a augmenté en moyenne de 18 082 individus par an.

100 **1. a.** $f'(t) = -1{,}5e^{-0{,}15t} < 0$.

Donc f est décroissante sur $[0 ; 12]$.

b. $F'(t) = -\frac{200}{3} \times (-0{,}15)e^{-0{,}15t}$
$= 10e^{-0{,}15t} = f(t)$.

c. $I = \frac{200}{3}(1 - e^{-1{,}8})$.

2. On calcule la valeur moyenne μ de la fonction f sur $[0 ; 12]$.

$\mu = \frac{1}{12}I = \frac{50}{9}(1 - e^{-1{,}8}) \approx 4{,}6$.

En moyenne, 4,6 g de substance médicamenteuse est présente chaque heure dans le sang.

8 LOIS DISCRÈTES

Se tester pour un bon départ

2 **c.** et **d.**

7 Vrai car $P_B(F) + P_B(E) = 1$.

9 **1.** $E(X) = -2 \times 0{,}45 + 0 \times 0{,}4 + 3 \times 0{,}15$
$= -0{,}45$.

2. Ce jeu n'est pas équitable car $E(X) \neq 0$.

Pour maîtriser les bases

23 **1.** X suit une loi de Bernoulli.

2. Son paramètre est $\frac{1}{3}$.

27 Réponse **3.**

36 **1.** X suit la loi binomiale de paramètres $n = 3$ et $p = 0{,}8$.

2. Trois chemins correspondent à $\{X = 2\}$, la probabilité de chacun de ces chemins vaut $0{,}8 \times 0{,}8 \times 0{,}2$.

Donc $P(X = 2) = 3 \times 0{,}8^2 \times 0{,}2 = 0{,}384$.

48 **1.** $P(Y = k) = 0{,}6^{k-1} \times 0{,}4$.

2. $P(Y = 4) = 0{,}6^3 \times 0{,}4 = 0{,}0864$.

Pour s'entraîner (Pistes)

56 Déterminer le paramètre de la loi de Bernoulli suivie par une variable aléatoire X telle que $V(X) = 0{,}16$.

76 Traduire l'égalité donnée en utilisant $V(Y)$, puis utiliser le fait que $V(Y) = np(1-p)$.

Revoir des points essentiels

92 $P(X=7) \approx 0{,}078$.
$P(X \geq 5) = 1 - P(X \leq 4) \approx 0{,}525$.

93 $P(X=15) \approx 1{,}8 \times 10^{-4}$.
$P(X \geq 11) = 1 - P(X \leq 10) \approx 0{,}026$.

94 $P(X=153) \approx 0{,}032$.
$P(X \geq 167) = 1 - P(X \leq 166) \approx 0{,}124$.

95 $P(X=4) = 0{,}9^3 \times 0{,}1 = 0{,}0729$.
On a $P(X \geq 5) = 1 - P(X \leq 4)$ or
$P(X \leq 4) = P(X=1) + P(X=2) + P(X=3) + P(X=4) = 0{,}3439$,
donc $P(X \geq 5) = 0{,}6561$.

96 $P(X=2) = 0{,}53 \times 0{,}47 = 0{,}2491$.
On a $P(X \geq 3) = 1 - P(X \leq 2)$ or
$P(X \leq 2) = P(X=1) + P(X=2) = 0{,}7191$,
donc $P(X \geq 3) = 0{,}2809$.

97 $P(X=3) = 0{,}3^2 \times 0{,}7 = 0{,}063$.
On a $P(X \geq 4) = 1 - P(X \leq 3)$ or
$P(X \leq 3) = P(X=1) + P(X=2) + P(X=3)$
$= 0{,}973$, donc $P(X \geq 5) = 0{,}027$.

Faire le point

98 **1.** X suit la loi uniforme sur $\{1, \ldots, 175\}$.
2. Il y a 24 jeux possibles, la probabilité de tomber sur chacun d'entre eux étant $\frac{1}{175}$, on obtient une probabilité égale à $\frac{24}{175}$.

99 X ne prend bien que deux valeurs, 0 et 1. L'enveloppe tirée est rose avec une probabilité égale à $\frac{8}{17}$, qui est le paramètre de cette loi de Bernoulli.

100 **1.** $\frac{13}{52} = \frac{1}{4} = 0{,}25$.
2. a. Chaque carte tirée est remise dans le jeu, donc la répétition de l'expérience aléatoire est faite de façon identique et indépendante. On a donc un schéma de Bernoulli de paramètres $n = 3$ et $p = 0{,}25$.
b. Soit S le succès « obtenir un trèfle ». On a :

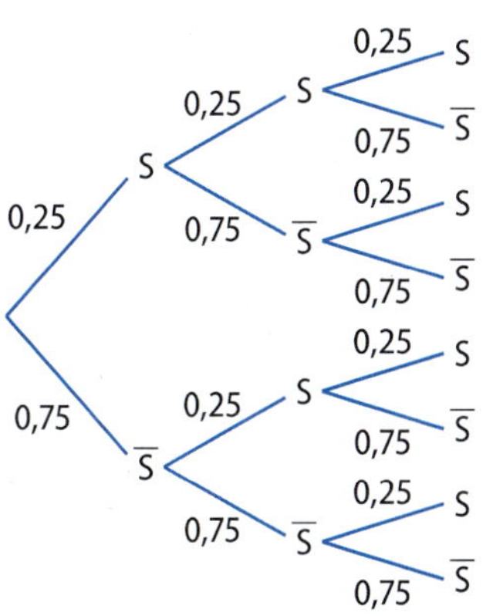

c. $P(X=0) = 0{,}75^3 \approx 0{,}42$ à 10^{-2} près.
$P(X=1) = 3 \times 0{,}25 \times 0{,}75^2 \approx 0{,}42$.
$P(X \geq 2) = 1 - \left(P(X=0) + P(X=1)\right) \approx 0{,}16$.

101 **1.** $\binom{5}{3} = 10$ et $\binom{5}{4} = 5$.
2. $\binom{6}{4} = \binom{5}{3} + \binom{5}{4} = 15$.

102 **1.** La population finlandaise étant très grande devant la taille de l'échantillon, on assimile le tirage à un tirage avec remise. Y suit la loi binomiale de paramètres $n = 200$ et $p = 0{,}89$.
2. $E(X) = 178$, $V(X) = 19{,}58$ et $\sigma(X) \approx 4{,}42$ à 10^{-2} près.

103 $P(X=21) \approx 0{,}018$.
$P(X=22) \approx 0{,}042$.
$P(X \leq 19) \approx 0{,}003$.
$P(X > 20) = 1 - P(X \leq 20) \approx 0{,}990$.

104 **1.** 0,18.
2. 3 enfants en moyenne.
3. 0,59.

105 29 et 43.

106 **1.** X suit la loi binomiale de paramètres $n = 100$ et $p = 0{,}87$.
2. $a = 83$.
3. $b = 91$.

107 **1.** Faux. **2.** Vrai.

108 **1.** $P(X=2) = \frac{1}{3} \times \frac{2}{3} = \frac{2}{9}$.
2. a. $1 + \frac{1}{3} + \ldots + \left(\frac{1}{3}\right)^7 = \dfrac{1-\left(\frac{1}{3}\right)^8}{1-\frac{1}{3}} = \frac{3}{2}\left(1-\left(\frac{1}{3}\right)^8\right)$.
b. $P(X \leq 8) = P(X=1) + \ldots + P(X=8)$
$$= \frac{2}{3} + \frac{2}{3} \times \frac{1}{3} + \ldots + \frac{2}{3} \times \left(\frac{1}{3}\right)^7$$
$$= 1 - \left(\frac{1}{3}\right)^8 \approx 0{,}9998.$$

109 **1.** À partir de $k = 12$.
2. $P_{X \geq 12}(X \leq 20) = 1 - P_{X \geq 12}(X > 20)$
$= 1 - P_{X > 11}(X > 20)$
$= 1 - P(X > 9) = P(X \leq 9)$
$= 1 - 0{,}75^9 \approx 0{,}92$
en utilisant l'absence de mémoire d'une loi géométrique.

110 **1.** $\frac{6}{20} = \frac{3}{10} = 0{,}3$.
2. $0{,}7 \times 0{,}3 = 0{,}21$.
3. X suit la loi géométrique de paramètre 0,3.
4. $\frac{1}{0{,}3} = \frac{10}{3}$ soit environ 3,3. Le joueur attend en moyenne entre trois et quatre tours.
5. a. $1 + q + \ldots + q^9 = \dfrac{1-q^{10}}{1-q}$.
b. $P(X \leq 10) = P(X=1) + \ldots + P(X=10)$
$= 0{,}3 + 0{,}3 \times 0{,}7 + \ldots + 0{,}3 \times 0{,}7^9$
$= 0{,}3 \times \dfrac{1-0{,}7^{10}}{1-0{,}7}$
$= 1 - 0{,}7^{10} \approx 0{,}972$ à 10^{-3} près.
c. $P(X > 10) = 1 - P(X \leq 10) = 0{,}028$.

9 LOIS À DENSITÉ

Se tester pour un bon départ

1 **a.** Vrai : $P(X \leq 2) = 0{,}2 + 0{,}4 + 0{,}1$, soit $P(X \leq 2) = 0{,}7$.
b. Faux : $E(X) = 2{,}1$.

5 $F(x) = -e^{-5x}$.

7 $\int_1^2 6x^2 dx = \left[2x^3\right]_1^2 = 2 \times 2^3 - 2 \times 1^3$ soit :
$$\int_1^2 6x^2 dx = 14.$$

Pour maîtriser les bases

22 **1.** $P(Y \geq 0) = 0{,}5$.
2. $P(Y > 0{,}5) = 0{,}125$.
3. $P(Y \leq -0{,}5) = 0{,}125$.
4. $P(Y \geq -1) = 1$.

31 **1.** $P(X \leq 1) = 0{,}25$ et $P(1 < X \leq 3) = 0{,}5$.
2. a. $P(X \leq x) = \frac{x}{4}$.
b. $P(X \leq 1) = \frac{1}{4} = 0{,}25$ et
$P(1 < X \leq 3) = P(X \leq 3) - P(X \leq 1)$, soit :
$$P(1 < X \leq 3) = \frac{3}{4} - \frac{1}{4} = 0{,}5.$$

48 **1.** $E(T) = \frac{1}{\lambda}$,
donc $\frac{1}{\lambda} = 10$, soit $\lambda = \frac{1}{10} = 0{,}1$.
2. $P(T < 4) = 1 - e^{-4 \times 0{,}1} \approx 0{,}330$.
3. $P(T < 1) = 1 - e^{-1 \times 0{,}1} \approx 0{,}095$, donc $P(T \geq 1) = 1 - P(T < 1) \approx 0{,}905$.

Pour s'entraîner (Pistes)

83 Noter $[a\,;b]$ l'intervalle de la loi uniforme suivie par T. Traduire les données de l'étude statistique en termes de probabilités, puis résoudre un système.

103 À l'aide du graphique, déterminer une valeur approchée de λ.

104 Traduire la deuxième phrase en termes de probabilité, et en déduire la valeur du paramètre de la loi exponentielle.

Revoir des points essentiels

106 Pour tout réel x de $[0\,;1]$, $g(x) \geq 0$.
g est continue car c'est une fonction polynôme de degré 3. $\int_0^1 g(x)dx = \left[0{,}5x^4 + 0{,}5x^3\right]_0^1$, soit
$\int_0^1 g(x)dx = 0{,}5 + 0{,}5 = 1$.
Donc g est une fonction de densité de probabilité sur $[0\,;1]$.

107 **1.** $P(X \leq 9) = 1 - e^{-9\lambda}$, donc :
$$1 - e^{-9\lambda} = 0{,}8,$$
soit $\lambda = -\dfrac{\ln(0{,}2)}{9}$, soit $\lambda \approx 0{,}179$.
2. $P(X > 7) = 1 - P(X \leq 7)$ soit :
$$P(X > 7) = 1 - \left(1 - e^{-7\lambda}\right) = e^{-7\lambda},$$
soit $P(X > 7) \approx 0{,}286$.
$P(4 \leq X \leq 5) = P(X \leq 5) - P(X < 4)$, soit :
$$P(4 \leq X \leq 5) = e^{-4\lambda} - e^{-5\lambda} \approx 0{,}080.$$

Faire le point

108 Sur [0 ; 6], f est positive et continue.

$\int_0^6 f(x)\mathrm{d}x = \left[\frac{1}{36}x^2\right]_0^6$ soit :

$$\int_0^6 f(x)\mathrm{d}x = \frac{6^2}{36} = 1.$$

Donc f est une densité de probabilité sur [0 ; 6].

109 Sur [1 ; 2], g est continue.

$g(x) = x(0{,}75x - 0{,}5)$ et chaque facteur est positif sur [1 ; 2], donc g est positive sur [1 ; 2].

Enfin, $\int_1^2 g(x)\mathrm{d}x = \left[0{,}25x^3 - 0{,}25x^2\right]_1^2$ soit

$$\int_1^2 g(x)\mathrm{d}x = 0{,}25 \times 2^3 - 0{,}25 \times 2^2 - \left(0{,}25 \times 1^3 - 0{,}25 \times 1^2\right) = 1.$$

Donc g est une densité de probabilité sur [1 ; 2].

110 **1. a.** $P(1 \le X \le 2) = \int_1^2 f(x)\mathrm{d}x = \left[\frac{1}{16}x^2\right]_1^2$,

soit $P(1 \le X \le 2) = \frac{3}{16} \approx 0{,}188$.

b. $P(X < 3) = \int_0^3 f(x)\mathrm{d}x = \left[\frac{1}{16}x^2\right]_0^3$, soit

$P(X < 3) = \frac{9}{16} \approx 0{,}563$.

c. $P(X > 2) = \int_2^4 f(x)\mathrm{d}x = \left[\frac{1}{16}x^2\right]_2^4$, soit

$P(X > 2) = 0{,}75$.

2. $E(X) = \frac{8}{3}$.

3. $V(X) = \frac{8}{9}$.

111 **1.** $1 - \frac{60}{90}$ soit $\frac{30}{90}$ ou $\frac{1}{3}$, soit environ 0,333.

2. $\frac{90+0}{2} = 45$. L'heure moyenne d'arrivée des éléphants est 20 heures 45 minutes.

112 **1.** Vrai, $P(X < 75) = 0{,}75$ et

$P(X > 25) = 1 - P(X \le 25)$, soit :

$$P(X > 25) = 1 - 0{,}25 = 0{,}75.$$

2. Faux, la probabilité que Pierre se lève après 10 h 15 est égale à $1 - \frac{10{,}25 - 9}{2}$, soit 0,375.

113 **1.** b et d. **2.** b et d. **3.** b. **4.** c.

114 **1. a.** $P(X \le 1) = 1 - \mathrm{e}^{-0{,}25} \approx 0{,}221$.

b. $P(X > 2) = 1 - P(X \le 2)$, soit

$P(X > 2) = \mathrm{e}^{-0{,}5} \approx 0{,}607$.

c. $P(3 < X < 5) = \mathrm{e}^{-0{,}75} - \mathrm{e}^{-1{,}25}$, soit :

$$P(3 < X < 5) \approx 0{,}186.$$

2. $E(X) = \frac{1}{0{,}25} = 4$.

115 **1.** $E(T) = \frac{1}{0{,}0555} \approx 18$.

La durée de vie moyenne d'un chronomètre est d'environ 18 mois.

2. $P(12 \le T \le 24) = \mathrm{e}^{-12\lambda} - \mathrm{e}^{-24\lambda}$, soit environ 0,250.

3. $P_{T \ge 24}(T \ge 24 + 12) = P(T \ge 12)$ d'après la propriété d'absence de mémoire, soit

$1 - P(T < 12)$, soit $\mathrm{e}^{-12\lambda}$, soit environ 0,514.

116 **1.** $E(X) = 10$ et $E(X) = \frac{1}{\lambda}$, donc

$\frac{1}{\lambda} = 10$, soit $\lambda = \frac{1}{10} = 0{,}1$.

2. $P(X > 6) = 1 - P(X \le 6) = \mathrm{e}^{-6 \times 0{,}1}$ soit

$P(X > 6) \approx 0{,}549$.

3. $P_{X>6}(X > 12) = P(X > 6)$ d'après la propriété d'absence de mémoire.

Donc :

$$P_{X>6}(X > 12) \approx 0{,}549.$$

4. $P(X \le t) = 0{,}95$, soit :

$$1 - \mathrm{e}^{-0{,}1t} = 0{,}95, \text{ soit } \mathrm{e}^{-0{,}1t} = 0{,}05,$$

soit $t = -\frac{\ln(0{,}05)}{0{,}1} \approx 30$.

C'est environ au bout de 30 mois, soit 2 ans et demie, qu'il changera la machine.

117 **1. a.** $E(D_1) = \frac{1}{0{,}6} = \frac{5}{3} = 1 + \frac{2}{3}$.

Donc la durée d'attente moyenne est de 1 minute et 40 secondes.

b. $P(D_1 < 5) = 1 - \mathrm{e}^{-5 \times 0{,}6} \approx 0{,}950$.

2. a. $1 - \mathrm{e}^{-4\lambda} = 0{,}798$, soit $\mathrm{e}^{-4\lambda} = 0{,}202$,

soit $\lambda = -\frac{\ln(0{,}202)}{4} \approx 0{,}400$.

b. $P(D_2 > 5) = \mathrm{e}^{-5 \times 0{,}4} \approx 0{,}135$.

Donc on ne peut pas considérer que moins de 10 % des clients mobile attendent plus de 5 minutes avant de joindre un opérateur.

INDEX

Crédits photographiques

Couverture ph©Shutterstock/Vladitto

Frise Rabat D ht g © BIS/Ph. Coll. Archives Larbor / bas g © CPM/Leemage/Bridgeman / ht m © BIS/Ph. DR Coll. Archives Larbor / bas m DR / ht m © Photo12/Alamy/Historic Images / bas m © DeAgostini/Leemage/Bridgeman / ht m p. © BIS/Ph. © National Portrait Gallery - Archives Larbor / m bas © BIS/Ph. Coll. Archives Larbor / ht d © BIS/Ph. D.R. Coll. Archives Larbor / bas d DR / ht d © Whiteimages/Leemage/Bridgeman / ht d © BIS/Ph. J. Austin © Archives Larbor

Frise Rabat E ht g © MP/Leemage/Bridgeman / bas g © BIS/Ph. Coll. Archives Larbor / bas g © BIS/Ph. Coll. Archives Larbor / ht m © BIS/Ph. Boyer Coll. Archives Larbor/ ht m © Académie Royale de Belgique / bas m © BIS/Ph. DR Coll. Archives Larbor / bas m **185**, © MP/Leemage/Bridgeman : ht m © akg-images/SPL / bas m © Fototeca/Leemage/Bridgeman / ht g © Image courtesy of MetLife Archives / bas g DR / ht g © Farabola/Leemage/Bridgeman / bas g © Loomis Dean/The LIFE Picture Collection via Getty Images

8 © Jeremy Woodhouse/Getty Images ; **10** ht © Emil Von Maltitz/Getty Images ; **10** bas © Hall/RHPL/Andia ; **11** © maria t hoffman/Adobe Stock ; **23** © Zerbor /Adobe Stock ; **23** ht © DonaldChen Photography/Getty Images ; **23** ht © DonaldChen Photography/Getty Images ; **24** © Yoann MORIN/Shutterstock ; **26** © Vera Kuttelvaserova/Adobe Stock ; **28** © CPM/Leemage/Bridgeman ; **33** © shefkate/Adobe Stock ; **35** bas © COLLECTION CHRISTOPHEL © BBC ; **35** ht © KadirKARA/Shutterstock ; **36** © NASA ; **39** © BIS/Ph. J.L. Charmet © Archives Larbor ; **40** © BIS/Ph. Coll. Archives Larbor ; **49** ht © Oleksii Lomako/Shutterstock ; **49** bas © tasipas /Adobe Stock ; **51** © NASA ; **52** © yuka26 /Adobe Stock ; **56** © Carl De Souza/AFP ; **58** © Jaromir Klein/Shutterstock ; **59** © Earl D. Walker/Shutterstock ; **60** ht © BIS/Ph. DR Coll. Archives Larbor ; **60** bas © MP/Leemage/Bridgeman ; **68** © BIS/Ph. Coll. Archives Larbor ; **69** © BIS/Ph. Boyer Coll. Archives Larbor ; **70** © itestro /Adobe Stock ; **72** © BIS/Ph. © National Portrait Gallery - Archives Larbor ; **72** bas © BIS/Ph. J. Boyer © Archives Larbor ; **76** © Dolores Ochoa/AP/SIPA ; **78** © BIS/Ph. DR Coll. Archives Larbor ; **79** ht © Photo12/Alamy/Greatstock ; **86** © Serhat Cagdas/ANADOLU AGENCY/Afp ; **87** © FamVeld/Shutterstock ; **88** © David Paul Morris/Getty Images North America/AFP ; **90** © Alexandre de Cadoudal ; **91** © Rustle/Shutterstock ; **96** © Alamy/cgwp.co.uk/Photo12 ; **98** © Africa Studio /Adobe Stock ; **99** © nuryudijes /Adobe Stock ; **104** © The Granger Collection, New York/Collection Christophe L ; **109** © MarcelRen /Adobe Stock ; **110** © Elisanth/Shutterstock ; **113** bas © Eric Gevaert /Adobe Stock ; **113** ht © Adobe Stock ; **114** © Yauhen_D/Shutterstock ; **118** © hongsee /Adobe Stock ; **119** ht © detailfoto /Adobe Stock ; **119** bas © Evgeniya L/Shutterstock ; **121** d © Creative Travel Projects/Shutterstock ; **121** g © Académie Royale de Belgique ; **123** © opolja /Adobe Stock ; **124** © SSPL/Leemage/Bridgeman ; **125** ht © Inus Grobler /Adobe Stock ; **125** bas © Ferenc Szelepcsenyi/Shutterstock ; **125** m © The Granger Collection, New York/Coll. Christophel ; **126** ht © adoc-photos ; **126** bas © BIS/Ph. Coll. Archives Larbor ; **127** ht © Ziablik/Shutterstock ; **127** bas © Rue des Archives/PVDE/Bridgeman ; **127** m © Irebic/Shutterstock ; **128** © Stephane AUDRAS/REA ; **130** © Photo12/Alamy/Anna Ivanova ; **131** ht © Photo Josse/Leemage/Bridgeman ; **131** bas © matousekfoto /Adobe Stock ; **140** © Daniel L Grantham Jr /Adobe Stock ; **141** ht © STEFAN RAMPFEL/DPA/AFP ; **141** bas © Jultud /Adobe Stock ; **143** © adimas /Adobe Stock ; **145** ht © oceane2508/Adobe Stock ; **145** bas © Nataliya Hora /Adobe Stock ; **172** © karelnoppe/Adobe Stock ; **173** g © Ezume Images/Adobe Stock ; **173** d © Viktor Gladkov/Shutterstock ; **174** © andregric /Adobe Stock ; **175** © BIS/Ph. © National Portrait Gallery - Archives Larbor ; **176** m © BIS/Ph. J. Austin © Archives Larbor ; **176** bas © Académie Royale de Belgique ; **177** ht © TOM & PAT LEESON/BSIP ; **177** ht g © Fototeca/Leemage/Bridgeman ; **177** bas g © Image courtesy of MetLife Archives ; **178** © BIS/Ph. DR Coll. Archives Larbor ; **178** bas © splitov27/Adobe Stock ; **179** ht © SSPL/Leemage/Bridgeman ; **180** ht DR ; **180** bas © BIS/Ph. Coll. Archives Larbor ; **181** ht © BIS/Ph. © National Portrait Gallery - Archives Larbor ; **181** bas © Photo12/Alamy/Historic Images ; **182** © BIS/Ph. Coll. Archives Larbor ; **183** © DeAgostini/Leemage/Bridgeman ; **184** © Photo12/Alamy/Historic Images ; **185** © MP/Leemage/Bridgeman ; **186** © Loomis Dean/The LIFE Picture Collection via Getty Images ; **188** DR ; **190** © IP3 PRESS/MAXPPP ; **192** © johnkellerman/Istock ; **194** ht © Anne VAN DER STEGEN/Divergence ; **194** bas © BibliothËque nationale de France ; **195** haut © The Granger Collection, New York/Collection Christophe L ; **195** bas © Dean Drobot/Shutterstock ; **196** © BIS/Ph. D.R. Coll. Archives Larbor ; **207** © SYLVAIN THOMAS/AFP ; **208** © C Squared Studios/Getty Images ; **209** © banu sevim/Shutterstock ; **211** © Photo12/Alamy/Olekcii Mach ; **212** © ChrisVanLennepPhoto /Adobe Stock ; **216** © comzeal/Adobe Stock ; **218** © Christian Bertrand/Shutterstock ; **219** ht © Impact Photography /Adobe Stock ; **219** bas © Boris15/Shutterstock ; **226** © Jochen Tack/imageBROKER/Agefotostock ; **228** g © byjeng /Adobe Stock ; **228** d © Maygutyak /Adobe Stock ; **229** g © erllre /Adobe Stock ; **229** d © puhhha/Shutterstock ; **230** ht © rustamank /Adobe Stock ; **230** bas © Laszlo /Adobe Stock ; **231** ht © boryanam /Adobe Stock ; **231** bas © Dean Drobot/Shutterstock ; **232** © Natalia van D/Shutterstock ; **233** © Standret/Shutterstock ; **238** d © Alexander Zschach/Shutterstock ; **238** g © BIS/Ph. D.R. Coll. Archives Larbor ; **239** © Ivan Vdovin/agefotostock ; **241** g © vaalaa/Shutterstock ; **241** d © Robert Hoetink/Shutterstock ; **242** © Farabola/Leemage/Bridgeman ; **243** ht © PureSolution/Shutterstock ; **243** bas © Oran Tantapakul /Adobe Stock ; **246** © Elena Rostunova/Shutterstock ; **247** © TravelKiwis/Shutterstock.

Édition : Julien Barret,
Marielle Muret-Baudoin
Conception graphique : Favre et Lhaïk
Couverture : Véronique Lefebvre

Réalisation et schémas : Soft Office
Recherche iconographique : Laetitia Guillemin
Coordination artistique : Pierre Taillemite

Fabrication : Jean-Philippe Dore
Vidéos : Yvan Monka
Animations : Sébastien Girard
et Thomas Huguet

Les éditions Bordas tiennent à remercier les sociétés Cabrilog, Casio, Numworks et Texas Instrument pour leur aide et leur collaboration à l'élaboration de ce manuel.

FSC www.fsc.org MIXTE Papier issu de sources responsables FSC® C022030

Bordas est un éditeur qui s'engage pour la préservation de l'environnement et utilise du papier issu de forêts gérées de manière responsable et d'autres sources contrôlées.

Ce livre a été imprimé en France en juillet 2020 par BLG, imprimeur certifié IMPRIM'VERT®

N° de projet : 10266640

Dépôt légal : avril 2020